教職をめざす人のための

教育用語・法規
改訂新版

広岡義之
[編]

ミネルヴァ書房

編集のことば

　21世紀もすでに20年が経過し，2019年5月1日からは，「令和」と元号も変わりました。教育界でもますます改革の速度が速まっています。ここ数年の教育的課題に絞っても，以下のような年表風の課題を列挙することができます。その範囲の広さと改革の速度が容易に鳥瞰できるでしょう。

　2015（平成27）年の学習指導要領一部改訂で，道徳が「特別の教科　道徳（道徳科）」に格上げされた。道徳の内容について，学校現場の現状に合わせて，いじめの問題への対応の充実や，発達の段階をよりいっそう踏まえた体系的なものに改善される。特に小学校の道徳には，「個性の伸長」「相互理解，寛容」「公正，公平，社会正義」「国際理解，国際親善」「よりよく生きる喜び」の内容項目が追加され，時代に即した道徳となるように改善されている。

　2017（平成29）年3月31日，学習指導要領の改訂が告示された。小学校では2020年度から，中学校は2021年度から，高等学校は2022年度からの実施となる。今回の改訂の主要点は以下のとおりである。小学校では中学年で「外国語活動」，高学年で「外国語科」が導入されることになった。国際化の中で，小・中・高の一貫した学びを重視し，外国語能力の向上を図ることは喫緊の課題である。さらに時代の要請という側面もあり，小学校のプログラミング教育が必修化された。また各教科で，議論や討論を中心とした「主体的・対話的で深い学び（アクティブラーニング）」の実現に向けた授業改善が求められている。各学校における「カリキュラム・マネジメント」の確立が焦眉の課題でもある。言語能力の確実な育成や理数教育の充実も掲げられている。

　こうして一瞥してみると，ここ数年は毎年のように，重要な教育改革が実施されている現状を私たちは容易に把握できるでしょう。大変革の時代のただなかで，私たちが教育に携わっていることが明瞭になります。これから教育学を学び教師を目指される学生のみなさん，管理職の先生方，教育委員会の指導主事の先生方，教育現場で活躍されている現役の先生方もまた，それぞれの立場でさまざまな教育的課題に立ち向かい，試行錯誤されていることでしょう。そこで直面されている教育問題の解決の一助に本書『教育用語・法規』が役立てられればうれしい限りです。その意味で本書では，重要な基本的用語の説明だけでなく，上述に関連した新しい教育時事用語の解説もふんだんに取り入れる努力を編者としておこないました。また本書の執筆陣はすべて，第一線の教育界で活躍されている研究者や教育実践者であることも申し添えておきたいと思います。

　なお，本書刊行の準備段階から，当時，執筆者として参加してくださっていた畏友の今井博教授が，教育学研究の志半ばで天に召されてしまったことは，きわめて悔やまれることです。今回の改訂版の企画に際しても，本来であれば今井教授も当然参加して，執筆してくださるはずだったのですが，それも叶わぬことになってしまいました。そこで，学会や勉強会等でいつも研究をともにしている荒内直子氏に，今井教授が担当してくださっていた箇所を，肩代わりしていただくことになりました。

　最後に，刊行にあたってはミネルヴァ書房社長の杉田啓三氏，営業部長の神谷透氏，そして編集部の深井大輔氏から暖かいご配慮をいただきました。出版事情の厳しい折にもかかわらず，本書企画を積極的に受け入れていただいたことに対して，この場を借りて改めて御礼を申し上げます。現代社会における教育状況を一瞥するならば，今後の教育学研究の課題も多く，執筆者たちはさらなる自己研鑽に取り組むつもりです。顧みてなお意に満たない箇所も多々気づくのですが，これを機会に十分な反省を踏まえつつ，大方のご批判，ご叱正，ご教示を賜り，さらにこの方面でのいっそうの精進に努める所存です。

　2021（令和3）年3月

編者　広岡　義之

執筆者一覧

編集代表

広岡義之　神戸親和女子大学

執筆者（五十音順）

荒内直子	アルーラ福祉会	田中　聡	神戸親和女子大学
安藤聡一朗	駿河台大学	辻川典文	神戸親和女子大学
井上正人	前・神戸親和女子大学	津田　徹	神戸芸術工科大学
猪田裕子	神戸親和女子大学	椿　武	神戸親和女子大学
宇野光範	神戸親和女子大学	冨江英俊	関西学院大学
梅本　恵	富山短期大学	中田尚美	神戸常盤大学
及川　恵	東京学芸大学	西本　望	武庫川女子大学
大江まゆ子	芦屋大学	觜本　格	前・神戸親和女子大学
大谷彰子	芦屋大学	福田規秀	兵庫大学短期大学部
大平曜子	兵庫大学	藤池安代	前・神戸親和女子大学
小川　雄	同志社大学	古田　薫	兵庫大学
金山健一	神戸親和女子大学	松井玲子	大谷大学
上寺康司	福岡工業大学	松田信樹	兵庫大学
熊田凡子	江戸川大学	松本麻友子	神戸親和女子大学
高　奈奈	神戸親和女子大学	光成研一郎	神戸常盤大学
佐野　茂	大阪商業大学	森　成美	神戸親和女子大学
塩見剛一	大阪産業大学	森田玲子	大阪体育大学
芝田圭一郎	大阪城南女子短期大学	山口香織	神戸親和女子大学
島田喜行	同志社大学	山田希代子	神戸親和女子大学
砂子滋美	芦屋大学	山本孝司	岡山県立大学
須増啓之	神戸親和女子大学	吉原惠子	兵庫大学
高松邦彦	神戸常盤大学		

目　次

項目一覧

凡　例

特　色

　全項目は1102項目である。現代の教育を考えるうえで重要な語句・人名に解説を付し，さらに読者の便宜をはかり，資料編として関連法規，各種資料，略年表を付した。

配　列

1．項目は現代かなづかいにより50音順に従って配列した。促音・拗音は一字とみなし，長音は無視した。濁音・半濁音は配列上無視したが，同位置にあっては，清音，濁音，半濁音の順に配列した。また中黒記号（・），かっこ（「　」等）は配列上無視した。
2．外国語項目は，慣用読みに留意しながら，原音主義を原則としてカタカナ表記して配列した。
3．外国語の略語の項目は，カタカナに改めずそのままあげ，上記の原則に従って配列した。

　　　例　IQ（あいきゅー）

構　成

1．見出し語には，必要に応じて（　　）内に欧文表記を付した。欧文表記は，英語を原則とし，ドイツ語，フランス語などの場合には，独，仏と注記した。
2．日本人名項目には，（　　）内によみがなと生没年を付した。

　　　例　芦田恵之助（あしだ　えのすけ：1873-1951）
3．外国人名項目には，（　　）内に欧文表記と生没年を付した。

　　　例　アリエス，P.（Ariés, Philippe：1914-1984）
4．解説文中の重要な外国人名は，カタカナによる姓をもって示し，（　　）内に姓と名のイニシャルを原語で付した。

　　　例　アスペルガー（Asperger, H.）
5．引用は，原則として「　」で囲んで示した。
6．同義語，対語等がある項目は，解説を省略し，「⇨」をもってその解説文のある項目を示した。

　　　例　**学習障害**⇨LD
7．特に参照すべき関連項目がある場合は，項末に「→」をもって示した。
8．執筆者名は，項末に［　］に囲んで示した。

あ

IQ

　知能指数（intelligence quotient）のことであり，知能検査の結果の指標の一つである。IQ は，ターマンにより精神年齢（mental age：MA）と生活年齢（実際の年齢，暦年齢。chronological age：CA）の比に 100 をかける式（（MA/CA）×100）で表された。近年では，被検者が属する同年齢群における分布を考慮した指標であり，平均を 100，標準偏差を 15 とした偏差 IQ が中心になっている。→ターマン　　　　　　　　　　　　　　　［及川　恵］

愛，信頼，感謝，従順

　スイスの教育者であるペスタロッチが，子どもの教育にあたって重視した情操である。ペスタロッチは「近代学校の父」といわれ，後世の教育に大きな影響力を与えた。子ども自身が直観的に知覚することを重視し，そのための教授法（メトーデ）を提唱した。それと同時に「居間の教育」と称して家庭教育も重視した。家庭における母親は，キリスト教の神と同時に「愛，信頼，感謝，従順」の対象であり，それが一般的な他者に対しても広がっていくとした。→ペスタロッチ　　　　　　　　　　　　　　　［冨江英俊］

愛着（アタッチメント）

　ボウルビーは，乳児が母親に対して抱く情愛的な結びつきのことを愛着（アタッチメント）と呼んだ。子どもが母親に対して抱く愛情の絆といってもよい。母と子が愛情の絆で結ばれていることが，子どもの安心感や自信を育み，その後の他者への信頼感を育て，社会生活を営むための人格形成の土台となる。乳幼児期に愛着形成が不十分な場合，発達の遅れ，体重が増えない，言葉が遅れるなどの症状が出現することがある。虐待や育児放棄の増加に伴い，愛着障害といわれる愛着に問題を抱える子どもが多くなっている。愛着の形成は子どもの成長により終了するのではなく，成長とともに表現方法，対象が変化していく。　　［金山健一］

IT 教育／ICT 教育

　情報（Information），交流（Communication），手段（Technology）の技術に関する教育のこと。先端技術を学びつつ ICT を活用した情報収集，活用，問題解決力を子どもたちが高めることも現代社会で課題とされている。教師のほうも，ICT を活用した授業展開，校務分掌の処理を効率的に実行できる能力が求められている。また，教員の ICT 活用指導力の基準の具体化・明確化に関する検討会の報告書（2007 年 4 月）では，教材研究・指導の準備・評価等に ICT を活用する能力，授業中に活用する能力等が項目として挙がっている。［広岡義之］

アイデンティティ（identity）

　人間は成長するにつれて，その発達段階ごとの目標に応じて，さまざまな課題を切り抜けていく存在としてとらえることができる。アイデンティティとは，「自分が何者であるか」「自分は何者になるか」「自分は自分以外の何者でもない」など，ある程度の連続性，一貫性，統合性をもった「自分」と「自分らしさ」についての感覚であり，「自我同一性」「自己同一性」「同一性」とも訳される。この感覚は，一生涯変化していくが，とくに思春期・青年期を通じて，顕示的に自我がとらえられ，自分を取り巻く環境や社会との関係がより複雑になってくると，「アイデンティティの確立」がめざされるようになる。これは，エリクソンが，青年期の発達課題として設定したものである。しかし，課題は必ず達成されるとは限らない。アイデンティティの形成がうまくいかない場合，「アイデンティティの拡散」や「アイデンティティの混乱」が起こる。　　　　　　　［吉原惠子］

アイビーリーグ（Ivy League）

アメリカ東部の有名私立大学の総称。ブラウン大学，コロンビア大学，コーネル大学，ダートマス大学，ハーバード大学，プリンストン大学，ペンシルベニア大学，イエール大学の8大学のこと。その名称の起源は，大学学舎に多く見られるツタ（ivy：アイビー）に由来するなど諸説がある。1870年代にスポーツ（フットボール）によって対抗試合がなされたことによって，交流が盛んとなり，同盟化に至ったともいわれている。各大学においては，かつての男子，白人を中心とした構成から，共学化，世界各地から優秀な人材を募り，スポーツ以外にも，学問や伝統や学風を重んじた教育方針を採用して，世界のトップスクールとして実業界にまで影響を及ぼしている。これらの大学は歴史的にも創立年度が古く，私立大学としての威厳と独自な教育内容，そしてOB（OG）による母校への援助が，これらの学校経営活動に大きく影響を及ぼしている。　　　　　　　［津田　徹］

アウグスティヌス，A.

（Augustine, Aurelius：354 - 430）

西洋中世の教父の代表者。ヌミディア（アフリカ）生まれ。彼の教育思想の特徴は⑴自伝『告白』における自らの人間形成の記録に見られる。これは彼の幼少の頃からとくに宗教（キリスト教）生活へと回心する心情を劇的に論述したものである。自らが弁論教師として活躍したことにも触れられている。⑵また教父哲学の思想的基盤を形成した。ローマにおいてキリスト教が公認されようとしていた時代に生きた彼にとって，異教からキリスト教を弁護し反駁する活動と著作活動はその後の西洋世界の精神史に大きな役割を果たした。⑶『教師論』における教師像と言語教育の意義も挙げられる。それ以外にも，師アンブロシウスとの出会いを生涯における劇的な出来事としてとらえることや，若き頃の放蕩生活

から信仰生活への移行を述べた「ミラノの回心」と呼ばれる信仰告白など特筆すべき点がある。彼の思想は古代のプラトンに強く影響を受けているといわれ，アリストテレスの影響を受けたトマス・アクィナスと対比される。　　　［津田　徹］

『赤い鳥』⇨鈴木三重吉

赤井米吉

（あかい　よねきち：1887 - 1974）

大正期の大正自由教育思想家，運動家。明星学園の創始者の一人。またアメリカの教育思想家パーカーストの提唱した「ドルトン・プラン」を日本に紹介した。日本各地で彼女の講演活動を企画，翻訳し，その教育実践を本邦に広く知らしめたことでも有名である。代表的著作『ダルトン案と我国の教育』。　　［津田　徹］

アカウンタビリティ（accountability）

教育委員や学校の児童生徒，その親に対する教育の結果の責任を示す概念で，一般に「説明責任」と訳される。元来，基礎学力の低下・非行の増加・教育税の重圧などの影響を受けて，1960年代後半からアメリカで広まった。教育機関は個々の生徒の学習成果について責任をもち，学力保障をすべきという考えから生まれた。さらに行政の分野では，すべての内容を予算・決算とともに住民に「説明・報告する責任」を意味する。とくに教育行政の分野においては，「ステイクホルダー（Stakeholder：利害関係者）」による学校評価や授業評価，学校経営への参加等を指し示す。具体的には，進学率や中退率等の公開が挙げられる。

　　　　　　　　　　　　［広岡義之］

アガペー（agape）

愛には文化建設の根源力として価値を追求するエロス的愛と，宗教的で献身的な愛であるアガペーとが存在する。エロスは人間形成の根源的な力となり，被教育者の成長の根拠を見出す。しかし教育愛の本質はその根底に宗教的な無我的な愛，すなわちアガペーなしには考えられ

ない。元来，ギリシア語には3つの「愛」の動詞がある。eran, philein, agapanである。エランは，熱狂的に愛し自らのために他を求め，プラトンらによって元来の性的意味が払拭された。ピレインは，配慮的愛を意味する。アガパンの名詞「アガペー」は，聖書以前のギリシア語には欠落していた。ヘレニズムのユダヤ教から，普遍性を含みもったキリスト教に至って，この「アガペー」概念が決定的となる。ここにユダヤ教的狭隘さを脱しつつ，アガペーがキリスト教の「愛」を表現する語となった。「汝ら愛（アガペー）をもって互いにつかえよ」等のパウロの言葉が有名である。　　[広岡義之]

アクティブラーニング

　一方的な知識伝達型の受動的学習ではなく，学習者が学習活動に主体的に参加する能動的な学習のこと。認知的・倫理的・社会的能力，教養，知識，経験を含めた汎用的能力の育成を図るものであり，発見学習，問題解決学習，体験学習，調査学習，グループ・ディスカッション，ディベート，グループ・ワークなど，多様な方法が用いられる。大学教育において，正解のない課題の議論や解決を通じて学生の学習への主体的参加を促し社会で必要な能力を育成する方法として発展してきたが，2016年の中央教育審議会答申において，「主体的・対話的で深い学び」と言い換えられ，他の校種でも実施が求められるようになった。2017年改訂の学習指導要領では，主体的・対話的で深い学びの実現に向けた授業改善が，教育課程実施上の重要事項に位置づけられている。　　　　　　　　　　[古田　薫]

アクティブラーニングと連動させた学校経営

　アクティブラーニングは子どもたちの質の高い深い学びを引き出すことを意図するものであるが，それはまた学校側も学習のあり方そのものを問い直すことをめざす。またカリキュラム・マネジメントは，学校の組織力を高める観点から，学校の組織及び運営について見直しを迫るものである。その意味で，学習指導要領（2017）のなかで提起されている主体的・対話的で深い学びとカリキュラム・マネジメントは，授業改善だけでなく組織運営の改善など，学校の全体的な改善を行うための鍵となる2つの重要な概念として位置づけられるべきである。そして教育課程を核として，この2つの概念の相互連動を図り，機能させていくことが学校全体の機能を強化するうえで重要な視点となる。　　　　　　[広岡義之]

アサインメント（Assignment）

　本来英語のアサインメントは宿題を意味するが，ここではアメリカ新教育運動を牽引した人物の一人であるパーカーストによる教育方法上の「課業表」（「研究細目」とも訳される）を意味する。教師は個に応じた指導を合理的にかつ確実に達成するために学習者の学習状況を的確に理解する必要があり，これは学習者自身にも該当する。そのため彼女は学習者の課題と履修状況を教師と学習者が一目で理解把握しやすい工夫を行った。その工夫とはアサインメントとグラフ（進度表）の作成である。アサインメント（表）には教科名，学年，学科をはじめ，名前，第何アサインメントといった学習者の状況，既習と未習の状況等，その進度状況（理解が浅い，普通，深い，補充問題終了者）を個人ごとに帯グラフ状にして示し，個々の学習者の学習状況を一目瞭然にした。アサインメントの構成は，題目，問題，記述作業，内容，参考書，配当時間，提示研究，他教科との関係などが含まれる。　　　　　　[津田　徹]

足利学校（あしかががっこう）

　1432（永享4）年頃，後花園天皇（1419 - 1470）の御代に，関東管領の上杉憲実（うえすぎのりざね：1409 - 1466）が再興したといわれている中世の代表的な高等教育機関。武士や僧侶など

を中心に全国から学徒が集まり，儒学や国典，仏典などが講ぜられ，「坂東（関東）の大学」とイエズス会の宣教師に呼ばれるほど栄えた。のちには，和書・兵・医・天文などの講義も行われた高等僧侶養成機関となる。とくに1467（応仁元）年に始まった応仁の乱以降は，兵学や易学の権威者が戦国武将に迎えいれられたために，足利学校は室町初期には一時，その社会的要求によく応え，日本文化の中心とみなされたが，その後一時衰退する。それを上杉憲実が儒書や領田等を寄付し，保護・統制することにより再興した。郷学として1872（明治5）年まで現存した。　　　　　　　　　［広岡義之］

芦田恵之助

（あしだ えのすけ：1873 - 1951）

　兵庫県出身の国語教育の理論家で小学校の教師。1898年，上京して東京高等師範附属小学校訓導となる。樋口勘次郎に学び，自由選題による『綴り方教室』（1913）を提唱。1902年に郷里に戻り，兵庫県姫路中学校の助教諭となり，国語教育を実践。綴り方教育・読み方教育に独自の理論を展開し，国語読本の編集にも携わる。児童の自由な思考と表現を尊重する彼の教育論は，画一的な教育を批判する大正期の児童中心主義思潮に大きな影響を及ぼし，のちの生活綴方運動の源流となった。　　　　　　　　　［広岡義之］

アスペルガー症候群

　オーストリアの小児科医アスペルガー（Asperger, H.）にちなんで命名された広汎性発達障害の一つ。アスペルガーは，行動の仕方やコミュニケーションの取り方が一風変わっており，人間関係に問題を抱える一方で，興味をもった限られた領域においては優れた能力を発揮するといったことなどを特徴とする障害を「自閉的精神病質」と呼んだ。ドイツ語で書かれたアスペルガーの論文が英語圏で紹介される際に「アスペルガー症候群」と称された。アスペルガー症候群の症状と

しては，社会的相互作用の問題，コミュニケーションの問題，興味や関心の範囲の狭さ，同じ行動パターンへの固執などが挙げられる。自閉症と違って知的発達の遅れを伴わない。また，言語発達の明らかな遅れも伴わない。しかし，相手の心の動きを想像することが困難であるゆえに，言葉を使ったコミュニケーションには問題を抱えるという点で，自閉症と重複する部分が大きい。

　アメリカ精神医学会の「精神疾患の診断・統計マニュアル第5版」（DSM-5）や世界保健機関による「国際疾病分類第11回改訂版」（ICD-11）では，アスペルガー症候群と自閉症とは区別されず，「自閉スペクトラム症」として包括的に診断される。　　　　　　　　　［松田信樹］

遊　　び

　遊びとは何かについては，古くから多くの理論が展開されてきた。そのなかで遊びの共通特性として挙げられるのは，まず，遊びの本質としての自由である。次に，自発的活動であるということ，遊ぶことそれ自体を目的とすること，遊ぶ過程にある喜びや楽しさを求めることなどである。いいかえると，遊びとは，人が環境と思うがままに関わり合うことを楽しむ活動なのである。教育学的見地から遊びを見たとき，遊びを通じて，社会性，自立能力，知的能力，情緒の安定・情操の基礎，身体的能力などの諸能力の発達がなされるということに注目すべきである。これらの諸能力が適切に開発されていかなければ，人間としての生活に支障がもたらされるであろう。とすれば，遊びは基本的な人生の学習であると考えることができる。すなわち，人間としての豊かな成長・発達のためには，豊かな遊びが必要なのである。　　　［中田尚美］

アタッチメント⇨愛着

アチーブメント・テスト

（achievement test）

　学習到達度を測定するテスト。すなわ

ち，学習者が学習によって，それぞれの分野で知識や技能をどれだけ習得したかを客観的に判定するために行われるテストである。一方，「適性検査」は，どれだけ学ぶことができるかを予測しようとするものである。アチーブメント・テストは，教師作成テストと標準学力テストに大別できる。前者は，教師が自ら実践した教育活動の成果（到達度）を判定するために行われるものであり，後者は，長期間にわたって専門家により，客観性や妥当性が検証されてきたものである。ただし日本においては，かつて中学生に対して全国的に行われていた高校受験前の学力テストを意味する場合もある。

［荒内直子］

アドボカシー（advocacy）

　訳語としては，「擁護」や「支持」「唱道」があるが，実際にはより広く「権利擁護」「代弁活動」「政策提言活動」といった意味合いで使用されることが多い。活動の側面を強調する場合には，そのプロセスに着目して，問題や困難を抱えている人や団体の利益を代弁，主張，支援することの全体を指す。教育・保育や保健・看護・福祉などの分野の場合，社会的マイノリティに関する問題（例：障害児の教育，成年後見制度，リプロダクティブヘルス・ライツの擁護など）や健康／医療，環境，雇用やまちづくりの問題までその範囲は広い。また，活動の方法としては，直接，個々人を支援・援助・介助するのではなく，コミュニケーションや議論を通して人々の知識・態度あるいは行動を変化させること，法律や予算を含む政策や社会の諸システムに影響を及ぼして，政策の形成や変容を促すために，人々をエンパワー（empower）することととらえることができる。

［吉原惠子］

アドラー，A.
（Adler, Alfred：1870 - 1937）

　オーストリアの精神科医。精神分析の創始者であるフロイトと連携していたが，フロイトの性的側面に偏った理論などを批判し，訣別した。アドラーは個人を分割できないもの，統一一体として捉える視点から，個人心理学（Individual Psychology）を提唱した。アドラーの理論において，適応やパーソナリティを考えるうえで重要な概念として，劣等感やその補償，目的論，共同体感覚，ライフスタイルなどがある。

［及川　恵］

アーノルド父子（Arnold, Thomas：1975 - 1842, Mathew：1822 - 1888）

　父トマスはオックスフォード大学の卒業生。有名なパブリック・スクール，ラグビー校の校長を1828年から1842年に急死するまで務めた。トマスによるラグビー校の教育改革は，19世紀イギリス中等教育改革の模範となったといわれる。彼の教育改革は，(1)キリスト教的な紳士の育成を目的とし，(2)学校をキリスト教的な共同体にするために学校の礼拝堂に中心的な位置を与え，(3)文学・歴史・哲学・倫理・地理・政治などを教える手段として古典を重視し，(4)最上級生に責任をもたせる生徒自治の制度を採用したことである。

　トマスの長男マシューは，ラグビー校に学び，父親と同じくオックスフォード大学に進学した。のちに，この２つの母校で教壇に立っている。マシューは詩人，評論家，勅任視学官としても有名である。

［中田尚美］

アパシー（Apathy）

　意欲や自発性が低下し，物事に無関心になる状態のこと。社会学等では政治的無関心を指すが，医学・心理学では，日常生活等での興味や意欲の欠如といった病的な状態を意味する。医学・心理学用語としてのアパシーは症候群であり，明確に定義された現象ではないが，医学分野では，2009年に欧米の精神医学会により，自発性の喪失，目的志向的行動や認知，情動の喪失または減弱との診断基準

が提案されている。一方，心理学分野ではアパシーは，本業（学生なら勉強，社会人なら仕事）のみで意欲や自発性が喪失した現象を指し，やりたいことを意識できない，意欲の減退，失敗や責められることが予想される状況を回避するなどの症状が特徴となる。→スチューデント・アパシー　　　　　　［安藤聡一朗］

アビ改革

　フランスにおける1975年教育基本法の通称。この改革により前期中等教育機関がすべてコレージュに統一された。従来の複線型中等教育を，単線型に改めて教育の民主化を進めた。中等教育はこの通称アビ法によって，学校体系が小学校（5年），コレージュ（4年），リセ（3年）の3段階に統一化された。従来の各種の前期中等教育機関をすべて同一のカリキュラムで学習する制度としたことは画期的なことであった。　　［広岡義之］

アビトゥア（独：Abitur）

　ドイツにおける大学入学資格であり，ギムナジウムの卒業資格でもある。ギムナジウムの高学年段階は，アビトゥア試験をもって修了する。試験科目は最低4科目，最高5科目で，原則的には13年間の就学期間の後，筆記ならびに口頭試験で一般大学入学資格証書を取得する。日本の高等学校にあたるギムナジウムの修了証を取得することにより，ドイツのすべての大学で学ぶ権利を保障される。アビトゥア取得者は同一年齢の35％程度である。アビトゥアはギムナジウム最終2年生の主要科目の成績，その他の科目の成績，そしてアビトゥア試験4科目の成績を総合してポイント制で評価される。　　　　　　　　　　　［広岡義之］

阿部重孝（あべ　しげたか：1890 - 1939）

　戦前の教育制度・教育行政学の研究者。1919年東京帝国大学助教授となり，1923年研究のためイギリス・フランス，アメリカに留学した。1929年文部省社会教育官を兼任し，1934年東京帝国大学教授に昇任したが，在職中に死去。アメリカのカリキュラム，学校行政，比較教育，学校教育史などの諸研究を吸収消化し，わが国における教育の実証的・数量的研究の代表者となる。比較教育研究の注目すべき成果である主著『欧米学校教育発達史』（1930刊行，1950復刊）のほか，生活活動分析法による『学科課程論』（1933），教育政策・制度を対象とする論文集『教育改革論』（1937）などを著した。その早世により，主要テーマである欧米各国とわが国の学校制度の比較研究などの研究課題を残した。しかし，その門下のうちから，すでに戦前において学校の実際調査を試みたもの，戦後における指導的な教育学者，教育制度・行政研究者を輩出するなど，実証的・数量的な教育学研究に大きな影響を与えた。
　　　　　　　　　　　　　　　［中田尚美］

天野貞祐（あまの　ていゆう：1884 - 1980）

　大正〜昭和期の哲学者で，カント哲学などに造詣が深い。京都帝国大学教授，旧制第一高等学校校長を経て，1950年から2年間，吉田茂内閣の文部大臣を務めた。その後に，日本育英会会長，日本学生野球協会会長，国立教育会館館長，中央教育審議会会長など，教育に関する重要な役職を歴任した。獨協大学の創設者，初代学長である。文部大臣在職中に道徳教育の振興をめざし，「国民実践要領」を発表したが，「教育勅語の復活である」などの強い反発を受けて短期間で撤回した。　　　　　　　　　　　　　［冨江英俊］

アメリカ教育使節団報告書（Report of the United States Education Mission to Japan）

　第二次世界大戦後，日本の教育再建の基本方針と諸政策を勧告するために連合国軍最高司令官よりアメリカから要請された使節団による報告書のこと。ストダートを団長とする27名からなり，比較教育学の第一人者であるカンデル教授も

含まれていた。1946（昭和21）年３月に第一次使節団，1950（昭和25）年９月に第二次使節団が来訪。教育の専門家がおよそ１か月の調査研究をして，のちにそれぞれの報告書を作成している。とくに，第一次使節団の影響は強く，六・三制の実施や教育委員会制度の施行等は画期的な教育改革といえよう。これらの改革によって日本の戦後教育の近代化が一気に進められた。他方，第二次使節団の勧告は民主化の方向性を示し，日本をアメリカ圏の一員として育成しようとする意図が明確に読み取れる。　　　　〔広岡義之〕

新井白石（あらい　はくせき：1657‐1725）

　江戸時代の朱子学者で政治家。6代徳川家宣（いえのぶ）らの下で幕政改革を進める。朱子学のみならず，洋学の端緒も開いた。近世中期の朱子学者，木下順庵に学ぶ。主著に平安時代以降について武家政治の由来を論じた『読史余論』がある。69歳で没し，浅草の報恩寺に埋葬された。従来の武断政治に代えて儒教道徳に基づく仁政を重んじ，礼式や制度を整えることに力を注ぎ，いわゆる文治主義を貫いた。白石は裁判の公正に注意を払い，残酷な刑罰を回避して人々を承服させた。自伝の『折たく柴の記』は，自叙伝文学としても優れている。1708（宝永５）年に禁令を犯して渡来してきたイタリア人宣教師を尋問しその口述を筆記した。キリスト教に関して白石はその教義を退けつつも，西洋の学術の優秀性を認めた。白石は洋学の先駆者と位置づけられる。　　　　　　　　　〔広岡義之〕

アリエス，P.

（Ariés, Philippe：1914‐1984）

　フランスのアナール学派の歴史家で，主に中世社会史を研究した。ソルボンヌ大学で歴史学を学び，アクション・フランセーズで学んだこともあるが，1979年にアナール学派（1929年創刊の『社会・経済史年報』〔*Annales d'histoire économique et sociale*〕を中心に新しい歴史学をめざす歴史家グループ）の拠点である社会科学高等研究院の主任に迎えられるまで，いわゆる日曜歴史家であった。『18世紀以後のフランス人口と生に対するその態度の歴史』（1948）では，人口変動の背後にある心理学的要素を読み解き記述した。教育学や社会学に大きな影響を与えた著作としては，『アンシャン・レジーム期の子供と家族生活』（1960：邦訳『〈子供〉の誕生』）がある。アナール学派は，伝統的な歴史学の史料実証主義に対して，人々の日常的・社会的な思考様式や感性のあり方（心性＝マンタリテ）に着目した。方法論として，「生」「死」「性」「出生」などを，文献以外の人口学的データ，図像，遺物，伝承などを使って，歴史心理学的深層構造を研究しようとしたところに特徴がある。　　　　　　　　　　　　〔吉原惠子〕

アリストテレス

（Aristoteles：B. C. 384‐B. C. 322）

　古代ギリシアの哲学者，教育者。万学の祖。プラトンのアカデメイア学園に約20年間学び，アレクサンドロス大王の家庭教師を担当。学を体系的に分類した。論理学（三段論法に代表される演繹的思考がベーコンの登場する中世の終わりまで思想界を支配）をはじめ，倫理学，形而上学や自然学などさまざまな学問に貢献し，ルネサンスに至るまで世界を支配した哲学思想を打ち立てた。また学校（リュケイオン学園）の創設などの教育学の貢献を挙げることができる。有名な言葉として「人間は生まれつき知ることを欲する」「人間は生まれつき政治［社会］的動物である」「技術は自然を模倣する」などがあり，西洋では Philosopher といえばアリストテレスを指した。主著に『ニコマコス倫理学』『政治学』ほか。　　　　　　　　　　　〔津田　徹〕

アルゴリズム（algorithm）

　定義としては，ある問題を解決するための一連の計算手順のこと。コンピュー

タでは，一つの操作が終われば次の作業，というように手順を指定していなければならない。アルゴリズムとは，そのような意味で使用される。これを図式化したものがフローチャートである。ものごとを処理するために，何回か手順を踏めば，目的が達成されるか否かは重要なことである。有限回の操作で目的が達成されるとき，「アルゴリズムがある」という。820年にアラビアの数学者アル＝フワリズミ（al-Khwārizmī）が提唱した「式を用いない言葉だけによる代数方程式の解法」のことで，彼の名前にちなんでアルゴリズムと呼ばれている。「算法」とも訳されるが，教育学や心理学で使用されるアルゴリズムは，教授・学習の過程を制御する方法として，またプログラム学習の原理として役立つ。　　［広岡義之］

安全教育（Safety Education）

　教科等を横断して改善すべき7つの課題の一つ。「安全教育」については，2008（平成20）年1月17日の中央審議会「幼稚園，小学校，中学校，高等学校及び特別支援学校の学習指導要領等の改善について」の答申「教育内容に関する主な改善事項」のうち「社会の変化への対応の観点から教科等を横断して改善すべき事項」のなかで議論された項目の一つ。とくに学校においては，学校施設等の身の回りの生活の安全，交通安全，災害に対する総合的な安全教育をさらに周知徹底すべきであろう。また自他の危険予測・危険回避の能力を身に付けることが大切である。現代社会は子どもが被害者となる痛ましい事件や事故が多発する傾向にある。そのため，学校における安全教育を推進するためには，家庭や地域との連携を図ることが重要である。学校の教育活動全体での取り組みが求められる。　　　　　　　　　　　［広岡義之］

安全・安心教育（生活科）

　小学校学習指導要領（2017年）では，生活科の学年目標の(1)に「集団や社会の一員として安全で適切な行動をしたりするようにする」とある。具体的には，児童が学校，家庭，地域社会において一人の人間としてどのような行動をとることが望ましいのかを考え，日々の行動をしていくことである。その行動のあり方として，「自分の思いや願いをもつ」「相手の場所や状況を考え行動する」「人や場所，ものなどに親しみをもち，大切にできる」「健康や安全に気を付けて，日常生活に必要なきまりを守り行動する」「自分や友達のよさを生かし，協力して行動する」ことである。

　とくに安全については，自然災害も多く，車社会特有の事故や人が何気につくり出す災害も多いなか，自分の身を守ることを最優先に考え，危険を素早く察知し避けて行動ができるようにすることが求められている。　　　　　　　　　　［藤池安代］

アンダー・アチーバー（under-achiever）

　学業不振児ともいう。知能水準と学力水準を比較し，学力水準が知能水準を大きく下回る学習者がアンダー・アチーバーとされる。知的能力の素質に見合うだけの学力を身に付けられていない学習者を思い浮かべればよい。具体的には，標準学力検査の結果より得られる学力偏差値から知能検査の結果より得られる知能偏差値を引いた値（成就値）が－5ないしは－10の場合，アンダー・アチーバーと判定される。あるいは学力偏差値を知能偏差値で除した値に100を掛けた値（成就指数）が100を大幅に下回る場合にアンダー・アチーバーと判定することもある。→オーバー・アチーバー

［松田信樹］

安藤昌益

（あんどう　しょうえき：1703－1762）

　江戸中期の独創的な思想家。当時，農民的立場を擁護し，医者として秋田に住み，封建社会にあって支配者が農民を略奪する現実を批判。『純道真伝』『自然真営道』を著し，身分制度の批判とそれに

関わる儒学・仏教・老荘思想を攻撃。安藤によれば，封建社会は罪悪のかたまりであり，最も人間性をゆがめるものであると考えた。自然のままに働く農民を，支配者が略奪したことがその原因である。孔子や孟子はいうまでもなく，諸子百家もまた支配階級の略奪を合理化した思想にすぎないと批判。彼はまれにみるヒューマニストであり，じつに清らかな日常生活を過ごし，1762（宝暦12）年に八戸で生涯を終えた。　　　　［広岡義之］

アンビバレント

　同一の対象に対して，相反する態度及び感情が併存するような心理状態をいい，両価性と訳される。例えば，親に対しての愛情と憎悪，友達に対しての尊敬と軽蔑など，異なる感情を同時にもつことである。両価性という言葉は厳密性を欠き，混合した感情や漠然とした葛藤という意味に使われる場合がある。しかし，アンビバレントの本来の意味は，陽性と陰性の感情的要素が同時に分け難く存在しており，主体・個人において乗り越えがたい対立を構成していることである。
　　　　　　　　　　　　　　［金山健一］

暗黙知／形式知
（tacit knowledge／explicit knowledge）

　ハンガリーの哲学者で社会学者であるマイケル・ポランニー（Polanyi, M.）が1966年に提示した概念。暗黙知は，体験して理解しているものの，記述することが困難な知識のことを指す。例えば，直感や勘，経験に基づくノウハウやコツ，個人的洞察や経験則から得た知識のこと。直接体験して会得した内容であるために，自らの生活のなかで活用する力が育ちやすい利点がある。他方で，形式知とは客観的に把握でき，文章や図表，記号等で表現しうる知識のこと。知識の学習が形式的になる。身体的・体験的に理解することが不足している点を改善するためには見学・観察，作業，体験等を通じて学習することが必要。組織における形式知

としては，作業の手順を記したマニュアル等がそれに該当する。暗黙知と形式知の相互作用により，現実に対応可能な生きた知識へと成長してゆく。［広岡義之］

ESL⇨外国語としての英語（EFL）

イエズス会

　1540年，イグナティウス＝デ＝ロヨラ（de Loyola, I. L.）によって設立されたカトリックの修道会。ルターなどのプロテスタント教会の宗教改革運動に対する，カトリック教会内部からの改革運動を実践。16～18世紀に主としてヨーロッパの高等教育機関を中心に，文化的・学問的影響力を与えた。この中心となったのがイエズス会の中等・高等教育計画の『イエズス会学事規定』であった。1534年に７人の同士が集まり，パリで会の前身を結成し，1540年ローマで教皇の正式認可を受けた。会の主たる活動分野は布教と教育であった。またロヨラの同志でスペインの貴族であったザビエル（Xavier, F.）は，海外布教をすることを通して，インド，中国，日本などにも同様の学校を設立した。ザビエルは，日本に渡来した最初のイエズス会士である。
　　　　　　　　　　　　　　［広岡義之］

イエナ・プラン（独：Jenaplan）

　ドイツのイエナ大学教授のペーターゼンが，同大学附属学校で行った学校教育プログラム。1924年以降，第二次世界大戦中まで続けられた。スイスで1927年に開催された新教育フェローシップ第４回大会の後「イエナ・プラン」と命名された。この教育プログラムの中核には，時代の流れのなかで薄れつつあった人間関係の再生のために，学校を社会的な共同体として機能させようとする考え方がある。特徴としては，学級が異年齢の子ど

も集団（「根幹グループ」）で構成される
ことが挙げられる。その活動は，教科別
の時間割ではなく，「会話」「遊び」「仕
事（学習）」「催し」を循環的に行う。ま
た，教室は子どもが大半の時間を過ごす
場（リビングルーム）として位置づけら
れ，理科・社会科の区別はなく，ワール
ドオリエンテーションと呼ぶ「学ぶこと
を学ぶ」ために設けられた総合的学習の
時間が尊重される。学校を生と仕事の場
としてとらえ，子どもと教員と保護者と
からなる共同体とみなし，できるかぎり，
学校が実際の社会生活を反映したものと
なるよう配慮されている。　　［吉原恵子］

閾下学習（subliminal learning）

　刺激閾以下の刺激（閾下刺激：sub-
liminal stimulus）により形成される学
習のことをいう。刺激閾とは，刺激が検
出される，すなわち感覚が生じるか生じ
ないかの境であり，閾下刺激の呈示は被
検者には意識化されていない。閾下刺激
を用いた研究例として，閾下単純接触効
果や閾下プライミング効果の検討などが
挙げられる。　　　　　　　　［及川　恵］

EQ

　自己や他者の感情を理解し，自分の感
情をコントロールする能力のことであり，
「心の知能指数」とも呼ばれる。具体的
には，自分の感情を理解し衝動を自制で
きる能力，自分の気持ちを自覚・尊重で
きる能力，適切な判断ができる能力，挫
折したときでも絶望せずやる気を起こさ
せる能力，他者に共感できる能力，集団
のなかで調和を保ち協力し合える対人関
係能力を育む能力などが挙げられる。最
新の研究では，教育や経験を通して改
善・習得可能であることが強調され，心
身の健康の促進，環境への適応，集団へ
の適合につながるとの報告もある。
　　　　　　　　　　　　　　［金山健一］

生きる力

　1996年の第15期中央教育審議会が「二
十一世紀を展望した我が国の教育の在り
方について」（第一次答申）において
「子供に［生きる力］と［ゆとり］を」
という副題を付けて，今後の教育の基本
的方向として，時代を超えて変わらない
価値のあるものを大切にし，社会の変化
に的確かつ迅速に対応する教育が必要で
あることを示した。そしてこれから求め
られる資質や能力は，変化の激しい社会
を「生きる力」だとした。この答申によ
れば生きる力とは，(1)「自分で課題を見
つけ，自ら学び，自ら考え，主体的に判
断し，行動し，よりよく問題を解決する
能力」，(2)「自らを律しつつ，他人と協
調し，他人を思いやる心や感動する心な
ど豊かな人間性とたくましく生きるため
の健康や体力」である。この答申を踏ま
え，1998年に改訂された学習指導要領の
総則において生きる力の理念が明記され
ることとなった。この考えは全人的な教
育観をねらいとしており，知徳体の調和
のとれた人間形成をめざすことを意味し
ている。　　　　　　　　　　［津田　徹］

育　　児（child rearing）

　家庭における子どもの養育または教育
を意味し，子どもの社会化過程において
親が乳幼児に対してとる保護的な態度や
基本的な生活習慣を育成するのに必要な
観念・行動を総称していう。古くは子ど
もを養育することを「子やらい」といっ
た。これは子どものお尻を後から追い立
てながら育てあげることを意味する言葉
である。このように，育児は親と子の相
互作用に関わる連続的過程であり，世話
やしつけの行動のほかにも親の態度・価
値・信念などの表現を含んでいる。近年，
育児に対して不安や葛藤の感情をもつ親
（おもに母親）の増加，育児放棄，虐待
などが大きな社会問題となっている。そ
の背後には，都市化に伴う核家族化，地
域社会の崩壊，労働形態の変化，少子化
など，さまざまな社会の変化が存在して
いる。　　　　　　　　　　　［中田尚美］

育児休業法

1992（平成4）年4月1日から施行された国家公務員の育児休業等に関する法律ならびに地方公務員の育児休業等に関する法律により，一般職の公務員全体についての育児休業等制度が設けられた。その後，育児・介護休業法改正案が2004（平成16）年に可決成立し，2005（平成17）年4月から施行された。改正の主な概要は，⑴育児休業・介護休業の対象者の拡大，⑵育児休業期間の延長。これまで1歳を限度としてきたが，保育所への入所ができない場合等には，1歳6か月までの休業を可能にしたこと，⑶小学校就学の始期に達するまでの子を養育する者に対し，年間5日を限度として，看護休暇を権利として求め，あわせて休暇を申し出たこと，取得したことを理由とする不利益取扱いの禁止を明確にしたことなどである。　　　　　　　　　［中田尚美］

池袋児童の村小学校

大正期の自由教育運動の代表的実践学校の一つ。「教育の世紀社」という大正自由教育を推進する教育団体の3つの構想（出版事業，機関誌の発行，児童の村小学校の創設）に基づく。1923（大正12）年，野口援太郎の私邸に3クラス，専任教員3名（志垣寛，野村芳兵衛，平田のぶ），児童約60名から開校した。この学校のモットーは，天分の伸長，個性の尊重，自発活動の尊重ということであった。この学校を手本に1925（大正14）年桜井祐男が御影児童の村小学校及び芦屋児童の村小学校を，上田庄三郎が雲雀ヶ岡児童の村小学校を創設した。しかし，いずれの学校も閉鎖を余儀なくされた（これら児童の村小学校はのちに別称で復興）。　　　　　　　　　　［津田　徹］

伊沢修二

（いざわ しゅうじ：1851 - 1917）

長野県出身の教育行政家で，近代教育の開拓指導者。高嶺秀夫らとともに師範学校調査のために渡米。ハーバード大学では教育学を研究。電話を発明した物理学者ベル（Bell, A. G.）からも学んだ。伊沢は，とくに西洋の教育学及び音楽を移植し育成した功労者である。1878年に帰朝し，東京師範学校長（1889年）となる。主著には，日本最初の『教育学』と題する書物がある。東京師範学校長として教育学・心理学などの導入により，教員養成方法を改革する。『小学唱歌集』の編集にも携わる。晩年は吃音矯正事業に尽力した。　　　　　　　　　［広岡義之］

石田梅巌

（いしだ ばいがん：1685 - 1744）

江戸中期の庶民思想家で石門心学の開祖。丹波の農家に生まれ，京都の商家に奉公。45歳のとき，京都の自宅を開放し一般の人々に講釈を始めた。商人の役割を肯定するなど，庶民を教化した。梅巌の思想は，儒学にとどまらず，神道・仏教・老荘思想を混然と含むもので，具体的で日常的な経験を教え，道話というきわめて平易な通俗講話によって心学の布教をすすめた。彼の教えは，人間生活の意味を探究して，人間の本質をその「あるがまま」に把握した人生哲学であった。彼の教えは，主として町人層の倫理に訴えかけるものであり，梅巌の思想は死後，全国に広がり石門心学と呼ばれた。その後，高弟の手島堵庵他によって広められ多くの心学講舎が建てられた。主著は『都鄙（とひ）問答』。　　　［広岡義之］

いじめ

文部科学省の定義によれば，いじめは「児童生徒に対して，当該児童生徒が在籍する学校に在籍している等当該児童生徒と一定の人間関係のある他の児童生徒が行う心理的又は物理的な行為の対象となった児童生徒が心身の苦痛を感じているもの」となっている。なお，起こった場所は学校の内外を問わない。また，「いじめ」のなかには，犯罪行為と認められ早期に警察に相談したり，ただちに通報したりすることが必要なものも含ま

れる。いじめは，2000年代頃まで恐喝や暴力，意地悪などを行う一部の児童生徒の逸脱的行動とされる傾向があった。しかし，しだいにその舞台は学級・学年集団内外や学校の内外に広がっている。また，インターネットやSNSを通じたからかいや誹謗・中傷も多くなっており，学校の組織的文脈や学校文化だけでは理解と解釈がむずかしい状況となっている。「いじめ」を分析する枠組みとして，集団を加害者，被害者，観衆，傍観者の4層構造でとらえる森田洋司らの理論が知られている。　　　　　　　　　　［吉原惠子］

いじめ・子どもの SOS

　いじめや虐待，その他子どものSOSを相談する窓口は，さまざまな設置主体によって，いくつか設けられている。文部科学省・教育委員会などによる「24時間子供SOSダイヤル」，法務局・地方法務局による「子どもの人権110番」，一般社団法人日本いのちの電話連盟による相談活動，都道府県警察の少年相談窓口，厚生労働省の児童相談所全国共通ダイヤルなどが，その代表的なものである。電話に加えて，インターネット（チャットやメール）でも相談できるものが増えている。　　　　　　　　　　　［冨江英俊］

いじめ対策

　いじめ対策の最も重要な点は，いじめはすべての児童生徒に関係する問題であるという視点で取り組むことである。つまり，児童生徒が存するところには必ずいじめは発生するということで，その意味からも，いじめの防止対策と早期発見が重要になる。また，いじめ防止対策推進法第2条で規定された「児童等に対して，当該児童等が在籍する学校に在籍している等当該児童等と一定の人的関係にある他の児童等が行う心理的又は物理的な影響を与える行為（インターネットを通じて行われるものを含む。）であって，当該行為の対象となった児童等が心身の苦痛を感じているもの」といういじめの

法的定義を再認識する必要がある。
　　　　　　　　　　　　　　［佐野　茂］

石上宅嗣

（いそのかみ　やかつぐ：729-781）
　奈良時代の文人で政治家。今日の図書館に相当する「文庫」が貴族たちによって開設された。彼のつくった芸亭（うんてい）（771年頃）は，わが国最初の図書館として有名である。これは，奈良時代の末期に宅嗣の旧宅（平城京近く）に漢籍を集めて設けられたものだが，平安初期には衰亡した。779（宝亀10）年石上大朝臣を賜り，翌年には大納言正三位となる。宅嗣はむしろ文人として位置づけられる。　　　　　　　　　　　［広岡義之］

イタール，**J. M. G.**（Itard, Jean Marc Gaspard：1774-1838）

　フランスの医師。幼い頃から養育者の世話や教育を受けずに育ったと考えられる野生児（「アヴェロンの野性児」）に関する教育，研究に関わった。フランスのアヴェロンで発見された野性児の少年は，当時11，12歳頃であったとされる。少年は，イタールらの教育によって当初に比べれば人間らしい成長が見られたものの，完全な発達には至らなかった。このような知見は，初期の経験や，教育の必要性など，環境的要因の重要性を示すものと考えられている。　　　　　　［及川　恵］

一斉授業（学習）

　学級の全員が，一人の教師のもとに，同一進度，同一内容のものを学習する形態をいう。日本では学制の施行から導入され，中央集権的，画一主義の教育体制のもとで定着した。この単位となる集団が「学級」と呼ばれており，この対極の学習形態が個別学習である。多人数を経済的に教育することが可能なために，義務教育制度の発達とともに，教育の歴史のなかで学校の学習形態の主流となった。一斉授業の欠点は，子どもの個性に対する配慮が不十分となりやすく，また子どもの学習がともすれば受動的になる。し

かし綿密な授業を設定することで，一斉授業を効率的に実践することも可能である。現代の教育においては，個性化や個別化の流れを配慮しつつ，さまざまな指導法が効果的に選択することが求められている。

[広岡義之]

5つの領域（外国語）

小学校及び中学校学習指導要領（2017）においては，英語について「聞くこと」「読むこと」「話すこと［やり取り］」「話すこと［発表］」「書くこと」の5つの領域別に目標が設定されている。このうち，「話すこと」における「やり取り」と「発表」が2017年の改訂で新たに設定された。「やり取り」については，「日常の会話から討論に至るまで，話し手と聞き手の役割を交互に繰り返す双方向でのコミュニケーションの機会が多いこと」（「中学校学習指導要領解説　外国語編」）を踏まえて「発表」とは区別され，関心のある事柄について即興で伝え合うことができるようにすることが目標とされている。なお，中学校学習指導要領（2008）における「聞くこと」「話すこと」「読むこと」「書くこと」の4技能の表記の順番を，受動スキル，能動スキルの順にまとめ直した点も，2017年の改訂による5つの領域の設定の一つの特徴である。

[宇野光範]

『一般教育学』（1806）

19世紀の教育方法学の泰斗ヘルバルトの代表的著作。大きく3部（教育の一般目的，興味の多面性，倫理的品性について）から論を展開する。まず彼の教育は「管理・教授・訓練」としてしばしばとらえられるが，これらについて詳述される。興味の多面性については「専念と致思」「四段階教授法（明瞭・連合・系統・方法）」，興味の対象，教授理論，教授過程などが扱われる。また倫理的品性については，品性と意志の関係，品性の形成過程，訓育（懲戒，しつけ等）について触れられ，子どもの倫理的な内面的

闘争について教師がいかに接触しうるのかをめぐっては，「信頼」がきわめて重要であることから，最終的に教師の人間性と情熱に期待したいと結んでいる。

[津田　徹]

遺伝と環境

人間の発達が遺伝による影響を多く受けるのか，あるいは環境によるのかというテーマはこれまで大いに議論されてきた。生物学では，身体的・生理的形質の遺伝的法則が研究されてきたが，心理学や教育学，社会学などでは知能発達や人格的発達，社会化の観点から関心がもたれてきた。「遺伝か環境か」については，人間のどのような器官や能力についての発達や成長であるのか，成長段階のいつの時点を考えるのかなどによってそれらの影響力は変化する。例えば，身長や発語能力などは遺伝的要件に支配される一方，知能は遺伝的要件に加えて，それが発達する環境も無視することはできない。また，学業成績などは，社会的要件に影響されやすく環境要因が整っていなければ能力は十分に発揮されないであろう。個々人は，発達に関して潜在的能力を遺伝的に受け継いでいるが，環境の影響によっても左右されると考えるのが一般的で，シュテルンの輻輳説，ジェンセンの環境閾値説がある。教育や社会化の観点からは，人間は環境との主体的な相互作用を通して自己発達を遂げていく存在としてとらえることが重要であろう。

[吉原惠子]

イド（id，独：Es〈エス〉）

精神分析の用語で，ドイツ語で「エス」と呼ばれている。精神の奥底にある本能的エネルギーの源泉である。フロイト，S. は人格を力学的，構造的にとらえようとして，イド（エス），自我，超自我の3層構造からなるとみなした。イドは本能的衝動の貯蔵所を意味する。本能的衝動に由来する心的エネルギーであり，快を求め（快感原則），直接的あるいはある

いは間接的方法によって満足を求める。これらの衝動は道徳や責任や社会的現実に適応せず，快を求めて不快を避けようとする。イドはこのほかに，無意識的である，非倫理的である，非論理的である，性及び死の本能の通過する場所であるという性質をもつ。　　　　　　［広岡義之］

伊藤仁斎
（いとう　じんさい：1627 - 1705）

　江戸時代初期の京都の儒学者・古学者。京都堀川の自宅に私塾「古義堂」を建てた。伊藤仁斎は，全国からの入門者に，『論語』『孟子』等を講じ，塾は明治まで続いた。彼の学問と教育は日常の実践のなかからつくりあげられたものであり，彼は直接『論語』を読むことによって儒教を理解しようとした。彼は同志会を組織し，教育や輪講の間に自らの思想を深めていった。『語孟字義』『論語古義』などの主著がある。生涯にわたって，仕官しなかったものの，諸国より学徳を慕ってやってくる門人は数千人に及んだ。経典としては『論語』と『孟子』を重んじ，その解釈は理論に走ることなく，日常の道徳を平明に説こうとして，独自で優れた理解を示した。死後に門人から「古学先生」の称を与えられた。　　　［広岡義之］

意図的教育

　意図をもって意識的，計画的，系統的，ときには組織的に行う教育のこと。それを行う代表的な教育機関が学校である。学校は各種法令，学習指導要領などを参考とし，意図的にカリキュラムを構築し，教育を行う。教育目的や教育目標が明確化され，それらを達成するために教育の専門家である教師が効果的，効率的な教育内容，教育方法を考案，実施している。反対に，ときとして意図せず無計画的に行われる家庭や地域社会での教育を，無意図的教育という。　　　［広成研一郎］

イートン校（Eton College）

　イギリスの 7 大パブリック・スクールの一つ。ロンドンの西方35キロの古都イートンにある，1440年にヘンリー 6 世によって創立された名門の男子校である。オックスフォード，ケンブリッジ大学への進学率はきわめて高い。学校の経営は，自費生の払う授業料と，巨額の基本財産から得られる収益とでまかなわれている。そのため，1944年の教育改革のときでさえ，私立学校として文部省の干渉を受けなかった。生徒はすべて男子で，ラテン語やギリシア語等の人文主義的教科教育が教育課程の中心をなす。集団的なスポーツ競技と伝統的な寄宿舎生活とがあり，生徒の人格形成に影響を与えている。自由と規律の生活のうちに個性豊かな英国紳士が育成されている。名著，池田潔の『自由と規律――イギリスの学校生活』（1949）は，少年時代をパブリック・スクールで学んだ著者の経験がイギリス文化とともに熱く語られている。
→パブリック・スクール　　　［広岡義之］

異年齢集団

　年齢の異なる集団，主として年齢の異なる子どもからなる集団のこと。現代社会においては，少子化が進行し，兄弟・姉妹同士また近隣の子ども同士のふれあいの機会が減少している。異年齢との関わりを通して，年長者も年少者も集団における役割を認識し，規範意識を高め，社会性や協調性を育むなどの教育的効果が見られる。それゆえ，意図的・計画的に保育や教育活動を異年齢集団で行うこともある。小学校で行われる「縦割り班活動」や「異学年交流活動」はその一例である。　　　　　　　［広成研一郎］

井上毅（いのうえ　こわし：1844 - 1895）

　熊本藩士の出身で，明治官僚の逸材。藩校「時習館」で学び，維新後，司法省に勤務。1872年から1873年にはフランスとドイツに派遣。ヨーロッパ視察経験を生かした形で，新政府の政策案に参加した。帰国後，大久保利通（としみち）に登用され頭角を現し，のちに内務大書記官，太政官大書記を経て，1881年に参事

院議官となる。伊藤博文のもとで，大日本帝国憲法（1889年公布）制定に参画しその起草に当たる。また熊本藩士の元田永孚（ながざね）と協力して教育勅語（1890）の起草にも参加。産業教育や中等教育の充実に努め，産業発展期に対応する学制全般にわたる教育改革を推進。1893（明治26）年第二次伊藤博文内閣の文部大臣となり，実業教育振興に尽力。死後に子爵を授与された。ちなみに子爵とは五等爵（公・侯・伯・子・男）の第4番目である。　　　　　　　　　　［広岡義之］

居場所

　生徒指導において使われる言葉。「居場所」とは，児童生徒が安心できる，自己存在感や充実感を感じられる場所のことであり，教職員が児童生徒のために，学校を「居場所」にしてあげること，すなわち「居場所づくり」が求められてきた。また，それに対応する言葉として「絆づくり」がある。「絆づくり」とは，主体的に取り組む共同的な活動を通して，児童生徒自らが「絆」を感じ取り，紡いでいくことを指しており，進めるのは児童生徒自身である。「居場所」を教師がつくったとしても，そこに「絆」をつくるのはあくまでも児童生徒自身であるということは生徒指導において留意すべき点である。　　　　　　　　　　［冨江英俊］

異文化理解の教育

　法務省の統計によると，日本における在留外国人数は263万人を超え，前年度に比べ2.9％の増加となり過去最高となった（2018年6月現在）。海外に在住する日本人の数も年々増加している。また，衛星放送やコンピュータネットワークによって，世界中の情報が容易にしかも瞬時にもたらされるようになった。海外との交流は，日本国内の経済や社会構造の変化，生活形態や人口動態を変化させ，さらに人々の価値観や行動様式をも変化させつつある。言語や文化を異にする人々と出会い，相互に交流し協力関係を樹立していくことが，今後ますます必要となるだろう。

　しかし，日本の学校教育は，子どもに対して画一的な行動を求める傾向が強い。日本の学校文化には，子どもたちの同質性を強める傾向がある。その一方で，大人の世界と同様，学校教育の場にも国際化の波が押し寄せている。海外で教育を受けた子どもが急増し，日本育ちの子どもは，自分たちとは異なる価値観に基づく行動を理解し，受け入れていかなければならなくなった。子どもの異文化に対する態度は，教師の異文化に対する態度や考え方，教育観によって大きく変化する。異文化接触には葛藤が生じるが，葛藤が生じたとしても，相手との関係性を保ち続けようと努力することが，異文化を理解し受容するうえで重要になる。さらに異文化に対して同じ態度をとり続けるのではなく，異文化的な行動の内容や状況，そして自分の側の状況をも考慮しながら柔軟に対処していくことが必要だと思われる。　　　　　　　　　　［中田尚美］

イリイチ, I. (Illich, Ivan：1926 - 2002)

　イリッチと表記することもある。アメリカ国籍のカトリックの思想家。ユーゴスラビア系の家庭に育ち，ウィーン，ザルツブルク，ローマで学んだ後，1951年に司祭となる。ニューヨークのラテンアメリカ系住民の直面する教育・福祉問題から現代学校制度のもつさまざまな問題を指摘し，新しい学校論の展開を提唱している。主著には『脱学校の社会』（1971），『オルターナティヴズ』（1971）など。→脱学校論　　　　　　　［広岡義之］

イレブン・プラス試験

(Eleven Plus Exam：11歳試験)

　イギリスの教育制度でバトラー法（1944）制定以降，初等教育修了者に実施される競争試験のことである。11歳以上の子どもたちが受験するためにこの名称がついた。この試験の結果によって子どもたちは3種類（グラマー・スクール，

テクニカル・スクール，モダン・スクール）の学校に振り分けられた。現在はこの試験が廃止されているところが多く，そのまま総合制中等学校（コンプリヘンシブ・スクール）に進学する。イギリスにおける労働党が提唱した総合制中等学校の特徴は，すべての生徒が中等教育機関に進学できる機会を保障する受皿として用意され，さらに多種多様な生徒の教育ニーズに応えるところにある。11歳試験の反省にたち，1965年以降徐々に実施され今日では90％近くの子どもたちが総合制中等学校に在籍している。

[広岡義之]

色（図画工作科）

　色とは，光の波長の違いによる視神経の刺激が脳に伝えられて生じる感覚である。太陽や照明の光が物体に吸収，反射されることで色が見える。色は赤や黄などの色みや明るさをもつ「有彩色」と，色みをもたない白や灰などの「無彩色」に分けられる。それぞれの色は混色することができ，「色光の三原色」（赤・緑・青）は混合すると白になる。一方，「色料の三原色」（シアン・マゼンダ・イエロー）は黒に近くなる。

　また「色の三属性」として，色合いを表す「色相」，色の鮮やかさを意味する「彩度」，色の明るさを意味する「明度」がある。その他，色相環で反対に位置する色の関係を「補色」と言い，絵の具などでは混色するとグレーになる。

　学習指導要領（2017）で示される小学校図画工作科や中学校美術科の〔共通事項〕では，自らの感覚や行為を通して形や色などを理解することが重視されている。特に美術科では色彩に関して総合的に理解し，色の組み合わせや彩りが感情にもたらす効果などを意識し，題材を考えていく必要がある。　　　　[須増啓之]

インクルージョン

　インクルージョン（inclusion）とは，直訳すると包括・包含という意味で，福祉やビジネスの分野でも使われる概念であるが，教育においては「インクルーシブ教育（inclusive education）」という言葉が一般的に使われる。インクルーシブ教育とは，特別な教育的ニーズがあるすべての子どもたちに包括的に学校教育を保障することを目指した教育のあり方であり，障害のある者と障害のない者がともに学び，障害のある者が教育制度一般から排除されないこと，自己の生活する地域において初等中等教育の機会が与えられること，個人に必要な「合理的配慮」（例として「車いすの子どもの教室を1階にする」「弱視の子どもの座席を一番前にする」など）が提供されることなどが必要とされている。　　[冨江英俊]

『隠者の夕暮れ』（*Die Abendstunde eines Einsiedlers*：1780）

　18世紀スイスの教育実践家ペスタロッチの代表作の一つ。1〜189の各断片に分かれて教育的警句を述べる。冒頭は「玉座の上にあっても木の葉の屋根の影に住まっても同じ人間，一体彼は何であるか」である。彼の協力者ニーデラー（Niederer, J.）は本著の内容を教育の一般的課題，人間の本質，教育の目的と範囲，人間発達の過程，精神的知的陶冶，心情の陶冶，家庭的陶冶，宗教的陶冶，国家的公民的陶冶に関するものだとまとめている。この著にはペスタロッチの鋭い洞察に基づく人間観，教育観，宗教観，世界観，子ども観が展開されており，読者に暗黙の了解を与える。

[津田徹]

インタラクティブ・ホワイトボード

　従来のホワイトボードは，黒板のように書くことしかできなかった。それに対して，インタラクティブ・ホワイトボードは，パソコンやスマートフォン，タブレット端末などのデータを映し，またタッチ画面（画面上に触れることで入力できる装置）を採用することで画面上に思いついたことを書き込むことができる

特徴をもっている。教育の分野では，教材などをインタラクティブ・ホワイトボードで見せることで，これまでより，生徒や学生へより簡単にイメージを伝えることができるようになることが期待されている。　　　　　　　　　　［高松邦彦］

インターンシップ（internship）

　インターンシップは，「学生が在学中に自らの専攻，将来のキャリアに関連した就業体験を行うこと」として幅広くとらえられている（文部省，通商産業省，労働省〈いずれも当時〉，平成9年9月）。これまで，高等学校の職業教育や専門職養成において，現場体験・実習が行われてきたが，「教育改革プログラム」（文部省，平成9年1月）では，学生の専門性によらず，高い職業意識を育成するため，インターンシップの導入のあり方について検討を進める提言がなされた。理科教育及び産業教育審議会答申「今後の専門高校における教育の在り方等について」（平成10年）などを契機として，「就業やボランティアにかかわる体験的な学習」が奨励され，「就業体験」という用語が定着した。また，「今後の学校におけるキャリア教育・職業教育の在り方について」（中央教育審議会答申，平成23年1月31日）により，全国の大学・短大において教育課程の内外を通じて，社会的・職業的自立に向けた指導等に取り組むための体制の整備が義務づけられ，産学協同を軸として事業が展開されている。近年，企業等の採用選考活動においてインターンシップが一般化していることから，大学や学生にとっての意義，実施期間，実施形態等について調査・研究が進められている。　　　　　　　　［吉原惠子］

インテグレーション（integration）

　心身に障がいのある子どもと通常の学級に在籍する子どもが交流して授業を受けることを意図した教育のこと。障がい児に対するインテグレーションは，形態的には障がい児が通常の学級と関わり継続することや，通常の学校に入ることを意味する。従来の障がいのある子どもは学習効率，安全面から考えて，養護学校や特別支援学級に在籍したほうが好ましいといった考えが存在していた。しかし地域での交流，多くの子どもから感化されることの目に見えない教育的効果を期待することから積極的にインテグレーションを行うという考え方が，近年提唱され始めた。またどの種類の学校に通学させるかという最終決定は親権者にあるという考え方も支持されている。重要なことは，障がい児の教育を受ける権利を実質的に保障するための教育改革をさらに推し進め，そしてその教育条件の整備をさらに拡充することである。
　　　　　　　　　　　　　　　［広岡義之］

インドクトリネーション（indoctrination）

　一般的には，特定の思想・信条や態度を教え込むことを指し「教化」と訳される。より広義には，一定の教えや価値を学習者のなかに定着させることを意味する。「教化」（「きょうげ」とも読む）はもともと仏教用語で，人々を教え導いて仏道に入らせること，先覚者が大衆を善なる方向へ導くことである。日本で「教育」という言葉が生まれるまでそれに当たる言葉として用いられていた。教化は，教室空間の〈教授者－学習者〉間の教育実践の範囲を超えて，人々を教え導き，道徳的・思想的な影響を与えて望ましい方向に進ませる意図的で注入主義的な活動としてとらえられる。デューイの教育論では，児童中心的な経験主義としての「興味主義」の一方で，教化（教え込む方法）を「努力主義」としてとらえ，その相互関連性を重視している。また，ブレツィンカ（Brezinka, W.）は，子どもが「生活の有能さ」を獲得し，〈自律的〉な人格を育むためには，共同体的な「生の秩序」のインドクトリネーションの要素が不可欠として，その積極的意味を見出している。　　　　　　　　　［吉原惠子］

インフォームド・コンセント
（informed consent）

　医師や臨床心理士などの専門家が，患者やクライエント，またはその家族などに対して，病名や各種の治療法，効果や副作用などについて説明し，相手の同意を得ることである。このような手続きは，患者を尊重し，患者の権利を守るために重要となる。インフォームド・コンセントは患者の主体的な治療への参加や患者と専門家との関係性の構築を考えるうえでも重要であるが，伝え方や時期などについては十分な配慮が必要となる。治療現場の他，研究協力を得る文脈でも用いられる。

[及川　恵]

う

ヴァージニア・プラン（Virginia Plan）

　アメリカのヴァージニア州教育委員会が1934年に作成したカリキュラム。代表的な経験カリキュラムとして知られ，社会生活の問題解決を主題とした社会機能法に基づくコア・カリキュラムとして編成されている。はじめ11の問題領域（スコープ）が設定されたが，その後改訂されたコース・オブ・スタディでは領域に見直しが図られ，(1)人格の発達，(2)生命・財産・天然資源の保護と保存，(3)物資の生産・分配・消費，(4)物・人の交通と輸送，(5)娯楽，(6)美的・宗教的な要求の表現，の6つに分類された。ヴァージニア・プランはこれらの領域（スコープ）とともに，学年に応じた発達段階を考慮してスコープを割り当てる配列（シークエンス）を定めて単元を決定する。1943年の改訂版ヴァージニア・プランは第二次世界大戦後，日本の小学校学習指導要領に社会科が新設される際の模範とされ，日本の教育にも大きな影響を与えている。→カリフォルニア・プ

ラン

[塩見剛一]

ヴィゴツキー，**L. S.**（Vygotsky, Lev Semyonovich：1896－1934）

　ソビエト（現在のロシア）の心理学者。モスクワ国立大学，レニングラード教育大学などで心理学の教育と研究に従事し，多数の青年学徒を組織して研究者集団をつくりだし，独創的な実験研究を行った。彼の残した学問的業績は，心理学・児童学・精神病理学，欠陥学，教育学などの広範な分野にわたっている。のちに，ソビエト心理学界の重鎮となったレオンチェフ，ルリヤ，エリコーニンらは，ヴィゴツキーの直接の指導を受けている。ヴィゴツキーは当時の心理学において支配的であった生物学的・自然主義的理論に対して，精神の歴史的・文化的発達理論を展開し，児童学・教育学にも大きな影響を与えた。とりわけ，子どもにおける思考と言語及び概念発達の研究は重要であり，教授と発達との関係について鋭い洞察を行っている。子どもの発達における教授の主導的役割や，「発達の最近接領域」に関する理論がそれである。主な著作は，『思考と言語』『精神発達の理論』『芸術心理学』『児童心理学講義』など。

[中田尚美]

ウィトゲンシュタイン，**L.**
（Wittgenstein, Ludwig：1889－1951）

　ウィーン生まれでイギリスで活躍した分析哲学者。数理哲学や論理学を得意とした。生前に発行された『論理哲学論考』（1921）のなかで，「語りえぬものについては沈黙しなければならない」という名言を残している。彼の経歴については，ケンブリッジ大学の教員になるまでに，戦争捕虜，庭師助手，小学校教師，そして建築設計にも関わったことが挙げられる。ユニークな教師としての側面がある一方，保護者や同僚たちの周囲の理解を得られない状況なども書簡に残っている。大学教師としての側面においても特異な性格が見られたことが伝えられて

いる。彼の学問的関心は，言語，自己，世界，意味，事実，価値，芸術などであった。『哲学的探究』（1953）においては，先の『論理哲学論考』の課題を発展・深化させた。そのなかではアウグスティヌスの言語の問題，言葉をゲームとして扱うこと，規則に従うことなどが扱われ，ソリプシズム（唯我論）の擁護と論駁，近代的な主観性の批判がめざされている。　　　　　　　　　　［津田　徹］

ウィネトカ・プラン（Winnetka Plan）

　アメリカの教育家ウォッシュバーンによって提唱された同国イリノイ州ウィネトカでの教育計画。彼の著書『教育の個別化』によれば，1919年にこの取り組みに着手する。ウィネトカの公立学校の教師が直面していた教育課題は「生徒の個人差に対応した教育活動をどのように展開するか」ということであった。青年時代にバーク（Burk, F.）の影響を受け，当時主流であり軍隊教育に由来する学年制や画一的教育方法への批判，進級落第の制度など個性化教育とは無縁の教育状況を認識していた彼は，一人ひとりの児童の創造性や社会性の育成など社会的適応をも考慮した個性重視の教育を実施し，また各分野の評価（完成テストと診断テスト）を教育方法に取り入れた。その他学校経営的な立場から個別教育がどうなされるべきかをめぐって，学年の決定，日課表の活用，目標カードの活用，教員の研修，地域社会への参加など積極的な提言がなされた。　　　　　　［津田　徹］

ウェクスラー式知能検査

　ニューヨークのベルヴュー病院で心理診断をしていたウェクスラー（Wechsler, D.）が1939年に作成した成人用の個別知能検査「ウェクスラー＝ベルヴュー知能検査」がウェクスラー式知能検査の始まりである。その後，児童用の WISC（Wechsler Intelligent Scale for Children），成人用の WAIS（Wechsler Adult Intelligent Scale），幼児用の WPPSI（Wechs-ler Preschool and Primary Scale of Intelligence）が開発され，それぞれに改訂され続けてきた。検査結果は，全体 IQ だけでなく，動作性 IQ と言語性 IQ に分けて得ることができる。知能を診断的に判定できることから，臨床場面で非常に有用な検査である。　　　　［松田信樹］

ウォッシュバーン，C. W.（Washburne, Carleton Wolsey：1889 - 1968）

　ウィネトカ・プランを組織したウォッシュバーンは，アメリカの進歩主義教育運動の中心的指導者であった。1919年から1943年までイリノイ州ウィネトカ市の教育長で，個別的学習と集団的活動を合わせたウィネトカ・プランを考案して，このプランを同地の公立学校で実践して注目された。この間，進歩主義協会会長を務め，1950年，ブルックリン大学の教育養成部長となった。ウィネトカ・プランでは，学習進度の個別化を図ることや創造的活動を重視した。また教育課程を，基礎教科（数学，国語等）と集団的・創造的活動（音楽，体育等）に区分した。カリキュラムは読み・書き・計算といった共通基本の内容について個別学習を実施するコモン・エッセンシャルズと呼ばれる教授法を柱にしたものと，クラスを単位として，集団精神，独創性などを培う集団的創造的活動からなる。

　　　　　　　　　　　　　［広岡義之］

ウシンスキー，K. D.（Ushinskii, Konstantin Dmitrievich：1824 - 1870）

　帝政ロシアの教育家・教育学者。「19世紀ロシア近代教育の父」と呼ばれている。1844年にモスクワ大学を卒業後，1854～1859年ガッチンスキー孤児学院で，はじめはロシア語教師となった。1859年ペテルブルクのスモーリヌイ学院の生徒監となり，女子中等教育に力を尽したが，その進歩思想ゆえに，留学という名目でスイスに追われた。ここで彼は各国の教育を研究し，1867年帰国後は，国民性の原則にのっとり，母国語を重要視。彼は

義務教育の実施や師範教育の充実などを主張した。公教育は国民自身の手によってつくり出される「国民のための教育」でなければならないと考えた。

[広岡義之]

内田・クレペリン精神作業検査

作業検査法による性格検査。クレペリン（Kraepelin, E.）が考案した連続加算作業を内田勇三郎が発展させた。連続加算作業は前半と後半15分ずつ行われ，間に5分の休憩を挟む。得られた結果から作業曲線が描かれるが，健常者の多くでは作業曲線に共通の傾向が見られる（定型曲線）。性格は作業の量や質，作業曲線の型などにより検討される。集団で実施可能であること，比較的検査手続きが簡便であること，被験者の防衛が働きにくいことなどが特徴とされる。

[及川　恵]

内村鑑三

（うちむら　かんぞう：1861 - 1930）

日本を代表する無教会派のキリスト教思想家。群馬県出身。江戸の高崎藩邸で生まれ，はじめは厳格な儒教の教育を受けていた。のちに英学を学び，新渡戸稲造らとともに，札幌農学校入学後，思想の転換が生じた。1878（明治11）年にキリスト教徒となり，その後，渡米し神学校に学ぶ。帰国後，第一高等中学校の英語教師となった。1891（明治24）年，「教育勅語」に対して敬礼を拒否し，いわゆる「不敬事件」を起こして辞職。以後は文筆と講演で，無教会主義の日本的キリスト教の普及・伝道に生涯を捧げる。主著に『余はいかにして基督教徒となりしか』（1895）。内村は，「二つのJ」（日本とイエス）に仕えることを念願とした。鋭い良心と激しい正義感は当時の腐敗した日本の社会に対する痛烈な時事評論として残されている。晩年は社会的な活動から身を引いたものの，『聖書之研究』及び彼の研究会は当時の青年たちに多大の影響を与えた。

[広岡義之]

ヴント，**W. M.**（Wundt, Wilhelm Maximilian：1832 - 1920）

ドイツの心理学者，哲学者。ハイデルベルク大学で医学と生理学を学び，当初は生理学を研究していたが次第に認識論や生理学的心理学へと領域を移行する。1874年に発表された『生理学的心理学綱要』は科学的心理学の先駆けとされる。1879年にはライプツィヒ大学に世界初の心理学実験室を開設し，ここでの実験を通じてなされた心理学の体系化の試みは今日の心理学の基礎となっており，後継の研究に強い影響を与えた。ヴントは心理学を経験科学として哲学と区別して，その対象は直接経験であるとする。そして心理学の主要課題は(1)意識内容を諸要素に分析し，(2)諸要素の結合方法を見つけ，(3)その結合法則を発見することにある，とした。

またヴントのもとでは多くの学者が指導を受けており，実験教育学の提唱者であるモイマン（Meumann, E.），児童研究を行ったホールやキャッテル（Cattell, J. M.）など，教育領域で研究を進めた心理学者も数多い。　　　[塩見剛一]

運動遊び（locomotor play）

幼児が，走・投・跳などの基本的動作を楽しみながら自発的に取り組むさまざまな遊びのこと。幼児期における運動の意義としては，体力・運動能力の向上，健康的な体の育成，意欲的な体の育成，意欲的な心の育成，社会適応力の発達，認知的能力の発達などがある。また，幼児の運動遊びを行う際は，幼児が楽しく自発的に体を動かせる環境と時間をつくり，さまざまな遊びを取り入れながら多様な動きを獲得させることが大切となる。なお，幼児期は発達が著しく個人差が大きいため，個々の発達に応じた援助が求められる。　　　[森田玲子]

運動技能（motor skill）

トレーニングなどを行うことで運動技術を身につけた能力の様態のこと。ス

ポーツだけでなく日常的な活動でも必要とされるものである。運動技能には，フォーム（form），正確さ（accuracy），速さ（speed），適応性（adaptability），恒常性（consistency）の５つの要素があり，これらを学習することで運動技術が身につき，運動技能となる。また，運動技能の上達過程は，(1)試行錯誤の段階，(2)意図的な調整の段階，(3)自動化の段階の３段階に分かれており，これらの段階を経て，向上と停滞（プラトー）や低下（スランプ）を繰り返しながら上達していく。　　　　　　　　　［森田玲子］

運動の楽しさ

　小学校，中学校学習指導要領・（保健）体育には，「運動の楽しさに触れ」「楽しさや喜びを味わい」という文言が各学年における各運動領域の技能の内容を表記する項目に頻出する。この「運動の楽しさ」とは，運動ごとに備わっている固有の面白さのことである。人間がその運動に興味関心をもち，主体的・能動的に取り組もうとするのは，対象の運動に人間の欲求を満たす機能，すなわち「運動の機能的特性」から生ずるプレイの面白さ，楽しさが内在的価値（intrinsic value）として備わっているからである。運動技能の学習においても，子どもが主体的に運動に取り組む原理として「運動の楽しさ」が中心に存在する必要がある。→運動の特性　　　　　　　　　　　［田中　聡］

運動の特性

(characteristics of movement)

　運動は，それぞれ意味があって行われ，各々に固有の性質がある。このように，各種の運動を他の運動と区別することができる特有の性質のことを「運動の特性」という。体育分野での運動の特性は，「効果的特性」「機能的特性」「構造的特性」の３つの一般的特性と「児童生徒からみた特性」に分けられる。「効果的特性」とは，運動が心身の発達に与える効果に着目した特性のことで，これを中心とした授業の考え方，及び実践を「体力中心主義の体育」と呼ぶ。「機能的特性」とは，運動を行う者の欲求や必要を充足する機能に着目した特性をいい，これを中心とした授業の考え方，及び実践を「楽しい体育」と呼ぶ。「構造的特性」とは，運動の形式や技術的な仕組み・構造に着目した特性をいい，これを中心とした授業の考え方，及び実践も「楽しい体育」に含まれる。また，「児童生徒からみた特性」では，児童生徒の立場に立ち，運動の楽しさや喜びを感じること，つまり，機能的特性を重視し学習指導を進めることが大切となる。　　　［森田玲子］

運動の分類

(classification of movement)

　一般的に「運動」というとき，これには多様な現象が含まれている。それらの現象を理解する際には，運動をモノの移動として理解する立場と，意図をもつ人間の動きとして理解する立場がある。　　　　　　　　　　　　［森田玲子］

運動部活動での指導のガイドライン

　運動部活動でのガイドラインは，指導における体罰の根絶，指導者の支援をめざして2013年５月に文部科学省が作成した。効果的，計画的な指導に向けての注意事項，指導力向上について７つの項目でまとめられている。学習指導要領には，運動部活動は「学校教育の一環」と明確に示され，技能の向上だけでなく，生きる力の育成，豊かな学校生活の実現させる役割を果たしており，生徒の多様な学びの場として教育的意義が非常に大きいものである。また，社会の変化に応じて運動部活動改革に向け，生徒の視点に立ち「運動部活動のあり方に関する総合的なガイドライン」がスポーツ庁より報告された（2018年３月）。　　　［椿　武］

運動領域

　体育科における保健領域を除く運動領域は，小学校では，体つくり運動系，器械運動系，陸上運動系，水泳運動系，

ボール運動系，表現運動系の6領域で構成される。ちなみに小学校低学年では，これらの運動領域について「体つくりの運動遊び」「器械・器具を使っての運動遊び」「走・跳の運動遊び」「水遊び」「ゲーム」「表現リズム遊び」という名称がつけられ，それらの内容が「運動遊び」であることを強調している。また，中学校，高等学校の保健体育科体育分野においては，これら6領域は「体つくり運動」「器械運動」「陸上競技」「水泳」「球技」「ダンス」という名称の領域として継続され，さらに「武道」「体育理論」の2領域が加わり，8領域で構成される。体育分野における「体育理論」は，小学校では各運動領域内での「知識及び技能」として実技内容との関連で扱うことになる。→保健領域，体つくり運動，運動遊び　　　　　　　　　　　　　［田中　聡］

栄養教諭

　児童生徒の栄養の指導及び管理をつかさどる教員のことである。食生活を取り巻く社会環境が大きく変化し，食生活の多様化が進むなかで，子どもの食生活の乱れが指摘されており，子どもが将来にわたって健康に生活していけるよう，栄養や食事のとり方などについて正しい知識に基づいて自ら判断し，食事をコントロールしていく能力や望ましい食習慣を子どもたちに身に付けさせることが必要とされている。このため，食に関する指導（学校における食育）の推進に中核的な役割を担う栄養教諭制度が創設され，2005（平成17）年度から施行された。栄養教諭は正規教員であり，栄養教諭普通免許状（専修，1種，2種）を有していなければならない。　　　　　　［中田尚美］

エッセンシャリズム（essentialism）

　本質主義と訳される。次世代に文化的・社会的遺産の基本的要素（essentials）を伝達することを学校教育の主要な機能とみなす考え方。1930年代よりアメリカで提唱された教育運動で，プログレッシヴィズム（進歩主義）とは対照的な関係にある。主唱者としては，進歩主義に対抗する「エッセンシャリスト委員会」（1938）の綱領を作成したバグリー（Bagley, W. C.）が知られる。伝統的な読み・書き・算を中心に「最小限の教育内容」を指すミニマム・エッセンシャルズを設定し，それに基づき知識の教授を重視した教育内容の標準化と合理化を図る。放任に陥りかねない進歩主義と異なり規律を重視し，国民に共通の教養を求めた点などを評価されることがある一方，教育基準となる「何が最小限か」の検討や，伝統的価値に比重を置き服従や訓練を強調する保守的な姿勢，経済効率優先とも思える合理化など問題点も指摘される。→進歩主義教育運動　　　［塩見剛一］

ADHD（注意欠陥・多動症／注意欠陥・多動性障害）

　Attention-Deficit/Hyperactivity Disorder の頭文字をとって ADHD と記される。精神医学的診断基準では，不注意という特徴が顕著にみとめられる不注意優勢型，多動及び衝動性が顕著にみとめられる多動性－衝動性優勢型，そして不注意かつ多動性－衝動性という特徴をあわせもつ混合型に分類される。不注意かつ／あるいは多動性－衝動性という特徴が7歳以前に現れ，そのような特徴がさまざまな状況において現れる場合に，ADHD と診断される。不注意や多動，衝動的といった特徴から，親のしつけの失敗ゆえである，本人のわがままなパーソナリティのゆえであるなどと，ADHD の原因については誤解されやすい。しかし，そのような原因に関する解釈は誤りであり，遺伝的要因の影響が強いと考え

られている。 [松田信樹]

エディプス・コンプレックス
(Oedipus complex)

　フロイト，S. の精神分析の基本概念の一つ。子どもが両親に対して抱く愛と敵意と恐怖を中心として発展する観念複合体。幼児の成長に伴って，異性の親に性的愛情を抱く反面，同性の親に嫉妬や憎しみを感じ，それによって処罰される不安をもつものである。とくに男の子が無意識のうちに母親に愛着を抱くようになり，自分と同性である父親に敵意をもつようになる傾向のことを指し示す。父親と知らずに殺害し，実の母親と結婚してしまうギリシア悲劇のオイディプスにちなんで，フロイトが命名した用語である。 [広岡義之]

NPO (Non-Profit Organization)

　内閣府によれば，「NPO」とは，「様々な社会貢献活動を行い，団体の構成員に対し，収益を分配することを目的としない団体の総称」である。NPO の活動は，保健，医療または福祉，教育・文化，まちづくり，環境，国際協力などの分野にわたる。特定非営利活動法人制度では，「自主的な法人運営を尊重し，情報開示を通じた市民の選択，監視を前提」に，所轄庁の関与が極力抑制されている。NPO は，公共活動の担い手に対する社会の考え方の変化のなかで生まれてきた経緯がある。終戦後，日本国憲法第21条において「結社の自由」は担保されたが，すぐには公の支配から独立した団体活動は展開されなかった。人々の暮らしや社会環境の改善については，社会福祉法人や公益法人などがその役割を担っていた。1970年代になると，人々の間で生活者としての意識が高まり，行政サービスの限界を指摘し改善する市民活動が活発化した。その後，1990年代では，阪神・淡路大震災を契機として，NPO は「新たな公共活動の担い手」としてその役割が期待されるようになった。地域ごとの課題が多様化するなか，市民が行政や企業，大学等と連携していく新しいコミュニティづくりにも一定の役割が期待されている。 [吉原惠子]

エビングハウス，H.
(Ebbinghaus, Hermann：1850-1909)

　ドイツの心理学者。無意味綴りを用いて自分自身を被験者とする記憶研究を行った。無意味綴りは，単語としての意味をもたない文字の連続であり，語の意味が記憶過程に与える影響を考慮して用いられた。最初に無意味綴りを完全に学習するのに要した時間（原学習時間）と再学習に要した時間（再学習時間）との関連から求められる「節約率」を忘却の指標とし，時間の経過と忘却との関連を忘却曲線によって表した。 [及川　恵]

エマソン，R.W.
(Emerson, Ralph Waldo：1803-1882)

　アメリカの思想家，詩人。「コンコードの哲人」と呼ばれた。個性の尊重という意味で「自己信頼」の主張が重要。主著に『自恃（じじ）論』があり，人間の信頼が教育学的課題となる。「超越論（transcendentalism）」思想に基づき，子どもの自然的本性を強調。7 代にわたってニューイングランド，ボストンの牧師をしてきた家に生まれ，自らも26歳のときにユニテリアン派の牧師となる。しかし聖餐式に関する彼の自由な考え方が，教会員と相容れず，1832年に牧師を辞める。その後，ヨーロッパを旅行し，ワーズワース（Wordsworth, W.），カーライル（Carlyle, T.）らと会談。カーライルらとの親交を通して，自己の信念が確立され，帰国後はコンコードに隠住しつつ執筆活動に専念した。 [広岡義之]

『エミール』
(Émile ou De l'éducation, 1762)

　フランスの思想家ルソーの物語形式を採った教育論。副題は「教育について」であり，1762年の作品で，全5巻で構成。エミールという架空の孤児がゆりかごか

ら結婚まで，理想的な家庭教師の指導の下に成長してゆく過程が，文学的な魅力と教養小説の手法で描かれている。「万物をつくる者の手をはなれるときすべてはよいものであるが，人間の手にうつるとすべてが悪くなる」という有名な冒頭の句に示されているように，ルソーは，社会や家族，習慣等の悪影響から子どもを守ることが重要であると考えた。幼児には感覚の訓練，少年には肉体の修練を中心にして，道徳や真理はもっと後で教授すればよいと説いた。このルソーの考え方は消極教育と呼ばれた。　[広岡義之]

MMPI

ミネソタ多面的人格目録（Minnesota multiphasic personality inventory）。ミネソタ大学のハサウェイ（Hathaway, S. R.）とマッキンリー（McKinley, J. C.）により開発された。質問紙法による性格検査であり，550項目からなる。尺度には妥当性尺度と臨床尺度，追加尺度がある。臨床尺度は，第1尺度（心気症），第2尺度（抑うつ），第3尺度（ヒステリー），第4尺度（精神病質的偏倚），第5尺度（男性性・女性性），第6尺度（パラノイア），第7尺度（精神衰弱），第8尺度（統合失調症），第9尺度（軽躁病），第0尺度（社会的内向性）の10尺度からなる。改訂版として567項目のMMPI-2が開発されている。　[及川恵]

絵や立体，工作に表す活動

小学校図画工作科の内容「A表現」の一つ。テーマや目的をもとに児童が感じたこと，想像したこと，見たことなどから表したいことを見つけ，発想や構想を行い，材料や用具の特徴を生かして自分なりに工夫をしながら作品として表す活動である。「絵や立体」は感じたことや思ったことなどを絵の具や粘土，木などの材料や版画などの技法を使って表す内容である。一方，「工作」では動くものや飾るものなど意図や用途が明確なものや伝えたいことなどを表す。これらは過程において関連しあうことが多いため，「絵や立体，工作に表す活動」としてまとめられている。また，「絵や立体」と「工作」の授業時間数はおよそ等しくなるように授業を組み立てる必要がある。

「A表現」では見たものをそっくりにつくることが目標ではないことに留意し，児童が自分なりに考えてつくる過程を保障した題材を考えていくことが重要となる。　　　　　　　　　　[須増啓之]

エラスムス，D.
（Erasmus, Desiderius：1467-1536）

オランダ生まれの16世紀最大の人文主義者。幼年に孤児となり，のちに修道院に入る。12歳のエラスムスを見た牧師アグリコラ（Agricola, M.）は「君はいつか偉大な人間になるだろう」といったという。彼はとくに古典語（古代ギリシア語，ラテン語）に通達し，パリ大学に進学，文学を学ぶ。宗教改革は，「エラスムスが卵を産んで，ルターが孵した」といわれるが，宗教改革に関する彼の立場は，カトリックの勢力にも改革（ルター）派のいずれにも与しなかった。ただし，カトリックとくに教会へのまなざしは批判的であった。またルターの改革にも一時期理解を示していたが，のちにルターの自由意志を否定する考えや改革派の過激さに理解を示すことはできなくなったといわれている。さらにトマス・モアに献呈した『痴愚神礼讃』（1509）においては痴愚を意味する「モリア」（ギリシア語）の女神が人間社会の愚かさを滑稽に揶揄して，これまでの権威を否定し，これが評判を招来してベストセラーとなった。教育的著作として『学習法論』『幼児教育論』等がある。

[津田徹]

エリクソン，E. H.　（Erikson, Erik Homburger：1902-1994）

ドイツ生まれでアメリカに移住したフロイト学派の精神分析学者。「同一性」概念を提唱したことで有名。エリクソン

は心理＝社会的発達観といわれるように，パーソナリティの形成に関する文化・社会的要因を重視。それまで幼年期から青年期が重視されていた発達図式を老年期まで含めたライフサイクルとしてとらえた。各段階の行動はその時期に突然現れるものではなく，その前段階の発達課題を克服し，乗り越えたときに初めてその段階の行動に発達する。各段階の発達課題はそれぞれの段階に固有のものであり，その時期を過ぎると達成が困難になる。とくに，青年期の「同一性」対「同一性拡散」がよく知られている。親や周囲の他者をモデルにした自我像が崩壊すると，自分がどのような人間でそして何をしようとしているかが理解できなくなる。その結果，自己不全感に陥り，これを「自我同一性の拡散」の危機と呼び，この「自我同一性」を達成することこそが青年期の最大課題となる。　　　　［広岡義之］

エリート教育

　エリート（仏：élite）には，選ばれた者，精鋭，選良などの訳語が当てられる。個人を指すほかに，「エリート層」のように集団を意味する場合がある。後者は，社会や集団でシステムの上位に位置し，高い権力・威信・財力などをもって，指導的・支配的役割を果たす層としてとらえられている。ミルズ（Mills, C. W.）は，エリートを政治エリート，軍事エリート，経済エリートに分類したが，現在では文化やスポーツ分野などエリート層は分化している。日本のエリート教育については，明治期以降の「旧制中学校－旧制高等学校－帝国大学」のルートで育成されるナンバースクール，軍事エリートには「陸軍幼年学校－陸軍士官学校－陸軍大学校」ルートがあった。また，財閥や財界有力者が経済・政治・法曹の分野で私立大学を設立し，各界のエリート的人材を輩出してきた。このようなエリートの輩出は，出世主義に結びついた学歴主義に基づき身分秩序を生み出してきた。ま

た，学歴の世代間継承も見受けられ，教育格差の点から問題が指摘されている。
　　　　　　　　　　　　　　　　［吉原惠子］

LD（学習障害）

　学習障害（Learning Disorder）の略である。アメリカ精神医学会の診断基準（DSM-5）では「限局性学習症／限局性学習障害」と表記されている。DSM-5によれば，読字や書字，計算等，学習や学業的技能の使用に困難があり，その困難に対する介入が提供されているにもかかわらず，6か月以上症状が継続しており，学業や職業遂行能力，日常生活の活動に意味のある障害が生じている状態とされる。DSM-5では，学習障害は神経発達症群／神経発達障害群に分類されており，他にADHDや自閉スペクトラム症／自閉症スペクトラム障害などが含まれる。　　　　　　　　　　　　　　［及川　恵］

エル・ネット

　文部科学省が全国に教育，文化，スポーツ，科学技術に関する情報を直接配信していた教育情報配信のこと。1999年に，衛星放送を利用した教育情報通信ネットワークとしてサービスを開始した。その後インターネットの普及により，2008年にはインターネットを活用した教育情報通信ネットワークに移行した。さらにYouTubeなどの民間の動画共有サービスの浸透に伴い，2011年にはそれらにこれまでのコンテンツを移行させることで，その役割を終了した。
　　　　　　　　　　　　　　　　［高松邦彦］

演繹的な考え（算数科）

　すでに正しいことが明らかになっている事柄をもとにして別の新しい事柄を説明していく考え。帰納的な考えと同じく，重要な数学的な考え方の一つである。中学校数学の証明問題等では演繹的な考えを用いて結論を導くことが多いが，小学校算数の内容で演繹的な考えで説明することは少ない。演繹的な考えを用いる例としては，四角形の内角の和が360°にな

る説明などが挙げられる。三角形の内角
の和を調べたときと同じようにいろいろ
な四角形の4つの角度を測定して和を求
める方法が帰納的な考えを用いた説明で
あるのに対して，「三角形の内角の和は
必ず180°になる」といった，すでに明ら
かになっているきまりを用いると，四角
形を1本の対角線で区切ることで2つの
三角形になることから，四角形の内角の
和は180°×2＝360°となることが導かれ
る。演繹的な考えを用いて説明すること
で，多くの四角形をいちいち調べなくて
も証明できる，といったよさに気づくこ
とができる。　　　　　　　〔井上正人〕

エンゼルプラン

　日本の少子高齢化や女性の社会進出な
どの子どもを取り巻く社会の変化に対し
て，1994年12月に当時の文部省，厚生省，
労働省，建設省の各大臣の合意により策
定された「今後の子育て支援のための施
策の基本的方向について」に基づく10年
を目途とした計画の通称。国や地方自治
体，企業・職場や地域全体が，(1)安心
して子どもを生み育てる環境を整え，(2)
あらゆる社会構成メンバーが協力するシ
ステムを構築し，(3)子どもの最善の利
益を最大限尊重することを基本的視点に
子育て支援社会を推進することを示す。
具体的には，(1)子育てと仕事の両立支
援の推進，(2)家庭における子育て支援，
(3)子育てのための住宅及び生活環境の
整備，(4)ゆとりある教育の実現と健全
育成の推進，(5)子育てコストの軽減が
挙げられる。　　　　　　　〔熊田凡子〕

遠足・集団宿泊的行事

　特別活動における学校行事の一つ。こ
の行事を通して期待されているのは，小
学校学習指導要領（2017）によれば，
「自然の中での集団宿泊活動などの平素
と異なる生活環境にあって，見聞を広め，
自然や文化などに親しむとともに，より
よい人間関係を築くなどの集団生活の在
り方や公衆道徳などについての体験を積

むことができるようにすること」(第6
章　特別活動　第2〔学校行事〕2(4))
である。人間関係の希薄化や自然体験の
減少など，子どもたちを取り巻く環境の
変化に鑑みれば，当行事の重要性は今後
ますます高まっていくだろう。自然や文
化，友人関係の築き方，公共の場でのふ
るまい方について体験を通して学ぶとい
う遠足・集団宿泊的行事の教育的意義を
確認し，それを実現するためにはどうす
べきかを考え，入念な準備を行いたい。
例えば，現在の学級では，子どもたちの
グループに「スクールカースト」という
序列や階級が存在している場合がある。
この現実に鑑み，班分けやグループ分け
は児童生徒の自主性を尊重するのが基本
ではあるが，その過程を注視して，いわ
ゆる「余り」や「ぼっち」がでないよう
に，必要であれば，教師が班分けやグ
ループ分けを主導したい。このように児
童生徒全員が安心して行事に参加できる
態勢を整えつつ，グループ間の交流を深
めるために共通の課題を与え，それにつ
いて議論や対話の機会を設けるなどの工
夫をする。　　　　　　　　〔小川　雄〕

お

及川平治

（おいかわ　へいじ：1875 - 1939）
　大正期の新教育の指導者。兵庫県明石
女子師範附属小学校主事として，『分団
式動的教育法』(1912)の実践に努めた。
個別教授と一斉教授を調和させた分団式
動的教育法の研究に尽力し，教育改造運
動における指導的役割を果たす。従来の
教育は静的教育であり，それを児童本位
の動的教育に改革すべきであると主張。
1925（大正14）年から1926年にかけて文
部省から欧米出張を命じられ，帰国後そ
の経験を生かして，カリキュラム改造に

取り組んだ。また八大教育主張講演会には講師の一人として登壇し，児童の個性や能力に応じた小分団教育を主張。その理論はデューイらのプラグマティズムに依拠しており，「為すことによって学ぶ」を方法論とした。　　　　　　　［広岡義之］

OECD（経済協力開発機構）

　経済協力開発機構（Organization for Economic Co-operation and Development）は，ヨーロッパ，北米等の先進国によって1961年に発足した国際機関。経済成長・発展途上国援助・通商拡大等の国際経済全般について協議することを主要目的とする。加盟国は2020年現在37か国で，日本は1964年に加盟。先進工業国と発展途上国の格差の是正が一番の課題となっている。加盟国の通商政策の比較検討と情報の交換，加盟国とその海外領土に関係のある特定の通商問題の解決にあたる。OECD による生徒の学習到達度調査（PISA）が15歳の生徒を対象に実施されたことは日本の教育界にも大きな影響を与えた。　　　　　　　［広岡義之］

オイリュトミー

（eurythmy，独：Eurythmie）

　もともと古代ギリシア語のeu（good）＋rhuthmos（rhythm）からなる合成語で善き調和，心地よいリズムを意味する。この語が教育学上に現れたのはシュタイナーの提唱による。彼はオイリュトミーに教育方法としての意味を認め，身体的動き，音楽，ときには詩歌を伴って，感じとることを表現し身体・感性・精神性を相乗させ向上させることをねらいとした。例えば「アー」という語の発声は身体表現としてオイリュトミーでは頭上に手をVの字に広げて表現する。この教育方法を通じて「目に見える音楽」「目に見える言葉」として身体の表現能力を向上させ，音楽の３要素（リズム，ハーモニー，メロディー）が表現される。彼はオイリュトミーを「魂の芸術」とも述べている。オイリュトミーの教育的意義は，身体表現，模倣，自律，協同などを多様な形式を介しながら獲得していくところにあるといえる。　　　　　　　［津田　徹］

横断的・総合的な学習

　現代は，新しい知識，情報，技術が政治・経済・文化をはじめ社会のあらゆる領域での活動の基盤として飛躍的に重要性を増す，いわゆる知識基盤社会である。このような社会の変化に対応できるよう，自分で課題を見つけ，自ら学び，自ら考え，主体的に判断し，行動し，よりよく問題を解決する資質や能力などの「生きる力」の育成が求められている。そのためには，各教科等で身に付けた資質・能力を活用，発揮しながら，教科等の枠を越えた横断的・総合的な課題（国際理解・情報・環境・福祉・健康等）について探求すること，従来の教科や領域の枠にとらわれない横断的・総合的な学習が今まで以上に求められることとなった。
　　　　　　　［光成研一郎］

往来物（おうらいもの）

　平安末期から明治初年まで主として寺子屋で頻繁（ひんぱん）に編纂され使用されていた庶民用の初歩教科書の総称。「往来」とはもともと消息往来の意味で，往復一対の手紙模範文を集めて編集したもの。最古のものとしては，平安末期の藤原明衡（あきひら）の『明衡往来（めいごうおうらい）』が有名。14世紀の代表的なものは『庭訓往来（ていきんおうらい）』。いろは・漢数字など基本的熟語から始め『実語教』『童子教』『庭訓往来』などの一般教養的テキストを経て，各々の親の商売に即した『百姓往来』『商売往来』へと進んだ。江戸時代に，新作された往来物の数を部門別に示すと以下のとおりである。教訓科 267，社会科（社会生活一般）192，語彙科 211，消息科 342，地理科 394，歴史科 150，実業科 224，理学科 213，計 1993 である。こうして近世の往来は，それぞれの地域の生活に応じて，年々，新作されあるい

は改訂されていった。　　　　［広岡義之］

オーエン，R.
（Owen, Robert：1771 - 1858）

　イギリスの空想的社会主義者で綿工場主。産業革命期の教育改革運動家でもあった。協同組合・労働組合・工場法・社会保障・保育学校・幼稚園・福祉国家・都市計画等の考え方は，彼の思想と実践に源流を発する。10代の店員奉公から自らを起こし，産業革命の進むマンチェスターで頭角を現し，産業革命と深く関わる。彼はニューラナークの紡績工場内に「性格形成学院」を設立（1816年）し，そこで労働者教育を実践した。また幼児教育を試み，1840年に世界で最初に幼稚園を設立。フレーベルよりも時代的に早く，就学前の子どものための学校を開設。オーエンは，苛酷な児童労働を緩和するために工場法の制定にも尽力。「性格は環境によって形成される」の言葉は有名。教育関連の著作として『新社会観』（1813）がある。　　［広岡義之］

大木喬任
（おおき　たかとう：1831 - 1899）

　明治の政治家，元佐賀藩士。明治維新後，新政府に仕官し，判事を歴任する。江藤新平とともに東京遷都を主張した功績が認められ，東京府知事に抜擢される。その後，1871（明治4）年の文部省設置に伴い文部卿に就任し，文部大輔（たいふ）の江藤とともに文部省の機構を確立する。また大木は文部卿着任後すぐに学制取調委員会を設け，国内の教育事情を調査するばかりでなく，海外の教育制度を調査させ，資料の収集と翻訳を進めた。大木は委員会の作成した学制の草案を自ら納得するまで推敲したといわれ，学制の立案及び発布，その実施に精力を注いでいる。この学制の制定・公布が教育史上における大木の最大の功績とされる。1873（明治6）年には文部省を離れ参議となり，また同年のうちに司法卿を務め，法曹養成学校の入学試験制度を改革した。

1883（明治16）年，再び文部卿になると，教育令の再度の改正にあたった。1891（明治24）年には文部大臣となり，小学校令の実施に要する細則を規定し，中学校令に定められた尋常中学校制度を実情に合わせ修正するなどした。またこの頃，日刊の教育新聞である『大日本教育新聞』の刊行に際し資金援助などの助力を行い，国民教育の普及に尽力している。
　　　　　　　　　　　　　　［塩見剛一］

大隈重信
（おおくま　しげのぶ：1838 - 1922）

　佐賀藩士，政治家。討幕運動家。官僚を経験した後，下野して立憲改進党を設立し政治家となる。1898年に最初の政党内閣隈板内閣を組閣し，内閣総理大臣となる。教育者としての大隈重信は1882（明治15）年に東京専門学校（現在の早稲田大学）を設立。晩年は文化活動に従事し，広く啓蒙活動を行った。
　　　　　　　　　　　　　　［津田　徹］

被仰出書（おおせいだされしょ）

　正式には「学事奨励に関する被仰出書」。1872（明治5）年に発布された日本初の近代公教育制度である学制の序文であり，学制の基本理念を示す。現在の内閣に相当する政府の最高機関である，太政官（だじょうかん）により布告された。学問による立身出世が説かれ，学校の設立が求められている。また「必ず邑（いふ）に不学の戸なく家に不学の人なからしめんことを期す」とされ，身分や性別を問わずあらゆる人が教育を受けるべきである，という「国民皆学」の理念が掲げられる。被仰出書では旧来の儒教思想が「空理」の元凶であり文明の妨げとされており，西欧の近代思想に範をとった実学主義・功利主義・個人主義的立場が打ち出された。なお「被仰出書」という通称は，文末の言葉による。
　　　　　　　　　　　　　　［塩見剛一］

大原幽学

（おおはら　ゆうがく：1797 - 1858）

　尾張藩士の武士の子として教育を受けた。幕末の農村救済の指導者であった。農村を指導するために，諸国を遍歴。神・儒・仏の思想に精通しており，1831（天保2）年頃には房総（ぼうそう）を訪れ，「性理学」という，儒学を基礎とする独自の実践道徳を展開し始めた。実践するに従って，弟子たちの数も各地で増加。農村救済のために組織した先祖株組合は農業協同組合運動の先駆の役割を果たす。性理学を説く教導所としての「改心楼（かいしんろう）」を創設したが，それが原因で幕府の弾圧を受け，自害した。　　　　　　　　　　　　　［広岡義之］

緒方洪庵

（おがた　こうあん：1810 - 1863）

　備中足守（岡山県西部）藩士の家に生まれた江戸時代末期の蘭学医。1836年に長崎へ行き，オランダの医師ニューマンに師事して研究を積んだ。その後，1838（天保9）年大坂で医院を開業し，あわせて蘭学の「適塾」を開く。教育や学級組織を工夫して多くの有能な門人，福澤諭吉（のちに慶應義塾を創設），大村益次郎（明治2年に兵部大輔），大鳥圭介（日清戦争勃発の際，清国兼朝鮮公使）など幕末維新の人材を輩出。著書には『病理通論』など。偏見や逆境にめげずに天然痘と闘い続け，「除痘館」を設立し，牛痘ワクチンの普及に努める。そうした業績がようやく幕府から認められ，1862（文久2）年，江戸幕府の招聘により，奥医師（将軍や奥向きの者の診療をつかさどる医官）兼西洋医学所頭取となる。　　　　　　　　　　　　　［広岡義之］

小川未明（おがわ　みめい：1882? - 1961）

　小説家・児童文学作家。新潟県に生まれる。早稲田大学文学部英文学科に学び，坪内逍遙の指導を受けた。近代児童文学界において童話を芸術として確立した先駆者の一人。当時全盛であった自然主義に対し，新浪漫主義の立場をとって独自の道を歩んだ。1910（明治43）年童話集『赤い船』を出版。1926年『小川未明選集6巻』の完結を機に，小説を捨て童話に専念することを宣言した。それは童話が，わかりやすい表現のなかに深い思想を含ませることにより，あらゆる年齢層を対象とした大衆文学になりうると考えたからである。主な童話として『小川未明童話全集全12巻』『赤いろうそくと人魚』『月夜と目鏡』『ある夜の星たち』『青空の下の原っぱ』などがある。

　　　　　　　　　　　　　［中田尚美］

荻生徂徠

（おぎゅう　そらい：1666 - 1728）

　江戸時代中期の古文辞学の創始者。江戸日本橋に家塾「蘐園塾（けんえんじゅく）」を開いた。主著には『弁道』『政談』など。はじめは伊藤仁斎の古学を批判するものの，やがて仁斎の影響を受ける。そこで古典を研究し始めた後，古文辞学を提唱。徂徠は四書五経を古文辞学によって研究し，儒学を経世済民の学としようとした。門下生にはのちに儒学者になる太宰春台（だざいしゅんだい）らが輩出した。道徳や政治の問題については，高遠な理論は有害無益であり，むしろ政治上の制度や文化の所産こそが重要で，これを客観的に明らかにすることが学者の任務であると考えた。

　　　　　　　　　　　　　［広岡義之］

オスウィーゴー運動

（Oswego Movement）

　1860年代にアメリカ，ニューヨーク州オスウィーゴー師範学校を中心に展開されたペスタロッチ主義の実物・開発教育運動。オスウィーゴー市の教育長シェルドンがペスタロッチの実物教授（object lesson），直観主義的開発教授，言語教授に興味をもつところから出発。1861年から1886年の25年間に，この地で学んだ教育者たちが全米にペスタロッチ教授法を持ち帰って，教育界は空前の活気を呈

した。しかし，のちに実物教授のみに力点が置かれ，機械的に実物提示と問答の形式に陥り，学習者の自発的な認識を妨害する弱点があらわになった。

[広岡義之]

オックスフォード大学 （Oxford University）

パリ大学にならい12世紀末に設立された，オックスフォード市にあるイギリス最古の大学。13世紀初頭に設立されたケンブリッジ大学とともに，約6世紀間はこの2校以外，イギリスに大学は設立されなかった。そのため両校は富裕層，指導者層の子弟を教育する場として長きにわたり機能し，現在もイギリスの最高教育機関である。また両校はイギリスの他の大学と異なり，さまざまな専攻分野の学生と教員を含む寄宿制のカレッジ（college, 学寮）を多数備え，一種の自治体であるカレッジでの生活や学問が大学の中核をなすという特徴をもつ。また学生は所属するカレッジの複数の教員をチューターとし，チューターから1対1の個人指導を受けるチュートリアル制度が大学の教育活動の中心を占める。オックスフォード大学とケンブリッジ大学を併称し「オックスブリッジ（Oxbridge）」と呼ばれる。

[塩見剛一]

オーバー・アチーバー （over-achiever）

知能水準と学力水準を比較し，知能水準より学力水準が大きく上回る学習者をオーバー・アチーバーという。知的能力の素質以上の学力を身に付けることに成功している学習者を思い浮かべればよい。標準学力検査の結果より得られる学力偏差値から知能検査の結果より得られる知能偏差値を引いた値（成就値）が5ないしは10の場合，オーバー・アチーバーと判定される。あるいは学力偏差値を知能偏差値で除した値に100を掛けた値（成就指数）が100を大幅に上回る場合にオーバー・アチーバーと判定することもある。→アンダー・アチーバー

[松田信樹]

小原國芳

（おばら くによし：1887 - 1977）

鹿児島県出身の教育学者・教育者で，私立玉川学園の創設者。鹿児島師範学校，広島高等師範学校を経て京都大学哲学科を卒業後，広島高師教授として初等教育の研究と実践を行ったのち，1917（大正6）年に沢柳政太郎に招かれ成城小学校主事となる。1921（大正10）年開催の「八大教育主張講演会」で自らの全人教育論を披瀝し，新教育運動の一角を担った。1929（昭和4）年より成城学園の主事と並行して玉川学園の経営を始めるが，小原が玉川学園で，12か条からなる教育信条の第一として掲げ，最も重視したのも全人教育であった。これは学問・道徳・芸術・宗教・身体・生活という6方面の文化的価値の理想である，真・善・美・聖・健・富を教育によって調和的に育成することをめざすもので，なかでも宗教がすべての価値の中心とされた。また，全人教育を徹底するためには心身一如の活動が必要であるとして，労作教育を重視した。

[塩見剛一]

オープンスクール

オープン教育を行う学校を指す。オープン教育は，教育の自由化・学校の開放化を進める「自由教育」であり，オープンスクールは，子どもの能力や適性に応じて個別に教育計画を立て，開放された空間で自主的な学習を進める教育を行う学校を指す。生徒の行動や価値観を画一化して規制する，規律訓練型の「管理教育」と対語的意味合いをもつ。日本では，文部科学省が「新しいタイプの学校運営の在り方に関する実践研究」（平成14年度）により，オープンスクールの実践研究校を指定して学校の裁量権の拡大，地域学校協議会の設置・運営，自主的な教育目標・計画の策定など特色ある教育課程の編成などを実験的に行った。具体的には，学級・学年制を縦割りにして，チーム・ティーチングを行ったり，柔軟

な教育活動のために間仕切りのないオープンスペースを設けたりして，教員の教授力の育成というねらいもあった。「オープンスクール」という表現については，最近では，学校開放のみに焦点を当てて，保護者や地域に向けて，教育実践の見学・観察，学校紹介を中心として授業体験や在校生との交流を含んだ行事の呼称としても一般化している。

[吉原惠子]

オペラント条件づけ
(operant conditioning)

　道具的条件づけ，スキナー型条件づけと呼ぶこともある。スキナーは，行動変容としての学習を成立させるための操作，すなわち条件づけをレスポンデント条件づけ（古典的条件づけ，パブロフ型条件づけとも呼ぶ）とオペラント条件づけに二分した。レバーを押せばそれに対応して強化子としてのエサが与えられる装置（スキナー箱）の中に入れられたネズミは，その中を行ったり来たりするが，偶然レバーに体が触れるとエサが与えられる。この場合のレバー押し行動は，特定の誘発刺激があって引き起こされたわけではなく，偶然かつ自発的な行動である。オペラントとは，この「自発的な」を意味する。レバー押し行動に対して強化子が与えられるという経験を繰り返すと，やがてレバー押し行動と報酬が与えられることとの随伴性が確立し，ネズミはエサを得るための手段（道具）としてレバー押し行動を学習する。これがオペラント条件づけの典型例である。

[松田信樹]

オリンピック・パラリンピック教育

　文部科学省における「オリンピック・パラリンピック教育に関する有識者会議」の最終報告書（2016年7月）には，オリンピック・パラリンピック教育の目的は，「オリンピック・パラリンピックを題材にして，(1)スポーツの意義や価値等に対する国民の理解・関心の向上，

(2)障害者を含めた多くの国民の，幼少期から高齢期までの生涯を通じたスポーツへの主体的な参画（「する」「見る」「支える」「調べる」「創る」）の定着・拡大，(3)児童生徒をはじめとした若者に対する，これからの社会に求められる資質・能力等の育成を推進すること」であると表記されている。オリンピックやパラリンピックの歴史や現状・課題，またそれらの学びを通してスポーツという世界共通の人類の文化価値を知り，生涯にわたるスポーツへの積極的な参画に寄与する教育として期待される。→豊かなスポーツライフ

[田中　聡]

オルセン，E. G.
(Olsen, Edward Gustave : 1908 -)

　アメリカの教育学者。カリフォルニア州立大学の教授を歴任，コミュニティ・スクールを提唱したことで知られている。コミュニティ・スクールは，地域社会（コミュニティ）における教育資源・機能を活用するとともに，学校がもっている資源・機能を地域社会に提供し，相互に活用し合う形態をとる。オルセンは，他の研究者とともに *School and Community*（1945：邦訳『学校と地域社会』1950）を著し，生活中心の教育を提唱した。教科の教授を中心とした伝統的教育と児童中心主義の教育の統合として位置づけられている。日本では，第二次世界大戦後，地域社会の形成のための「地域教育計画」に導入されたが，都市化や核家族化による地域社会の崩壊とともに廃れていった。1980年代に入り，生涯学習社会への流れのなかで，「地域や学校の実態等に応じ，家庭や地域社会との連携を深めるとともに，学校相互の連携や交流を図ることにも努めること」（平成元年改訂学習指導要領）が提唱され，地域と学校の連携・協働の考え方が定着してきた。

[吉原惠子]

オルポート，**G. W.**

（Allport, Gordon Willard：1897 - 1967）

　アメリカの心理学者。パーソナリティ理論をはじめとし，偏見や流言などに関する業績で知られる。パーソナリティについては，個人に特有の特性と，人が共通してもつ特性（共通特性）を想定し，心理生物的基礎と共通特性について個人が各要素をどの程度有するかを心誌（psychograph）に表した。彼の理論は複数の特性からパーソナリティをとらえる特性論の先駆けとなった。特性論に対して，ある基準でタイプ（類型）を設け，各人をいずれかのタイプに分類する立場を類型論という。→クレッチマー

[及川　恵]

音楽教育

　音楽の表現と鑑賞を通して，豊かな感性と情操の育成をめざす教育。日本の学校における音楽教育は1872（明治5）年の学制に始まり，小学校に「唱歌」，中学校に「奏楽」の教科が設けられるが指導者や教材が整わなかったため，「当分これを欠く」と付記されていた。そこで伊沢修二がアメリカに派遣され，帰国後の1879（明治12）年，「音楽伝習所設置案」を文部省に提出した。同年文部省内に音楽取調掛が設置され，音楽教育の指導者養成や音楽教科書の編纂などの事業に当たる。第二次世界大戦後には1947（昭和22）年に学習指導要領の試案が公表され，戦前の唱歌中心の教育に代わって，器楽・鑑賞・創作・理論などの活動内容が拡大された。その後の学習指導要領の改訂では1989（平成元）年に「君が代」の指導や日本の伝統音楽の重視などが加えられた。今後の課題としては，さらに西洋音楽に偏らない学校音楽教育やクラブ活動としての音楽活動，生涯学習を見すえた音楽教育のあり方が問われている。

[塩見剛一]

音楽づくり

　音楽づくりの活動では，子どもを取り巻くさまざまな音や音楽から感じたこと・学習したことを素材にして独創性のある作品をつくることで，自己の感情やイメージを具現化することができる。また，他者と協働しながら音楽をつくり，表現する活動は，対話的な学びの実現につながる。

　個人またはグループの，自由で豊かな発想をスムーズに引き出すために，教師はさまざまな可能性を考え，具体的な例を示したり，必要に応じて条件を設定したりすることが大切である。それらの支援がより充実した音楽づくりにつながる。

[高　奈奈]

音楽的な見方・考え方

　音楽的な見方・考え方とは，小学校学習指導要領解説（2017）によると「音楽に対する感性を働かせ，音や音楽を，音楽を形づくっている要素とその働きの視点で捉え，自己のイメージや感情，生活や文化などと関連付けること」（第2章第1節）とある。

　音楽的な見方・考え方を働かせながら音楽を捉えることによって，音楽のよさや面白さ，美しさを感じた根拠が明らかとなり，それらの相互的な働きが自己の感性を肯定し他者との違いを認めることにつながる。また，感性を働かせながら音や音楽との関わりを考えることで，豊かな情操が育まれ，生涯にわたって音楽を楽しむことができるようになる。

[高　奈奈]

音楽を形づくっている要素

　音楽のよさや美しさを感じる要因に，「音楽を形づくっている要素」と「音楽の構造」が関わっていることに気づくことが大切である。「音楽を形づくっている要素」は，小学校学習指導要領（2017）第2章第6節の第3の2(8)では次のアとイの2つに分類されている。「ア　音楽を特徴付けている要素」として音色，リズム，速度，旋律，強弱，音の重なり，和音の響き，音階，調，拍，フレーズな

ど。「イ　音楽の仕組み」として反復，呼びかけとこたえ，変化，音楽の縦と横の関係など。これらの音楽の要素が組み合わされることで音楽が構造され，さまざまに発展していく。　　　　［高　奈奈］

『**女大学**』（おんなだいがく）

　江戸中期から明治期に至るまで幅広く支持された女子教訓書であり，女性の修身の心得を仮名文で表記した書物。貝原益軒の著とされてきたが誤り。益軒の妻，東軒の編纂したものとの説もあるがこれも根拠がない。益軒の『和俗童子訓』巻五「女子を教ゆるの法」を基準とし，台本としてつづり直したものと考えられている。女子教育の必要と理念についての3か条，主婦としての心得についての16か条，計19か条で構成されている。「舅姑（しゅうと）の教へに従へ」「女は夫をもって天となす」等，封建社会・家族制度下の複雑な家庭生活を維持してゆくために守るべき女性の隷属の道徳について説かれていた。のちに，福澤諭吉は『女大学評論』で本書を批判し，『新女大学』を著し，新時代の女性の歩む道を示した。　　　　　　　　　　［広岡義之］

恩　　物（独：Gabe）

　フレーベルが幼少年のために考案した遊びと作業の体系的な遊び玩具（がんぐ）であり，彼の宗教的な世界観に由来する。フレーベルは，子どもがたえず動き回る姿に教育的な意味と価値を見出した。子どもの活動はすべて子どもなりに自己活動的であり，創造的であると考えた。そこで子どもの教育には，はやくから教育的な遊具を与えるべきだと信じ，遊具の研究と制作にとりかかった。「神から与えられた物（Gaben = given）」の意である恩物は万物の法則を象徴し，現代の幼稚園教育における遊具や教具の発達は，恩物がその源泉となっている。恩物が完成した形態でなく，ただ素材からできているのは，つくることと壊すことの反復を楽しむ子どもの要求に対応するためであった。第1恩物から第20恩物まである。第1恩物は6球（毛まり），第2恩物は3体（球・円筒・立方体），第3・4・5恩物は積み木であり，以下20恩物まではフレーベルの弟子たちが序列をつけた。　　　　　　　　　　［広岡義之］

か

海外子女教育・帰国子女教育

　海外生活する保護者に伴って，海外で暮らす児童生徒に対して行う教育を海外子女教育という。また，海外から帰国した児童生徒が日本の学校教育に適応できるよう支援する教育を帰国子女教育という。2019（令和元）年の段階では，約8万3000人（外務省）の義務教育段階の日本人の子どもが海外で生活している。また，長期間の在留を経て帰国する子どもの数（小中高計）は2019年度に1万1635人超となっている。海外子女に対しては，「我が国の主権の及ばない外国において，日本人の子どもが，日本国民にふさわしい教育をうけやすくなるために…（中略）…さまざまな施策を講じて」いる（文部科学省）。例えば，国内の学校教育に準じた教育を実施する在外教育施設として，「日本人学校」「補習授業校」「私立在外教育施設」を設けている。帰国した児童生徒は，言語上の問題だけでなく，日本の教育形態や生活文化様式になじめないなどの問題に直面する場合が多い。海外での体験や身につけた知識，国際性を生かしながら日本の学校教育に適応できるための支援が必要となる。具体的には，国立大学・学部附属学校への帰国子女教育学級等の設置や高等学校・大学入学者選抜における特別な配慮（帰国子女特別枠の設定等）の要請などが行われている。　　　　　　　　　　　[吉原惠子]

絵画の発達段階

　ローウェンフェルド（Lowenfeld, V.）やケロッグ（Kellogg, R.）らによって，児童画の発達段階について研究されてきた。発達段階の区分などは研究者によって異なるが，たとえば1歳から3歳頃の「なぐり描き期（錯画期）」，2歳頃からの「命名期（象徴期）」，3歳から4歳半頃の「前図式期」，4歳半頃から8歳頃の「図式期」，8歳頃から12歳頃までの「前写実期」，14歳頃までの「写実期」などの道筋に沿って発達していく。そこでは，簡単な線的表現から上下関係や重なりなどの空間把握，陰影などが表現できていく。また図式期の絵の特徴として「頭足人」「基底線」「アニミズム」「集中構図」「透視図法」「展開図描法」「積み上げ遠近法」「多視点構図」「正面構図」「異時同図」などが挙げられる。

　発達段階や特徴を理解することで指導に生かすことができるが，目の前の子どもの表現を柔軟にとらえ，受容していくことが重要となる。　　　　　　[須増啓之]

外国語活動・外国語

　学習指導要領（2017）で，学校段階間の学びを接続させるため，国際基準を参考に，小・中・高等学校で一貫した5つの領域（「聞くこと」「読むこと」「話すこと（やり取り）」「話すこと（発表）」「書くこと」）別の目標が設定された。小学校では，中学年から「聞くこと」「話すこと（やり取り）」「話すこと（発表）」を中心とした外国語活動（年間35単位時間）を導入し，外国語に慣れ親しませ，学習への動機づけを高めるようにする。そのうえで，高学年から段階的に文字や定型文に「読むこと」「書くこと」を加えて，教科としての外国語科を位置づけ，指導の系統性を確保するようにする。また，中学校では，互いの考えや気持ちなどを外国語で伝え合う対話的な言語活動を重視し，具体的な課題等を設定するなどして，学習した語彙・表現などを実際に活用する言語活動を改善・充実させる。さらに，授業は外国語で行うことを基本とすることを新たに規定した。

　　　　　　　　　　　[広岡義之]

外国語としての英語（EFL）

　外国語としての英語（EFL：English as a Foreign Language）は，第二言語

としての英語（ESL：English as a Second Language）としばしば対比して用いられる表現で，ESL が英語圏諸国への移民など社会生活で英語を使用する環境において第二言語として英語を学ぶ状況を主に指すのに対して，EFL は英語を第一言語としない国や地域において外国語として英語を学習する状況を指す。日本の学校教育における英語教育は通常 EFL にあたる。教授法や指導法の観点からは ESL，EFL 双方の知見を共有することが大切であるが，第一言語の積極的な使用などは，学習グループやクラスの状況によって ESL と EFL で可能性の幅が変化する。現在の学習指導要領においては EFL における第一言語の積極的な利用にはおおむね否定的であり，ESL に近い形で EFL 学習を行う方向性が見られる。　　　　　　　　　［宇野光範］

外国人児童生徒等への対応

　近年では，外国籍の児童生徒や，両親のいずれかが外国籍であるなどの外国につながる児童生徒のうち，公立学校等に在籍する日本語指導が必要な児童生徒が増加している。従前の学習指導要領では「海外から帰国した児童などについては，学校生活への適応を図るとともに，外国における生活経験を生かすなどの適切な指導を行うこと」とされていた。しかし，2014（平成26）年度から，児童生徒の日本語の能力に応じて，特別の指導が必要な場合，「通級による指導」を行うことができるように「特別の教育課程」が制度化されている。つまり在籍学級での支援と，通級による指導をともに充実させることが求められているのである。
　　　　　　　　　　　　　　　［広岡義之］

改正教育令

　1880（明治13）年に公布された学校教育に関する基本法令。前年公布の教育令を改正したもので，第二次教育令ともいわれる。文部卿河野敏鎌（こうのとがま）らが中心となって制定。教育令の自由主義的性格が就学率の低下や校舎の建設中止を招いたため，国による干渉主義へと変更した。学制と教育令を折衷して勧学主義を実行しようとしたと評される。町村の公立学校設置義務を厳格に規定し，就学規定を厳密にしたほか，文部卿及び府知事県令の権限が強化されるなど，教育の中央集権化が進められた。また，各府県に師範学校設置を義務づける規定もなされた。その後経済不況があり，経費を節減する目的で1885（明治18）年に再度改正される。　　　　　　　　［塩見剛一］

ガイダンス（guidance）

　教育の機能としては，外部から加えられ，学習者から抵抗にあう力という概念を表す統制（control）に対し，人間の生来的な能力を補助（assist）すること，道案内的補助（guiding assistance）を意味し，案内・指導・補導などの訳語が当てられてきた。学校の教育計画の一つとしてのガイダンスは，学習者が各自の可能性を発見し，発達させていくことを援助していく過程を意味する。ガイダンスの考え方がわが国に広く浸透するようになったのは，1946年の第一次アメリカ教育使節団の報告書において，ガイダンスが民主教育の基調であるべきことが強調されてからである。その後ガイダンスに関する翻訳書が多数出版され，諸学校がガイダンス計画を立案・実践することが始まり，生徒指導として発展していくことになった。　　　　　　　［中田尚美］

開発教授法

　注入教授法に対立するもの。注入教授法では教師の説明や講義が中心となり，児童生徒はともすると受動的・他律的になりがちである。他方，開発教授法では，教師と児童生徒の間の問答によって，児童生徒自身の心性の自発的な開発がめざされる。従来の暗記や注入の方法が否定され，子どもの能力の発達を援助することが教育の目的とされた。ソクラテスが産婆術になぞらえた問答法が起源とされ

る。ペスタロッチの開発教育に基づき，自然の順序に従い，子どもの諸能力を開発することがめざされる。国内では，高嶺秀夫が日本に導入したペスタロッチ主義の教授法を指し示す場合が多い。

[広岡義之]

貝原益軒

（かいばら　えきけん：1630－1714）

近世前期の朱子学者。「経験」を重視して朱子学からの脱皮を試みた。著書には自分の健康保持の体験を資料として書いた『養生訓（ようじょうくん）』や教育論『和俗童子訓（わぞくどうじくん）』などの啓蒙的書物がある。彼の計量精神は数回にわたって家族や従者の体重をはかり，あるいは従者らを甲地点から乙地点まで歩いて測量させてその里数を測定したりしている。「随年教育法」は武士の子弟教育に，また「教女子法」は『女大学』に継承されてゆく。　[広岡義之]

解放令

1871（明治4）年8月，明治政府が行った解放令（太政官布告第61号）は，身分差別を廃した内容で，歴史的転換の契機となった。しかし現実には封建時代と同様の差別はまったく解消されず，かえって職業的特権を剥奪され貧困と差別が続いた。研究者の間では「賤民（せんみん）解放令」「身分解放令」とも呼ばれている。1922（大正11）年に全国水平社が創立され，同和地区住民の自主的な運動が全国的に展開した。　[広岡義之]

カウンセリングマインド

受容や共感，相手に対する敬意や尊重，傾聴する姿勢など，心理的援助に関わるものにとって必要な基本的な態度のことである。カウンセリングマインドは，教育現場において非常に重視されている態度であり，セラピストや治療者のように心理的援助に直接関わる立場ではなくとも，子どもや生徒の成長を援助するうえで，すべての教師にとって必要な態度と考えられている。　　　　　　[及川　恵]

科学技術基本法

1995（平成7）年11月15日法律第130号。1990年代に，国立大学等の研究環境が悪化し始め，基礎科学研究を維持することが困難になってきた。このような状況を改善するために自民党，社会党，新党さきがけ及び新進党の提案によって成立した法律。1996年から2000年度までの科学技術関係経費の予算規模を約17兆円にするという数値目標を盛り込んだ科学技術基本計画が策定された。　[広岡義之]

科学リテラシー

人間が生きていくために不可欠な基礎・基本学力をリテラシーという。日本では従来「読み，書き，そろばん（計算）」を指していたが，1992年のユネスコでのパリ決議で "Science and Technology Literacy for All（科学と技術のリテラシーをすべての人に）" としたことから「科学リテラシー」の重要性が注目されるようになった。持続可能な社会，環境破壊，生物の多様性，自然の保全，防災・減災などが人類の現在と未来に関わる重要な課題になる中で，その内容を理解し，解決の道を探ることができるような科学リテラシーをすべての人がもつことが求められている。　　　　[蒔本　格]

学位制度

学位とは，学術上の一定の能力あるいは業績に対して，国家または大学が与える称号をいう。学位は中世大学の発生・発展とともに次第に制度化されていった。12世紀頃，ギルドとしての大学で教職に就くための免許状的な性格をもつものとして，マギステルやドクトルといった称号が使われ始めた。それ以降，学位はより広く知的専門職の市場へ参入するための資格要件として機能するようになる。英語圏の用語でいえば，バチェラー，マスター，ドクターに代表される3段階の学位をもつ制度が多くの国々で形成されていった。わが国の学位制度は明治維新後，欧米諸国をモデルにつくられた。戦

後の学位制度は1953年に発足し，1974年，1991年，2003年に学位規則が改正されて今日に至る。現在では，学校教育法の定めにより，大学と独立行政法人大学評価・学位授与機構が学士・修士・博士の学位を授与することになっている。学士・修士・博士の学位に加え，2003年から専門職大学院の課程を修了した者に対して授与する学位として「修士（専門職）」及び「法務博士（専門職）」が新設された。

[中田尚美]

核家族

　夫婦と未婚の子ども，夫婦のみ，ひとり親とその子ども，のいずれかからなる家族を核家族という。三世代家族や単独世帯などさまざまな家族形態があるが，その最も基本となる家族形態が核家族になる。この核家族はさまざまな家族形態があるなかの約57〜58％をしめる。核家族においても近年，ひとり親とその子どもからなるいわゆるひとり親家庭・単親世帯が年々増えている（全体の約8％）。このひとり親家庭における子・孤食化傾向や貧困率の高さ（とくに母子家庭）が深刻な教育・社会問題となっている。

[佐野　茂]

「書くこと」（国語科）

　小学校学習指導要領（2017）で示された国語科の「思考力，判断力，表現力等」の育成の領域の一つ。「書くこと」は，「話すこと・聞くこと」「読むこと」よりも苦手とする児童が多い。だからこそ，書く機会を増やし，少しずつ段階を踏んで書かせると苦にならなくなる。書き方として，まず，書くことを箇条書きにして整理し考えをまとめることから始めたい。次に，伝える型を文章のジャンルごとに指導する。型を踏まえると苦手な子どもも記述しやすくなる。最後に，児童生徒同士が感想や意見を伝え合い共有することである。以上の3つのことを意識して指導すると「書くこと」への意欲や記述力は高まる。

[森　成美]

学社連携・融合

　「学社」の「学」は「学」校教育，「社」は家庭教育を含む「社」会教育を指す。「学社連携」とは，青少年の豊かな人間形成を図ることを目的として，家庭教育，学校教育，社会教育のそれぞれが独自の機能を発揮し，調和を保ちながら相互補完的に連携を進めることであり，1970年代初頭から進められてきたものである。しかし，たんなる役割分担であるとの批判が高まり，1990年代半ばに「学社融合」が提起された。「学社融合」とは，学校だけでは実現が困難なより豊かな教育に，学校教育と社会教育がそれぞれの役割分担を前提としたうえで，一体となって取り組んでいこうとする考え方である。「学社連携」が施設の相互利用や関係者の情報交換を中心とした取り組みであったのに対し，「学社融合」は学習プログラムや教材の共同開発など両者が協力して教育実践をつくり上げることに重点が置かれる。近年は，「学社連携・融合」という言葉が使われることも多く，この場合は学校教育と社会教育の連携による幅広い活動全体を示している。生涯学習社会の進展と Society5.0 の到来により，その重要性は今後ますます高まると考えられる。

[古田　薫]

学習権

　日本国憲法では，第26条において基本的人権の一つとして教育権を保障している。教育権のうち「教育を受ける権利」は，国家が行う教育を人々が義務として受けることに焦点が当てられており，制度的・政策的な要素が強い規定である。しかし，1960年代以降，教育内容への国家介入か教育の自由かについて議論が起こった。国家の教育権か国民の教育権かをめぐって注目が集まった最高裁学力テスト判決（1976年）では，国は教育の諸条件の整備確立を行うのであり，教育の直接の実施は国ではない主体（保護者や教師）が行うとされた。また，国民には

成長発達し，人格を完成させるため，学習をする権利があることが示された。国民の「教育を受ける権利」から，教育を受ける主体である学習者を積極的に位置づける「学習権」へという考え方が広まってきた。ユネスコ学習権宣言（1985）では，児童のみならず成人を含めた生涯学習の権利として「学習権」が提示された。　　　　　　　　　［吉原恵子］

学習指導の諸原理

　学習過程における学習者の学習活動と，指導者の働きかけとの関わりを効果的に運ぶための方法原理。学校教育においては学習指導を生徒指導に対応させた教科指導としてとらえる場合と，教育内容を系統的に学習する指導としてとらえる場合がある。学習指導の組織形態は一斉学習，個別学習，共同学習，グループ学習等に分類されるが，指導原理も教育実践・研究の歴史を通じ多様化している。「自発性の原理」は強制力を働かせるのではなく，学習者自身の学習する意志を重視し，その意志を引き出す動機づけを指導者が行う。「社会性の原理」は個性化と社会化の両原理をあわせもち，各人の個性を教化しつつ，集団のなかで個人が個性を生かして共同作業へ貢献することを図る。そのため一斉学習を基本にしながら状況に応じ個別化する「統一と分化」を行う。「経験の原理」は，社会や自然の環境と学習者が相互に作用することで，経験の質を高次な段階に発展させる原理である。　　　　　　　　　［塩見剛一］

学習指導要領

　国（文部科学大臣）が定める小学校，中学校，高等学校等の教育課程の基準といわれるもの。1947（昭和22）年に試案として全面明記。1958（昭和33）年からは官報に公示されるようになった。改訂は約10年ごとになされ，社会変化に伴って新たな教育内容や学習内容を盛り込んでいった。学習指導要領は，教科書検定の基準となり，学習内容や評価，入学試験等に密接に関連するため，改訂に関しては社会的関心事となっている。これまで1947（昭和22）年，1951（昭和26）年，1955（昭和30）年，1958（昭和33）年，1968（昭和43）年，1977（昭和52）年，1989（平成元）年，1998（平成10）年，2003（平成15）年，2008（平成20）年，2017（平成29）年と改訂された（高等学校は翌年の場合もある）。現在，教育課程の領域は小学校では5領域（各教科，特別活動，特別の教科　道徳，総合的な学習の時間，外国語活動），中学校では4領域（各教科，特別活動，特別の教科　道徳，総合的な学習の時間），高等学校では3領域（各教科，特別活動，総合的な探究の時間）である。　　　　　　　　　［津田　徹］

学習指導要領（平成20年改訂）

　平成20年（高等学校は平成21年）の全面改定の基本的な考え方は，(1)教育基本法改正等で明確となった教育の理念を踏まえ「生きる力」を育成，(2)知識・技能等の習得と思考力・判断力・表現力等の育成のバランスを重視，(3)道徳教育や体育などの充実により，豊かな心や健やかな体を育成，である。知識基盤社会において今後いっそう重要となる生きる力の育成が引き続き継承され，教育基本法改正を踏まえた伝統や文化に関する教育や，体験活動等を充実させ，国語科のみならず全教科目における言語活動の充実（レポートの作成，論述などを通して思考力・判断力・表現力を育成）も推奨されている。また国語，社会，算数・数学，理科，外国語等の授業時数を増加させ，基礎的・基本的な学習内容の習得もめざされている。その他，道徳教育や体力の向上についての指導，安全教育や食育など，これまでの教育活動に加えさらなる充実の方向性が示されている。

　　　　　　　　　［津田　徹］

学習指導要領（平成29年改訂）

　平成29年（高等学校は平成30年）の全面改訂の基本的な考え方は，(1)教育課

程の基準の改善，(2)「何ができるようになるか」を明確化，「主体的，対話的で深い学び」（いわゆるアクティブ・ラーニング）に向けた授業改善，(3)カリキュラム・マネジメントの確立などである。その他，小学校では，小学校高学年で教科として外国語科の時間が設けられ，プログラミング教育の実施が明記されている。また学習評価の充実や，キャリア教育の充実が明記されている。高等学校では「総合的な学習の時間」を「総合的な探究の時間」とし，共通教科で「理数」が新設，一部の教科（国語，地理歴史，公民，数学，外国語等）で科目が改訂された。　　　　　　　　　〔津田　徹〕

学習指導要領の基準性と「はどめ規定」

「基準性」とは，各学校が教育課程を編成する場合に，学習指導要領が規定している制約の内容やその程度を意味する。例えば学習指導要領において，教科等ごとに，目標や内容，取り扱いなどが定められているが，これらが各学校の教育課程にどのような制約をもつかという意味である。平成10年学習指導要領では，各教科の「内容の取扱い」に，いわゆる"はどめ規定"が示された。"はどめ規定"とは，「～は扱わないこと」「深入りしないこと」などのような取り扱いの範囲や程度を定めた規定で，事実上"はどめ規定"が"上限"規定と解釈されてきた。しかし平成15年12月に「基準性」を明確にする学習指導要領の一部改正が以下のように行われた。「第2章以下に示す内容の取扱いのうち内容の範囲や程度等を示す事項は，すべての児童に対して指導するものとする内容の範囲や程度等を示したものであり，学校において特に必要がある場合には，この事項に関わらず指導することができる」。ここで"はどめ規定"の意味を「すべての児童に対して指導するものとする内容の範囲や程度等」として，この規定にかかわらず指導できることが明確に示された。

　　　　　　　　　〔広岡義之〕

学習社会（learning society）

国民の一人ひとりが自己実現や生活の向上のために，生涯にわたって主体的に学習を継続する社会をいう。人々にとって，学ぶことそのものが楽しい生きがいであり，それに応答する学習機会が多種多様に用意され，教育や学習が人生の真の価値を実現する社会を指し示す。青少年を対象とする学校教育を中心とした従来の教育システムに対する一種のアンチテーゼとして打ち出された概念。1972年，ユネスコの報告書 "Learning To Be"『未来の学習』（フォール報告）は，ハッチンス（Hutchins, R. M.）を中心に企画され，この思想をもとに生涯教育の理念が展開された。わが国で公的に学習社会という言葉が初めて使用されたのは，中央教育審議会が1981（昭和56）年6月に文部大臣に提出した答申「生涯教育」であった。近年は「生涯学習社会」という言葉が一般的である。→生涯教育・生涯学習　　　　　　　　　〔広岡義之〕

学習主体

「主体」とは，自覚や意志をもち行動し，作用を他に及ぼす人間という意味で，主体の対語である「客体」は，その作用を受ける者という意味である。教育という行為が語られるとき，教授する側が「主体」で学習する側が「客体」であると，無意識のうちに考えられることがある。しかし，学習する者も「主体」であることを強調するために「学習主体」という言い方がある。現在の学習指導要領（2017）においては「主体的・対話的で深い学び」が強調されており，文部科学省の資料「新しい学習指導要領の考え方」では，「学ぶことに興味や関心を持ち，自己のキャリア形成の方向性と関連付けながら，見通しをもって粘り強く取り組み，自己の学習活動を振り返って次につなげる」ことを「主体的な学び」としている。　　　　　　　　　〔冨江英俊〕

学習障害⇨LD

各種学校

　各種学校とは，正系の学校以外のさまざまな学校を意味し，明治初年から存在してきた。現在の各種学校は，(1)学校教育法第1条学校，(2)防衛大学校など他の法律に特別の規定のある学校，(3)専修学校を除き，「学校教育に類する教育を行うもの」（学校教育法第134条）をいう。設置認可基準は1956（昭和31）年制定の各種学校規定に依拠するが，その法規上の制約は少なく，比較的自由に設置経営できることを特徴としている。各種学校は社会，産業，職業の発展と変化に柔軟に対応して多様な教育を提供し続けてきたが，1975（昭和50）年に専修学校が制度化されてから，専修学校に移行するものが多くなっている。　[中田尚美]

学　　制

　1872（明治5）年，わが国最初の近代公教育制度を規定した法律。フランス学制を基盤に，内容的にはアメリカの影響を受けている。日本における近代学校の成立発展の基礎となった。同時に公布された「（学事奨励に関する）被仰出書」は学制序文である。その特徴は(1)個人主義的立身出世主義（「学問は身を立つるの財本」），(2)実学主義，(3)四民平等の義務教育制度（「一般の人民必ず邑（むら）に不学の戸なく家に不学の人なからしめん事を期す」）など。ここに封建的教育から近代的個人主義教育への革命的転換があった。学制実施に当たっては，とくに小学校の設置と教員養成に力を注いだが，日本の学制は他の国々と比較してもかなり理想案に近く，しかも全国いっせいに強行したために，当時の実情にそぐわず，1879（明治12）年の教育令で廃止。とはいうものの，学制の雄大な構想はその後の日本の近代公教育制度発展の方向性を示した。　　[広岡義之]

学制序文⇨被仰出書

学童保育

　日中就労などにより保護者不在の家庭の小学校児童を対象に，児童厚生施設や小学校校舎などを利用して実施されている保育事業の総称。正式名称を「放課後児童健全育成事業」（通称「放課後児童クラブ」）といい，厚生労働省が所管する。保育士，幼稚園・小学校教諭免許の保持者，社会福祉士，児童の遊びを指導する者などが，都道府県知事の行う研修修了後「放課後児童支援員」として，子どもの健全育成を図ることを目的に適正な遊び及び生活の場を与えて保育に従事する。子どもたちは帰宅までの間，小学校からの宿題，補食（おやつ），他児との遊びなどを行って過ごすことが多い。　　　　　　　　　　　　[熊田凡子]

学内 LAN

　LAN（ラン）とはローカル・エリア・ネットワーク（Local Area Network）の略である。LAN は，ネットワークの種類で，限られた範囲のコンピュータで構成されたネットワークのことである。それに対して，WAN（ワン）とは，ワイド・エリア・ネットワーク（Wide Area Network）の略であり，LAN と比べ広い範囲に及ぶネットワークの種類である。WAN は，LAN 同士をつなぐと考えて差し支えない。学内 LAN は，とくに学内に限られた範囲にあるコンピュータで構成されたネットワークのことをいう。　　　　　　　　　[髙松邦彦]

学年制

　学年制は，教授内容を学年別に配列し，これに対応して同一年齢の子どもを同一学年の学級に編成する方法である。学年制には，子どもの個人差を無視して，すべての子どもに同一の速度で同一の教材を学習させる矛盾があり，この矛盾を解決するためにさまざまな方法が試みられてきた。例えば，能力別学級編成や，飛び級制などである。また，近年アメリカの一部の学校では，学年制の枠を外し，

子どもの学習速度を基準として学級編成を行う無学年制が試みられた。無学年制運動は1940年代に始まったが，実際に無学年化されたのは主に学年制の第1学年から第3学年に相当する部分で，しかも全教科ではなく読み方の範囲内であった。学年制は安定しているので，今後能力差，個人差に対応する試みが行われたとしても，それは学年制を補完する範囲にとどまる可能性が大きい。　　　［中田尚美］

学問の自由（academic freedom）

　日本国憲法第23条では「学問の自由は，これを保障する」と規定され，教育基本法第2条ではより積極的に「学問の自由を尊重」することが規定される。それは戦前の日本において学問・教育が国家の強い統制下に置かれたことへの反省であるとともに，学問の自由が民主主義の維持発展に必要な条件だからである。それというのも議会制民主主義の根本原理である多数決では，多数派が真理を否定するならば政治は多数者による圧制に陥ってしまうからである。ゆえに批判精神をもって真理を追究する学問研究の自由は大学等の研究機関のみならず，すべての国民の知的探求の自由を保障するものと考えられる。とはいえ初等・中等教育段階では，子どもの教育内容を批判する能力，教師・学校を選択する余地の乏しさなどを考慮すると，学問の成果を即座に教育へ生かすことには問題がある。そのため普通教育における学問の自由の適用範囲は議論が分かれるところである。
　　　　　　　　　　　　　　　［塩見剛一］

学力低下問題

　日本では，戦後，子どもたちの能力による序列化や学校の輪切りにつながるとして，全国一律の学力テストは実施されなかった。しかし，知識基盤社会を背景として学力への関心が高まるなか，2003年に実施されたOECDの学習到達度調査（PISA）や国際数学・理科動向調査（TIMSS）の結果は，「学力低下」や

「ゆとり教育」の問題として反響を呼んだ。一方，実際に学力低下が起こっているかどうかについては，さまざまな議論がある。「学力低下」論では，「基礎学力」が問題とされるのが一般的であり，その定義をめぐって論争が起こった。一方，「基礎学力」及びそれと対照される「自分で考え，主体的に行動する力」を二律背反的な図式でとらえることへの批判がある。教育社会学の研究では，子どもの学力や能力そのものに着目するだけでなく，家庭背景や社会階層といった社会的要因についても検討すべきとの指摘がある。1990年代末には，大学生の「学力低下」も指摘され，教育問題としてだけでなく，広く社会問題化した。
　　　　　　　　　　　　　　　［吉原惠子］

学力テスト

　文部科学省が，すべての小学6年生，中学3年生を対象に，全国一斉に行う学力調査のこと。児童生徒の学力や学習状況を把握・分析し，教育施策の成果と課題を検証し，その改善を図ることを目的としている。2007年に43年ぶりに行われ，東日本大震災のあった2011年を除いて毎年行われている。調査結果は公表され，都道府県別のランキングが社会一般の話題となることも多い。地域によっては学校別のランキングも公表され，学校の序列化を招くことや，数値によって計測できる学力のみが学校の値打ちを決めることへの批判も根強くある。　［冨江英俊］

学　　齢

　保護者が子に普通教育を受けさせる義務（教育基本法第5条第1項及び学校教育法第16条）に従い，就学させる年齢を指す。学校教育法第17条において，原則として，子の満6歳の誕生日以後における最初の学年の初め（最初の4月1日）から6年間を小学校に，小学校等修了から15歳に達した日以後の最初の3月31日までを中学校等に就学させる義務があり，その期間を学齢という。小学校などの初

等教育課程にある子は学齢児童，中学校などの前期中等教育の課程にある子は学齢生徒と呼ぶ。なお，学齢期に達していない子は，義務教育学校への入学はできない。一方，原級留置（留年）等による学齢超過者の就学は継続できる。また，学齢期を過ぎた者が義務教育学校へ入学・在学しようとする場合，必ずしもそれが保障されるとはかぎらない。

[吉原惠子]

学歴社会

学歴社会とは，一般に「学歴を指標として社会的地位と社会的資源へと配分される度合いの高い社会」である。「学歴」は，高校卒・大学卒といった教育制度上のどの段階を修了したのかを指す場合と特定の大学を卒業したことを意味する「学校歴」を指す場合とがある。前者の場合には，雇用機会や昇給・昇進などの階梯の違いによる生涯賃金格差などが認められる。ただし，日本では学業の経験年数はそのままどの学校段階まで進んだかを表すため，学んだ年数が知識・技術の専門性の高低と対応しているとみなされ，社会的な問題とされにくい。一方，後者の一流大学や有名大学といったいわゆる入学時「偏差値」による輪切り構造のなかで上位を占める大学の在学生や卒業生に対して，就職・採用や雇用のうえで有利なシステムがある場合には，学歴による差別が問題となる。世界規模で知識基盤社会や生涯学習社会が進展するなかで，知識・技術の専門性や有効性はたちまち陳腐化する。今後，曖昧な「学歴」という指標ではなく，どのような能力を身に付け，どのように発揮するのかに注目が集まることになろう。　　[吉原惠子]

隠れたカリキュラム

hidden curriculum（ヒドゥン・カリキュラム）や latent curriculum（ラテント・カリキュラム）といわれる。隠れたカリキュラムは学校における潜在的な教育作用を意味し，その範囲は広域であ

る。例えば教師の性格が同一学年においてもクラス別で異なることで異なる人間形成作用を及ぼしたり，高学歴を志向する集団とそうではない集団が同じカリキュラムを履修したとしても，潜在的教育作用はまったく異なる場合がこれに該当する。最初にこの用語を教育学において使用したのは1968年に『教室の生活』を著したアメリカ，シカゴ大学のジャクソン（Philip, J.）であった。これに対し顕在化したカリキュラム，明白なカリキュラム（manifest curriculum）が対置される。学校教育では，入試，教師，学問，イデオロギー等の権威という手段が多用され，子どもは誤った価値観を身に付けることもあるため，哲学，現象学，社会学，教育方法学が第三者的に解明すべき課題が存在する。　　[津田　徹]

家　　訓

主として，封建時代に行われていた家庭あるいは家族の教訓。中世の武士社会では，公の組織的な教育施設や制度は発達せず，そこでの教育は，一門や家庭内の教育として担われ，武家には家ごとに，家訓が存在した。鎌倉時代以降，武家にこのような家訓を残す習慣が生まれ，主として武士の倫理が説かれた。中世武家の家訓の代表例としては，『竹馬抄』『武田信玄家法』などが有名。鎌倉時代の武将北条重時は，子息への家訓『北条重時家訓』（極楽寺殿御消息）のなかで，主従関係，家督問題，婦人の尊重，礼儀作法，神仏への敬信など，自らの経験に即して具体的に教授している。江戸時代に入ると，貝原益軒のものが一般の教訓とされた。また商人の家訓としては大坂の鴻池（こうのいけ）家が益軒に依頼してつくったといわれる家訓もある。明治になると，岩崎家（三菱財閥）や三井家等の家訓が知られている。　　[広岡義之]

家　　塾（かじゅく）

私塾（しじゅく）ともいう。私設の教育機関。江戸時代に，幕府や諸藩に仕え

た儒官が当局の意を受けて自宅に設けた教育施設のこと。例えば林羅山が江戸の上野忍岡に開設した塾等は藩士教育の母体となった典型例である。他方，幕府等に仕えない民間の儒者が，自分の学説や独自の学派を旗印として自由に開設したものを私塾という。私塾のなかでも漢学塾としては，広瀬淡窓の咸宜園，吉田松陰の松下村塾など，洋学塾では緒方洪庵の適塾や福澤諭吉の慶應義塾などがある。ドイツ人のシーボルトは，長崎に来日した翌年，長崎郊外に「鳴滝塾」を開いた（1823年）。　　　　　　　　　［広岡義之］

歌唱共通教材

学習指導要領において，各学年4曲ずつ（低・中学年は4曲すべて，高学年は4曲中3曲を取り扱う）歌唱共通教材が示されている。ほとんどの楽曲が，明治・大正・昭和の初期に作曲されたもので，日本のふるさとの原風景や四季の美しさなどを感じられる作品である。ICT化やグローバル化が進む現代社会に生きる子どもたちにとっては，想像がつきにくい内容の歌詞も含まれているため，楽曲の背景にある文化や風土も合わせて学習を進めていきたい。　　　　　　［高　奈奈］

仮説実験授業

科学の基本的な概念や法則を児童生徒らに理解できるように教授することをめざした授業。そのような教授を通して，科学的に考えることのすばらしさや楽しさを体験させることを目的とした授業方式。科学の基礎的で一般的な概念や法則を教える授業理論ともいえよう。1963年頃に，板倉聖宣らによって仮説実験授業研究会による検討が展開された。実験をする際にはあらかじめ予想と仮説を生徒にもたせなければならないと考えた。この研究会で作成された授業書は，どの学校のどのクラスで使用しても確実な成果が得られることで知られている。
　　　　　　　　　　　　［広岡義之］

学　級

近代学校における最も基本的な活動の単位。学校における学級の組織が初めて登場するのは17世紀頃で，コメニウスは『大教授学』（1657）のなかで，学級教育の方法を提案した。また19世紀の初期のベルとランカスター（Lancaster, J.）は，モニトリアル・システム（助教法）のなかで，教材を系統的に配列し，それによって児童の学級を設定した。日本において，1872（明治5）年に「学制」が頒布（はんぷ）されたが，その当時はまだ学級に関する規定は存在しなかった。なぜなら，学級の存在しなかった寺子屋教育から出発した日本の近代教育制度にとって，組織的な「学級」制度という急激な制度変更にはかなりの時間がかかったからである。1891（明治24）年に出された文部省令によって「一人の本科正教員の一教室において同時に教授すべき一団の児童を学級と称する」と初めて「学級」について規定された。　　［広岡義之］

学級王国

学級担任制の校種（幼稚園も含まれるが主として小学校）において，学級担任が学級経営において大きな権力をもち，他の教員からは干渉されない状態。近年，「学級崩壊がおこるのは，『学級王国』のため，他の教職員が異変に気付くのが遅れるからだ」といったように「閉鎖的」「独善的」といったマイナスイメージで使われることが多い用語である。しかし，「それぞれの学級担任が，その専門性や持ち味を生かし，他から干渉されることなく学級経営を行う」といった肯定的な意味も有していることは，留意しなければならない。　　　　　　　　［冨江英俊］

学級経営

学級を単位として行われる，教育目標を志向した意図的・組織的活動を機能させるための条件整備。学校経営の一部として考えられ，学級担任によって取り組まれる。学級経営を成り立たせる要素は

人的条件と物的条件の両面から考えられ，具体的な活動としては，前者に児童生徒の理解・人間関係の形成・保護者との連絡，後者に学習環境の整備・学級事務の処理・学級の組織などが挙げられる。生徒指導（生活指導）と学習指導を分けて考えた場合，学級内で行われる学習指導を除いた活動が学級経営と考えられる場合もあるが，一般的にはそのような領域概念としてではなく，機能概念として包括的にとらえられる。また教師間で用いられる語としては，教室内での掲示物のあり方や室内設備の備え方を表す場合もある。多くの学校では年度はじめに「学級経営案」を校長に提出するのが通例。

［塩見剛一］

学級担任と家庭の連携

　保護者との信頼関係づくりも学級経営のなかに含まれる。日常の指導について保護者の理解と信頼を得ることは，学級担任にとって大事な要件であり，いっそうの工夫が必要である。保護者の信頼を得るためには，子どもの変化で語ることである。子どもがよい方向に変われば，親は必ず担任を信頼するようになる。そのためには授業を変えることである。さらに学級通信などの手段によって子どもの学級での出来事，成長の様子などを保護者に知らせる努力を怠ってはならない。教育の自由化，多様化が進むほど，学校の説明責任は大きくなるのであり，学級づくりをオープンにして保護者とともに子どもを育てていくことが学級担任に求められている。

［中田尚美］

学級崩壊

　1990年代後半から，学級担任制をとる小学校で「教師の指導を受け入れない」「授業中に教室内を立ち歩く」「集団で教室を飛び出し，いつまでたっても戻らない」など，学級内での指導が困難になっている状況がマスコミ等で報告された。これがいわゆる「学級崩壊」である。しかし学級の状況は多様であり，問題状況を一概に「崩壊している」ということは難しい。そこで，文部科学省（学級経営委員会）では，「学級がうまく機能しない状況」とは，「子どもたちが教室内で勝手な行動をして教師の指導に従わず，授業が成立しないなど，集団教育という学校の機能が成立しない学級の状態が一定期間継続し，学級担任による通常の手法では問題解決ができない状態に立ち至っている場合」を指しているとしている。「学級がうまく機能しない状況」は，複合的な要因が積み重なって起こる。問題解決のための特効薬はなく，複合している諸要因に一つひとつていねいに対処していくことが求められている。

［中田尚美］

学校安全

　学校安全は，学校保健，学校給食とともに学校健康教育の3領域の一つであり，「生活安全」「交通安全」「災害安全」の3つで構成されている。文部科学省は，学校保健安全法に基づいて，2012年4月，「学校安全の推進に関する計画」を策定した。背景には東日本大震災という未曾有の大災害があり，防災教育の必要性が再認識されたということもある。学校安全を推進するための方策として，(1)安全に関する教育の充実方策，(2)学校の施設及び設備の整備充実，(3)学校における安全に関する組織的取組の推進，(4)地域社会，家庭との連携を図った学校安全の推進，の4つが掲げられている。

［光成研一郎］

学校栄養職員

　学校給食法第5条の3に規定される「義務教育学校又は共同調理場において学校給食の栄養に関する専門的事項をつかさどる職員」のこと。この職員は，栄養士法第2条第1項の規定による栄養士の免許を有する者で，学校給食の実施に必要な知識または経験を有するものでなければならない。学校栄養職員の主な職務は，学校給食に関する基本計画への参

画，栄養管理，学校給食指導，衛生管理，検食，物質管理，調査研究である。
　　　　　　　　　　　　　　　［中田尚美］

学校開放

　学校の施設や機能を広く地域社会のために開放して学級・講座などを開催する学校の計画的な活動をいう。わが国では，1919（大正8）年文部省が各地の大学・直轄学校に成人講座を依頼したのが始まりである。戦後は学校教育法第85条（社会教育への利用）などに基づき，小学校・中学校・高等学校・大学等の施設や教員を活用した地域住民対象の講座などが開催された。近年では学校週五日制の広がりのなかで「開かれた学校づくり」が推進されてきた。しかし，2001（平成13）年の大阪教育大学附属池田小事件など，外部から不審者が侵入するなどの危険もあり，安全管理と運営において学校と地域住民の緊密な協力が求められている。　　　　　　　　　　　［中田尚美］

学校カウンセリング

　すべての児童生徒を対象とし，教師と生徒及び生徒相互の人間関係形成のための教育活動であり，学校現場が抱える教育課題をはじめ，子どもたちをめぐる現代的課題に対応した，児童生徒の心理的な成長発達を支援するための活動。あらゆる学校教育の場面で行われる教育相談の中核的活動ととらえることができる。
　旧文部省の「生徒指導の手引」(1965)に生徒指導の一方法として教育相談が示されてから，半世紀にわたり，学校カウンセリングの効果的な方向性が検討されてきた。1995（平成7）年，文部省の「スクールカウンセラー活用調査研究委託事業」の開始によりカウンセラーの配置が始まり，平成13年度からは活動に対する補助金制度も手伝って，いっそう推進された。外部の臨床心理士や公認心理師などの専門資格をもつカウンセラーが業務としてその任に就いている。
　その一方で，学校における日常場面では，カウンセリングマインドを根底に有した教師（学級担任，生徒指導担当教師，不登校対策の担当教諭，養護教諭など）が相談活動を行っている。問題の質や大きさ，関係者のパーソナリティなどを鑑み，対応すべきカウンセラーは教師が適当か臨床心理士であるべきかをコーディネートする必要があり，これからの学校カウンセリングでは体制の整備とともに相談者の柔軟な対応が重要になる。
　集団への適応問題，学習の不適合，家庭に根幹をもつ発育上の問題や生活習慣の問題，心身の健康性の保持増進の確保や基礎学力の保障など，子どもをめぐる問題は，実は人間関係や人として生きる力に関係する課題ばかりである。人間教育は，各教科や道徳科，特別活動，総合的な学習の時間など，学校のあらゆる教育活動を通して取り組まれるが，大切なことは，人間関係の形成を意図した教育的アプローチである。豊かな人間関係の構築は，児童生徒の心理的安定を図り，学習意欲を向上させることにつながる。傾聴・受容・共感といったカウンセリングの基本的技法をもとに行われる教育的アプローチこそが，めざすべき学校カウンセリングであり，その役割は大きい。
→スクール・カウンセラー　　　［大平曜子］

学校基本調査

　学校に関する基本的事項を調査し，学校教育行政上の基礎資料を得ることを目的として，統計法に基づき，1948（昭和23）年度より毎年行われている調査。幼稚園，幼保連携型認定こども園，小学校，中学校，義務教育学校，高等学校，中等教育学校，特別支援学校，大学，高等専門学校，専修学校及び各種学校を対象とした悉皆調査である。5月1日現在の学校数，在学者数，教職員数，学校施設，卒業後の進路状況と，前年度間の学校経費，不就学学齢児童生徒に関する調査が行われる。調査票は都道府県または市町村を通じて配布され（直接の場合もあ

る），調査内容に応じて学校長，設置者，市町村教育委員会，地方公共団体の長が回答する。調査票は市町村長から都道府県知事に，都道府県知事から文部科学大臣に提出され，文部科学省総合教育政策局調査企画課において集計される。集計の結果は，学校基本調査報告書として刊行され，文部科学省ホームページにもその概要が掲載される。　　　　［古田　薫］

学校給食

　学校給食は，身体の発育期にある児童生徒に栄養のある食事を提供することにより，健康の増進及び体位の向上をはかるとともに，教育の場である学校で食事をともにすることにより，学校生活を豊かにし，よき習慣を身に付けさせ，また，好ましい人間関係を育成するなどの教育効果を高めるものである。わが国の給食の歴史は古く，1989年には百周年の記念行事が実施された。現行の学校給食は，1954年に制定された学校給食法に基づいている。義務教育における学校給食の実施率は，完全給食で小学校98.5%，中学校86.6%である（2018年5月1日現在）。近年，偏った栄養摂取や朝食欠食などの食生活の乱れや肥満・痩身傾向など，子どもたちの健康を取り巻く問題が深刻化している。また，食を通じて地域を理解することや食文化の継承をはかることも重要である。こうした現状を踏まえ，2005年に食育基本法が制定され，学校においても食育に取り組んでいくことが重要になっている。学校における食育の生きた教材になる学校給食の充実のために，郷土料理の取り込みや地域産品の活用，米飯給食などの充実が進められている。
　　　　　　　　　　　　　　［中田尚美］

学校給食における食物アレルギー

　2015年に，文部科学省は「学校給食における食物アレルギー対応指針」を作成した。2012年に，食物アレルギーをもつ女子児童が給食を食べたことにより死亡する事故が起こったことを踏まえている。対応指針の内容として，最優先されるのは安全性であるとし，原因食物を「提供するかしないかの二者択一」を原則的な対応とすることが望ましいとし，校長・学級担任・調理員などのそれぞれの役割を示している。この文部科学省の対応指針を受けて，各教育委員会でも対応指針やマニュアルなどを作成している。
　　　　　　　　　　　　　　［冨江英俊］

学校教育

　一定の施設と教職員，児童・生徒・学生からなる意図的・計画的な教育機関である学校が行う教育，または学校で与えられた教育をいう。広義に学校の範囲をとる場合には，一条校である幼稚園，小学校，中学校，高等学校，中等教育学校，高等専門学校，特別支援学校，大学に加えて，専修学校，各種学校など，すべての学校と称される機関で行われる教育が学校教育に含まれる。その段階によって，初等教育，中等教育，高等教育に区別される。家庭教育，社会教育とならぶ教育の基本的形態の一つである。現代の日本において，学校教育の与える影響力は政治・経済・文化のあらゆる領域に及んでおり，その意味から学校教育は現代社会できわめて重要な機能を果たしているということができる。　　　　［中田尚美］

学校教育法

　戦後日本の学校教育に関する諸事項を定めるために，戦前の諸学校令を一本化して，教育基本法とともに1947（昭和22）年3月31日に公布，4月1日より施行された。第1条に定められた学校（一条校）を中心に，総則では設置者，設置廃止の許可，管理・経費負担，校長教員の配置・資格，学生・生徒・児童の懲戒体罰禁止などについて規定し，小・中・高等学校の各章で，それらの学校の目的，教育課程，年限などについて規定している。本法を実施するため学校教育法施行令と学校教育法施行規則が定められている。制定後今日まで，高等専門学校や専

修学校，中等教育学校の創設，教頭・主任の法制化など重要な改正が行われ，そのつど大きな波紋をひきおこした。2007（平成19）年には，教育基本法の改正や中央教育審議会の答申などを踏まえ，学校教育の充実をはかるため，義務教育の目標を定め，各学校種の目的・目標を見直すとともに，学校の組織運営体制の確立のため，副校長などの新しい職を設置するなどの改正が行われた。　［中田尚美］

学校教員統計調査

　統計法第2条第4項に基づく基幹統計調査（基幹統計である学校教員統計を作成するための調査）として，学校教員統計調査規則に基づき，3年ごとに実施されている。学校の教員構成，教員の個人属性，職務態様及び異動状況等を明らかにし，教員免許制度の制度設計や計画的教員養成に活用することを目的とする。昭和43年度に，昭和22年度から実施されていた「学校教員調査」を昭和28年度から実施されていた「学校教員需給調査」に統合し，昭和46年度から「学校教員統計調査」と名称を改めたものである。調査対象の範囲は，法律に定める学校は全数調査，専修学校及び各種学校は抽出調査を基本とする。学校調査，教員個人調査，教員異動調査に区分され，学校調査及び教員個人調査は調査年の10月1日現在の状況，教員異動調査は調査前年度間の状況を回答する。それぞれの調査内容は，学校調査では学校の名称，種別・所在地，学校の特性，本務教員の性別・年齢別・職名別配置数，教員個人調査では性別，年齢，職名，免許状の種類，勤務年数，履歴（学歴，採用・転入前の職業等），担任の状況，週担当授業数，資格，月額給与等，教員異動調査では採用・転入・離職・転出の別，離職の理由，性別，年齢，職名，履歴等，となっている。
　　　　　　　　　　　　　　　［古田　薫］

学校行事

　特別活動の領域（学級活動・児童会活動・クラブ活動・学校行事）の一つ。学校で行われる行事のことで，児童生徒が学級だけでなく全校または学年という大きな集団で協力して行う体験的な活動。このような活動は，子どもたち同士の交流を活性化し，学校生活の充実に資するとともに，学校生活に変化と秩序を与え，子どもたちの集団への帰属意識を高める。内容としては，入学式などの儀式的行事，文化祭などの文化的行事，運動会や体育祭などの体育的行事，修学旅行などの遠足・集団宿泊的行事，職場体験活動などの勤労生産・奉仕的行事がある。児童生徒は，こうした行事のなかで，異年齢集団による交流や幼児，高齢者，障害のある人々とのふれあい，あるいは，自然体験や社会活動などを通して，なすことによって学ぶ。そこでの学びや気づきを共有し深めていくために，実施した学校行事に関して作文や相互発表の機会を設けることが必要である。また，すでに述べたように，こうした行事は，児童生徒の交流の活性化につながるが，学級の人間関係によっては，かえって孤立を深めてしまう児童生徒も出てくる。とりわけ，遠足・集団宿泊的行事ではその危険性が高い。日頃から児童生徒の人間関係に気を配り，すべての児童生徒にとって学校行事がよい思い出になるように工夫するべきである。　　　　　　　　　［小川　雄］

学校設定教科・学校設定科目

　中学校，高等学校が独自に設けることができる，学習指導要領に示されていない教科・科目のこと。中学校では「特に必要な教科」として必要に応じて新たな教科を設けることは可能となっている。高等学校の場合，平成11年改訂の高等学校学習指導要領において明記された。その新設のねらいの一つは地域，学校及び生徒の実態，学科の特色等に応じ，特色ある教育活動を行ってゆく必要性がいっそう高まっている点が挙げられる。学校設定科目の名称，目標，内容，単位数等

は，その科目の属する教科の目標に基づき，各学校の定めるところによる。学校設定教科についても名称，目標，内容，単位数等は，各学校の定めるところによる。

［津田　徹］

『学校と社会』

（*The School and Society*：1899）

アメリカの教育哲学者デューイの著書。シカゴ大学附属小学校での教育実践について述べられている。「いまやわれわれの教育に到来しつつある変革は，重力の中心の移動である。それはコペルニクスによって天体の中心が地球から太陽に移されたときと同様の変革であり革命である。このたびは子どもが太陽となり，その周囲を教育の諸々のいとなみが回転する」。このように著書のなかで，教育のコペルニクス的転回，大人中心の教育から，子ども中心の学習へ転換していくことの重要性について主張するとともに，学校を進化していく社会から隔絶された環境としてはならないとし，学校の社会化についても言及している。

［光成研一郎］

学校図書館

学校図書館法第2条においては，学校図書館を「小学校（中略）中学校（中略）及び高等学校（中略）において，図書，視覚聴覚教育の資料その他学校教育に必要な資料（中略）を収集し，整理し，及び保存し，これを児童又は生徒及び教員の利用に供することによって，学校の教育課程の展開に寄与するとともに，児童又は生徒の健全な教養を育成することを目的として設けられる学校の設備をいう」と規定している。同法第5条では，学校に学校図書館の専門的職務を掌る司書教諭を置くことの規定があり，司書教諭は12学級以上の学校には必置とされている。また2014年の学校図書館法一部改正により，もっぱら学校図書館の職務に従事する学校司書（事務職員）を置く努力義務が付された。　　　　　［佐野　茂］

学校における働き方改革

学校が担うべき役割は何であるのかを再検討し，教育委員会や地域住民・保護者と役割分担を行いつつ連携協働を進めていくことによって，教員の業務の質的転換を図り，新しい時代の教育に向けた持続可能な学校の指導・運営体制の構築をめざすもの。背景として，教員勤務実態調査等で教員の過酷な勤務実態が明らかになるにつれ，教員の心身の健康を確保し，教員が児童生徒に真に必要な指導を，誇りとやりがいをもって持続的に行うことができる状況をつくる必要性が広く認識されるようになったことがある。2019年1月には「新しい時代の教育に向けた持続可能な学校指導・運営体制の構築のための学校における働き方改革に関する総合的な方策について（答申）」が提出され，(1)勤務時間管理の徹底と勤務時間・健康管理を意識した働き方の促進，(2)学校及び教師が担う業務の明確化・適正化，(3)学校の組織運営体制の在り方の見直し，(4)教師の勤務の在り方を踏まえた勤務時間制度の改革，(5)学校における働き方改革の実現に向けた環境整備の5つの視点からの取り組みの方向性が示された。また，勤務時間管理については「公立学校の教師の勤務時間の上限に関するガイドライン」が同時に公表され，勤務時間の定義を明確にしたうえで勤務時間の上限を1か月45時間，1年間360時間とすることが示された。

［古田　薫］

学校評価

学校評価において自己評価と外部評価をどのように関連づけるかが課題である。なによりも自己評価が基礎となって外部評価が実施されるべきであろう。そこで大切なことは，自己評価ではつねに児童生徒の実態を押さえつつ，教職員の自由な協議を経て，評価されることである。また外部評価を行う人々はそれを行うにふさわしい識見や専門性が求められる。

さらに外部評価と自己評価の見解が開いた場合は，調整を行い，学校改善に結びつけることが大切である。2006（平成18）年3月策定，2007（平成19）年3月改訂の中央教育審議会答申の構造改革の一つである「目標の明確化と検証・評価の充実」を受けて，「義務教育学校における学校評価ガイドライン」を策定。各学校は，自己評価と外部評価の結果と改善策を公表し，保護者や地域住民に理解してもらいつつ，学校運営を組織的に改善することが求められている。とくに小中一貫教育を実施する学校における学校評価の留意点が2016（平成28）年改訂のときに盛り込まれた。　　　［広岡義之］

学校評議員

　地域社会に開かれた学校づくりを推進し学校運営を展開，その説明責任を果たすため，1998（平成10）年の中央教育審議会「今後の地方教育行政の在り方について」を受けて設けられた制度である。その背景には望ましい学校運営を展開することが挙げられる。学校評議員は，学校教育法施行規則第49条第2項によれば，「校長の求めに応じ，学校運営に関し意見を述べることができる」。この制度は校長の求めに応じて学校運営に関し意見を述べるというあくまで諮問的，補助的な位置づけであり，評議員の発言等には拘束性はなく，学校運営に関する最終的な権限と責任は校長にある。また評議員の選出は校長の推薦を経て学校の設置者が委嘱する。学校評議員の人数，任期については教育委員会が決定する。社会からの視点の導入をきっかけにいっそう望ましい学校運営が期待され，家庭をはじめ地域社会，学校の三者の関係がより相乗的によい仕方で向上してゆくためには今後ともさらなる充実が期待される。　　　［津田　徹］

学校防災

　地震・暴風・豪雨・豪雪・洪水その他の異常な自然現象や火災に伴い，学校において生ずる各種の災害を未然に防止すること。災害が発生した場合においては応急的に被害の拡大を防ぐことによって，児童生徒及び教職員などの生命身体の保護と学校施設・設備の防護をはかり，さらに事後においては，罹災施設などの復旧対策を講ずることも含まれる。なお，学校施設は地域の防災計画において，災害時の避難拠点として位置づけられている場合が多い点も，学校施設と災害を考えるうえで一つの特徴をなしている。2012年には文部科学省による「学校防災マニュアル（地震・津波災害）作成の手引き」が公表された。　　　［中田尚美］

学校保健安全法

　学校保健安全法は，学校における児童生徒等及び職員の健康の保持増進を図るための法律である。2009年4月1日に，学校における安全管理に関する条項が加えられ学校保健法から学校保健安全法に改題された。また，学校教育の円滑な実施と成果の確保に資することと目的を定めた。学校における教育活動が安全な環境において実施されるように，学校の管理運営（環境衛生基準や保健室の設置），健康相談，健康診断，感染症の予防，臨時休業，学校医の設置等について規定している。　　　［椿　武］

学校暦（school calendar）

　一年間にわたっての学校行事計画を定めた，その学校の活動スケジュールをいう。学校教育法施行規則の規定に従い，その学期は4月1日に始まり，3月31日に終了する。主な内容として，入学式・卒業式・始業式・終業式などの儀式，遠足・運動会・学芸会・避難訓練・健康診断などの学校行事，児童会・生徒会活動やPTA関係の行事，職員会議，休業日などが記載される。学校教育法施行規則による休業日や学年・授業日の規定に従い，学習指導要領に基づく年間の指導計画を効果的に進めることができるよう配慮したうえで，さらに地域や学校の実情

を考慮して編成される。　　　［塩見剛一］

活用型の教育

　2006（平成18）年2月の中央教育審議会審議経過報告によれば，理解し定着させた知識や技能を実際に活用する力を育てる教育を「活用型の教育」と呼ぶ。「習得型」（知識・技能の習得）と「探究型」（教科横断的な探究）の二者択一ではなく，その2つをつなぐ媒介「活用型」（知識・技能の活用）として位置づけられている。この3つの学習の型の相互関係は，一義的なものではなく，相互に影響しあうものである。1998（平成10）年の学習指導要領は，2003（平成15）年の一部改正によって「知識・技能」の重要性も認識しつつ，「質の高い生きる力」の育成をめざしていた。そこでは，各教科の習得型の学習活動と，「総合的な学習の時間」の探究型の学習活動とは，円滑な連関が遂行されていなかった。そこで平成20年の新学習指導要領で参考にされたのが OECD／PISA の「活用能力（キー・コンピテンシー）」重視の学力観である。ゆとり教育に対して，社会が批判的であったことが，「活用型の教育」導入に影響している。
　　　　　　　　　　　　　［広岡義之］

家庭科教育

　衣食住など，家庭生活に関する基礎的な知識・技能・態度などの習得を目的として，小学校と高等学校で指導される教科教育。中学校では技術・家庭科として技術分野と家庭分野が一つの教科にまとめられている。戦前は裁縫科・家事科など，家庭科に相当する教科が女子を対象に行われていたが，戦後，1947（昭和22）年に作成された学習指導要領の試案のなかで家庭科が教科として登場し，小学校では男女共通履修科目，中学校では選択科目，高等学校では実業科の選択科目とされた。その後，学習指導要領の改訂に伴い名称や学習内容の変化が見られたが，とりわけ大きな変化が表れたのは

1989（平成元）年の改訂である。同指導要領では，1970年代より続く家庭科の男女共修を進める運動の高まりを受けて，中学校では技術領域・家庭領域の性別による指定が廃止され，高等学校では女子のみ必修から，男女ともに必修と改正された。→女子教育　　　　　　［塩見剛一］

家庭科の見方・考え方

　小学校学習指導要領解説（2017）において「家庭科における見方・考え方」とは，「生活の営みに係る見方・考え方」であるとされている。家庭科が学習対象としている家族や家庭，衣食住，消費や環境といった生活事象を，「協力・協働」「健康・快適・安全」「生活文化の継承・創造」「持続可能な社会の構築」の4つの視点でとらえ，生涯にわたって，自立しともに生きる生活を創造するために，よりよい生活を工夫することである。これらの視点は，家庭科の全内容に共通したもので，相互に関わり合っている。児童の発達段階を踏まえつつ，取り上げる内容や題材構成によって，いずれの視点を重視するのかを適切に定めることが重要である。　　　　　　　　［山口香織］

家庭教育

　家庭教育は，両親に代表される成人によって，子どもの社会化のために，(1)意図的計画的に行われる部分と，(2)両親の人格や行動様式が，無意識的に子どもに取り入れられて成立する部分とに分けられる。家庭教育に対して，何が社会的に要請されるかは，各時代の社会的条件によって異なる。わが国の家庭教育においても，昔のように，子どもが職業人として自立できるまで長期にわたって家庭教育（職業教育）を行うことはなくなった。近年では，家庭内でしか行えない性質のものはそのまま保持されているが，家庭外の教育機関へ移行可能なものは，塾・幼稚園・学校が肩代わりしつつある。現代の家庭のなかで行われる教育機能は，主として子どもの乳幼児期に集

中して果たされ，それ以後の家族周期で
はその比重が減じている。現在行われて
いる一般的な家庭教育の内容は，(1)人
間関係の学習，(2)性役割の学習，(3)基
本的生活習慣の学習などである。

[中田尚美]

家庭と地域の連携

家庭科では，児童の生活の場である家
庭を中心とした生活事象を学習対象とし
ている。そのため，家族の存在や家庭生
活，地域の人々とのつながりをつねに意
識しながら学習を進め，学習したことを
自らの生活に生かすことが大切である。
これを継続的に実践するためには，家庭
との連携を積極的に図る必要がある。ま
た，小学校学習指導要領（2017）には，
異年齢の子どもや高齢者など，地域にお
ける世代を超えた交流の機会を設けるこ
とが明記してあり，学校や地域の実態に
応じて地域の人々の協力を得ながら，人
的または物的な支援体制をつくるなど，
地域の人々との連携を深めることも必要
である。

[山口香織]

家庭内暴力

家庭内暴力とは，主に家族のメンバー
間で発生する暴力であり，児童虐待，子
どもから親への暴力，夫婦間の暴力
（DV：Domestic Violence）やパートナー
間の暴力（IPV：Intimate Partner Vio-
lence），高齢者虐待などが挙げられる。
なお，日本では子どもから親への暴力の
みを指すこともある。家庭内暴力の種類
としては，直接的に体を傷つける「身体
的暴力」，怒鳴る，馬鹿にするなど言葉
などで相手の心を傷つける「精神的暴
力」，同意のない性行為を強要したり避
妊に協力しないといった「性的暴力」な
どが挙げられる。また，家庭という密室
空間では，問題が発生しても家族以外の
人には秘密にされやすく，何度も暴力が
繰り返され，被害者は心身への深刻な傷
を負うこととなる。

[辻川典文]

家庭訪問

家庭は，家族間の関係や経済状況，保
護者の教育観といった点でさまざまに異
なっている。家庭訪問の一つの意義は，
実際に各家庭に赴いてそれぞれの特色を
理解しながら，児童生徒の家庭や地域で
の生活ぶりを把握するところにある。学
校での関わりだけでは見えてこない児童
生徒の姿を知ることは，その生徒の多面
的な理解につながる。また，家庭訪問で
は，家庭から情報を収集するだけではな
く，家庭に情報を伝達しなければならな
い。学校での児童生徒の頑張りや交友関
係等を報告することはもちろん，家庭と
ともに伸ばしていきたい児童生徒の特質
や共有すべき教育的な価値観を伝え，家
庭と学校との協力関係をいっそう緊密に
していく。このように，学校と家庭との
相互理解を促進しながら教育を両者の協
働的な営為として高めていくことが，家
庭訪問の主要な目的である。この目的を
首尾よく達成するためには，事前に何を
伝えるべきかを整理してから家庭訪問に
臨み，事後では，家庭訪問を通して知っ
た情報を記録し，今後の指導に生かすこ
とが重要である。各家庭のプライベート
な情報については，当然，守秘義務を遵
守しなければならない。

[小川　雄]

金沢文庫（かなざわぶんこ）

武蔵国（神奈川県）の金沢文庫は，鎌
倉時代中期の1275（建治元）年頃に北条
（金沢）実時（さねとき）が創設したと
いわれる代表的な武家文庫。同時に中世
の教育施設であり，僧侶養成のための講
義も実施された。北条実時は幕府の要職
にありながら，多くの書物の収集に余念
がなく，晩年に退職してから金沢（現横
浜市金沢区）の別荘で和漢の書物や写本
を広く武士や僧侶のみならず一般の人々
にも閲覧を許した。邸宅内に称名寺を建
て，講座等が開催された。今日残されて
いる書籍だけでも3万冊以上にのぼる。
江戸時代に入ると衰退する。明治になっ

て1887（明治20）年頃，伊藤博文の助力によって一部回復するものの，まもなくして閉鎖。1927（昭和2）年に，神奈川県は文庫の復旧を図りついに完成。現在の建物は旧北条（金沢）実時邸に位置し，県立図書館として一般に公開。2007（平成19）年，称名寺に保管されていた大威徳明王坐像が運慶作であると判明した。

[広岡義之]

賀茂真淵（かもの まぶち：1697－1769）

江戸時代中期の国学者で歌人。古学や古文辞学派の影響を受けて，『万葉集』等の古典を研究し，早くから和漢の学を修めて，荷田（かだ）派の古学等を深める。とくに漢詩や和歌に才能を発揮。門流に本居宣長や塙保己一などがいる。儒学を排斥し，中国古代の先王の道に代わって，天皇崇拝の立場を鮮明にした。1733（享保18）年，37歳頃に妻子を捨てて上京し，長期の遊学を始めた後，学事に努めた。64歳で引退後，著述に没頭し始め73歳で逝去。真淵は本居宣長とともに国学の二大巨匠。古道，歌学，語学等に優れたが，とくに『万葉集』の研究に秀でていたと同時に万葉調歌人でもあった。晩年は万葉以前の記紀の時代を重要視。彼は古意古道の核心を重んじたため，万葉風の自然と真実を尊重した。

[広岡義之]

体つくり運動

小学校学習指導要領（1998）において，それまで体育科の運動領域の一つであった「体操」領域が改められ，「体つくり運動」領域となった。昭和60年代から子どもの体力が低下していることに加え，運動をする子どもとしない子どもとの二極化，幼児期の運動遊び経験が不足している子どもや他者との関わりがうまくできない子どもの存在等々が指摘されていることを踏まえ，従前の体操領域の内容を引き継ぐ「体力を高める運動」に加え「体ほぐしの運動」が内容となり，小学校高学年以降の学年において「体つくり

運動」領域が構成された。小学校学習指導要領（2017）においては，「体つくり運動」領域は小学校全学年において学習される運動領域（低学年は「体つくりの運動遊び」）として位置づけられ，従前の高学年における「体力を高める運動」は，「体の動きを高める運動」に改められた（中学校以降では従前どおり「体力を高める運動」）。「体ほぐしの運動（遊び）」については「自己の心と体との関係に気付くことと仲間と交流することをねらいとし，誰もが楽しめる手軽な運動（遊び）を通して運動好きになること」（小学校学習指導要領解説）が内容とされる。→体力，体幹，児童の体力低下

[田中　聡]

カリキュラム・マネジメント

学習指導要領等に基づいて編成された教育課程に沿って，学校における具体的な教育指導・学習活動が適切かつ効果的に行われるように，PDCAサイクルを回しながら，組織的かつ計画的に諸条件を整備・運営し，教育活動の質の向上を図っていくこと。たんに法規上の要請としての教育の計画ではなく，その効果的実施と評価，継続的な改善までも含んだダイナミックなプロセスとして教育課程をとらえたものであり，2017年の学習指導要領改訂で示された教育課程実施上の主要なポイントの一つである。

[古田　薫]

カリキュラム・マネジメントにおける3つの観点

「社会に開かれた教育課程」との関わりにおいて，カリキュラム・マネジメントの以下の3つの側面がとくに重要な要素となる。(1)カリキュラムデザイン：各教科等の教育内容を相互の関係でとらえ，学校の教育目標を踏まえた教科横断的な視点で，その目標の達成に必要な教育内容を組織的に配列していくことが大切である。(2)PDCAサイクル：教育内容の質の向上に向けて，子どもたちの姿

や地域の現状等に関する調査や各種データに基づいて，教育課程を編成し，実施し，評価して改善を図る，一連のPDCAサイクルを確立することが重要である。(3)内外リソースの活用：教育内容と，教育活動に必要な人的・物的資源等を，地域等の外部の資源も含めて活用しながら，効果的に組み合わせることが大切である。　　　　　　［広岡義之］

カリキュラム・マネジメントの確立

　各学校は，学習指導要領の内容を受け止めつつ，子どもたちの姿や地域の実情等を踏まえて，各学校が設定する学校教育目標を実現することが重要である。そのためには，学習指導要領に即した教育課程を編成し，実施・評価・改善していくことが求められる。これがいわゆる「カリキュラム・マネジメント」の内容である。これを実現するためには，校長・園長が中心となって学校全体で取り組んでいく必要がある。その意味で「カリキュラム・マネジメント」は，すべての教職員が参加することによって，学校の特色を創造していく営みといえる。
　　　　　　　　　　　　　［広岡義之］

カリキュラム・マネジメントの推進

　カリキュラム・マネジメントについては『小学校学習指導要領（平成29年告示）解説　総則編』において，「児童や学校，地域の実態を適切に把握し，教育の目的や目標の実現に必要な教育の内容等を教科等横断的な視点で組み立てていくこと，教育課程の実施状況を評価してその改善を図っていくこと，教育課程の実施に必要な人的又は物的な体制を確保するとともにその改善を図っていくことなどを通して，教育課程に基づき組織的かつ計画的に各学校の教育活動の質の向上を図っていくことに努める」ことが示された。カリキュラム・マネジメントを実行する際に，最初に「学校のグランドデザイン」が必要となる。そこでは，その学校の教育活動を通して育成すべき児童生徒の資質・能力を明確にした，各学校ごとの教育目標と，育成すべき資質・能力，児童生徒の実態を基にした学校経営計画を，すべての教職員が関わって決めていく必要が出てくる。　　［広岡義之］

カリフォルニア・プラン（California Plan）

　アメリカで1930年代に提唱された教育計画。コア・カリキュラムに基づく問題解決学習を中心に，1930年及び1936年にカリフォルニア州カリキュラム委員会が出版した「幼稚園と小学校の教師用手引書」に示された。デューイの経験主義に根ざした子ども中心のカリキュラムであり，理科を含めた社会科を中心課程に据える。ヴァージニア・プランとならびアメリカにおける教育課程改造運動の代表をなし，戦後日本の初等教育では作業単元の考え方の模範とされた。［塩見剛一］

カルヴァニズム（Calvinism）

　宗教改革の推進者の一人であるフランス人のカルヴァン（Calvin, J.）の推進した宗教改革理念。ルターとともに宗教改革を牽引した人物として有名であるが，カルヴァンの場合ルターと比較して，人間の自由や意志よりも神の絶対性を信じ，地上に神の国を創設しようとした点で特徴的であった。この神の意志の絶対性を予定説といい，この思想に基づく職業観はその後の西洋の精神社会に非常に大きな影響力を与えた。とくに神の意志による職業倫理観（召職，独：Beruf）は，ウェーバー（Weber, M.）らによって取り上げられ，西洋の近代資本主義社会の精神がカルヴァニズムの禁欲思想（娯楽の禁止）と召職に求められるとして，近代社会の登場を説明するための理論的装置となった。ここに宗教と道徳，宗教と経済等の関係が教育学的にも非常に重要であることが判明した。これは精神文化が実際の社会生活において人間形成の大きな要因であることを示すものでもある。
　　　　　　　　　　　　　［津田　徹］

考え，議論する道徳

　「考え，議論する道徳」といわれる場合，従来の日常生活での経験を語り合ったり，たんに読み物教材の登場人物の人情だけを読み取ったりする国語科とさほど変わらない形式的な授業からの転換が求められている。しかし「考え，議論する道徳」への質的変換は，これまでの取り組みをすべて否定するものではない。むしろこれまでの「道徳の時間」における優れた実践研究を生かしつつ，本質的に改善・充実を図ろうとするものである。
　　　　　　　　　　　　　　　［広岡義之］

「考えるための技法」の活用

　「考えるための技法」とは，いわゆる思考スキルのことで物事を考える際の情報の処理方法である。小・中学校学習指導要領解説では，「順序付ける」「比較する」「分類する」「関連付ける」「多面的に見る・多角的に見る」「理由付ける（原因や根拠を見付ける）」「見通す（結果を予想する）」「具体化する（個別化する・分解する）」「抽象化する（一般化する・統合する）」「構造化する」が例示されている。これらを意識して活用することで，児童生徒自身が課題探究に即した思考法を選択・活用できるようになり，物事の本質や深い理解に迫る力が育つ。また，思考ツールを使うことで思考の可視化・操作化ができ，複数の児童生徒による情報処理や分析に役立つ。
　　　　　　　　　　　　　　　［山田希代子］

咸宜園⇨広瀬淡窓

環境教育

　環境や環境問題に関心をもち，環境の保全やよりよい環境の創造のための活動に積極的に参加することのできる知識・理解・態度などを育てる教育。1972年の国連人間環境会議，75年の国際環境教育会議などをきっかけに人類共通の教育課題として各国で取り組まれるようになった。1992年には「環境と開発に関する国連会議」（地球サミット）が開かれ，「持続可能な開発」をめざす総合的な行動計画が採択された。わが国では，学校現場での環境教育普及のための「環境教育指導資料」（中学校・高等学校編）を文部省が1992年に，同小学校編を94年に刊行している。その後，環境問題への対応は，教育課程編成の一つの柱として位置づけられ，「総合的な学習の時間」での重要な課題として多くの学校で取り組まれるようになっている。また，2002年の「持続可能な開発に関する世界サミット」においては，「国連・持続可能な開発のための教育（ESD）の10年」が採択され，2005年より10年間，「国連・持続可能な開発のための教育（ESD）」と結びつけた環境教育が国際的に推進されるようになった。
　　　　　　　　　　　　　　　［中田尚美］

環境に寄与する態度

　2006（平成18）年2月に改正された教育基本法第2条第4号には，教育の目標に「生命を尊び，自然を大切にし，環境の保全に寄与する態度を養うこと」が新たに加えられた。地球温暖化をはじめ，エネルギー問題等の環境問題は，喫緊の課題である。こうした状況を踏まえて，持続可能な社会の構築のために，教育の果たす役割の重要性が認識されている。環境や自然を尊重する態度は，生命を尊重する態度と共通項を有する。すべての生物は，自然界でバランスを維持しながら生存してきた。しかし，20～21世紀の人類は，自らが生み出した技術力によって自然を破壊し，地球の生命体に深刻な影響を及ぼしている。自然破壊は，人間生活にも重大な影響を及ぼすため，学校の教育活動全体で環境や自然の維持の必要性を強く指導するべきである。具体的な教育活動として，2008（平成20）年1月17日の中央教育審議会「幼稚園，小学校，中学校，高等学校及び特別支援学校の学習指導要領等の改善について」の答申では，次のような活動が示されている。「子どもたちは，他者，社会，自然・環

境の中での体験活動を通して，自分と向き合い，他者に共感することや社会の一員であることを実感することにより，思いやりの心や規範意識がはぐくまれる」（「体験活動の充実」）。　　　　［広岡義之］

菅茶山（かん さざん：1748 - 1827）

　江戸時代後期の朱子学派の儒学者。備後（広島県）の生まれ。茶山が生まれ育った備後の村は，山陽道の宿場町として繁栄していたものの，賭け事や飲酒などの風紀が乱れており，学問を広めることで村を改革しようと茶山は決心する。そのために茶山は，京都に朱子学を学びにゆく。京都遊学中には与謝蕪村等とも出会う機会に恵まれた。故郷に帰り，1781（天明元）年頃，神辺（現在の福山市）に私塾を開いた。すべての者が平等に教育を受けることによって平等な社会をつくろうとした。晩年に藩に申請して「廉塾」を開き，全国にその名が知られるようになる。尾藤二洲ほか広く文人詩家との交流も深く，江戸後期朱子学の関西の重鎮となる。彼の詩は，平淡でからまったく技巧の跡をとどめないすぐれた作風といわれている。彼の作品，とくに詩集『黄葉夕陽村舎詩』10巻は，同時代の人々に強い影響を与えた。風格の高い詩風は天下第一と称された。　［広岡義之］

観察・指導期

　フランスの中等教育は前期と後期に分かれるが，前期4年間は，観察・指導期と呼ばれる。観察・指導課程と訳されることもある。この4年間はコース分化を最低限に抑え，教育課程は共通化するとともに，生徒の能力・適性を綿密に観察し，その結果に基づいて組織的な進路指導を行うこととされていた。観察・指導課程の任務は，本来の教育を行うと同時に，生徒の個性を引き出し，それを観察し指導することである。4年間の観察や進路指導の結果に基づき，生徒は後期中等教育の諸学校・課程にふりわけられる。そのため，フランスではいわゆる高校入

試はない。このシステムは，1947年のランジュヴァン・ワロン改革案において示され，1959年のベルトワン改革及びその後の教育改革によって実施された。1975年のアビ改革により，前期中等教育の4か年で行われてきた観察・指導課程は，後期中等教育の第1学年にまで延長された。　　　　　　　　　　　　　［中田尚美］

鑑賞をする活動（図画工作科）

　小学校図画工作科や中学校美術科の内容「B鑑賞」では，自分の見方や感じ方を大切にし，また多様な見方，感じ方を受容していくことが重視されている。図画工作科において，鑑賞は表現と一体化して高め合っていくものであり，作品や材料，美術などから主体的によさや美しさなどを感じ取ったり考えたりし，自分の見方や感じ方を深める活動である。鑑賞学習の内容としてアートゲームや対話型，比較，触察などさまざまな方法があり，近年では ICT を活用した学習も増えてきた。また地域の美術館やその教育プログラムを活用する機会も設けたい。学校内での鑑賞の環境づくりとして展示の場所や方法などを考えることも重要である。

　美術科において，鑑賞は自分の見方や感じ方を大切にし，知識なども活用しながら新しい意味や価値をつくりだす学習であるとされている。鑑賞の内容は「美術作品など」に関する事項と「美術の動きや美術文化」に関する事項に分けて示されている。　　　　　　　　　　　　　　［須増啓之］

完全習得学習

　アメリカの心理学者ブルームが提唱した学習理論。マスタリーラーニングともいう。学習目標を設定し，評価と指導をしながら学習者全員が目標に到達することをめざす教育方法である。具体的には各単元の授業後に学習者の習得の程度を確認するための形成的評価を行い，目標に達しない学習者には，学習者の特性や能力に応じた方法や課題を提示したり，

個別指導を実施する。学習者が習得するのに十分な時間をかけ，適切な指導を行うことによって，ほとんどの学習者が学習目標に到達することができ，学習内容を習得することが可能だと考えられている。なお，ブルームは評価の機能に着目し，診断的評価・形成的評価・総括的評価の役割を強調した。完全習得学習では形成的評価を重視している。

［松本麻友子］

カント, I.

(Kant, Immanuel：1724-1804)

18世紀ドイツを代表する啓蒙思想家。彼は大陸合理論とイギリス経験論を統合しドイツ観念論を樹立した。彼の思想的特徴は，(1)理性の機能と限界の検討，(2)道徳律（仮言命令と定言命令）の問題，(3)自由の問題，(4)国際平和への思想（『永遠平和のために』1795），(5)他のドイツ観念論者（フィヒテ，シェリング，ヘーゲル）への影響を挙げることができる。教育学的著作『教育学講義』(1804)では「人間は教育によってはじめて人間になることができる」と教育の必要性を主張している。また厳格な道徳の問題として，人間存在の固有性を認め，「人間及び彼と共に一切の理性的存在者は，目的そのものである」とも述べている。さらに現実社会の利害を超えた互いの人格を尊重しうる理想的な社会を「目的の国」としてとらえた。家庭教師を経験したのち，母校のケーニヒスベルク大学で哲学を講じながら，教育学も講じた。

［津田　徹］

緘黙児 (かんもくじ)

緘黙（mutism）とは器質的障碍は認められないにもかかわらず，身体的・環境的・心理的要因により言語を発しない症状をいい，その症状を示す子どもを緘黙児という。授業中，学校内など特定の状況や，教師や級友など特定の人物に対して発語しない場面緘黙と，あらゆる場合で発語しない全緘黙があり，緘黙児には心因性の場面緘黙が多い。また場面緘黙の発症は幼稚園・保育園への入園期，小学校入学期に集中しており，対人関係から受ける強い緊張により発症すると考えられる。心因性の緘黙には心理療法と環境調整の両面から治療を行う。心理療法には発話しやすい状況から始めて段階的に耐性をつける，あるいは集団で遊戯をし他者に対するイメージを修正する，などの方法があり，環境調整としては施設への収容，両親へのカウンセリングなどが行われる。→場面緘黙　［塩見剛一］

き

机間巡視

教師が授業中に児童生徒の座席の間をめぐりながら個別的に指導をする，あるいは児童生徒の理解度や授業への参加態度，ノートのとり方などに注意を払う教授活動。一人の教師が数十人の児童生徒に対して同一の教育内容を同時に教える一斉授業にあっては，各人の理解度や能力に応じた指導を行いにくいという弊害が考えられる。しかし，一般的な学校教育において現在も一斉授業の形態が広く用いられている以上，一斉授業のなかにおいて個別指導の役割を果たし，その弊害をある程度改善するのに有効な手段となる机間巡視は重要な指導方法である。授業の自己評価をするうえで必要となる児童生徒の理解度の把握，授業の進度から取り残された児童生徒に対する個別的な指導や励まし，注意の喚起など，多様な機能を備える。　［塩見剛一］

キケロ, M. T. (Cicero, Marcus Tullius：B. C. 106-B. C. 43)

ローマ共和制時代の終末期頃に活躍した教養豊かな権勢ある政治家，輝かしい雄弁家。著作家であるだけでなく，哲学者，教育理論家としてもまた，有能多彩

な人物としてもギリシア精神とローマ精
神の融合をめざして努力した。ラテン散
文の完成者でもある。その意味でキケロ
こそが，その後2000年にわたって重要な
教育理想として尊重された人文主義的な
教育理念を最初に明確に理解し根拠づけ
た人物といえよう。主著の『雄弁家論』
（B. C. 50頃）に見られる人文主義教育の
主張は，文芸復興期以後の教育論の源流
となる。また彼の文章はラテン文の模範
とされた。キケロの求めた理想の教育は
全人（Ganz Mensch）であり，彼にとっ
て全人とは真の政治的・国家的思考に養
われ，包括的で専門的知識に精通し，さ
らに文化や哲学的教養も豊かな人間を育
成することであった。　　　［広岡義之］

帰国子女教育⇨海外子女教育・帰国子女
教育

キー・コンピテンシー
（key-competencies）
　OECD が1997年から2003年の間にと
りまとめた，これからの社会で求められ
る鍵となる諸能力のこと。特徴は以下の
3点。(1)〈個人と社会との相互関係〉社
会・文化的，技術的ツールを相互作用的
に活用する能力。集団のなかで言葉や数
学的スキルを効果的に活用して表現した
り伝達したりできること，情報を批判的
に読み解くことなど。(2)〈自己と他者と
の相互関係〉多様な社会グループにおけ
る人間関係形成能力。円滑な人間関係の
構築，協調性やリーダーシップの資質，
利害対立の調整能力など。(3)〈個人の自
律性と主体性〉自己と社会との関わりを
認識し，自律的主体的に行動できる能力。
自己自身の立場を踏まえつつ行動できる
こと，人生設計や計画を立てることなど。
これらの諸能力は新学習指導要領の核と
なる社会的自立，言葉と体験の重視，知
識・技能の活用，思考力，判断力，表現
力の重視等に反映されている。
　　　　　　　　　　　　　［広岡義之］

騎士道（教育）
　中世の騎士は，君主への奉仕者として
騎士道を尊重。それは武技・宗教・礼儀
の3要素から成り立つ。騎士道が整備さ
れたのは，騎士道の社会的役割が小さく
なった14〜15世紀である。十字軍時代に，
騎士道はキリスト教倫理に影響されて，
奉仕，敬虔，弱者保護の徳目を取り入れ
た。宮廷の生活を通して，王侯の小姓
（7〜14歳）となり，騎士の従者（14〜20
歳）として武芸に専念し，ようやく騎士
（21歳）となれた。騎士七芸とは，乗馬・
水泳・弓術・剣術・狩猟・チェス・詩を
意味する。騎士道から西洋の紳士道徳が
芽生えた。プライドの尊重，寛容，奉仕，
女性に関する男子の厳格な儀礼等が発展
した。したがって西ヨーロッパでは封建
道徳と近代的道徳との間に完全な断絶は
なかった。騎士道ではキリスト教倫理の
影響が強く，イスラム教徒との戦いは，
騎士最高の義務の一つとみなされた。11
世紀末から次次にわたる十字軍は，ヨー
ロッパの全キリスト教国の騎士を集めて
結成された。　　　　　　　［広岡義之］

ギゾー法
　フランスの文相ギゾー（Guizot, F. P.）
によって1833年に制定された初等教育法。
1830年の七月革命でルイ・フィリップ
（Louis Philippe）が即位し，ようやく初
等教育の改善が着手され始めた。同年公
布された憲法に基づいて革命政府が1833
年に制定したのが初等教育法であり，
「ギゾー法」とも呼ばれている。フラン
スにおける最初の初等教育に関する国家
的法律で，この法律制定後，小学校の数
が増加し初等教育が国民の間に根づいて
いった。　　　　　　　　　［広岡義之］

期待される人間像
　1963年に「後期中等教育の拡充整備に
ついて」を諮問された中央教育審議会の
第19特別委員会が審議を進め，1966年に
中央教育審議会の「別記」として付記さ
れた文書である。この文書の発表に際し，

森戸辰夫中教審会長は「有事の際」に備えての「祖国を守る決意」と「自衛力を充実させる必要がある」として、戦後における平和国家と平和教育の考え方は根本的に反省され、改革される必要があると主張した。「期待される人間像」の本文は「当面する日本人の課題」と「日本人に特に期待されるもの」の二部からなり、「日本人としての自覚を持つこと」「正しい愛国心を持つこと」「象徴に敬愛の念を持つこと」が強調された。その後、1968年から70年にかけて学習指導要領が改訂された際に、「期待される人間像」の精神に沿って愛国心や天皇への敬愛が説かれ、歴史教育に神話が登場するなどして多くの論議を呼んだ。　　［中田尚美］

気付きの質の高まり（生活科）

生活科では主体的・対話的で深い学びの視点として、気付きの質を高めることが求められている。児童が思いや願いを実現していく過程で生じる気付きは、次の自発的な活動を生み出していく。また、その活動には、さまざまな思考や判断・表現が存在している。具体的には、学校探検、町探検などの活動で「職員室や校長室、上級生の教室を見てみたい」「町のケーキ屋さんに行きたい」など、児童の思いや願いをもって主体的に活動していくなかでさまざまなことに気付いていく。「校長先生のお仕事は？」「ケーキ屋さんがケーキをつくってくれるところを見たい」など新たな思いや願いが生まれ、さらに児童同士や地域の人と一緒に活動し、相互に個々の思いを伝え合い交流することで、学校や町の様子、人々の暮らし、自分との関わりにも気付いていく。活動や体験を振り返り、見えてきた新たな気付きをもとに、活動を広げ、探究していくことで気付きの質が高まり、深い学びにつながっていく。気付きの質の高まりが得られるには、活動の楽しさを味わい、多様な方法（言葉、絵、動作、劇化など）で表現し考えることができるように

することである。

多様に表現し考えることを通して、気付きを確かなものにしたり、気付いたことを関連づけたりすることができるように、見つける、比べる、たとえる、試す、見通す、工夫するなどの多様な学習活動を行うことで実現していく。　［藤池安代］

帰納的な考え（算数科）

いくつかの具体的な例をもとに共通する一般的なきまりを見出していく考え。算数の学習で育てる重要な数学的な考え方の一つである。小学校算数の学習の理解においては多くの場面で帰納的な考えを用いて進められる。例えば、三角形の内角の和が180°であることを、証明を用いて演繹的に説明することは小学校では行わない。いろいろな形の三角形の角の大きさを分度器で調べ、3つの角の和を求めると、どのような三角形でも180°になることを見つけたり、折り紙などでつくられた三角形の3つの角をちぎって角の頂点を1つに集めるとどれも一直線になることを見つけたりして「三角形の3つの角の和は180°である」と定義をする。　　　　　　　　　［井上正人］

木下順庵

（きのした　じゅんあん：1621 - 1698）

江戸時代初期の朱子学者で教育者。幼児期よりよく書物を読み、13歳のときに「太平頌（たいへいしょう）」という文章をつくって世人を驚かせた。やがて京都の東山に「雉塾（ちじゅく）」を開き、1682（天和2）年に5代将軍の綱吉の侍講となる。300俵の扶持（ふち）を受け、また命を受けて林信篤（はやしのぶあつ）とともに『武徳大成記』の編纂にあたった。主著『六諭衍義（りくゆえんぎ）大意』は、寺子屋の教科書として広く流布した。彼はとくに教育者として優れ、門下から多くの名士、例えば新井白石、室鳩巣らの逸材を輩出した。彼の詩文の格調は荻生徂徠によって高く評価されている。　　　　　　　　　［広岡義之］

木下竹次 （きのした たけじ：1872-1946）

福井県に生まれる。福井師範学校，東京高等師範学校を卒業後，奈良，鹿児島の両師範学校の教師と京都女子師範学校の校長を務めた後，奈良女子高等師範学校附属小学校主事となる。教科の教授ではなく，子どもの主体的な学習をどう組織するかを生涯探求し，「生活即学習」をモットーに合科学習という形態をつくり出した。低学年では，子どもの生活から選択した教材を中心に学習を進め（大合科学習），中学年では，研究，談話，遊戯，作業の4つについて生活単元を定め（中合科学習），高学年では，教科目に分け合科学習を行った（小合科学習）。奈良女子高等師範学校附属小学校は，大正新教育運動の中心の一つとなり，全国に大きな影響を与えた。また，1922年機関誌『学習研究』を創刊，自由教育推進の中心的役割を果たした。主著『学習言論』（1923）。　　　　　　　　　［中田尚美］

義務教育

すべての子どもに教育を受けさせるために，学校への一定期間の就学を，国や政府，保護者などに義務づける制度である。児童の就学義務を世界で初めて規定したフリードリヒ大王（プロイセン）の「一般地方学事通則」（1763）や，イギリスの工場における児童の雇用を就学という条件で規制した工場法（1833）などに，その萌芽を見ることができる。日本においては，小学校令（1886）で「児童六年ヨリ十四年ニ至ル八箇年ヲ以テ学齢トシ父母後見人等ハ其学齢児童ヲシテ普通教育ヲ得セシムルノ義務アルモノトス」（第3条）とされ，「義務」であることが明示された。また，1900（明治33）年には小学校の授業料が無償となった。現在は日本国憲法において，「すべて国民は，法律の定めるところにより，その保護する子女に普通教育をうけさせる義務を負う」（第26条）と定められている。

　　　　　　　　　　　　　　　［荒内直子］

義務教育学校 （小中一貫教育）

6年間の初等教育と，前期中等教育の3年間の合計9年間の義務教育課程を一貫して行う学校。小学校の教育課程に準じて教育を行う6年間の前期課程と，中学校の教育課程に準じて教育を行う3年間の後期課程からなる。地域や児童生徒の実情に応じて，4-3-2，5-4，4-5の区切りを設けている学校もある。学校教育法の改正により2016（平成28）年から新設された一条校の一つで，義務教育学校に勤務する教員は，小学校の教員免許状と中学校の教員免許状の両方を有することが必要である。学校施設の形態としては，小学校と中学校の校舎の全部または一部が一体的に設置されている施設一体型，小学校と中学校の校舎が同一敷地または隣接する敷地に別々に設置されている施設隣接型，小学校と中学校の校舎が隣接していない異なる敷地に別々に設置されている施設分離型がある。施設一体型では一人の校長が小・中学校を併任し，一体的なマネジメントが行われている場合が多く，また施設隣接型や施設分離型では学校ごとに校長を置きつつ中学校区を単位として総合的な調整が行われている場合が多い。　　　［古田　薫］

義務教育諸学校等の施設費の国庫負担等に関する法律

公立の義務教育諸学校等の整備を促進するため，公立の義務教育諸学校の建物の建築に要する経費について国がその一部を負担することを定めるとともに，文部科学大臣による施設整備基本方針の策定及び地方公共団体による施設整備計画に基づく事業に充てるための交付金の交付等について定め，もって義務教育諸学校等における教育の円滑な実施を確保することを目的とする（第1条）法律である。1958（昭和33）年，義務教育諸学校施設費国庫負担法として成立。成立以前においても，校舎等の建築に関しては国による補助が行われていた。しかし，毎

年度の予算に基づく臨時的性格をもつものであったため，恒久的な国庫負担制度の確立をめざして定められたものである。成立以来6度にわたって改訂され，現在，義務教育諸学校の校舎，屋内運動場，寄宿舎の新築，増築に要する経費の2分の1を，学級数を基準として国が負担することが規定されている。　　　［荒内直子］

ギムナジウム（独：Gymnasium）
　ドイツにおける国立の中等教育機関の一つ。主に大学進学を目的とした学校であり，とくにギリシア語やラテン語古典を主要教科とする。イギリスのグラマー・スクール，フランスのリセやコレージュなどに相当するものであり，ゲレールテンシューレ（Gelehrtenschule）とも呼ばれている。1538年にシュトゥルム（Sturm, J.）がシュトラスブルグに建てた学校にその呼称が由来する。18世紀末に至って，プロイセンを中心に大学進学権を専有するギムナジウムと，それ以外の実科系の中等教育機関（レアルシューレ）とが区別されるようになる。近年においては総合制中学校などのように，ギムナジウム以外の中等学校からも大学入学の道が開けるようになってきたが，ギムナジウムがアビトゥア取得の中心的場であることにかわりない。1945年以来，旧西ドイツではギムナジウムが復活し，古典語ギムナジウム，近代語ギムナジウム，数学・自然科学ギムナジウム，社会科学ギムナジウムの4系列がある。
　　　　　　　　　　　　　［広岡義之］

キャリア・ガイダンス（career guidance）
　「職業指導」と同義に用いられることが多いが，「キャリア」と「職業」では，「キャリア」のほうが広く経歴や生涯といった時間的流れを意識した表現となっている。「キャリア」は，「生涯にわたってどのような仕事をもち，社会と向き合い生きていくのか」といった生き方全体を含んだ概念といえる（Super, D. E.）。キャリア・ガイダンスの起源は，ヘルバルトの弟子のラインが，教育の目的を「教授」と「指導」（管理＋訓育＋養護）の2つにまとめ，それぞれ instruction，guidance の訳語が当てられたことに遡る。日本では「学習指導」と「職業指導」という表現が対語的に用いられてきた。世界的な経済と雇用状況の変動による，個人にとっての職業選択や人生設計の不確実性，企業にとっての採用・雇用や教育訓練の構造的ゆらぎを踏まえて，教育現場では，生き方の指導を含めた進路指導が求められている。小・中・高の段階では，キャリア発達を支援する「キャリア教育」という用語が用いられている。高等教育では，「職業教育」と区別して社会的・職業的自立に向け，必要な知識，技能，態度を育む教育を包括的に表す「キャリア・ガイダンス」という用語を使用するとしている（文部科学省）。
　　　　　　　　　　　　　［吉原惠子］

キャリア教育
　教科等を横断して改善すべき課題の一つ。主なねらいは，勤労観・職業観の育成である。さらに学ぶことや働くこと，生きることを体験活動によって実感させ，将来について考えさせることが大切である。関連する教科は，特別活動，総合的な学習の時間，社会科や特別活動（職場見学，就業体験等）が考えられる。「キャリア教育」については，2008（平成20）年1月17日の中央教育審議会の「社会の変化への対応の観点から教科等を横断して改善すべき事項」のなかで議論された項目の一つである。2004（平成16）年1月28日の「キャリア教育の推進に関する総合的な調査研究協力者会議報告書」によれば，キャリア教育を「児童生徒一人一人のキャリア発達を支援し，それぞれにふさわしいキャリアを形成していくために必要な意欲・態度や能力を育てる教育」と定義している。端的に「児童生徒一人一人の勤労観，職業観を育てる教育」としている。　　［広岡義之］

ギャングエイジ

　児童期中期頃から，重要な対人関係が，親子関係から友人関係へとシフトしはじめる。気の合う者同士が自発的に集団をつくり子どもだけで遊ぶようになる。この時期をギャングエイジという。特徴として，5〜8人程度の小集団で活動する，同性・同年齢でグループをつくる，団結力が強く，特有のルールや役割がある，自分たちだけの秘密の遊び場をつくる，外部に対して排他的・閉鎖的であり，大人の干渉を嫌うといったことが挙げられる。この頃の遊びを通して役割，責任，協力，ルールなどさまざまな社会的知識を学ぶ。しかし，近年では子どもや遊び場の減少，習いごとの増加などによって，仲間集団は成立してもギャングエイジに典型的な特徴は見られにくくなったという指摘もある。　　　　　　　［辻川典文］

教育委員会の現状と改善点

　「地方教育行政の組織及び運営に関する法律」及び地方自治法に基づいて設置されている教育行政機関であり，学校教育，社会教育及び文化などに関する事務を管理し執行する合議制の行政委員会である。教育委員会は，都道府県，市町村，特別区，公共団体の教育組合におかれ，地方公共団体の長が議会の同意を得て任命する5人または6人の委員で組織される。教育行政の基本方針や重要事項は会議で決定され，その事務を執行処理するためにその委員のうちから任命された教育長が事務局を統括することになっている。現行の任命制において適任の委員をいかなる方法で選び，かつ研修を深める機会を提供するかは，きわめて重要な課題である。また，教育委員のうちから委員長を互選し，かつ教育長を委員会が任命するという制度が，教育行政の専門性を高めるという観点から最善の方策であるかということも再検討される必要があろう。　　　　　　　　　　［中田尚美］

教育委員会法

　アメリカ教育使節団報告書に基づき，戦前の日本の中央集権的教育行政を改め，教育行政の民主化・地方分権化・自律性の確保の3原則をめざして，1948（昭和23）年に制定された公選制教育委員会制度を柱とした法令。今日の教育委員会の骨子を定めている1956（昭和31）年の地方教育行政の組織及び運営に関する法律（地教行法）に対して，旧教育委員会法とも呼ばれる。教育行政の地方分権化を実現するためには教育委員の公選制を大前提としなければならず，その意味において任命制を柱とする今日の地教行法に比べて，1948年に制定された教育委員会法はより民主的な教育委員会制度であった。　　　　　　　　　　　　　［広岡義之］

教育改革国民会議

　2000（平成12）年3月に時の内閣総理大臣のもとに発足し，「教育を考える17の提案」を行った会議。会議は26人の委員から構成され，教育の基本にさかのぼり，幅広く今後の教育のあり方について検討。同年3月27日に第1回会議を開催し，4回の全体会議を経て，3つの分科会，すなわち第1分科会（人間性），第2分科会（学校教育），第3分科会（創造性）を設け，それぞれ複数回の審議を重ねた。同年8月28日に全体会議を再開し，同年9月22日の中間報告を経て，同年12月22日に上記提案を報告した。報告書は4つの柱すなわち，「人間性豊かな日本人を育成する」「一人ひとりの才能を伸ばし，創造性に富む」「新しい時代の新しい学校づくりを」「教育振興基本計画と教育基本法」からなっていた。教育改革国民会議の報告は，2006（平成18）年の教育基本法改正に反映し，同法改正により，教育三法（学校教育法，教育公務員特例法及び教育職員免許法，地方教育行政の組織及び運営に関する法律）が改正され，今日の教育制度改革に結実している。　　　　　　　　　［上寺康司］

『教育学講義』（*Über Pädagogik*：1803）

　ドイツの哲学者，カントの著作。カントがケーニヒスベルク大学で行った教育学に関する講義を弟子のリンク（Rink, F. Th.）が編集したもの。その序論は「人間は教育されなければならない唯一の被造物である」という有名な一文に始まる。そのほか「人間は教育によってはじめて人間となることができる」「教化されていない人は素朴であり，訓練されていない人は粗暴である」といった，教育と人間に関する卓越した識見が多数示される。同書でカントは教育の眼目を4点にまとめ，訓練されること・教化されること（教訓と教授）・賢明になること（人間社会への適応）・徳を心がけること，が人間に必要であると説く。さらに教育を自然的教育と実践的教育とに分け，前者を保育，後者を人格性への教育として，道徳性にまで人間を高める教育論を展開する。　　　　　　　　　　　[塩見剛一]

教育学と実存主義

　実存主義とは，人間の主体的な決断の回復を主張し，そのあり方を埋没させていた理想主義哲学を批判する思想。ボルノーらが第二次世界大戦後，実存哲学と教育学の関わりの問題提起。その成果として「非連続的教育形式」という新しい地平が開かれた。実存主義は，人間が歴史的にも社会的にもけっして手段になりえず，取り替えのきかない主体的存在であることを強調する。したがって人間は集団のなかに解消することはできず，共通性で割り切ることを許されない存在であるとする。人間の生の現実を直視すれば，覚醒や挫折のような非連続的事象を通して人間は真に成長していることが理解できる。こうした変化こそが人間の成長にとって重要であるとボルノーは考えた。そこから，従来の教育学では注目されなかった危機，覚醒，呼びかけ，出会い，挫折，訓戒などの教育的事象を解釈学的，現象学的に分析した。[広岡義之]

教育学と人間学

　ドイツの教育学者デップ＝フォアヴァルト（Döpp-Vorwald, H.）らが教育学の領域に，人間学的観点を導入。彼は人間にとって教育というものは不可欠の問いであると考えた。こうした考え方は，第二次世界大戦後に受け継がれ，1960年代に，教育人間学あるいは人間学的教育学の構想として提起された。フリットナー（Flitner, W.）やロート（Roth, H）らは，人間についての諸科学（生物学，心理学，社会学等）を，教育の観点から統合することにより，統合的科学としての教育人間学を構築しようとした。他方で，ボルノーやロッホ（Loch, W.），ランゲフェルト（Rangeveld, M.）らは，人間学を一つの体系としてではなく，教育への問いの「視点」あるいは考察様式としてとらえ，教育現象の人間学的解明を志向した。　　　　　　　　　　[広岡義之]

教育課程

　カリキュラムの語源はラテン語で競馬場あるいは競走路のコースを意味する。その後学校で教えられる教科目やその内容及び時間配当など「学校で何を，いつ，どのような順序で教え，学ぶか」の教育計画を意味する用語となった。わが国では，教科課程といわれていた時期もあるが，戦後，教科外活動の重要性が認められて「教育課程」の用語が使われるようになった。この教育課程の「基準」を定めるのは，学習指導要領である。学校教育法施行規則には，各学校の教育課程は，「教育課程の基準として文部科学大臣が別に公示する学習指導要領によるものとする」と示されている。教育課程の実際の内容は，国家的基準及び地方教育委員会の定める地域レベルの規定に基づいて各学校において編成することになっている。このほかに，学校以外の教育機関や教師が個人的につくる教育計画や潜在的カリキュラムなど非公式なものまでを含む。　　　　　　　　　　　[中田尚美]

教育関係審議会

　審議会は一般に，国や自治体（地方公共団体）の行政機関の長の諮問に応じ，重要事項・施策などについて調査・審議し，答申ないし建議などを行うものである。国・中央省庁の審議会は，2001（平成13）年の省庁改革によって大幅に再編・縮減された。また教育に関する基本的な政策を審議するものとして文部科学省の本省に「中央教育審議会」「科学技術・学術審議会」，文化庁に「文化審議会」がそれぞれ置かれることとなった。また，行政処分など法律の施行に関する事項を審議するものとして本省に「教科用図書検定調査審議会」「大学設置・学校法人審議会」などが置かれた。自治体レベルでは，「教科用図書選定審議会」「私立学校審議会」などがある。そのほか条例や教育委員会規則などによる審議会がある。審議会に対する批判として，委員の選出が行政機関の長にゆだねられている場合が多く，行政機関の決定を権威づける傾向があることが指摘されている。教育関係審議会においても同様のことが指摘されているが，とくに教育行政においては，国民や保護者・地域住民の参加を重視した審議会づくりが重要な課題である。　　　　　　　　[中田尚美]

教育基本法

　1947（昭和22）年に施行制定された日本の教育の根本法。2006（平成18）年12月に改正された。旧法は前文及び全11条から成立。教育基本法は日本国憲法の精神に則り戦後の新しい民主主義的な教育理念を明示し，この理念に基づいて他の関連した教育関連法が制定された。主な改正のポイントは公共の精神を尊び，日本の伝統と文化を尊重し，我が国と郷土を愛し，他国を尊重し国際社会の平和と発展に寄与する態度を養うことにあり，改正された新たな条文内容は，生涯学習の理念，大学，私立学校，教員，家庭教育，幼児期の教育，学校・家庭及び地域住民等の相互の協力連携，教育振興基本計画などが挙げられ，全18条となった。また章立てによる構成にもなっている。男女共学については削除された。教育振興基本計画では，5年後，10年後の教育のあり方を数値などによる目標として提言し，中長期的に教育政策を実現していくことがめざされている。　　　　[津田 徹]

教育行政の中立性

　戦前の反省から，戦後の教育行政は，民衆統制，地方分権，一般行政からの独立という原則に立って進められてきた。しかし実際には戦後教育もまた，教育内容や方法にまで行政権力の介入がなされてきた。1999年の地方教育行政法の改正以来，教育行政をめぐる文部科学省と各教育委員会，学校の関係は大きく変わりつつある。その意味でもますます教育行政自らの中立性が担保される必要がある。その中立性が崩れると「不当な支配」に陥る危険性が出てくることになる。また国家と宗教の分離を定める憲法の趣旨から，国立・公立の学校では，特定の宗派のための教育や活動が行われることは認められていない。ただし私立学校における宗教教育は自由である。　　　[中田尚美]

教育クラウドプラットフォーム

　これまでも教育の分野では ICT（Information and Communication Technology：情報通信技術）を活用した教育が進められてきた。その際，管理に使用されるコンピュータ（サーバ）などは，各学校が自前で設置・管理・運営を行ってきた。それに対して近年，インターネットを通じてさまざまな会社によってサービスが提供される「クラウド」を活用することで，自前のサーバが不要となってきている。それらのさまざまなクラウドを，プラットフォーム化（共通化）することで，より安全に，より途切れなく，より柔軟に，そしてより低コストで運営することが可能になることが期待されている。このプラットフォーム化されたク

ラウドのことを，教育クラウドプラット
フォームという。　　　　　［高松邦彦］

教育経済学

　教育を経済学の視点から考える学問領
域で，人へのより有効な投資が何である
かを研究，考察する。人的資本論（教育
や訓練の経済的意義や効果について説明
する際に用いられる考え方）が中核的な
テーマとなるので，公的な教育政策への
提言も重要な研究課題になる。ただ，教
育の成果は単純に数的に示しえないこと
や，短期間においてはその是非を検証で
きない部分も多くあるので，教育学的な
視点からのアプローチ，評価も必要不可
欠とされる。　　　　　　　［佐野　茂］

教育工学（educational technology）

　今日につながる教育工学の起源は，
1960年頃といわれている。学習理論を背
景とする教育方法の研究と視聴覚教育に
おける教育機器の利用研究の２つの流れ
が統合されて，教育工学の考え方が定着
するようになったからである。その後，
これらにコンピュータやニューメディア
などが加わって，現代の教育工学の研究
と実践の分野が形成された。教育工学は
さまざまに定義されているが，定義とし
て最も有名なものは，1977年にまとめら
れたアメリカの AECT（教育コミュニ
ケーション工学協会）の定義である。
「教育工学とは，人間の学習のあらゆる
面に関与する諸問題を分析し，それらの
問題に対する解決を考案し，実行し，評
価し，管理・運営するための，人と，理
念と，方法と，機器とそして組織を含む，
複合的かつ統合的な過程を研究し，実践
することである」。ここで重要なのは，
教育過程の構成要素とその最適な組み合
わせ及び管理運営という３つの要素であ
る。教育工学は教育過程の改善方法の開
発に直接関わっており，以下の３つの分
野で現場の教育の改善に大きく貢献して
きた。すなわち，(1)教えること，学ぶこ
とに関する過程の改善，(2)コンピュータ，

マルチメディア，情報通信ネットワーク
を含む教育メディアの開発や利用，(3)
教育改善のための総合的なシステムの開
発である。　　　　　　　［中田尚美］

教育公務員特例法

　教育を通じて，国民全体に奉仕する教
育公務員の職務とその責任の特殊性に基
づき，教育公務員の任免，分限，懲戒，
服務及び研修について規定している法律。
1949（昭和24）年成立。公立学校の教員
には地方公務員法，国立学校の教員には
国家公務員法が適用される。しかし教育
公務員は特殊な使命を考慮し，他の一般
の公務員とは異なる取り扱いがされる。
主な特例は，採用及び昇任の方法が一般
の公務員のように競争試験ではなく，適
正な選考によるとしていること，研修の
奨励とその機会の確保について積極的に
規定され一般の公務員よりも優遇されて
いることなどがある。重要な法改正とし
ては第１に，地方教育公務員の政治的行
為の制限強化がある。これは1954（昭和
29）年６月の改正によって挿入。第２は，
初任者研修制度の導入で，これは1988
（昭和63）年に研修条項が追加された。
　　　　　　　　　　　　　［広岡義之］

教育再生会議

　教育改革（再生）への取り組みを強化
するため2006（平成18）年安倍内閣に
よって新たに設置された機関。会議その
ものは内閣に，担当室は内閣官房に属す
る。2007（平成19）年に第一次から第三
次報告を安倍首相に提出。2008（平成
20）年１月に福田首相に最終報告を提出
し，解散した。最終報告においては新提
言の追加はなく，第一次から第三次まで
の報告における事項について政府に具体
的な取り組みを求めている。最終報告の
主項目は，(1)教育内容，(2)教育現場，
(3)教育支援システム，(4)大学・大学院
改革，(5)社会総がかり，の５つであり，
先の報告における提言のうち，徳育と体
育の充実，習熟度別少人数教育の推進，

小学校への理科，社会，体育などの専科教員の配置などをただちに実施にとりかかるべき事項としている。　　［中田尚美］

教育刷新委員会

　第二次世界大戦直後の日本の教育改革について調査・審議し，内閣に建議するために設置された内閣直属の機関。1946（昭和21）年8月，教育に関する重要事項を調査審議するために設けられたもので，政治・教育・宗教・文化・経済・産業等の各界の代表者50名で構成された。アメリカ教育使節団の勧告を踏まえ，教育基本法，学校教育法，六・三・三制など今日の教育制度の確立に大きな役割を果たした。1949年に教育刷新審議会と改称。中央教育審議会（1952年設置）に引き継がれるまで存続した。この間，総会が142回開催され，21の特別委員会が設けられた。内閣総理大臣の諮問に答申するのみならず，自ら進んで教育問題を審議し，戦後の日本教育改革において重要な役割を果たした。　　［広岡義之］

教育実習（事前・事後指導）

　教育職員免許状の授与を受けるために修得する単位，または，その科目の内容として，各学校で行われる実習のこと。教職員免許状の校種により教育実習を実施する機関や校種は異なり，実習期間も小学校で4週間，中学校で3週間行うことになる。原則として，取得したい免許状の学校種の学校で実習を受けることになるが，教育職員免許法施行規則によれば，隣接する学校種で実習を受けることもできる。このため，例えば，中学校の教員免許状を取得するために，高等学校で実習を受けることもできる。どの学校で教育実習を受けるにせよ，実習期間を意義のあるものにするためには，実習期間外の事前・事後の指導が欠かせない。事前指導では，実習の心得や指導案・実習記録の書き方などを具体的に学び，心配や不安を解消していきながら，実習へ向かう構えをつくる。事後指導では，実習での学びを報告して課題を明確にする。そこでは，実習で身をもって体験した指導する立場の見方から，これまで学んできたことをもう一度とらえ直すことが重要である。このような反省がその後の研鑽のための出発点をつくる。こうした事前・事後の指導を含めた教育実習を通して，実習生が教育の奥深さと難しさを学び，それを糧にして，成長を続ける教師になることが期待されている。

　　　　　　　　　　　　　　　［小川　雄］

教育実習の意義

　教育実習の特質は，各学校の実際の教育課程の一部を指導教員の下で実習生が担当するというところにある。すなわち，実習生が経験するのは，大学の模擬授業のような練習用のプログラムではなく，正規の教員が担当している授業や実務である。実際の教育現場を体験することは，実習生にとっては，これまで学んできたさまざまな理論的知見を実践に応用する絶好の機会であり，また，自身の教職への適性を見極めるまたとない機会となる。教育実習の意義をこのような機会としてとらえ，十分に活用できてこそ，教育実習を通して，教育実践及び，教育実践の研究に関する基礎的な能力と態度を身に付けることができる。実習期間を充実したものにするために，教育実習が実際の学校の活動の一部であることを心に留めながら，事前指導等で以下の点について確認し，不足を感じれば可能なかぎり補っておきたい。すなわち，(1)教科指導に必要な知識や教授活動のための技能，(2)社会人としての礼節やコミュニケーション能力，(3)教職を志す者としての意欲と使命感である。実習を終えた後の事後指導のなかでも，これら3つの視点から自身を振り返ることで，実習前後の変化や課題について深く自覚することができる。　　　　　　　　　　　　　［小川　雄］

教育社会学

　教育を社会事象としてとらえ，社会学

的方法論を用いて研究する学問分野である。「教育と社会」の関係を対象としているが，家族社会学，労働社会学，ジェンダーの社会学など他の連字符社会学の関心やアプローチとも重なり合っており，この意味では学際的性格をもっている。教育社会学（Educational Sociology／Sociology of Education）は，親子関係や教師・生徒関係の間に見られる相互行為や教育実践，あるいは教育の理念や歴史そのものを分析するというよりむしろ，「社会が教育事象に与える影響」と「教育事象が社会に与える影響」というマクロな理論的視角を共有している点に特徴がある。研究関心は，主として社会構造の変動のなかで，教育と社会がそれぞれどのような働きをもち，どのように関係し合っているかを明らかにすることにある。また，研究方法として，調査や観察などを通して得られる質的・量的データにより現実社会の実態を把握し，実証的に分析するほか，歴史研究もある。具体的な研究対象として，人間形成，教育制度，教育組織，教育活動などに注目する。主なテーマとして，「社会階層と教育」「学校社会と学校文化」「教師」「大学教育」「地域社会と教育」「ジェンダーと教育」などが挙げられるが，教育，学校，子どもに関するすべての現象が対象となりうる。　　　　　　　　　　　　［吉原惠子］

教育情報の公開と保護

　義務教育諸学校においては，学校評価に関わって，保護者や地域住民に対して「自己評価及び外部評価の実施とその結果の説明・公表」が求められている（平成18年「義務教育諸学校における学校評価ガイドライン」）。自己評価書や学校運営に関する情報を公表・提供する際には，児童生徒の個人情報の保護に留意する必要がある。大学は，学校教育法第113条により，「教育研究の成果の普及及び活用の促進に資するために，その教育研究活動の状況を公表すること」とされてい

る。また，大学設置基準第2条により，「刊行物への掲載その他広く周知を図ることができる方法によって，積極的に情報を提供すること」とされている。ここで，教育情報とは，広い意味での教育に関わる情報一般や教育実践に必要な教育内容データベース，e-ラーニング関連のコンテンツ等ではなく，学校機関が所有している資源や学習環境及び教育理念，教育課程・成果などに関する情報を指している。また，教育情報のなかには個人情報が含まれているが，公開については，独立行政法人等が保有する個人情報の保護に関する法律に基づき，当該大学が保有する個人情報の開示を請求することができるとしている。個人の情報を保有するに当たって，利用目的を特定し明示するとともに，利用や提供の制限に関する規定を設けることが定められている。

　　　　　　　　　　　　［吉原惠子］

教育職員免許法

　教育職員免許法は「教育職員の免許に関する基準を定め，教育職員の資質の保持と向上」（第1条）を目的として1949（昭和24）年に制定され，数次にわたる改正により今日に至っている。2006（平成18）年12月に改正された教育基本法第9条第2項には，法律に定める学校の教員について「その使命と職責の重要性」をかんがみ「養成と研修の充実」を図ることが規定されている。この教員養成の成果を具現化するのが教員免許状であり，教育職員免許法は，教員養成の中核を担う法律といえる。教育職員免許法には，教員免許状の種類（第4条），教員免許状の授与にかかる基準や条件（第5条），教育職員検定（第6条），免許状の効力・更新・免許状更新講習（第9条）等が規定されている。　　　　　　［上寺康司］

教育心理学（Educational Psychology）

　心理学における研究知見や理論を教育領域に適用する応用心理学の一分野として位置づけられていたが，現在では独自

の領域として発展している。教育心理学で扱われるテーマは，発達や学習，教授，測定・評価，人格，対人関係，臨床・障害などきわめて多岐にわたり，発達心理学や臨床心理学，社会心理学などの領域とも関連が深い。　　　　［及川　恵］

教育制度

　一定の教育目的を達成するため，社会的にその存続が公認されている組織や規則などの仕組みをいう。制度の成立過程から，国家が体系的な教育を実施するべく教育機関の組織・運営を図り，それを規定する法規を定めた法制的教育制度と，社会生活のなかで自然発生的に生じた社会慣行的教育制度という区分がなされうる。また歴史的に見ると社会的慣行が法制的教育制度に取り込まれた例も少なくない。義務教育に代表されるように，教育制度の中心を占めるのは教育目的に向けて意図的・計画的教育を施す学校教育制度であるが，それ以外の組織として社会教育制度などがある。さらに生涯教育・生涯学習の理念から，近年では学校教育制度と社会教育制度の領域の統合が求められている。　　　　［塩見剛一］

教育長

　教育長は，地方教育行政の最高執行責任者。教育委員会制度は，地方住民を代表とする素人の教育委員とその意思を専門職的立場から執行する教育長とを骨子とする。地方分権推進一括法（1997年7月）の成立後，その一括法の一つである地方教育行政の組織及び運営に関する法律の改正（2000）では，教育長の任命方法について，従来の文部大臣・都道府県教育委員会による教育長の任命承認制が廃止された。教育長は当該教育委員会の委員（教育委員長を除く）である者のうちから，教育委員会が任命することになった（地教行法第16条第2項）。これは従来の任命承認制が，教育行政の地方自治の原則を侵害し，中央集権的官僚統制システムに組み込まれたものとの批判

を受けて，改変されたものである。
　　　　［広岡義之］

教育勅語　（教育ニ関スル勅語）

　明治天皇の名で，国民道徳の根源，国民教育の基本理念を明示した勅語のこと。帝国憲法発布の翌年の1890（明治23）年，井上毅（こわし）らによって作成された。天皇制による国体観念を教育の理想とする内容で，御真影とともに天皇制教育推進の主柱となる。第二次世界大戦で敗戦するまでの日本の教育指針として，超法規的な存在となった。敗戦後の1948（昭和23）年の衆参両院によってようやく失効宣言がなされた。その内容は，前近代的な絶対主義的支配を基礎づけるのにふさわしく，忠君愛国主義と家長専制・男尊女卑を内容とする封建的倫理観であった。万世一系の天皇に対する忠誠こそが「国体の精華」であった。文部省は勅語の謄本を全国の学校に配布し，祝祭日や記念式典で奉読させ，修身教育においてその精神を徹底させた。戦後，教育勅語に代わるものとして，教育基本法が制定され，教育のあり方は近代民主主義原理のうえに確立された。　　　　［広岡義之］

教育的価値　（educational value）

　人間は，生活の営みの各場面で意識するしないにかかわらず，価値を選択・決断し，また，その価値選択・決断に基づいた活動を行い，価値それ自体やその価値に基づく活動を評価している。人間にとって教育の営みは，生活の営みのなかで必要不可決であり，人間を人間たらしめる活動である。この教育の営みに伴う価値が教育的価値である。教育的価値とは，誰からも教育上，「よい」として承認される価値であり，「真・善・美」はいうまでもなく，道徳的価値としての「徳」も含まれる。また授業における教材や教育・指導の方法，体験活動等のプログラムにも内在している。教育の対象者に内在している「人間的よさ」を引き出して，だれからも「よい」と認められ

るように高められた価値も教育的価値といえる。　　　　　　　　[上寺康司]

教育と宗教の衝突論争

　東京帝国大学教授の井上哲次郎が雑誌『教育持論（272）』（1892年11月）に発表した題目「教育と宗教との関係につき井上哲次郎氏の談話」を発端に，キリスト教側である植村正久，大西祝，柏木義円，内村鑑三らから反論が出て，教育勅語をめぐって生じた論争をいう。井上の内容は，当時社会問題化していた第一高等中学校教員内村鑑三の不敬事件への批判とも関わり，キリスト教の教義と信仰が，忠孝の根本道徳を説かず出世間（しゅっせけん）的で抽象的な慈愛の説であって，日本の国体に合致しないというものであった。それによって，教育勅語の理念のもとに進められる日本の国民教育のなかからキリスト教の影響を排除すべきであると，井上は主張した。つまり井上の論は，国家の意思を実現するためには，国民の思想・信仰・良心の自由への干渉をためらわない，すなわち人々の内的世界に関わる人間形成となる宗教教育に統制を行う，とする教育行政観を示していた。これらの論争の総称は，1893（明治26）年，主題『井上博士と基督教徒』に「一名『教育と宗教との衝突』顚末及び評論」（哲學書院）として副題がつけられ刊行されたことに由来する。それは同年6月に続刊10月に収結編が出された。これらを合わせて論争文章は200編を超えたともいわれている。　　[西本　望]

『教育に関する考察』（1693）

　イギリス経験論者ロックの代表的著作。彼は自らの健康のため医学を研究し，他方で政治職を経験，国際や政治に関する造詣が深かった。そのため社会契約説や抵抗権の主張は有名である。彼の教育に関しては本著に詳しいが，当時支配的であったスコラ的教育に強く反対し，教育の機能を実際的生活上の諸義務に必要とされる崇高な人間をよりよく導き育てる

こととした。同書に挙げられる「健全なる精神は健全なる身体に宿る（A sound mind in a sound body）」の彼の言葉は有名である。また学習を二次的なものとしてとらえ，徳育を一次的なものとしてとらえていた。さらに衛生法の考案にも見られるように，身体への配慮（ケア）を人間形成上の重要な要素としてとらえていた。また紳士教育を展開していることでも有名であり，修学旅行は学校教育の仕上げとして位置づけられている。　　　　　　　　　　[津田　徹]

教育二法

　教育二法とは，1954（昭和29）年6月3日に同時に成立した「教育公務員特例法の一部を改正する法律」と「義務教育諸学校における教育の政治的中立の確保に関する臨時措置法」をいう。前者の法律は地方公務員の身分を有する市町村立学校の教員（公務員）の政治活動について，国家公務員法（第102条），人事院規則（第14条の7）の規定を適用し，国家公務員と同様に政治活動を制限し，同法に違反した者には免職・停職・減給・戒告処分を適用・実施することができることを規定した法律である。後者の法律は，義務教育諸学校の教職員でありながら特定の政党等の支持・不支持及び賛成・反対の教育活動を実施することを教唆及び煽動した者に対して懲役・罰金を科することを規定した法律である。これら2つの法律は教育において「政治的中立」を担保することを目的とした法律ともいえる。　　　　　　　　　　[上寺康司]

教育人間学

（独：Pädagogische Anthropologie）

　教育学あるいは教育科学を研究領域とする教育人間学は，次のような問いを発するところから出発する。教育の事実は，人間の全体理解にとって何を教えるのかと。われわれは教育事実から，それが人間の本質について何を教えるかを読み取らねばならない。ロッホ（Loch, W.）も

また，この教育現象がそこにおいて有意義に把握されるためには，全体として人間の本質はいかなるものでなければならないかと問うている。すべての教育体系は特定の人間把握によって営まれるものであり，教育学的次元と人間学的次元の相互交流が必要となる。人間学は，あらゆる教育学体系の鍵であり，個々の人間学的構想を教育学的に解釈する過程で，教育人間学の可能性が見えてくる。人間学的構想の教育学的解釈の例として，ブーバー，ハイデッガー，フランクル，マルセル，ヤスパースらの名前が挙げられる。　　　　　　　　　　　[広岡義之]

教育の機会均等

（equality of educational opportunity）

　教育の機会均等とは，すべての人間が，人種，性別，社会的身分，経済的地位又は門地等にかかわらず，それぞれの人間の発達段階と能力に応じた教育を受ける機会が均等に開かれるべきであるという理念である。この理念を支える法規による規定は，日本国憲法第14条第1項（法の下の平等）・第26条第1項（教育を受ける権利），教育基本法第4条第1項（教育上の差別の禁止）等に見られる。またこの理念を具体的に実現させるために，同じく教育基本法第4条第2項に見られる「障害のある者」に対する教育上の特別な支援の実施や同第3項に見られる「能力があるにもかかわらず，経済的理由により修学が困難な者」に対しての，奨学の措置を講ずること，などが挙げられる。義務教育に関しては，義務教育の段階における普通教育に相当する教育の機会の確保等に関する法律が教育の機会均等の具体実現の基盤を支える法規の一つである。地理上の教育格差の是正を図り，教育機会均等の実現を図る法律としては，へき地教育振興法がある。　　[上寺康司]

教育の国際化

　現代社会の特質である国際化・グローバル化と教育との関係については，「国際化教育」のもと，国際理解教育，外国語教育，情報社会化への対応などが注目されてきた。一方，海外・帰国子女教育や国内における外国人児童生徒の問題，海外からの留学生への対応などにも焦点が当てられてきた。戦後の「国際化」論では，国際社会における協調と競争の両視点から，その重要性が強調されてきた。これに沿って，教育においても「国際社会と共に歩み共に創る」とともに，「国際社会で競争できる」日本人の育成がめざされてきた（中央教育審議会答申，1974年）。その流れは，1950年代から1970年代における理念の強調から，1980年代を境として「多様化」へと転換し，ユネスコの国際理解教育，グローバル化した国際社会における開発教育・環境教育，海外・帰国子女教育だけでなく，「内なる国際化」に対応した教育が展開されてきた。　　　　　　　　[吉原惠子]

教育の地方分権

　地方分権推進法の成立は1995（平成7）年であり，平成の時代にあって地方分権は，明治維新，戦後改革に次ぐ「第三の改革」とも位置づけられている。地方分権の推進とは，民主主義の原点ともいわれる地方自治の実現を具体的に図っていくことである。教育における地方分権の推進とは，学校の自主性・自律性の尊重と自己責任体制の確立である。地方分権推進法を受けて，2000（平成12）年には地方分権推進一括関連法が制定され，教育の分野においても，関係法令及び省令の見直しが行われた。具体的には学校教育法施行規則（省令）の改正であり，職員会議の法的位置づけの明確化，校長等の資格の緩和，学校評議員制度の導入などが新たに規定された。加えて2006（平成18）年12月の教育基本法改正及び中央教育審議会の答申，あわせて同年に「地方分権改革を総合的かつ計画的に推進すること」を目的に制定施行された地方分権改革推進法，教育再生会議の報告

などをもとに，地方教育行政の組織及び運営に関する法律が改正され，地方分権の推進が具体的に規定されることになった。その結果，教育委員の定数の弾力化，教育委員への保護者の選任の義務化（教育委員の定数は都道府県では5人，市町村では3人以上。平成30（2018）年改正の同法では，都道府県4人，市町村2人），文化・スポーツの事務を首長が担当できるようにすること，県費負担教職員の同一市町村の転任については市町村教育委員会の内申に基づき，都道府県教育委員会が行うこと，市区（特別区）によっては，一学級の定数を20人，30人学級にしたり，市の負担で独自の教員採用も行うことが可能となっている。

　教育の地方分権については，地方分権一括法の定期的な改正により，きわめてスモールステップではあるものの，着実に進みつつある。　　　　　　［上寺康司］

教育の中立性

　教育は，特定のイデオロギーや立場に偏ってはならないという考え方。近代以降，政治的中立性と宗教的中立性とが教育の中立性の主要な内容となっている。わが国の教育基本法も「法律に定める学校は，特定の政党を支持し，又はこれに反対するための政治教育その他政治的活動をしてはならない」（第14条第2項），「国及び地方公共団体が設置する学校は，特定の宗教のための宗教教育その他宗教的活動をしてはならない」（第15条第2項）としている。政治的には国・公・私立学校いずれも特定の政党を支持するような教育を行ってはならないが，私立学校には宗教教育の自由が認められている。公立学校の教員には，国家公務員なみに政治活動が禁止されている。　［中田尚美］

教育バウチャー

　バウチャー（voucher）とは，証票／引換え券の意味で，教育で用いられる場合，子ども一人当たりの教育費（授業料の全部あるいは一部）を一種の引換え券として家庭に配布するものを指す。引換え券をどの学校にもっていくかは保護者の選択に任せられている。この仕組みでは，バウチャーの量により学校の運営予算が決まるため，生徒を集めるための競争が起こる。また，対象を公立学校に限定しないことを前提としているため，私立学校，民間企業等の教育サービスが参入することも考えられる。このように学校教育に競争を導入するという考えは，経済学者のフリードマン（Friedman, M.）の第IV章「教育における政府の役割」（『資本主義と自由』）のなかで提起された。実態としては，アメリカでは，経済的負担軽減を目的とした特定層の補助を行う事例がある一方，イギリス等では，全児童生徒数を考慮した補助金配分が行われるなど，バウチャーの位置づけは一様ではない。また，その成果についても一定の見解は得られていない。教育バウチャー制度は，学校教育への競争原理の導入と学校選択制がその中核にあるが，国ごとの教育制度や社会状況により教育効果と教育財源上のメリットは異なることから，教育システム全体を俯瞰した研究・検討が求められる。　［吉原惠子］

教育評価（educational evaluation）

　教育とは，子どもの発達を促すよう意図的に行われる営みであり，「評価」は，教育活動がうまくいっているかどうかを把握し，その結果を教育の改善へとつなげる行為を指す。わが国において「教育評価」という用語が使用されるようになるのは，第二次世界大戦のことである。1930年代にアメリカのタイラー（Tyler, R. W.）が，当時の「測定（measurement）運動」を批判して，主張した「エバリュエーション（evaluation）」が翻訳されたものである。タイラーによると，「教育評価」は「測定」や「試験」とは違って，生徒の序列づけのために行うのではなく，カリキュラムを吟味，改良するために，さらに生徒たちにも学習

に有効な情報を与えるために行うものである。子どもたちを序列・選別することではなく，教育実践それ自体に反省を加えて，修正・改善することこそ，教育評価の目的であり役割なのである。しかし，日本の指導要録においては，長らく「相対評価」が採用されてきた。相対評価の問題点は，どんなに指導しても「できない子がいる」ことが前提となっている点や，排他的な競争を常態化しているという点にある。これらの反省に基づき，2001年改訂以降の指導要録では「目標に準拠した評価」が採用されることになった。「目標に準拠した評価」とは，あらかじめ教育目標を明確に設定し，その目標を基準として評価を行うことである。それがめざしているのは，教師の教育活動の反省と子どもたちの学習への支援を通じて，学力の保障を図ることである。

[中田尚美]

教育目的

　教育目的を何とするかについては議論のあるところであるが，アリストテレスは教育の目的は政治と関連づけられていることを指摘し，国家が国民にどのような教育を想定するかによって教育制度も相違する。教育基本法第1条には教育の目的があげられている。教育目的は，人間としての望ましい理念上の在り方が置かれている。かつて古代ギリシアではホモ・サピエンス（知性人），西洋中世ではホモ・レリジアウス（宗教人），西洋近世ではホモ・ファーベル（物を造る人），その他ホモ・エコノミクス（経済人），ホモ・ルーデンス（遊戯人）等の理想的人間像が挙げられたが，人間が諸価値を認識し追求する以上，それらの獲得をめざすための手段として教育はとらえられる。個人的目的（例，自己実現），社会的目的（例，集団や社会からの期待），地球・宇宙的目的（例，人類共通の課題）として分類されよう。

[津田　徹]

教育目標

　教育学では教育目的と教育目標とは区別される。教育目的は究極的にめざすべき到達点（的・まと，独：Zweck）であり，教育目標は当面の課題を到達するために設定された標（しるべ，独：Ziel）である。学校教育法では，各階梯の教育目的と教育目標が示されている。2007年に学校教育法が改正されて以来，2006年の教育基本法改正の趣旨を踏まえ，内容が変更された。小学校の目的は第29条，目標は第30条，中学校の目的は第45条，目標は第46条，高等学校の目的は第50条，目標は第51条，中等教育学校の目的は第63条，目標は第64条，特別支援学校の目的は第72条，大学の目的は第83条にそれぞれ示されている。法規上示されている目的，目標は重要であり，尊重すべきことはいうまでもない。だが実際問題として教育目的や教育目標は手段としてみなされたり道具的にみなされたりする場合があることも事実である。　[津田　徹]

教育令（自由教育令）

　1879（明治12）年に，学制の行きづまり打開のためにそれに代わって公布された全47条からなる近代学校の基本法。全国画一的な学制を廃止して，地方官の権限を一部縮小し，学区制を廃止した。私立学校設置や就学督促を緩和したものの，反対論が強く，翌1880（明治13）年に改正せざるをえなかった。教育令は田中不二麿（ふじまろ）が中心に制定したもので，アメリカの自由主義的教育制度に倣い，地方分権を導入し，教育の定着を図り，教育の地方管理を基本とする制度に改めた。　[広岡義之]

教育を受ける権利

　教育を人権としてとらえる考え方は，世界人権宣言（1948）や国際人権規約（1966），子どもの権利宣言（1959）や子どもの権利条約（1989）において，「教育を受ける権利」「教育への権利」として表されている。日本国憲法では第26条

第1項に「すべて国民は，法律の定める
ところにより，その能力に応じて，ひと
しく教育を受ける権利を有する」とされ
ている。ここで教育とは，学校教育のみ
ならず，家庭教育及び社会教育を含んで
いる。また，「能力に応じて，ひとしく」
とは，教育基本法第4条第1項にあるよ
うに，その人としての能力を向上できる
資質をもちながら，その資質とは関係の
ない属性や社会的身分，経済的地位など
により，それが妨げられることがあって
はならないことを意味する。このことか
ら，まず「教育を受ける権利」は，個人
が人格を形成して，有意義な生活を送る
ことができるための「精神的自由権」の
保障と「生存権」の保障という側面をも
つ。また，国が機会均等の実現のため，
経済的配慮などを積極的に行うべきであ
り，国民はそれを要求できるとの立場か
ら「社会権」としての性格もある。しか
し，最高裁学力テスト判決（1976）以降
は，子どもが学習する権利に応じて国家
がそれを保障する「学習権」の考え方が
広く認識されている。　　　［吉原惠子］

教　員

　学校に勤務し，幼児・児童・生徒・学
生に対する教育活動に直接携わり，対価
として給与を得る学校の教師を表す法律
用語である。学校教育法では学校を「幼
稚園，小学校，中学校，義務教育学校，
高等学校，中等教育学校，特別支援学校，
大学及び高等専門学校」（第1条）と定
めており，「学校には，校長及び相当数
の教員を置かなければならない」（第7
条）としている。すなわち，学校教育法
において教員とは，小学校等における副
校長・教頭・主幹教諭・指導教諭・教
諭・助教諭・養護教諭・養護助教諭・栄
養教諭・講師，大学等における副学長・
学部長・教授・准教授・講師・助教を指
すと考えられる。教員であるためには一
定の資格が必要とされ（大学等を除く），
教育職員免許法には教員免許状の種類や

授与，効力，有効期間，失効等について
規定がある。　　　　　　　［荒内直子］

教員勤務実態調査

　学級担任の状況，担当授業の状況，部
活動顧問の状況，校務分掌の状況，週当
たり担当授業コマ数，業務内容ごとの勤
務時間，有給休暇の取得状況，通勤時間
等，教員の勤務実態についての調査。
「教員勤務状況調査」の名称で行われた
1966（昭和41）年度調査と「教員勤務実
態調査」の名称で行われた2006（平成
18）年度調査，2016（平成28）年度調査
がある。昭和41年度調査は，教職調整額
支給率算定の根拠とするためのデータ収
集，平成18年度調査は，行政改革の一環
として教職員給与のあり方の見直しを行
うにあたり政策上の判断と制度設計に資
するためのデータ収集を目的としていた。
これに対し平成28年度調査は，教職員指
導体制の充実，チーム学校の推進，学校
の業務改善の推進等，教員の多忙解消の
ための政策策定に必要なエビデンスとす
るための基礎的データの収集を目的とし
ており，前2回の調査とは観点が異なる。
3回の調査の結果を比較すると，1か月
当たり残業時間，1日の勤務時間が増加
している。平成28年度調査からは教職員
の長時間勤務の実態が「看過できない状
況」にあることが明らかとなり，学校に
おける働き方改革推進の強固な根拠と
なった。教員勤務実態調査のほかに，
OECD による「国際教員指導環境調査
（TALIS）」が実施されており，2018
（平成30）年度の結果から，わが国の教
員の1週間当たりの勤務時間は参加国中
で最も長く（日本53.9時間，参加国平均
38.3時間），人材不足感も大きいことが
明らかになっている。　　　　［古田　薫］

教員検定試験制度

　大学などの教職課程を修了することで
教員免許状を授与するのではなく，試験
により教員資格を検定する制度。第二次
世界大戦が終了するまでの教員免許制度

では，師範学校など教員養成校の卒業による免許授与が主流を占めていたが，そのほかに文部大臣による許可を受けた大学・専門学校の卒業生に対する無試験検定と検定試験の合格者に対する免許授与があった。よって教員資格の認定方法として検定試験は一般的であったが，戦後に教育職員免許法が制定されると開放制の教員免許制度が敷かれたことで検定試験制度は全廃された。ところがその後単位習得試験という形式で検定試験が許可されると，1964（昭和39）年及び1973（昭和48）年の法改正で教員資格認定試験に合格した者に対する免許状の授与が「特例」とされながらも制度化され，実質的には教員検定試験制度が復活している。　　　　　　　　　　［塩見剛一］

教員考課

人事考課とは，評定の結果を異動，給与，研修，指導などの人事管理に活用することである。人事考課を行うための資料を提供するのは，勤務評定である。1950年代後半に導入された勤務評定は激しい反対にあい，実質的には人事管理への活用がなされなかった。それに対し，1999年度から高知県で，2000年度から東京都で全教員対象に実施された人事考課は，勤勉手当に成績率を導入したり特別昇給と結びつけるなど，評定結果を待遇の差別化に結びつけている。　［中田尚美］

教員資格認定試験

教員資格認定試験は，大学での教員養成が，必ずしも十分に行われない分野等で，教員として必要な資質能力を有すると認められた者に，教員免許状を授与する方法で，1964（昭和39）年度に，高等学校教員試験として開始された。現行の教員資格認定制度は，幼稚園教員資格認定試験（幼稚園教諭二種免許状），特別支援学校教員資格認定制度（特別支援学校自立活動教諭一種免許状），小学校教員資格認定試験（小学校教諭二種免許状）が挙げられる。

教員資格認定試験とは，文部科学省によれば「広く一般社会に人材を求め，教員の確保を図るため，大学等における通常の教員養成のコースを歩んできたか否かを問わず，教員として必要な資質，能力を有すると認められた者に教員への道を開くために文部科学省が開催している」試験である。平成30年度から，教育職員免許法第16条2第3項に基づき，文部科学大臣が行う教員資格認定試験の実施に関する事務については，独立行政法人教職員支援機構が行うこととなり，同機構の事務によって令和元年度まで行われている。

2020（令和2）年度の小学校教員資格認定試験受験案内に記載された同認定試験制度の趣旨によれば「小学校教員資格認定試験は，受験者の学力等が大学又は短期大学などにおいて小学校教諭の二種免許状を取得した者と同等の水準に達しているかどうかを判定するものであり，この認定試験に合格した者は，都道府県教育委員会に申請すると，小学校教諭の二種免許状が授与」される。　［上寺康司］

教員人事

一般に公募・選抜・任用・懲戒・分限・退職など，教員の身分取り扱いに関する事項を幅広く指す。私立学校に勤務する教員の人事は民間企業と同様，労働基準法に主として依拠しつつ，各学校の定めた労働契約により決定される。それに対し公立学校の教員の場合は地方公務員法や教育公務員特例法により規定される。公立学校の教員の人事を管理・執行するのは教育委員会であるが，都道府県や政令指定都市の設置する公立学校教員に関しては，それぞれ当該都道府県・指定都市の教育委員会が任命権者と服務の監督者を兼ねて人事を一括して管理する。しかし区市町村立の公立学校教員の場合，任命権者は都道府県教育委員会，服務の監督者は区市町村の教育委員会となり，人事権の行使者に違いが生じる。また教

育委員会が学校を管理する権利の範囲や法解釈は，教育法の原理に基づき議論の分かれるところである。なお，大学の教員人事は各学校に任される部分が大きい。
→教職員の身分保障　　　　　［塩見剛一］

教員の研修

研修とは，一定の事柄を研究し知識を修得すること。現行法（教育公務員特例法第21条第1項）上では，研究と修養の略称とされている。一般の公務員が，「勤務能率の発揮及び増進のために」（地方公務員法第39条）研修を受けるのと異なり，教員（国公立学校）の研修は，「職責を遂行するために，絶えず努めなければならない」（教育公務員特例法第21条第1項）と規定されている点が特徴的である。　　　　　　　　　　［広岡義之］

教員の研修制度

教員の研修制度は，1950年代までは再教育講習会，新教育研究協議会，現職教育認定講習会などがあった。1950年代後半からは，各学校段階別に，法的拘束性を強化された教育課程の研究協議会や各教科教育指導者講習会が開催されるようになった。1960年代は，教育課程研究集会や校長・指導主事研修講座等が始まった。1970年代は「行政研修ラッシュ」となり，受講者も増員。1980年代になると，採用時，5年次，10年次，15年次以上の主任級，校長・教頭に対する研修が強化された。現在は法定研修として初任者研修，中堅教諭等資質向上研修，指導改善研修がある。　　　　　　　　　　　［広岡義之］

教員の資質向上

「教育は人なり」といわれる。これは，児童生徒に対して行われる教育の成果は，直接教育に携わる教員の力に負うところがきわめて大きいことを表現したものである。すなわち，優れた教員を確保し，その資質能力の継続的な向上を図ることは，学校教育にとって最も重要な課題である。同時に，社会から要請される教員の資質・能力は，時代の変化とともに変わるものであり，このことを踏まえた資質・能力の向上が図られなければならない。教員の資質向上については，教員免許制度，教員養成制度，教員採用，研修制度，教員の処遇改善，人事管理制度の6つの視点から，さまざまな改革が行われてきた。1988（昭和63）年の改革では，修士課程修了程度を基礎資格とする専修免許状と社会人の学校教育への活用を目的とした特別免許状の創設，免許基準の引き上げ等を行うとともに，初任者研修制度を創設した。2007（平成19）年には，高度な専門性と豊かな人間性・社会性を備えた力量ある教員の養成を目的とした「教職大学院」制度が創設された。また「指導が不適切な教員に対する人事管理システム」が導入され，「指導が不適切」と認定された教員に対し，「指導改善研修」の実施が義務づけられた。2009（平成21）年には教員として必要な資質能力が保持されるよう，定期的に最新の知識技能を身に付けるための「教員免許更新制」が導入された。2017（平成29）年4月には教育公務員特例法等が一部改正され，任命権者である教育委員会に，「校長及び教員としての資質の向上に関する指標」を設定し，それを踏まえた研修計画を策定することが義務づけられた。
［古田　薫］

教員の地位に関する勧告

ILO（国際労働機関）とユネスコが共同で作成し，1966年にユネスコ特別政府間会議で採択された勧告。ここでいう「教員」とは，学校において児童生徒の教育に責任を有するすべての者を指し，保育所，幼稚園から中等教育段階までの公私立の学校教員を含む。また，「地位」とは，教員の任務の重要性や教員の能力に対する社会的評価と，他の職業団体と比較して教員に与えられる勤務条件，報酬そのほかの物質的利益の双方を意味する。原則として挙げられている事柄のなかでとくに注目されてきたものは，「教

職は，専門職と認められるものとする」
「教員の勤務条件は，効果的な学習を最
大限に促進し，かつ，教員がその職務に
専念しうるようなものとする」「教員団
体は，教育の発展に大いに貢献すること
ができ，したがって，教育政策の策定に
参加させられるべき一つの力として認め
られるものとする」などである。この勧
告は，国際的レベルの勧告であったこと
から，わが国にも大きな影響を与え，教
職の専門性に関する研究の進展や，教員
の勤務条件や待遇の改善に貢献した。

[中田尚美]

教員免許制度

　教育職員の資質の保持と向上を図るこ
とを目的とした資格制度。第二次世界大
戦以前では1886（明治19）年公布の諸学
校通則に「凡（およ）そ教員は文部省若
しくは府県知事の免許状を得たるものた
るべし」と記され，免許状制度が規定さ
れていた。さらに1900（明治33）年には
各種学校の教員免許を統一的に規定する
教員免許令が公布された。戦後になると，
教員養成の開放制と単位履修による免許
状の授与とを基本とした教育職員免許法
が1949（昭和24）年に公布される。同法
が制定された当初は教員のみならず，校
長・教育長・指導主事にも免許状が定め
られていたが1954（昭和29）年の改正に
より廃止された。1998（平成10）年には
介護等体験が特例法として施行され，ま
た同年の教育職員免許法改正では免許状
取得の要件が厳しくなった一方，社会人
校長の登用など免許状制度の目的や動き
と相反する施策も見られる。さらに2007
（平成19）年の改正では，世界でも異例
な10年間を更新期限とする免許更新制が
定められた。　　　　　　　[塩見剛一]

教員養成

　「教育は人なり」といわれるように，
教育の鍵を握るのは教員である。教育を
よくするためには，よりよい教員を養成
する必要がある。公立学校教員について

は養成・採用・研修のシステムのもとに，
その職能成長を図っている。教員養成根
本規定とみなされる教育基本法第9条に
は法律に定める学校の教員は，「自己の
崇高な使命を深く自覚し，絶えず研究と
修養に励み，その職責の遂行に努めなけ
ればならない」ことに加えて，「その使
命と職責の重要性にかんがみ，その身分
は尊重され，待遇の適正が期せられると
ともに，養成と研修の充実が図られなけ
ればならない」として教員の養成と研修
の重要性が規定されている。教員養成は
その証としての教育職員免許状の取得が
不可欠である。教育職員免許状の基準を
示し，教育職員の資質の保持と向上を目
的として制定されているのが，教育職員
免許法である。　　　　　　[上寺康司]

強　化（reinforcement）

　条件づけ学習において，特定の反応の
生起頻度を増加させる手続き。古典的条
件づけでは，条件刺激と無条件刺激を対
提示することをいう。オペラント条件づ
けでは，目標となる反応が自発的に生じ
た際に，その反応に随伴させて報酬を与
えることにより反応を増加させることを
正の強化，罰を取り除くことにより反応
を増加させることを負の強化という。こ
こで，報酬は正の強化子，罰は負の強化
子と呼ばれる。　　　　　　　[及川　恵]

教科カリキュラム（Subject Curriculum）

　文化遺産の論理的な体系に従って，教科
を設定し，教科を中心にして編成するカ
リキュラム。経験カリキュラムと対比さ
れる二大カリキュラムの一つである。教
科（分化）カリキュラムは，従来の学校
に最も一般的に見られるもので，論理的
に組織された学問の体系を重視し，それ
ぞれの学問領域ごとに系統化された内容
からなる「教科」「科目」によって構成
される。そして教科を中心にして編成さ
れ，学問体系を背景としつつ教材を論理
的な順序によって系統的に構成するとこ
ろにその特徴がある。またこれは教授目

的や教材の性質によって国語・社会・算数（数学）・理科などの教科で構成される。その意味でこの教科カリキュラムは、人類がこれまで生み出してきた芸術や科学技術を含む文化遺産から選択された内容を次の世代を担う子どもたちに、可能な限り多く正確に、しかも効果的に習得させようとして組織されたカリキュラムである。　　　　　　　　　　［広岡義之］

教学刷新評議会

大正末期から昭和初期にかけて活発化した学生運動に見られる、学生のいわゆる「危険思想」にかかる問題解決にむけての基本方針確定のために、1935（昭和10）年、当時の岡田啓介内閣のもとに「国体観念・日本精神を根本としての学問・教育刷新の方途」を確立するとともに、「真ニ国礎ヲ培養シ国民を錬成スベキ独自ノ学問、教育ノ発展」を図ることを目的として設置された文部大臣の諮問機関である。会長に文部大臣を置き、57名の委員で構成され、あわせて4回の総会と9回にわたる特別委員会を開催した。第4回総会（1936年）では「教学刷新ニ関スル答申」を採択し、この答申を受けた政府は1937（昭和12）年7月に思想局を廃し、教学局を新設した。また政府は同評議会の答申及び建議を受け、同年12月に軍事国家体制に即応する教育施策の構築のために教育改善を目的とする教育審議会を設置した。　　　　　　［上寺康司］

教学聖旨

明治天皇が北陸・東海地方の学校を視察したときに感じた意見を、天皇の侍講（じこう）である元田永孚（もとだながざね）が1879（明治12）年にまとめたもの。「教学大旨」と「小学条目二件」からなる。教学大旨は教育の要（かなめ）が仁義忠孝にあることを明示したもので、維新後の知識才芸に主眼を置いた教育に警鐘を鳴らしたものとなっている。元田ら宮中派は、仁義忠孝を強調して、儒教的伝統主義の教育を主張する。つまり元田ら

は、文明開化教育を批判し、自由民権運動の高揚に対して儒教主義を採用するように主張した。その意味で教学聖旨は、学制以降の欧化文教政策に対する明治天皇の批判としての位置づけが明示された文書である。　　　　　　　　　［広岡義之］

教科書検定制度

学校で使用する教科書（教科用図書）を監督庁の検定に合格したものに限る制度である。日本において、近代学校成立当初（1872年）は教科書に関して特別の規制はなかったが、その後、開申制、認可制を経て、1886（明治19）年に文部大臣を検定権者とする検定制へ移行し、教科書が国定制となる1903（明治36）年まで小学校の教科書検定制度は継続した。戦後の教科書検定制度は、中立、公正、正確な教科書を確保することを目的として1949（昭和24）年より始まった。1965（昭和40）年から始まる教科書裁判を契機に、検定は憲法で禁止されている検閲にあたるとする議論を含め、教科書検定のあり方が問われた。30年を超える裁判の結果、現在では教科書検定は合憲・合法とされており、小・中・高等学校、義務教育学校、特別支援学校小・中・高等部、及び中等教育学校においては、「教科用図書検定基準」に基づく文部科学大臣による検定（学校教育法第34条等を根拠とする）に合格したもののみが教科書として使用されている。　　　［荒内直子］

教科書裁判

原告・家永三郎は、1952（昭和27）年に検定申請した高等学校社会科日本史教科書『新日本史』（三省堂）に対する不合格処分（1953年）及び条件指示・修正意見（1954年）について、教科書検定制度は違憲・違法であるとして1965（昭和40）年及び1978（昭和53）年に国及び文部大臣（当時）を相手に訴訟を起した。1984（昭和59）年の国家賠償請求第三次訴訟では外交問題にまで発展した。判決は、教科書検定制度は違憲・違法ではな

いとしたうえ，家永教科書に対する検定の箇所の記述の一部については，「原告の本件記述には相当の理由がある」などと家永に対して一定の理解を示しつつも結論としては，文部大臣の裁量権の範囲に属するとし，違法性を認めなかった（東京高昭61）。ただし「事実の基礎を欠く場合」として，検定に対して，場合によっては裁量権濫用で違法となる（最判平5）とした点では，検定に対して一定の歯止めを講じようとした。なお中国や韓国では，歴史的認識について日本国内での自浄能力が不十分であるとする印象があって，批判の対象となっている。

［西本　望］

教科書の無償制

　義務教育諸学校，すなわち小学校，中学校，義務教育学校，中等教育学校の前期課程ならびに特別支援学校の小学部及び中学部で使用する教科用図書，いわゆる教科書については現行では無償で配布されている。これは1963（昭和38）年12月21日に制定された「義務教育諸学校の教科用図書の無償措置に関する法律」を根拠とする。同法第1条には，「教科用図書の無償給付その他義務教育諸学校の教科用図書を無償とする措置について必要な事項を定めるとともに，当該措置の円滑な実施に資するため，義務教育諸学校の教科用図書の採択及び発行の制度を整備し，もつて義務教育の充実を図ることを目的とする」と規定されている。国による教科書の無償給付は，毎年度，義務教育諸学校の設置者を経て（第3条），当該義務教育諸学校の校長を通じて行われる（第5条）。　　　　　　［上寺康司］

教科担任制

　一人の教員が精通する（免許状を有する）教科の担当者として定められ，児童生徒の指導に責任をもつシステムである。日本の現行制度においては，教育職員免許法第4条において，中学校・高等学校の教員免許状が教科ごとに授与されるこ

とが定められており，学級担任制を前提とする小学校の教員免許状とは異なっている。しかし，主に1970年代以降，小学校においても音楽や図工，あるいは算数や理科などにおいて，高学年を中心に学級担任ではない「専科」の教員を置くことも増えている。教科担任制では，十分な教材研究などを通じて質の高い教育活動（教科指導）が期待されるが，教科間の連絡が希薄になるという欠点も指摘される。また，一人の児童生徒に接する時間が短くなり，統一的な人格形成にとってマイナスとなる可能性もある。

［荒内直子］

教科等横断的な視点

　小学校で総合的な学習の時間に「地域のごみ問題の単元」を行い，社会科で「ごみの処理と利用に関する単元」を行うというように，教科をまたいで，同じ学習内容を関連づけて学習することが考えられる。また中学校において，理科で「電流」の学習を，技術・家庭科で「電気」の学習を行うなど，学習内容が近いものや似ているものをつなげたりして行うことも可能である。このように教科の枠を越えた学習内容を広くとらえることのできる資質・能力を育成することが重要な視点となる。こうした教科等横断的な視点を機能させるためには，カリキュラム・マネジメントにおいて，複眼的な視点をもち，他教科等の学習内容を理解することが求められる。　　　［広岡義之］

共感的な態度

　共感についてはさまざまな定義がなされてきたが，一般には情動的側面を強調するものと認知的側面を強調するものに大別される。共感にはその両面があり，共感を「他者の感情を認知し，自らもそれを体験すること」と簡潔に定義することができる。体験だけの「同感・同情」も認知だけの「頭でわかる」ことも真の共感とはいえない状態であろう。ちなみに，カウンセラーの基本的態度として重

視されるのは，ロジャーズのいう共感的理解である。これは，共感をもって相手の内側から相手を理解しようとすることであり，単なる「同情」や「同一視」とは違うことが指摘されている。最近では，児童生徒理解の一つのあり方として，児童生徒の感情や考えを彼らの立場に立って，彼らの感じているまま考えているままに知覚し，理解する共感的理解の重要性が強調されるようになってきている。

[中田尚美]

教護院

現行の児童自立支援施設の旧制度のときの名称であって，不良行為を行った者や虞犯少年等を入所させて教護するための施設であったのが由来になっている。1900（明治33）年の感化院，1933（昭和8）年の少年教護院を経て，児童福祉法のもとで教護院の名称となった。現行の施設名称に改称されたのは，1998（平成10）年である。現在では名称とともにその内容も変容している。→児童自立支援施設，児童家庭支援センター　[西本　望]

教室英語

"Open your textbook to page 10." や "You are doing great!" など授業で使う簡単な英語表現のこと。中学校学習指導要領（2017）においては，「授業は英語で行うことを基本とする」と表記されており，「中学校学習指導要領解説　外国語編」では「教師の英語使用に当たっては，挨拶や指示を英語で伝える教室英語を使用するだけでなく，説明や発問，課題の提示などを生徒の分かる英語で話し掛けることが必要である」と説明されている。教師による積極的な教室英語の使用は，言語活動において生徒が積極的に英語を使って取り組むことにもつながる。

[宇野光範]

教師の倫理綱領

倫理綱領（code of ethics）とは，専門職団体がその従業者の職務上守るべき行為基準を明文化したものであり，専門職を志向する教職についても，教師の専門的な教育活動を自ら律する具体的な行為基準を，教員団体が明示する必要がある。日本における「教師の倫理綱領」とは，1952（昭和27）年6月16日に日本教職員組合（日教組）が明文化し，同組合所属の組合員としての教師が職務上において守るべき行為の基準を示したものを指す。これには「1. 教師は日本社会の課題にこたえて青少年とともに生きる」「2. 教師は教育の機会均等のためにたたかう」「3. 教師は平和を守る」「4. 教師は科学的真理に立って行動する」「5. 教師は教育の自由の侵害を許さない」「6. 教師は正しい政治をもとめる」「7. 教師は親たちとともに社会の頽廃とたたかい，新しい文化をつくる」「8. 教師は労働者である」「9. 教師は生活権を守る」「10. 教師は団結する」と記されている。本来，専門職における倫理綱領には，専門職として自らを厳しく律するための具体的な行為基準を明示することが求められる。しかし日教組による「教師の倫理綱領」には，教員の生活の保障や教員の団結など教員組合的な立場の強調が目立ち，専門職としての教師の教育活動基準としての具体的内容に欠ける。一組合組織の立場を止揚した日本の教師全体に普遍的に通用する真の意味での綱領の制定が求められるところである。

[上寺康司]

業者テスト⇨偏差値・業者テスト

教職員組合

教職員が思想や信条の違いを超えて，教育労働者としての共通の要求で団結し，その実現を図る自主的大衆的組織。勤務条件の維持改善を目的として，国及び地方公共団体の一般職員が組織する団体または連合体を意味する。1947（昭和22）年に結成されたわが国最大の教員団体である日本教職員組合（日教組）は，法的には職員団体であり，職員組合ではない。

[広岡義之]

教職員の勤務評定（教職員評価）

　勤務評定は，一般には公務員に対する人事の公正化をはかるための基礎的な資料とするための勤務成績の評定をいった。地方公務員にあっては，地方公務員法の第40条第1項に「任命権者は，職員の執務について定期的に勤務成績の評定を行い，その評定の結果に応じた措置を講じなければならない」と規定されていた（現在，同条文は削除されている）。教育職員について見れば，地方教育行政の組織及び運営に関する法律第46条に「地方公務員法第40条第1項の規定にかかわらず，都道府県教育委員会の計画の下に，市町村委員会が行うものとする」との規定が見られた（現在，同条文は削除されている）。この規定は，当時，日教組の勤評反対闘争が全国的に展開していたのを受けたものであった。

　地方公務員の勤務評定は，評価項目の不明示，人事管理への活用の不十分さ等の問題点を改善するために，地方公務員法及び地方独立行政法人法の一部を改正する法律の制定により「人事評価」に改められた。同法を受けて地方公務員法第23条には，人事評価の公正な実施，任命権者による人事評価の任用・給与・分限その他の人事管理の基礎としての活用，任命権者による人事評価に関する必要事項（人事評価の基準及び方法に関する事項等）の策定等が規定され，今日の制度設計・運用が行われている。

　教育職員の勤務評定は，教員評価システムにとって代わった。教員評価システムは，2000（平成12）年から東京都が従来の「勤務評定」に代わって導入した人事考課制度が一つのモデルとなった。この人事考課制度は教職員による「自己申告」と管理職による「業績評価」との2本柱からなり，評価の双方向性と客観性・公正性が担保されるものとして効果が期待されている。

　今日（2014（平成26）年現在）において教員評価システムは，文科省によれば，全都道府県・指定都市の67教育委員会で導入され，教職員の人事管理，すなわち人事や給与，優秀教職員表彰，指導改善研修の認定等に，徐々にではあるが活用されつつある。　　　　　　　　　［上寺康司］

教職員の身分保障

　教育基本法第9条において，法律に定める学校の教員については「その使命と職責の重要性にかんがみ，その身分は尊重され，待遇の適正が期せられる」と規定され，正当な理由なくその意に反して不利益な処分を受けることがないよう，その身分を保障する制度が求められる。そのため，公立学校の教員は地方公務員法によって身分が保障されるだけでなく，一部において教育公務員特例法の指示する特例を受ける。その保障範囲は任用，昇格・降格，転任，退職，懲戒・分限における身分保障であり，措置内容としては，採用及び昇任の方法として選考を用いる点，研修において任命権者でなく本人に義務づけられている点などが挙げられる。また教員も勤労者であるから，労働基準法の保障も含めてとらえられなければならない。なお地方公務員法には争議行為等の禁止が定められており，それに対する代償行為の一つとして公務員の身分保障は位置づけられている。

　　　　　　　　　　　　　　　［塩見剛一］

教職員の労働基本権

　労働基本権とは，賃金労働者に対して日本国憲法第28条で認められている基本的権利をいう。例えば団結権，団体交渉権，団体行動権などである。しかし，教職員の場合には，地方公務員法第52条や教育公務員特例法などによって，職員団体を組織できても労働組合組織を結成できない。さらに争議権や労働協約が禁止されるなど制約がある。ただし，教職員の疾病に関しては，とくに感染症（伝染病）の場合は，本人に罹患するだけでなく，幼児・児童・生徒・学生への感染に

ついての対策や予防を考えなくてはならない。そのために，教職員の健康診断などを実施することが，教職員以外の公務員を有する国及び地方公共団体や一般企業の会社員の雇用者のように，国及び地方公共団体や学校法人に義務が課せられている。このような権利のほかに，教職員による政治活動や待遇面についてこれまでには裁判で係争されたような事件もあった。例えば「学テ・岩手事件」や「佐教組事件」がある。前者は，学力テストに対する岩手県教職員組合の役員が，反対争議の行為によって，目的の面で「文部大臣（当時）の文教政策に対する反対という政治的性格」を有しており「市町村教委の管理運営に関する事項」であるから正当性はなく有罪となった。ただし教育者の自主的専門性によって内的な労働条件を意味するとの視点から反対することはその利益を守るという見解もあった。後者は，佐賀県の教職員が，定数確保，昇級・昇格の完全実施を要求するため休暇闘争をして懲戒を受けたが，公共の福祉には反しないと判断されたものである。　　　　　　　　　　［西本　望］

教職課程

教員資格に関する基礎的学習について，大学等高等教育機関において行う教育課程を指す。これは教育職員免許法上の規定（第5条別表第1，基礎資格の欄）から，法律の定めるところにより，大学等は各校種の教員の免許状を取得することを目的とする教育課程を編成することができるとされていることに基づいて設けられている。教員養成を目的とするには，教育学の専門学科・学部を置くことが望ましいが，その設置がなくても，幼稚園，小学校，中学校各教科，高等学校各教科，及び教科の領域の一部，特別支援学校領域，養護，栄養にかかる課程があれば，教員を養成することが可能となる。つまり教職課程には，教職専門科目の管理運営に責任をもつ教員養成機関内部機構を

含むものと解釈されている。　［西本　望］

教師力

中央教育審議会答申「新しい時代の義務教育を創造する」（2005年10月）において使用された言葉。教師の力量を意味する。教師力は，子どもたちに対する学習指導や児童生徒指導に関する力量のみならず，保護者や地域社会とのコミュニケーションを図り，その求めに応じた教育を展開する力量をも含む。優れた教師の条件として，教育に強い情熱をもち，確かな力量を発揮し，人間としての魅力を有することが求められる。大半の教師は質の高い教育を実践しているが，一部の心無い教員が，不法行為あるいは反社会的行動のために，保護者や市民から批判されている。　　　　　　　［広岡義之］

共生社会

「共生（symbiosis）」は，「～とともに」「生きる」という2つの言葉（ギリシア語）からなる。この語は，生物学的には，異なる生物種によって構築される生態学的な関係という意味で使用され，今日，人間と自然とのあり方に関わる「生物多様性（diversity）」をめぐる問題のキーワードの一つとなっている。共生社会とは，人間と自然とのあり方のみならず，社会的，文化的な多様性と差異をもつ人間同士のあり方にも配慮し，互いを承認し，尊重することを通じてよりよい協働関係を築いていくことをめざす社会集団のことである。　　　［島田喜行］

協　　働

協働とは，児童生徒が他者とともに問題解決や探究活動をすることである。友達や地域の人・専門家等と学習・交流することで，さまざまな知識や技能・情報を得たり，多様な考え方や価値観にふれて新しい思考を生み出したりする。自分の思いを伝えたり，相手の思いを受け止めたりする豊かなコミュニケーションや双方向の交流が質の高い学習を実現する。また，一人ではできないことも，協働に

より解決や実現が可能になることを実感することができる。これらを通し，相手意識や仲間意識を得て，社会参画への意識を育成する。人工知能が急激に進化する時代を迎え，異なる多様な他者と協働して主体的に課題を解決しようとする学習活動を重視する必要がある。

[山田希代子]

郷土教育

地域社会やわが国の歴史や伝統の理解を通して，郷土への誇りと愛情を涵養するための教育。「地域創生」が叫ばれる昨今，地域社会の担い手を育てる教育として重要性が高まっている。郷土教育は，地域社会を築き上げた先人たちの努力やその社会の伝統や文化を子どもたちに伝えることで，子どもたちに，地域社会のなかにはさまざまな人の思いが息づいていると実感させる。地域社会がたんなる物理的な環境ではなく，人々の思いが息づいている生きた社会であるという気づきが，子どもたちの心に郷土愛や地域への誇りを喚起させる。学校の教育課程では，郷土教育は，おもに，「社会」「特別の教科　道徳」「総合学習の時間」のなかで展開される。それぞれの科目の特性に留意しながら，教科横断的な視点で，郷土教育を実施したい。例えば，「社会」の授業で紹介した地域社会の偉人を「特別の教科　道徳」でも取り上げて，「社会」では言及できなかった，その偉人の生き様について語り聞かせる。地域社会の伝統や文化については，その地域の高齢者をゲストティーチャーに招き，話を聞くこともできる。高齢者のなかには，高齢者大学（老人大学，シルバーカレッジ）などで地域について深く学んでいる人もいる。そうした人を招くことができれば，教員にとっても子どもたちにとっても，充実した時間になる。[小川　雄]

郷土の音楽

郷土の音楽とは，人々の生活や地域に根ざした伝統的な音楽のこと。具体的には，各地に伝わる民謡やわらべうた，祭りの際に演奏されるお囃子，獅子舞の音楽，盆踊りうた，舞楽や神楽，田楽や演劇のことである。庶民が生活のなかで感じた思いや，豊作への祈り・感謝，悪霊退散などを音楽で表現している。人間形成の土壌となる郷土の音楽を学ぶことは自己肯定感を育み，さらには文化や風土の多様性を認め合うことの大切さに気づかせることができる。[高　奈奈]

キルパトリック，W. H.（Kilpatrick, William Heard：1871 - 1965）

アメリカの教育哲学者。教育史家モンロー（Monroe, P.），心理学者ソーンダイク，教育学者デューイの指導のもとで研究。代表的著作は大著『教育哲学』と『プロジェクト・メソッド』。とくにデューイの後継者ともいわれている。彼は教育過程を目的との関連において重視する。そのため彼の教育哲学は「目的ある教育（活動）」といわれる。彼の教育方法上の特徴は，プロジェクト・メソッドである。この発想はものづくりに起因しており，「目的－計画－遂行－判断」の一連の流れで教育がとらえられる。これは当時のアメリカの高等学校の工業科などで実践され普及した。[津田　徹]

ギルフォード，J. P.（Guilford, Joy Paul：1897 - 1987）

アメリカの心理学者。因子分析を用いて知能の構造に関する研究を行い，内容，操作，所産の3次元からなる知性の構造モデルを提唱した。内容には4種の情報，操作には5種の思考，所産には6種の概念が含まれ，合計120因子が想定されている。このモデルの「操作」において，1つの正しい答えを早く求める思考を収束的思考，新しい考えやさまざまな可能性を思いつく思考を拡散的思考としているが，後者が創造性に関連すると考えられている。また，ギルフォードによる性格研究に基づいて作成された質問紙調査として，矢田部・ギルフォード性格検査

（Y-G 性格検査）がある。→サーストン

［及川　恵］

キンダーガルテン（独：Kindergarten）

　Kindergarten は Kind（子ども）＋Garten（庭・園）からなる合成語で，現代では「幼稚園」として定着している。この言葉を有名にしたのはドイツの幼児教育家フレーベルである。彼は『人間の教育』（1826）を出版し，教員養成のためスイス政府に招聘されたが，幼児教育の実際を深く認識するに至って1837年ドイツ・カイルハウの地で幼稚園（Kindergarten）を創設。以来，世界各地に展開された。

［津田　徹］

勤務評定

　勤務成績の評定ともいう。職員が割り当てられた職務と責任を遂行した勤務実績を一定の基準に照らして評価し，職責遂行に関して見られた職員の性格，能力及び適性を示すことを指す。教員の勤務評定は1958年から実施されたが，全国的に日本教職員組合を中心に反対運動が展開され，勤評裁判も起こるなど，これまで実質的に機能していなかった。現在，指導力不足教員問題への対処や教員の資質向上をめざして教員評価システムの構築が進められている。例えば，2000年度から始まった東京都の教職員人事考課制度は，自己申告による目標設定と校長・教頭による業績評価を中心とした制度で，結果を給与や昇任に反映させることになっている。

［中田尚美］

勤労体験学習

　勤労体験学習は，生徒に実社会の職業を一定期間体験させることで，多様な教育的効果を期待した学習活動である。近年，アメリカの勤労体験学習をモデルとしたインターンシップが高等教育段階を中心として普及しつつあり，勤労体験的学習，インターンシップ，職場実習などを含む各種の就業体験的学習活動が教育革新の方法論として重要視されている。わが国では，児童生徒の社会性や豊かな人間性を育む観点から，小・中・高等学校などでは体験的学習活動，とくにボランティア活動など社会奉仕体験活動，自然体験活動その他の体験活動の充実に努めるとともに，社会教育関係団体・関係機関などとの連携に十分配慮していくことが求められている。特別活動において，勤労体験学習などの，学外での学習を幅広く組織するためには，地域社会や家庭などの支援と協力が不可欠である。そのためには，学校が日常的に地域社会の関係者との交流を密にすることが大切である。

［中田尚美］

く

クインティリアヌス，M. F.

（Quintilianus, Marcus Fabius：35?‐97?）

　帝政時代の最も重要なローマの教育学的理論家。スペインで生まれ，ローマで法律家の修業をした後，修辞学校を開いた。知識と道徳の統一者であり，実際に彼は，ローマ帝政時代の勅任雄弁論講師（国の補助金を下付された修辞学教師）であった。その経験に基づく主著『弁論家の教育』は一般教育学や弁証学の思想で充実した価値ある文献として，その後も人文主義者たちに重視された。クインティリアヌスによれば教育学上の重要な原理は，教師は子どもの個人的関心を目覚めさせ，各自の個性に理解を示し，個性の発展を考慮しつつ，子どもが自主独立の人間になることができるように教育してゆくことである。彼の教育目標は「完璧な雄弁家」と同時にまた「善人」の養成であった。

［広岡義之］

空　　海（くうかい：774‐835）

　真言宗の創設者。弘法大師のこと。讃岐（さぬき：現在の香川県）の出身で，18歳のときに大学寮に入り，詩書等を学ぶ。都を離れ，阿波国や土佐国の大自然

のなかで苦行に励んだ。世の栄華を厭い，無常を嘆き，31歳のときに入唐留学の僧に選ばれ，長安（現在の西安市）で密教をさずかる。33歳のとき唐から帰朝して，真言宗を開く。主著の『三教指帰』『実語教』などは，幕末・明治初期の教科書になったほどである。諡号（しごう）は弘法大師で，嵯峨天皇，橘逸勢（たちばなのはやなり）とともに三筆の一人でもある。43歳のとき修禅の道場として高野山に金剛峰寺を建立。また828（天長5）年頃には，庶民のための学校「綜芸種智院（しゅげいしゅちいん）」を京都の東寺の一画に設けた。これは日本初の庶民教育機関で，儒仏道の3教で総合的な教育を行おうとしたもので日本教育史に重要な意義をもつ。そのほか，空海の業績は讃岐国の満濃池（まんのういけ）の修築等が挙げられる。　　　　　[広岡義之]

虞　犯 ⇨触法行為・虞犯

熊沢蕃山
（くまざわ　ばんざん：1619－1691）

　江戸時代前期の儒学者。23歳で中江藤樹に師事。27歳のとき，池田光政の岡山藩政を指導した。1641（寛永18）年，藩学の花畠教場（はなばたけきょうじょう）を含む，いくつかの陽明学派の学校を設立。池田光政の信任を受けて，知行（ちぎょう）3000石の番頭（ばんがしら）に挙げられ国政に参画したが，同僚のねたみを買い，それを避けるために，1657（明暦3）年，禄を辞して，領地の和気郡岡山藩蕃山村へ退いた。彼の著作や思想が幕政を批判しているとされ，下総の古河城中（茨城県）に幽閉され，のちに獄死。熊沢蕃山は中江藤樹門下の弟子として陽明学派と位置づけられるが，むしろ朱子・陽明に偏らずに両者の長所を取り入れた。政治に当たる武士としての立場から，その学問を政治・経済において活用しようとした。倹約，山林保護，廃仏，参勤交代，牢人救済等の議論を展開。
　　　　　　　　　　　　　　　[広岡義之]

クライエント（Client）

　来談者とも呼ばれる。顧客や依頼人という意味があることばであり，カウンセリングや心理療法において，悩みを抱えてセラピストのもとに相談に訪れた者のことをいう。来談者中心療法の提唱者であるロジャーズは，相談に来た者の主体性や自己成長力，セラピストとの対等な関係性などを重視し，患者ではなくクライエントということばを用いた。カウンセリングや心理療法においてはセラピストとクライエントの信頼関係（ラポール）が非常に重要となる。　　　[及川　恵]

クラウザー報告書（Crowther Report）

　1959年に中央教育審議会から提出されたイギリスにおける後期中等教育（15〜18歳）に関する調査報告，意見書。調査の代表者クラウザー卿の名をとった通称で，報告書名は"15 to 18"。勧告では，全日制義務就学年齢を16歳まで延長すること，全日制教育を受けない18歳までの青少年のために，職業教育を拡大することが強調された。　　　[広岡義之]

倉橋惣三
（くらはし　そうぞう：1882－1955）

　大正から昭和にかけて，日本の幼児教育の理論と実践の指導的役割を果たし，児童中心の進歩的な保育を提唱した人物。第一高等学校を経て，東京帝国大学文科大学哲学科卒業後，1910年，東京女子高等師範学校に着任。1917年12月，同校の教授となり，同時に附属幼稚園主事（1949年退官）をはじめ，文部省社会教育官，戦後の教育刷新委員会等を歴任した。倉橋は，幼児生活の価値を認め保障する必要性を提唱し，教育を生活に近づける生活の教育化を発展させた。「幼児の生活それ自身が自己充実の大きな力を持っている」がゆえに，「生活を，生活で，生活へ」と幼児の自発生活を尊重した。著書に『幼稚園雑草』（1926），『育ての心』（1936），『フレーベル』（1939），『子供讃歌』（1954）などがある。

[熊田凡子]

クラブ活動

文化活動や運動競技など，特定の領域について興味や関心をもつ児童生徒が，学年や学級の所属を離れて自主的に集団を組織して行う活動である。小学校の学習指導要領では，学級活動，児童会活動，学校行事とともに「特別活動」の一領域として規定されており，「望ましい人間関係」を形成し「個性の伸長」を図り，「自主的，実践的な態度」を育てることを目標として「主として第４学年以上の同好の児童をもって組織する」必修の活動である。中学校では1972（昭和47）年，高等学校では1973年改訂の学習指導要領で特別活動の一領域として必修化されていたが，中学校では2002（平成14）年，高等学校では2003年改訂の学習指導要領で特別活動の一領域としてのクラブ活動は廃止されたため，現在，多くの中学校・高等学校では課外活動として「部活動」が行われている。　　　［荒内直子］

グラマー・スクール (Grammar School)

イギリスの大学進学を主目的とした中等学校。「文法学校」とも訳される。1950年代からの総合制中等学校（コンプリヘンシブ・スクール）の充実によりグラマー・スクール在籍者は極端に減少した。具体的には，基礎学校修了後は「グラマー・スクール」（大学への進学資格を得ることができる学校で学問的なカリキュラムを中心とする），「テクニカル・スクール」（応用科学や学術，専門的職業教育を中心とする），「モダン・スクール」（実際の生活に根ざした職業技術や実践的カリキュラムを中心として，直接の大学進学資格は得られない）のいずれかの中等教育機関に進学する形になっている。　　　［広岡義之］

クループスカヤ，N. K.（Krupskaya, Nedezhda Konstatinovna：1869-1939）

レーニン夫人。ソビエトの共産党の活動家であり教育家。1891年以後の６年間，夜間日曜学校の教師を務め，この間マルクス主義学生グループに関係して，レーニンと出会う。彼の「闘争同盟」に参加し，1896年に逮捕され３年間の流刑となるものの，婚約者レーニンの流刑地シベリアへの変更が認められそこで結婚。1901年から1917年の間レーニンとともにヨーロッパ諸国で亡命生活を送り，仕事上でもよき協力者であった。1915年，最初のマルクス主義教育史『国民教育と民主主義』を夫レーニンとともに著す。1917年の革命と同時に帰国し，十月革命後は，教育家として初等中等教育制度の確立に尽力。国家学術会議の教育課程（グース・プログラム）を作成。レーニンの死後，教育人民委員代理として，共産主義教育，とくに「ピオネール運動」の功労者。「ピオネール」とは，10代前半の子どもを対象とした学校外教育組織のこと。　　　［広岡義之］

グループダイナミックス (group dynamics)

集団の形成過程や集団内の人間関係，あるいは集団間の関係などに働くさまざまな作用や動態を社会心理学的に実証的に分析する研究分野である。グループダイナミックスという言葉は，1939年のレヴィンらによる「社会的風土に関する研究」により用いられた。研究の特徴は，(1)理論的に意味のある実証研究の重視，(2)研究対象は，成員間の相互依存性（集団力動性），(3)社会科学全般への広範な関連性，(4)研究成果の社会実践への応用可能性の重視である。研究方法として実験を主とするが，1940年代にレヴィンにより提唱されたアクション・リサーチでは，理論と実践の統合を重視して，実際の集団の変革を実験的に試みることにより現状の改善がめざされた。また，遺伝，気質，性格といった個体的条件だけでなく，社会環境，対人関係，組織的風土といった環境的条件に影響を受ける人間行動を定式化した「場の理論」

が有名である。　　　　　　　[吉原惠子]

クレッチマー，E.
(Kretschmer, Ernst：1888 – 1964)

　ドイツの精神医学者。『体格と性格』や『医学的心理学』などの著書で有名。体型と発症しやすい精神病，そして体型と気質とを結びつけた体型説で知られる。臨床医としてさまざまな症例に接した経験から，体型と発症しやすい精神病との間には関連があると主張した。細身型の体型と精神分裂病（統合失調症），肥満型の体型と躁うつ病，そして闘士型の体型とてんかんとの間に関連があるとした。体型と気質との関連は正常な人々にも見られるとし，細身型の人物は内閉性を主な特徴とする分裂気質，肥満型の人物は同調性を主な特徴とする躁うつ気質，そして闘士型の人物は執着性を主な特徴とするてんかん気質とした。クレッチマーの体型説は，性格の類型論の典型である。
　　　　　　　　　　　　　　[松田信樹]

グローバル教育

　グローバル（global）とは，(1)全世界の，地球上の，世界的な，全世界にわたる，世界的規模の，(2)範囲の広い，全体的，といった意味をもつ。グローバル教育とは，全世界，地球上の共通課題である国際理解，情報，環境，福祉，健康といった横断的・総合的な課題に関わる教育といえる。現代は加速度的にグローバル化が進み，これまで以上に国家間での相互依存関係が強まり，多文化理解，異文化との協調などが求められる時代となった。それゆえ世界的視野に立って，世界的規模の課題に対応するグローバル教育の必要性が求められるようになったといえる。　　　　　　　[光成研一郎]

け

ケイ，E. K. S.（Key, Ellen Karolina Sofia：1849 – 1926）

　スウェーデンの婦人思想家。1900年に20世紀新教育運動の原動力となる『児童の世紀』を著した。他に『恋愛と結婚』『婦人運動』があり，あわせてケイの3部作となる。児童の教育，婦人の母性的使命を説き，第一次世界大戦中は戦争を批判して平和を主張。幼児期を高尚な家庭的雰囲気で過ごし，十分な教養を身に付け，当時の一般女性の不当な境遇に強い憤りを覚えていた。私立学校教師として青年の教育に従事。男女平等を主張したものの，女性の使命は母性の実現にあるという信念から，女子のために男子同様の職業を要求する女権主義には同調しなかった。恋愛と結婚を一致させるところに真の幸福があると考えたが，彼女自身は結婚しなかった。「児童から」のスローガンのもと20世紀新教育運動のさきがけとなり，ルソーの消極教育を徹底した。ケイの「教育の秘訣は教育しないことにある」は有名な言葉。　[広岡義之]

慶應義塾

　中津藩士，福澤諭吉が，江戸築地鉄砲洲（現在の東京都中央区明石町）の中津藩中屋敷内に1858（安政5）年に開校した蘭学塾。現在の慶應義塾大学の前身。1868（慶應4・明治元）年に福澤は「慶應義塾の記」という宣言文を記し，そのなかで年号をとって「慶應義塾」と塾名を定めた。なお，このなかで英語の「public school」を造語で「共立学校」と訳し，それにかわる「義塾」と訳した。慶應義塾となって以来学生を「塾生」，卒業生を「塾員」と呼び，教職員と塾生と塾員，三者を一体して慶應義塾社中と呼ぶ慣わしが始まる。明治以後，官公私

立問わず，近代日本の教育制度，大学制度の立ち上げモデルとなった。建学当初の目的は，日本に洋学を普及し，後進国を先進国にしようというものだったが，福澤と義塾社中の建学の精神は，明治維新から1881（明治14）年の政変を経るにつれて，日本の政治，経済，社会の正しい方向を示し導く社会の先導者たらんとする大きな思想へと変化した。

[芝田圭一郎]

経験カリキュラム
（Experience Curriculum）

　教科中心カリキュラムと対極にあるカリキュラムの一類型。児童生徒が，そのときどきの「場」での要求を充足し，諸問題を解決しながら，自己の生活経験を深めるように組織化されたカリキュラム。教科を構成する知識や文化は排除され，日常生活に即して経験が活用され，その興味・関心・欲求に従って編成される。教科構造を排することで，児童生徒の興味や欲求に基づきつつ，教育内容が選択され組織される。これは既存の学問や教科の体系ではなく，学習者の興味や欲求から作成され，この類型の最も純粋なものは「生成カリキュラム（Emergent Curriculum）」と呼ばれている。これは子どもの「経験」だけから構成され，毎日の児童生徒の生活経験のなかからその時，その場で教師と子どもが価値ある経験を選択してゆく。そこでは系統性や発展性などは考慮されず，「経験・生活即教育」となる。類似のものとしては，「生活領域カリキュラム」「コア・カリキュラム」などがある。　　[広岡義之]

形式陶冶

　陶冶は，教育とほぼ同義で用いられるが，陶冶が知識や技能の伝達・習得を表すのに対して，教育は，人格や人間性の形成をめざす訓育の意味で使われることもある。陶冶概念は，形式陶冶と実質陶冶に分けて考えられる。形式陶冶は，知覚，表象，思考，感情，意思などの精神

的能力・態度の形成を意味する。形式陶冶においては，知識の習得そのものではなく，知識の習得に必要な推理力や想像力，応用力などの練磨に重点が置かれる。これに対して，実質陶冶は，知識や技能の習得に重点が置かれている。

[梅本　恵]

形成的評価 （formative evaluation）

　形式的評価は指導の過程における評価であり，1時間の授業中や授業後，小単元及び単元の終了時など，ある短期間の授業の進行の過程で，当面の教育目標に対しての児童生徒の学習の達成状況などを中間的に把握する評価活動である。この形成的評価は，教師自らが児童生徒の学習状況を中間的に把握することにより，その学習達成状況を自らの学習指導に還元し，以後の新たな指導をより適切に，より効果的なものにすること，それに加えて新たな学習課題を明確にさせることを目的としている。また，この形成的評価は，評価の機能に関する概念とされている。形成的評価は，シカゴ大学の哲学者スクリバン（Scriven, M.）によって，カリキュラム開発の中で重要な位置づけをされ，さらに，ブルーム（Bloom, B. S.）らによって，学級における教授・学習過程の中に取り入れられた。形成的評価の具体的手段として，ブルームらにより提唱された「形成テスト」が挙げられる。「形成テスト」は学習目標に基づいて作成され，学習のひとまとまり（たとえば一つの単元）ごとに学習目標を明確化し，それぞれの学習目標に基づいて対応するテストである。項目を準備した小テストである「形成テスト」は，一つの単元の学習指導が終了したところで実施され，児童生徒の学習の到達状況は，この「形成テスト」の結果に応じて診断される。「形成テスト」の使用目的は，教師が，そのテスト結果を見て，必要に応じて学習の補充指導をすることにある。「形成テスト」実施後の分析・結果は，

形成的評価活動に利用される。「形成テスト」をその主要な手段とする形成的評価は、教師による学習指導と評価との一体化を指向し、授業の改善を図ることを主目的としている。　　　　［上寺康司］

系統学習

　系統学習とは、各教科の基礎的・基本的な知識・技術・技能を習得するうえで不可欠な学習方法であり、児童生徒にあっては、児童生徒理解と発達段階を考慮し、教科内容を系統的かつ体系的に構築し展開する（教科内容の系統性）学習方法である。系統学習には、学習の系統性を重視するがゆえに、学習展開が、単なる知識・技術の外部からの注入・詰め込み的なもの、形式的・機械的作業になり、児童生徒が受動的な態度で学習に取り組むことに陥る可能性がある。それを避けるためにも、子どもたちの生活場面での身近な具体的な経験を学習内容と連関させ、子どもたちの興味・関心・意欲を喚起させ、学習展開過程に主体的・積極的に参加できるように考慮することが求められる。問題解決を重視した学習（問題解決学習）や経験を重視した学習（経験学習）との融合が求められる。このような融合型の学習方法が発見学習であり、その重要性を提唱した人物としてアメリカの発達心理学者であるブルーナー（Bruner, J. S. 1915 - 2016）がいる。
　　　　　　　　　　　　　［上寺康司］

啓明会

　下中弥三郎が埼玉県師範学校の教え子とともに1919年に結成した最初の教育職員組合。のちに出版社の平凡社を創設した下中は、会の結成に伴って「教育改革の四綱領」を掲げた。そのなかには戦前の日本にありながら、「教育の民主化」を主張するなど、戦後の日本の教育制度改革において実現展開されることとなる学習権（日本国憲法で保障されることとなる）の発想や教育委員会制度の構想、教育の機会均等、教師の自発性（時間割、教材の選択）を重んずる構想等先進的なものがあった。この活動は戦後全日本教職員組合（全教）の結成（1945年）や、1947年の日本教職員組合の結成へと結びつくこととなる。　　　　　　［津田　徹］

ゲストティーチャー

　教員ではない、一般市民の指導者のこと。学校の授業やその他の活動などにおいて、保護者やその地域の人々を指導者として招き、児童や生徒に指導を行う。教員だけでは教えることが難しい多岐にわたる内容を、ゲストティーチャーが、直接児童や生徒に伝えることで、教師が間接的に教えるよりも、児童や生徒の意欲が高くなると評価されている。ゲストティーチャーは「総合的な学習の時間」で、指導をすることが多い。　［高松邦彦］

ケースワーカー

　一般に、社会福祉や保健・看護領域においてケースワークを行う専門職を指す。ケースワークとは、生活保護を必要とする者や高齢者・心身障害者に対して、面談を通して、生活上の問題を解決するための情報提供・助言や相談を行い援助することである。また、臨床心理学的な対人援助を必要とする場合には、心理面接などをする場合がある。その分野は、現代社会の変化とニーズの増加に合わせて、教育支援や司法矯正、産業福祉などにも広がっている。ケースワーカーは、「社会福祉主事」資格をもち、福祉事務所や病院だけでなく、児童相談所や老人福祉施設などでも働く。ケースワークで用いられる専門技術は、個別援助技術と呼ばれる。その理論としては、1920年代に、リッチモンド（Richmond, M. H.）が経験主義的・道徳的援助計画からの脱却を図り、社会診断を土台とした「診断主義ケースワーク」を提唱した。一方、1930年代に、ランク（Rank, O.）の自我心理学の流れを汲む「機能主義ケースワーク」が登場した。その後、ソーシャルワーク援助技術においては「医学モデ

ル」から「生活モデル」への転換が図られていった。　　　　　　　　　［吉原惠子］

ゲゼル, **A. L.**

(Gesell, Arnold Lucius：1880 - 1961)

アメリカの心理学者。遺伝的に同一である一卵性双生児の行動訓練の実験から，発達に影響を与える要因として，経験や学習といった環境要因よりも成熟という要因が重要であるとする成熟優位説を唱えた。実験では，訓練を早期に開始した子どもと比べ，遅く訓練を開始した子どものほうが短期間で技能を獲得したことから，環境の影響（例，訓練開始時期）よりも成熟の影響が強いことを主張した。ゲゼルは発達診断法の確立や発達検査の開発でも知られる。→遺伝と環境

［及川　恵］

ゲーテ, **J. W. von** (Goethe, Johann Wolfgang von：1749 - 1832)

ドイツの古典主義の文豪であり，啓蒙主義からロマン主義に至る思想界の重鎮（じゅうちん）。『ヴィルヘルム・マイスターの修業時代』（1796），『ヴィルヘルム・マイスターの遍歴（へんれき）時代』（1821）で教養小説を確立。彼の教育思想では，新人文主義的な教養人の陶冶と職業人の育成がめざされている。とくにドイツ文学と哲学との領域について，1770年から1830年の間の時代は，ドイツ古典期と呼ばれ，この時期の特徴を最も規定するのはこの精神生活であり，「教育州」（ゲーテのヴィルヘルム・マイスターに出てくる一種の学者共和国のこと）は，その教育思想においてこの時代のドイツ文学と哲学に親密に関わり合っている。またゲーテは『ファウスト』（第1部 1808，第2部 1832）でたんに詩人としてだけではなく，賢者としても語っている。　　　　　　　［広岡義之］

ケルシェンシュタイナー, **G.**

(Kerschensteiner, Georg：1854 - 1932)

ドイツの教育学者，改革宗教家。『公民教育の概念』（1901）と『労作教育の概念』（1912）で有名。彼は教育の目的として公民教育を，その方法として労作教育を実践することを主張。ドイツのミュンヘン市の視学官として，同市の小学校や補習学校の改革を企図し，職業教育を中心とする労作学校において公民的練成を図った。しかしその後，1911年のガウディッヒ（Gaudig, H.）との論争を通して，手工的労作を偏重することの自説の誤りを認め，これと精神的労作を結合させつつ，公民教育を徹底させ，勤勉・忍耐・自制・注意・献身等の諸徳を養成すべきと考えた。1918年から病死するまで，ミュンヘン大学の教授を務め，自説の普及に努めた。シュプランガーの影響で，文化教育学の立場をとりつつ，学校を価値体験の場としての労作学校と位置づけた。　　　　　　　［広岡義之］

減加法・減々法

小学校1年生の「繰り下がりのある引き算」の計算の仕方を考える際に用いられる方法である。13 - 6の計算を例にとると，一の位の3から6は引けないことから，13を10と3に分けることで，10から6を引いて残りの4と一の位の3を足して答えは4 + 3 = 7と出す方法がある。この計算の仕方を「引いて足す」という手順から減加法という。また，減数である6を3と3に分け，13からまず6のうちの3を引いて10にし，さらに10から残りの3を引いて答えの7を導く方法がある。これは「引いてさらに引く」という手順から減々法という。一般に減数が9や8のように10に近いときは減加法を用い，13 - 4のように減数が被減数の一の位と接近しているときは減々法を用いると計算しやすいといわれているが，必ずしも決められた方法でするものではなく，子どもの実態にあわせた指導が必要であろう。　　　　　　　　［井上正人］

健康・安全で幸福な生活

健康・安全で幸福な生活のために必要な習慣を養い，運動を通じて体力を養い

つつ心身の調和的発達を図ることが現代社会の子どもの教育の緊急の課題となっている。小・中・高等学校を通じて系統性のある指導ができるように、子どもたちの発達段階を踏まえて、保健の内容の体系化を図ることが大切であり、また生活習慣の乱れやストレスなどが健康に影響することを学ぶことも重要である。薬物乱用、性の逸脱行動、いじめ、不登校、児童虐待等の心の健康問題に関する現代的課題の深刻化を考えると、養護教諭の健康相談活動はさらに重要になってくる。

[広岡義之]

健康教育・福祉教育

　保健体育審議会答申「生涯にわたる心身の健康の保持増進のための今後の健康に関する教育及びスポーツの振興の在り方について」(1997) において、国民が誰でも心身の健康を基礎にしながら、楽しみや生きがいをもち、活力ある社会で暮らしていくことが生活の質（QOL：quality of life）を高めることになり、それが広い意味での「健康」であるとの考えが提起されている。これに従って、一般的に、健康教育は、心身が健やかで安全な生活を送るために「自ら必要な知識を獲得して、必要な意志決定ができるように、そして直面している問題に自ら積極的に取り組む実行力を身に付けることを援助する」こととととらえられる。一方、QOLの向上は「福祉」の目的であり、広義の「健康」は「福祉」に含まれると考えられる。福祉教育は、人々が幸福に暮らせる環境としての福祉社会形成のために協働することを推進する活動である。well-being（福祉）の訳は「よく生きる」となるが、世界保健機関のオタワ憲章（1986）において「人々が自らの健康をコントロールし、改善することができるようにするプロセス」として表現されたヘルスプロモーションでも、健康の増進とは健康的なライフスタイルを超えて well-being と関わるものであるとされている。

[吉原惠子]

言語活動（国語科）

　国語科において指導事項（学習内容）を修得するため、児童生徒が言語を使って行う活動のこと。通常は、単元の終わりに置くのがよい。

　言語活動は児童生徒にイメージしやすいものを設定する。例えば、小学校2年生の説明文で「たんぽぽのちえ」の学習の最後に「いきもののちえ図かんを作ろう」という課題に取り組ませる。また、民話「かさこじぞう」の学習単元では、「音読劇発表会をしよう」と課題を設定したりする。設定するときは、言語活動が指導事項を受けたものになっているかを意識することが大事である。

[森　成美]

言語活動の充実

　2008（平成20）年1月17日の中央教育審議会答申では、各教科等の内容の改善のポイントを6点挙げている。そのなかの第1に示されているのが「言語活動の充実」である。具体的には、国語科において的確な理解、論理的な表現力、互いの立場や考えを尊重して伝え合う力を育成すること、日本の言語文化に触れて感性や情緒を育むことを重視する。国語科以外では以下の教科等で言語の役割について例示されている。(1)知的活動の基盤としての言語の役割：理科、社会等では、観察・実験やレポートで、視点を明確にしつつ記録・報告する。算数・数学等では、比較や分類等を考えるための技法、あるいは帰納的な考え方や演繹的な考え方等を活用して説明する。(2)コミュニケーションや感性・情緒の基盤という言語の役割：音楽、図画工作、美術、体育等で、体験から感じ取ったことを言葉や歌、絵、身体を使って表現する。

[広岡義之]

言語障害教育

　聴覚に重度の障害のある児童生徒に対する言語獲得支援、治療的指導は聾学校

を中心に行われてきたが，学校教育における言葉の治療的指導は，1958（昭和33）年，仙台市の小学校に言語障害児学級が併設されたことに始まる。1962（昭和37）年文部省初等中等教育長通達によって言語障害者のための特殊学級を設けて教育することが法的に規定された。現在は，小・中学校における言語障害の教育的対応として，一人ひとりの障害の状況や教育的ニーズに応じて，特別支援教室，通級指導教室，通常学級での指導等がある。「きこえの教室」「ことばの教室」と呼ばれる言語障害特別支援教室は，構音障害・吃音など話し言葉の音声的側面に問題のある子どもや難聴児，言語発達遅滞児を対象に，豊かな学校生活・社会生活を営むための言語コミュニケーション能力の改善を目的とし，他者と関わりあうことによる人間教育をめざすものである。また学習によって身に付けたことを生活のなかで定着させるために，通常学級での子どもたちとの日常的な関わりを大切にしたり，保護者と連携を図ったりすることが大切であるとされる。

［松井玲子］

現職教育

学校等に勤務する現職の教員が，その能力を充実，発展させるために行う学習や訓練のことであり，それを援助するための監督官庁等の施策や活動をも含む用語である。「法律に定める学校の教員は，自己の崇高な使命を深く自覚し，絶えず研究と修養に励み，その職責の遂行に努めなければならない」とする教育基本法第9条がその根拠であり，法的には「研究と修養」を表す「研修」と呼ばれることが多い。どのような職業においても就職後の教育や研究は必要であるが，「専門職」としての教員にとって現職教育はとりわけ重要であるとされている。教育公務員特例法には，「初任者研修」と「10年経験者研修」が定められているが，同法には職場を離れた長期の研修である

「大学院修学休業」や，児童生徒に対する指導が不適切であると認められる教諭に対する「指導改善研修」なども規定されている。→教員の研修　　　［荒内直子］

検定試験制度

各省庁，財団法人，民間機関，企業などが，一定の資格取得のために行うものである。語学，コンピュータ，ビジネス，医療，福祉など，多様な分野に及ぶ。実用英語技能検定（英検），日本漢字能力検定（漢検），日商簿記検定，ファイナンシャル・プランニング技能検定，品質管理検定，秘書検定などがある。厚生労働省が行っている各種の技能検定は，職業能力開発促進法（1969）に基づいて実施されており，「労働者の技能習得意欲を増進させるとともに，労働者の雇用の安定，円滑な再就職，労働者の社会的な評価の向上に重要な役割を有するもの」である。技能検定は建築関係，食品関係，衣料・繊維製品関係などがあり，都道府県（都道府県職業能力開発協会）において実施されているものや，民間機関である指定試験機関において実施されているものもある。　　　　　　　　　［松井玲子］

県費負担教職員

都道府県が職員の給与を負担する教職員のこと。市町村立学校職員給与負担法第1条では，市（特別区を含む）町村立の小学校，中学校，義務教育学校，中等教育学校の前期課程及び特別支援学校の校長，副校長，教頭，主幹教諭，指導教諭，教諭，養護教諭，栄養教諭，助教諭，講師などの者を指す。これらの教職員の給与や各種手当等や必要費用の弁済は都道府県の負担とすることが明記されている。県費負担教職員の任命権は，都道府県委員会に属する（政令指定都市の場合は当該教育委員会）（地方教育行政の組織及び運営に関する法律第37条）。

［津田　徹］

ケンブリッジ大学
（Cambridge University）

　ロンドンの北に位置する都市，ケンブリッジに13世紀初め頃設立されたイギリスの大学。大学の教育活動は，カレッジや学部の教員から受けるスーパーヴィジョン（supervision, 監督）と呼ばれる個人指導が中心になる。オックスフォード大学では個人指導を指すチュートリアルが，ケンブリッジ大学では学業以外の生活指導を指すという用語上の違いが見られる。→オックスフォード大学

[塩見剛一]

憲　　法

　国の根本秩序に関する法規範であり，国の体制，統治の原理原則を定めるものである。日本では，大日本帝国憲法が明治維新の改革の一環として1889（明治22）年に発布され，太平洋戦争終結後，現行の憲法が施行されるまで存続した。大日本帝国憲法は，明治天皇が定めた欽定憲法であり，主権者は天皇であった。国民は天皇の民である臣民と呼ばれ，権利や自由は法律の範囲内において保障されたが，十分なものではなかった。現行の日本国憲法は，終戦後 GHQ の指導下，1946（昭和21）年11月３日に公布，1947（昭和22）年５月３日に施行されたものである。前文と11章103条からなり，国民主権，基本的人権の尊重，平和主義を三大原則として，天皇制や統治機構のあり方，国民の義務・権利等を定めている。法体系上，「国の最高法規」として位置づけられ，日本国憲法に違反するような法律，命令，詔勅や国家行為は無効である。改正には厳格な手続きが定められており，衆議院と参議院の各院で総議員の３分の２以上の賛成を得ることにより国会が発議し，国民投票において有効投票の過半数の賛成を得ることが必要である。教育関係では，第26条で教育を受ける権利と普通教育を受けさせる義務，義務教育の無償制が定められている。

[古田　薫]

こ

コア・カリキュラム（Core Curriculum）

　社会や自然の学習を中核的部分とし，その周辺に関連的学習を同心円的に構造づけて構成する教育課程の形式。中心，核（core）となるべき教育内容を設定したうえでそのカリキュラム全体を編成したもの。1920年から1930年代にかけてのアメリカのカリフォルニア・プラン，ヴァージニア・プランなどがその代表。戦後，日本においても，生活単元をコアとしたカリキュラム編成が盛んになったが，経験主義教育の衰退とともにこの運動も下火になった。しかしその編成理念は今日においても大きな意義を有する。かつてヘルバルト派が，「中心統合法」を主張し，歴史という教科を中心にして他の教科をその周辺に位置づけた。これは「教科」をコアにしたコア・カリキュラムである。日本では第二次世界大戦後，1945年代に「コア・カリキュラム運動」が起こった。これは，新教育の立場から経験を重視する「社会科」をコアとしてその周辺に国語や算数等の教科を道具教科として手段的に配置するカリキュラム運動の提唱であった。

[広岡義之]

語彙指導

　語彙指導といえば，言葉の意味を平易に言い換えるために，辞書を引くことを指導することが想起されがちだが，それだけでは，語彙を豊かにはできない。似た意味の言葉（類語）を集めて，抽象的な言葉に置き換える作業が必要である。そうでなければ，「思考力，判断力，表現力等」を育て，生きて働く言葉を学習させることにはならない。なお，『小学校学習指導要領解説　国語編』（2017）で学習内容の改善・充実すべき事項の筆

頭に挙げられたのが語彙指導であること
も意識しておきたい。　　　　［森　成美］

構音障害

　言語障害の一要素。人が話をするために
は，(1)音声，(2)構音，(3)パターン
（語音や時間順序の配列，抑揚等）の3
要素を必要とするが，構音とは言語音を
つくる過程のことで，この過程に異常が
ある場合を構音障害という。相手の話す
内容を理解することも，自分の伝えたい
内容を話すことも可能であるが，構音器
官（口唇，歯列，舌等）に異常があるた
めに適切に発音できない状態をいう。構
音障害の原因は，中枢神経系の病気から
の「運動障害性」や，それ以外の病気や
ケガからの「器質性構音障害」，そして
病因が不明な「機能性構音障害」に分類
される。機能性構音障害は幼児期に見ら
れることが多く，早期に言語聴覚士等の
専門家に相談することが望まれる。

　　　　　　　　　　　　　［佐野　茂］

合科教授（Gesamtunterricht）

　ドイツで考案された教育方法。分化教
授の対概念で，諸教科を統合して行う教
授のこと。子どもの生活体験を基盤とし
て教科の枠を越えた学習をめざす。特徴
としては，児童生徒の関心や自発性を尊
重し，子どもの生活上の具体的な問題を
総合的に追求させることが可能である。
ヘルバルト派のチラーによる中心統合の
主張が，合科教授の源泉といわれている。
その後，プロジェクト・メソッドやコ
ア・カリキュラムとして発展。日本では
1920年代に奈良女子高等師範学校附属小
学校における木下竹次の合科学習の実践
が有名。2002年から実施された学習指導
要領において，「総合的な学習の時間」
が導入されたが，特定の教科にとらわれ
ない課題追求や体験学習は，合科教授に
共通する視点がある。　　　［広岡義之］

郷　　学（ごうがく／きょうがく）

　江戸中期から明治初年にかけて，藩学
と寺子屋の中間的存在として，近代学校

への過渡的な公教育的中等教育機関の原
型となる。藩主・藩士・村民有志らが設
立し，仙台藩（宮城県）の有備館が最古
のもの。藩主が設立したものでは，岡山
藩主の池田光政が，「閑谷（しずたに）
学校」を開設。また民間人が設立し藩が
援助したものでは，摂津の「明倫堂」が
有名である。17世紀後半に整備され，近
代以降の中等教育機関の母体ともなった。
1854年から1864年の頃からはまったく新
しい経営形態である町村組合の経営によ
るものが出現し，明治以降では他を圧倒
している。こうして郷学はその経営方法
の推移を通して，近代公立小学校のあり
方へと一歩ずつ近づいていった。

　　　　　　　　　　　　　［広岡義之］

公共の精神（規範意識）

　教育基本法第2条第3号に「公共の精
神に基づき，主体的に社会の形成に参画
し，その発展に寄与する態度を養うこ
と」と規定。また学校教育法の第21条に
「規範意識，公正な判断力並びに公共の
精神に基づき主体的に社会の形成に参画
し，その発展に寄与する態度を養うこ
と」と記されている。ここで「規範意識
を育てる」とは，判断や評価，行為等の
依拠する基準を意識しつつ行動すること
を求めること。さらに「公共の精神を育
む」とは，自己中心的な行動ではなく，
社会を意識した行動をすること。これら
に関わる教育内容については，学習指導
要領の総則や，社会科，生活科，特別の
教科　道徳，特別活動等で示されている。
「公共の精神」の対極にあるのは，私
利・私欲である。また身近な例としては
公共の場所・空間でのマナーの遵守も含
まれよう。教育基本法は，教育の目標と
して，公共の精神の尊重を掲げている。

　　　　　　　　　　　　　［広岡義之］

高校全入運動

　戦後の教育では，アメリカのモデルが
参照され，格差の是正や地域学校化の理
念に基づく，高等学校の「総合制・小学

区制・男女共学」（高校三原則）が掲げられた。しかし、普通課程と職業課程が分離独立していく傾向が強まり、1960年代に入り中学校卒業者が急増すると、政府の工業科・商業科中心の後期中等教育拡充策は「選別・差別の能力主義教育路線」として批判され、高校進学希望者の全員の入学と高等学校の増設を求める運動が起こった。1962（昭和37）年には、日本教職員組合（日教組）や日本労働組合総評議会（総評）等が中心となり、「高校全員入学問題全国協議会」が結成された。また、1967（昭和42）年に教育改革研究大阪会議がまとめた「教育改革への提言」では、9年間の義務教育だけでは、現代社会の諸問題に対応して変革できる人間の育成は困難であるとして、後期中等教育を義務化すべきとしている。この頃まで、製造業・ブルーカラー職に就く「技術・実学・独立志向」も存在していたが、高等学校の増設に関わって学科が特定されていなかったこと、第一次ベビーブーム世代の父母の教育要求もあり、「一元的能力主義」を理念とした「公立の全日制普通科高校増設運動」に傾いていった。　　　　　　［吉原惠子］

高校中退

　高等学校課程において修了年限として定められている期間を満たすことなく中途で学校を辞めること。大きく、自主退学と懲戒退学に分けられるが、自主退学の増加が社会問題となっている。中退者数は、1980年代から1990年代の10万人前後から、2000年代から2018年代の8万～5万人程度まで減少してきており、中退率も1990年代の後半に2.5％を超えたあとは、約1.5％前後まで下がってきている。文部科学省の調査（2018年度）によれば、中退理由の主たるものは、「進路変更」（35.3％）と「学校生活・学業不適応」（34.2％）である。ただし、高等学校の公立・私立別、ランクや課程・学科によって数値にばらつきが見られる。

また、実態として、中途退学の原因は複合的要素が強いことに留意する必要がある。「不適応」については、不登校やいじめ等の対策が進められているが、保護者の経済状況の変化による中退については、奨学金や経済的支援の整備が急務である。「青少年育成施策」において、学校生活の継続だけでなく、その後の社会的自立を視野に入れた支援が重点課題となっている。　　　　　　［吉原惠子］

高校無償化

　高等学校の授業料を、国や都道府県が補助する制度。民主党政権の2010年度から開始され、当初は国公立高校の授業料が実質無償化となり、私立学校には国公立高校の授業料と同額の助成がなされてきた。2014年度からは「高等学校等就学支援金制度」が始まり、一定の所得制限が設けられて国公私立高校すべてが対象となった。学校設置者に就学支援金を支給するのは都道府県であり、国は都道府県に就学支援金の費用を交付する。「教育格差」「子どもの貧困」に対する代表的な政策である。　　　　　　［冨江英俊］

孔　子（こうし：B.C. 552 - B.C. 479）

　中国春秋時代の思想家。儒学の祖。『六経（りくけい）』（礼・楽・詩・書・易・春秋）の編集にあたる。『論語』20編は孔子の死後、門人の曾子（そうし）らによってまとめられた孔子の言行録。そこでは、神秘主義を排した合理主義の人間像が求められた。江戸時代の武士道形成に、この『論語』の思想が強く影響した。『論語』の中心思想は「仁」であり、「仁とは人なり」といわれるように人間らしさでもある。孔子は人間の主体性による倫理観を打ちたて、人間の普遍的感情を道徳性の面でとらえた。仁が人間の内面的なものであるならば、「礼」は本質的に伝統的なものである。孔子の学問の目的は、倫理的な自己完成からさらに進んで、他人の人格をも完成させ、倫理的にすぐれた社会を建設しようと試

みた。これらを総合した最高目標を
「聖」と呼び、その徳を備えた人を「聖
人」と位置づけた。　　　［広岡義之］

高卒認定試験

さまざまな理由で、高等学校を卒業で
きなかった者などの学習成果を適切に評
価し、高等学校を卒業した者と同等以上
の学力があるかどうかを認定するための
試験。文部科学省が実施している。大学
入学資格検定（大検）の後を受けて、
2005年度から開始された。2017年度にお
いては、2万1744人が受験し、9479人が
合格（大学入学資格を取得）している。
高止まりしている不登校の人数や、単位
制・通信制高校などで学び方が多様化す
るなかで、高卒認定試験の需要は今後も
見込まれる。　　　　　　［冨江英俊］

高大連携

高大連携とは、高等学校での学びと大
学での教育活動をいかにうまく接続する
かという問いに答えるためになされる、
高等学校と大学とが協働して行う取り組
みのことである。その取り組みには、大
学のオープンキャンパス開催、高校生に
大学での講義を受講する機会を提供する
ことや高校生を対象とする大学科目履修
ガイダンスの実施など、さまざまなもの
がある。とくに、少子化により大学全入
時代にある現代日本社会において、大学
入学を唯一の目標としない高等学校での
学びをいかにして可能か、大学における
「高等教育の質」をどのように確保する
のかといった問題が先鋭化するなか、高
大連携は教育における重要課題の一つと
なっている。　　　　　　［島田喜行］

校　　長

学校教育法第1条に定める学校（一条
校）のうち、大学、幼稚園を除く学校経
営の管理・責任者。学校教育法第37条第
4項によれば「校長は、校務をつかさど
り、所属職員を監督する」とあり、所属
職員の職務上・身分上の監督責任を有し
ている。校長の主な職務規程として、職

員会議の主宰、授業終始の時刻の決定、
教科書を児童生徒に支給、教職員の勤務
場所を離れての研修等の承認、児童生徒
の懲戒、児童生徒の出席状況の明確化、
指導要録の作成（転学・進学の際の指導
要録の作成・送付）、出席簿の作成、卒
業証書の授与、健康診断と健康相談、伝
染病による出席停止、定期の健康診断の
実施、施設・設備の目的外使用の同意、
大そうじの実施などが挙げられる。校長
の資格要件としては2000（平成12）年の
学校教育法施行規則改正によって、「民
間人校長」の登用が可能となり、2007
（平成19）年には副校長についても規定
され、民間出身の副校長を設置できるよ
うになった。　　　　　　［津田　徹］

高等学校（旧制）

高等学校令（1894）によって設置され、
学校教育法（1947）によって廃止された
高等教育機関の一つである（1947年4月
に受け入れた学生が卒業する1950年3月
まで学校は存続）。高等学校令改正
（1918）により修業年限は3年と定めら
れた。「旧制高校」と通称される。母体
となる「高等中学校」（1886（明治19）
年の中学校令によって設置）は当初より
帝国大学入学のための予備教育機関とし
ての性格が強く、その後の学校改革議論
によって完成教育を志向する施策が模索
されたがその性格は最後まで変わらな
かった。全寮制を原則とし、16、17歳か
ら20歳前後のエリート青年が集う独特の
校風をもつ学校として「自由と自治」が
尊重された。発足以来男子校として存在
したが、廃止直前の1946年には女子にも
門戸が開放された。戦後、多くの旧制高
校は新制大学となった。　　［荒内直子］

高等学校（新制）

学校教育法（1947）により創設された
後期中等教育機関である。「中学校にお
ける教育の基礎の上に、心身の発達及び
進路に応じて、高度な普通教育及び専門
教育を施すことを目的」（学校教育法第

50条）としている。「アメリカ教育使節団報告書」の勧告（1946）に基づき，「希望者全入」「授業料不徴収」を理想として1948（昭和23）年に発足した。この理念を実現するため，当初「総合制・小学区制・男女共学制」の「高校三原則」が採用された。修業年限を3年とする「全日制の課程」のほか，修業年限を3年以上とする「定時制の課程」「通信制の課程」を置くことができる。（学校教育法第53・54条）また，「普通教育を主とする学科（普通科）」「専門教育を主とする学科（専門学科）」「普通教育及び専門教育を選択履修を旨として総合的に施す学科（総合学科）」の3種類の学科が定められている（高等学校設置基準第5条）。　　　　　　　　　　［荒内直子］

高等師範学校

　師範学校令（1886）によって設置された官立の中等学校教員養成機関。森有礼は同令において師範学校を尋常と高等の2種類とし「高等師範学校」を東京に設置した。高等師範学校には男子師範学科と女子師範学科が設けられたが，1890（明治23）年に女子師範学科は独立し，「女子高等師範学校」が新設された。師範教育令（1897）により高等師範学校と女子高等師範学校は，師範学校，尋常中学校，高等女学校等の教員養成機関として整備される。1902年には広島高等師範学校，1908年には奈良女子高等師範学校が，その後も金沢や岡崎に高等師範学校が設置されている。戦後の教育改革により，高等師範学校は東京教育大学やお茶の水女子大学など，新制大学の母体となった。　　　　　　　　　　［荒内直子］

高等女学校

　中学校令改正（1891）において「尋常中学校の種類」とされ「高等女学校規程」（1885）を経て，高等女学校令（1899）において制度が整えられた。男女別学を基本とする戦前の学校制度における女子の代表的な中等教育学校である。「女子ニ須要ナル高等普通教育ヲ為ス」ことを目的とし，入学資格は男子の中学校と同様の12歳以上とされ，修業年限は中学校の5年に対して4年または5年とされた。教育内容も外国語は必修ではなく，理科や数学のレベルも中学校より低く，いわゆる「良妻賢母」をめざす教育が行われた。卒業後，上級学校への進学を希望する生徒も見られたが，高等学校や専門学校は男子校であったため，進学することはできなかった。戦後の教育改革により廃止され，多くの高等女学校は中学校や実業学校とともに新制高等学校に改組された。　　　　　［荒内直子］

高等専門学校

　中学校卒業を入学資格とし，「深く専門の学芸を教授し，職業に必要な能力を育成することを目的」（学校教育法第115条）とする修業年限5年（商船に関する学科のみ5年6か月）の学校である。一般に「高専（こうせん）」と呼ばれている。学校教育法第1条には「学校」の種類が規定されているが，1947（昭和22）年成立当時，「高等専門学校」の名称はなかった。戦後の教育改革における実業学校や専門学校（ともに旧制）の廃止に不満をもった産業界（日本経営者団体連盟）からの数度にわたる要望を受けて，1962（昭和37）年に新たに発足した学校である。2018（平成30）年4月1日現在57校あり，生徒数は約5万7000人である。卒業生は「準学士」と称することができ，多くの大学は卒業生の3年次からの編入を認めている。2018年現在，卒業生の約38％が進学している。　　　　［荒内直子］

行動療法（behavior therapy）

　古典的条件づけやオペラント条件づけ，観察学習など，学習理論に基づく心理療法であり，不適応を誤った学習に基づく反応と考え，より適切な行動の学習が目標とされる。行動療法の技法にはさまざまなものがあり，対象に応じて選択，組み合わせて用いられる。不安障害などの

心理的不適応や生活習慣の改善など幅広く適用されている。　　　　　　［及川　恵］

校内研修（OJT）

2004（平成16）年9月の東京都公立学校の「授業力」向上に関する検討委員会の資料に従えば，校内研修とは，当該学校の全教師の参加のもとで，学校や生徒の実態に即した主題を設定して，具体的，実践的に行うものを指し示す。その目的は，「自校の教員課題の解決や学校教育目標の具現化」と「教師としての資質や能力の向上」にある。校長の育成計画に基づいて教員が行う研修のうち，学校内の職務の遂行を通して実施されるものを，「校内研修（OJT）」と把握する。ここでOJT（On the Job Training）とは，実地訓練のこと。「日常の業務を遂行しながら，必要な知識，技術，意欲等を，意図的，計画的，継続的に向上させること」である。　　　　　　　　［広岡義之］

校内暴力

学校生活に起因する児童生徒の暴力行為の総称。校内暴力は，その形態から，対教師暴力，生徒間暴力（何らかの人間関係がある児童生徒同士の暴力行為に限る），器物破損，対人暴力（対教師暴力，生徒間暴力を除き，学校外の暴力行為をも対象とする）の4つに分類される。発生状況は，校種別では中学校が圧倒的に多く，形態別では全校種で生徒間暴力が最も多いとされている。校内暴力の背景と要因は，対人関係の希薄化，受験体制の圧力，学校や教師の管理主義的な対応などが挙げられる。また，児童生徒側の要因として，生徒自身のコミュニケーション能力の低下，学業面での不適応，家庭でのしつけや養育の問題などが挙げられるが，それらが複合的に絡み合って発生すると考えられる。　　　　［梅本　恵］

公認心理師

日本で初の心理職の国家資格である。公認心理師の資格を定める公認心理師法は2015（平成27）年に成立，2017（平成29）年に施行された。公認心理師法によれば，公認心理師は保健医療や福祉，教育その他の分野において，心理学に関する専門的知識及び技術をもって，(1)心理に関する支援を要する者の心理状態を観察し，その結果を分析すること，(2)心理に関する支援を要する者に対し，その心理に関する相談に応じ，助言，指導その他の援助を行うこと，(3)心理に関する支援を要する者の関係者に対し，その相談に応じ，助言，指導その他の援助を行うこと，(4)心の健康に関する知識の普及を図るための教育及び情報の提供を行うことを業とする者であることが定められている。　　　　　　　　［及川　恵］

広汎性発達障害
（Pervasive Developmental Disorders）

発達障害の下位概念の一つ。PDDと略記される。アメリカ精神医学会の「精神疾患の診断・統計マニュアル第4版」（DSM-Ⅳ）によると，自閉性障害，レット障害，小児期崩壊性障害，アスペルガー障害，特定不能の広汎性発達障害が含まれる。対人的相互反応の質的障害，コミュニケーションの質的障害，行動パターンの常同性，興味や関心の範囲の狭さといった特徴をもつ。男女比はおよそ4対1であり，男性に多く生じる障害である。

「発達障害」そして自閉症を中心としてアスペルガー症候群等を含む「広汎性発達障害」という疾病概念は，現在の精神医学では用いられず，アメリカ精神医学会の「精神疾患の診断・統計マニュアル第5版」（DSM-5）や世界保健機関（WHO）による「国際疾病分類の第11回改訂版」（ICD-11）では，「神経発達症」そして「自閉スペクトラム症」として診断されるようになった。　［松田信樹］

公民科

高等学校の教科。1989（平成元）年の学習指導要領改訂により，社会科を地理歴史科と公民科に分割・再編することで

成立。現代社会，倫理，政治・経済の3科目が含まれていたが，2018（平成30）年改訂の学習指導要領によって，選択必修科目であった「現代社会」に代わり共通必修科目の「公共」が設けられた。公民科の目標は，平和で民主的な国家及び社会の有為な形成者に必要な公民としての資質・能力の育成におかれる。各科目の主な内容には，「公共」では持続可能な社会形成に向けて課題を探求すること，「倫理」では人間の存在や価値について思索を深めること，「政治・経済」では現代の政治，経済，国際関係などについて公正な判断力を養うことが挙げられる。中学校社会科の一領域に公民的分野があり，高等学校の公民科では中学校社会科での学習を踏まえた教育内容が考慮される。なお公民科の公共及び倫理は，高等学校における道徳教育の中核的な指導場面とされる。　　　　　　　[塩見剛一]

公民館

社会教育法第5章（第20条～第42条）に規定される社会教育施設である。「市町村その他一定区域内の住民のために，実際生活に即する教育，学術及び文化に関する各種の事業を行い，もつて住民の教養の向上，健康の増進，情操の純化を図り，生活文化の振興，社会福祉の増進に寄与することを目的」（社会教育法第20条）としている。同法には，公民館の事業・運営方針・職員・運営審議会等について明文化されている。公民館が設置されるようになったのは，文部次官通牒「公民館の設置運営について」（1946）からであるが，戦前から隣保館や青年集会所など類似の施設は存在していた。近年では，「生涯学習センター」「交流館」など，公民館以外の呼称を用いる例も増加している。公民館の設置は市町村のほか，一般社団法人・一般財団法人に限られており，営利的・政治的・宗教的な事業を行うことは禁止されている。　[荒内直子]

公民教育

公民とは，選挙行動を通して間接的に，国及び地方公共団体の公務に参加する権利や義務のある住民をいう。そのあるべき姿は「良識ある公民」（教育基本法第14条，高等学校学習指導要領）であり，公民教育とはこの「良識ある公民」に必要とされる教養（知識・態度）を養う教育といえる。学校教育の文脈では中学校社会科における公民的分野，高等学校での公民科が「良識ある公民」を育成するための公民教育の役割を担う。高等学校公民科の目的に従えば，公民教育は「グローバル化する国際社会に主体的に生きる平和で民主的な国家及び社会の有為な形成者に必要な公民としての資質を養う」教育であり，広い視野をもたせ，現代の社会についての主体的な考察と深い理解を行わせ，人間としてのあり方生き方についての自覚を育成する教育といえる。　　　　　　　[上寺康司]

校務分掌

学校を組織的に運営し教育目標を効果的に実現するため，教職員が校務を分担する仕組みをいう。学校教育法第37条第4項において「校長は，校務をつかさどり，所属職員を監督する」と定められていることから校務分掌の割り当ては校長の職務上の権限に属するが，教諭の職務は「教育」であり，直接教育活動以外の学内活動である校務は本来の職務ではない，という考えもある。そのため，一般的には職員会議での協議などを通じ，校長が教職員の希望を聞き取ったうえで教諭に頼むという形式（校長委嘱）で校務分掌の通達が行われる。また，校務分掌の分類は学校の種類や規模，教育目標等によりそれぞれ異なるので，各校が独自の形態をとっている。これを組織化したものを校務分掌組織といい，校務分掌組織の各部門の指導的役割には主任が設置される。→主任制　　　　　　[塩見剛一]

交流教育

障害のない子どもと障害のある子どもと，地域の障害のある人とがふれあい，ともに活動したり学習したりすることをいう。交流教育には，障害児の活動場面の拡大，障害のない子どもの障害への理解の深化，さらにそれぞれが人間として尊重し共生していく精神を学びあうといった意義があり，1970年代後半以降活発に行われるようになってきている。形態としては，特別支援諸学校と小学校・中学校との学校間交流，同一校内での特別支援学級と普通学級との交流などがある。学校間交流として運動会，学習発表会，遠足など学校行事に参加し合う，同一校内では，音楽，体育，図工などの教科の学習や給食，学級活動などを普通学級で受け障害に応じた教育を特別支援学級で受ける，支援を受けながら基本的に普通学級で教育を受けるなどさまざまな形がある。

［松井玲子］

交流分析

カナダの精神科医バーン（Berne, E.）によって提唱された理論とその理論に基づく心理療法。「構造分析」「交流パターン分析」「ゲーム分析」「脚本分析」の4つを基本理論とする。交流分析では，「批判的な親（Critical Parent：CP）」「養育的な親（Nurturing Parent：NP）」「大人（Adult：A）」「自由な子ども（Free Child：FC）」「順応した子ども（Adapted Child：AC）」という5つの自我状態があると考えられており，アセスメントとしての構造分析ではこれらの不調に気づくようにカウンセリングを行う。また，弟子のデュセイ（Dusay, J. M.）らが開発した自我状態を測定するための心理検査がエゴグラムである。

［松本麻友子］

高齢者教育

高齢者を対象とした成人教育をいう。平均寿命が伸び，21世紀に入り高齢社会が到来したわが国では，高齢者のあり方生き方がさらに問われている。高齢者が生きがいに満ちあふれた中で，日々の生活を充実して送るためにも，高齢者には教育や学習の支援が求められる。とくに高齢者にとっての学習は，社会参加の枠を広げる。また高齢者の学習は，人間が一生涯学び続ける生涯学習の体現である。「老いて学べば則ち死して朽ちず（老而学　則死而不朽）」（佐藤一斎『言志晩録』第60条）と先人のおしえにあるごとく，高齢者の学習は，生の終わりまで充実した人生を送るために不可欠なものといえる。高齢者に対する教育支援・学習支援としては，趣味の発展・探究や新たな趣味の発見に対する支援，地域社会の一員として自治会等の地域の活動に主体的に参加できるための支援，ボランティア活動への参画のための支援等が挙げられる。

［上寺康司］

古学派

古学派は，近世儒学の一学派。朱子学派が朱子等を媒介として，陽明学派が王陽明を媒介として儒学の精神を体得しようとするのに対して，古学派は一切の媒介を否定して，直接，中国古代の古典を読むことによって，孔子や孟子の真髄に迫ろうとした。古学派とは山鹿素行の古学，伊藤仁斎の古義学，荻生徂徠の古文辞学を中心とする近世儒学の一派を指し示す。素行は武士道を，仁斎は仁を中心に論を発展させ，ともに孔子を尊重し実践道徳を説いた。徂徠は古文辞学を中心に文学的興味を示し，荀子（じゅんし）に感化を受けた。賀茂真淵や本居宣長の国学も古学を名乗るものの，元来の古学は，儒学・漢学における古学をいう。

［広岡義之］

刻印づけ（imprinting）

「刷り込み」ともいう。比較行動学における初期経験の効果に関する概念。スポルディング（Spalding, D. A.）が，孵化（ふか）したばかりのヒヨコは，動く対象に対して，すぐに追従反応を生ずる

ことを見出したのがこの現象の発見とされる。アヒルが孵化すると, 最初に見たものを母親とみなす現象をいう。この影響はほとんど変わることがないほど強いもので, 人工的に孵化させてアヒル以外の人間や玩具を最初に見せた場合でも, その後を追う。刻印づけは, 一般の学習と異なり, それが成立する時期, つまり臨界期があると考えられている。

[広岡義之]

国学と大学

701年に完成された大宝律令は, 長く日本の政治のあり方に影響を与えたが, 教育制度についても, 中央に大学を一つ, 地方には各国一つずつ国学が設けられ, 初めて正式の教育制度が確立した。大学とは, 律令制によって整備された奈良・平安朝の公的教育機関で, 中央集権国家の形成に伴い, 中央官僚の養成が目的であった。大学は中央に置き, 五位以上の貴族, 及び東西史部 (やまとかわちのふひとべ) の子弟の入学が許された。大学とともに, 律令制による地方の公的教育機関を国学という。主に郡司の子弟を対象に, 明経道などの儒教教育を実施し, 地方官僚を育成した。儒教を学ぶ明経道を主科に, 音 (中国語による読み)・書・算があり, のちに, 明法道 (法律専攻) と紀伝道 (漢文学・中国史専攻) が加えられた。

[広岡義之]

国語力

言語力や学力低下が社会問題化するなかで, 「国語力」の充実が求められている。国語力の中核は, 考える力や感じる力等の国語の知識や教養・価値観・感性など。具体的な目標は以下のとおり。(1)聞く力：話の要旨を的確に把握する。(2)話す力：説得力をもって伝える。(3)読む力：論理的・説明的な文章が的確に読み取れる。(4)書く力：論理的な文章が書ける, 情報に基づき明確な文章が書けるなど。今後の課題としては, 全教育活動を通して読む力・書く力を育て課題追

究や評価, 応用につなげ, 読書の奨励等がある。また, 学校教育法のなかでは「読書に親しませ, 生活に必要な国語を正しく理解し, 使用する基礎的な能力を養うこと」が取り上げられている。ここでいう国語力とは「生活に必要な国語」であり, 「国語を正しく理解し, 使用する基礎的な能力」を指す。 [広岡義之]

国際教員指導環境調査⇨教員勤務実態調査

国際社会の平和と発展への寄与

外国文化の理解, 他国の尊重, 国際社会の平和と発展に寄与する態度を養うことが重要で, 学校教育法第21条第3号には「他国を尊重し, 国際社会の平和と発展に寄与する態度を養うこと」とある。この箇所は, 教育基本法第2条を受けて決定されたことは明白である。「外国の文化」「他国の尊重」「国際社会の平和と発展に寄与する態度」の学習との関連でいえば, 小学校学習指導要領の社会科で「我が国の経済や文化などの面でつながりが深い国の人々の生活の様子」, また特別の教科 道徳では「外国の人々や文化に関心をもつ」などが可能な教育領域であろう。 [広岡義之]

国際生活機能分類 (ICF)

International Classification of Functioning, Disability and Health の略。人間の生活機能と障害に関する状況を記述することを目的とした分類であり, 健康状態, 心身機能, 身体構造, 活動と参加, 環境因子, 個人因子から構成される。2001年に WHO において採択された。すべての人にとって「生きることの全体像」を示す「共通言語」であるといえる。

[広岡義之]

国際理解教育

多くの先進国の小・中学校で, 既存の教科と並行して力を入れている教育テーマの一つ。とくに小学校の「総合的な学習の時間」において, 国際理解教育に関する学習をする際, 問題の解決や探究的

な活動を通して，諸外国の生活や文化等を体験したり調査したりする学習活動が行われるように配慮することが大切である。学校教育法第21条に掲げられた教育目標の第3号にも他国の尊重と国際社会の平和に寄与する態度について規定されている。教師は自国についての十分な認識と理解とともに，国際理解，外国理解を深めることが求められる。　　　［広岡義之］

『国体の本義』（1937）

1937（昭和12）年に文部省思想局（同年，教学局へ改組）によって刊行された書籍。日本国民が身に付けるべき道徳（修身）や教育のあり方の範を示すために，1890（明治23）年10月30日に発布された「教育勅語」の内容を継承しつつ，その新たな解釈を提示したもの。第二次世界大戦後，連合国軍総司令部（GHQ）によって封印される。本著の目的は，「國體を明徴にし，國民精神を涵養振作」（巻頭言）することであるとされ，その記述は，明治維新以降，止むことのない西洋思想の流入による日本固有の精神の揺らぎを克服することを志向している。
　　　　　　　　　　　　　　　［島田喜行］

国定教科書

著作・発行を国や国が指定する機関に限定し，各学校にその使用が強制された教科用図書である。日本においては1904（明治37）年から1949（昭和24）年まで小学校において使用された（中学校などでは1943年から）。明治政府による教科書制度は自由発行・採択制から開申制（1881），認可制（1883）を経て検定制（1886）へ移行し，国家による干渉が進行してきた。しかし検定制の下では採択をめぐる贈収賄の疑惑がたびたび起きるなど，問題が生じていた。1902年，教育関係者100名が有罪判決を受けることとなる「教科書疑獄事件」が発生し，これを契機に1903年，文部省は小学校令の一部を改正し，教科書は文部省が著作権を有することを定めた。翌年，修身，国語，

歴史，地理の4教科から国定化が始まった。これにより学校教育は画一化され，教育勅語（1890）の精神に基づく国民思想の統制が強化された。　　［荒内直子］

国民学校

1941〜1947（昭和16〜22）年までの日本の小学校の名称で，当時のドイツのフォルクスシューレに影響された日本ファシズムの流れのなかでの教育制度と位置づけられる。皇国の道にのっとって，国民の基礎的錬成をはかることを目的とした。第二次世界大戦中，学童疎開，勤労動員等による児童生徒への身体的・心理的負担は想像を絶するものであった。これに伴い，教科書の内容に関しても，軍部の圧力が増し，決戦下の教科書に書き改められ，超国家主義・軍国主義の強化宣伝の道具にされてしまった。
　　　　　　　　　　　　　　　［広岡義之］

国民学校令

1941（昭和16）年に，小学校令に代わって公布された初等教育に関する基本法令（勅令の形をとった）。これにより小学校は「国民学校」と改称された。1944（昭和19）年度から初等教育（初等科）と前期中等教育（高等科）の8年義務教育体制構築が予定されていたが，戦局悪化のため延期されたまま終戦を迎えた。国民学校令が掲げる教育目的は「皇国の道に則りて初等普通教育を施し国民の基礎的錬成を為す」ことであり，本法令の登場は戦前における教育のファシズム化を示す現象の一断面としてとらえることができる。　　　　　［山本孝司］

国民教育会議⇨教育改革国民会議

こ　食

共働き世帯の増加や子どもの塾通い，食に対する価値観の多様化により，それぞれが自分の都合のよい時間帯に好きなものを食べる家族が増えている。この孤食（一人で食べる）以外にも，個食（家族で一緒に食べても食事のメニューが異なる），子食（子どもたちだけで食べる），

粉食（パンや麺などの粉からつくられるものばかりを食べる），固食（同じものばかりを食べる），小食（食事の量が少ない）のようにさまざまな「こ食」がある。「こ食」は栄養バランスが崩れやすく，コミュニケーション能力が育ちにくいなど，食に関する問題点を増加させる要因となっている。一日一食でも誰かと楽しく食事をする（共食）経験をもつことが豊かな心を育むために大切である。

[山口香織]

個人内評価

　評価の規準を当該個人のなかに置く評価法。子ども個人としてどの面が優れ，どのような課題があるかをとらえ，可能性を伸ばすことに役立てようとする評価のこと。別言すれば，個人内評価とは，個人の能力や学習成果の構造や，それらの時間的変化を評価しようとするもの。例えば指導要録の総合所見欄，通知表の所見欄の記入等は個人内評価である。子どもの長所を見つけ，知らせ，自信を与え，自己有用感をもたせて，意欲的に前向きにさせようとする評価である。とくに進路指導やキャリア教育では，個人内評価の活用が大切である。観点別評価は個人内での各項目についての評価であるので個人内評価の典型である。

[広岡義之]

個　　性

　個々の人または個々の事物にそなわっていて，他と区別させている固有の性質をいう。語原上，個体（individual）とはもはやこれ以上分割することができない有機体の最終的統一単位を意味している。人間の場合には，個人のもつ独自の特性はたんなる個人差を超えて，人間存在の根本的な状態に関わっている。一人ひとりの個性を尊重することは，主体的な個人の育成をめざした近代教育の前提条件であるが，その実現に向けての教育は未だに十分であるとはいえない。20世紀初頭の新教育運動の理論や実践では，

子どもの個性を尊重することが重視され，「教えること」より「学ぶこと」が強調された。1960年代後半から盛んになったオープン・スクールやフリー・スクールと呼ばれる新しいタイプの学校教育が，子どもの個別的な学習を保障するという意味で，新教育の流れをくむ個性を尊重する教育の一形式である。わが国では，臨時教育審議会が第一次答申（1985）で「個性重視」が教育改革の最も重要な原則であると主張したことをきっかけに，「個性を生かす教育」の名のもとで，選択の機会の拡大，教育の多様化政策がとられてきた。しかし，子どもたちの個性を大切に生かしていく教育は，選択制を拡大し，教師の側からの指導を個別化すれば足りるという性質のものではないだろう。個性は，むしろ他者との協同的な人間関係のなかで生かされ，育っていく。一人ひとりの個性を大切に生かしていくためにも，子どもたちがお互いの個性を認め合い，助け合う学習集団づくりが重要となることを忘れてはならない。

[中田尚美]

五段階教授法

　ヘルバルト学派教育学の教授段階に関する理論。ヘルバルトの「明瞭・連合・系統・方法」の四段階教授法を改良して，弟子のラインは，「予備・提示・比較・総合・応用」の五段階にした。日本でも明治中期に，ハウスクネヒトがヘルバルト学派の教育学を導入し，谷本富によって受け継がれた。本来は自然科学的な研究に基づいた合理的思考の段階であった。しかし日本に紹介されたときには，たんなる教授の手続きの順序として紹介されてしまい，明治36年頃まで，教育の実際界を支配した。この教授法は当時の教育技術に習熟していなかった多くの教師に一つの公式を提供し，教授の枠を形成したものの，教科の教授が機械化され形式化されてしまった。ヘルバルトが心理学と倫理学を教育の基盤に据えたのに対し

て，チラーは，さらに宗教学を加えて教育目的の宗教的側面を主張した。ヘルバルトの四段階教授法を五段階（分析・総合・連合・系統・方法）に改善したチラーは，コア・カリキュラムの先駆けともいえる中心統合法等を提唱した。

[広岡義之]

『国家』（*Politeia*）

古代ギリシアのプラトンの代表的著作。『国家』は全10巻から成立し，その主要目的は正義についての検討である。教育学的観点からは第7巻で展開される「洞窟の比喩」が有名。「洞窟の比喩」は教育を受けた人と受けていない人との相違をアテナイからの客人が説明するためにもち出されている。教育を受けた人が認識・経験する過程をプラトンはこの奇妙な寓話に託した。この話によれば，ある人が洞窟の内部の壁に向けられたまま身動きできぬ状態で最初描き出されるが，彼が壁面に映し出され見聞するものすべてが感覚を通した認識であり，それらが真実に思われることが説明される。次に壁に映し出された光源を認識するに至って，かつて見聞したものすべてが実は虚構にすぎず，地上のイデア（太陽）を認識するに至り，はじめて真実在を認識し，感覚による認識の不確かさを再認識するに至る。この地下からの方向転換（魂の向け変え）こそが教育の役割である。この点でプラトンはイデアによる認識を改めて強調した。

[津田　徹]

ごっこ遊び

子どもが日常生活のなかで経験したことを，つもりになる，なりきる，見立てる，模倣することなどによって，現実の遊びで再現したり，現実の物・人・事をイメージして象徴的に遊んだりする遊びのことを示す。具体的には，ままごと，お店屋さんごっこ，さらに鬼ごっこなども含む。ごっこ遊びは，子どもが単独で演じる場合と，複数の子どもがイメージを共有し役割分担やルールの合意により遊ぶ場合があり，役割実現を通して他者の存在を理解することにつながる。2歳頃から幼児期後半に最も頻繁に行われ，学童期以降には減少する。

[熊田凡子]

国庫負担金・補助金

国庫負担金とは「地方公共団体が法令に基づいて実施しなければならない事務であつて，国と地方公共団体相互の利害に関係のある事務のうち，その円滑な運営を期するためには，なお，国が進んで経費を負担する必要がある」事務の経費に関して，その一部又は全部を国が負担するもの（地方財政法第10条）である。教育の分野では，義務教育費国庫負担法に基づく義務教育費国庫負担金がある。義務教育費国庫負担は「義務教育について，義務教育の無償の原則に則り，国民のすべてに対しその妥当な規模と内容とを保障するため，国が必要な経費を負担することにより，教育の機会均等とその水準の維持向上とを図ることを目的」（義務教育費国庫負担法第1条）として行われるものである。国庫補助金とは国が「その施策を行うための特別の必要があると認めるとき又は地方公共団体の財政上特別の必要があると認めるときに限り，当該地方公共団体に対して」交付する補助金（地方財政法第16条）であり，法令に根拠をもつ法律補助と予算によって措置される予算補助がある。教育費国庫補助金のなかの法律補助としては，就学困難な児童及び生徒に係る就学奨励についての国の援助に関する法律，理科教育振興法，へき地教育振興法，産業教育振興法，等による補助金等がある。予算補助については，多種・多様な補助金が支出されている。

[上寺康司]

古典的条件づけ（classical conditioning）

レスポンデント条件づけとも呼ばれる。パブロフは，消化腺の研究過程で，犬に食物（無条件刺激）を与えると生得的に唾液分泌（無条件反応）が生じるが，ベルの音という唾液分泌とは無関係な刺激

（中性刺激）と食物（無条件刺激）とを繰り返し対提示することにより，音による唾液分泌が生じるようになることを見いだした。このときの音は条件刺激，音による唾液分泌は条件反応と呼ばれる。このように，条件刺激と無条件刺激を対提示することによって新しい反応を学習する過程を古典的条件づけという。→オペラント条件づけ　　　　　　［及川　恵］

子どもの権利

1989年に国連総会で「児童の権利に関する条約」が採択され，日本は1994年に批准し，158番目の締約国になった。この条約は，従来，「（大人による）保護の対象」とされてきた子どもの存在を，大人と同じく権利主体として位置づけたことに意義がある。歴史を概観すると，子どもを「小さな大人」とみなし，大人と子どもとの境界線があいまいであった中世の子ども観から，子ども独自のものの見方，考え方を承認したルソーの「子どもの発見」による境界線の視覚化を経て，本条約は再度，子どもの独自性を承認しつつ，子どもと大人とが再統合される流れをつくったといえる。　　　［山本孝司］

子ども（児童）の権利条約
(Convention on the Rights of the Child)

第44回国連総会（1989年）において，子どもの基本的人権を国際的に保障するために定められた条約であり，官報では「児童の権利に関する条約」という。18歳未満を「児童（子ども）」と定義し，「国際人権規約」（1966年に国連で採択，1976年に発効）が定める基本的人権を子どもの視点から規定している。前文と本文54条からなり，子どもの生存（生きる権利）・発達（育つ権利）・保護（守られる権利）・参加（参加する権利）を４つの柱とした包括的な権利を実現，確保するために必要な保護と援助について具体的な事項を示している。児童を「保護される対象」ととらえるのではなく，「権利の主体」とする点が注目される。日本

は1994年に批准した。本条約は批准した各国の法律や子どもたちを守る活動に影響を与えているが，いまだ子どもが「権利をもつ存在」であるという認識の広がりは不十分であると考えられている（ユニセフ）。日本では，子どものオンブズパーソン，子ども会議（子ども委員会），子ども議会など子どもの権利を守るための子どもによる活動の広がりも見られる。
　　　　　　　　　　　　　［吉原惠子］

コナント報告 (The American High School Today 1959)

コナント報告とは，1959年に出されたアメリカの指導的な教育学者でハーバード大学教授のコナント（Conant, J. B.）による総合制ハイ・スクールに関する報告であり提言書のこと。能力主義を提唱し，スプートニク・ショックを前提としたものである。21条からなり，代表的なものを任意に紹介すると，「勧告２」では，個人に応じた履修計画が記載されている。学校は，全生徒がそれぞれ自分に合った科目をとることを方針としなければならない。「勧告６」では，「英作文」について記載されている。４年間を通じて，英作文には，英語の全授業時間の約半分を充てなければならない，となっている。「勧告10」では，「高度の才能をもつ生徒」について考察されている。高度の才能をもつ生徒（全国的にみて約３％）のために，なんらかの特別措置が必要であると強調されている。
　　　　　　　　　　　　　［広岡義之］

個に応じた指導

理解や習熟の程度に応じた指導をして，どの子どもも目標を達成するようにすること。そのためには校長の強力なリーダーシップの下に，授業を改善する必要がある。例えば，繰り返し指導，課題学習，補充的学習，TT（team teaching）等の少人数指導，ICT（Information and Communication Technology）活用等が考えられる。また地域の人々や保護者で

専門能力をもつ人々を講師として招き，授業を充実させる工夫も考えられる。

[広岡義之]

コフカ，K.
（Koffka, Kurt：1886－1941）

　ドイツの心理学者。ヴェルトハイマー（Wertheimer, M.），ケーラー（Köhler, W.）などとともに，代表的なゲシュタルト心理学者である。ゲシュタルト心理学は，ヴントの心理学を要素主義と批判し，人の経験を個々の要素で考えるのではなく，現象をあるがままに観察すること，全体的なまとまりとしてとらえることの重要性を指摘した。ゲシュタルト心理学は，仮現運動などの知覚に関する研究に始まり，記憶や思考などさまざまな領域において発展した。　　　　[及川　恵]

コミュニケーション・ストラテジー

　自分自身の英語運用能力の限界など言語における形式的なコミュニケーション能力で欠けている部分を補完するために用いられる方略的能力を最大限に使ってコミュニケーションを行うこと。例えば，適切な語が思いつかないときに物まねをしたり，説明や近似的な別の語でいい換えをしたり，場合によっては話題そのものを回避したり，といったコミュニケーションのさまざまな戦略がこれにあたる。実践的なコミュニケーション活動においてはコミュニケーション・ストラテジーの利用を欠かすことができず，授業内における積極的なコミュニケーション活動においてもこれを積極的に用いてメッセージの伝達に力を注ぐことが可能である。　　　　　　　　　　　[宇野光範]

コミュニケーション能力

　いじめの原因の一つにコミュニケーションの不足があると，2004（平成16）年の文化審議会で議論になったことがある。企業においても，新規採用時にコミュニケーション能力を一番重視していると，日本経済団体連合会は2003（平成15）年に報告している。コミュニケー

ション技能の未熟さが，各教科の学びだけでなく，日常生活のなかの人間関係まで貧しくしていることがある。

[広岡義之]

コミュニティ・スクール
（Community School）

　地域社会学校。地域住民に開かれた地域の学校を意味する。既存の学校という枠を越えて住民や児童生徒のそれぞれの教育的ニーズに対応できるような学校を理念とする。オルセンによって提唱されアメリカで発展し，現在でも各地域の学校においてはその基本理念が継承されている。従来の個人的児童中心主義の学校教育に対して，1929年の危機以降，地域での社会生活中心の教育が展開され，第二次世界大戦を経てさらにその特徴が顕著になった。学校の存在する各市区町村が，その地域の自然や社会の資源を教科教材として提供する。そして各職種の熟練者を教師として迎えて，受講生にさまざまな知識を提供する。家庭・農場・工場等あらゆる施設機関が学校となりうる。これは，第一次世界大戦後，展開されたドイツの郷土科（Heimatschule）に共通する教育理念である。　　　　[広岡義之]

コミュニティ・スクール
（学校運営協議会制度）

　新しいタイプの学校等の設置を促進する意味で，地域住民が一定の権限と責任をもちつつ，学校運営に参画することで，地域に開かれ，地域に支えられる学校づくりが実現するための仕組み。特徴としては，校長が独自の判断で学校の経営チームを選択し，人材を募集し，採用する権限をもつ。地方教育行政の組織及び運営に関する法律の改正により，2004（平成16）年9月に制度化された。2007（平成19）年7月1日現在で，全国で213校がコミュニティ・スクールに指定されている。　　　　　　　　　　[広岡義之]

コメニウス, **J. A.**

(Comenius, Johann Amos：1592 – 1670)

　チェコスロヴァキアのモラヴィアで生まれた17世紀の西洋での最大の教育思想家，学校教育の改革者。「近代教授学の祖」として知られている。三十年戦役によって，逃亡の生活に入り，その後，教育史上の名著といわれる『大教授学』（1657）等を刊行。コメニウスにとって人生最高の目的，教育の究極の目的は，神と一つになって来世において永遠の浄福を獲得することであった。教育目標を「有徳」と「敬信」とし，それに至る手段として「汎知（はんち）（パンソフィア）」の会得を提言。また『世界図絵』（1658）は「直観」によって「全知」を獲得するという原理に基づく世界最初の絵入り教科書として有名。　　　　［広岡義之］

コルチャック, **J.**

(Korczak, Janusz：1878 – 1942)

　コルチャックは，ペンネームであり，本名はヘンリイック・ゴールドシュミットである。ポーランドの小児科医，孤児院長を務めるとともに，児童文学作家としても活動し，平和を願い子どもの権利を訴え続けた人物である。またナチスドイツによるユダヤ人の迫害にあっては，特赦による自らの助命をしりぞけ，ユダヤの子どもたちと運命をともにした。医師でありながら教育者として人のため，とくに子どもたちのために尽力し，子どもたちとともに生きた人物である。彼は自らの全生涯を孤児の救済活動と子どもたちの教育に注いだ人物であり，ポーランド人孤児院とユダヤ人孤児院の２つの設立に全力を傾注し，自らもその運営にあたった。彼はまた数々の教育書や研究書を著すとともに，子どもたちのために童話を創作した。そして創作した戯曲の上演や当時の新聞・ラジオ放送等で子どもたちの福祉の重要性，ひいては子どもの固有の権利を痛切に訴え，その向上に尽力した。1959年に国連の総会で採択された「児童の権利宣言」及び1989年11月に国連で採択され1990年9月に発効した「児童の権利に関する条約」には，コルチャックが子どもの理想を考え，子どもの立場から主張してきた「子どもの権利の尊重」の理念が深く影響しているとされる。　　　　　　　　　　　　［上寺康司］

コールバーグ, **L.**

(Kohlberg, Lawrence：1927 – 1987)

　道徳性発達理論を提唱したアメリカの心理学者。子どもの道徳判断は段階的に発達していくと考え，道徳的な葛藤場面（モラルジレンマ）に対する判断とその理由づけをもとに道徳的な価値志向について3水準6段階に分類した。3水準として，前慣習的水準，慣習的水準，脱慣習的水準があり，前慣習的水準には，第1段階：他律的道徳（罰と服従）志向，第2段階：個人主義（利己的判断）志向，慣習的水準には，第3段階：相互期待（よい子）志向，第4段階：社会システムと良心（法と秩序）志向，脱慣習的水準には，第5段階：社会契約と個人の権利志向，第6段階：普遍的な倫理的原理志向があると考えられている。子どもの社会性が身に付くことにより，周囲の環境を意識した道徳性が培われていくが，脱慣習的水準まで到達するのはまれである。　　　　　　　　　　　　［松本麻友子］

コールマン報告 (Coleman Report)

　コールマン (Coleman, J. S.) は，アメリカの社会学者で，教育社会学や公共政策などを研究。「ソーシャル・キャピタル」という語を初めて用いた人物の一人である。1966年，コールマンを中心によってなされた教育の機会均等に関する報告を，コールマン報告と呼ぶ。これは白人の通学する学校と社会的に弱い立場にある少数者集団とを比較した場合，学業成績面の差異が何に起因しているのかを考察したレポートである。結果的には学校の教育的資源の差異というよりも家庭の質に原因があるという結論が導かれ

た。　　　　　　　　　　　［広岡義之］

コレージュ（仏：collège）

　フランスの中等教育機関。元来は大学準備教育を主としたエリート養成の中等教育機関の総称。現在は，小学校を卒業すると全員が中等教育第1段階のコレージュに入学する。2年間の観察期間を終えたのちに高等教育準備機関である普通リセ，あるいは大学進学を考えない職業教育リセ等のコースに分けられる。2000年度において後期中等教育段階で，大学進学資格が得られる「リセ」進学が56％，職業教育を中心とする「職業教育リセ」進学が29％，「見習い技能者養成センター」で訓練を受ける者が8％，留年が7％と大別される。　　　　［広岡義之］

コンドルセ（Marquis de Condorcet, Marie Jeanne Antoine Nicolas de Caritat：1743-1794）

　フランスの政治家で数学者。革命後，立法議会の議員となった。学問思想の自由と子どもの学習権を尊重し，コンドルセの案として1792年，議会に理想主義的な「公教育の一般組織に関する報告案」を提出。国民教育を公権力の当然の義務として，教育の自由の原則や教育の機会均等の原則を提起し，学問思想の自由と子どもの学習権を尊重した。彼はブルジョア自由主義者として恐怖政治に反対し，1793年に新憲法を批判したため，逮捕令状を発せられ，パリのヴェルネー夫人宅で9か月間隠遁生活。その間に執筆したのが，遺著となった『人間精神進歩史』である。その後，捕えられ，獄中で劇薬を服用して自殺。この書は啓蒙主義と歴史学の集中的表現で，進歩の思想を開花させ，コント社会学の基礎を築いた点で重要視されるべきであろう。

　　　　　　　　　　　　　［広岡義之］

コンプライアンス（compliance）

　訳語としては「法令遵守」が一般的であるが，そのまま「コンプライアンス」として表記されることも多い。法律や規則，社会規範などを守って，社会活動を行うことを指す。産業界では，法令違反や内部告発制度などが整備されるに従い，コンプライアンスという用語の意味を再確認することが重要な課題となっている。教育分野では，日本国憲法第26条の「教育を受ける権利」を受けて，教育基本法により教育制度と教育の基本に関する事項が定められている。さらにそれらの下に，学校の管理運営に関する諸法規があるが，学校教育法はその中心となっている。教育行政に携わる者，学校を管理運営する者，教職員などの活動は，法の規制を受けながら，法に基づいて行われるべきことと定められており，これにより，質の高い教育活動の効果的・効率的な提供が保障される。コンプライアンスが重視されるようになった背景として，昨今の教職員や教育関係者の不祥事がある。対象となる事がらとして，「人権尊重（いじめへの対応を含む）」「体罰の禁止」「わいせつ行為・セクハラの禁止」「パワハラの禁止」「学校の説明責任・危機管理」「適正な会計事務処理」「個人情報の保護」などがある。　　　［吉原惠子］

コンプリヘンシブ・スクール（Comprehensive School）

　イギリスにおける労働党が提唱した総合制中等学校。すべての生徒が中等教育機関に進学できる機会を保障する受皿として用意されたもので，多種多様な生徒の教育ニーズに応える学校である。イレブン・プラス試験（11歳試験）の反省にたち1965年以降，徐々に設置され今日では90％近くが総合制中等学校に在籍する。「中等教育をすべての者に」という国民的要求は，第二次世界大戦後，グラマー・スクール，テクニカル・スクール，モダン・スクールの各中等教育機観が並列する3課程制の確立をもって形式的に実現をみた。しかし大学進学に有利なグラマー・スクールへの合格をめざす受験競争激化の弊害が指摘され，すべての子

どもが共通課程を履修するコンプリヘン　育法を経て，中等教育機関の主流をなす
シブ・スクールが促進され，1976年の教　ようになった。　　　　　　［広岡義之］

さ

サイコセラピー⇨心理療法

最　　澄（さいちょう：767 - 822）

　平安初期の僧で，天台宗の開祖。諡号（しごう）は伝教大師。近江国（滋賀県）に生まれる。奈良仏教界の堕落と，世間の無常観により，785（延暦4）年に，故郷に近い比叡山に隠遁し実践行に励んだ。その後，最澄は804（延暦23）年入唐し，805年に唐から帰朝して，天台宗の開祖となる。空海が長安から留学を終えて帰ると，最澄と空海は809（大同4）年以来，互いに書籍等を往復して親交を結ぶものの，数年で絶交のやむなき事情となり，最澄にとって苦闘の後半生が始まる。教育的な側面として，最澄の僧侶教育は『山家学生式（さんげがくしょうしき）』によく示されている。『山家学生式』とは最澄が天台宗僧侶の人材養成のために著した奈良時代の学習課程で，彼は，818（弘仁9）年頃にこれを定め，天台宗僧侶の人材養成をめざした。

［広岡義之］

斎藤喜博

（さいとう　きはく：1911 - 1981）

　教育実践家。群馬師範学校卒業後，尋常高等小学校訓導となり，1969年同県境小学校の校長を退職するまで39年間の教育実践を通じて授業研究，教師教育，学校改革に多くの業績を残した。とくに島小学校，境小学校での実践は，『島小の授業』『学校づくりの記』など多くの著書，写真集として結実した。豊かな教育実践から『授業入門』『授業の展開』『教育学のすすめ』など独自の授業論・教育論を展開し，全国の小・中・高等学校で授業指導をした後，佐賀大学，宮城教育大学で教鞭をとった。斎藤の教育観の特徴は，子どもに無限の可能性を見出し，授業とはどれが正しいかということではなく，次々と高い解釈，新しい解釈を発見し創造し，新しい別の地点に到達していくことに意味があるとする点にある。個人全集として『斎藤喜博全集』（国土社），『第二期斎藤喜博全集』（国土社）がある。

［松井玲子］

サイモンズ，P. M.（Symonds, Percival Mallon：1893 - 1960）

　アメリカの心理学者。親の養育態度と子どもの性格との関連を検討した。養育態度については，子どもに対して支配的であるか服従的であるか（支配－服従），保護的であるか拒否的であるか（保護－拒否）の二次元を設けて類型化した。各軸の両極端にならず，中間になることが理想的な養育態度であるとされた。

［及川　恵］

作業検査法

　被検査者に一定の作業を行わせて，その作業量や作業量の変化，作業の質からパーソナリティを測定する方法。検査意図が被検査者にはわかりにくいため，意図的に望ましい回答がしづらいことや，言語能力に依存しないため，言葉が未発達な子どもや言語コミュニケーションが困難な人も対象にできるなど適用範囲が広いことが長所である。しかし，検査結果の解釈については検査者の熟練が求められることやパーソナリティを多面的にとらえられないという短所がある。代表的なものには，1桁の数字を連続加算する作業を繰り返し行うことでパーソナリティを測定する内田クレペリン精神検査がある。

［松本麻友子］

作業療法（Occupational Therapy）

　障害を抱える人などを対象とし，さまざまな作業を通して心身の機能や自立した生活に必要な能力，対人関係などを向上させるための治療や援助。例えば，精神疾患や身体障害の患者を対象とし，日常生活の動作，運動，創作・芸術活動，仕事の技能に関わる活動など，多様な内

容が作業療法の活動として取り入れられる。作業療法に関わる専門職として作業療法士がある。　　　　　　　　[及川　恵]

佐久間象山（さくま　ぞうざん〔しょうざん〕：1811 - 1864）

　幕末の儒学者・兵学者であり，信濃国松代の藩士であった。一時期，江戸においては林家の塾頭を務めた佐藤一斎の弟子となり，同じく弟子の山田方谷とならぶ同塾内の逸材であった。1842（天保13）年には松代藩主である真田幸貫（ゆきつら）が幕府老中海防掛になり，その顧問に抜擢された象山は海外の諸事情を深く研究し，意見書としての「海防八策」を藩主に提出した。1850（嘉永3）年には江戸深川の藩邸で砲学を教授し，そこには吉田松陰，勝海舟，橋本左内らの，日本を担う多くの人材が集まった。1854（安政元）年，門人吉田松陰の密航事件に連坐し投獄され，のちに国元で蟄居（ちっきょ）したが，1864（元治元）年には蟄居をとかれ将軍家茂の命により上洛し，公武合体と開国佐幕を説き活躍した。同年7月11日には三条木屋町にて，尊皇攘夷派により暗殺された。象山の主著が『省諐録（せいけんろく）』である。これは本文57条と付録上・下からなる。門人吉田松陰の密航事件連坐による投獄時の所感・思索を出獄後に筆録したものである。彼の死後1871（明治4）年に，勝海舟の序文を付して刊行された。書名は諐（あやまち）を省みた記録という意味である。しかし本文の内容には，それとは反対に自己の正当性が主張され，西洋学問の長所を取り入れ，わが国の海防や学問の今後のあり方などの持論の展開が見られた。同書は彼の思想を代表するものである。彼の思想を象徴する言葉である「東洋の道徳，西洋の芸術（技術）」も『省諐録』に見える。　　　[上寺康司]

小砂丘忠義
（ささおか　ただよし：1897 - 1937）

　1930年代の生活綴方運動の中心的人物。本名は笹岡忠義。高知師範学校を卒業後，地元の訓導を務めて，子どもの文章表現の指導をこの頃から開始する。1925（大正14）年に上京し，「赤い鳥」運動をさらに克服し，雑誌『綴方生活』の編集と発行に尽力。40歳という若さで没する。
　　　　　　　　　　　　　　　[広岡義之]

サーストン，L. L.
（Thurstone, Louis Leon：1887 - 1955）

　アメリカの心理学者。因子分析により知能を構成する7因子（例：語の流暢さ，記憶，推理など）を見いだし，これらを基本的，一次的な知的能力とする知能の多因子説を唱えた。態度測定の等現間隔法（サーストン法）の提唱でも知られる。
→ギルフォード　　　　　　　[及川　恵]

サマーヒル学園

　イギリスの教育実践家ニイルが1927年に，子どもの徹底した自由と自治を実践するために創設した学校。彼はエディンバラ大学卒業後，スコットランドやロンドンで小学校教師となるが，当時の権威主義の圧政的教育に反感をもっていた。ニイルは子どもの自由を尊重し，教師の権威をなくすという進歩的な計画を，組織立てて実行に移し始めた。1927年に学校をロンドンの北約160キロにある，サーフォーク州のレイストンに移転し，英語圏で最も有名な進歩主義学校として今日に至る。サマーヒル学園では，権威に基づいた罰が与えられることはない。「罰は必ず憎しみから生じた行為である」とニイルは考えた。また自制心のある子どもは罰を必要とせず，学園はできるかぎり民主的に運営されるべきだと主張した。　　　　　　　　　　　　[広岡義之]

ザルツマン，C. G.（Salzmann, Christian Gotthilf：1744 - 1811）

　1781年，バセドウの汎愛学舎に招かれ，宗教教授を担当し，のちに独立して自らの学校を開設。そこで近代体操教育の祖グーツムーツが教師として協力する。主著には『蟹の書──非合理的な児童教育

に対する指針』(1780)，『蟻の書——合理的な教師養成への指針』(1806) などがある。没するまで「父ザルツマン」として多くの子どもたちを薫陶（くんとう）し，同時に多くの教育的著述を残した。その学校は「ザルツマン学校」と称して現在もなお存続している。彼は教育の目的を健康・理知的・善良・快適な全人の陶冶において体育をも重んじ，よき教育は道徳の基礎の上にのみありうると考えた。道徳教育には教師の人格がなによりも必要であり，罰，とくに体罰は避けるべきであると主張した。　［広岡義之］

サレルノ大学

(伊：Università degli Studi di Salerno)

　中世時代に創設されたイタリアの大学。大学の公認が1231年頃であるため，正式には大学ではなく「サレルノ医学校」といわれる。大学史研究家ディルセーによれば，医学の中心としてのサレルノは9世紀にはじめて現れ，とくに当大学を世界的に有名にしたのは『解毒剤論』(治療論，薬物論) であった。12世紀には最盛期を迎え，周辺各地の文化の影響によって古代ギリシアなどの自然科学的書物の翻訳物が到来し学的内容を豊かにした。のちにパリやモンペリエ，ボローニアなどの医学校にも教員が出講し，サレルノは「医術をもって名高い特異な町」となった。　　　　　　　　［津田 徹］

沢柳政太郎

(さわやなぎ まさたろう：1865 - 1927)

　大正時代の代表的な教育家で教育行政官。信州松本の出身。文部次官を経て，東北帝国大学や京都帝国大学の総長となる。1900年と1907年の小学校令改正の担当者でもある。京大総長を辞任後は，民間教育家として，1916年に帝国教育会会長，1917年には生涯の事業となった成城小学校（現在の成城学園初等学校）を創設し，教育実践に打ち込んだ。この学校の教育方針は，彼の主著，『実際的教育学』(1909) で述べられたことを核とし

ている。その後，成城小学校において日本で最初にドルトン・プランを導入するなど，児童の自発活動を尊重する大正新教育運動に貢献する。1924（大正13）年には，ドルトン・プランの草案者であるパーカースト女史を招く。自由主義教育運動の模範となる。ほかにも世界教育会議等の国際会議にも代表として出席し，内外教育の交流に尽くした。　［広岡義之］

産学官連携

　民間企業や NPO 等の「産」（プライベート・セクター），大学などの教育機関・研究機関の「学」（アカデミック・セクター），国・地方公共団体や政府系試験研究機関の「官」（パブリック・セクター）が，新技術の研究開発や，新産業の創出，人材育成を図ることを目的として連携すること。日本の国際競争力強化のため持続的・発展的なイノベーション創出が求められるなか，「学」「官」が有する科学技術のシーズを「産」のニーズとマッチングして実用化することにより社会へ還元し，社会経済や科学技術の発展，社会問題の解決につなげるものである。大学や国の試験研究機関等における技術に関する研究成果の効率的な技術移転の促進を目的として1998（平成10）年に大学等技術移転促進法（TLO 法）が制定されたのを契機として，大学の研究成果の特許化や企業への移転（ライセンシング）を行う TLO（Technology Licensing Organization, 技術移転機関）が大学の内外に設立され，また地方公共団体に産学官連携窓口が設けられるなど，積極的に連携に取り組む機関が増えた。産学官連携は，(1)共同研究・受託研究など研究面での活動，(2)企業でのインターンシップ，教育プログラム共同開発など教育面での連携，(3)大学等の研究成果に関する技術移転活動，(4)研究者によるコンサルタント活動，(5)大学等の研究成果や人的資源等に基づいた起業の5つの形態に類型化できる。いずれの

活動においても，各セクターの使命・役割の違いを理解・尊重しつつ，それぞれの活性化につながるような連携を図っていくことが重要である。　　　　［古田　薫］

産学協同

　一般的に，産業界と学校（主に大学）・その附属機関などが研究・教育における協力・連携により研究開発や事業を進め，それぞれの能力を高めることを指す。「産学連携」ともいう。また，政府との連携を含めて「産学官連携」もある。その起源は，1908年に創設されたハーバード大学ビジネススクールの例やシンシナティ大学工学部長のシュナイダーの提案（1906）まで遡る。産学連携について，産業側の動機としては知識基盤社会を背景として「知識集約型産業」への方向転換，経営における「アライアンス型」への傾斜などが挙げられる。大学側では，大学教育改革として技術革新に対応できる人材の育成，組織としての地域貢献などの必要性に呼応して関心が高まってきた。政策面においては，科学技術基本法（1995）の制定を機に，大学等技術移転促進法（TLO法，1998）をはじめとする一連の産学連携推進施策が取られてきた。その後，大学教育改革の支援として，産学連携による高度IT人材育成・実践型人材の育成をめざす教育プログラムのほか，「産学官連携による共同研究強化のためのガイドライン」（2016）に基づきイノベーションの創出が進められている。　　　　　［吉原惠子］

『山家学生式』 ⇨最澄

三歳児保育

　幼稚園における3年保育の1年目の保育を指す。幼稚園の場合，多くの子どもにとって，3歳児年少組が，初めての集団生活の場となる。3歳児の子どもは，身のまわりのことをほぼ自分でできるようになり，何事にも自分で試したり，失敗したり，繰り返したり，成功したりしながら生活していくが，他方，ときには甘えたり，反抗したりして，情緒面では不安定なことがある。また，個人差も大きい。したがって，3歳児保育では，保育者やまわりの友達との関係のなかで，一人ひとりの子どもの自発性や思いを大切にしながら，自己発揮できるよう，3歳児に適したカリキュラムによる指導と，家庭との連携を十分に行うことが必要である。　　　　　　　　　　　［熊田凡子］

三船の才

　漢詩・和歌・管弦の才能を兼ね備えていること。大化の改新以後，古代の氏族社会が消滅した。それに代わるものとして，貴族という支配階級が登場した。貴族は当初，中国を模範とした礼・楽・射・御・書・数の6つの技芸をもつべき教養としていた。しかしそれらはやがて，「三船の才」という日本独自の形態として，詩・歌・管弦の3つにまとめられるようになる。　　　　　　　　　［広岡義之］

産婆術 ⇨助産術

し

CIE（The Civil Information and Education Section, 民間情報教育局）

　CIE は，1945（昭和20）年9月22日に，連合国軍最高司令官総司令部（SCAP/GHQ）に当初設置された情報普及局（The Information Dissemination Section）を改めた部局であり，占領軍の教育政策の中核として2つの任務を担った。その一つが，わが国の教育から，戦時教育の中核をなした軍国主義と極端に過ぎた国家主義の思想を排除することであった。これは消極的民主化の方策といえるものであり，これに関してCIEは教育に関する4つの指令を行った。すなわち，「日本教育制度の管理政策」（第一の指令），「教員及び教育関係官の調査,除外，認可について」（第二の指令），

「国家神道・神社神道について」(第三の指令),「修身,日本歴史,地理停止について」(第四の指令)である。二つ目の任務が民主的な新しい授業を学校のカリキュラムに加えることであった。これは積極的民主化の方策であり,いわゆる教育の民主化の中心を占める方策といえるものであった。　　　　　　　　　[上寺康司]

CAT（children's appercation test）

児童用の絵画統覚検査であり,投影法による検査である。マレーによる主題統覚検査（thematic appercation test: TAT）の児童版として,ベラック（Bellak, L.）により作成された。TATの理論に基づきながら,CATの図版では人物の代わりに動物を用いるなど,児童にとってより同一視しやすいように工夫が行われている。　　　　　　[及川　恵]

ジェファソン, T.

（Jefferson, Thomas : 1743 - 1826）

アメリカ独立宣言の起草者であり,合衆国第3代大統領となった政治的・思想的指導者。教育こそがアメリカ民主主義の前提になると考え,言論と教育の自由を強調した。1777年にヴァージニア州知事として選ばれ,「知識のより一般的な普及のための法案」を提出するなど,公費によって運営される初等教育の普及にも尽力した。大統領任期満了後も,ヴァージニア大学を設立するなど教育に献身し,初代学長に就任した彼は,学科課程に選択制を採用し,学生の自治を大幅に認めるなど,学校教育に対する民主主義的諸原則の適用と,その制度化にも貢献した。このように,彼は生涯にわたり,民主政治とは究極的には人民に対する信頼に依存するものであるとの考えを貫いた。　　　　　　　　　[猪田裕子]

CMI（computer managed instruction）

教授学習における教師の機能を支援するためにコンピュータを利用する方法。企業や学校などの事務処理の能率化をめざした制御システム。教育目標,資料の管理・処理から教材の作成・処理,授業設計支援の処理等で,教師を支援するためにコンピュータが利用されている。CAI（computer assisted instruction）が直接,学習者に対する教授活動にコンピュータを利用するのに対して,CMIは教師の補助として用いられる形態を指し示す。　　　　　　　　　[広岡義之]

CMI（Cornell medical index）

アメリカ,コーネル大学のブロードマン（Brodman, K.）らによって作成された質問紙心理検査のこと。臨床場面での患者の訴えや症状に基づいて作成された,被検者の身体的・精神的な自覚症状を把握するための検査。このテストはいわゆる性格検査と異なり,神経症的兆候のスクリーニング（鑑別）を主目的としている。精神科,内科,学生相談室,学校や職場の精神衛生管理などで広く活用されている。　　　　　　　　　[広岡義之]

シェルドン, W. H.（Sheldon, William Herbert : 1899 - 1977）

アメリカの心理学者。体格と気質との類型論で知られる。体格を,内臓胚葉から発生する内臓器官がよく発達し,太って丸身を帯びた内胚葉型,中胚葉から発生する骨格や筋肉がよく発達し,がっちりした筋肉質の中胚葉型,外胚葉から発生する神経系や感覚器官がよく発達し,背が高くやせた外胚葉型に分類した。そして内胚葉型の体型と享楽的・社交的といったパーソナリティの特徴を,中胚葉型の体型と活動的で自己主張が強いというパーソナリティの特徴を,そして外胚葉型の体型と非社交的で過敏というパーソナリティの特徴とを結びつけた。

[松田信樹]

ジェンダーと教育

ジェンダー（gender）とは,生物学的性別（sex）と区別して,社会的・文化的に形成される性差に注目し,社会における女と男のありようをとらえようと

する際に用いられる言葉である。最も広義では，人間の認識や行動につながる「性別や性差に関する知識一般」ととらえられる。ジェンダーの視点は，男女の性別に関わる社会現象すなわち政治，経済，法律，文化などあらゆる分野における人間理解に影響を与えている。教育の分野では，子どもの発達や社会化についてみると，性役割や性別役割分業観についての認識，性別規範に基づく価値観や行動様式の習得などが焦点化される。一方，学校システムにおいては，男女平等教育の理念に基づくとされる「正規カリキュラム」と対比して，学校の制度や組織，人間関係などにおいて意図的・無意図的を問わず，性差に関する知識や情報の伝達が行われているとして「隠れたカリキュラム」の存在が指摘されている。最近では，文部科学省が「性同一性障害に係る児童生徒に対するきめ細かな対応の実施等について」通知（2015年4月30日）するなど，性的マイノリティとされる児童生徒への対応と配慮が求められている。また，国際理解教育や環境教育と同様，地球市民育成や持続可能な社会の開発（SDGs）の観点から，ジェンダー教育や教育プログラムが推進されつつある。　　　　　　　　　　［吉原惠子］

自　我

　人は「自分とは何か」「自分はどこから来たのか」「そしてどこへ向かうのか」などと考えることがある。自我（ego）とは，自分自身が考える自分の存在のことである。自我の定義には諸説あるが，フロイト，S. によれば，自我は，超自我（親の価値観・道徳的価値など）とエス（本能欲求・性衝動など）の合間にあり，これらバランスをとり，現実的・合理的に対応しようとするという。また，エリクソンの発達段階では，青年期の自我は同一性の確立が大切であり，自分の生き方を見つける時期である。つまり自我は人格の中核をなし主体的な機能をも

ち，現実原則に従って，現実・外界に適応した思考と行動をつかさどる。

　　　　　　　　　　　　［金山健一］

自　我（精神分析）

　精神分析の創始者であるフロイトは，人の心の構造をイド，自我，超自我の3つにより表した。イドは，本能的欲求や衝動の源であり，快楽原則に従う。一方，超自我は良心や道徳であり，イドを監視，禁止する。ここで，自我は現実的，社会的な適応のために，イドと超自我の関係を調整する機能をもつとされている。フロイトはイド，自我，超自我の間の力動的な関係から不適応について説明した。

→防衛機制　　　　　　　　　［及川　恵］

自我関与

　登場人物の立場になりきり，自分自身の問題として認識し，とくに主人公と自己を同一視していく道徳科の授業形態を意味する。主人公に共感し，あたかも自分が主人公になったかのように自分を重ねて，自己を問い直し，よりよい生き方を求めていくことが重要になる。こうした手法は，これまで多くの研究校や実践家が蓄積し積み上げてきた日本の教育財産であり，今後も多くの教職員が共有し，身に付けてほしい伝統的な手法である。登場人物への「自我関与」が中心の学習も，教師に計画的な主題設定がなく，各場面での登場人物の気持ちばかりを聞くことに終始したならば，心情理解のみの指導に終わってしまう。どのように教材を吟味し，多面的・多角的に考えを引き出し，交流させ，価値理解を深めていくかという明確な指導観をもって授業を構成することが求められる。　［広岡義之］

シークエンス（sequence）

　教育課程の編成に際して用いられる概念で，学習内容の順序，配列のこと。学習内容の範囲を意味するスコープと組み合わせて用いられることで，組織的なカリキュラム論が展開可能となる。子どもの発達段階・学習能力・興味関心に応じ

て与えるべき生活経験の内容を学年別に設定し，また同一の範囲においても系統的な理解に資するためには，内容を提供する順序が問題となる。元来はアメリカの経験主義教育理論に基づいたカリキュラム論で用いられたが，現在は論理的な教育課程の構成を助ける概念として，一般的に使用されている。→ヴァージニア・プラン，コア・カリキュラム

[塩見剛一]

試行錯誤説

問題状況においてさまざまな反応を試した結果，ある行動を行った時に偶然に解決につながり，こうした過程を繰り返すことで解決方法を学習することを試行錯誤学習という。ソーンダイクによる実験では，鍵付きの箱の中のネコが試行錯誤の過程で偶然に箱の外に出て食物を得ると，次第に無関係な反応が減り，脱出につながる反応が増えた。このように試行錯誤のなかで望ましい結果をもたらす反応はその状況との結びつきが強まり，生起しやすくなる（効果の法則）。

[及川　恵]

試行錯誤や繰り返す活動（生活科）

児童は，身近な自然やものと関わったり，遊びをつくり出したりしていく活動のなかで，さまざまな問題や課題に出会い，試行錯誤し解決していく。『小学校学習指導要領解説　生活編』で示されているように，試行錯誤して何度も挑戦することは，気付きの質を高めるとともに事象を注意深く見つめたり予想を確かめたりするなどの理科の見方・考え方の基礎を養うことにもつながる。

具体的には，ウサギやハムスターの飼育でどんな世話をしたり，すみかをつくっていくと動物が快適に過ごせるのか，好きな食べ物は何かを考え，実際に環境を整えたり与えたりして，一番よい方法を見つけていく。また，風やゴムで動かす車をつくる児童が，速く走るようにするために，風を受ける面の大きさを変え

たり，ゴムの巻き方や本数を変えたりするなど，試行錯誤を繰り返し，満足のできるものに仕上げていく。

これは初めて行う活動や体験で，比べてみる，繰り返す，試してみるなどの活動に何度も挑戦することで気付きの質が高まり，次第に因果関係をつかみ，予測できるようになるのである。　[藤池安代]

思考力，判断力，表現力等

理解していること・できることをどのように使うか（未知の状態にも対応できる思考力，判断力，表現力等の育成）が2017（平成29）年3月告示の現行の学習指導要領で強調されている。各教科の特質に応じて，見方・考え方をはたらかせ，知識・技能を活用するなかで考えたり判断したり表現したりする学びを充実させること。2008（平成20）年1月17日の答申「学習指導要領改訂の基本的な考え方」の(4)で議論された項目である。この3つの力を育むためには，各教科の指導のなかで，基礎的な知識や技能の習得とともに，観察・実験・レポートの作成や論述を重視することが大切である。こうした学習があって初めて，「総合的な学習の時間」の，教科を横断した課題解決的な学習や探究的な活動も充実する。具体的には次の学習活動が重要である。(1)体験から感じ取ったことを表現する。(2)事実を正確に理解し伝達する。(3)概念・法則・意図などを解釈し，説明したり活用したりする。(4)情報を分析・評価・論述する。　[広岡義之]

自己教育力

自己教育力の定義は，同概念が最初に打ち出された中央教育審議会教育内容等小委員会「審議経過報告」（1983（昭和58）年11月15日）に見ることができる。同報告では自己教育力を「主体的に学ぶ意志，態度，能力など」ととらえたうえで，それに関連して大きく3つの柱を立てて説明している。すなわち「学習への意欲」「学習の仕方の学習」「学習の仕方に

ついての能力を身につけること」の３つである。またこれらに加えて、「変化の激しい社会における生き方の問題にかかわるもの」すなわち自己の生き方の探求に関わるものであるとしている。生涯学習社会の構成員となるための準備期間にあたる中等教育段階の自己教育力としては、「自己を生涯にわたって教育し続ける意志を形成すること」が求められている。1986（昭和61）年４月に出された臨時教育審議会の「教育改革に関する第二次答申」では「これからの学習は、学校教育の自己完結的な考え方を脱却するとともに、学校教育において自己教育の育成を図り、その基盤の上に各人の自発的意思に基づき、必要に応じて、自己に適した手段・方法を自らの責任において自由に選択し、生涯を通じて行われるべきものである」と述べられている。自己教育力については、自己学習力に見られるような自己の内面からの、自己の主体により求められる能力というよりも外部の社会的要請から求められる能力としてとらえられる感はある。しかしながら、21世紀の今日において、自己を客観的に見つめ直し、自律の精神をもって、想定外の場面に怯む自己に打ち克つ、現状を打破し、自己実現に向けて自己を成長させていくための推進力として自己教育力をとらえることもできる。　　[上寺康司]

自己肯定感

自己肯定感とは、自己価値に関する感覚であり、自分が自分についてどう考え、どう感じているかによって決まる。自己肯定感が高いとは、ありのままの自分を受け入れたうえで、「ありのままの自分でよい」「自分はかけがえのない存在だ」と「無条件」に自分を肯定することである。この感覚をもつと、自分を尊重するように、他者や周りも尊重でき、お互いに尊重し合える関係をつくることができる。子どもの自己肯定感の育成には、「褒めて伸ばす」ことが効果的といわれ

ている。　　　　　　　　　　[金山健一]

自己効力感（セルフエフィカシー）

自己効力感は、自分についての全体的な自信であり、パーソナリティに近いものと、状況や課題への対応や、行動などに限定されたものに分けられる。一般的には、後者についての理論が取り上げられる。自己効力感とは、ある具体的な状況において適切な行動を成し遂げられるという「予期」や「確信」を指す。バンデューラが提唱した「社会的学習理論」（1977）のなかで紹介された。予期には、ある行動がどのような結果を生み出すのかに関する「結果予期」と、結果を出すために必要な行動をどの程度うまくできるかという「効力予期」がある。最初から個人に備わっているととらえるのではなく、遂行行動の達成、代理的体験（モデリング）、言説的説得、情動的喚起などにより獲得可能となると考えられている。自己効力感は、心理学用語であるが、児童生徒のあらゆる学習活動、学級経営、教師の指導力などの課題・問題に関わって、教育学や社会学にも広く影響を与えている。　　　　　　　　　　[吉原惠子]

自己実現

自己実現の概念は、ゴールドシュタイン（Goldstein, K.）が提唱し、のちに多くの観点から論じられるようになった。ゴールドシュタインは、人間の行動の基礎にある、もちうる可能性を最大限に発揮し現実のものにしようとする積極的な衝動を自己実現の概念でとらえた。

マズローは、人間性心理学の立場から、成長し本来の人間存在になろうとする力として「自己実現」の概念を以下の３つの観点から示している。(1) 欲求階層論における自己実現：欲求階層の低次欲求（生理的・安全・所属と愛情・尊重）が順次満足され、最高段階の欲求として自己実現欲求が表れる。(2) 成長動機としての自己実現：基本的欲求（欠乏動機）が充足された結果、人格は成長動機に転

じ，価値ある行動（他人愛，創造，生産等）に向かう。(3)可能性の実現としての自己実現：人間のもつ潜在的能力の実現，あるいは人間の機能の最大限の発揮をもって自己実現とする。

マズローによれば，自己実現には人間性の自然な成熟からくる指向性と創造性が必要であり，自己実現者は現実を正確に知覚し，現実と効果的な関わりをもつことができるという。またマズローは，自己実現に至った人は自分も他人も，そして自然もあるがままに受け入れることができ，内面は自由にして無邪気，使命を感じ，仕事をもち，ユーモアのセンスと明確な価値観をもち，また時空を超越した神秘体験（至高体験）をもつなどの特徴を挙げている。　　　　［大平曜子］

自己受容

そのままの自分を認め受け入れ，自分を尊重し，自分に価値を感じ，自らの存在を肯定すること。自己受容は，人と比べて優れているかどうかで自分を評価するのではなく，そのままの自分を認める感覚であり，「自分はこのままでOKだ」と思える心の状態のことである。自己受容ができているとは，生きていることに喜びを感じ，外的な成功とか，他人がどう思っているかなどで，自分の価値づけや評価をしない生き方である。自己受容が高いと人生を楽しく生きることができ，精神的な健康が保たれているといえる。
　　　　　　　　　　　　　［金山健一］

自己中心性（egocentrism）

他者の視点が獲得されていない幼児期の思考の特徴で，自分の視点を中心にものごとを見ることをいう。ピアジェによれば，幼児は自分と他者の区別がまだついていないために他者の視点に立つことが難しく，自分中心にものごとを考え，他者も自分と同じように世界を見ているだろうと思っている。主観と客観が未分化である幼児期の特性である自己中心的思考には，すべてのものが生きていて心

をもっているとみなすアニミズム（animism）や，観念にすぎないものを実在するかのように思う実念論（realism）などが挙げられる。こうした幼児期の自己中心性は，他者との交わりを通し，自己以外の視点があることに気づき，客観的認識へと向かう。この過程を脱中心化（décentration）と呼ぶ。
　　　　　　　　　　　　　［松井玲子］

自己の生き方を考えていくこと（総合的な学習の時間）

『学習指導要領解説　総合的な学習の時間編』によると以下の3点があげられる。(1)社会・自然の一員として，何をすべきか，どのようにすべきかなどを考える。(2)自分にとって学ぶことの意味や価値を考える。(3)学んだことを現在及び将来の自己の生き方につなげて考えることである。すなわち，学習の成果から達成感や自信をもち，自分のよさや可能性に気付き，自分の人生や将来について考えることが自己の生き方を考えることである。以上の3点を児童生徒が意識しながら，社会や世界を自分との関係で見つめ，振り返り，問い続けていくことが重要である。　　　　　　［山田希代子］

自己評価（教職員）

学校が設定した目標を達成するために学校や教職員の取り組み状況や成果を自らが評価し，改善策を作成するPDCAの営み。自己評価の結果や改善策は，保護者や地域住民に説明したり公表することになっている。さらに外部評価や第三者評価の資料になる。自己評価は，評価の基準が不明確になりがちなので，他者評価なども利用しつつ，より客観的な評価をすることによって，学習を進めるべきである。　　　　　　　　　［広岡義之］

自　殺（suicide）

自殺とは，字義通りに解釈すると自らを殺す行為である。一般的には，死にたいという意志があり，その行為が死に至らしめることを認識したうえで，自らの

命を絶つ行為が自殺と定義される。警察庁の統計によると2018年の自殺者は年間で2万840人で、2010年以降、9年連続の減少となり、1981年以来、37年ぶりに2万1000人を下回った。男女別に見ると男性が1万4290人（構成比68.6%）、女性が6550人（構成比31.4%）であり男性の割合が多い。また年齢別に自殺者数を見ると50代の自殺者数が3575人と最も多く、40代、60代、70代の順となっている。自殺は、苦痛からの逃避の手段として死に魅力を感じていること、自殺未遂歴、喪失体験、うつ病をはじめとした精神疾患、経済・生活問題、家庭問題、健康問題に関する悩みなど、さまざまな要因が連鎖するなかで生じている。「死ぬと言う者に限って死なない」という説は誤りであり、自殺のほのめかしは、自殺企図のサインの場合があるので注意しなければならない。　　　　　　　　［松田信樹］

資質・能力の3つの柱

中央教育審議会答申において、予測困難な社会の変化に主体的に関わり、自らの可能性を発揮して、よりよい社会と幸福な人生の創り手となるように、学校教育において「生きる力」を育成することは焦眉の課題であることが示された。このため、「生きる力」をより具体化し、教育課程全体を通して育成するべき資質・能力を次の3つの柱に集約した。(1)何を理解しているか、何ができるか（＝生きて働く「知識・技能」の習得）、(2)理解していること・できることをどう使うか（＝未知の状況にも対応できる「思考力・判断力・表現力等」の育成）、(3)どのように社会・世界と関わり、よりよい人生を送るか（＝学びを人生や社会に生かそうとする「学びに向かう力・人間性等」の涵養）。　　　　　［広岡義之］

資質・能力の3つの柱（生活科）

小学校学習指導要領（2017）では、生活科の目標及び内容は3つの資質・能力育成の柱として位置づけられている。そ

れは、「知識及び技能の基礎（自分自身、身近な人々、社会及び自然の特徴やよさ、それらの関わり等に気付くこと）」「思考力、判断力、表現力等の基礎（身近な人々、社会及び自然を自分との関わりで捉え、自分自身や自分の生活について考え、表現すること）」「学びに向かう力、人間性等（身近な人々、社会及び自然に自ら働きかけ、意欲や自信をもって学んだり生活を豊かにしたりしようとする態度を養うこと）」である。生活科の究極的な児童の姿は、自立し生活を豊かにしていこうとする姿であり、その実現に向けて、資質・能力は一つひとつの単元や授業等において総合的に育成されていくものである。　　　　　　　　［藤池安代］

資質・能力の3つの柱（総合的な学習の時間）

「知識及び技能」は、児童生徒が、探究的な学びで既習の知識・技能を繰り返し活用することを通して獲得される知識・技能をいう。その過程で事実的知識が概念へ高まる。概念は、解説書で「多様性」「相互性」「有限性」が例示されている。また、課題解決の手順や探究的な学習のよさの理解も含まれる。

「思考力、判断力、表現力等」は、課題を見いだし解決する力で、児童・生徒の課題の設定、情報の収集、整理・分析、まとめ・表現の探究の過程で発揮される。

「学びに向かう力、人間性等」は、探究的学習への取り組みや社会参画の態度をいう。

具体的な内容は、学校の教育目標・総合的な学習時間の目標に照らし合わせ、各校で定める。　　　　　　　　［山田希代子］

指示的カウンセリング

心理面接において、セラピスト（治療者）が専門的な立場に基づいてクライエントに助言や指導を与えるアプローチ。一方で、セラピストが指示を与えないことを特徴とするものを非指示的カウンセリングという。来談者中心療法を提唱し

たロジャーズは，クライエントの自己解決力と主体性を尊重，重視したことから，初期は自らのアプローチを非指示的カウンセリング（非指示的療法）と呼んだ。
[及川　恵]

思春期（puberty）

第二次性徴の出現といった生物学的変化が生じるとともに，親からの自立や葛藤（第二反抗期），異性関係などのテーマを抱え，心身ともに変化が大きく，心理的混乱や不適応を経験しやすい時期とされる。年齢としては10代前半から高校生頃までを含み，青年期前期としても位置づけられる。
[及川　恵]

自傷行為（self-mutilation）

自分で自分の身体を傷つけるような行為である。自傷行為には，手首を傷つけること（リストカット）や火傷をつくること，壁に頭を打ちつけること，尖った物で刺すことなど，多様な行為が含まれる。自傷行為はさまざまな不適応や精神疾患，発達障害などで見られるが，一例として境界性パーソナリティ障害が挙げられる。→自殺
[及川　恵]

四書五経（ししょごきょう）

儒教の根本経典。四書とは中国の古典『大学』『論語』『孟子』『中庸』の4つの書物を指し示し，宋の朱子が定めた。『大学』と『中庸』とは，元来，『礼記（らいき）』のなかの2編であったが朱子はこの2編を『礼記』から取り出し，『論語』『孟子』に合わせて，四書とした。『大学』で学問の全体像を知り，『論語』『孟子』では実践面を考察し，最後の『中庸』で両者を総合するという教育課程が提起されている。一方，五経とは，孔子が編集した古代歌謡集の『詩経』のほか，『書経』『易経』『礼記（らいき）』『春秋』のことであり，漢の武帝時代，正式に儒教の経典となった。
[広岡義之]

司書と司書教諭

図書館で図書や資料など各種情報の収集・整理・保管及び閲覧といった専門的職務に従事する職員。わが国の司書養成は1903（明治36）年私立図書館で行われた司書講習に始まる。1921（大正10）年には文部省が図書館教習所を設置した。現在は，社会教育の精神に基づき公立及び私立の図書館の設置運営に関して1950（昭和25）年に制定された図書館法に規定される一定の資格を有する者を，司書という。学校では学校図書館法に基づき，学校図書館の資料選択・運用・利用指導・施設の整備などを行う司書教諭が配置されている。制度発足当初，司書教諭養成が短期間では不可能であったため，当分の間司書教諭を置かないことができるという付則があった。学校図書館法の改正により，学校には司書教諭を置かなければならないとされた。
[松井玲子]

閑谷学校（しずたにがっこう）

和気郡（現在の岡山県備前市）の地に，江戸時代の岡山藩主・池田光政によって創設された郷学で，17世紀後半に整備された。1675（延宝3）年には，各地の手習い所を廃止して本校に統合し，閑谷黌（こう）として正式に発足。その施設と規模において藩黌（はんこう）に劣らないものであった。本校は武士だけでなく，一般庶民の子どもに対しても門戸を開放していた。藩学と寺子屋の中間的存在で，近代以降の中等教育機関の母体ともなった。1870（明治3）年に岡山藩学校に合併され，1877（明治10）年に廃校。のちにこれを母体として県立閑谷高等学校となり，1965（昭和40）年には県立青少年教育センター閑谷学校となった。このころの学校の講堂，習芸斎，聖廟，文庫等の建物は，創建当初の姿をそのまま現在に伝えており，学校建築史上，貴重な遺物となっている。
[広岡義之]

施設のインテリジェント化

旧文部省の臨時教育審議会答申による「文教施設のインテリジェント化に関する調査協力者会議」（1988）がもとになっている。その目的は，21世紀に向け

て，文教政策を人間性や文化性などに配慮し，高度の情報通信・処理機能を備えた美しく，快適で，機能的な施設として整備充実を図ることである。内容は，大きく4点示されている。(1)多様な学習活動を実現する施設・環境，(2)有機的に連携する施設・環境，(3)情報通信・処理機能等の導入，(4)快適で豊かな施設・環境。以上により，生涯学習体系への移行に従い幼児期から高齢期のライフステージに応じた学習課題にきめ細かく対応する，リカレント教育などを実施する。地域共通の学習基盤として，学校など複数の文教施設及び関連施設との相互間の共同・連携をする。活動支援，情報提供，データベース利用，データ処理のためのシステムを構築する。地域特性に配慮し，障害者，幼児，高齢者等に配慮して環境整備など地域における学習環境を総合的に向上させていくことなどがある。　　　　　　　　　　[西本　望]

自然災害への対応

近年，地震や火山，水害や土砂災害が頻発する中で，理科の学習のなかで災害に関する基礎的な理解を図ることの重要性が大きくなっている。小学校4年での「雨水の行方と地面の様子」，5年での「流れる水の働きと土地の変化」「天気の変化」，6年での「土地のつくりと変化」，中学校1年での「火山と地震」，2年での「気象観測」「天気の変化」「日本の気象」「自然の恵みと気象災害」などの学習で，自然災害のメカニズムの理解につながる学習が求められる。その理解をもとにして減災・防災学習につなげていくことが大切である。　　　　　　[嶌本　格]

自然を愛する心情

理科の学習で行われる植物の栽培や昆虫の飼育などの体験活動を通じて，児童生徒は自然を愛護しようとする態度や生命を尊重しようとする態度，自然を愛する心情を育んでいくことが可能である。人間を含めた生物が生きていくためには，水や空気，食べ物，太陽のエネルギーなどが必要であるとの理解も重要である。自然環境と人間との共生を考えることを通して，自然の秩序や規則性に気付くことも自然を愛する心情の育成につながっていく。　　　　　　　　　　[嶌本　格]

自尊心

自尊感情ともいう。自分自身に対する評価を含む感情であり，自分自身のことを好きと感じるか，または価値のある人間と感じるかどうかという評価のこと。一般的に人は自尊心を維持，または高揚するように動機づけられており，人の行動を説明する際の重要な概念となっている。また，自尊心が低い場合，精神的健康や対人関係などへの悪影響が懸念されるため，自尊心を高めるような支援，介入が試みられやすい。しかしながら，因果関係は明確ではなく，高すぎても低すぎても問題があるとされている。また，自尊心の高低よりも，安定しているかどうかのほうが重要であるという指摘もある。思春期から青年期にかけては不安定であり，さまざまな不適応行動につながることもある。　　　　　　　[辻川典文]

肢体不自由教育

肢体不自由とは，身体の動きに関する器官が，病気やけがで損なわれ，歩行や筆記などの日常生活動作が困難な状態をいう。特別支援学校（肢体不自由）では，肢体不自由のある子ども一人ひとりの状態や発達段階を十分に把握したうえで，幼稚園，小学校，中学校，高等学校に準じた教育を行うとともに，障害に基づく困難を改善・克服するための指導である自立活動に力を入れている。自立活動の指導においては，身体の動きの改善を図ることやコミュニケーションの力を育てる指導を行っている。

肢体不自由特別支援学級では，各教科，道徳，特別活動のほか，歩行や筆記などに必要な身体の動きの指導なども行われている。また，各教科や給食などさまざ

まな時間を通じて，通常学級との交流及び共同学習が行われている。 [中田尚美]

視聴覚教育

言語だけでなく，視覚・聴覚に訴えて学習をより効果的なものにしようとする教育。20世紀に入り，映画・テレビなどが開発されたことが視聴覚教育の概念を拡大した。これらのメディアは子どもの間接的経験を拡大し，教育に新しいコミュニケーションの形態を導入したのである。1960年以降にはティーチング・マシン，コンピュータなど新たな教育メディア（機器）の開発が進んだ。最近では，視聴覚メディアとコンピュータの教育利用が合流したマルチメディア教育が学校環境を変えつつある。すなわち，光ファイバー網による情報ネットワークの整備により，大量の情報の双方向のやり取りが広い領域で実現することが現実に進み，視聴覚教育は大きな転換期にさしかかっている。 [中田尚美]

市町村義務教育費国庫負担金

教育の質的向上を意図して，義務教育費に対し国庫が負担する支出金。1918年に制定された「市町村義務教育費国庫負担法」により定額の国庫負担制度が確立した。特別の必要に応じる補助金ではなく負担金のため安定的な交付が約束され，地域格差を是正し義務教育の機会均等化が図られた。国庫負担の要求運動は市町村財政に占める小学校経費の大きさから生じたが，教員の待遇改善と市町村税の負担軽減が掲げられたため，負担金は教育目的のみならず税制整理の機能ももつこととなり，その後の法改正では教育よりも減税財源の役割が強くなるという問題を起こす原因ともなった。1940年には小学校教員の給与を国と道府県が半額ずつ負担する「義務教育費国庫負担法」が定められ，現行の義務教育費国庫負担制度の基盤をなしている。2006年度より同制度の負担比率は国3分の1，都道府県3分の2に変更された（義務教育費国庫負担法第2条）。 [塩見剛一]

シックハウス症候群

新築やリフォーム直後の室内空気汚染によって引き起こされる病気のこと。目がチカチカしたり，めまいや頭痛がするなどの症状が現れる。近年の家屋の密閉率の高さに加え，建材や家具などに防腐剤や接着剤，防虫剤として使われているホルムアルデヒドやトルエンなどの揮発性化学物質が空気中に拡散して起こる。微量でも有害な成分が含まれる場合があるので，注意を要する。また，ダニやカビ，ハウスダストが原因となる場合もある。

対策としては，換気が最も効果的である。2003年には改正建築基準法が施行されて，ホルムアルデヒドの使用制限や換気設備設置が義務づけられた。

[山口香織]

しつけ

一般的に，望ましい基本的生活習慣，礼儀作法，公衆道徳を身に付けさせることをいう。しつけには無意図的なものと，意図的なものがある。無意図的なしつけとしては，家族や地域社会での生活のなかで，人的物的環境を通して自然に身に付けていくものがある。一方，意図的なしつけは，それぞれの文化がもつ食習慣の一つとしての箸の使い方の習得に見られるように，親や周りの大人が積極的に関わることによってなされる。しつけは無意図的なものであれ意図的なものであれ，周囲の環境に大きく左右され，時代や社会の影響を大きく受ける。望ましい行動様式の習得という点を考えると，それぞれの時代や社会の価値秩序に大きく左右されるものともいえる。社会や時代に大きく規定される行動様式の習得としてのしつけは，今日，個性や人権が重要視されるなか，家庭や地域社会の教育力の低下と関連して論じられることがある。

[松井玲子]

実験器具等の整備の充実

理科の授業において，観察・実験を重視し，児童生徒がその基本的な技術を身につけたり，その結果から結論を見出し，問題解決の力が育成されたりすることが大切である。そのために学習教材や実験，観察の設備の充実は必須である。いつでも気軽に理科室で観察，実験を行えるように器具などの配置を計画的，系統的に整備し，使いやすい状態にしておくことが必要である。また，安全管理への配慮，事故防止についても日頃から注意を払うことが大切である。薬品等の扱いや保管についても毒物及び劇物取締法等の法に従った扱いに気をつけなければならない。

［蒿本　格］

『実語教』（じつごきょう）

『童子教』とともに江戸時代に寺子屋で広く使われた庶民用の教科書。平安末期から近代初頭にかけて広く使用された初歩的教科書で，作者は不詳。鎌倉時代初期にはすでに普及しており，江戸時代に入って単独あるいは『童子教』あるいはその他の「往来物」等と合わせてさかんに刊行され，往来物の一つとして数えられた。ともに五言・対句的で暗唱しやすい。例えば，「玉磨かざれば光なし，学ばざれば智なし」などが有名。智から出発して学に行き，学から行に進み，再び学に戻ってくる。実践こそは真の意味における学習であるという考え方が見られる。

［広岡義之］

実質陶冶（material discipline，独：materiale Bildung）

形式陶冶と対比される。教育の内容や形式についていずれに重きを置くかによってこれら2つの考え方が登場する。実質陶冶は，精神的内容を充実させることによって人間性を豊かにすることをめざしている。他方，形式陶冶は他への応用を可能とする形式や技術，方法を獲得し身に付けることを意味する。よって，人間性を豊かにするものが，方法や技術の習得ではなく，教養ある豊かな人間であると仮定すれば，実質陶冶が強調されるであろうし，社会的適応として方法や技術を習得することが人間形成の大きなねらいであるとする立場であれば，形式陶冶が強調される。具体的には実質陶冶に関連した教科目として，文学や歴史，宗教，思想などが挙げられ，形式陶冶に関連した教科目として，算術，文法学，技術などが挙げられる。だが，一方が教養，理論として，他方が応用，実際というとらえ方は，人間形成の目的からすれば非常に一面的であるため，社会生活を行う人間にとっては両面が求められる。

［津田　徹］

実習校訪問

教育実習の受け入れ先となる学校から受け入れの内諾を得た後，挨拶と事前打ち合わせを兼ねて，およそ実習1か月前に，その実習校を訪問する。この事前訪問にあたっては，大学から渡されている「学習指導案」を持参しておくことが望ましい。「学習指導案」は，学校ごとで形式が異なっている場合が多いからである。事前訪問の際に，大学側の「学習指導案」との異同を実習担当の指導教諭と確認しておけば，実習中の指導案作成の負担を軽くすることができる。指導教諭からは，打ち合わせのなかでさまざまな注意や指示が出されるが，実習生としてとりわけ確認しておくべきことは，教科指導の内容や範囲とクラブ活動などの教科外活動にどの程度関わるのかという点である。こうした点を正確に理解しておかないと，実習中に思わぬところで戸惑いを感じてしまい，円滑に教授や指導ができなくなってしまうかもしれない。また，事前訪問は，「学校要覧」や「学校経営書」などを読むだけではわからない，その学校の教育的な雰囲気や学校生活の実際のありようといった具体的な情報を知る機会でもある。学校の実際の空気や現場の教諭の雰囲気を肌で感じながら，

気になる点や疑問は積極的に質問しよう。なお，学校には実習生を受け入れる法的な義務はなく，学校が実習校として実習生を受け入れることは，その学校の厚意によるものである。この点に鑑み，事前訪問では感謝の念を忘れず，くれぐれも失礼のないようにしたい。　　［小川　雄］

実習指導（家庭科）

小学校学習指導要領・解説（2017）では，調理や製作などの実習を安全かつ効果的に進めるため，次の3つの配慮事項が掲げられている。第一に，実習室の安全管理に配慮し，学習環境を整備するとともに，熱源や用具，機械などの取扱いに注意して事故防止の指導を徹底すること。また，事故や災害が発生した場合の応急措置や連絡等，緊急時の対応について指導の徹底を図ることも大切である。第二に，活動性や安全性に配慮した服装を着用し，衛生に留意して用具の手入れや保管を適切に行うこと。最後に，調理に用いる食品については，生の魚や肉は扱わないなど，安全・衛生に留意することや，児童一人ひとりのアレルギーに関する正確な情報を個別に把握するなど食物アレルギーに配慮すること，である。　　　　　　　　　　　［山口香織］

実証性・再現性・客観性

科学が，それ以外の文化と区別される基本的な条件である。「実証性」とは，与えられた仮説が観察，実験によって検討できることである。「再現性」は人や時間や場所を変えても同一条件ならば同一の結果が得られるということである。「客観性」とは実証性や再現性という条件を満たすことで，多くの人に承認・公認されるということである。これらの条件を検討する手続きを重視することが「問題を科学的に解決する」ことだといえる。　　　　　　　　　　　［嶌本　格］

実存主義（独：Existentialismus）

人間とは歴史的にも社会的にもけっして手段になりえず，取り替えのきかない主体的存在であることを強調する考え方。人間は集団のなかに解消することはできず，共通性で割り切ることを許されない存在であるとする。教育学においてはボルノーが『実存哲学と教育学』のなかで「出会い」の重要性を指摘。実存哲学とは，人間の実存的根拠，限界，危機及びその救済を明らかにしようとする哲学である。現代の実存哲学は無神論的実存哲学とキリスト教的実存哲学に分かれており，代表的哲学として前者にハイデガー，サルトルらが，そして後者にはヤスパース，マルセルらが位置する。彼らに共通する点は，第1に人間の主体的存在を重視し，第2に人間実存の有限性・偶然性・不条理性に着目する。第3に人間の死は不条理であるにもかかわらず，自分自身で引き受ける以外になく，第4に自分の現存の超越を説くところが共通する点である。　　　　　　　　　　　［広岡義之］

『実存哲学と教育学』（*Existenzphilosophie und Pädagogik*, 1959）

ボルノーの教育学分野の主著。このなかで，教育の過程における実存的・非連続的形式の重要性を指摘した。危機，覚醒，訓戒，出会い，挫折，冒険等の現象が，ボルノーによって教育学の重要な課題としてみごとに浮き彫りにされた。本書のなかでボルノーは従来の教育学が人間を連続的に発展する存在としてのみ把握している点を批判。人間の生の現実を直視すれば，覚醒や挫折のような非連続的事象を通して人間は真に成長していることが理解できる。こうした変化こそが人間の成長にとって重要であるとボルノーは考えた。例えば，「出会い」について，教育者は出会いをつくることはできず，出会いの準備をなしえるだけである。しかし実存的出会いが生起したときには，教師は生徒の実存に起こっていることを支え，助け育てなければならないと主張している。　　　　　　　　　［広岡義之］

質問紙法

　調査対象者に心理尺度などの質問項目を印字した冊子を配布し，質問項目への回答結果から，心理的特徴などを明らかにする自己報告式の調査手法。個人を対象としても，集団を対象としても実施可能である。行動観察からは知りえない，個人のパーソナリティ，態度，興味などの内面にアプローチできるという利点がある。調査の実施も観察法などに比べると短時間で済み，容易である。しかし質問紙の設計段階では，どのような目的でどのような質問項目を配置するかを熟慮するなど，綿密な計画が必要であることはいうまでもない。また，質問紙回収後のデータ分析の段階では，統計的手法を駆使することがしばしば必要となる。欠点としては，調査対象者の言語能力に依存する，意識的ないしは無意識的な回答の歪曲を避けることが難しいといったことが挙げられる。　　　　　　［松田信樹］

児童会活動

　全児童をもって組織する児童会による自発的・自治的な活動である。児童会は，異年齢集団で組織され学校生活をともに楽しく豊かにするものである。その実現のためには，集団生活や人間関係などの諸課題を見つけ，計画を立てて役割を分担し，その解決に向けて自主的，実践的に取り組むことになる。児童会活動は，全児童が参加するものであり，さまざまな活動の形があり，それぞれの集団においてさまざまなことを学び，体験する。その運営は，発達段階から主として高学年の児童が当たることになる。基本的な活動の流れは，「課題の発見・確認」→「解決に向けての話し合いによる合意形成」→「実践」→「振り返り」となる。この一連の流れと一つひとつの手順の意義を，あらかじめ児童生徒に意識させておかなければならない。そのために，ソーシャルスキルトレーニングを導入するのも一案である。児童会活動には，「代表委員会」「委員会活動」「児童会集会」「学年ペア活動」などがあり，学校の特色を生かした取り組みが展開されている。こうした自治的な集団活動を通して身に付けた資質・能力は，中学校における生徒会活動においても発揮され，育まれるものである。　　　　　　　　　　［小川　雄］

児童家庭支援センター

　近年，子ども，親子，家庭に関する事件や相談が顕著に増加してきたため，既設の児童相談所だけでは対応が難しくなってきた。そのため，都道府県，政令指定都市や中核市に設置されている児童相談所より，各市町村に設けられることによって，よりきめこまやかな対応が可能になるように設置されたのが児童家庭支援センター（児童福祉法第44条の２）である。このセンターの役割としては，次のことが挙げられる。地域の児童の福祉に関する諸般の問題につき，児童や母子家庭などの支援を必要とする家庭，地域住民その他からの相談に応じ，必要な助言を行うとともに児童についての指導を行う。あわせて児童相談所，児童福祉施設等との連絡調整その他厚生労働省令の定める支援を総合的に行う。
　　　　　　　　　　　　　　　　　［西本　望］

児童虐待（child abuse）

　児童虐待は親または親に代わる保護者によって行われ，(1) 身体的虐待（殴る，蹴るなどの身体的暴力など），(2) 性的虐待（性交，性的行為の強要など），(3) 心理的虐待（ことばによる脅迫，無視，同胞との差別など），(4) ネグレクト（養育の拒否・怠慢。放置，衣食住の世話を怠ることなど）の４つに分類されている。児童虐待は，児童の心身の発達に与える影響が大きく，教育現場や医療現場，児童相談所などが早期発見に努め，援助を行う必要がある。→心的外傷
　　　　　　　　　　　　　　　　　［及川　恵］

児童憲章（Children's Charter）

　「日本国憲法の精神にしたがい，児童

に対する正しい観念を確立し，すべての児童の幸福をはかる」（児童憲章前文）ために，内閣総理大臣の招集により開催された児童憲章制定会議の審議を経て，1951（昭和26）年5月5日のこどもの日に定められた憲章である。この児童憲章には，前文に加えて，憲章全体の基本理念として3項からなる総則，すなわち「児童は，人として尊ばれる」「児童は社会の一員として重んぜられる」「児童は，よい環境のなかで育てられる」と記述されている。それに続く12条として，生活の保障，家庭環境の提供，栄養・住居・被服の付与，個性と能力に応じた教育の提供，職業指導を受ける機会の提供などが記述されている。　　　　　［上寺康司］

指導主事

都道府県及び市町村の教育委員会事務局におかれ，教育課程，学習指導その他学校教育に関する専門的事項の指導に関する事務に従事する専門的教育職員（教育公務員特例法第2条）である。地方教育行政の組織及び運営に関する法律第18条には「教育に関し識見を有し，かつ，学校における教育課程，学習指導その他学校教育に関する専門的事項について教養と経験がある者でなければならない」と規定されており，「大学以外の公立学校の教員をもつて充てることができる」とされている。公立学校の教員で指導主事に充てられた者を「充て指導主事」と呼ぶことがある。各学校に対する指導・助言のほか，教員などに対する研修も行う。教育職員免許法（1949）では当初，教育長免許状とともに指導主事免許状が設けられていたが，日教組の反対により1954（昭和29）年の改正において廃止され，任用資格となった。　　　　　［荒内直子］

児童自立支援施設

児童福祉法第44条に定められる児童福祉施設の一つ。古くは，教護院とも呼ばれ，1998（平成10）年に現行の名称に改められた。不良行為をなし，またはなす

おそれのある児童及び家庭環境その他の環境上の理由により生活指導等を要する児童を入所させ，または保護者の下から通わせて，個々の児童の状況に応じて必要な指導を行い，自立を支援し，あわせて退所した者について相談その他の援助を行うことを目的とする。　　　　　［西本　望］

児童相談所（child guidance center）

児童相談所とは，児童福祉法第12条に基づき都道府県に設置されている，0歳から18歳未満の子どもに関する相談機関であり，児童福祉諸機関のなかで最も中心的な機能を果たすことが期待されている。児童相談所の主要な業務を児童福祉法第11条の規定をもとに見るならば「児童に関する家庭その他からの相談のうち，専門的な知識及び技術を必要とするものに応ずること」「児童及びその家庭につき，必要な調査並びに医学的，心理学的，教育学的，社会学的及び精神保健上の判定を行うこと」「児童及びその保護者につき，（前記の）調査又は判定に基づいて心理又は児童の健康及び心身の発達に関する専門的な知識及び技術を必要とする指導その他必要な指導を行うこと」「児童の一時保護を行うこと」などが挙げられる。また児童福祉に関する業務のなかで専門的な知識及び技術を必要とする業務を市町村が実施する際に，技術的援助及び助言を行うこと（児童福祉法第10条）も挙げられる。児童相談所には，業務を遂行するために，医師（精神科・小児科）・心理判定員（各種心理検査担当）・児童福祉司（ケースワーク担当）のほか，セラピスト・保健師などのスタッフが置かれている。児童相談所の相談の種類としては，養護相談，保健相談，障害相談（肢体不自由相談，視聴覚障害相談，言語発達障害等相談，重症心身障害相談，知的障害相談，自閉症等相談），非行相談（虞犯行為等相談，触法行為等相談，性格行動相談，不登校相談，適性相談，育児・しつけ相談）などが挙げら

れる。児童相談所では，相談に対して，医学，心理学，教育学，社会学，精神衛生学的な判定が行われるとともに，助言・指導・治療及び施設への入所の措置が講じられる。今日，児童の虐待が社会問題化する中で，親から虐待を受けている児童を適時・的確・適切に一時的に保護する等，児童相談所の果たすべき役割の社会的要請が高まっている。

［上寺康司］

児童中心主義

　新教育運動に見られる思想の一つであるが，同義で使用されることが多い。従来児童中心主義に対置されていた概念として，大人中心の教育観が存在していた。それは家庭においては親が，学校においては教師や僧侶が子どもを支配的に取り扱い，学習者としての子どもの立場を考慮して展開されるものではなかった。だが，20世紀以降に児童中心主義の思想が世界的に展開されはじめ実践されるようになると（ケイ，モンテッソリ，デューイ，キルパトリック，ケルシェンシュタイナーなど）主として子どもの興味や関心，経験に基づく教育観が支配的となった。これは実証学的心理学的にも妥当な教育観としての地位を獲得するに至る。以来この思想に基づいて改革的な教育観（フレイレ）や公教育に対する新たな選択肢として（シュタイナー，ニイル），あるいは批判的な教育として積極的提言がなされることにもなった。　［津田　徹］

児童の権利条約⇨子どもの権利条約

児童の権利宣言
(Declaration of the Rights of the Child)

　1959（昭和34）年，国連総会において採択された児童の人権を守るための宣言。前文で，「人類は，児童に対し，最善のものを与える義務を負う」と，国家，政府，団体，個人，親の児童福祉に対する責任を明らかにしている。本文では10か条の原則を掲げ，すべての子どもの権利の平等，保護を受ける権利，国籍をもつ権利，障害のある児童への治療・教育・保護の保障，家庭の尊重とその代替の保障，教育の機会均等，放任・虐待からの保護などが規定されている。この宣言は，第一次世界大戦後のヨーロッパを中心とした児童惨禍に対応して生まれた「ジュネーヴ宣言」と，すべての人に固有の尊厳と平等があるとした「世界人権宣言」の流れをくんでいる。国連は，今日なお世界の多くの児童が飢え，貧困等の困難な状況に置かれた状況を鑑み，児童の人権の尊重，保護の促進をめざし，1989（平成元）年「子ども（児童）の権利条約」を採択している。　　　　［大谷彰子］

『児童の世紀』⇨ケイ

児童の体力低下 (decrease in physical fitness of children)

　体力は活動の源であり，発達・成長を支え，心身ともに健康に社会生活を営む要素である。スポーツ庁は小学校，義務教育学校前期課程，特別支援学校小学部の5年生全員を対象として，平成29年度に「全国体力・運動能力，運動習慣等調査」を実施した。その結果，比較可能なテスト項目に限り昭和60年度の調査結果と比べて，小学5年生の反復横跳びを除き，児童の半数以上が昭和60年度の平均値を下回っていた。このような児童の直接的な体力低下の原因は，学校外の学習活動や室内遊び時間の増加，外遊びやスポーツ活動時間の減少，幼児期からの手軽な遊び場の減少，少子化，学校外の学習活動などによる仲間の減少，発達段階に応じた指導の不足などがある。児童の体力の低下は，将来的に国民全体の体力低下につながり，生活習慣病の増加やストレスに対する抵抗力の低下，健康寿命の短縮などを引き起こすことが危惧される。　　　　　　　　　　　［森田玲子］

児童福祉法

　1947（昭和22）年，あらゆる児童（満18歳に満たない者）がもつべき権利や支援について定められた福祉に関する法律。

第二次世界大戦後，戦災孤児の保護など
の社会背景から児童の健やかな成長と最
低限度の生活を保障するために制定され
た。1997（平成9）年に，保育所の利用
方式導入，施設の機能や名称が変更され，
2001（平成13）年，保育士資格の法定化，
認可外保育施設に対する監督強化などが
行われた。2004（平成16）年には，児童
虐待の防止に向け児童相談に関する体制
の充実等を図るための改定，2012（平成
24）年には，重複障がいに対応し地域で
支援を受けられるよう障がい児施設（通
所・入所）の一元化や放課後等デイサー
ビスが創設された。また2016（平成28）
年には，これまで児童福祉の「対象」と
して位置づけられていた児童を児童福祉
を受ける「権利主体」へと転換し，児童
福祉法の理念の明確化，国，地方の役割
と責務の明確化，しつけを名目とした児
童虐待の禁止についても盛り込んだ。

［大谷彰子］

児童養護施設⇨養護施設
指導要録

　法的備え付け表簿の一つであり，児童
生徒の「学籍に関する記録」と「指導に
関する記録」から成り立つ。「校長は，
その学校に在学する児童等の指導要録を
作成しなければならない」（学校教育法
施行規則第24条第1項）。学籍に関する
記録の内容は，学籍の記録，学級，整理
番号，学校名，所在地，校長氏名印，学
級担任者氏名印で構成され，指導に関す
る記録の内容は，児童生徒の氏名，学校
名，学級，整理番号，各教科の学習の記
録，特別活動の記録，行動の記録，進路
指導の記録（中学），指導上参考となる
諸事項，出欠の記録で構成される。保存
期間は，学籍に関する記録は，20年，指
導に関する記録は5年と定められている
（学校教育法施行規則第28条第2項）。指
導要録の開示については，開示，非開示，
部分開示と解釈が分かれている。

［津田　徹］

指導力不足教員

　教育公務員特例法第25条によれば，指
導が不適切な教員の人事管理を厳格にし
て，学校や教員に対する信頼を回復する
ことが求められている。任命権者は，教
育や医学の専門家，保護者の意見を聞い
て，「指導が不適切な教員」の認定を行
う。認定された教員は「指導改善研修」
を受けなければならない。研修では，情
熱や使命感が希薄で，指導力も欠如し，
教員として必要とされる人格的資質に問
題が生じる危険性のある教員に対して指
導・助言を行う。効果がない場合には，
教育委員会が定めた方針と手続きによっ
て毅然とした対処をすることが大切であ
る。

［広岡義之］

篠原助市
（しのはら　すけいち：1876-1957）

　愛媛県出身の教育学者。17歳で愛媛師
範学校に入学し，その後，小学校訓導を
経て校長となる。さらに学びを深めるた
めに東京高等師範学校，京都帝国大学哲
学科に進学した。京都帝国大学時代には，
新カント学派，とくにナトルプやヴィン
デルバンド研究を深めてゆく。1919（大
正8）年に母校の東京高等師範学校の教
育学教授。主著に新カント学派の影響を
受けた『批判的教育学の問題』（1922）
や『理論的教育学』（1929）などがある。
1930（昭和5）年，東京文理科大学教授
となり，学位論文『教育の本質と教育
学』を出版。1934（昭和9）年，同大学
教授兼任のまま文部省調査部長となる。

［広岡義之］

師範学校令

　1886（明治19）年に公布。森有礼は文
部大臣就任以前において師範教育の充実
が明治初期の国民教育の必須事項である
ことを認識していたが，彼の師範学校の
構想がこの師範学校令に具体的に現れて
いるといわれている。その第1条におい
て教員に求められるべきものとして「順
良」「信愛」「威重」の3つの気質を挙げ

ている。また師範学校を高等と尋常の2つに分け，高等師範学校は東京（のちに広島）に，尋常師範学校は府県に各1か所ずつ設置するようになった。高等師範女子部は女子高等師範学校（東京女子高等師範学校）として分離した（のちに奈良女子高等師範学校）。師範学校はすべて全寮制で，軍隊式教育を多分に取り入れ，完全給費制であった。卒業後は5〜10年間，教職に就く義務があった。

[津田　徹]

CBI⇨内容中心教授法

自閉症（自閉症スペクトラム）

　最初に自閉症の概念を提唱したのは，アメリカの児童精神科医カナー（Kanner, L.）である。自閉症やそれに類する障害の原因は，中枢神経系の機能障害や機能不全と考えられているが，まだ確立されていない。アメリカ精神医学会の診断基準（DSM）は，日本でも一般的な診断に用いられているが，2013年に改訂されたDSM-5では，自閉症やアスペルガー症候群などが統合されて「自閉症スペクトラム障害（Autistic Spectrum Disorder：ASD）」という診断名が用いられている。

　自閉症スペクトラム障害は，社会的コミュニケーションの困難と限定された反復的な行動や興味，活動が表れる発達障害である。自閉的障害は知的障害や言語障害を伴う場合と伴わない場合があり，また症状は発達段階，年齢や環境などによって大きく変化する。こうした多様性と連続性の特徴から，自閉症スペクトラム障害という名称が用いられた。DSM-Ⅳで「小児期に診断されるべき障害」という程度の大まかな分類枠で「広汎性発達障害」と呼ばれていたものが，DSM-5では「神経発達障害」という分類名で整理され，知的障害，コミュニケーション障害，自閉症スペクトラム障害，注意欠如・多動性障害，限局性学習障害，運動障害の6つの障害が分類されている。

　「コミュニケーションの困難」では，

(1)会話のやりとりや感情を共有することが難しい，(2)人と交流する際，身ぶり手ぶりなどの非言語的コミュニケーションがとれない，(3)年齢に応じた対人関係が築けない，の3つの項目で持続的に障害がある。また，「興味や行動への強いこだわり」では，(1)常に同じ動きや会話を繰り返す，(2)同一性への強いこだわりがある，(3)非常に限定的で固執した興味がある，(4)音や光などの感覚刺激に対して，極度に過敏。あるいは鈍感，の4項目のうち2項目以上当てはまるかが診断基準になる。

　自閉症スペクトラム障害は，生活に支障をきたすほど症状が強い人から日常生活にほとんど支障なく暮らせる人までさまざまであり，一人ひとりの困難を理解しサポートすることが必要な障害といえる。

[大平曜子]

シーボルト，P. F. B. von

（Siebold, Philipp Franz Balthasar von：1796 - 1866）

　幕末に西洋の学術を日本に伝えた，オランダ商館付医官のドイツ人医師。江戸時代後期に長崎に来日して，「鳴滝塾」（1823年）を開き5年間医学や自然科学を教授。蘭学の発達に多大な寄与をした。門人として高野長英らが輩出。1829年の帰国の際，国外持ち出し禁止の日本地図を携帯していたため，いわゆる「シーボルト事件」が起こった。彼は長崎奉行に捕えられ約1年間出島に軟禁され，その後に追放された。帰国後，収集した膨大な資料を整理し，日本に関する著作を多数出版し，ヨーロッパにおける日本研究の第一人者となった。1858年，日蘭修好通商条約が締結され，彼の入国禁止令も解除されたため，翌年，オランダ商事会社の顧問として再来日し，1862年に帰国した。主著は『日本』などのほか多数。

[広岡義之]

事務職員，事務長

　教育機関における事務官（国家公務

員），事務吏員（地方公共団体）の呼称。これは学校教育法第37条において「小学校には，校長，教頭，教諭，養護教諭及び事務職員を置かなければならない」とあることから，教育機関の事務官，事務吏員を事務職員と呼称することになった（中学校・高等学校も同じ）。事務職員は小・中・高等学校において原則必置で，事務の長である事務長や事務主任を小・中学校で，高等学校でも事務長を置くことができる。また「事務職員は，事務をつかさどる（同法第37条第14号）」と改定され，旧法の「事務に従事する」に比べ，校務運営への主体的，積極的な参画が求められるようになった。　　　〔佐野　茂〕

社会化（socialization）

　個人が自分の生まれた社会の文化や規範，行動様式などを学習によって内面化する過程のこと。社会化の機能を有する主要な場には家庭，学校，近隣社会，仲間集団，職場が挙げられる。社会の側面から見た場合，社会化は社会形態の存続，社会構成員を再生産するために必要な働きであり，個人の側面から見れば社会生活を営むうえでの混乱を回避する働きがある。子どもの社会化は親や教師など周囲の大人の行動観察及び社会的関係の解釈，言語を通じた知識・価値の習得等が重要な役割を果たすが，近年では視覚メディアの多様化・普及などによりイメージや感覚が情報伝達に占める度合いが増えたため，言語の社会化が難しいといった問題も指摘される。一方で成人にも社会化は必要であって，新たな年齢段階や社会集団に応じたマナーや行動様式の習得，さらには変化の激しい現代社会に適応するための再社会化などがその例として考えられる。　　　　　　〔塩見剛一〕

社会教育主事

　教育委員会に置かれている専門職員で，1949（昭和24）年に制定された社会教育法に基づくものである。同法第2章に，設置，職務，資格，養成，研修などが定められており，「社会教育を行う者に専門的技術的な助言と指導を与える」（第9条の3）ことを職務とする。またその養成は，大学に2年以上在学して62単位以上を修得すること，または社会教育主事補など一定期間社会教育に携わった者が大学などで社会教育主事講習を受けることによってなされている。2001（平成13）年に社会教育法が一部改正され，ボーイスカウトのリーダーなど社会教育関連業務に従事した者を実務経験者として，社会教育主事に採用することができるようになった。2008（平成20）年の同法一部改正は，教育基本法改正に伴い社会教育行政の体制の整備等を図るものであり，社会教育主事の職務，資格の改正を行っている。　　　　　　〔松井玲子〕

社会に開かれた教育課程

　さまざまな課題に直面する現代社会は，グローバル化した社会からの学校教育への期待と，学校教育が長年めざしてきた事柄が一致し，学校と社会が共有しともに学んでいくことができる絶好の時期である。これからの教育課程は，社会の変化に目を向けながら，教育が普遍的にめざす根幹を堅持しつつ，社会の変化を柔軟に受け止めていく「社会に開かれた教育課程」を重視することが切に求められる。そのためには，まず社会や世界の状況を幅広く視野に入れて，「よりよい学校教育を通じてよりよい社会を創造する」という目標を掲げることが大切である。次に，これからの社会を創り出していく子どもたちが，社会や世界に関わり合うなかで，自らの人生を切り開いていくために求められる資質・能力とは何かを教育課程において明確に育んでいくことが重要になる。そして，教育課程の実施にあたり，地域の人的・物的資源を活用したり，放課後や土曜日を活用した社会教育との連携を図ることが求められる。　　　　　　〔広岡義之〕

自由ヴァルドルフ学校

　シュタイナーの人智学的教育観に基づく学校のこと。現在，日本を含め世界において1000を超える。1919年にドイツのシュトゥットガルトに創設されその後世界各地に広まった。この学校の特徴は，学校運営の基本は両親，教師，児童生徒の共同作業から成立すること，教職員会議の合議制による自主管理により運営される。各教員の平等な議決権とそこで決定される校務分掌による学校運営，教育理念の特徴は「人間学に根ざした教育の実践」であり，芸術科目授業のみならず，男女を問わない手芸，手工の授業，重要性の高い教科においては集中授業方式（エポック授業），その他いかなる選抜方式をも採用せず，数値による評価も，それに伴う効率主義的圧迫も存在しない点にある。週1回教育上の問題に関する教育的，心理学的視点に立つ会議が催され，教師たちの自己教育が制度化されている。日本では相模原市（神奈川県），京田辺市（京都府）等に学校がある。[津田　徹]

就学義務の猶予・免除

　学齢児童・生徒の保護者が負う就学義務の実施を，一時的に延期または義務を解除すること。学校教育法第17条の「就学義務」に対する例外的規定として同第18条に定められる。児童生徒が病弱，発育不完全などのやむを得ない事由で就学困難と認められる場合に，区市町村の教育委員会によって許可される。その他の事由としては児童生徒の失踪，外国から帰国するなどして日本語の能力に欠如する場合，児童自立支援施設や少年院への入所などが挙げられる。ただし経済的理由は就学困難の事由と認められず，その代わりに区市町村が必要な援助を与えることが定められている。猶予・免除の願い出をする場合には，その区市町村の教育委員会が指定する医師その他の者の証明書など，事由を説明する書類を添える必要がある。また猶予期間が経過，ある

いは猶予・免除が取り消された児童生徒については，その子どもの発達状況を考慮し相当する学年に編入することができる。→義務教育　　　　　　[塩見剛一]

自由教育令

　日本における近代学校教育制度の整備は1872（明治5）年の学制公布に端を発する。この学制に代わり1879（明治12）年に出されたのが教育令である。当時文部大輔であった田中不二麿がその制度設計に中心的な役割を果たした。学制が中央集権的・画一的性格を有していたのに対し，教育の権限を地方に委ねることで地方の自由裁量を大幅に認めた点で，自由教育令と呼ばれた。この法令による就学義務の緩和，学校設置の自由化は公教育の衰退を招くとして翌年には改正教育令が出された。　　　　　　　　[山本孝司]

宗教教育（religious education）

　諸外国では，その国の国教や，そこでの主たる宗教及び宗教倫理に関わる教育をいう。例えば欧米ではキリスト教教育（christian education）である。これに対してわが国では，私立学校が公立学校の「道徳」に代わるものとして置かれ，その教育内容が実施される教育課程を指す。ただし，国及びその機関は，宗教教育その他いかなる宗教的活動もしてはならない（日本国憲法第20条第3項）と定めている。したがって，国及び地方公共団体が設置する学校は，特定の宗教のための宗教教育その他宗教的活動をしてはならない（教育基本法第15条第2項）ことになっている。しかし，もちろん宗教に関する寛容の態度及び宗教の社会生活における地位は，教育上これを尊重しなければならない（同法第15条第1項）。それらによって，国公立学校では，既存の宗教を教育のなかで触れることまで禁止されているわけではない。したがって国公立学校では，宣伝や布教活動にならなければ，教育課程上において，既成宗教の行事や儀式についての知識や歴史上の事

実としての紹介などを比較的寛容に，しかも中立に実施している。　　［西本　望］

十七条憲法（じゅうしちじょうけんぽう）

604（推古12）年，聖徳太子の手になる日本最古の成文法。当時の豪族官吏に対する政治的・道徳的な訓戒が主な内容で，第１条で，和を尊ぶべきことや仏教を信尊することなどが示された。太子の人生観によるものであるが，同時に当時の皇室と蘇我氏との間の緊張も考慮されてのことであろう。思想的には儒・仏・道の３教の教えのほか，法家の思想も混在し，多数の中国文献が引用されている。基本的には中央集権的国家の理想が述べられており，前年の603年に出された冠位十二階の制とともに，大化の改新の精神のさきがけをなすもの。　［広岡義之］

習熟度別編成

生活集団である学級集団による授業形態を，教科内容の習熟（習得）度別の学級編成により，教科学習を目的とした集団において授業を行うやり方である。学校現場では，算数・数学科や外国語（英語など）のクラス編成で実施されることが多い。わが国の社会的風潮では，「能力別編成」と実質的にとれる「習熟度別」編成に対して，児童生徒への競争主義的意識の醸成にもなりうるとの懸念もみられるが，「確かな学力」と問題解決能力を基盤とする「生きる力」を育むことを学力の形成ととらえる21世紀の学校教育では，児童生徒一人ひとりの「能力」に応じた教育の展開が求められる。そのため，習熟度別編成の問題点を考慮しつつ，「確かな学力」の獲得と保障という視点からそれを正しく位置づける必要がある。　　　　　　　［上寺康司］

修身科

第二次世界大戦前と戦時中，日本の初等学校と中等学校に設けられていた道徳教育のための特別の教科。1872（明治５）年に発布の学制に定められた「小学教則」には，修身口授（ぎょうぎのさとし）という修身教育が定められていた。忠孝を基本とする国民道徳を授け，これを実践させることを主要な目的とした。独立の教科としての修身科が成立したのは1880（明治13）年の改正教育令からである。修身教育は1890（明治23）年の教育勅語発布に基づいて強化され，日本の教育の中核を形成した。日清戦争，日露戦争を経て，世界列強と肩を並べるために修身教科書を通じて国民思想の統一を推し進めていった。「国民科修身」は教育勅語の趣旨に基づき「皇国ノ道義的使命ヲ自覚」させることを目的として，国民教育の中心をなしている。第二次世界大戦後，修身教育は日本を戦争に導き，超国家主義・軍国主義の精神的支柱を形成したものとして連合国軍によって排除させられた。　　　　　　　［広岡義之］

集団行動（group behavior）

集団メンバーが集団の存続発展のために行う行動，及びその行動の総体をいう。学校教育における体育科・保健体育科で指導する集団行動（集団としての行動）の主な行動様式は，「姿勢」「方向変換」「集合・整頓・番号・解散」「列の増減」などがある。学習指導要領（2017）では，従前どおり「内容の取扱い」で「次の事項に配慮するものとする」として示され，体育分野の各領域で「適切に行うこと」となっている。

経済協力開発機構（OECD）の2015年に行われた「学習到達度調査（PISA）」のうち，他者と協力して問題を解決する「協同問題解決能力」で，日本は参加した52の国・地域の中では２位，OECD加盟国32か国中では１位だった。現在の日本の学校教育では，体育や特別活動などで集団行動を学び，求められる機会が多いため，このような結果が出たと考えられている。　　　　　　　［森田玲子］

習得型の教育

2005（平成17）年10月の中央教育審議会答申によれば，「読み・書き・計算」

等の基礎的・基本的な知識・技能を確実に定着させる教育を「習得型の教育」という。知識や技能等が十分身に付いていると，問題の解決が容易になる。しかしこれはたんなる教え込みや詰め込みの学習活動を意味するものではない。集中的なドリル学習も，延々と継続することによって効率が悪くなることも指摘されている。日本の場合，基礎学力の確かな定着と習得した知識・技能を生かして活用する力の育成とを総合的に達成する点でまだ課題が残る。このようになった原因として，漢字や計算ドリルに力を入れることと，授業で教師が教える際に子どもたちに意見交換を十分にしつつ考え方を深化させる過程をうまく統合できなかったことにある。 ［広岡義之］

重度・重複障害教育

重複障害のある者は，学校教育法施行令第22条の3に規定する障害（視覚障害，聴覚障害，知的障害，肢体不自由，病弱）を2つ以上併せ有する者である。その重複障害の程度が著しく重いものが重度・重複障害のある者であり，その者に対する教育が重度・重複障害教育である。一般的には通学して教育を受ける者が多いが，学校に通学できる体力がなく，また免疫力の低下等により，多数の人間のなかでの活動が困難な者等に対しては，家庭や医療・福祉関連の施設などに教員を派遣し，訪問教育を展開する場合もある。また重度・重複障害をもった児童生徒にあっては，学校の日常的な活動中にも突発的な事故が起こる可能性がある。その対策をつねに練っておく必要のある児童生徒も多い。日常的に医療上の支援を必要とする児童生徒も多く，関係機関等との連携を密にしておくことも重要である。重度・重複障害のある児童生徒が教育の対象であるが，教育の本質としては健常の児童生徒の教育と何ら変わることはない。障害のある児童生徒に関わりながら，彼らから発露する人間の根源的な行動に，

学ぶことが肝要となる。 ［上寺康司］

主幹教諭

2007年6月の学校教育法改正によって，2008年4月から幼稚園，小学校，中学校，義務教育学校，高等学校，中等教育学校，特別支援学校に置くことができるようになった職。幼児の保育や児童・生徒の教育にあたるとともに，「校長（副校長を置く学校にあつては，校長及び副校長）及び教頭を助け，命を受けて校務の一部を整理」（幼稚園の場合は園長，副園長）することが職務である。主幹教諭は校長，副校長，教頭を補佐するとともに，校長にゆだねられた一部の校務について教頭と校務整理権を分有する。職階としては教諭の上位に置かれ，教諭に対して指示（職務命令）を発する権限をもつが管理職ではない。校務分掌の職務命令によって教諭もしくは指導教諭をもって充てられる充て職である主任とは異なり，任命権者による任命行為を必要とし，異動によって身分が変わることはない。また，学校の実情に照らして必要があるときは，幼児・児童・生徒の「養護又は栄養の指導及び管理をつかさどる主幹教諭」を置くこともできる。 ［古田 薫］

授業研究

教師は授業をより望ましい形で展開し想定される結果に学習者が到達しているかを検証しなければならないが，望ましさの内容は授業の目的によって異なるため授業研究の対象も異なる。歴史的に日本では大正期に授業研究を教師が積極的に取り組んできたことも見られた。学校での授業研究は，管理職，各主任による指導をはじめ同僚教師による相互検討，さらには大学研究者を交えながら授業の改善をめざし，より望ましい授業展開がめざされる。近年においては科学的手法によって分析を加え教師の動きや授業を量的に解釈する動向が見られる。「マイクロ・ティーチング」や「エスノメソドロジー」や「現象学的分析」など言語学，

心理学，社会学，哲学等の各重点的分野からのアプローチによって物事の現象に迫ろうとする動向がそれである。これら科学的実証的アプローチは会話分析等によって量的にデータを収集し質的な意味づけを行おうとするが，発言の量・カテゴリーなど現象そのものを明確に解明できない課題が残っている。　　　［津田　徹］

授業研究（レッスン・スタディ）

「授業研究」とは，教師が行う授業をいかにすれば子どもたちに理解させることができるか，彼らを授業に集中させ興味あるものにできるかを研究することである。

わが国の「授業研究」は，日本独自に発展した教員研修の仕組みであり，近年「レッスン・スタディ」として国際的な広がりを見せている。こうした従来の強みを生かしつつ，これからの教員には，学級経営や幼児・児童・生徒理解等に必要な力に加え，教科等を越えたカリキュラム・マネジメントやアクティブラーニングの視点から，学習・指導方法を改善していくために必要な力，学習評価の改善に必要な力などが求められる。日本ではその取り組みの一環として，教員がお互いの授業を検討しながら，学び合い，改善していく「研究授業」が日常的に行われており，国際的にも高い評価を受けている。子どもたちが興味や関心を抱くような身近な題材を取り上げて，学習への主体的な取り組みを引き出そうと努力している。こうした成果は，日本の学校教育の質を支える貴重な財産といえる。　　　［広岡義之］

綜芸種智院（しゅげいしゅちいん）

空海が，828（天長5）年頃に，日本で初めて京都に創立した庶民のための普通教育機関。京都の現在の東寺の一画に設けられ，儒教や仏教などあらゆる学問を総合的に教育しようと試みられた。唐には学校が各地に設置されており勉学の機会が多く与えられているが，日本の都には大学が一つあるだけで，学問を深めたいという若者がいてもその機会がなかなか得られないと空海は考えた。そこで貴族の子弟だけでなく，経済的に貧しい若者でも学ぶことができるように私立の学校を設けた。しかしこの学校は永続せず，まもなく敷地は売却された。　　　［広岡義之］

朱子学

朱子（しゅ）の説く「居敬」とは，個人のなかに存在する「天理」を持続するために，日常生活の一挙手一投足に，心の乱れがないようにつねに自己コントロールすることであった。また，「窮理」とは，一事一物に内在する「理」を究明してゆくことである。そのために朱子は，経書や四書を徹底的に研究することを求めた。朱子が集大成した宗学（性理学，道学，新儒教）では，「立志」が学問や教養の出発点として重視する。その意味でも，子どもに対してというよりも，青年や成人に対する修養論であり，学問論であった。　　　［広岡義之］

主体的・対話的で深い学び（生活科）

生活科の深い学びの「見方・考え方」とは，身近な生活に関わる見方・考え方であり，それは「身近な人々，社会及び自然を自分との関わりでとらえ，よりよい生活に向けて思いや願いを実現しようとすること」である。生活科の目標実現のためには，指導の方法を新たに導入するのではなく，これまでと同様に児童や学校の実態に応じて主体的な学び・対話的な学び・深い学びの視点から授業改善を図る必要がある。

具体的な活動例として，植物の栽培や世話を通して，小さな変化に気付き，気付いたことを観察カードに書いていくことで，もっと大きく育てたいという気持ちになり大切に世話を続けていこうという主体的な気持ちをもつことができる。同様に町探検においても，公園にはどんな人たちが来ているのか，町の人は自分

たちとどんな関わりがあるのかを知りたいなど，児童が思いや願いをもって主体的に活動するなかで多くの気付きやできることが増えていく。さらに気付いたことなどを教師や友達に伝え，喜びや発見を共有することで対話が生まれ，友達の植物の様子と比べたり，異なる種から育った芽を観察したり，町探検でまだ知らないことやわからないことがあったら町の人にインタビューして確かめようとしたりすることで，学びの深まりが期待できる。体験活動のなかで自分の考えを広げたり，深めたりすることで，さらなる活動に発展し，学びも深まっていく。このような取り組みが授業のなかで，主体的・対話的で深い学びの実現につながっていく。

　学びの深まりをつくりだすために，児童が考える場面と教師が教える場面とをどのように組み立てるのかといった視点で授業改善を進めることが求められる。
　　　　　　　　　　　　　　　[藤池安代]

主体的・対話的で深い学び（総合的な学習の時間）

　「主体的な学び」とは，児童生徒が自分事として実生活・実社会から課題設定し，見通しをもった探究や自らの探究の振り返りにより，次の課題に主体的に取り組む態度を育む学びである。
　「対話的な学び」とは，児童生徒が多様な他者との問題解決や自分を取り巻く世界との相互作用を通して，自らの考えを広げ深める学びである。自己との対話や先人・ICT を通した情報との対話も含め，さまざまな対話の姿が考えられる。
　「深い学び」は，児童生徒が各教科の「見方・考え方」を働かせ，関連づけたり情報を精査したりして，深い理解や新たな思考形成などをしながら解決に向かう学びである。実社会・実生活においても発揮できる資質・能力を育成する。
　　　　　　　　　　　　　　[山田希代子]

主体的・対話的で深い学び（特別の教科 道徳）

　中央教育審議会答申「幼稚園，小学校，中学校，高等学校及び特別支援学校の学習指導要領等の改善及び必要な方策等について」では「主体的・対話的で深い学び」と道徳教育について以下のようにまとめられている。
(1)「主体的」な学び：子どもたちが問題意識を持ち，自己を見つめ，道徳的価値を自分自身との関わりでとらえ，自己の生き方について考える学習を行うこと。
(2)「対話的」な学び：子ども同士が協働して学んだり，教室の中でのコミュニケーションを図ること，さらに教員や地域の人との対話，本や資料を用いて先哲の考え方を手掛かりに考えたりすること。
(3)「深い学び」：道徳的諸価値の理解を基に，自己を見つめ，物事を多面的・多角的に考え，自己の生き方について考える学習を通して，さまざまな場面において，道徳的価値を実現するための問題状況を把握し，適切な行為を主体的に実践できるような資質・能力を育成すること。
　　　　　　　　　　　　　　[広岡義之]

主体的な学習

　2017年３月告示の学習指導要領では「主体的・対話的で深い学び」が全体を貫く目的として掲げられている。ここでは学習における子どもの能動的で協同的な姿勢が強調されている。子どもたちの主体的な学びの重要性については，古くは19世紀末から20世紀初頭にかけての新教育運動のなかで主張された。この運動の担い手たちは，教師の指導性に対し子どもの内的本性を，教科に対し子どもの経験を重視した。とりわけデューイは，子どもの主体的な学びと民主主義社会とを関連づけて教育理論を構築した。民主主義社会においては，個人は主体的であると同時に対話的であることが求められる。その意味では2017年３月告示の学習指導要領は「デューイ・ルネサンス」の

一形態としてとらえることもできる。

［山本孝司］

シュタイナー, R.

（Steiner, Rudolf：1861 - 1925）

オーストリア生まれの教育思想家。独自の世界観（人智学，独：Anthroposophie）に基づいて，世界各地にヴァルドルフ学校を広める。彼はウィーン工科大学で学ぶが，人文科学にも造詣が深くゲーテ，シラー，ブレンターノなどに影響を受け，神智学で有名なブラバツキーらとの交流もあった。彼は各地で講演を重ねたがその内容は精神論から博物学に至るまで幅広く，講演録として多数の業績を残している。彼の思想は時代を先取りするもの，現存の教育観に代わるものとして alternative（オルタナティブ）ともいわれている。代表作に，『神智学（テオゾフィー）』等がある。→シュタイナー教育

［津田 徹］

シュタイナー教育

シュタイナー教育とは，カントの哲学的認識論，ゲーテの自然論，そして，「神智学（Theosophie）」の神秘主義思想をシュタイナーが，独自の仕方で換骨奪胎した「人智学（Anthoroposophie）」に基づく教育のこと。その特徴として，(1)親子，教師と生徒，友人など，人間との出会いにおける運命を重視すること，(2)8年間担任制による教師と子どもとの密度の高い関係構築をめざすこと，(3)学校から競争原理を除去し，教科書による画一的な指導に代わる，自由で生成的な創造に準拠した教育法を使用することが挙げられる。→シュタイナー

［島田喜行］

『シュタンツだより』（1799）

18世紀スイスの教育実践家ペスタロッチの代表作の一つ。本著はシュタンツの孤児院での彼の運営，経過を詳述したものである。友に対して宛てられた書簡の形で構成されたこの作品からは彼の教育実践に対する熱い一途な思いがひしひしと伝わってくる。「私は彼等と共に泣き彼等と共に笑った」。孤児院の暮らしについて母親の尋ねに子が答えて曰く「生家にいるよりもいい」。「私はどんな徳でも口で言う前に先ず感情を喚起した」「私は孤児院のどんな出来事でも彼等自身にあるいは彼等自身の感情に訴えることとした」など数々の言及は，彼の子ども中心の教育観，知識よりも感覚を重視する教育観を示すものである。興味深いのは「子どもに無情と粗野が表出すると私は厳格になり体罰を加えた」と述べている点である。彼は真の愛情でもって懲戒することの重要性を認識し，ときには正しさをもって子どもに対峙することの大切さを説いた。これは体罰を正当化する内容でないことはいうまでもない。

［津田 徹］

十進位取り記数法

日常生活で用いられている数の表し方。「十進」とは数が10集まれば一つ大きい位に移動すること，「位取り」とは数字で表されている位置によってその大きさが決まるということ，「記数法」とは表記の仕方である。例えば「９３９」という整数であれば，百の位の9は100が9個あることであり一の位の9は1が9個あるということで，同じ数字「9」でも位置が異なるので大きさも異なるということである。また，一の位にあと一つ1を加えると10になるため，一の位の数が隣の十の位に新たな1として位置づける。これが二進数であれば，各位は数が2個集まれば一つ大きい位に移動することになる。したがって，十進位取り記数法においては「0～9」の10個の数字を使ってどんな大きい数でも表すことができる，といったよさを味わわせることが大切になってくる。

［井上正人］

出席停止

一定の期間にわたり児童生徒に登校をさせない措置のこと。性行不良で他の児童生徒の教育に妨げがある児童生徒（学

校教育法第35条），ならびに感染症にかかっている，かかっている疑いがある，あるいはかかるおそれがある児童生徒（学校保健安全法第19条）があるときは，児童生徒の出席停止を命じることができる。性行不良には生徒間暴力，対教師暴力，授業妨害，いじめ，器物損壊などが挙げられる。またその場合の出席停止は本人に対する懲戒ではなく，学校の秩序を維持し，他の児童生徒の義務教育を受ける権利を保障するために設けられているが，懲戒処分との違いは必ずしも明確ではない。期間は短くなるよう配慮され，7〜13日以内が多い。2013年公布のいじめ防止対策推進法第26条では，いじめを行った児童の出席停止等の速やかな措置が必要とされている。一方で感染症に関する児童生徒の出席停止は，その予防を目的として措置がとられる。　[塩見剛一]

10分間教育

　10分程度の時間を単位として，基礎的な知識・技能の定着を図るために繰り返し指導などを行う短時間学習のこと。例えば，小学校では，始業前の10分間を漢字の書き取りの時間に当てたり，昼休みと午後の授業の間の15分間を計算ドリルの時間に当てたりする取り組みが，わかる。短時間の学習ではあるものの，わかる喜びやできたという達成感を実感しやすく，児童生徒の自信とやる気の向上・維持につながる実践として注目を集めている。実施の際には，毎日継続して行うこと，ICT等を活用して効率的に進めることが肝要である。なお，こうした10分程度の短時間学習の取り扱いについては，中学校学習指導要領（2017）の第1章第2・3(2)　ウ(イ)が次のように示している。「10分から15分程度の短い時間を活用して特定の教科等の指導を行う場合において，当該教科を担当する教師が（中略），その指導内容の決定や指導の成果の把握と活用等を責任を持って行う体制が整備されているときは，その時間を当該教科

等の年間授業時数に含めることができる」。小学校においても，この規定と同じように，児童の発達段階と各教科の学習活動の特質に照らして妥当であるという判断のもと，10分間程度の特定の学習活動の時間を授業時数にカウントできる。
　　　　　　　　　　　　　　　　[小川　雄]

シュテルン，W.
(Stern, William：1871 - 1938)

　ドイツの心理学者。エビングハウスに学び，自らは批判的人格主義を標榜した。妻（クララ）との共著『子どもの言語』（1907）『幼児期の心理学』（1914）『幼児期における回想記憶，供述，嘘』（1909）などを残す。彼の思想的特徴は，「差異心理学」（一般の心理学が普遍的な人間という概念構造を前提としているのに対してこの立場は心理機能が専門に限定されずに個人の特性とみる立場で4つの領域［変異研究，相関研究，心理誌，比較研究］から成立するものあった）と「人格主義心理学」（心理学は多様性の統一としての人格性を探求する学問と考える立場）の2つである。1933年ナチス政権から逃れるため当時在職していたハンブルグ大学からアメリカに亡命し，デューク大学で教鞭を執った。　[津田　徹]

主任制

　主管制ともいう。学校経営を円滑化するため，専門的に分化した職務の各分野を取りまとめる指導的地位のこと。すでに明治30年代には教務主任や学年主任などが校務分掌上の役割として設置されており，第二次世界大戦後も法制化はされないまま，各学校の自由裁量によって慣例的に置かれていた。だが1975（昭和50）年に学校教育法施行規則が省令により一部改正され，主任制に法的根拠が与えられた。すなわち省令主任制の決定である。だが，省令化にあたっては主任職の位置づけが管理職か否かといった議論が紛糾，「中間管理職ではない」という通達により一応の決着がつけられた。主

任の主な職務は連絡調整及び指導助言と
されるが，具体的な内容は明記されない
ため各学校で判断されているのが現状で
あり，共通職務の明確化が望まれる。学
校種別に省令で定められた，教務主任・
学年主任・保健主事・生徒指導主事など
の主任以外に，必要に応じて「その他の
主任」を置くことができる。→校務分掌

［塩見剛一］

シュプランガー，E.

(Spranger, Eduard：1882 - 1963)

　ドイツの哲学者であり教育学者。文化
教育学の発展に尽力。ディルタイやパウ
ルゼンの学説を継承し，実存哲学に至る
思想を受け入れた。主著に『文化と教
育』(1919)，『生の諸形式』(1921)や
『青年心理学』(1924)などがある。ここ
で，文化教育学（Kultur Pädagogik）と
は，とくにシュプランガーに代表される
教育学の呼称で，客観的文化の主観化を
主張する。ノールらの編集した雑誌『教
育』では，「学問と生活における文化と
教育の関連を目指す」とされている。思
想的源泉は，新人文主義やシュライエル
マハーに始まり，ディルタイらに引き継
がれてゆく。シュプランガーは一面にお
いて文化生活の個々の基本的方向に関し
て基礎的な認識に至り，同時に他面で精
神の生活類型学に到達した。そこから
シュプランガーは６つの基本的類型，す
なわち理論的，経済的，美的，社会的，
宗教的，権力的人間を類型化してゆく。

［広岡義之］

準拠集団

　個人の態度は自分一人の判断で決めて
いるのではなく，自身の周りの集団（家
族や友人，職場など）の考えを参考にし
て決められることが多い。自身の態度や
信念，行動などを評価するときに，判断
基準となる集団のことを準拠集団という。
準拠集団は次の２種類に分けられる。例
えば，喫煙について評価するとき，自身
の周りに嫌煙者が多ければ，喫煙は悪い

と評価することになる。このような，物
事の規範を提供するような集団を規範準
拠集団という。また，自身の能力を評価
するときに周りの人と比較し能力の高低
を評価することもある。このような他者
との比較において自身の立場を決める機
能を果たす集団を比較準拠集団という。
通常，所属集団が準拠集団となるが，場
合によっては参加したいと望んでいる集
団が準拠集団となることもある。

［辻川典文］

小１プロブレム

　遊びや活動を中心とした幼稚園や保育
所での生活と，教科による学習が中心と
なる小学校での生活とは本質的に異なる。
こうした変化の移行段階での不適応と混
乱が「小１プロブレム」と呼ばれている。
小学校入学後に，学校生活・授業・人間
関係・集団行動への適応がスムーズにで
きないことなどの諸問題（例えばわがま
ま，着席して話が聞けないなど）を指し
示す。自制心や規範意識の希薄化，生活
習慣の確立の不十分さ，問題行動等も指
摘。これらの背景には保護者の教育力の
低下がある。教師が子どもたちと向き合
う時間の確保が本質的な課題である。外
部人材の活用を視野に入れつつ，幼稚
園・小学校の連携も必要不可欠となる。
また幼・小の発達段階を考慮し，一貫し
た教育が求められる。さらには少人数学
習の措置，保護者への啓発の強化などに
よって，しつけや生活習慣の確立が喫緊
の課題である。

［広岡義之］

情意フィルター (affective filter)

　第二言語の習得に影響を与える感情
的・心理的な障壁。クラシェン（Krashen,
S.）は，情意フィルターが高くなると言
語習得の阻害要因になるとする情意フィ
ルター仮説を提唱した。一般的に，コ
ミュニケーション重視の英語教育におい
ては，児童生徒の発話に対する不安や，
ミスを犯すことへの躊躇，動機づけの低
さが情意フィルターを引き上げることの

ないように，学習者が安心してコミュニケーション活動に参加できるようにするための工夫が求められる。　　［宇野光範］

生涯学習振興法

　1990（平成2）年に成立した日本で初めての生涯学習に関する法律。正式名称は「生涯学習振興のための施策の推進体制等の整備に関する法律」である。生涯学習体系への移行を提唱した臨時教育審議会答申（1987）をうけた中央教育審議会答申「生涯学習の基盤整備について」（1990）を法律化したものである。文部科学大臣が定める基準に基づいて，都道府県教育委員会は生涯学習振興に資する体制を整備すること（第3条・第4条）や，都道府県が特定の地区において，民間事業者の能力を活用して住民の生涯学習の振興に資するための「地域生涯学習振興基本構想」を作成することができること（第5条），都道府県に都道府県生涯学習審議会を置くことができること（第10条）などが定められている。→生涯教育・生涯学習　　　　　［荒内直子］

生涯教育・生涯学習

　「生涯学習」が，人間が生涯を通して行う学習活動やその過程を包括的に表すのに対して，「生涯教育」はその「考え方や理念」を指す。生涯学習は，「人間が，いつでも，どこでも，自由に学習機会を得て，学びつづける存在であり，その成果が適切に評価される」生涯学習社会の構築という理念を背景としている。人間は家庭教育・学校教育を経て，職場や地域での教育・学習を含めた社会教育により社会的自立を果たすととらえられるが，生涯学習はそれらすべてを含む。「生涯教育」という表現は，1965年にユネスコの成人教育国際推進委員会において，ラングランにより「仏：éducation permanente（恒久教育）」（英：lifelong education）として提唱された。わが国では，1971年に社会教育審議会が「急激な社会構造の変化に対処する社会教育の

あり方について」を答申し，そのなかで生涯教育の必要性について指摘した。その後，中央教育審議会・社会教育審議会を経て「生涯学習の振興のための施策の推進体制等の整備に関する法律（生涯学習振興法）」（1992）が制定された。「新しい時代を切り拓く生涯学習の振興方策について——知の循環型社会の構築を目指して」（中央教育審議会，2008）では，生涯学習振興行政の固有の領域に関する施策についての検討・提言や生涯学習・生涯教育と学校教育・社会教育等の各施策との関係性などについて検討する方向性が示されている。　　　　　［吉原惠子］

障害児観の変遷

　今日の障害のとらえ方に関しては，WHOによって1980年に提示された「障害」概念が大きな役割を果たしている。障害は，当事者を取り巻く社会のあり方によって負担の軽重が変化するのであり，その意味で絶対的なものではなく，相対的なものである。この考えは障害児観にも及び，障害児の障害を絶対化してとらえるのではなく，「特別な教育的ニーズをもつ状態」として相対化してとらえるようになった。特別支援教育の登場の背景には，こうした障害児観の転換がある。　　　　　　　　　　　　［山本孝司］

障害者基本法

　1970（昭和45）年に成立した心身障害者対策基本法が1993（平成5）年に名称を含め全面改訂され，さらに2004（平成16）年，2011（平成23）年に一部改正されたものである。本法は「全ての国民が，障害の有無にかかわらず，等しく基本的人権を享有するかけがえのない個人として尊重されるものである」（第1条）という理念に則り，「障害者の自立及び社会参加の支援等のための施策を総合的かつ計画的に実施する責務」（第6条）を国及び地方公共団体は有すると規定している。また「障害者」を，「身体障害，知的障害，精神障害（発達障害を含む。）

その他の心身の機能の障害がある者」とし，「継続的に日常生活又は社会生活に相当な制限を受ける状態にあるもの」（第2条）と定義している。2011年改訂で，第4条（差別の禁止），第5条（国際的協調），第17条（療育），第27条（消費者としての障害者の保護），第28条（選挙等における配慮）などが新設された。［松井玲子］

障害者権利宣言

1975年12月9日，国連総会決議3447として採択された。前文で，障害者の権利を保護することを目的とし，障害者が最大限に多様な活動分野において能力を発揮できるように援助し，可能な限り障害者が通常の生活へ統合されることを促進する必要性を説いている。宣言の内容は13項目からなり，「障害者」の定義（第1項），人種・性・言語・宗教・政治上の意見・社会的身分・貧富・出生などによって享受すべき権利を区別又は差別されることはないこと（第2項），同年齢の市民と同等の基本的権利を有すること（第3項），自立のための施策を受ける権利を有すること（第5項），治療・リハビリテーション・教育・介助等の能力の開発と社会統合を促進するためのサービスを受ける権利を有すること（第6項），相当の生活水準を保つため経済的に保障されること（第7項）などを述べている。［松井玲子］

生涯スポーツ（lifetime sports）

誰もが生涯にわたって，心身の健康保持・増進を図り，いつでもどこでもスポーツに親しみ，人生を明るく豊かで活気あるものにすること，あるいはその考え方や理念。以前は，学校体育に対して社会体育といわれていた。

1960年代，スポーツ・フォー・オール運動を期に，生涯スポーツが重要施策と位置づけられ，スポーツが社会的認知を得るようになった。1975年には，第1回ヨーロッパ・スポーツ担当閣僚会議の「ヨーロッパ・みんなのスポーツ憲章」において生涯スポーツが注目され，1978年，ユネスコによる「体育・スポーツ国際憲章」により，世界に広まっていった。日本では1988年，文部省（現・文部科学省）体育局に，「生涯スポーツ課」と「競技スポーツ課」が設立された。2000年には，スポーツ振興法に基づき「スポーツ振興基本計画」が策定され，2006年，子どもの体力向上，生涯スポーツの充実，国際競技力の向上の3つが柱に改定された。そして，2010年「スポーツ立国戦略」の策定では，すべての人々が「する」「観る」「支える（育てる）」という各々の立場でスポーツに関わり，新たなスポーツ文化の確立をめざす考え方が示された。2011年「スポーツ基本法」が制定され，2012年「スポーツ基本計画」を文部科学大臣が定めた。2015年スポーツ施策を総合的に推進するため，文部科学省の外局としてスポーツ庁が発足し，2017年には，「第2期スポーツ基本計画」が策定された。このような変遷を経て，スポーツ庁は，「一億総スポーツ社会」の実現に国民，スポーツ団体，民間事業者，地方公共団体，国等が取り組むことを求めている。［森田玲子］

松下村塾

1842（天保13）年長州藩松本村（現，山口県萩市）に吉田松陰の叔父，玉木文之進が開設した私塾の名称。1849（嘉永2）年藩の要職に就いた文之進に代わり，久保五郎左衛門が後を継ぎ，1857（安政4）年に松陰が主宰となる。人間は平等であり，年齢，性別や身分の違いなどは学問を修めるのに余計なものであるという信念をもち，諸生（塾生）に知識を教授するのではなく，「人たる所以を学ぶ」学問を諸生とともに講究した松陰のもとには多くの塾生が集った。そのなかには，久坂玄瑞，高杉晋作など幕末に名を馳せた者のほか，伊藤利助（博文），山県小輔（有朋）など明治の日本を牽引した者

がいた。→吉田松陰　　　　　［島田喜行］

小学校（旧制）

「学制」（1872）により「小学」として規定されて以来，学校教育法（1947）成立まで，制度の変更を繰り返しながら初等教育機関として存続した学校である。学制では全国に5万3760校の小学校が設置されることが計画された。就学年齢を6歳とする尋常小学は下等と上等に分けられ，修行年限はそれぞれ4年であった。教育令（1879）では，初等科（3年），中等科（3年），高等科（2年）に分けられた。小学校令（1886）では尋常小学校（4年）と高等小学校（4年）に分けられ，尋常小学校が義務教育となった。1900（明治33）年に尋常小学校は無償となり，就学率が90％を超えるようになった。1907年の小学校令改正により修業年限が尋常小学校6年，高等小学校2年となり，義務教育機関も6年に延長された。1941（昭和16）年，国民学校令により小学校は「皇道ノ道ニ則リテ初等普通教育ヲ施ス」国民学校（修業年限6年の初等科と2年の高等科）となった。［荒内直子］

小学校（新制）

学校教育法（第1条）に定められた「学校」であり，「心身の発達に応じて，義務教育として行われる普通教育のうち基礎的なものを施すことを目的」（同法第29条）としている。満6歳で入学し修業年限は6年である。年齢主義により運営されているため原則として留年や飛び級はなく，在籍者のほとんどが満6歳から満12歳である。教育課程は「学校教育法施行規則」（第50条）に基づき，各教科，道徳，外国語活動，総合的な学習の時間と特別活動によって編成されており，文部科学大臣が公示する「学習指導要領」によって基準が定められている。2018（平成30）年現在，全国の学校数は約2万校であり，そのほとんどが公立である。約643万人の児童が在籍している。
［荒内直子］

小学校教則綱領

1881（明治14）年に文部省通達にて出された教育法規で，小学校の区分，学期，授業の日時，課程等を示したもの。これによれば，小学校は初等，中等，高等の3つに分類されている。小学初等科では修身，読書，算術の初歩，唱歌，体操を扱うこととし，小学中等科では初等科での教科に加え，地理，図画，博物，物理の初歩，女子に対しては裁縫を設ける。小学高等科では小学中等科の教科に加え，化学，生理，幾何，経済の初歩を加え，女子のためには経済の代わりに家事経済を加える。それぞれの学修年限は，初等科，中等科は各3年，高等科を2年とし，通年で8年とする。　　　［津田　徹］

消極教育

積極教育の反対語で，外から干渉することを避け，有害な影響を近づけないようにすることに配慮しつつ，内側からの自然の発達を助長するように努める教育のこと。知識偏重の教育を批判し，それを抑圧する教育論の一つ。とくにルソーによって定式化された用語で，「自然が示す道に従い」「認識の道具としての諸器官を完全にする」教育を指し示す。またフレーベルの「追随的教育」の主張も同じ内容のもの。さらに時代が下って，新ルソー主義と呼ばれたエレン・ケイの『児童の世紀』（1900）における「教育の最大秘訣は教育しないところに隠れている」という表現にも，消極教育の原理が示されている。　　　［広岡義之］

条件づけ（conditioning）

条件反応を形成すること。具体的には，反応を喚起し無条件刺激に先行させて，その反応とは無関係の条件刺激を繰り返して維持することにより強化し，その条件刺激に対して反応が生起するようになること（古典的条件づけ）。さらに生活体の既存の反応のうち，ある反応が起きたときに報酬や罰が与えられることによって，その反応の生起率が変容するこ

と（オペラント条件づけ）といわれる。条件づけは学習の最も基本的な様式であり，学習と同義に用いられることが多い。それは乳幼児の学習能力ばかりでなく，知覚能力を調べるためにも用いられる。パブロフによる古典的条件づけの発表以来，人間の行動理解にも流用され，ワトソン（Watson, J. B.）の恐怖の条件づけによる初期経験の重要性などがいわれるようになった。オペラント条件づけでは，ソーンダイクらの訓練の転移やヒックス（Hicks, V. C.）らによる迷路学習などがある。　　　　　　　　　　　　　［西本　望］

条件反射（conditioned reflex／conditioned response）

　条件反応ともいう。古典的な実験ではソビエトの生理学者パブロフが，後天的に獲得される反射を発見したことにより有名である。彼は，空腹状態下の犬にメトロノーム音とともに餌を与える操作を反復して与え（条件づけ），唾液分泌を観察した。これによって犬はメトロノーム音を聞くと唾液を出すようになった。ここで，条件反射を誘発する刺激を条件刺激（conditioned stimulus：CS）と呼び，餌のような無条件刺激（unconditioned stimulus：US）との対提示によって強化を重ねると，条件反射量が増加する。一方でCSだけを反復提示すると消去（extinction）される。ほかに類似の刺激を単独で与えると般化（generalization）が観察される。

　以上のようにパブロフは脳の働きと行動を分析した。条件反射の考えは広く行動全般にあてはめて条件反応と呼ぶようになっている。このような条件づけが学習能力の客観的測定法として用いられることもある。ただし，一般的な学習と異なるのは，唾液分泌が，無意識的な自動調節に依存しているところにある。
　　　　　　　　　　　　　　　　［西本　望］

上構型学校系統

　近代以降に成立した庶民を対象とする学校系統で，基礎教育学校を基盤として，その上に職業教育学校が成立する，すなわち，下級学校から上級学校へと整備された学校系統である。国家が関与する庶民教育（近代学校）の流れは19世紀に入り徐々に形態を整えてゆく。修業年限も次第に延長され，教育内容も3R's の教授（基礎教育）から職業（補習）教育へと拡大してゆく。その結果，基礎教育学校を下級学校とし，上級学校として職業教育学校が接続するという「公教育」としての上構型学校系統が成立する。この学校系統は支配者を対象とした下構型学校系統（大学を上級学校として下級学校が誕生する）とは目的や内容などにおいて性格のまったく異なるものであり，20世紀初めまで有機的な関連のないまま並列的に存在することになる。→複線型学校体系　　　　　　　　　　　［荒内直子］

少子化

　文字通り子どもの数が減少することであるが，日本においては高齢化とセットで「少子高齢化」といわれる。出生率の低下が人口置換水準を下回ると，人口が自然減少する。日本は1997年に子どもの数が高齢者（65歳以上）の数よりも少なくなり，2005年からは総人口が自然減少している。国立社会保障・人口問題研究所が2012年に提示した予測によると，2060年の日本の総人口は8670万人にまで減少する見込みである。少子化に付随して，生産年齢人口の減少と税収の縮減，社会保障体制の維持等，さまざまな解決すべき社会問題が山積している。
　　　　　　　　　　　　　　　　［山本孝司］

少子化と教育

　21世紀は少子高齢社会を迎えている。出生率の減少は，そのまま各学校段階への入学者数の減少を伴い，学校の児童生徒数の減少ひいては学校の統廃合を行わざるをえない状況を引き起こす。また少子化により人口バランスは高齢化にシフトし，高齢者の生きがいに資する生涯学

習支援が求められる。そのため，従来，児童生徒の教育の機能を担ってきた学校では，地域に学校の教育・学習資源を開放し，その提供に積極的に資することも求められるようになってきた。とくに高等教育機関である大学は，地域への教育・学習資源の開放が求められており，高齢者の生涯教育・学習の場としての機能を果たすことも求められている。少子化は，保護者の子どもに対する関わりにも変化をもたらす。平均で1人から2人の子どもに対して，親の気持ちが深く入り，子どもに対する思い入れが強くなる。そのため子どもに対する過保護・過干渉，甘やかし，また子どもに対する依存も増える。子どもが1人の場合，友達ができにくい状況となれば，家庭に閉じこもりがちになる場合もある。親子ともども積極的に地域に出て，地域との連携のなかで子育てを行う必要がある。少子化のなかでは，学校ではとくに保護者とのコミュニケーションを密にするとともに，公民館を中心とした地域の青少年育成関係の団体への積極的な関わりを行うしくみをもち，子どもに生きる力を育み，地域全体で人間力をアップするための具体的なプログラムの開発・実施が求められる。　　　　　　　　　　　[上寺康司]

小中一貫教育⇨義務教育学校

小中連携（総合的な学習の時間）

　小学校・中学校教育との接続という観点から，教育課程の中核を担う総合的な学習の時間の果たすべき役割と期待は大きい。小・中学校間で総合的な学習の時間の目標や内容，指導方法，育成をめざす資質・能力等について関連性や発展性が確保されるよう連携を深めることが重要である。具体的には，中学校区単位で総合的な学習の時間の実施にかかわる協議会等を組織し，合同研修や情報交換・指導計画作成等を行う。　　[山田希代子]

情緒障害（emotional disturbance）

　情緒障害は「人間関係のあつれき，その他の情緒的葛藤に起因する行動異常」とされ，状態像として，習癖の異常，不登校，緘黙などの非社会的問題及び不適切な感情や行動表出，他者攻撃のような反社会的問題があるとしている。
　　　　　　　　　　　[西本　望]

情緒障害児教育（education for emotional disturbance child）

　ここで使用されている「情緒障害児（emotional disturbed child）」とは，学術用語よりも，むしろ行政上の言葉として用いられる。その始まりは，当時の厚生省が児童福祉施設として，1961（昭和36）年に情緒障害児短期治療施設を設けたことによるといわれる。この対象児には「人間関係のあつれき，その他の情緒的葛藤に起因する行動異常」があって「習癖の異常，登校拒否（不登校），緘黙などの非社会的問題，および反社会的問題」が見られるとしている。当時は自閉症スペクトラム障害など発達障害の幼児，児童生徒をそれに含めるかどうかなどの論議があったが，現代では自閉症スペクトラム障害，学習障害，注意欠如多動性障害などの発達障害の子どもは特別支援教育の対象とされている。したがって，発達障害とは別途に，病虚弱児の範疇に含まれ支援されているが，情緒障害児教育としての児童生徒としては，発達障害も対象としている。そこでは子どもだけを遊戯療法などによる治療対象とするのではなく，父母などの保護者，きょうだいなどの家族や担任教師もカウンセリングの対象として長期間の治療となる。
　　　　　　　　　　　[西本　望]

聖徳太子（しょうとくたいし：574-622）

　飛鳥時代の為政者で文化の指導者。20歳で聖徳太子は，女帝であった推古天皇の摂政として古代官僚国家の発展に尽力した。太子の政治は自らの深い学問的素養，すぐれた識見に基づき，政治の基調に仏教を採用。当時，仏教は日本に渡来してわずか数十年しか経っていなかった

が，当時の仏教は進歩した学問・芸術の総合体であり，太子自ら仏教への非凡な理解と信仰をもっていた。仏教を篤く信仰していた太子は607年，小野妹子らを遣隋使として派遣して大陸文化を積極的に摂取し，7世紀初めに学問寺である法隆寺を建立（607年）。当時は，「法隆学問寺」と呼ばれ，図書館や博物館も兼ねた文化施設であった。法隆寺以外にも四天王寺等の建立も手がけた。さらに彼は「冠位十二階」（603）や「十七条憲法」（604）などを制定。主著にわが国に現存する文献の最古のものである三経典の注釈書である『三経義疏』（さんぎょうぎしょ）（611 - 615）がある。　［広岡義之］

少年院

　家庭裁判所から保護処分として送致された者及び少年法の規定により少年院において刑の執行を受ける者を収容し，これに矯正教育を授ける施設であり（少年院法第1条），法務大臣が管理する国立の施設である（同法第3条）。4つの種類に分けて設置されており，家庭裁判所の決定に従い，心身に著しい故障のない者は年齢に応じて「初等少年院」または「中等少年院」に，犯罪的傾向の進んだ者は「特別少年院」に，心身に著しい故障のある者は「医療少年院」に送致される（同法第2条）。少年犯罪の低年齢化・凶悪化に伴って2007（平成19）年に少年法が改正され，少年院送致年齢が14歳以上から「おおむね12歳以上」に引き下げられた。少年院では生活指導，職業補導，教科教育，保健・体育，特別活動からなる教育活動が実施されている。
　　　　　　　　　　　　　　　［荒内直子］

少年法

　少年の健全育成を期すため，少年の保護事件と刑事事件，少年の福祉を害する刑事事件について規定した法律である。1922（大正11）年に制定された旧少年法をGHQの指導の下に全面改正して1948（昭和23）年に成立した。20歳に満たな

い「少年」に対しては原則として家庭裁判所による保護更生のための処置を下すことを規定している。家庭裁判所の判断により検察官に送致（逆送）し刑事裁判を受けさせることもできるが，その場合でも処分については不定期刑や死刑・無期刑の緩和などの配慮を規定している（第3節）。しかし，少年犯罪の凶悪化を受けて2000（平成12）年の大改正で刑事罰対象年齢を「16歳以上」から「14歳以上」に引き下げ，16歳以上の重大犯罪を「原則逆送」と定めたのに続き，2007（平成19）年の改正では少年院に収容できる年齢の下限を「14歳」から「おおむね12歳以上」に引き下げるなど厳罰化の流れが進んでいる。　　　　　［荒内直子］

消費期限と賞味期限

　加工食品は，食品表示法で「消費期限」や「賞味期限」を袋や容器に記すことが義務づけられている。これは，未開封の状態で決められた方法で保存していた場合に，食品の安全と品質を保証するものである。「消費期限」とは，弁当や総菜，パンなど品質の劣化が速い食品につけられる。この期間を過ぎると衛生上問題が起こる可能性が高い。「賞味期限」とは，缶詰やスナック菓子，ペットボトル飲料など品質が比較的長く保持される食品につけられる。「おいしさの目安」とされ，期限が切れても食べられないわけではない。近年，食べられるのに捨ててしまう「食品ロス」が社会問題となっている。食品を大切にし，無駄にしないことは，地球の環境を守ることにもなる。
　　　　　　　　　　　　　　　［山口香織］

昌平坂学問所

（しょうへいざかがくもんじょ）
　もとは3代将軍徳川家光が下賜した上野忍岡に設けられた林家の家塾。江戸幕府直参の家臣（旗本・御家人）の子弟を教育するために設置した学校であった。敷地が湯島であったことから，その聖堂は湯島聖堂とも称された。学問好きの5

代将軍綱吉は1691（元禄４）年に孔子廟を湯島の昌平坂に移し，林羅山の孫である信篤（のぶあつ）を大学頭（だいがくのかみ）に任命。聖堂は享保以降しだいに衰退期に入り，荻生徂徠派が一世を風靡（ふうび）するようになったため，松平定信が老中になると1790（寛政２）年，異学の禁を発令して，朱子学のみを正学とし，徂徠派や陽明学派を異学として圧迫。それ以降，朱子学が公然と幕府の官学となった。1797（寛政９）年に正式に幕府直轄の昌平坂学問所となる。幕臣の人材を養成し，幕政を援助することを目的とした。教科の中心は，朱子学であり，経学・史書・文章の３科とした。

［広岡義之］

情報科

情報に関する科学的な見方を養い，情報社会に参加するうえで望ましい態度を学び，コンピュータ等の情報手段を適切に活用する能力を育てる教科。社会の急速な情報化を受け1999（平成11）年告示の学習指導要領より，高等学校の必修教科に設定。すでに1989（平成元）年の学習指導要領改訂で中学校の技術・家庭科に「情報基礎」が選択領域とされ，高等学校では職業に関する教科として情報に関する科目が置かれ，また各教科でコンピュータ等を教育機器として活用するなど，情報教育が推進されていた。だが普通教科として情報科が必修化されたことで，小・中学校の基礎の上に立った体系的な情報教育がめざされる。2009（平成21）年の改訂ではそれまでの情報Ａ・Ｂ・Ｃという３科目から，情報社会の理解とコミュニケーションについて学ぶ「社会と情報」（旧・情報Ｃ）及び情報技術の効果的利用法を習得する「情報の科学」（旧・情報Ｂ）の２科目になり，いずれか１科目を選択履修する。　［広岡義之］

情報活用能力

1998年８月の「情報化の進展に対応した教育環境の実現に向けて」（情報化の進展に対応した初等中等教育における情報教育の推進等に関する調査研究協力者会議最終報告）のなかで情報活用能力は次の３点に集約されている。すなわち(1)情報活用の実践力，(2)情報の科学的な理解，(3)情報社会に参画する態度である。この報告を受けて文部科学省は，ICT教育を提唱。教科やその他の学習活動において情報コミュニケーション技術（Information and Communication Technology）の積極的な活用が推奨される。今日の教育界においては，しばしばこの情報活用能力が，学習者による主体的学習の要となる「生きる力」と深く関連づけられて語られる。あふれる情報のなかから，必要な情報を選択し，主体的に自らの考えを構築していく力として，情報活用能力が必要となる。　［山本孝司］

情報教育

情報教育は，情報化が進展する今日の社会において，情報や情報技術が果たしている役割や影響を理解させるとともに，児童生徒たちが情報モラルを身に付けコンピュータや情報通信ネットワークなどの情報手段を適切かつ実践的に活用する能力，すなわち情報活用能力を高める教育である。この情報活用能力を涵養するためには，児童生徒が情報を主体的に活用できるようにすること，情報及び情報手段の特性などを科学的に理解できるようにすること，情報に関する科学的見方や考え方を養い，情報モラルを身に付けることなどが求められる。2008（平成20）年度改訂の学習指導要領には，指導重点項目として，情報化に対応した教育のあり方についての詳しい記述がなされている。情報化は，子どもたちの日常生活においても浸透している。パソコンやスマートフォン・携帯電話等を利用したメールの送受信等における情報モラルが問われている。2018（平成29）・2019（平成30）年改訂の学習指導要領では，情報教育には，プログラミング教育や

データサイエンスを中核とした情報活用能力・コンピュータ活用能力の向上を企図した内容が盛り込まれている。

［上寺康司］

情報の扱い方に関する事項（国語科）

　小学校学習指導要領（2017）の改訂で国語科に新設された学習内容である。急速に情報化社会が進展するなかで，さまざまな媒体のなかから必要な情報を取り出したり，情報同士の関係をわかりやすく整理したり，発信したい情報をさまざまな手段で表現したりすることを求めたものである。「情報と情報との関係」と「情報の整理」の2つの内容がある。これまでのように，1つの教材の読解に時間をかけていては，情報読みの力は育たない。読み比べ，相違や類似を探し出し自分の考えをつくり上げる指導が必要であろう。

［森　成美］

情報モラル

　情報社会で適正な活動を行うための基になる考え方であり態度。内容としては，情報社会の倫理，法の理解と遵守，安全への知恵，情報セキュリティ，公共的なネットワークがある。道徳科においてはとくに，情報社会の倫理，法の理解と遵守を中心に取り上げることになる。指導に際しては，親切や思いやり，礼儀に関わる指導の際に，インターネット上の書き込みのすれ違いなどに触れたり，規則の尊重に関して，インターネット上のルールや著作権など，法やきまりに触れたりすることが考えられる。　［広岡義之］

書画カメラ

　これまで教育分野において紙の資料などは，オーバーヘッドプロジェクター（OHP）を用いて教育やプレゼンテーションに利用されてきた。しかし近年，パソコンやスマートフォンやタブレット端末が教育分野において使用され，それらの端末画面を，プロジェクターで投影するようになってきている。書画カメラは，OHP の代わりに，ビデオカメラで資料などを撮影し，それをプロジェクターで投影するものである。最近では，書画カメラと無線 LAN とを組み合わせることで，教室内を自由に移動できるポータブル書画カメラも普及している。

［高松邦彦］

食　育

　2005（平成17）年に食育基本法が成立。「食に関する知識と食を選択する力を習得し，健全な食生活を実践することができる人間を育てる食育を推進する」ことが求められている。食育基本法には，心身の健康，食の重要性，感謝の心，食文化，社会性，食品を選ぶ力等を育むという食育の目的が掲げられている。また食育は，教科等を横断して改善すべき7つの課題のうちの1つである。主なねらいは，(1)食事の重要性，望ましい栄養や食事の摂り方，(2)食品の品質及び安全性等の判断力，(3)望ましい食習慣の形成，(4)各地域の産物，食文化等の理解がある。小学校家庭科，中学校技術・家庭科あるいは給食の時間がこの領域に該当する。食生活の改善や睡眠時間の確保等の生活習慣の確立は「生きる力」の基盤である。そのためにも家庭の教育力が高められるべきであろう。近年，子どもたちの偏った栄養摂取，朝食欠食等，食生活の乱れによる肥満傾向が著しくなっている。

［広岡義之］

職員会議

　大学を除く学校において，校長を含めた教職員がもつ全校的な会議。すでに明治中期より自然発生的に形成され，慣行的に継続されている。当初は校長の意思伝達機関として機能したが，戦後の民主化により事実上学校経営の決定機関となった。しかし，大学の教授会が学校教育法に規定されるのに対し職員会議の法的規定は長くなされず，行政側は校長の諮問機関・補助機関説をとり，教育運動側は学校の最高議決機関とみなすという意見の対立があった。2000（平成12）年

に学校教育法施行規則が改正され，第48条（改正前は第23条第2項）に「校長の職務の円滑な執行に資するため，職員会議を置くことができる」ならびに「職員会議は，校長が主宰する」と規定され，職員会議が法制化された。これにより校長の補助機関としての性格が法的に明確化されたが，合議制による職員会議を妨げるものではなく，校長の職務執行のため職員会議を開催することが法的に認められたと解釈される。→学校経営

[塩見剛一]

職業観の形成

経済的・社会的・個人的側面などからとらえた職業の意義や職業への義務感，理想の職業，あるいは職業についての理解や興味・関心など，個人が職業生活に対してとる包括的な態度や見解を指して職業観という。職業観の形成には個人的要因として素質や能力，社会的要因として学校教育や親の影響，マスメディアの影響，アルバイト経験など，多数の要因が作用する。とりわけ仕事が高度化・細分化され自営業者が減少した昨今では，親や身近な大人の働く姿を見る機会が減少し，子どもにとって仕事が見えにくくなり，職業観の形成に関わる環境や要因も変化していると考えられる。中学校・高等学校の教育課程の特別活動では「望ましい職業観・勤労観の形成」がその目的に挙げられるが，2017年改訂の小学校学習指導要領では，特別活動の学級活動の内容として「一人一人のキャリア形成と自己実現」が加えられ，小学校からのキャリア教育の充実が図られている。
→職業指導，進路指導　　　　[塩見剛一]

職業指導（vocational guidance）

20世紀初頭の欧米先進国で，重工業の発達や独占の強化から生じた失業の増加，産業構造の変化に対応するため，個人の雇用機会を保障し労働力の合理的な配備を目的として各国ではほぼ同時に起こった職業指導運動に端を発する。アメリカの

パーソンズ（Parsons, F.）がボストンの市民館で始めた職業相談所はその典型例として知られ，自己理解・職業理解，及び両者の相互関係の考察による適職の発見，という三段階からなるその指導方法は職業指導の雛形をなしている。欧米諸国ではその後，職業指導の主要な位置が社会事業的な分野から学校教育の領域に変化するという推移が見られた。日本においても1915（大正4）年に入沢宗寿が『現今の教育』で vocational guidance を「職業指導」と訳して以来，用語として定着し，欧米と同じく学外から学校教育へと主な領域の推移を経ている。1958（昭和33）年の学習指導要領改訂によって学校での職業指導は進路指導と改称された。

[塩見剛一]

触法行為・虞犯

触法行為とは，刑事責任年齢である14歳未満の少年による刑罰法令に触れる行為であり，刑事責任年齢に達しないため責任を問われない（法律上，罪を犯したことにならない）行為をいう。虞犯（ぐはん）とは，保護者の正当な監督に服しない性癖，家出，不良交際，不純異性交遊など，その行為自体は犯罪・触法行為ではないが，将来犯罪・触法行為をするおそれがあると認められるような品行をいう。触法行為・虞犯は，14歳以上20歳未満の少年による刑罰法令に触れる行為である犯罪行為とともに少年非行の3類型と呼ばれ，家庭裁判所に送致後少年審判を経て，都道府県または児童相談所長送致，保護処分（保護観察，児童自立支援施設または児童養護施設送致，少年院送致）または不処分等の処分が決定される。

[古田　薫]

助産術（希：maieutikē）

助産術（産婆術）は，プラトンが，ソクラテスの言行録を克明に記録していた『メノン』のなかで，対話による問答法として紹介している。本人の無知を悟らせ，知恵（ソフィア）を求めさせ，内的

な自省を通して真理の獲得に至らせる方法であり，本人に自発的な思考を生み出させる。ソクラテスの母親が助産婦（産婆）を職業としていたところから「助産術（産婆術）」という名前がつけられた。助産婦は，赤ん坊を産み出す母親の手伝いをする。そのことから，助産婦は，一人で真理を生み出すことが困難な子どもの援助者としての「教師」を意味する。「赤ん坊」は，子どものなかに蔵されている「真理」を指す。「母親」は真理を生み出す母体である「子ども」自身のことである。→ソクラテス　　　［広岡義之］

女子教育

　女子を対象にした組織的な教育をいうが，歴史的にその考え方は変遷をみせている。近代教育制度の発足した明治初期には女子の就学率は低かったが，政府の振興政策を受け，初等教育の就学率は明治後期にかけて上昇をみせた。当時の女子教育の基本理念は良妻賢母であり，とくに1899（明治32）年の高等女学校令において確立された女子中等教育では学業よりも裁縫・修身などに力点が置かれ，明白な良妻賢母主義を示している。女性の特性を強調することで女子教育の普及に貢献した意義は認められるが，男尊女卑を固定化し，国家主義的教育に女性を組み込んだことは否定できない。明治後期には女子の高等教育機関が現れたが専門学校と定められ，性差による偏見から女子大学は認められなかった。大正期にはデモクラシー的風潮を受けて女子への大学教育の開放要求が高まったが，実質的に開かれたのは男女平等が法的に実現された戦後のことである。→男女共学
　　　　　　　　　　　　　　　［塩見剛一］

初任者研修

　新規に採用された教員に対する研修。1970（昭和45）年より国の教育研修事業補助金を受けて年間10日（後に20日）の初任者研修が行われてきたが，1986（昭和61）年の臨時教育審議会答申を受けて法制化された（教育公務員特例法第23条）。この制度により公立学校の新任教員は採用の日から1年間，指導教員のもとでの実践的な研修が義務づけられている。指導教員は所属学校の教頭，教諭及び講師が担当し，職務の遂行に必要な指導と助言を与える。研修には校内研修と校外研修があり，文部科学省では週10時間以上・年間300時間以上の校内研修，年間25日以上の校外研修の実施を想定。校外研修の内容は所属校と別種の学校や社会教育施設，企業での参観・体験研修など多岐にわたる。近年，研修内容の重複や指導の不徹底などの問題が指摘されたため，改善策として2003（平成15）年度より初任者研修に関する拠点校が段階的に導入され，初任者4人に対し1人の拠点校指導員を配置する施策が全面的実施の方向にある。→教員の研修（制度）
　　　　　　　　　　　　　　　［塩見剛一］

シラー，J. C. F. von

(Schiller, Johann Christoph Friedrich von：1759 - 1805)

　ゲーテと並ぶドイツの劇作家・詩人で美学者。自由への憧れと圧制への憎しみを描いた戯曲『群盗（*Die Raüber*）』が1781年に処女作として発表され，一躍，高い評価を受けた。しかしそのことで暴君オイゲン公から政治的抑圧を受ける。制作から遠ざかった時期に，歴史とギリシア研究に没頭し，その成果によってイェーナ大学の歴史学の客員教授になることができた。主著の『美的教育論』（1793 - 1795）は，美的教育の人間的意義を追究した作品。これは人間性を完成させるべき美の使命を述べたものである。1794年，偶然親しく話し合ったことが縁となって，長年待望していたゲーテとの親交が開け，相互に制作上の刺激を与えつつ，ドイツ古典主義文学の黄金時代を構築していった。　　　　　　　［広岡義之］

自立活動

　1999（平成11）年，学習指導要領が改

訂され，それまでの「養護・訓練」は受身的な意味合いが強いと受け止められることがあることや，この領域が児童生徒一人ひとりの実態に対応した活動であり自立をめざした主体的な取り組みを促す教育活動であることを明確にすることなどの観点から，「自立活動」に改められた。この変更によって，児童生徒の自立と主体的な社会参加をめざし，教師は，児童生徒自らの「主体的な困難を改善・克服する活動」を支援することが明確にされたといえる。

盲・聾・養護学校の幼稚部における養護・訓練は，1989（平成元）年の教育要領告示に伴うものであったが，その内容は小・中・高等部との一貫性はなかった。平成11年の改訂では，早期から一貫した方針で指導できるよう，ねらい，内容ともに同じ示し方をすることになった。

自立活動の内容としては5つの区分（健康の保持・心理的な安定・環境の把握・身体の運動・コミュニケーション）の下に22項目が示された。また，個別の指導計画作成が義務づけられ，標準授業時数は示されなくなった。

学校教育法第72条には，特別支援学校の目的を，幼稚園，小学校，中学校又は高等学校に「準ずる教育」を施すとともに，「障害による学習上又は生活上の困難を克服し自立を図るために必要な知識技能を授けること」と示している。「自立活動」が特別支援学校の教育課程において特別に設けられた指導領域であり，重要な位置を占めていることがわかる。また，学校教育法施行規則には，特別支援学級や通級による指導において「特に必要がある場合には，特別の教育課程によることができる」ことを規定しており，「自立活動」の内容を取り入れるなど，実情に合った教育課程の編成を示唆している。自立活動に関する記述については，従前の学習指導要領等では「障害に基づく種々の困難」と示されていたが，平成21年の改訂では学校教育法第72条の改正を踏まえ，「障害による学習上又は生活上の困難」と改められた。自立活動の内容は，人間としての基本的な行動を遂行するために必要な要素と，障害による学習上・生活上の困難を改善・克服するために必要な要素で構成され，「健康の保持」「心理的な安定」「人間関係の形成」「環境の把握」「身体の動き」及び「コミュニケーション」の6つの区分の下に26項目が示された。近年，特別支援学校に在籍する重複障害の児童生徒の割合が増加傾向にあり多様な障害に応じた自立活動の充実が求められている。そうした状況を踏まえ，2017（平成29）年の改訂では，「健康の保持」の区分に「障害の特性の理解と生活環境の調整に関すること」の1項目が加えられた。これは，自己の障害の特性を理解し生活環境に主体的に働きかけすごしやすい生活環境を整える力を身につけることをめざしている。これによって，6区分27項目となった。また，同改訂では，自立活動の指導上，実態把握による個別の指導計画の作成が重要であるとの認識から，その流れを示した事例が示されている。　　　［大平曜子］

シルバーマン，C. E.
(Silberman, Charles Eliot : 1925 -)

アメリカのジャーナリスト。1970年に『教室の危機』を著し，当時のアメリカの管理主義中心の学校教育のあり方を批判した。児童中心のオープン・エデュケーションを提唱し，今後の学校についての方向を提示。コロンビア大学やニューヨーク大学で講義し，その後，『フォーチュン』誌で編集員や論説委員として活躍した。彼は子ども中心主義と知識主義を調和させ，生活に直結した内容を教えると同時に，情操と道徳に重点を置くべきであると主張。教育のみならず人種問題や法制度等についても社会批評を深めている。　　　［広岡義之］

新学習指導要領等における**6つの改善す**べき事項

　「社会に開かれた教育課程」の理念のもとに，子どもたちが未来を創造していくために求められる資質・能力を育むには，子どもたちが「何ができるようになるか」「何を学ぶか」「どのように学ぶか」など，以下の6つに関連する事項を，各学校が計画して，家庭と地域と連携・協働しながら実施する必要がある。(1)「何ができるようになるか」：育成をめざす子どもたちの資質・能力。(2)「何を学ぶか」：教科を学ぶ意義と，教科等間・学校段階間のつながりを踏まえた教育課程の編成。(3)「どのように学ぶか」：各教科等の指導計画の作成と実施，学習・指導の改善・充実。(4)「子ども一人一人の発達をどのように支援するか」：子どもの発達を踏まえた指導。(5)「何が身に付いたか」：学習評価の充実。(6)「実施するために何が必要か」：学習指導要領等の理念を実現するために必要な方策。
[広岡義之]

新学力観

　1987（昭和62）年の臨時教育審議会第4次答申やそれを受けての諮問により答申された教育課程審議会等で提起され，それに基づいて1989（平成元）年改訂の学習指導要領で導入された学力についての考え方を総称したものである。知識や技能の系統的な習得を中心に据えていたそれまでの学力観に対して，学習のプロセスや社会の変化に柔軟に対応する問題解決能力の育成，自ら学ぶ力としての自学と自ら主体的に考える力としての思考力の育成に重点を置き，また児童生徒の個性の尊重とその伸長を図ったところに特徴がある。学習内容では，体験的な学習・問題解決学習などの全体に占める比重が増大し，学習成果の評価には，学習に対する関心・意欲・態度を評価の観点に導入した。教師の役割は指導から支援・援助へとシフトした。また21世紀の変化の激しい社会の到来に対応するため「学び方を学ぶ」ことが求められ，自己教育力及び自己学習力が重視されるようになった。
[上寺康司]

新教育運動（西洋）

　ルソーやペスタロッチの影響によって第一次世界大戦以前に展開された児童中心主義の教育運動を一般に指す。教育史家ボイドによれば，(1)レディによって創立されたアボッツホルムの学校（イギリス）やこの理念に影響を受けたリーツ（Lietz, H.）の「村の学校」（ドイツ）が登場してきた時期，(2)パーカーやデューイの活躍によるアメリカの経験主義的教育が展開された時期，(3)経験主義的教育だが教育専門家による非実践的活動の時期（ベルギーのドクロリー，イタリアのモンテッソリ，スイスのクレパレードなど）。この教育運動は，従来の教育観の変容を促し，とくに教育方法においてユニークな取り組みや実践がなされたのが特徴である（実践的手法，科学的手法，実用主義的手法，グループ学習など）。一時期，弾圧され縮小したこともあったが，第二次世界大戦後ユネスコの成立とともに新教育運動は著名人（ニイル，ユング，ピアジェ，デューイ）も協力して世界各地に広まった。
[津田 徹]

新教育運動（日本）

　ルソーやペスタロッチの子ども中心の教育思想に端を発し，20世紀に入って活気を呈した西洋の児童中心主義に影響を受け，その結果日本において展開された新教育運動のことをいう。とくに大正時代の社会的な背景（大正デモクラシーや労働者・女性の地位や意識の向上）も助力となった。代表者は沢柳政太郎であり，彼は役人を歴任後在野に下り成城小学校を創立した。この頃全国各地にユニークな教育実践が見られ（奈良女子高等師範学校附属小学校の合科学習等），私学（明星学園，自由学園，文化学院，児童

の村小学校等）の創設が相次いだ。1921
年に行われた「八大教育主張講演会」も
その機運を高めた。代表者は手塚岸衛
（自由教育論・千葉師範学校附属小学校
主事）である（その他に樋口長市「自学
教育論」，河野清丸「自動教育論」，稲毛
金七「創造教育論」，小原國芳「全人教
育論」など）。これに伴って芸術教育運
動も展開されたが，戦前では衰退した。
戦後ユネスコの理解に伴い再び隆盛する。
　　　　　　　　　　　　［津田　徹］

人材確保法
　正式名称は「学校教育の水準の維持向
上のための義務教育諸学校の教育職員の
人材確保に関する特別措置法」であり，
1974（昭和49）年に成立した。義務教育
の水準確保のため，義務教育諸学校の教
育職員の給与について特別の措置を定め，
教職員の質及び教職員の量を確保するこ
とを目的としている。しかし，2003（平
成15）年の公立学校教員給与の「国立学
校準拠制」廃止の法改正に際し，人事院
への勧告義務づけ規定が削除され，人材
確保法はもはや理念のみの法律となって
いるとの指摘もある。「義務教育費に係
る経費負担の在り方について〔中間報
告〕」（中央教育審議会初等中等教育分科
会教育行財政部会，2004）では，人材確
保法の必要性とともに，義務標準法につ
いては，(1)学級編制や教職員定数につ
いて市町村や学校の権限と責任をいかに
拡大していくべきか，(2)定数加配制度
について，一般定数への転換も含め，い
かに地方の自由度を拡大していくべきか，
(3)特別支援教育の在り方の検討とあわ
せて，特別支援教育に係る教職員定数に
ついての地方の裁量をどのように拡大し
ていくべきかなどの諸課題についても検
討する必要があるとしている。
　　　　　　　　　　　　［吉原惠子］

心身障害者対策基本法⇨障害者基本法
新人文主義
　18世紀にヨーロッパ（主にドイツ）で
発生した古代ギリシア，古代ローマの知
的財産を再評価する文化運動。代表者は
ヴォルフ，ヴィンケルマン，レッシング，
ゲスナー，ヘルダー，ゲーテ，フンボル
トらが挙げられる。この主義の特徴は古
代ギリシア・ローマの知的業績に範を取
り形式陶冶的な学問を展開したことであ
る。とくに言語や詩歌に対する発展が著
しく認められた。その結果，新人文主義
の発展は高等教育に対する貢献として実
際的な役割を果たした。　　　［津田　徹］

身体能力（physical ability）
　身体能力とは，本来体に備わっている
技術を除いた基礎的能力のことを指す。
文部科学省によると，身体能力の要素は
「筋力」「筋持久力」「瞬発力」「心肺持久
力」「敏捷性」「平衡性」「柔軟性」の7
つに分類される。すべての子どもたちが，
健康・安全に生きていくための体力を養
い，生きがいに満ちた人生を送るために
は，7つの各要素に加え，巧みに運動す
る身体能力（調整力），社会生活におい
て必要な身体能力，生涯にわたってス
ポーツに親しむための身体能力が必要で
ある。なお，学校教育の教科・科目の中
で，唯一「体育」だけが，これらの身体
能力を養うことができる。　　［森田玲子］

診断的評価
　ブルームは教育評価を，その実施時期
と目的によって，診断的評価，形成的評
価，そして総括的評価に分類した。診断
的評価は，新しい学年や学期あるいは新
しい学習単元に入る前に，以降の学習内
容を理解するうえで必要となる既習事項
が定着しているかを予備的に判断するた
めに行われる教育評価である。評価の結
果は，教師が最適な指導方法を考えるた
めに用いられる。診断的評価の結果から，
既習事項の復習や以降の教育プログラム
の修正が必要となる場合もある。
　　　　　　　　　　　　［松田信樹］

心的外傷（トラウマ：trauma）
　災害や事故，虐待，犯罪被害などによ

り，非常に強い精神的衝撃や恐怖，苦痛を感じる体験。心的外傷の出来事を直接体験することや他者の体験を目撃すること，近親者の体験を聞くことなど，心的外傷的出来事への曝露を契機として，急性ストレス障害（Acute Stress Disorder）や心的外傷後ストレス障害（Post-Traumatic Stress Disorder）などを生じることがある。　　　　　　　　　［及川　恵］

進歩主義教育運動

　19世紀後半の欧米で，伝統的な教育の形式主義的偏狭さに反対して，新しい教育を主張した教育改革運動。デューイ，キルパトリックらを中心に発足した児童中心主義を信奉する教育的思想であり，半世紀にわたってアメリカの教育改革運動の主流を占めたが，1955年頃に衰微してゆく。ドイツに留学したパーカーは，ペスタロッチ，フレーベル，ヘルバルトの教育思想を独自に統合して「進歩主義教育運動の父」と呼ばれた。進歩主義（プログレッシヴィズム）に代わって，その後，本質主義（エッセンシャリズム）が主導権をもち始めた。本質主義の教育は，進歩主義教育が学力低下や犯罪の増加を招くと非難した。　［広岡義之］

進歩主義教育（Progressive Education）

　パーカーやデューイを思想的土台として，20世紀前半にアメリカで展開された新たな教育潮流。その特徴は，子どもの自然性や子どもの興味関心に根ざした自発性を重視する「子ども中心主義」，マニュアル・トレーニングや協同作業を通じて，他者とともに民主的に社会を批判する知性の獲得をめざす「社会的再構築主義」，そして，移民の増加などにより階層化・多様化する社会における公教育の効率化を企図する「効率主義」である。
→デューイ　　　　　　　　　　［島田喜行］

信頼関係

　私たちの日常生活は，社会のなかでともに暮らす他者への信頼によって成り立っている。もし支援と安らぎを与えてくれる他者（家族や友人など）が一人も存在しなかったならば，私たちは一日たりともこの世界のなかで生きていくことができないだろう。こうした社会を実現するための教育では，自他の個性を尊重し，互いの身になって考え，相手のよさを見つけようと努力する心構えをもった個人，多様な他者とのよりよい人間関係を主体的に築こうとする態度を身に付けた個人の育成がめざされる。このような心構えや態度を備えた個人は，社会の成立基盤としての信頼関係を体現する者として，誰からも信頼に値する者とみなされる。　　　　　　　　　　　　［島田喜行］

親　　鸞（しんらん：1173 - 1262）

　鎌倉時代の浄土真宗の開祖。念仏他力門に努めた。法然に師事し浄土宗をいっそう徹底させた。法然師の像の図画を許されるほどになった。主著には『教行信証』がある。弟子の唯円の編集した『歎異抄（たんにしょう）』のなかで「悪人正機」説が民衆に受け入れられた。「善人なおもて往生をとぐ，いわんや悪人をや」（『歎異抄』）の文言は有名な箇所である。つまり，善を行うこと自体が偽りの善に陥りがちな人間の罪性を鋭く指摘した。親鸞は恵心尼と結婚（のちに別れる）しており，親鸞の念仏が在家主義（妻帯・肉食をなす僧を認める考え方）に立つものと思われる。90歳の長寿を全うする。自力聖道を捨てて，他力浄土の信仰に帰るべきであると説いた。親鸞によって描かれた阿弥陀仏は従来のものとおおきく異なり，色もなく，形もなく，視覚の世界を超越したものであった。
　　　　　　　　　　　　　　　［広岡義之］

心理療法（psychotherapy）

　臨床心理士や精神科医などの治療者が，悩みを抱えたクライエントに対して行う専門的な心理的援助のこと。心理療法の理論にはさまざまなものがあり，精神分析や来談者中心療法，行動療法，認知行動療法などが挙げられる。各理論では症

状の原因に関する考え方や援助過程における焦点の当て方が異なっている。援助過程では，クライエントの状況やニーズに応じた技法が用いられる。個人だけでなく，夫婦や家族，グループなどを介入対象とする場合もある。　　　　［及川　恵］

進路指導

　進学や就職など，生徒の進路選択を援助・指導する教育活動。中学校では学級活動，高等学校ではホームルーム活動といずれも特別活動のなかで行われることが示されるが，それらを中心としながら学校の教育活動全体を通じた組織的・計画的な遂行が求められる。生徒自身が将来の進路の選択，計画をし，就職または進学して，さらにその後の生活によりよく適応し進歩する能力を伸長するための援助が進路指導の主眼とされる。教師は生徒に個人理解をもって接し，進路情報や啓発的経験を提供して，そのうえで進学や就職の斡旋をするという一連の活動を，在学期間を通じて組織的・継続的に行うことが望まれる。また卒業生に対しては追指導も行われる。進路指導にあたっては，進路選択を生徒の主体的な活動としてとらえることが重要であり，個人の適性や志向を無視した学業成績による振り分けや，卒業時の進学・就職の斡旋に終わらないよう注意すべきである。
→職業指導，特別活動　　　　　　［塩見剛一］

進路指導と生徒指導の関係

　進路指導と生徒指導には，いずれも生徒の主体的な活動の援助であること，各人の生き方・あり方に関わる指導であること，特別活動という領域を中心に学校教育全体で行われる活動であることなどの共通点がある。一方その相違点は，生徒指導が生徒の現在の生活に即しながら将来を見すえた自己実現への道を探るのに対し，進路指導は将来の希望を基に現在及び将来を設計するという考察の方向性に見られる。また社会性の育成に重点を置く生徒指導に対し進路指導では目的

意識の形成が重視される。両者の関係は，生徒指導を広義に解釈するならば，学業指導，余暇指導，個人的適応指導と並ぶ一内容領域として進路指導を包摂して考えることができる。反対にキャリア形成や職業生活を踏まえた人生設計・生き方の指導として進路指導を広くとらえ，そのなかで生徒の現在に問題関心をすえた指導として進路指導を考えるならば，生徒指導は進路指導のうちに含まれる。
　　　　　　　　　　　　　　　［塩見剛一］

水道方式

　1950年代終わりに教科書の編集段階において遠山啓（とおやまひらく）や銀林浩（ぎんばやしこう）らによって考え出されたといわれる算数教育（計算練習）理念である。1960年代以降，教育内容の現代化の動向が学校教育において発生したが，カリキュラム研究の結果新たな提案が数多くなされた。板倉聖宣（いたくらきよのぶ）の「仮説実験授業」，細谷純と高橋金三郎の「極地方式」，明星学園の「にほんご」，そして水道方式である。これは計算の過程を幾通りかのパターンに分類し，どのタイプ（型）において学習者が躓（つまず）くかを見極め，躓いたタイプの計算を再計算によって躓きを補おうとするものであった。その名称の由来は大きな水源（例，3桁の足し算）から一の位，十の位，百の位がそれぞれ繰り上がる場合（2段階の場合，1段階の場合，空位の場合）など，いくつかの分岐した型へと至る過程（各家庭の水道）にあり，どの段階・型で学習者が躓くかを見定め，それに基づき合理的に学習の習得を図ろうとするものであった。
　　　　　　　　　　　　　　　［津田　徹］

数学的活動

「事象を数理的に捉えて，算数の問題を見いだし，問題を自立的，協働的に解決する過程を遂行すること」（『小学校学習指導要領解説　算数編』より）と書かれているが，2008年に示された小学校学習指導要領では「算数的活動」とされていた。このときは「児童が目的意識をもって主体的に取り組む算数にかかわりのある様々な活動」と意味づけられていたが，2019年の改訂に伴い，問題発見や問題解決の過程により明確に位置づけられ，このような活動を進めるなかで数学的な見方・考え方が働くとされている。なお，活動というと具体物を使った操作的な活動を思いがちであるが，「算数的活動」の際にもいわれていたように，念頭で考えるといった活動も思考力や表現力を育てるうえで重要な数学的活動の一つとしてとらえている。　　　　〔井上正人〕

数学的な見方・考え方

さまざまな事象に対して問題解決を進めていくなかで用いられる，算数・数学の視点から着目したり考えたりするアイデア。1958（昭和33）年に出された学習指導要領の算数科の目標に「数学的な考え方」という文言が入れられた。それ以降，数学的な考え方は，内容に関する数学的な考え方と方法に関する数学的な考え方の2つでとらえられてきた。内容に関する例として「単位の考え」「関数の考え」など，方法に関する例としては，「帰納的な考え」や「演繹的な考え」などがある。しかし，2017（平成29）年2月に出された学習指導要領の算数科の目標には「数学的な見方・考え方」として明確に定義され「事象を，数量や図形及びそれらの関係などに着目して捉え，根拠を基に筋道を立てて考え，統合的・発展的に考えること」と述べられている。なお，目標にある「統合的な考え」「発展的な考え」も，従来から方法に関する数学的な考え方としてとらえられている。

〔井上正人〕

図画工作科

小学校の教科の一つ。図画工作科の目標は2017年改訂の学習指導要領において「表現及び鑑賞の活動を通して，造形的な見方・考え方を働かせ，生活や社会の中の形や色などと豊かに関わる資質・能力」を育成することとなっている。「造形的な見方・考え方」とは「感性や想像力を働かせ，対象や事象を，形や色などの造形的な視点で捉え，自分のイメージをもちながら意味や価値をつくりだすこと」であり，「主体的・対話的で深い学び」と結びついている。

図画工作の内容は「A表現」「B鑑賞」及び〔共通事項〕で構成されている。さらに「A表現」は「造形遊びをする活動」と「絵や立体，工作に表す活動」で構成される。

あくまで表現や鑑賞は手段であり，児童が自分なりに考えてつくったり，見たりする過程のなかで資質・能力を育成することが図画工作科の目標であることを意識したい。　　　　　　〔須増啓之〕

図画工作科の目標

2017年改訂の学習指導要領により，図画工作科で育成する資質・能力は3つの柱で整理され，それぞれに「創造」を位置づけ，造形的な創造活動が文化や生活，社会をつくりだす態度の育成につながるという視点を重視している。3つの柱は，(1)「対象や事象を捉える造形的な視点について自分の感覚や行為を通して理解するとともに，材料や用具を使い，表し方などを工夫して，創造的につくったり，表したりすることができるようにする」（知識及び技能），(2)「造形的なよさや美しさ，表したいこと，表し方などについて考え，創造的に発想や構想をしたり，作品などに対する自分の見方や感じ方を深めたりすることができるようにする」（思考力，判断力，表現力等），(3)「つくりだす喜びを味わうとともに，感性を育

み，楽しく豊かな生活を創造しようとする態度を養い，豊かな情操を培う」（学びに向かう力，人間性等），で構成されている。なお，これらは相互に関連させながら育成を図る必要がある。

　指導の際は，各学年の目標や内容と照らし合わせ，育成したい資質・能力を基に題材を考えることが重要である。

[須増啓之]

菅原道真

（すがわらの　みちざね：845 - 903）

　平安時代中期の漢学者であり政治家。11歳のときに詩をつくり，父を驚かせたという。877年に文章（もんじょう）博士となる。宇多天皇は藤原氏を抑えるために道真を重用し，891年には蔵人頭（くろうどのとう）の重職に抜擢。宇多天皇は893年，醍醐天皇に譲位したときも，道真一人を相談相手にしたほどであった。以後，道真は藤原時平と並んで参議・中納言と進み，899年には時平は左大臣に，道真は右大臣に任じられた。これは，吉備真備（きびのまきび）に次ぐ学界出身の大臣として注目に値する。しかし901年に左大臣藤原時平らの策略により太宰権帥（だざいのごんのそち）として九州に左遷され，そこで死去。彼の死後，道真のたたりと称する異変が相次いで起こり，923年には彼の罪は取り消され本官に復し，のちの993年には正一位太政大臣を贈られた。学問の神，天満天神として奉られた。 [広岡義之]

スキナー，B. F. (Skinner, Burrhus Frederic：1904 - 1990)

　徹底的行動主義心理学を大成したアメリカの心理学者。ペンシルバニア州に生まれ，ハーバード大学で心理学を学ぶ。ラットのレバー押し行動に対して報酬が与えられる実験装置である通称「スキナー箱」を用いた種々の実験から，オペラント条件づけのメカニズムを解明した。オペラント条件づけのメカニズムは，さまざまな形で応用されている。学習課題を下位課題に細分化し，それら下位課題をスモールステップの原理に基づき解決していくプログラム学習，そしてプログラム学習を実際に行うためのティーチング・マシンもスキナー自身の手によるオペラント条件づけの応用である。スキナーは，動物の行動を刺激と反応の観点から分析する実験的行動分析，そして人間行動の分析と修正を目的とした応用行動分析の礎を築いた。 [松田信樹]

スキャモン，R. E. (Scamonn, Richard Everingham：1883 - 1952)

　アメリカの医師。図のように身体各部と各器官の発達速度に基づき，20歳を100％としたときの各身体発達を一般型，神経型，リンパ型，生殖型に分類しS字曲線で示した（1930）。それらの発達速度は各器官によって，発達過程で年齢の時期に応じて各型で異なる。例えば神経型は児童期までに成人期に達し，生殖型は青年期後期から急に上昇に転じる。リンパ型は児童期にはいったん成人期の倍になって，減少して落ち着くことを示した。 [西本　望]

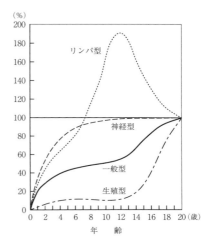

スクール・カウンセラー
（School counselor）

　学校において，何らかの問題をもつ人（児童・生徒・保護者・教師）を対象として，面接し，相談に乗る人（助言や支援など）をいう。児童生徒の不登校など子どもたちをめぐる問題は，児童生徒数が減少しても，依然増加傾向にある。児童生徒の問題行動は，内面にストレスや不満を抱え込み，抑制ができずに衝動的に行動してしまうなど，表面的な指導や戒めで処理できるものではない。子どもたちの日常の中で，時と機を失うことなく開発的・予防的な教育活動の一環としてのカウンセリングが重要である。子どもたちの心身の発達に関わる問題の多様化の中で，学校は知識中心の教育では対応できなくなったのである。スクール・カウンセラーは，学校教育における必然性の中で，その効用を期待して導入された。

　1995（平成7）年度の文部科学省による試行的導入時のスクールカウンセラーの配置は全国で154校だったが，2006（平成18）年には1万158校，2014（平成26）年には2万2013校と，配置される学校は増加している。一般に中学校を中心に全校配置にむけて進んでいるため，2018（平成30）年度の定期配置率は中学校91.5％に対して小学校51.3％，高等学校68.4％にとどまっている。文部科学省の『スクールカウンセラー等活用事業実施要領』によると，スクール・カウンセラーには，公認心理士，臨床心理士，精神科医，専門的知識を有する大学教員等の専門家があたるとし，準ずる者には相談業務の経験を有する者を挙げている。

　スクール・カウンセラーには固有の資格があるわけではない。文部科学省は公認心理士も加えたが，スクール・カウンセラーは，臨床心理学の知識と心理療法の技法を身に付けていることに加えて，発達や児童・青年の心理について知識と理解があり，学校教育全般を理解してい

ることが望まれる。スクール・カウンセラーは，学校組織の一員と位置づけられる存在なのである。

　スクール・カウンセラーの業務は，児童生徒に対するカウンセリングのほかに，教職員及び保護者の相談に乗ったり助言（コンサルテーション）をしたり，児童生徒に関する校内連携に協力（コーディネーション）したり，さらには事件や事故，災害後の緊急対応における心的ケアにあたるなどさまざまな役割が考えられる。扱う内容も，学校における生徒指導上の問題から，学習指導や進路指導，家庭教育に関する問題に加え，近年では発達障害や精神疾患，教師のメンタルヘルスなど，スクール・カウンセラーに寄せる期待や役割はますます大きくなっている。→学校カウンセリング　　［大平曜子］

スクール・ガバナンス

　ガバナンスは，ガバメント（government）と同じく「統治」と訳される。ガバメントが政府や企業等の組織体が上から下へ行う，法的拘束力による統治システムであるのに対して，ガバナンスは組織や社会に関与するメンバーが主体的に関わることにより意思決定や合意形成を行うなどのプロセスに重きを置く概念である。日本の教育制度においては，教育委員会や教職員によって担われてきた「学校統治」から「学校協治」へという動きがある。具体例としては，平成14年度に発足した学校評議員制や，平成16年に地方教育行政の組織及び運営に関する法律の改正で発足した学校運営協議会の仕組みなどが挙げられる。その後，「時代の変化に伴う学校と地域の在り方」について議論が進められ，学校と地域の連携・協働の必要性やコミュニティ・スクールの仕組みの構築といった方向性が示されている（中央教育審議会）。保護者や地域住民，NPOや市民団体等のステイクホルダーが学校のガバナンスのアクターとしてどのように位置づけられる

のかが課題となる。　　　　［吉原惠子］

スクールソーシャルワーカー（SSW）

　学校における児童生徒の福祉に関する支援に従事する者で，社会福祉の専門的知識・技術を活用し，問題を抱えた児童生徒を取り巻く環境に働きかけ，家庭・学校・地域の関係機関をつなぎ，児童生徒の悩みや抱えている問題の解決に向けて支援する専門家。スクールカウンセラーと同様にチーム学校の一員として，教育と福祉の架け橋的存在としての役割をもつ。児童虐待のケース等に対し，子ども家庭支援センター，児童相談所，保健・医療機関等と連携しながら児童生徒を福祉領域から支援する。　　［佐野　茂］

図形の構成要素

　辺，頂点，面など図形の特徴を分析的にとらえるための要素。図形の概念の理解を図るうえで重要な着眼点である。例えば，小学校2年生の図形では三角形・四角形を学習する。その際「3本の直線で囲まれた形を三角形」「4本の直線で囲まれた形を四角形」と定義するが，構成要素である辺の数に着目することで，三角形・四角形の弁別が可能となる。さらに3年生では，いろいろな三角形を構成する際，辺の長さが異なるからいろいろな三角形ができる，といった構成要素（辺）の長さにまで着目させる。そうすることで，二等辺三角形や正三角形を区別できる。4年生になると四角形を学習するが，ここでは構成要素（辺）の位置関係にまで着目して，平行四辺形やひし形，台形の区別をしていく。このように，形の特徴が構成要素に着目することで明らかになってくることを児童に気付かせることが重要になってくる。　［井上正人］

スコット，M. M.

（Scott, Marion McCarrell：1843 - 1922）
　アメリカの教育者。明治新政府は近代国家の完成をめざし，その手段として教育を挙げた。スコットはそのようななかで日本に招聘された御雇外国人の一人で

ある。日本では明治初期に創設された師範学校において師範教育（教員養成）を担当した。彼は西欧の合理的な教育方法と教授法を紹介し，とくに初等教育に影響を及ぼした。晩年はアメリカに帰国し，ハワイで教育活動を行った。その他御雇外国人としては，札幌農学校のクラーク（Clark, W. S.），教育制度と女子教育に貢献したマレー（Murray, D.）らが挙げられる。　　　　　　　　　［津田　徹］

スコープ（scope）

　スコープとは，学校教育において教育課程を編成する際の児童生徒に提供する必要性から編成すべき教育内容の「範囲」を意味する。スコープは，教育課程の編成の際におもに児童生徒の年齢・発達段階及びそれに伴う興味・関心・意欲等を考慮する教育内容の順序としての「配列」を意味する「シークエンス」とともに，教育課程の編成の重要な鍵を握る概念である。このスコープとシークエンスは，ともに1930年代のアメリカ合衆国で採用された概念であり，今日においても教育内容編成における基調をなしている。　　　　　　　　　［上寺康司］

鈴木三重吉

（すずき　みえきち：1882 - 1936）
　小説家，児童文学者。東京大学英文科在学中に夏目漱石に師事。漱石の紹介で，『千鳥』（1906）が「ホトトギス」に掲載され好評を博し，作家としての地位を確立。大学卒業後，約3年間成田中学校の教壇に立ちつつ創作を続ける。当時の文壇の主流であった新ロマン派に属する作家となる。1916（大正5）年に長女が誕生したのをきっかけに，子どものための童話に興味関心が深まり，それ以降は児童文学に専念。童話や子どもの文章表現指導の分野で，当時の商業性に反発して1918年に『赤い鳥』を創刊。途中2年ほど休刊したこともあるが，生涯，その編集に従事。当時の文壇の一流の作家の寄稿を得て，童話を芸術として深化向

上させ，その活発な児童文学運動は高く評価されている。こうした運動はやがて昭和初期の生活綴方（つづりかた）運動の底流となる。　　　　　　　［広岡義之］

スター（star）

集団の人間関係を把握する方法としてソシオメトリック・テストがある。このテストでは，例えば，ある作業を行うために，集団のなかでグループを構成するような状況を設定し，一緒のグループになりたい者となりたくない者を数名ずつ選択してもらう。この手続きによって，集団において各人が誰から選択，排斥されているかがわかるが，集団のなかの多くの者から選ばれている者をスター（人気者）という。→ソシオメトリー
　　　　　　　　　　　　　　　　［及川　恵］

スタートカリキュラム

スタートカリキュラムは，遊びと生活科をはじめとする教科活動を組み合わせた合科的・関連的なプログラムを取り入れたカリキュラムである。小学校学習指導要領の総則に「幼児期において自発的な活動としての遊びを通して育まれてきたことが，各教科等における学習に円滑に接続されるよう，生活科を中心に，合科的・関連的な指導や弾力的な時間割の設定など，指導の工夫や指導計画の作成を行うこと」と示されている。入学前は，幼稚園や保育所において，幼児期の終わりまでに育ってほしい10の姿をねらいとしながら，幼児教育を展開している。5歳児（年長）クラスでは，小学校生活にスムーズに適応できるようアプローチカリキュラムが実施され，入学前には少しの予備知識はあるが，1年生になった喜びと不安を感じながら小学校生活を始める。

入学直後は遊びから教科指導等に学び方が変わるなど，幼児教育から小学校教育への連携がうまくいかないために，精神的な不安から集団生活になじめず，大声を出したり，立ち歩いたり，ルールが

守れなかったりする小1プロブレムが生じる。それらを解消するためにも実施されるカリキュラムである。

具体的には，生活科「学校とともだち」の単元で，運動場でおにごっこやボールで遊んだり（体育），あいさつや友達となかよくしたり（道徳），自分の顔を描いたり（図工），お話を聞いたり，鉛筆のもち方・書き方を練習したり（国語），自分の座席は前から何番目，男子や女子の数を数えたり（算数）するなど，教科の枠にはめないで，教科・領域を一体として指導していくなかで学校生活につないでいく。それらの活動は，各教科や領域の目標が達成できるようにすることが大切である。

またスタートカリキュラムは，児童にとって小学校が楽しく安心できる場所となり「明日も学校に行きたい，もっと遊びたい，自分のもっている力を発揮したい」という意欲を高めるねらいもある。生活科固有の課題としてではなく，教育課程全体を視野に入れた取り組みとすることが求められる。　　　　　　　［藤池安代］

スタンフォード・ビネー知能検査
(Stanford revision and Extention of the Binet-Simon Scale for Measuring intelligence scale)

アメリカのターマンらが，1916年にビネー・シモン知能検査をフランス語から英語へ翻訳し改訂してつくった検査である。この改訂尺度には問題数が90個あり，約1400名の児童を被験者として厳密に標準化している。シュテルンの提唱した精神年齢と生活年齢（chronological age：CA）との比による知能指数（IQ）を採用している。　　　　　　　　　　［西本　望］

スチューデント・アパシー
(student apathy)

ハーバード大学保健センターに勤務していた精神科医ウォルターズ（Walters, P. A.）は，慢性的な無気力状態を呈する学生の精神状態をスチューデント・ア

パシーと呼んだ。すなわちスチューデント・アパシーとは大学生に見られる無気力，無感動の状態を指し，学生無気力症ともいわれる。性差に関しては，圧倒的に男子大学生に生じやすく，それゆえに男性性の確立と関連する可能性が示唆される。また，本来はまじめで成績も優秀であった者がある時点から急激に学業への意欲を失うことから，優等生の息切れ現象としても理解できる。スチューデント・アパシーと同様の症状は，大学生だけでなく高校生や社会人に見られる場合もあり，そういった場合はアパシー・シンドロームと呼ばれる。→アパシー

[松田信樹]

ストレスとストレス社会

　現代社会では，ストレスという言葉が広く流通している。社会の変化が激しく外界の変化に適応しようとして内部にストレス反応を引き起こす。人間関係の悩みや仕事のしすぎなど「ストレッサー」（ストレスを引き起こす要因）によって「心身に負荷がかかり，非特異的な反応を引き起こしている状態」をストレスという。この言葉を最初に用いたのは，カナダの生理学者セリエ（Selye, H.）である。ストレッサーは，物理的ストレッサー，化学的ストレッサー，生物的ストレッサー，心理的ストレッサーに分類される。わが国では，これらのストレスにさらされていると感じる人が2人に1人と多く，「ストレス社会」となっている（「平成28年国民生活基礎の概況」（厚生労働省））。ストレスがうまく解消されない場合には，さらにストレスを生む悪循環となる。ストレスが一定の限界を超えると，うつ病やイライラなどが増加し，自殺，いじめ，家庭内暴力などの社会問題の増加が予想される。ストレスの少ない社会構築のためには，(1)ストレスに対する個人の対処能力を高めること，(2)個人を取り巻く周囲のサポートを充実させること，(3)ストレスの少ない社会をつくることが必要とされている（「健康日本21（休養・こころの健康）」（厚生労働省））。

[吉原惠子]

スーパーグローバルハイスクール

　国際化を進める国内の大学を中心に，企業，国際機関等と連携を図り，グローバルな社会課題を発見・解決できる人材や，グローバルなビジネスで活躍できる人材の育成に取り組む高等学校及び中高一貫教育校（中等教育学校，併設型及び連携型中学校・高等学校）を「スーパーグローバルハイスクール」という。急速にグローバル化が加速する現状を踏まえ，社会課題に対する関心と深い教養に加え，コミュニケーション能力，問題解決能力等のいわゆるジェネリックスキルを身に付け，国際的に活躍できるグローバル・リーダーを高等学校段階から育成することを目的としている。

[光成研一郎]

スーパー・プロフェッショナル・ハイスクール

　近年の科学技術の進展等に伴い，産業界で必要な専門的知識や技術が高度化し，従来の枠組みに収まらない複合的な産業が発展し続けている。このような社会の変化や産業の動向等に対応した，高度な知識・技能を身に付け，社会の第一線で活躍できる専門職業人を育成することを目的とし，専攻科を含めた5年一貫教育の教育課程の研究や大学，研究機関，企業等と連携し，先進的な卓越した取り組みを行うために文部科学省にとくに指定された専門高校等をスーパー・プロフェッショナル・ハイスクールという。

[光成研一郎]

スパルタ

　古代ギリシアの都市国家（ポリス）の一つ。アテナイの民主的政体に対してスパルタは軍事政体であった。スパルタの立法家リュクルゴスの法はスパルタの内政を規定，そのなかに教育に関する規定が見られる。アテナイの教育が民主的，自由，芸術，文学を愛好したのに対して，

スパルタの教育は，ポリスの目的が軍事的優位をめざしていたために，寡黙，力強さ，忍耐，勇気，愛国心，服従といった徳目と厳格な訓練，規律を人間形成の目的としていた。また幼少の頃より共同生活を通して軍事国家の一員としての教育を施され，身体活動（体育）を中心とした教育が実施された。今日「スパルタ教育」という場合，厳しい鍛錬や非人格的な教育的取り扱いを意味したものとして使用される。　　　　　　［津田　徹］

スピアマン，C. E.（Spearman, Charles Edward：1863 - 1945）

　イギリスの心理学者。15年間の軍隊生活の後に心理学を志し，ヴントのもとで心理学を学んだ。スピアマンの功績は大きく2つに分けられる。第1に，知能に関する研究への貢献である。知能研究に因子分析の概念を導入することで，知能をすべての知的活動において共通して作用する一般知能因子（g因子）と個々の知的活動において特異的に作用する特殊知能因子（s因子）に分ける知能2因子説を主張した。第2に，統計学における功績である。因子分析の開拓者であると同時に，順位相関係数という概念も開発した。　　　　　　　　　　［松田信樹］

スプートニク・ショック

　1957年10月に当時の社会主義国ソビエト連邦が，人類の歴史上初めてとなる人工衛星（名称スプートニク1号）の宇宙への打ち上げに成功し，その出来事に対して当時のアメリカ合衆国をはじめ，いわゆる西側自由主義諸国が受けた大きな衝撃をいう。この大衝撃を受けて，当時のアメリカ合衆国は，ソビエト連邦の科学技術水準への一刻も早い到達とその追い越しを目的とした，緊急を有する国家政策としての国家防衛教育法（National Defense Education Act）を制定し，科学教育及び技術教育を核にすえた学校教育の抜本的改革に着手した。これを契機としてブルーナーらを中心とした「教育の現代化」運動や知識・技術の確実な定着を図るための系統的指導及び論理的指導も，この時期から学校教育において重点が置かれるようになった。　［上寺康司］

スペンサー，H.（Spencer, Herbert：1820 - 1903）

　イギリスの哲学者。ダーウィンの進化論を諸科学に適応し，功利主義の立場から社会を一つの有機体ととらえ，のちに社会進化論を説いた。星雲の生成から人間社会の道徳原理の展開までを，すべて「進化」の原理によって組織的に叙述した。それは当代の自然科学万能の風潮を背景とし，とくにダーウィンの『種の起源』（1859）の生物進化論を中心とするダーウィン主義の運動と結合し，1870年代以降，急速に普及。教育的主著の『教育論――知育・徳育・体育』（1861）では，個人の完全な生活に有用な実学的知識を重視。スペンサーの教育論には，進化論的功利主義が見られ，ルソー的な自然主義的教育思想が反映されている。日本では1880（明治13）年に，尺振八の訳で，『斯氏教育論』が出版され，当時広く知られた。　　　　　　　［広岡義之］

スポーツ

　スポーツ基本法によると，スポーツは世界共通の人類の文化であり，人々が生涯にわたり心身ともに健康で文化的な生活を営むうえで不可欠なものと記されている。学校や地域，家庭におけるスポーツの実践を通して，体力の向上を図るだけでなく，心身の健康を保ち，生涯にわたる運動習慣の獲得，個人や集団におけるルールや規律の遵守などによる克己心や自制心の醸成，他者を尊重する態度を身に付けることに貢献するものである。小学校の児童だけでなく，とくに心身の成長過程にある中学校，高等学校の生徒にとってなくてはならないものである。また，スポーツには一定のルールに則って勝敗を競ったり，楽しみを求めたりする競技活動の意味もある。　［椿　武］

スポーツ基本計画

スポーツ基本法の規定に基づき定めた指針であり，2017年に策定した第2期計画では，中長期的なスポーツ政策の基本方針として，スポーツで「人生」「社会」を変え，「世界」とつながり，「未来」を創るという4つを掲げ，「スポーツ参画人口」を拡大し，「一億総スポーツ社会」の実現に取り組むこととしている。(1)子どものスポーツ機会の充実，(2)ライフステージに応じたスポーツ活動の推進，(3)住民が主体的に参画する地域のスポーツ環境の整備，(4)国際競技力の向上に向けた人材の養成やスポーツ環境の整備，(5)オリンピック・パラリンピック等の国際競技大会等の招致・開催等を通じた国際交流・貢献の推進，(6)スポーツ界の透明性，公平・公正性の向上，(7)地域からの優れたスポーツ選手の輩出とその選手による地域におけるスポーツ推進への寄与という7つの政策目標を設定している。→スポーツ基本法

［椿　武］

スポーツ基本法

1961年制定されたスポーツ振興法を50年ぶりに全面改正し，スポーツに関し基本理念を定め，国及び地方公共団体の責務，スポーツ団体の努力等を明らかにするとともに，スポーツに関する施策の基本となる事項を定めた法律。国民の心身の健全な発達，明るく豊かな国民生活の形成，活力ある社会の実現，国際社会の調和のある発展に寄与することを目的としている（第1章総則　第1条目的より）。

［椿　武］

墨ぬり教科書

不適切な箇所を墨でぬり読めなくした教科書のこと。第二次世界大戦直後，占領軍の指示によって，国民学校・中等学校・青年学校等の教科書のなかで，軍国主義，侵略戦争，天皇制，国家神道を謳いあげた部分（いわゆる戦時教材）に墨がぬられた。ただその際，「君が代」に

ついての記述など，天皇崇拝（すうはい）や国体に関わる部分には，手がつけられなかった。

［広岡義之］

3R's（スリーアールズ）

読み，書き，計算のこと。reading, writing, reckoning（arithmetic）の各々の「R」をとって「3R's」という。いずれもRの発音で始まるところからこの呼び方が生まれた。江戸時代の寺子屋やヨーロッパ近代教育の教育内容はこの3R'sが中心であった。この3つは，生活技術及び高次の文化的学習の基礎をなすものとして，とくに学校教育において，就学の当初から重要視された。それらの習熟を図るために比較的多くの時間を配当されることが常であった。しかし読み，書き，計算が形式化し，生活から遊離し始めると，社会科や理科を内容教科と呼んで教育課程の中核に位置づけ，反対に国語や算数を用具教科とみてそれに従属させる取り扱いが見られるようになる。他方で，児童生徒の学力低下が起きると，基礎教科の軽視にその原因が由来すると考え，読み，書き，計算の独立性と系統的学習の必要性を説く考え方が出てくる。

［広岡義之］

3H's（スリーエイチズ）

スイスの教育者ペスタロッチの『白鳥の歌（Die Schwanengesang）』（1825）に見られる教育論である。すなわち人間に内在する人間本性の根本的な力である頭（Head）の力，心臓（Heart）の力，手（Hand）力の3つの力を指すものであり，主体的な自己活動によってそれぞれの力を発展させるという理論である。この自己活動による人間本性の根本的な力の発展を簡潔かつ象徴的に表現したのが，「生活が（人間を）陶冶する（Das Leben bildet）」という一節である。頭の力は思考力・知力の象徴であり，単純・完結・発展という基礎陶冶の理論によってその能力を発達させる。とくに学びの内容を単純化するにあたっては，

「直観」の原理を働かせる。ペスタロッチのいう「直観」とは，対象を感覚的印象としてとらえることであり，これが「認識の絶対的な基礎」となる。基礎陶冶の第一段階としての「単純」においては，直観の ABC として，「数」「形」「言語」を規定した。「数」と「形」は万物に共通のものであり「言語」については人類特有のものである。心臓の力は，心情力，道徳性（人間性）の象徴である。心臓の力は，家庭の「居間」における母の存在によって子供の内面に育まれる内的やすらぎ（「居間」の教育力）を根源とする。手の力は技術力の象徴である。人間の運動・技能の発達を，簡単な動作に還元して図るものであり，ペスタロッチはその単純化した要素を技術の ABC と唱えた。ペスタロッチはこれら3つの力の中核に心臓の力を据え，人間形成の要石としたうえで，3つの力を合自然的に調和的に発展させるための支援を教育の役割ととらえた。　　　　［上寺康司］

世阿弥元清

（ぜあみ　もときよ：1363－1443）

　室町時代の能楽者で，能作者。父の観阿弥（かんあみ）の創始した観世流を，将軍足利義満の庇護のもとで発展させた。能の演技，創作にすぐれ，とくに能の本質である「幽玄」を花にたとえ，7歳のつぼみの「稽古初め」から始めて，「花のさかり」など7段階の修業過程を示している。「初心忘るべからず」（『花鏡』1424）の語はよく知られている。主著の『花伝書（風姿花伝）』は，独自の卓越した芸道教育論であり，中世芸能教育の水準の高さを物語っている。足利義満の死後，世阿弥は迫害を受け，佐渡に流され不遇のうちに生涯を閉じた。世阿弥は，

素材・構想・様式等のすべてにわたって，繊細な神経の目を光らせ，どこから見てもすきのない詩劇をつくり上げた。演出法，演技術，作曲法，歌唱法等に関しても，実際的でしかも高度な理論を構築し，それが能の伝統の基礎となって現在に及んでいる。　　　　［広岡義之］

性格形成学院

　ウェールズに生まれた教育運動家オウエンによって，スコットランドのニューラナークに開設された学院の名称。人間の性格（人格的特性）は，その者が暮らす生活環境に応じて形成されるものであるという考え方に基づき，規律を守る，秩序を重んじるといったよい性格を子どもが身に付けられるような環境としての教育機関の創設に尽力した。この性格形成学院は，子どもや若者が働きながら学べる「半学半労」の場として，彼が経営する工場に併設された。なお，この学院は2001年に世界文化遺産に登録されている。　　　　［島田喜行］

生活科

　1989（平成元）年版学習指導要領において小学校低学年である第1・2学年の社会科と理科を統合し新設された教科をいう。低学年の児童の発達段階を考慮し，幼稚園教育から小学校教育への円滑な接続・発展を考慮したものである。すなわち生活科では，低学年の児童に，教室の内外，学校の内外で，自分の生活に関わりの深い具体的な活動や体験を行わせることを通して，生活上必要とされる習慣や技能に気づかせ，それらを主体的に身に付けさせるとともに，自立した生活に必要とされるさまざまな活動を行うための基礎的能力を培うことや，自分の生活が自分と身近な人々，社会や自然との関わりのなかで営まれていることに気づかせることがねらいとなる。

　2017（平成29）年改訂の小学校学習指導要領では，生活科の目標として「具体的な活動や体験を通して，身近な生活に

関わる見方・考え方を生かし，自立し生活を豊かにしていくための資質・能力を次のとおり育成することを目指す」と示した。そのうえで学習内容を思考力・判断力・表現力に具体的に結びつけるための目標が盛り込まれた。すなわち(1)活動や体験の過程において，自分自身，身近な人々，社会及び自然の特徴やよさ，それらの関わり等に気付くとともに，生活上必要な習慣や技能を身に付けるようにする。(2)身近な人々，社会及び自然を自分との関わりで捉え，自分自身や自分の生活について考え，表現することができるようにする。(3)身近な人々，社会及び自然に自ら働きかけ，意欲や自信をもって学んだり生活を豊かにしたりしようとする態度を養う，である。このように，生活科では児童の体験を中心とする学習活動において体験をもとに思考力・判断力・表現力の育成の基盤を形成することが求められる。アメリカの教育学者デューイ（Dewey, J.）の「為すことによって学ぶ（Learning by Doing）」をさらに昇華した同じくデューイの「経験から学ぶ（Learning from Experience）」の具現化ともいえる。

[上寺康司]

生活科とICT

　小学校学習指導要領の第2章第3「指導計画の作成と内容の取扱い」2の(4)には，「学習活動を行うに当たっては，コンピュータなどの情報機器について，その特質を踏まえ，児童の発達の段階や特性及び生活科の特質などに応じて適切に活用するようにすること」とある。身近な動物・植物等の自然や地域のさまざまな施設など，屋外での活動においてはICT機器の効果的な活用が可能である。

　例えば，タブレット型端末を使って植物の成長を映像に残していき，そのときの気付きや感想も記録しておく。それらを活動のまとめや振り返りに活用することで表現力や判断力が養われていくとと

もに新たな興味関心をもち，さらなる学びの広がりや深まりが生み出されていくことが考えられる。電子黒板の活用では，公共施設や交通機関などの様子や利用法を提示すれば，それらへの興味や関心が高まる。また町探検ではデジタルカメラで撮影してきた写真やタブレット型端末に転送した地図を使っておすすめコースを地図や写真を使ってつくることも容易である。

　このように，ICTの活用により学びに広がりや深まりをもたらすことができる反面，児童によっては情報機器の操作に戸惑う者も多くいると思われる。ICTのよさを伝えていくためには児童の発達の段階や特性に十分配慮して，計画的・段階的に取り入れていくことが重要である。

[藤池安代]

生活科の内容と階層性

　生活科は，自分と自然や社会との関わりを重視する特質をもとに9つの内容で構成されている。『小学校学習指導要領解説　生活編』では内容構成の基本的な視点として，「自分と人や社会との関わり」「自分と自然との関わり」「自分自身」の3つを示しつつ，生活科の内容に組み込まれた要素は次の4つである。(1)児童が直接関わる学習対象や実際に行われる学習活動等。(2)思考力，判断力，表現力等の基礎。(3)知識及び技能の基礎。(4)学びに向かう力，人間性等。この4つの要素は育成をめざす資質・能力の3つの柱（図に示す第1階層～第3階層）であり，(1)～(9)の9つすべての内容は，これら4つの要素で構成されている。図に示された内容と階層は，各内容の構成要素とその大きなまとまりを意識して単元構成を行うことを配慮するものであり，内容の大きなまとまり同士に上下関係や分断されることはなく，(1)→(9)という学習の順序性を規定するものでもない。

　具体的には，第1学年の単元「学校探

検」では，学校生活と自分の生活をみていくなかで，公共物や公共施設の利用の仕方を身に付けていく。また，校庭や学習園，郊外での自然とのふれあいや観察から季節を感じとっていくというように，内容(1)のみならず(3)(4)(5)を関連して学習活動を組み立てることができる。このように各内容の構成要素とその大きなまとまりを意識して，単元構成を行うことを配慮するものである。　　　［藤池安代］

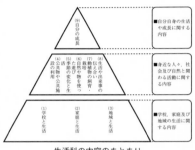

生活科の内容のまとまり

生活科の評価

　生活科の評価は，学習過程における児童の「知識及び技能の基礎」「思考力，判断力，表現力等の基礎」「学びに向かう力，人間性等」の３つの観点から評価する。この３つの観点は，生活科で育成をめざす，自立して生活を豊かにしていく資質・能力でもあり，指導と評価の一体化を明確に示している。

　評価する場合，結果に加えて活動や体験そのもの，結果に至るまでの過程を重視して行う。例えば，「知識及び技能の基礎」の観点におけるアサガオの栽培での評価規準は，「植物の特徴やよさ，必要な世話の仕方に気付いている」などを想定する。「思考力，判断力，表現力等の基礎」を観点にした評価規準は，「植物の成長を自分との関わりでとらえ表現している」などを想定する。「学びに向かう力，人間性等」を観点にした評価規準は，「植物が成長する喜びを友達と共有し，大切に育てようとしている」などと想定することができる。

　評価するにあたっては，３つの観点における評価規準に沿って直接働きかける学習や伝え合い表現する学習活動で，(1)活動や体験が広がったり，深まったりしていること，(2)一人ひとりのよさに着目すること，(3)児童が学校・家庭・地域のなかでどのように考え，行動し，自分の成長に向けた気付きが生まれているかなど，単元を通して質的に高まっているかで見ていく。教師による評価だけではなく，児童自身による自己評価や他己評価，ゲストティーチャーや家庭や地域の人々からの情報等，児童の姿を多面的に評価する。　　　　　　　　［藤池安代］

生活綴方教育

　子どもの生活現実をリアルに綴（つづ）らせることを通した認識能力と批判的精神の涵養を目的とした教育。芦田恵之助の随意選題綴方，『赤い鳥』の写実主義を基盤とし，自然主義文学やプロレタリア文学を背景に，1929（昭和４）年の小砂丘忠義による『綴方生活』の刊行を端緒として，生活綴方運動に展開していった。生活現実の認識と表現にとどまらず，そのなかで直面している問題解決のためのものの見方，考え方の涵養もめざされた。戦後は1951（昭和26）年の無着成恭の『山びこ学校』刊行によって生活綴方教育は再び注目を浴びた。

　　　　　　　　［山本孝司］

正規分布曲線（normal distribution）

　調査した集団の集計した平均値を中心・頂点として，山型曲線（釣鐘型）を描いて低得点及び高得点域に対称的に下降する曲線を指す。xという値になる事象の確率密度が $f(x)=\frac{1}{\sqrt{2\pi}\sigma}e^{-\frac{1}{2}\left(\frac{x-\mu}{\sigma}\right)^2}$ で与えられる分布のことを指す。これを正規分布，あるいは発表した人物名からガウス分布（Gaussian distribution）と呼ぶ。

この分布は，平均 μ と分散 σ^2 が決まれば，そのグラフが描ける。平均と分散のことをパラメータ（parameter：母数）という。経験的に身長や体重の分布が正規分布に従うことが知られている。

［西本　望］

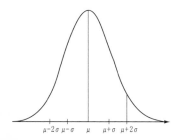

$\mu-2\sigma \quad \mu-\sigma \quad \mu \quad \mu+\sigma \quad \mu+2\sigma$

性教育

　人間の性という課題については，長い間学びの対象にされず，成長過程で自然に習得しうるものとされてきた。

　1947（昭和22）年，文部省の「純潔教育の実施について」（社会教育局長通達）をはじめ，「純潔教育」という言葉が繰り返し用いられている。「性教育」という用語は，昭和40年代以降は広く使われるようになり，1980年代"人間の性に関する教育"として定着する。しかし，未だその使用には消極的であったという。性教育の重要性が増すのは，1980年代半ばの HIV 感染が問題にされるようになってからである。近年，若者たちを取り巻く性の環境はずいぶん変化してきた。性的情報の氾濫や性的トラブルに巻き込まれる事案の増加，科学的，教育的出版物も増え，学校における性教育に取り組む教師も増えて，性に関する社会通念や意識は変わり始めている。

　性の領域にも学ぶべき科学的・文化的な内容がある。現在は，性の生理や発達，成熟，妊娠と出産，避妊や中絶，性感染症，エイズ問題，人間関係や社会とのかかわり，ジェンダー問題などが性教育の領域として位置づけられ教育実践が計画的に進められるようになっている。

　性教育とは発達に応じて，科学的な知識や社会的なルールを学ぶだけでなく，性に関する認識や情緒，態度を培い，社会的人格の完成をめざす教育のことである。(1)生理的・解剖学的な性の知識教育，そして，人間としての生き方に加えて，男または女としての生き方を考える教育，(2)男または女としての性役割に関する教育，そして，(3)互いを敬愛し尊重できる人間理解を高める教育，などが考えられる。従来，性教育（sex education）というと，性器と性交，それに伴う生殖に関する教育に終始しがちであったが，人間の全人格とその生涯にわたるものとしてとらえようとしているのが現代の性教育だといえるだろう。

　今後は性に関する選択と意思決定の基礎づくりと，増え続ける性感染症の予防やエイズ予防などの課題とともに，健康な心と体づくりや，DV の予防としての社会的モラルや性的モラルの指導など，幅広い年代層において性教育はますます重要になってくるものと思われる。

［大平曜子］

生産的思考（productive thinking, 独：Produktives Denken）

　過去の経験や知識をそのまま思い出してあてはめて問題を解決するような思考に対して，問題場面に対する新しい見方を成立させることにより，構造的に新しい解決を見出すような思考をいう。その意味では創造的思考の一種であるということもできる。ただし，創造的思考とは多種多様な解決が見出される発散的な側面が強調されるのに対し，生産的思考では，最もエレガントな一つの解決を見通すという収束的な面が強調される概念である。ヴェルトハイマー（Wertheimer, M.）のいう生産的思考は，問題把握の焦点を変えていくこと，すなわち中心転換によって，問題それ自体が構造的に変

化することに基づいて現れてくると考えられている。しかしながらこのような慣用の文脈を離れて、たんに生産性の高い思考すなわち能率的で有用な思考という意味において用いられる場合もある。　　　［西本　望］

精神年齢（mental age：MA）

　　知能年齢、知的年齢ともいう。知能検査結果の表示法の一つで歴年齢にかかわらず、知能が何歳に発達しているのかを直観的に示したものである。知的発達であるIQを元にして算出される。1905年のビネーによる知能検査に初めて用いられたとされている。　　　　　　　［西本　望］

精神分裂病⇨統合失調症

生徒心得

　　生徒が自らの分をわきまえ、知性とともに品性を磨き、充実した学校生活を送るために記された心得であり、主には生徒の学校生活上の目標が記されている。学校生活上の目標としては、挨拶、時間厳守、授業の大切さの認識、端正な服装（服装規定・服装指導）、端正な身だしなみ、社会規範・マナーの遵守等がある。生徒心得は、各学校において作成され、学校生活上の目標のみならず、登下校の通学、服装、部活動、出欠席、テストに関する内容、生徒会会則、校則、校章、校歌等も記載されている。生徒心得は、一般的には生徒の身分証を兼ね備えた生徒手帳に記載されていることが多い。生徒心得は、生活指導・生徒指導を行ううえでの基準となるべきものであり、また生徒が日々の学校生活や家庭生活において、基本的な生活習慣を確立し、充実した生活を送るためにも重要な役割を果たす。生徒心得については、保護者もその存在を十分に理解し、家庭教育の場面にも活用することが肝要となる。

　　　　　　　　　　　　　　　　［上寺康司］

生徒指導（student guidance）

　　生徒一人ひとりの健康な発達を支援するための教育活動。青少年の非行や問題行動が増加しつつある現在、学校教育における生徒指導の比率はきわめて高くなっている。生徒指導の意義としては非行対策等の消極的な面だけでなく、積極的にすべての生徒の人格のよりよき発達をめざすところにある。生徒指導は、学業指導、個人的適応指導、社会性・公民性指導、道徳性指導、進路指導、保健指導、安全指導、余暇指導等に分けることができる。教科担任制をとる中学校や高等学校における生徒指導の大前提は、学校の全教職員が協力し、団結することである。校内組織体制、生徒指導部の役割、生徒指導主事（進路指導主事）の位置づけと役割、生徒指導における学級・ホームルーム担任教師の任務、学年・学級・ホームルーム経営等の観点も生徒指導には欠かせない。　　　　　　　［広岡義之］

生徒理解

　　生徒理解とは、調査や検査、観察などにより、生徒の性格や家庭環境、学業成績などを教師がたんに知ることではない。そこには、客観的理解や内面的理解、全人的理解や独自性の理解、共感的理解などが根底になければならない。そのため、まず、教師のとるべき態度が重要となる。つまり、生徒理解の根本には、同じ人間であるという人間関係の相互性が存在しなければならない。そのうえで、教師は自らの柔軟性をもち、心を開くことが大切である。さらに、生徒理解のためには、教師自身が心理的安定感をもち、相手からも信頼されるような人間でなければならない。そこで、つねに人間に関する関心をもち続けることも生徒理解には大切なこととなる。　　　　　　　［猪田裕子］

性に関する指導

　　学習指導要領において性に関する指導に関連する学習内容を位置づけているものは、小学校、中学校、高等学校における体育科、保健体育科の保健領域・保健分野が挙げられる。小学校では、思春期の体の変化、初経、精通、異性への関心

の芽生え，心の発達，不安や悩みへの対処等が取り上げられ，中学校では，思春期における生殖に関わる機能の成熟，その変化に対応した適切な行動の必要性が盛り込まれている。さらに高等学校では，自己の健康管理，異性を尊重する態度，性に関する情報等への対処や適切な意志決定・行動選択についても扱うよう配慮することが盛り込まれている。その他，特別活動や道徳においても望ましい人間関係の育成や生命の尊重，男女相互の理解協力，友達との助け合い等，関連内容が盛り込まれている。性に関する指導を充実させるには，これらの教育課程に分散している関連内容について，学校教育活動全体を通じた系統的・横断的なカリキュラムとして編成し直すことが重要である。また近年は，LGBT を含む性の多様性についての理解が教員に求められ，性的少数者の存在を前提にした指導内容の検討や配慮も必要となっている。

　　　　　　　　　　　　　　［田中　聡］

青年学校（youth school）
　尋常小学校卒業後，16歳から17歳までの青少年を収容し，基礎的な実業教育を行う実業補習学校が1893（明治26）年に設置された。その後，兵役までの時期に組織的教育の機会を与えようとする青年訓練所が1926（昭和元）年に設置された。そして1935（昭和10）年に文政審議会の決定により，両者が統合され，「青年学校」として発足したが，当時の国家主義思想が色濃く反映された。1939（昭和14）年に義務制化された青年学校は，現行の学制が施行された1947（昭和22）年まで続いた中等教育程度の勤労青年の教育機関。しかしこれは戦時体制の下で，青少年に強力な訓練体制を強いた。その意味では，大半の青年学校は，軍事教育優先の教育機関になってしまった。

　　　　　　　　　　　　　　［広岡義之］

生命・自然の尊重
　2006（平成18）年の教育基本法第2条

第4号で「生命を尊び，自然を大切にし，環境の保全に寄与する態度を養うこと」と新たな項目が設定された。学校教育法第21条第2号に「学校内外における自然体験活動を促進し，生命及び自然を尊重する精神並びに環境の保全に寄与する態度を養うこと」と教育基本法に呼応する形で新たに記された。近年，人命が軽視される事件等が多発するため，学校の全教育活動で，生命や自然を尊重する態度の育成が期待されている。　　［広岡義之］

生命尊重
　自他の生命を尊重する教育のこと。人間を含めてすべての生き物は，各々生きる権利があることを理解させること，困難や悩みがあってもそれを乗り越える意欲と方法を指導すること，命はかけがえのない尊いものであり，目標に向かって前向きに生きることのすばらしさを実感させることなどがある。このため，学校全体で共通理解を図りつつ，生活科，理科，体育科，保健体育科などの関連する教科，特別活動，総合的な学習の時間などにおいて，生命の尊重や自己及び他者の個性を尊重するとともに，相手を思いやることを重視する指導が求められる。

　　　　　　　　　　　　　　［広岡義之］

生命倫理（バイオエシックス）
　生命科学及び医療技術の発達と人間の生命の尊厳という理念の間に発生する倫理的原則をいう。この倫理的原則を哲学，宗教，法律，環境といったさまざまな分野から考察する学問を生命倫理学という。生命倫理学では，生命工学の成果を中心とする人工生殖技術の研究（人工受精や出生前診断），生命維持の研究（延命治療や臓器移植），分子生物学研究（クローン技術やヒトゲノム解読）等の成果による利点と問題点は，生命倫理の諸課題を生じさせる。それらの諸課題の調和的解決が求められる。　　［上寺康司］

生理的早産説⇨ポルトマン

『世界図絵』(1658)

17世紀の偉大な教育家コメニウスが1658年に著した世界で最初の絵入りの教科書。ラテン語でオルビス・ピクトゥスといわれる。絵図によって外界の事物を直観させながら，同時に言語を学ぶことができる。絵図の後にラテン語とドイツ語で説明がされている。教育史上，最も影響力のある著作の一つで，聖書について長い間ヨーロッパに広められた。コメニウスのこの独創的な教科書は豊富さと深さと簡潔さが一体となっていた。そして，体系だった絵図入りの図書として授業に用いられ，コメニウスは長期にわたって広範囲に影響を及ぼした。これはたんに当時のドイツだけでなく広くヨーロッパ全土にわたって彼を著名にした。

[広岡義之]

世界保健機関

(WHO：World Health Organization)

1948年に設立された国際連合の専門機関の一つであり，国際的な保健・衛生事業に関する指導・調整機関として各国と国際協力事業を行う。わが国は1951年の第4回総会において，加盟が認められた。

WHO憲章では，人類の健康状態とその達成のための課題を提示している。その目的を「すべての人々が可能な最高の健康水準に到達すること」(憲章第1条)とし，「到達し得る最高水準の健康を享有することは，人類・宗教・政治的信念・経済的ないし社会的地位の如何にかかわらず，何人もが有する基本的権利のうちの一つである」と健康権を規定している。すべての人々が健康であることは，平和と安全を達成するための基礎であり，憲章では，それぞれの国が「国民の健康に関して責任を有する」ことを宣言している。また，その前文で健康を「病気ではないとか，弱っていないということではなく，肉体的にも，精神的にもそして社会的にも，すべてが満たされた状態にあること」と定義している（日本WHO協会訳)。

WHOは，保健衛生の分野における問題に対し，政策的支援や技術協力の実施，必要な援助等を行う。また，伝染病や風土病の撲滅や国際保健に関する条約，協定，規則の提案，勧告，研究促進などを行う。食品，生物製剤，医薬品等に関する国際基準の策定なども行う。加盟国は分担金の拠出，保健・衛生関係の情報提供等が義務づけられている。

近年の事業では「新興・再興感染症」への総合的・重点的に対策を講じ，1996年には新たな部局を設け，世界的常時監視網の構築や集団発生時に迅速かつ的確に対応するための体制確保，科学的で正しい知識や対策の普及に努めている。

[大平曜子]

セガン，É.O. (Seguin, Édouard Onesimus：1812-1880)

フランス，ニヴェレ州クラムシー生まれ。1850年頃渡米。知的障害児教育方法の確立者。1837年アヴェロンの野生児の教育実験で知られるイタールのもとで，知的障害児の教育に着手し，それが認められて，救貧病院ビセートル院での知的障害児教育を行った。ここでベレーラ，イタール，ピネル(Pinel, P.)らの指導のもとに生理学的教育法と呼ばれる教育方法の体系化を行った。これが「知能障害の道徳的治療，衛生および教育」(1846)として発表された。その後，アメリカマサチューセッツ州やペンシルベニア州の州立知的障害児学校の設立と経営のために援助を行い，『知的障害，その生理学的教育』を刊行している。ウィーン万国博覧会アメリカ代表，全米知的障害児学校長会初代会長を歴任した。セガンの教育方法は，障害者の権利を認め神経生理学的基礎に立つことによって知的障害教育，モンテッソリやドクロリーらにも影響を与え新教育運動の源泉の一つともなった。

[西本　望]

尺振八（せき しんぱち：1839－1886）

　幕末から明治期の英学者で教育家。江戸の生まれで、1860（万延元）年に中浜万次郎らから英語を学んだ。昌平坂学問所でも修学。当時開国攘夷の議論が世間で湧き起こっていたが、最終的に洋学の立場を選択。会話修得のため横浜で外国人宅に雇われたこともあった。幕府外国方通弁官として1863（文久3）年に幕府使節とともにヨーロッパに随行し、さらに1867（慶応3）年にはアメリカにも渡り見聞を広め、英語を学んだ。1870（明治3）年には、東京に英学私塾、共立舎を設立する。1872年には大蔵省翻訳局長になるが、私塾教育にも力を注ぎ、啓蒙期における欧米文化の紹介と教育に貢献。とくにスペンサーの教育論を訳した『斯氏教育論』（1880）は明治10年代のスペンサーの思想の流行のなかで重要な位置を占めている。　　　　　　　［広岡義之］

石門心学⇨石田梅巌

接近説（contiguity theory）

　学習理論での刺激置換説の一つ。ハル（Hull, C. L.）は、反応と強化者の接近、ガスリー（Guthrie, E. R.）は、刺激と反応の接近を、トールマン（Tolman, E. C.）は、サインと意味との接近をそれぞれ強調した。このうち刺激と反応の同時性を重視するガスリーの主張をとくに接近説という。接近説は、刺激（stimulus）と反応（response）の頭文字をとってS－R理論ともいわれ、効果の法則や動因低減などの考えを導入する強化説に対して、接近による連合という基本法則ですべての学習を説明しようとする。接近説によれば、ある運動の生じたときに作用していた刺激は、その刺激が再び示されるときに、その運動を生起する傾向があり、しかもこのような刺激―反応間の連合は、1回の試行で成立する。反復による学習の漸進的進歩の減少は、刺激場面の多様性のため、刺激構成要素が試行ごとに変化し、反復によってその

場面ごとの多数の刺激要素が反応と連合するために、その反応がより生起しやすくなる結果として説明される。学習の消去は、刺激―反応間の連合が弱まるものではなく、同一刺激が他の反応と連合することによって生じると説明されている。　　　　　　　　　　　　［西本　望］

摂食障害（Eating disorder）

　拒食とそれに関連する行動を中心とする病気。摂食障害は、病的なやせがある者（体格指数（BMI）の値が一定基準より低くなっている、DSM-5ではBMI≦18.5kg/㎡）を「神経性やせ症（拒食症）」、そうでない者を「神経性過食症（過食症）」と分け、神経性やせ症でも過食症状がある者を「過食・排出型」、ない者を「摂食制限型」と分類する。摂食障害の人はやせたいという気持ちが強く、神経性やせ症の人は自分が病的にやせていることの危険性を認められず、体重増加への恐怖が強い。神経性過食症の人も食べることへの罪悪感が強く、嘔吐などの代償行為で埋め合わせをしようとする。そのため、周囲からの食行動を変えようとするアドバイスは摂食障害の症状を悪化させるだけの結果になりやすい。神経性やせ症の人は不安が根本にあるため、治療には安心感を得ることが大切になる。他方、神経性過食症の治療法は、罪悪感や自責の念を和らげることがポイントとなる。家族や周りの人は、本人がこのままの自分でも大丈夫、愛されていると感じられるよう、食事や体重増加を無理強いせずゆったり見守ることがよいとされている。　　　　　　　　　　　［安藤聡一朗］

セツルメント（settlement）

　一定地域に定住して、直接、教育・育児・授産・医療など日常生活全般にわたり、地域住民とりわけ貧困に苦しむ人々の生活に触れ、生活状態を改善する社会事業や活動を指す。セツルメントは社会改良運動とも呼ばれるが、19世紀後半、産業革命により都市に農民が移り住み、

低賃金労働や都市化による環境悪化が進んだ結果，さまざまな生活問題，とりわけ貧困が社会問題化したことが背景にある。ブース（Booth, C.）やラウントリー（Rowntree, S.）は，社会調査により貧困が個人的な怠慢により起こるのではないことを明らかにするとともに，社会全体で取り組む問題であることを指摘した。1884年，バーネット（Barnett, S.）によってトインビーホールがロンドンのイースト・エンドに設立され，貧困者への生活改良運動が始まった。日本においては，片山潜が1897年に創設した「キングスレー館」が始まりとされ，1923年，関東大震災後に帝大学生救護団を母体とする「帝大セツルメント」の学生が救済活動を行ったことなどが知られている。

〔吉原惠子〕

全国学力・学習状況調査

　全国的な児童生徒の学力や学習状況を把握・分析し，教育に関する継続的な検証改善サイクルを確立することにより，指導方法の改善・向上を図ることを目的として2007（平成19）年から始まった調査。国・公・私立学校すべてを対象として，毎年4月の中旬から下旬に全国で一斉に実施される。小学校第6学年・中学校第3学年を対象とする児童生徒に対する調査と，学校を対象とする教育条件の整備の状況等に関する質問紙調査が同時に行われる。2013（平成25）年には，このほかに，家庭状況と児童生徒の学力などの関係について分析するための保護者に対する質問紙調査や，教育施策把握・分析を行うための都道府県教育委員会・市区町村教育委員会を対象にした質問紙調査が行われた。児童生徒に対する調査は，教科に関する調査と生活習慣や学校環境に関する質問紙調査からなる。教科に関する調査は，小学校では国語・算数，中学校では，国語・数学を基本とし，これに約3年ごとに理科が追加される。2019（平成31）年度の調査では中学校調査に英語が加わった。「知識」と「活用」の2種類の問題が出題されてきたが，2019年度からは両者を一体的に問う問題に変更された。調査結果は，調査を受けた児童生徒に個人票として提供されるとともに，教育委員会及び学校には当該教育委員会・学校の調査結果が提供される。また，国全体，各都道府県・指定都市ごと等の調査結果が国民に公表される。学力調査の目的は教育水準の維持向上にあり，個々の学校や教育委員会を評価することではないが，近年，調査結果を教員の評価や予算配分に反映しようという動きもあり，その弊害が危惧されるところである。

〔古田　薫〕

全国学力調査

　全国学力テストは1956（昭和31）年から1966（昭和41）年まで計11回，文部省によって実施された。戦後新たに制定された教育基本法に基づく教育制度の下で，児童生徒を中心とした創造的・進歩主義的な教育思想を背景にした「新教育」が実施されたが，この新教育に対する学力低下への危惧から起こった学力低下論争を背景に，学習指導要領の到達度を確認することを目的として開始されたものである。1952（昭和27）年から1954（昭和29）年にも学力調査は行われていたが小規模で，論争の資料にするには不十分であったため，1956年に全国的な規模で学力調査が開始されたのである。1960（昭和35）年までは，小学校第6学年，中学校第3学年，高等学校第3学年（定時制では第4学年）を対象とした抽出調査が行われたが，1961（昭和36）年からは，中学校の調査が第2学年と第3学年を対象とした5教科の悉皆調査となった。小学校調査は第5学年と第6学年を対象とした抽出調査と希望校参加方式を併用して実施されたが，参加率は9割を超え悉皆調査に近い調査となった。1966年には，日教組を中心としたいわゆる「学テ闘争」が起こり，第一審の裁判で国による

学力調査は違憲と認定されたため，悉皆調査を中止し抽出調査とした。その後，全国調査そのものが中止され，1981（昭和56）年に抽出調査が再開されるまでの15年間，文部省による学力調査は行われていない。裁判は1976（昭和51）年に最高裁判所で合憲との判決が出され，1981年の再開以降は，「教育課程実施状況調査」として，2007（平成19）年に「全国学力・学習状況調査」が開始されるまで，断続的に実施された。　　　　　［古田　薫］

全国水平社

　全国水平社は，戦前の部落解放運動（水平運動）を担った同和地区住民の自主的な全国組織。1922（大正11）年，西光万吉（さいこうまんきち）を中心に，全国規模の部落解放運動の組織として設立された。太平洋戦争のときは消滅したが，戦後，部落解放全国委員会として復活。1955（昭和30）年，部落解放同盟と改称。その水平社の理念を表した宣言は，「人の世に熱あれ，人間に光あれ」で結ばれている。　　　　　　　［広岡義之］

千字文（せんじもん）

　中国の習字手本及び初学教科書で，異なった1000字の漢字を重複せずに，四言固詩250句にまとめたもの。唐代（7世紀以後）にはかなり普及し，書道名家の筆跡はきわめて多い。この書の字の順序を利用して文書等の番号をつける習慣もできたほどである。晋の王羲之（おうぎし）の筆跡を集めてつづり合わせた。『古事記』（712）と『日本書紀』（720）に従えば，約4世紀から6世紀の間の応神天皇のとき，百済から博士，王仁（わに）が『論語』10巻と四言固詩250句にまとめた『千字文』1巻を持って渡来。王羲之の筆跡の模本は天平年間（729-749）には渡来し，今も現存する。その後も中国と同じく広く普及。日本教育史上，重要な書物である。　［広岡義之］

全身反応法

（Total Physical Response：TPR）

　アメリカの心理学者アッシャー（Asher, J.）によって提唱された第二言語の指導法で，子どもが親からの指示などを通して第一言語を自然に習得する際のプロセスをモデルとしている。具体的には，例えば教員が“sit”と発話しながら座り，学習者が一緒に行動をすることを反復することで，学習者は“sit”という語を第一言語を解することなく習得する，というように，行動をベースとした習得を積み上げていくことで第二言語を習得する，という指導法である。言語習得の入門者や比較的低年齢の学習者に対して大きな効果があるとされている。　［宇野光範］

全体の奉仕者

　「全体の奉仕者」とは，公の職務に従事する公務員の特質を端的に示す法規上，用いられる用語であり，日本国憲法第15条，地方公務員第30条に明記されている。教育に従事する者にあっては，教育公務員特例法に，「全体の奉仕者」としての文言ではないが，第1条に「教育を通じて国民全体に奉仕する教育公務員」として，教育公務員が「全体の奉仕者」であることが明確に規定されている。旧教育基本法第6条第2項には「法律に定める学校の教員は，全体の奉仕者であつて，自己の使命を自覚し，その職責の遂行に努めなければならない」として「全体の奉仕者」の規定が見られた。2006（平成18）年改定の教育基本法には，「全体の奉仕者」としての規定は見られなくなったものの，同法第6条に「法律に定める学校は，公の性質を有するもの」と規定し，同法第9条第1項において「法律に定める学校の教員は，自己の崇高な使命を深く自覚し，絶えず研究と修養に励み，その職責の遂行に努めなければならない」と規定して，実質的に「法律に定める学校の教員」に「全体の奉仕者」としてのあり方を求める規定がなされている。

[上寺康司]

総括的評価

　ブルームらによる教育評価の方法の一つであり，ある一定期間終了時に，そこまでに学習した内容をどの程度習得しているかについて把握する目的で行われる評価のことをいう。総括的評価は，単元，学期，学年，課程の終了時などに実施される。代表的な例として期末試験があり，該当する一定期間の学習成果の把握や成績評価に活用される。学習過程における評価の目的と時期によって，他に形成的評価，診断的評価に分類されている。

[及川　恵]

相関カリキュラム

（correlated curriculum）

　個別に分けられた多くの教科・科目のなかの，関連ある内容を関係づけて教えることを意図したカリキュラム。並列的な教科の間に相関を見つけ，それを生かす形で学習を有効にしようとする。さらにこれは，教科カリキュラムによる教科の区分はそのままにしておき，とくに関係の深い数教科間の内容の関連を図ることで相乗効果を得ようとするねらいがある。このカリキュラムでは，教科の枠は残されているものの，各教科の内容で他教科の内容と関連する部分があれば，それらを積極的に関係づけて学習を進めていこうとする。長所としては，教科の枠は残したいが，何らかの連関をつけたいと考える場合に有効である。しかし短所としては思いつきのレベルで行われるおそれがあり，その試みが不徹底に終わる危険性がある。

[広岡義之]

造形遊びをする活動

　小学校図画工作科の内容「A表現」の一つ。1977年改訂の学習指導要領で位置づけられた。児童が材料や場所などに進んで働きかけ，身体や感覚，行為を通して形や色などのイメージをもち，思いのままに発想や構想を繰り返してつくるといった遊びの特性を生かした過程そのものを大切にした活動である。はじめから具体的な作品をつくることを目的としないが，結果として作品になることもある。その活動は学年が進むにつれて身近な材料から場所や空間に広がっていく。児童の発想や工夫が行為の中に現れるため，教師においては活動の記録方法も重要となってくる。

　造形遊びは，低学年において幼児の造形表現につながる題材が多くなっている。一方，中学校では位置づけられていないが，小学校との接続としてその要素を取り入れた実践も多くなってきている。

[須増啓之]

総合的な学習の時間

　1998年に告示，2002年度より完全実施された学習指導要領において新設された学習活動。創設のねらいは「自ら課題を見付け，自ら学び，自ら考え，主体的に判断し，よりよく問題を解決する資質や能力を育てること」「学び方やものの考え方を身に付け，問題の解決や探究活動に主体的，創造的に取り組む態度を育て，自己の在り方生き方を考えることができるようにすること」にある。従来の教科の枠にとらわれることなく，科目横断的な学びが期待されている。各校が地域や学校の特色，児童生徒の実態に応じて創意工夫した授業を展開することが求められる。学習内容は基本的に各校に委ねられているが，国際理解，情報，環境，福祉・健康などの横断的・総合的な課題についての学習活動，生徒が興味・関心，進路等に応じて設定した課題について，知識や技能の深化，総合化を図る学習活動，自己のあり方生き方や進路について考察する学習活動が例示されている。

[松田信樹]

総合的な学習の時間とプログラミング学習

　プログラミング学習の目的は，将来の職種に関わらず，時代を超えて普遍的に求められる力としての「プログラミング的思考」を児童生徒に育成することである。コーディング（プログラミング言語を用いた記述方法）を覚えることが目的ではない。児童生徒はコンピュータに自分が意図した一連の活動を実現するための手順を考える論理的思考を体験的に学ぶ。総合的な学習の時間においては，課題を探究するなかで，自分のくらしとプログラミングとの関係を考え，プログラミングを体験しながらそのよさに気付く学びを取り入れていくことなどが考えられるが，探究的な学習の過程に適切に位置づくようにしなければならない。

［山田希代子］

総合的な学習の時間の評価のあり方

　各校の総合的な学習の時間の目標や育成をめざす資質・能力に照らし合わせた評価の観点・評価規準等を教員間で確認し，多様な評価方法や評価者による評価を組み合わせる。また，学習活動の前・中・終末の児童生徒の学習状況や成長を把握し，改善できるよう計画的に実施し，指導に役立てる。児童生徒自身が自分のよい点や成長・進歩の状況に気付くよう，振り返りの機会を設けることが重要である。同時に，カリキュラム・マネジメントの視点から，教育課程の評価もいっそう充実させることが重要である。

［山田希代子］

相対評価

　特定集団内での相対的位置を測定する評価であり，特定の基準に基づいて絶対的位置を測定する「絶対評価」と対をなす。相対評価は「集団の絶対数が多くなればなるほど，その成績分布はおよそ正規分布に近づく」という統計学の理論を基本としている。学校における5段階評定の場合，教師は児童や生徒を成績順に並べ，上位から7％を「5」，次の24％を「4」，38％を「3」，24％を「2」，最下位の7％を「1」とする。しかし成績分布は正規分布にならないことも多く，実態にそぐわない面がある。相対評価は集団内における順位づけが中心となるため，集団内での位置を確認するためには有効であるが，学力などの測定においては個人の具体的な状況が明らかにならないため，実際の指導のなかで活用することが困難となる側面もある。　［荒内直子］

ソウル大学校（Seoul National University）

　1946年に創設された韓国の国立総合大学。前身の京城帝国大学と9つの専門学校を統合し設立した。1970年代にソウル近郊に大学キャンパスを移設した。

［津田　徹］

ソクラテス（Sokrates：B. C. 469 - B. C. 399）

　古代ギリシアの哲学者，教育者。父親は石工，母親は産婆。若い頃自然科学の探究に熱中したが，自然科学的方法によって満足すべき解答は得られないとして，教育活動に従事するに至った。著作を残さなかったため，弟子プラトンの著『ソクラテスの弁明』等によって彼の生涯を知ることができる。彼の教育論の特徴は，(1)倫理的探究，(2)「無知の知」の自覚，(3)教育方法としての対話法，(4)教育活動全体としての産婆術（助産術），(5)ソフィストとの対峙，等にある。実存的実証性ともいうべき生き方で，彼はたんに生きることではなく，善く生きることを人々に求めた。知ったかぶりを戒める「無知の知」の自覚を促し，思惑（ドクサ）を真理（アレーテイア）と厳格に区別して，その方法としての対話法を推奨した。またソフィストとの対峙から，相対主義に反論し，究極的知を措定して，知を愛する試み（哲学）を諦めなかった。このため，告訴され死刑となった。　［津田　徹］

ソシオメトリー（sociometory）

社会測定法，計量社会学と訳される。広義には社会測定の意味に解される。さらにはそこから人間関係，社会関係についての一般的な測定の理論及び技術を意味する。狭義には，モレノが考案した学級集団内における児童生徒間の関係，構造を分析するための方法であり，質問内容は「一緒に勉強したい人は誰ですか」等で，この実施には十分な配慮を必要とし，プライバシー保護を第一にする。例えば余暇における交友関係について誰を選択し，誰を拒絶するかがテストされる。したがってたんに好きな人や嫌いな人を挙げさせるゲス・フー・テストとは異なり，複雑な人間関係の諸相をとらえるためには，いくつかのソシオメトリック・テストが同時に実施されなければならない。　　　　　　　　　　　　　［広岡義之］

ソーシャルスキルトレーニング

カリフォルニア大学のリバーマン（Liberman, R. P.）教授が開発した，対人関係を中心とした社会生活技能をロールプレイ等の訓練によって改善しようとするプログラム。このプログラムでは，日常生活を送るためのスキルがいわば型として提示され，受講者は，その型に沿ったふるまい方を，実際になすことによって学ぶ。ソーシャルスキルトレーニングは，もともとは，精神科での治療法として考案されたが，現在では，教育の分野にも広がっている。例えば，特別活動では，「多様な他者と協働する様々な集団活動の意義や活動を行う上で必要となることについて理解し，行動の仕方を身に付けるようにする」（『小学校学習指導要領解説　特別活動編』　第2章第1節(1)）ことが求められている。この目標を達成する方法として，ソーシャルスキルトレーニングが活用されている。すなわち，感謝の伝え方とか合意形成や意思決定の仕方とか暴力に頼らずに自分の感情を相手に伝える方法とかが，教師の手本を通して型として示され，子どもたちは，その型を実践して，対人関係のためのスキルを習得する。近年では，上越教育大学の林泰成教授が，道徳教育にソーシャルスキルトレーニングを応用し，「モラルスキルトレーニング」という教育法を開発している。ソーシャルスキルトレーニングにせよ「モラルスキルトレーニング」にせよ，たんなる型の反復を子どもたちにさせるのではなく，スキルの意義を子どもたちに理解させることが重要である。　　　　　　　　　［小川　雄］

ソフィスト（sophist）

古代ギリシアの職業的教師を指す。もともとは「知者」を意味したが，プラトンの対話編においてはソクラテスや哲学者と対峙する世俗的，相対的価値を信じて止まない対話相手として登場する。代表者はプロタゴラス。彼の代表的言葉「万物の尺度は人間である」に象徴されるその思想は，相対的，個人主義的であった。ソフィストは絶対的・普遍的価値の存在を否定し，正しさなどは権力者や時勢に左右され，人間によって習慣によって決定されるとした。これに対しソクラテスは，正しさなどの価値基準としての相対性を認めず，それらは自然・神に従うものとして，彼らと鋭く対峙した。ソフィストの教育学上の意義としてアテナイで教育活動を行い世俗的な意味で教育を広めた点があるが，彼らの提起した問題は，真理基準が相対的か絶対的かという現代の教育・学問上の本質的問題にも関係する話題を含んでいる。それ以外のソフィストの代表者としてゴルギアスらが挙げられる。　　　　　　　　　［津田　徹］

ソーンダイク，E. L.

（Thorndike, Edword Lee：1874 - 1949）

アメリカの心理学者。ジェームズ（James, W.）のもと，ハーバード大学で心理学を学ぶ。ネコを被験体とした試行錯誤学習の実験で知られる。実験で用いられた「問題箱」は，箱内部の止め具に

体が触れると扉が開き，箱から脱出でき
る仕組みになった実験装置である。問題
箱に入れられたネコは，箱から脱出する
ためにさまざまな行動をとるが，当初は
うまく脱出できない。しかし，偶然に止
め具に体が当たると首尾よく脱出できる。
このような試行を繰り返すとやがてネコ
は箱に入れられるやすぐに止め具に触れ
て脱出に成功するようになる。試行錯誤
の末，脱出方法を学習したゆえである。
試行錯誤学習の実験結果から，生活体に
満足を与える刺激−反応の結合は強まる
との効果の法則を見出した。ソーンダイ
クの研究は，その後のスキナーによるオ
ペラント条件づけに関する研究の先駆け
と位置づけられている。→試行錯誤説

　　　　　　　　　　　　　　　［松田信樹］

孫　文（そんぶん：1866 - 1925）

　中国の政治家・革命家であり，字は逸
仙，号は中山と称した。初代中華民国臨
時総統を務め，また1911年に辛亥革命を
起こしたことにより，「中国革命の父」
とも呼ばれた。また，中華民国の創始者
として有名である。孫文は1906年に民族
主義・民権主義・民主主義の三民主義を
提唱した。この三民主義とは，民族にお
ける独立と平等，民権の確立とその普及，
民主の安定とその発展をめざすもので
あった。この三民主義は，1929年に制定
された中華民国の「教育宗旨」の基礎を
なす内容ともなった。この三民主義によ
る教育ともいえる「教育宗旨」の本質は，
「民生史観」，すなわち国民一人ひとりの
生命・生存・生活を発展させるとともに，
社会の安定と発展をめざすものであった。
教育理念としては，古代中国の聖賢であ
る堯，舜，文，武，周公，孔子，孟子の
培った美徳を堅守することを挙げ，教育
政策としては，民族の精神を高揚させる
こと，就学機会の平等を図ること，等を
目標とし，児童を本意とする教育を強調
した。　　　　　　　　　　　［上寺康司］

た

大　　学（旧制）

「学制」（1872），帝国大学令（1886），大学令（1918）によって成立した大学であり，「学校教育法」（1947）による大学との対比で「旧制大学」と呼ばれる。「学制」では 8 大学の設置が計画され，1877（明治10）年には東京大学が成立する。帝国大学令では，京都帝国大学（1887）の成立以降，名古屋帝国大学（1939）まで既存の東京帝国大学（東京大学が改称）とあわせて 9 大学が創設される。大学令では1919（大正 8 ）年に府立大阪医科大学（専門学校令によるもので名称のみ大学）の大学昇格以降，終戦後の1948（昭和23）年まで多くの旧制大学が誕生している。旧制大学は学校教育法により，他の高等教育機関とともに新制大学となったが，現在の大学 1 ・ 2 年次は旧制高等学校や旧制大学予科に相当するとみなされるため，旧制大学は現在の大学 3 ・ 4 年次や大学院修士課程などに相当すると考えられる。

［荒内直子］

大　　学（新制）

学校教育法（第 1 条）に定められた「学校」であり，「学術の中心として，広く知識を授けるとともに，深く専門の学芸を教授研究し，知的，道徳的及び応用的能力を展開させることを目的」（同法第83条）としている。高等学校卒業等を入学資格とする高等教育機関である。修業年限は 4 年であるが，特別な学部等については 4 年を超えることができる（同法第87条）。修業年限を 2 年または 3 年とする短期大学も存在する（同法第108条）。大学の内部は専門分野ごとに学部や学科などの教育研究組織に分かれている。教員として教授，准教授などを置か

なければならないが，小学校や中学校などの教員のような免許状は存在しない。2018（平成30）年現在，全国の学校数は782校であり，約77％が私立である。約291万人の学生が在籍している。

［荒内直子］

大学入学資格検定

大学入学資格検定（大検）は文部科学省が実施する検定試験で，「大学入学資格を有していない者に対し，高等学校を卒業した者と同等以上の学力があるかうかを認定するために検定を行い，合格者に大学入学資格を与える」ことを趣旨とする。受験しようとする検定日の年度末までに満16歳以上になる者で，高等学校の全日制課程もしくは中等教育学校の後期課程及び高等専門学校に在学していない者であれば誰でも受検できる。受検科目は，必ず受検しなければならない科目 8 ないし 9 科目，選択科目 1 科目である。高等学校，高等専門学校で単位を修得した者，文部科学大臣認定の在外教育施設で科目を修得した者，旧中等学校の卒業者・修了者及び旧検定等で合格した者などには，検定科目の一部免除がある。平成17年度より名称が「高等学校卒業程度認定試験」に変わった。　　［松井玲子］

大学別曹（だいがくべっそう）

平安時代の大学寮の附属機関で，藤原氏をはじめとする各氏族が，その子弟を大学に学ばせるために便宜を図って大学寮の近くに置いた寄宿舎のこと。有名なものでは，和気（わけ）氏の弘文院，菅原氏の文章院（もんじょういん），橘氏の学館院，在原氏の奨学院，藤原氏の勧学院などがある。各別曹は学生の寄宿・学費の支給だけでなく，学生の立身にも尽力し，氏族内部の雑事を決定する事務も取り扱った。しかし平安末期には，大学寮とともに急速に衰退してしまった。

［広岡義之］

大学寮⇨国学と大学

体　幹 (trunk)

　頸部と四肢を除いた胴体のこと。骨と筋肉で構成されている。姿勢の維持，呼吸，動作などに関わる体幹の筋肉を総称して体幹筋といい，この体幹筋を強化することが，あらゆるスポーツの基本となるとともに，パフォーマンスを発揮しやすくなることにつながる。体幹に関わる主な筋肉は，腹直筋，外腹斜筋，内腹斜筋，腹横筋，横隔膜，大腰筋，腸骨筋，大殿筋，中殿筋・小殿筋，股関節外旋筋群，骨盤底筋群，最長筋（脊柱起立筋），腸肋筋（脊柱起立筋），多裂筋，広背筋，回旋筋腱板，僧帽筋，腰方形筋などである。

[森田玲子]

『大教授学』 (Didactica Magna, 1657)

　16〜17世紀のチェコの代表的教育改革者コメニウスの主著。本著の冒頭において「我々はあえてここに『大教授学』，即ちあらゆる事物をあらゆる人々に教え，しかも決して失敗することのないように，確実にこれを教える所の，全き教授法を提唱しようとする」と述べ，汎知主義の方向性を提示する。本著は全33章から成立し，その内容は人間論，学校教育の必要性，学校改革論，教授理論，各教科論，逸脱防止に関する議論，そして有名な「母国語学校」「母親学校」「ラテン語学校」「大学（アカデミア）」という学校の区分である。教育の必要性について，人は人としての務めを果たすことを学んだ者こそ人間となることができるといい，人間として生まれてきたからには教育が必要であるとも指摘している。本著の背後にある思想は，三十年戦争経験による平和教育への熱い思いとそれを実現するための教育のあり方にあるといえよう。また教育方法や制度についても自然に従うあり方が強く反映されている。

[津田　徹]

体　験

　2006（平成18）年2月の教育課程部会の「審議会経過報告」では，以下のように記されている。「体験は，体を育て，心を育てる源である。子どもには（中略）自然や社会に接し，生きること，働くことの尊さを実感する機会をもたせることが重要。生活や学習の良い習慣をつくり，気力や体力を養い，知的好奇心を育てること，社会の第一線で活躍する人々の技や生き方に触れたり，自分なりの目標に挑戦したりする体験を重ねることは，子どもの成長にとって貴重な経験となる」。体験学習の方法としては，観察，調査，見学，飼育，奉仕，勤労などがある。体験活動が実際に行われるようになったのは，1992（平成4）年に創設された「生活科」である。子どもたちは五感を使って事実や法則を学ぶ。擬似体験が増加した日々の生活にあって，生の体験を通してしか得られない問題発見能力を育成する体験学習がますます重要となっている。

[広岡義之]

体験学習

　書物中心の学習への批判として教育において体験の重要性が指摘され，ケルシェンシュタイナーの労作教育，デューイの「為すことによって学ぶ」経験主義教育などさまざまな形態の体験学習が展開されてきた。日本では，大正新教育において登場し，戦時教育によって衰退したが，第二次世界大戦直後の新教育で再び脚光を浴びた。子どもたちの生活経験を重視し，問題解決学習を中心とする学習法は，一方で「這（は）いまわる経験主義」と批判され，昭和30年代以降は系統学習が主流となった。しかし近年，社会の変化のなかで自然体験，生活体験や勤労体験が著しく欠如し，体験を通じての学びが減少していることから，学習指導要領の改訂のたびに体験学習の重要性が指摘されてきた。また2006（平成18）年教育基本法改正，2007（平成19）年学校教育法改正により，公共の精神，社会の形成への参画，自然体験活動の促進などが義務教育の目的として規定され，学

校教育における体験活動の推進が求められた。　　　　　　　　　　　[松井玲子]

題材の設定（音楽科）

音楽科の学習指導計画作成における題材の設定には，2通りの方法がある。1つ目は，楽曲名をそのまま設定する方法である（例：「もみじ」「トランペット吹きの休日」など）。2つ目は，複数の楽曲を組み合わせて，学習内容の目標や内容を設定する方法である（例：「声の重なりをよく聴いて合唱しよう」「音色のちがいをかんじとろう」など）。具体的なテーマをもって題材設定することにより，子どもたちが学習目標を明確に理解することができ，学習内容もイメージしやすい。また，表現と鑑賞の関連を図ることもできる。　　　　　　　[髙　奈奈]

第三者評価

大学や教育研究機関職員等が専門的な立場からの評価を行い，自己評価や外部評価を補完して，学校運営や教育活動の改善を促すもの。2007年1月の教育再生会議第一次報告「社会総がかりで教育再生を──教育再生への第1歩」では，独立した第三者機関による厳密な外部評価を導入するべきだと提言。一般的には，当該教育委員会が設置した第三者評価委員によって実施される。世界の先導的な国の例では，約1週間程度の学校訪問を実施して，1か月の検討を経て評価結果を出すのが通例である。　　　[広岡義之]

第三の教育改革

明治維新，第二次世界大戦後に次ぐ3番目の大きな教育改革という点で「第三の教育改革」といわれている。これまで「第三の教育改革」と呼ばれる教育改革は3度ある。1度目は，1971（昭和46）年の中央教育審議会答申を受け，個人の能力に応じた多様な学校制度をめざしたが，能力主義教育として批判された。2度目は，この流れを引き継ぐ1984（昭和59）年の臨時教育審議会で，これも実現には至らなかった。3度目は，1990年代

政治経済のグローバリゼーションに伴い，教育も国際的な水準に近づくべく新たに動き出した教育改革である。学校週五日制，教育内容の厳選による基礎基本の徹底とともに個性を生かす教育の促進，「総合的な学習の時間」の導入と，体験学習を中心に生徒が自ら学び，自ら考える，生きる力の育成をめざした。　　　　　　　　　　　　　[松井玲子]

第二次性徴

第一次性徴が，生殖器にみられる男女の特徴をあらわすのに対して，第二次性徴は，生殖器以外の身体各部に見られる男性と女性の特徴をいう。

発育速度が急進期を迎える頃，脳内の視床下部からは下垂体に対して，性腺刺激ホルモンの分泌命令が出される。下垂体は性腺刺激ホルモンを分泌し，その作用により性腺からは，それぞれ男性ホルモンや女性ホルモンが分泌される。性ホルモンは血液に乗って全身に運ばれ，男性らしさ，女性らしさの変化をもたらすことになる。

男性では，変声や発毛，射精などがあり，女性では，乳房のふくらみや発毛，初経などの変化が見られるようになる。こうした自己の身体の変化は，戸惑いや不安をもたらし，イライラや怒りや動揺など，自分でコントロールできない心の不均衡を引き起こすことになる。反抗期と称されるように，大人や体制などへの反抗的態度や行動は，この時期の特徴的でもある。

第二次性徴期は，男性・女性としての身体的変化とともに，精神的にも性への目覚めの時である。身体的な成熟の前傾とともに，若年者の性交体験が問題になっている。正しい性の知識と考え方を身に付けるとともに，人間の生き方や生きる力につながる性の教育を期待するものである。　　　　　　　　　　　[大平曜子]

第二次反抗期

子どもが思春期にいらだちや情動不安

定をおぼえ反抗的な態度を示すこと。子どもの自我の発達に伴う自己主張と親・教師などの社会的圧力との葛藤から生まれる現象である。子どもも自我や欲求や自己主張をもつ存在であり，いつまでも大人の制止や禁止を受け入れるとは限らない。大人の適切な働きかけに支えられながら，この葛藤を乗り越えることで子どもは自律性を獲得し，個人が独自の価値観や行動様式をもつようになる。こうした個性化と同時に，周囲との調和が図られ社会化が達成されていく。

［金山健一］

体　罰

　体罰とは身体に懲戒の意味合いを込めて加える制裁のことである。学校教育法第11条には「校長及び教員は，教育上必要があると認めるときは，文部科学大臣の定めるところにより，児童，生徒及び学生に懲戒を加えることができる。ただし，体罰を加えることはできない」とあり，懲戒と体罰を区別して体罰を禁止している。「生徒に対する体罰禁止に関する教師の心得」（昭和24年法務府）も参照されたい。また文部科学省は2007（平成19）年，新たな体罰懲戒に関する見解を提示した。有形力の行使以外の方法による懲戒について，児童生徒に肉体的苦痛を与えるものでない限り，放課後の教室に残留させる，教室内での起立，学習課題や清掃活動を課す，学校当番を多く割り当てるなどは体罰には当たらない。ただし懲戒を加えるに際しては教育上必要な配慮をしなければならない（学校教育法施行規則第26条第1項）。懲戒の種類は退学，停学，訓告の処分，教育委員会規則で訓戒を設けることがある。ただし停学は学齢児童生徒には適用できず，退学は国・私立学校に限り適用できる。

［津田　徹］

体罰問題

　教員による体罰は学校教育法第11条により禁止されている。しかし，現実には学校教育において体罰は存在しており，法務省が全国50の法務局・地方法務局に設置している専用相談電話「子どもの人権110番」には2001（平成13）年以降体罰について相談が寄せられている。文部科学省「体罰の実態把握について（平成30年度）」によると，発生総件数は767件で，最も多いのは高等学校287件，次いで中学校268件，小学校183件である。発生場面では，授業中が280件，部活動192件，休み時間80件，放課後49件である。体罰には，殴る，蹴る，髪を切るなど身体に対する直接的侵害，グラウンドを走らせる，床掃除をさせるなど極端な肉体的苦痛を伴う懲戒，トイレに行かせない，食事をとらせないなど教室に一定時間留め置くこと，正座，直立等指定の姿勢を長時間にわたって保持させ肉体的苦痛を与える行為などがある。体罰を行った教員の責任としては，職務義務違反（地方公務員法第29条）などの行政上の責任，傷害罪（刑法第204条）・暴行罪（同第208条）・監禁罪（同第220条）などの刑事上の責任，不法行為による賠償責任（民法第709条）などの民事上の責任がある。

［松井玲子］

体　力

　運動生理学の権威とされる猪飼道夫によると，体力とは「ストレスに耐えて，生を維持していくからだの防衛能力と，積極的に仕事をしていくからだの行動力」である。猪飼は体力の構成要素を「身体的要素」と「精神的要素」に分け，それぞれをさらに「行動体力」と「防衛体力」に分類した。行動体力とは運動するための体力であり，防衛体力とは病気に対する抵抗力といった健康に生活するための体力である。「体力・運動能力調査」（文部科学省）として計測する，いわゆる「体力」とは，身体的要素としての行動体力を示している。学習指導要領では，体力について「体の柔らかさ」「巧みな動き」「力強い動き」「動きを持

続する能力」という分類表記を用い，小学校学習指導要領解説では「特に，児童の発達の段階を考慮し，体の柔らかさ及び巧みな動きを高めるための運動に重点を置いて指導する」と示している。→体つくり運動，体幹　　　　　　[田中　聡]

ダウン症候群（Down syndrome）

1866 年，イギリスの眼科医ダウン（Down, J. L. H.）が，蒙古人様顔貌の知的障害のある症例を報告している。症状の特徴の一つであるつりあがった眼尻の顔貌から蒙古症とも呼ばれたが，民族差別的用語として現在は使われていない。

1959年になってフランスの内科医ルジューヌ（Lejeune, J.）らの研究によって，原因が染色体異常にあることが確認され，発見者の名前から「ダウン症」と呼ばれるようになる。「ダウン症」というのは，正式には「ダウン症候群」といい，いろいろな似通った症状が特徴的に見られる。

人の染色体は通常23対46本（2本1組）であるが，ダウン症候群の人は，その数が通常の人よりも1本多く見られ，その90％以上が21番目の染色体が3本の21−トリソミーである。発生頻度は，母親の年齢と関係があり，高年齢妊娠ほど高率になる。羊水検査による出生前の胎児診断が可能であり，高齢の妊婦を対象としている。

ダウン症候群では，体と精神の発達の遅れが見られる。新生児期には，筋の低緊張，関節の過伸展，モロー反射の減弱が見られる。頭部が小さく，平坦な顔面，つり上がった眼と低い鼻をもつ傾向がある。舌は大きく，耳は小さくて頭の低い位置にある。手は短くて幅が広く，手のひらを横切るしわが1本で，指は短く，第5指の関節は3つではなく2つしかないなどの特徴が認められることが多い。ダウン症候群の子どもの IQ には幅があるが，正常な子どもの IQ が平均 100 であるのに比べ，ダウン症候群の子どもで

は平均でおよそ 50 である。ダウン症候群の子どもは視覚動作能力（絵を描くなど）のほうが，聞く能力より優れている傾向があり，そのため言語能力の発達が遅れる傾向がある。

ダウン症候群の子どもは心臓の異常や甲状腺疾患，耳の感染症を繰り返して内耳に液体がたまりやすい（漿液性耳炎）ための聴覚障害，角膜と水晶体に問題があるための視覚障害など，身体的な問題をしばしば伴い，また，平均余命も長くはない。心臓病治療が進み生存率が上がったとはいえ，年齢とともに精神面の機能の悪化が進行し，心臓病，消化器官の奇形，肺炎や白血病などで亡くなる報告は多い。

親と異なる染色体数をもって生まれたことで，知的発達の遅れがあり，身体的障害をもつことがあるとしても，そうした特徴だけで人は評価されるものではない。遺伝と突然変異との2つの流れはごく自然なことと考えられる。ダウン症候群の子どもの心身の状態を把握し，適切な介入，早期の教育により，その機能を高め能力を伸長することが，教育における課題である。　　　　　　　[大平曜子]

高嶺秀夫

（たかみね ひでお：1854 - 1910）

師範教育の確立と教授法の導入に尽力した明治期の教育家。1875（明治8）年，文部省の命を受けて師範学科取調（師範学校の視察調査）のため，アメリカのオスウィーゴー師範学校に留学し，同校でペスタロッチ主義の教授法を学ぶ。帰国後は東京高等師範学校の教頭，のちに校長を務め，ペスタロッチ主義に基づいた教授法改革を提唱する。なかでも高嶺が翻訳，はじめは師範学校の教材に用いたジョホノット（Johonnot, J.）の『教育新論』は，1885（明治18）年に書物として刊行され各地の師範学校で広く読まれた。注入主義から開発主義へ，という教授法の理論的変革を牽引する書として，

師範学校卒業生たちの教育実践にも大きな影響を与えた。1897（明治30）年には女子高等師範学校（現在のお茶の水女子大学）校長となり、以後は女子教育の発展に力を注いだ。　　　　　［塩見剛一］

他教科等との合科的・関連的な指導
（生活科）

生活科と各教科等は、互いに補い合い、支え合う関係にある。各教科等との関連を積極的に図り、低学年教育全体の充実をめざすうえで合科的・関連的な指導は重要である。合科的・関連的な指導では、(1)生活科で学んだことを他教科等の学習に生かしたり、(2)他教科等の学びの成果を生活科の学習に生かしたり、(3)教科の目標や内容を合科的に扱うことで指導の効果を高めたりすることができる。

小学校入学当初で行うスタートカリキュラムでは幼児教育から小学校教育の円滑な移行のために生活科を中心とした合科的・関連的な指導が求められている。その合科的・関連的な指導の具体例として、アサガオやヒマワリを栽培する活動では、算数科との関連で咲いた花や種の数調べ、アサガオのつるの長さ比べ、ヒマワリの高さ比べなどができる。長さや高さ比べは、第3学年で学ぶクラブ学習の導入になる。国語科では、観察日記、作文、手紙を書くことや生き物や自分の成長を紙芝居や物語に制作するなど、言語活動のねらいをも達成できる。図工科では、花や葉で色水遊びや染め物をした後のファッションショー、つるを使ったリースづくり、実や種の形を生かした絵画制作ができる。道徳科では、観察・発見カードを使って、愛情をもって育ててきた過程の自然を愛する心情や優しさは思いやりの心を育むなどのねらいをも達成できる。

このように各教科には合科的・関連的指導の要素が数多くある。指導計画を立てるうえでも生活科や各教科等の目標や内容を十分に検討し、年間の見通しを立て、児童に負担がかからず、能動的に学習活動に取り組めるようにすることが大切である。　　　　　　　　　　［藤池安代］

タゴール，R.
（Tagore, Rabindranath：1861－1941）

インドの詩人、哲学者・思想家、教育実践家。ベンガル州コルカタの7人きょうだいの末っ子として生まれた。アジア初のノーベル文学賞受賞者（1913）である。詩作をよくしたが、当時の英国風の学校教育にはなじめず、学業不振で3校を退学した。のちにイギリス留学もしたが大学卒業を果たしてはいない。多面的な姿をもち、インド及びバングラディシュ国歌の作詞・作曲者でもある。シャンティニケタン（平和の園）に全寮制の野外学校を創設した（1901）。この学園は、森林の生活共同体のなかで、自然と人との調和を目的とした教育を実践し、向学と友愛を中心にして人類の連体、社会の改革、全人的教育を行っていた。ただし当時は、彼や学園が反植民地運動の拠点とみなされることもあった。その後、この学園はヴィシュヴァ・バーラティ大学（Visva Bharati：タゴール国際大学）となって（1921）、東西文化の交流センターとしての性格をもつ国立大学になり、初等中等教育学校も併設されて一貫教育を実施した。マハトマ・ガンジーらによるインド独立運動を支持し、当時の帝国主義・軍国主義的な行動を批判した。ロマン・ロラン、アインシュタイン、岡倉天心らとの親交もあった。彼の思想は、自然の教育作用を尊重し、あらゆる存在との調和によって人格の全面的調和的発展が達成できると考えた。さらに東洋文化の復権を切望しながら、ナショナリズムにとどまらず、東西文化の相互交流から全人類の協力統一を求めた。ベンガル語詩集『タゴール詩集：ギーターンジャリ』（1909）などがある。　　　［西本　望］

脱学校論（deschooling）

1970年にイリイチの『脱学校の社会』

で主張された学校解体論のこと。それ以前にも脱学校論は論じられていたがイリイチ以降，とくに注目され始めた。彼はすべての学校を否定しているのではなく強制的で操作的な学校管理を批判し，自由な雰囲気のある懇親的な学校を企図している。イリイチは過剰な効率性のみを追求する現代社会にあっては，人間の自立性や自律性が喪失させられてしまうと批判し，真に学びを取り戻すために，学校という制度の撤廃を提言すべきであると論じた。これは当時のフリー・スクール運動のなかで，代表的なものである。
　　　　　　　　　　　　　　　［広岡義之］

タナトロジー⇨デス・エデュケーション
谷本富（たにもと　とめり：1867－1946）
　明治・大正期の教育学者。ヘルバルト教育学の紹介・普及に大きな役割を果たした。1867年讃岐国高松に生まれる。医学校を卒業後，東京帝国大学選科生となりハウスクネヒトからヘルバルト教育学を学ぶ。山口高等中学校教授を経て，1894年東京高等師範学校教授となる。『実用　教育学及教授法』（1894），『科学的教育学講義』（1895）でヘルバルト教育学を日本に紹介，その普及に貢献した。1899（明治32）年から英仏独等に留学，その後京都帝国大学に奉職した。留学と日露戦争を経た1906年には『新教育講義』を著し，新教育を提唱した。1913年，沢柳政太郎京都帝国大学総長により辞表提出を強要（谷本を含む7名）され辞職した（沢柳事件の発端となる）。以後，1944（昭和19）年まで龍谷大学講師を勤めるかたわら著述活動を行った。
　　　　　　　　　　　　　　　［荒内直子］

タブラ・ラサ⇨ロック
タブレット
　タブレットとは，板状の薄型のコンピュータのことをいう。現在では，マイクロソフト社の Surface などのように，タブレットとしても，ノートパソコンとしても両方使用できるものもあり，タブ

レットとノートパソコンとを明確に区別することは難しい。広義の定義としては，本体にキーボードがなく，タッチパネルで操作するコンピュータである。スマートフォンとの違いは，画面の大きさであり，一般的にタブレットのほうが大きい。しかし，スマートフォンも年々画面が大きくなってきているため区別が難しくなっている。タブレットは，ノートパソコンよりも簡単に，そして直感的に使用できることから，授業で用いられることが多くなってきている。　　［高松邦彦］

ターマン，L. M.
（Terman, Lewis Madison：1877－1956）
　アメリカの心理学者で，スタンフォード大学で知能に関する研究に従事した。フランスの心理学者ビネー（Binet, A.）がシモン（Simon, T.）の協力を得て1905年に作成した世界初の知能検査であるビネー式知能検査をアメリカに導入し，1916年にスタンフォード・ビネー知能検査を作成した。ターマンは知能検査を世界で初めて標準化するとともに，精神年齢と知能指数の概念を知能検査に導入した。ビネー式知能検査では，個々の問題が簡単なものから難しいものへと順に並べられており，どの程度の困難度の問題まで正答できたかによって精神年齢が算出される。そして精神年齢を生活年齢で除した値に 100 を掛けた値が知能指数である。ターマンは知能検査の開発において貢献しただけではなく，天才児を対象とした縦断研究にも従事した。
　　　　　　　　　　　　　　　［松田信樹］

多面的・多角的に考える力（特別の教科　道徳）
　「特別の教科　道徳」の目標にある「道徳的諸価値についての理解を基に，自己を見つめ，物事を多面的・多角的に考え」というところが，従前の「道徳的価値の自覚」の一部に該当する。『学習指導要領（平成29年告示）解説　特別の教科　道徳編』においても，物事を多面

的・多角的に考える指導のために，一面的にとらえるのではなく，さまざまな観点から物事を理解し，主体的に学習に取り組むことが求められている。例示として，2つの概念が互いに矛盾，対立している「二項対立」の道徳的課題を，発達の段階に応じて取り扱うことも指導上の工夫の一つである，としている。

［広岡義之］

TALIS⇨教員勤務実態調査

単位制高等学校

学年による教育課程の区分を設けず，決められた単位を修得すれば卒業が認められる高等学校である。自分の興味，関心等に応じた科目を選択し，自分のペースで学習できるとされる。「臨教審」第一次答申（1985）は，教育機会の多様化の視点から新しいタイプの高等学校として単位制高等学校を設置できるよう提唱した。その趣旨に沿って文部省は「中等教育改革の推進に関する調査研究協力者会議」を設置して検討し，1988（昭和63）年に「学校教育法施行規則」の一部を改正するとともに「単位制高等学校教育規程」を公布した。これにより定時制・通信制課程において単位制高等学校が発足，1993（平成5）年からは全日制課程においても設置が可能となった。単位制高等学校は増加傾向にあり，2012（平成24）年度現在，全国で全日制課程551校，定時制課程377校が設置されている。

［荒内直子］

単位の考え

ある大きさをとらえるのに，任意の単位の大きさをもとにしてそのいくつ分あるかでその大きさを表現しようとする考え。例えば，整数であれば20は10の2個分，小数であれば0.8は0.1の8個分，分数であれば $\frac{7}{9}$ は $\frac{1}{9}$ の7個分といった見方をすることである。この「単位の考え」を用いることで，例えば0.3＋0.5の計算の仕方を考える際，0.1をもとに

すると，0.3は0.1の3個分，0.5は0.1の5個分なので，$0.1×(3+5)$ 個分と考えることができ，整数の計算と同じように考えることができる。同じように，分数×整数でも，$\frac{2}{9}$ は $\frac{1}{9}$ の2個分であることから，$\frac{2}{9}×4=\frac{1}{9}×(2×4)$ と考えることができる。単位の考えを用いることで，計算の仕方を統合的にとらえることができる。

［井上正人］

段階教授法

教育内容を合理的に提示し展開するため考案された教育方法の一つ。古代ギリシア時代の三段論法に代表される演繹法や証明は真理を導出する学問のあり方に即した考えで，段階的教授ということができる。しかし，この用語を有名にしたのは19世紀ドイツの教育学者ヘルバルトである。彼は認識の構造（心理学）を教授法に適応して「明瞭・連合・系統・方法」の四段階教授法を提示した。この概念は明治期に翻訳され定着した訳語であり不明瞭なところがあるが，学習内容の明確化，既知と未知の関連，展開，応用という学習の段階を追ったものであった。続くヘルバルトの弟子たち（チラー，ライン）はヘルバルト学派と呼ばれ，それぞれ「分析・総合・連合・系統・方法」（チラー），「予備・提示・比較・総括（概括）・応用」（ライン）を提唱した。段階教授法は，今日，学習指導案の「導入・展開・結論（まとめ）」という一単位ごとの展開を時系列に明確化する概念として定着している。

［津田徹］

探究型の教育

教師の問いに対して，教師が教えたとおり，教科書に書いてあるとおりに答えることを，子どもに要求する教師が少なからず存在する。子どもにこうした答えを要求する教師は，「知識再生型」の学習観を前提に教育している。これに対して，子どもが習得した知識を自分の頭のなかで考え直し，新たに活用して答える

知識創造型の学習活動を「探求型の教育」と呼ぶ。2006（平成18）年10月の中央教育審議会審議経過報告によれば，実際に課題を追究する活動を通して，自ら学び自ら考える力を高める教育を「探究型の教育」と呼び，従来の問題解決学習に相当するとある。これと関連が深いものに「総合的な学習の時間」がある。子どもの思考力，判断力，表現力，PISA型読解力等が深められる。　［広岡義之］

探究的な学習の過程（総合的な学習の時間）

　探究的な学習の過程とは，日常生活や社会の複雑な問題について，その本質を探って見極めようとする学びのプロセスのことである。児童生徒が実社会や実生活から問いを見出し，課題として設定する。そして，解決に向け，情報を収集・整理・分析する。比較・分類・関連付け等を行い，知識や技能とも結びつける。明らかになった考えや意見などをまとめ，他者に伝える。そこで生まれた新たな課題について，さらなる問題の解決を始める。この一連の学習活動の過程を示す。これらを何度か繰り返しスパイラル状に発展させていく。また，課題の内容や迫り方により活動の順序が入れ替わったり，ある活動が重点的に行われたりすることもある。　　　　　　　　［山田希代子］

探究的な見方・考え方

　探究的な見方・考え方とは，総合的な学習の時間ならではの物事の見方・考え方を指す。見方・考え方とは，総則編で「どのような視点で物事を捉え，どのような考え方で思考していくのか」と示されている。総合的な学習の時間では，児童生徒が，日常生活や社会の課題を解決に向け探究していく。特定の教科等の視点だけではとらえきれない広範囲にわたる事象を，各教科の見方・考え方を横断的・総合的に活用し，実生活や実社会と関連づけながら自己の生き方を問い続ける見方・考え方である。　　［山田希代子］

単　　元（unit）

　学習活動における教育内容の有機的なまとまりをいう。単元の概念は五段階教授法で知られるチラーらのヘルバルト学派によって広まり，一連の学習活動を教材によるまとまりでとらえる「教材単元」が主張された。教材の系統性や論理性が重視され，方法の観点が強く表れる。一方でデューイの流れを汲むキルパトリックらは，教材に代わって子どもの自発的な問題探究活動をひとまとまりとする「経験単元」を主張した。実生活で経験する具体的な問題を認識し解決する活動が重視され，教材単元よりも大単元で多様な活動となる傾向がある。かつては教材単元か経験単元かという議論もなされたが，整理された知識や技術を学ぶ際には教材単元が効果的であり，具体的な経験に近い問題を考える際には経験単元が有効であって，どちらか一方のみを選択はできない。また，実際の学習活動ではどちらの性格をより強く備えた単元かという比率の問題になると考えられる。

→学習指導，単元学習　　　　　［塩見剛一］

単　　元（国語科）

　国語科における単元学習では大村はまの実践が広く知られている。他教科でも単元は用いられる。国語科では，「読むこと」の単元は教材があるが，「話すこと・聞くこと」「書くこと」に関する単元は，児童生徒の生活や地域から取り上げることがあり，指導者は，単元づくりに創意工夫ができ，児童生徒が楽しんで学習が展開できる。　　　　　［森　成美］

単元学習（unit method）

　広義には構成された単元によって展開される学習であるが，狭義には経験単元による学習を指す。日本では第二次世界大戦後，学習指導要領においてヴァージニア・プラン等が模範とされるなど，アメリカの経験主義教育が指導的役割を果たし，それらの経験単元が生活単元と呼ばれ，さかんに用いられた。また当時，

生活単元学習のことを教育現場では単元学習と呼んでいたため，単元学習が経験単元による学習を意味するようになった。戦後の単元学習は，精査のない拙速な普及とあらゆる教科にわたる利用のために形骸化し，教科間の重複もしばしば見られた。そのために批判が高まり，1960年代以降は急速に衰退した。しかし，近年の教育改革では学力向上に危機意識をもたれる一方で体験学習が強化されていることからも，生活単元学習だけでなく教材単元学習をも包括した広義での単元学習として，学習活動におけるその意義をあらためて考える必要がある。→カリフォルニア・プラン　　　　　[塩見剛一]

単式学級

学級編成について，「小学校設置基準」並びに「中学校設置基準」第5条に「小(中)学校の学級は，同学年の児童(生徒)で編制するものとする。ただし，特別の事情があるときは，数学年の児童(生徒)を一学級に編制することができる」とある。同学年の児童生徒によって編成された学級を単式学級といい，複数学年の児童生徒によって編成された学級を複式学級という。同基準第4条により，単式学級の1学級の児童・生徒数は40人以下とする。特別支援学校の小学部，中学部または高等部の学級については，学校教育法施行規則第121条で，単式学級を原則とするが，特別な事情のあるときは複式学級も認めている。　　[松井玲子]

男女共学 (coeducation)

教育の機会や場の履修形態に関する事柄で，一般に同一教場で性の違いに関係なく共同学習を行うことを示す。狭義の共学は，同一教室で，同一の教科(学科・科目)に関して，同一の教員により，同一の方法と教材をもって学校教育を施すことを原則とする(有吉・天城，1958)。日本の教育制度では，学制(1872)でその方針を示したが，当時は日本の儒教倫理のもとで別学が主とされていて，実現

には至らなかった。公教育で共学を公認したのは教育令(1879)であったが，まだその時点では小学校低学年に限られていた。中等教育学校以上では，共学を建前と示していたが制度上ならびに事実上制約があって，別学となっていた。この状況は国民学校令施行規則(1941)によっても同様であった。共学の本格的な実施は1947(昭和22)年教育基本法制定以降である。ただし共学は強制されるものではなく，別学も否定されるものではないとして現代に至っている。近年では，共学である学校であっても，性別を遺伝学上や身体的特徴ではなく，本人の意思によって決定することを尊重することとなっている。　　　　　　　[西本　望]

男女共同参画学習

男女の性別に関わりなく，個性と能力を発揮できる「男女共同参画社会」の形成を推進する教育・学習。1999(平成11)年に男女共同参画社会基本法が成立し，政策・方針決定への女性の参画や，育児をはじめとした男性の家庭生活・地域生活への積極的参加，女性に対する暴力の根絶などを目標とする施策が定められた。教育では以前より男女平等教育，女性解放教育といった名称で男女平等を推進する取り組みが実践されてきたが，同法の施策の一環として2002年度より実施の学習指導要領(高等学校は2003年度)では，中学校の特別活動や高等学校の公民科，家庭科などで男女共同参画を推進する教育が充実されてきている。しかし，学校には独自の慣習・文化によってジェンダー観を再生産する「隠れたカリキュラム」が依然存在すると考えられ，教科カリキュラム内での男女共同参画学習にとどまらない本質的改革の推進が重要である。→男女共学，男女雇用機会均等法　　　　　　　　　[塩見剛一]

男女共同参画社会

「男女が，社会の対等な構成員として，自らの意思によって社会のあらゆる分野

における活動に参画する機会が確保され，もって男女が均等に政治的，経済的，社会的及び文化的利益を享受することができ，かつ，共に責任を担うべき社会」（男女共同参画社会基本法第２条）のこと。いい換えれば，男性も女性も，意欲に応じて，仕事，家庭生活，地域における活動などさまざまな活動をそれぞれの希望に沿った形で展開できる社会である。1999年６月に公布・施行された男女共同参画社会基本法を中核として，５年ごとに策定される男女共同参画基本計画に則り，女性に対する暴力やハラスメントの根絶，仕事と子育てを両立できる制度基盤の整備，男性の意識改革，性別にとらわれず多様な選択を可能とするための教育・学習の充実など，多面的な政策が講じられている。　　　　　　　　［古田　薫］

男女雇用機会均等法

　1985（昭和60）年に成立した，雇用の分野における女性への差別的な取り扱いを禁止した法律。旧来の「勤労夫人福祉法」を大幅に刷新したもので，事業主が募集・採用，配置・昇進において女性労働者に対して男性と均等な取り扱いをする努力義務が規定され，教育訓練，福利厚生，定年・退職・解雇に関する女性の差別的な取り扱いを禁止する。また労使紛争の解決の手段として，当事者間の話し合いを助ける「機会均等調停委員会」の設立が定められた。本法律制定と同時に，男女の雇用機会の均等を図る目的で労働基準法の女性保護規定も改正された。1999（平成11）年に改正男女雇用機会均等法が施行され，不当な差別をする法律違反のあった企業に対し労働大臣による指導・勧告のうえ，従わない場合は企業名の公表などの制裁が強化され，従来の努力義務が禁止規定に法的義務化された。さらにセクシュアル・ハラスメントの防止など，従来見過ごされてきた問題への配慮も加えられている。→男女共同参画学習　　　　　　　　　　　　［塩見剛一］

単線型学校体系

　すべての人があらゆる段階の学校教育を受けることが可能な制度のこと。上級の学校に進学する際に特定の学校群に在籍していなくても，それ以前の段階の学校群を卒業さえしておけば進学できるシステム。すなわち，社会的身分や経済的地位などに関わりなく，すべての国民の子女が同一の系統に属する学校で平等に教育を受ける仕組みである。欧州の複線型の学校体系に対して，当時新興国家であったアメリカでは，民主主義が隆盛を迎えた19世紀に単線型の学校が形成された。第二次世界大戦後の日本の教育制度の概要は，1947（昭和22）年に制定された学校教育法に基づいているが，1998（平成10）年の法改正により中高一貫教育制度が導入され，1999（平成11）年度から中等教育学校が創設されている。これらには，単線型体系の学校教育に対して，それを超えた社会的，個人的な要求がある。→複線型学校体系　　　［広岡義之］

ち

地域改善対策特別措置法

　1965（昭和40）年の同和対策審議会で，同和問題の規定と沿革が述べられ，あわせて平等の原則の保障が訴えられた。この答申を受けて，1969（昭和44）年の同和対策事業特別措置法が制定。この法律は10年間の時限立法であったが，その後３年間，継続の手続きがとられ，1982（昭和57）年で失効。1982年に制定された地域改善対策特別措置法は，これにかわって公布されたもので，５年間の時限立法である。この法律に引き続いて，地域改善対策特定事業に関わる国の財政上の特別措置に関する法律が1987（昭和62）年に５年間の時限立法として公布。1992（平成４）年と1997（平成９）年の

２度にわたる継続手続きによって，2002（平成14）年まで有効となった。

[広岡義之]

地域と教育

2006（平成18）年に改正された教育基本法第13条には「学校，家庭及び地域住民その他の関係者は，教育におけるそれぞれの役割と責任を自覚するとともに，相互の連携及び協力に努めるものとする」と規定されている。学校は地域にある。とくに公立の義務教育諸学校である小学校，中学校，義務教育学校は地域との関係性が密である。小学校区，中学校区は地域のコミュニティの単位である。中学校区では，中学校が地域の力を学校運営に生かす「地域とともにある学校づくり」を推進する（地方教育行政の組織及び運営に関する法律第47条の５）コミュニティスクールの機能を果たしている場合もある。とりわけ小学校区は，単に校区ともいわれ，複数の町内会や地域各種団体から構成される地域の自治協議会等の単位としての機能を果たす。校区体育会，校区夏祭り，また公民館事業，いずれも小学校を活動の場の中心として実施することが多い。地域の中心的機関は公民館であり，公民館と小学校が地域と教育の関係性の象徴となる。小学校の農業体験学習の指導者として，地域の農業指導者が特別講師を務めることもある。また小・中学生の登下校の安全を守る役割を地域住民が果たすことも多い。学校は地域との関係性のなかで存立し，また地域の教育力との融合によって学校教育がよりいっそうの効果を果たす。地域の教育力とは，地域がそこに住む住民に対して及ぼす教育的な影響力，人間形成力のであり，生涯学習社会の視点でいえば，あらゆる発達段階の人間に対する教育力であるといえる。学校は地域に根差した教育を展開することが求められており，とくに2002（平成14）年度から導入されている小学校及び中学校の「総合

的な学習の時間」のカリキュラムでは，地域を学習資源，教育資源として活用することが進められている。今日の青少年の問題を解決するためには，学校，家庭，地域が連携して子どもたちの教育を担っていく必要がある。教育基本法第13条は，そのことを端的に規定している。この規定の具体的方策の一つが，中央教育審議会答申（2015年）を受け，設置が進められつつある「地域学校協働本部」による「地域学校協働活動」である。

[上寺康司]

地域の自然の活用と体験的な学習活動の充実

理科の学習のなかでも，生物，天気，川，土地などの学習では対象となる教材に地域差があるため，地域の実情に応じて適切な教材を選び，積極的に活用することが求められる。野外に出かけ，地域の自然に直接親しむ活動は，自分たちの住んでいる地域の理解を深め，地域の自然への関心を高めることになる。遠足や野外体験教室などの機会を活用しての体験活動を積極的に行うことが大切である。

[菅本　格]

知識及び技能（国語科）

学習指導要領によれば，「知識及び技能」と「思考力，判断力，表現力等」は，国語で正確に理解し適切に表現するうえでともに必要となる資質・能力である。したがって，「言葉とは何か」「言葉による見方・考え方」を踏まえて，指導者は国語科の学習活動を考えるべきである。この２つは，別々のものではなく，一緒に育てていくと考えれば，授業が深いものになる。

[森　成美]

知識基盤社会

「あらゆる活動が高度な知識や情報を直接的な基盤とする社会」（『平成15年度文部科学白書』）を意味する。2005（平成17）年の中央教育審議会答申「我が国の高等教育の将来像」は，こうした現代社会を「知識基盤社会」（knowledge-basedsociety）と呼んだ。以下にこの社会の特質を要約する。(1)知識に国境はなく，グローバル化がさらに進む，(2)競争と技術革新が絶え間なく進む，(3)性別や年齢を問わず社会に参画することが促進される，などが挙げられる。知識基盤社会では，課題を見出し解決する能力，知識・技能の更新のための生涯にわたる学習，他者や社会，自然や環境とともに生きることなど，変化に対応するための能力が求められる。このような次代を担う子どもたちに必要な能力こそ「生きる力」なのであり，これは，OECD（経済協力開発機構）が「知識基盤社会」に必要な能力として定義した「主要能力（キー・コンピテンシー）」を先取りした考え方である。　　　　　　　［広岡義之］

父親不在

父親が存在するにもかかわらず，さまざまな理由から子育てに関与できない状況をいう。家庭教育・子育ての理想としては父性的なもの（厳しさ，社会的助言など）と母性的なもの（受容，甘えなど）がほどよく付与されることになるが，父親不在の状況は母親中心の母性的関わりに偏重してしまう。その結果子どもとの関係が過保護，過干渉また溺愛的なものとなり，わがまま，自己中心的な性格形成を助長するおそれがある。ジェンダー問題や，ワーク・ライフ・バランスの視点からも男性の適切な子育てへの関与が重要な課題になる。　　　　［佐野　茂］

チック（tic）

身体の筋肉が不随意的に急速な収縮を繰り返す症状。チックの生じる部位，反応はさまざまで，まばたき・首ふり・肩をすくめる・足踏み・しゃっくり・舌打ち・咳払い・奇声・汚い言葉を吐くなどがあるが，顔や頸，肩など上半身に生じやすい。脳の器質的な障碍による器質性のチックには，薬の処方など医学的な処置が必要とされる。一方，心因性のチックは子どもに多く見られる神経症の一種

で，心理的緊張や過度の興奮状態，感情的な欲求不満などが誘引となり発症し，ストレスが高まるとしぐさが誇張される。睡眠中やリラックス時には生じない。症状の改善には専門的な心理療法だけでなく，ストレス原因を取り除くこと，リラクゼーション，周囲の者がチックの動作に注意を向けない，などの対応が考えられる。→心理療法　　　　　　　［塩見剛一］

知的障害（intellectual impairment／intellectual disabilities）

1947（昭和22）年制定の学校教育法と児童福祉法で「精神薄弱」の語が使用されているが，昭和40年代後半になるとこれを不快で不適切な用語として問題にすることが多くなった。1998年に，障害者基本法など32の法律で使われている「精神薄弱」という表現を「知的障害」に改める関係法改正案「精神薄弱の用語の整理のための関係法律の一部を改正する法律」が可決され，1999（平成11）年からはすべて「知的障害」と表記が変わった。かつて精神医学や性格心理学，法学などの用語としても使われていた精神薄弱や精神遅滞という用語も，人権意識の高まりとともに使われなくなってきている。人格や道徳感情，対人関係までも包摂する「精神」ではなく，知的能力面だけの問題であること，そして，発達期に起こった障害であることを明確に表現するために，厳密には，「知的発達障害」という用語が適切であるとして使用する研究者も増えている。

障害の程度は，学校教育法第75条に基づき，同法施行令第22条の3に目安が記されている。「知的発達の遅滞があり，他人との意思疎通が困難で日常生活を営むのに頻繁に援助を必要とする程度のもの」「知的発達の遅滞の程度が前号に掲げる程度に達しないもののうち，社会生活への適応が著しく困難なもの」。

知的障害が軽度な児童生徒は，通常学級や特別支援学級に在籍することが多い。

授業理解やクラスでの人間関係など，彼らが苦手とする場面も多く，一人ひとりのニーズに応じた支援が必要である。学習全般に遅れがあるときには知能検査などの結果を参考にすることもあるが，あくまでも適切な対応を考えるうえでの一資料であり，支援の必要性の有無・程度をもって知的障害者が定義されることが重要である。　　　　　　　　〔大平曜子〕

地方教育行政の組織及び運営に関する法律

　地方教育行政の組織及び運営に関する法律（以下，地教行法と記す）は，1956（昭和31）年に制定された法律であり，教育委員会法（1948〔昭和23〕年制定）を抜本的に改正した法律である。改正の主要な理由は，教育委員の公選制を規定している教育委員会法のもとの地方教育行政は「教育の政治的中立性」の担保ができないということであった。地教行法は，教育委員会制度のみならず地方教育行政の組織及び運営全般に関する基本的事項を規定に盛り込んだ。地教行法制定の過程においては，政治的には「五十五年体制」を背景として，当時の政権政党である自民党（文部省）と社会党（日教組）との熾烈きわまる政治闘争が展開され，地教行法は政治的混乱の中で成立したのである。

　地教行法の目的は第1条「教育委員会の設置，学校その他の教育機関の職員の身分取扱その他地方公共団体における教育行政の組織及び運営の基本を定めること」と明確に規定されている。また同法の基本理念については第1条の2に「地方公共団体における教育行政は，教育基本法（2006〔平成18〕年法律第120号）の趣旨にのつとり，教育の機会均等，教育水準の維持向上及び地域の実情に応じた教育の振興が図られるよう，国との適切な役割分担及び相互の協力の下，公正かつ適正に行われなければならない」と規定されている。

　2015（平成27）年の同法改正により，第1条の4には地方公共団体の長と教育委員会から構成される「総合教育会議」の規定もなされている。「総合教育会議」では，「教育基本法第17条第1項に規定する基本的な方針を参酌し，その地域の実情に応じ，当該地方公共団体の教育，学術及び文化の振興に関する総合的な施策の大綱」の策定及び変更に関する協議，「教育を行うための諸条件の整備その他の地域の実情に応じた教育，学習及び文化の振興を図るため重点的に講ずべき施策」に関する協議，「児童，生徒等の生命又は身体に現に被害が生じ，又はまさに被害が生ずるおそれがあると見込まれる場合等の緊急の場合に講ずべき措置」に関する協議が，地方公共団体の長の召集により開催される（同法1条の4）。地教行法の第2条以下には，教育委員会の設置及び組織，教育委員会及び地方公共団体の長の職務権限，文部科学大臣及び教育委員会相互間の関係等の規定がなされている。　　　　　　〔上寺康司〕

チーム学校（チームとしての学校）

　「校長のリーダーシップの下，カリキュラム，日々の教育活動，学校の資源が一体的にマネジメントされ，教職員や学校内の多様な人材が，それぞれの専門性を生かして能力を発揮し，子供たちに必要な資質・能力を確実に身に付けさせることができる学校」（中央教育審議会答申「チームとしての学校の在り方と今後の改善方策について」）のこと。学校が抱える課題が複雑化・困難化・多様化し拡大しているなかで，心理や福祉等の専門家や関係機関，地域と連携し，チームとして課題解決に取り組むのが「チーム学校」である。教職員一人ひとりが自らの専門性を発揮するとともに，スクールカウンセラーやスクールソーシャルワーカーといった専門スタッフの参画により，課題の解決に求められる異なる専門性や経験を補うことができる。学校内

の人材だけでなく，地域コーディネーターや地域住民等の参画により，学校支援活動をはじめとして，放課後の教育活動，安全・安心な居場所づくりなど，社会総がかりで子どもたちの教育活動を充実させていくことが期待できる。また，教員の業務を整理して多忙を解消することで，学校における働き方改革につなげることも期待できる。子どもや学校・教員が置かれた現状を踏まえて，「専門性に基づくチーム体制の構築」「学校のマネジメント機能の強化」「教員一人一人が力を発揮できる環境の整備」の３つの視点から「組織としての学校」をとらえ直したのが「チーム学校」であるといえる。　　　　　　　　　　　［古田　薫］

チャーター・スクール（charter school）
　1991年アメリカミネソタ州で設置を認める法律が成立し，全米に広がった新しいタイプの学校。人種や所得格差などから生じる教育条件の格差，基礎学力の低下，薬物，暴力など従来の公立学校では解決が期待できない諸問題に対し，教員，親，地域団体などが州や学区との間で契約を結び，認可（チャーター）を受けて設立された初等中等学校のことをいう。公費によって運営され授業料は徴収されないが，州や学区の法令・規則の適用が免除され，一般の公立学校とは異なる方針・方法により特徴ある学校運営や独自の理念や方法に基づく教育も可能である。児童生徒の学力改善など，設置時に設定された目標が達成されているか，教育的成果が十分に上がっているかなど定期的に評価され，一定の成果を上げなければチャーターを取り消される。
　　　　　　　　　　　　　　［松井玲子］

注意欠陥・多動症／注意欠陥・多動性障害⇨ADHD

中１ギャップ
　中１プロブレムともいう。中学生になり専門の教科が開始されることに伴い，学習，教科担任制へのとまどい，講義調

の授業への不満，友人や先生との人間関係の不安などが生じてくる。小学校では通常，選抜ではなく何らかの形で卒業生全員が中学校へ進学するが，中学校では高校進学への受験プレッシャーが強くなる。中１ギャップはこれらに起因する不適応の問題を意味する。解決策の一つとしては，なによりも小・中学校間の連携が不可欠で，生徒指導や授業展開に関する小・中学校の一貫性や円滑な接続が求められる。　　　　　　　　　［広岡義之］

中央教育審議会（中教審）
　文部（科学）大臣の諮問機関。中教審と略称。日本の文部行政の主要な政策を審議，答申する。1946（昭和21）年設置の教育刷新委員会を改称した教育刷新審議会が母体となり，1952（昭和27）年に文部省設置法が改正され設置される。教育・学術・文化に関する重要施策について調査審議を行い，文部大臣に建議する役割を担った。審議会委員は学識経験者など20名（現在は30名）以内が文部（科学）大臣により任命され，他に臨時委員と専門委員を置くことができる。委員の任期は２年と規定される。2001（平成13）年の省庁再編により文部科学省が設置されるとともに，審議会についても再編がなされ，生涯学習審議会，教育職員養成審議会，教育課程審議会など，教育に関する主だった審議会が中央教育審議会に統合された。また新たに，教育制度，生涯学習，初等中等教育，スポーツ・青少年に関する各分科会が中教審の下に置かれた。→臨時教育審議会，教育関係審議会　　　　　　　　　　　　［塩見剛一］

中学校（旧制）
　学制（1872）により「中学」として規定されて以来，学校教育法（1947）成立まで，制度の変更を繰り返しながら男子の後期中等教育機関として存続した学校である。学制では全国に256の中学（修業年限６年）が設置されることが計画された。中学校令（1886）で尋常中学校と

高等中学校に分けられたが，高等学校令（1894）によって高等中学校は高等学校となり，尋常中学校は中学校と改称された。これにより修業年限を5年，入学資格を高等小学校2年終了（1907年以降は尋常小学校6年終了）の12歳以上とする中学校が成立した（1943年の中等学校令により修業年限が4年に短縮された）。中学校を卒業すると高等学校や専門学校，陸軍士官学校などに進学することができ，エリートへの登竜門であったが，学費が高額だったこともあり，1940年代に入っても進学率は2割に満たなかった。戦後，学校教育法により，ほとんどの中学校は新制高等学校に改組された。　［荒内直子］

中学校（新制）

　学校教育法（第1条）に定められた「学校」であり，「小学校における教育の基礎の上に，心身の発達に応じて，義務教育として行われる普通教育を施すことを目的」（同法第45条）としている。年齢主義により運営されるため原則として留年や飛び級はなく，在籍者のほとんどが満12歳から満15歳である。修業年限は3年である。教育課程は「学校教育法施行規則」（第72条）に基づき，必修教科，選択教科，道徳，総合的な学習の時間及び特別活動によって編成されており，文部科学大臣が公示する学習指導要領によって基準が定められている。2018（平成30）年現在，全国の学校数は約1万校であり，そのほとんどが公立である。約325万人の生徒が在籍している。

［荒内直子］

中学校令

　森有礼文部大臣の下で制定された，中学校（旧制）に関する法令。学制から教育令及びその改正と，明治の前期には学校制度の確立が続けられたが，いずれの法令においても一つの法律のうちに各種学校を一括して規定していた。それが中学校令の公布された1886（明治19）年に，帝国大学令，小学校令，師範学校令，諸

学校通則も定められ，初めて学校種別の法令が制定されるに至る。これらの法令を指して「学校令」と総称する。1881（明治14）年の中学校教則大綱では4年制の初等中学科と2年制の高等中学科が設置されていたが，中学校令では5年制の尋常中学校（各府県に1校）と2年制の高等中学校（全国に5校）に変更された。前者への入学は満12歳とされ，進学準備や実業に就く前段階にある者のための機関，後者はさらに高等教育を受けようとする者のための機関と位置づけられる。

［塩見剛一］

中堅教師の専門性

　教職経験が10年を超えてくると，多くの教師は一人前意識が生じるようになる。とくに中堅教師は，自分の得意技つまり専門性を深めることがこの頃の課題となる。校内外の研修に積極的に参加する，あるいは公開授業等に挑戦することも自分を深めるよい機会となる。→現職教育

［広岡義之］

中高一貫教育

　中高一貫教育は，中等教育のいっそうの多様化を推進し，生徒一人ひとりの個性をより重視した教育を実現するため，「学校教育法等の一部を改正する法律」（1998〔平成10〕年6月）の成立を受けて，平成11（1999）年度から導入された教育システムである。2019（令和元）年度には中高一貫教育を行う学校数は併設型が496校，連携型が90校で，あわせて586校設置されている。中高一貫教育には，生徒や保護者のニーズ等に応じた設置者の適切な対応を可能とするために，3つの実施形態がある。その1つは，1つの学校において一体的に中高一貫教育を実施する「中等教育学校」である。その2つは，同一の設置者が設置する中学校と高等学校で中高一貫教育を行う「併設型の中学校・高等学校」がある。その3つは，既存の市町村立中学校と都道府県立高等学校が，教育課程の編成や教

員・生徒間交流等の面で連携を深める形で中高一貫教育を実施する「連携型の中学校・高等学校」である。　　　[上寺康司]

中等教育学校⇨中高一貫教育

注入主義

　中世以来のように，教師が子どもたちに言語により知識を一方的に教え込むような，教師中心の教育方法を指す。教育思想史上，2つの大きな流れが対立的に存在しており，一つは教授中心（注入）であり，一つは学習中心（開発）である。注入主義は，子どもに何か新しいことを教え込むことを中核に置く，教師の教授活動中心の教育方法である。→開発教授法　　　　　　　　　　　　　[福田規秀]

懲　　戒

　教職員が職務上の義務に違反した場合，公務の秩序の維持を目的として懲戒権者が行う制裁のことを懲戒処分という。懲戒権者は教職員の使用者（地方公共団体，学校法人）であるが，使用者はその教職員を必要として任命したのであるから，懲戒権者は一般に任命権者となる。懲戒が適用される事由は法律・条例で定められ，処分を行う際には懲戒処分説明書を交付しなければならない。処分の内容には戒告・減給・停職・免職があり，戒告とは職員の服務義務を確認し，その将来を戒める処分をいう。職員に対する矯正的措置として戒告と似た内容のものに告諭・訓告などがあるが，これらは実質的制裁を伴わないため懲戒処分ではない。また，児童・生徒・学生に対する教育上の制裁も懲戒といい，学校教育法第11条において校長及び教員は，教育上必要があると認められるときは懲戒を加えることができると定められている。しかし体罰を加えることは禁じられている。→教職員の身分保障　　　　　　　[塩見剛一]

聴覚障害教育

　聴覚障害児を対象とする教育をいう。聴覚障害とは耳の聴こえに障害がある状態で，器質的あるいは機能的な障害が原因となって，聴く力が一時的または永久的に低下している状態をいう。

　聴覚障害の程度は，学校教育法第75条に基づき，同法施行令第22条の3に，次のようにある。「両耳の聴力レベルがおおむね60デシベル以上のもののうち，補聴器等の使用によつても通常の話声を解することが不可能又は著しく困難な程度のもの」。

　個々の子どもの聴覚障害の様態を把握することは，教育活動を進めるうえで大切である。聴覚障害の聴こえの程度は，平均聴力レベル（dB HL）で把握する。また，障害の部位は，伝音難聴と感音難聴の違いを知ること。そして，障害の始まりの時期は，言語獲得以前か以降かを明らかにすることである。障害が及ぼす心理面への影響も考え，一人ひとりの様子を把握したい。

　聴覚障害教育において，コミュニケーションは，口話（聴覚口話）法，手話法，同時法，キュード・スピーチ，トータルコミュニケーションなどを利用する。日本では，聴覚口話法が多く採用されているが，いずれにしても視覚的情報と聴覚的情報は補完しあいコミュニケーション力を高めることができるので，一つの方法に頼らず，しかも，健聴者の都合に合わせるだけのコミュニケーションにならないよう注意しなければならない。

　聴覚活用は言葉の聞き取りだけではなく，生活音の気づきや音楽を楽しむなど生活の質の向上に関係している。聴覚活用の促進に聴覚補償と聴覚学習があり，聴覚補償には補聴器のフィッティングや人工内耳の利用など，現在，ソフト面もハード面も飛躍的に進歩している。また，頭脳を意識した聴覚学習の方法も開発が進んでいる。いずれも，主体的な聴覚利用の態度の育成など，教育方法の研究がいっそう必要であろう。

　難聴は，早期発見で適切な支援が行われた場合にはより有効な音声言語の発達

を促すことが可能になるといわれる。難聴児に対する早期療育促進にむけ保険・医療・福祉・教育の関係機関の連携への検討も進められている。

　難聴児の学校教育は，通常の学級での学習が多くなっている。インテグレーションの目的を理解し，連携と相互理解の機会を大切にしたい。その意味からも「きこえとことばの教室」の設置と利用は重要だと思われる。　　　　　　[大平曜子]

超自我（super ego, 独：Überich）

　フロイト，S. を始祖とする精神分析の概念。フロイトは人間の精神構造をイド（エス），自我，超自我の3層構造とみなす局所論を展開した。快楽原則に従うイド，現実原則に従う自我に対し超自我は，主に親に対する同一視から生じる道徳や良心をつかさどる働きをする部分である。超自我はエスからの本能的欲求を抑え込むとともに，自我を監視し自我を良心的方向へと導く働きをもつ。

　　　　　　　　　　　　　　[松田信樹]

直観教授（独：Anschauungsunterricht）

　対象の本質や全貌を端的に把握する認識能力である，直観を原理とする教授法。本来，直観とは「みる」ことであり，直観教授においても視覚が重視される。しかしたんに目で見るだけでなく，すべての感覚器官で感じる知覚を含んだ多義的な認識作用を指して直観と呼ばれる。ルネサンス期以降，人文主義の観点から教育において直観が注目され，17世紀にはコメニウスが感覚や直観を重視する教授法を主張し，感覚的な知から体系的な知へと秩序づける教育を志向した。視覚に訴える挿し絵を多数盛り込んだ『世界図絵』（1658）は，コメニウスの直観主義を明確に表す著作である。ルソーは自然主義の側面で直観を継承し，さらにペスタロッチは「教育上の命題というものは，現実の諸関係と切り離せない直観的な経験を考慮してはじめて正しいものとして確かめられる」という考えから，「数・

形・語」を直観の要素として，感性と知性に加えて道徳性までも高める直観教授を提唱した。　　　　　　[塩見剛一]

チラー，T.
（Ziller, Tuiskon：1817-1882）

　ヘルバルトが心理学と倫理学を教育の基盤に据えたのに対して，チラーは，さらに宗教学を加えて教育目的の宗教的側面を主張した。ヘルバルトの四段階教授法（明瞭・連合・系統・方法）を五段階（分析・総合・連合・系統・方法）に改善したチラーは，コア・カリキュラムの先駆けともいえる中心統合法等を提唱。彼はヘルバルトの思想を大胆に改革して実践に役立てようとした。ヘルバルトの思想が世界各国にまで普及した背景にはもう一人の弟子ラインの功績も見逃せないが，ヘルバルト学派が教育界で注目されるようになったのは，チラーの存在が大きい。　　　　　　[広岡義之]

治療教育

　治療教育（「療育」と呼ばれる）は，もともとドイツ語圏で使われていた学術上の言葉 Heilpädagogik に始まり，近年は therapeutic education だけでなく，remedial education とか curative education といわれることもある。治療や病気を治すという意味のこうした語から医学的意味合いが強く感じられるが，実際には，障害児教育と同義語ともいうべきものであり，障害児・者に対する特別な教育的取り組みと考えてよい。障害や発達を心理学，医学，教育学，社会学，福祉学などの科学的視点からとらえた教育的支援，すなわち，障害の克服と軽減を目的とした障害者教育と解される。しかし，その意味するところは，実は人によってまちまちで，「治療教育学」の基礎をなしたといわれるヘラー（Heller, T.）でさえ「治療教育は明確に規定できない」という。古くは，ドイツのゲオルゲンスらが，治療教育は治すことではなく，人間的なものの可能性を実現する営

みといい，20世紀半ばになるとアスペルガーが，「生物的知識に基づいた教育的方法で子どもの精神神経学的障害の治療をする科学」と定義している。

治療と教育の関係性は，どちらに重きを置くかによって，教育治療や治療教育と呼称が変わる程度で，その違いを明確にすることはできない。

情緒や言葉に障害のある場合や，学習障害といわれる子どもたちには，医学的治療の段階を終えたと判断されたあとも，特別に組まれた教育プログラムに基づきその子にあった教育を実践することで，回復が見られることがある。このような場合の教育はまさに治療教育であろう。では，回復が見られない障害の子どもたちにとってはどうであろうか。医学的回復をめざした教育ではなく，実際回復はないかもしれないが，健全な人間形成ということからいうと，やはり治療教育だといえるであろう。

治療教育は，治る，治らないにかかわらず，特別に配慮した教育による「治療としての教育」ととらえてよいであろう。

日本の特別支援教育の歴史を見ると，障害の状態を改善・克服するための指導は，養護学校（現在の特別支援学校）草創期から取り組まれ，1971（昭和46）年以降は「養護・訓練」という領域で取り組まれていたことがわかる。新学習指導要領では，それに該当する治療教育的取り組みとして「自立活動」という科目が設定されている。　　　　　　［大平曜子］

通級による指導

従来の障害児教育は「特殊教育」と呼ばれ，健常児を対象とする「普通教育」から分けられて，障害種や程度に応じて教育の場を整備し，個々の子どもに対応した教育計画を立てて実践されてきた。2007（平成19）年4月に「特別支援教育」が学校教育法に位置づけられ，ノーマライゼーションの思想に後押しされる形で障害児教育の考え方が転換された。特殊教育では分離・隔離が前提であったのに対し，特別支援教育の「特別な教育的ニーズ」への対応は，「子ども集団のなかには障害の有無に関係なく多様な子どもたちが最初から，当たり前のこととして含まれている（inclusive）」という発想に基づき，通級すなわち通常の学級が前提になっている。　　　　　　［山本孝司］

通信教育

インターネット，テレビ，ラジオ，郵便等の通信メディアを使用して行う教育。一定の教育計画のもとで教材を受講者に送り，設問解答，添削指導，質問回答，スクーリングを実施するものである。スクーリングは，通信メディアの使用だけでは学ぶことが困難な体育，芸術，外国語等で実施されることが多い。教材は近年書籍だけでなく，CD-ROM や Web で送られてくることもある。通信教育は，時間的制約が少なく経済的にも負担が少ないため，職業等に従事しながら教育を受けられる利点がある。学校通信教育（高等学校・大学・大学院）と社会通信教育（趣味，教養，職業技能，学習塾等）に大別される。　　　［砂子滋美］

通信簿

学校から学期ごとに，児童生徒の学習の状況，学校生活における態度や状況，性格や行動，身体的状況，出欠席等の資料が，保護者へ通知される書類であり，各学校が指導要録に基づいて作成している。近年は，個性を把握し，学習意欲や生きる力を育むために，評価の方法を相対評価から絶対評価に変えている学校も多く，個々の児童生徒に即した具体的な記述や次学期も頑張ろうという意欲をもてるような記述様式になっている。名称は通知簿や通知表，児童生徒の成長を表

す「あゆみ」「かがやき」「のびゆくすがた」などの用語を使うことが多い。

[砂子滋美]

通俗教育

1868（明治元）年以降，図書館，博物館などの社会教育施設の整備を中心に行われてきた社会教育に関する施策。とくに日露戦争後，通俗教育の振興策がとられ，1911（明治44）年に設置された通俗教育調査委員会は，第一部：読物の編集と懸賞募集ならびに通俗図書館・巡回文庫・展覧会事業に関する事項，第二部：幻燈の映画及び活動写真のフィルムの選定・調製・説明書の編集等に関する事項，第三部：講演会に関する事項ならびに講演資料の編集及びその他と，3部に分けた調査を行うとともに通俗教育奨励案を提言した。1913（大正2）年に通俗教育調査委員会は廃止され，図書館・博物館・通俗教育・教育会に関する事務は普通学務局第三課が一括して行うことになった。1919（大正8）年には普通学務局に通俗教育をもっぱらつかさどる第四課が新設された。

[松井玲子]

津田梅子（つだ うめこ：1864–1952）

教育者，津田塾大学創設者。日本における西洋農学の祖・津田仙の二女。江戸生まれ。女子教育，とくに女子英語教育に尽力した成果は大きい。1871（明治4）年に8歳で岩倉具視らとともに渡米，最初の女子留学生の一人となる。のちに華族女学校教授，女子高等師範学校教授を兼任後，1929（昭和4）年の64歳まで女子教育に尽力した。途中，津田塾大学の前身女子英学塾は，関東大震災の影響により焼失するが，内外の協力者によって1933（昭和8）年津田英学塾，同専門学校を経て，1948（昭和23）年に現行の津田塾大学となる。とくにアメリカ留学中に知り合った友人に大学運営上助けられた。出版活動も行い，広く英語教育にも尽力した。

[津田　徹]

伝え合い交流する活動（生活科）

伝え合う活動とは，人と人との関係のなかで互いの立場や考えを尊重し，目的意識や相手意識をもって自分の思いや考えを表情や態度のほか話す，書く，手紙，電話などの多様な方法で交流し合うことである。生活科では，日々の生活のなかで起こる出来事に関心をもち，見る・聞く・触れる・つくる・探す・育てるなどの活動や体験を通して，児童の身近で多様な人々との交流が求められている。それは，幼児や異学年の児童，地域の人々などに体験したことが伝わるよさや楽しさ，相手の伝えたいことが理解できることを実感することができるからである。幼児との交流や町の人へのインタビュー活動を通して，こんなことを伝えたい，もっと聞きたいとさらなる活動の意欲が高まり，伝え合う内容にも深まりが出て，新たな学びや活動に発展していくことになる。

生活科の学習には，一人ひとりの気付きを伝え合い交流する活動を通して，全員で共有し，みんなで高めていくことが重要である。

[藤池安代]

て

TAT（thematic apperception test）

主題絵画統覚検査（課題統覚検査，絵画統覚検査）といわれ，複数の絵についての想像的物語の内容から個人の性格を診断しようとする検査法である。マレーとモーガン（Morgan, C. D.）によって考案された投影法による心理人格検査である。対象者となる人物（クライエント）の空想力を刺激する比較的あいまいな絵（20組前後が一組）について，物語をつくらせる。対象者のつくった物語は，(1)主人公の設定，(2)主人公の欲求の種類と水準，(3)欲求に対する外的圧力の

種類と水準，(4)主人公の感情，(5)行動の結果などの諸点について分析され，その結果に基づいて，対象者の性格が診断される。日本版試案（戸川編），名古屋大学版，精研版などがあり，さらに，集団法化を試みたものに，牛島・野村の集団 TAT がある。　　　　　　［西本　望］

定時制・通信制教育

　定時制については，その課程を置く高等学校を示す場合が多い。それは全日制の高等学校に併設されたり，独立校としてその課程を有する学校も存在するからである。定時制課程は授業が夜間などの一定の時間または時期に限定して行われることを前提として教育課程を編成している。この制度の目的は，働きながら学習を続けようとする勤労青年を対象として，教育の機会を保障するために発足した（1948年）ものである。設置当初は，運営方法が明確ではなく，国の補助も不十分であったが，農山村を中心に広く設置され教育実践が意欲的に行われた。その後1960年代の経済成長期には都市部への青年層の移動・集中があったことと進学率の上昇で，夜間開かれる定時制に集中した。しかしながら，進学率の頭打ち，子ども人口と勤労青年の減少から，昼間の学校が中心となって夜間の定時制は減少傾向にある。通信制も定時制と同様に，自宅や学習センターなどで学ぶことができるため，その利便性から当初は勤労青年を対象として行われた。各教科・科目の認定は添削指導や面接指導（スクーリング）及び試験によって実施される。現在では，定時制・通信制ともにさまざまな入学動機や学習歴を有する者が多くなり，全日制からの転入学や編入学，不登校，海外出身者などがいて，生涯学習の目的でも活用されるようになっている。
　　　　　　　　　　　　　　　［西本　望］

ディースターヴェーク，F. A. W.

(Diesterweg, Friedrich Adolf Wilhelm：1790 - 1866)

　プロイセン（現在のドイツ）の教育者。ヘルボルン大学，チュービンゲン大学で数学，哲学などを学び，1813年よりフランクフルトの模範学校で数学及び物理学の教師を務める。同校の初代校長グルーナーはペスタロッチの直弟子であり，またペスタロッチ主義者のド・ラスペーと交流をもつなどするなかで，ペスタロッチ主義教授法への理解を深める。その後教員養成所の所長となり，1827年には『ライン教育時報』を創刊，思考力と実践力の形成をめざす教育論を展開する。同誌は以後，生涯にわたって続刊された。1835年の『ドイツ教員教授指針』は教員の手引書であり，教員に自己研鑽と団結を求めるものである。その教育思想はペスタロッチの直観教授を継承し，子どもの自己活動を重んじる開発的教授法を主張し，「プロイセンのペスタロッチ」と称される。　　　　　　　［塩見剛一］

ティーチング・マシン（teaching machine）

　プログラム化された教材に各個人が反応し，それに対して，フィードバックができるような学習活動の個別化を目的とした教育機器全般を指し示す。例えばスキナーは1950年代に実験室におけるオペラント条件づけ理論を人間の学習理論に応用し，ティーチング・マシンを利用したプログラム学習を開発した。彼のマシンは，問題提示の仕方や配列，また解答に必要なヒントの提示などに工夫が施されていた。　　　　　　　　　［広岡義之］

TPR⇨全身反応法

ディベート（debate）

　対立討論方式。ある問題についての意見が対立しているものを聴衆のなかから2，3名ずつ出す，あるいは対立する意見の役割を演じて，それぞれの立場から対立討論する。そこでは必ずしも妥協や結論を要求せず，一定時間の討論の後，

聴衆との質疑応答や意見交換をする。
[西本 望]

TIMSS

国際数学・理科教育調査（Trends in International Mathematics and Science Study）のこと。国際教育到達度評価学会（IEA）によって行われる小・中学生を対象とした国際比較教育調査。2003年以降の調査は「国際数学・理科教育動向調査」という。知識・技能の定着度を調査するのが目的で，あわせて学習意欲，学習時間，読書についても調査している。日本の子どもたちの課題としては，できる子とできない子の二極化が進んでいる，自信のある子が減少している，テレビを見る時間が小・中学校とも最長であるなどが浮上している。　[広岡義之]

ティーム・ティーチング

集団指導に際し2名以上の教師が責任を分担し，協力して行う教育方法である。仕組みとしては次の4つの形態がある。(1)一方の教師（T1）が一斉教授を行い，他方（T2）が机間指導を行う。(2) T1 の教師の一斉指導を T2 が教材準備等で協力する。(3) 2 人が掛け合いによって一斉授業を行う。(4) 2 人が分担して，個別学習を机間指導によって促す。例えば小・中学校における保健指導・保健学習では，養護教諭がリーダーティーチャーを務め，学級担任がサブティーチャーを務める形で授業実施がなされることがある。教科指導においては，児童生徒の習熟度別に，リーダーティーチャーとサブティーチャーの指導対象が分けられているケースが多い。　[山本孝司]

ティーム・ティーチング（外国語）

外国語教育におけるティーム・ティーチング（TT）とは，日本人教員（JTE）が外国語指導助手（ALT）らとともに行う授業を指すことが一般的である。効果的な TT においては，「英語のお手本」としての ALT という考え方を超えて，JTE と ALT の双方が主体的な教員として生徒（児童）とともに授業を組み立てていく，ダイナミックな授業運営が望まれる。ALT のレギュラー訪問における TT においてはとくに，授業のねらいや教材用図書に対する理解，指導観や生徒（児童）観をめぐる，JTE と ALT との事前の共通認識と信頼関係の構築が必要である。　[宇野光範]

ディルタイ，W.

（Dilthey, Wilhelm：1833‒1911）

ドイツの哲学者。ハイデルベルク大学，ベルリン大学で哲学，神学を学ぶ。生の表現として歴史や文化を理解する「生の哲学」の立場に基づく精神科学を確立。対象を部分に分解する自然科学の手法は全体としてのみ存在し得る人間や社会に馴染まないという考えから，その精神科学は現実に内包された意味の連関を理解する，という手法をとる。理解は追体験によってなされるが，追体験の対象は他者の体験のみならず，あらゆる歴史・文化も含まれ，体験と理解によって自己の精神世界の拡大が可能となる。人間理解の学として教育学を重視したディルタイは，教育の現実は歴史的に制約されているため，教育目的は普遍妥当ではありえないとして従来の普遍妥当的な規定を行う教育学を批判，歴史的相対主義に立つ教育学の必要を主張した。文化教育学の源流に位置づけられ，精神科学や歴史重視の考え方はシュプランガーやボルノーら後続のドイツ教育学に広く影響した。
[塩見剛一]

適応機制

私たちが自らの能力を発揮して，充実した生活を営んでいくためには，置かれている立場や環境，所属している社会からの要請や期待に適合しつつ，自らの要求も充足できるように行動する必要がある。適応（adjustment）とは，不適応な状況から解放されて生き生きと生活するという意味で用いられる概念であり，精神的健康性や情緒的満足感と社会的環境

とが調和している状態にある時，適応しているといえる。

しかし，児童生徒の中には社会や文化の規範に適合せず不適応行動を表し，内的に不満や不安，緊張を抱え込み，不適応状態を呈する場合がある。欲求不満や葛藤状況による精神的緊張に対して，人はこれまでの経験を生かし，環境に働きかけるという積極的適応を試みたり，忍耐力などで乗り越えようとする。しかし，これも限界に達すると，いよいよ意識的・無意識的に心の仕組みを使って緊張を軽減し，解消する。この働きが適応機制である。

適応機制には4種類ある。いずれも自我を守るための一時的なメカニズムであり，根本的な解決にはならない。(1)攻撃機制：欲求不満を生じさせる対象を直接攻撃や破壊で一時的安定を得る。(2)防衛機制：自我を防衛する働きで，もっともらしい理由で正当化する「合理化」，代わりの目標で仮の満足を得る「代償」，憧れの人や集団と自分が同じであるかのように思い込む「同一視」，自分の好ましくない特質を他人の中に見出して非難する「投射」など。(3)逃避機制：欲求不満からの緊張に直面しないようにする働きで，目の前の課題を避け関係のないものに集中する「現実への逃避」，現実では獲得が困難な目標を，空想の中で満たそうとする「空想への逃避」，病気になることで，困難から逃れようとする「病気への逃避」，欲求の充足を発達の前の段階に戻って満たそうとする「退行」など。(4)抑圧機制：心を脅かし不安や恐怖をもたらし社会に認められないような欲求を，無意識の世界に閉じ込め意識に上らないようにする働き。

適応機制は，一時的ではあるが，緊張を解消しようとする，心の安全装置の働きをしており，崩れそうな自我を支え，健康性を維持し，日常生活への適応を求めている働きといえる。しかしながら，

適応機制に頼ることなく，意識をもって環境調整を行うことが重要である。

適応とよく似た用語に順応（adaptation）があるが，例えば，暗闇に入ってもしばらくすると目が慣れてくる場合（暗順応）のように，環境の変化に対して生活体が受け身の形で応ずる場合をいう。適応は能動的であり，順応とは区別しておきたい。　　　　　　［大平曜子］

適　　塾 ⇨緒方洪庵

適　　性

就学や就職など，個人がある分野に進むときに必要とされる能力や特性のこと。個人の特性を予測するために開発され，標準化された検査を適性検査という。教員採用試験では多くの自治体で適性検査を実施しており，主に，内田クレペリン検査，YG性格検査，ミネソタ多面人格目録（MMPI）などパーソナリティ診断の代表的な検査を使用している。学習場面では，クロンバック（Cronbach, L. J.）が，学力や特性，学習スタイルのような学習者の適性によって効果的な教授方法や教材，学習環境が異なることを仮定し，適性処遇交互作用という考え方を提唱した。　　　　　　　　　　［松本麻友子］

テクニカル・スクール
(technical school)

イギリスの1944年教育法に基づく教育改革によって生み出された職業・技術系中等学校。1943年のノーウッド報告は子どもの精神タイプを，(1)学習そのものに興味をもつもの，(2)応用科学や工芸分野に著しい興味，才能のあるもの，(3)観念より具体的事物を取り扱うことのほうがやさしいもの，の3つに分類しており，これに基づき第二次世界大戦後，イギリスの中等教育は，グラマー，テクニカル，モダンの3分岐型となった。テクニカル・スクールでは普通教育を中心に，上級の技術教育へ進学する者，就職し徒弟として勉学を継続しようとする者の教育要求に応えるための教育課程を含む多

様な教育内容であった。1965年以降，中等学校の再編により，モダン・スクールやグラマー・スクールと統合され，コンプリヘンシブ・スクールへと一本化されていった。　　　　　　　　　　［松井玲子］

デス・エデュケーション
(death education)

「死の準備教育」のこと。デーケン(Deeken, A.) の見解に従えば，4 つの段階がある。第 1 段階では，「タナトロジー（死学）」の専門知識の伝達が行われる。例えば死へのプロセス，ターミナル・ケア（終末期介護），告知，安楽死，自殺，民族・文化・宗教による死生観の相違，死後の生命，などの問題が含まれる。第 2 段階は，生と死に関連した価値観を身に付ける内容に入る。例えば末期患者の延命，消極的及び積極的安楽死の是非，死の判定，脳死，自殺の是非などは価値観にも関わるテーマである。第 3 段階では，死の問題を感情的・個人的な問題として取り組むことが求められる。恐怖や不安を抑圧しようとする感情が自然と生じる。そのため，個人的・情動的な死との対峙が必要となる。最後の第 4 段階で初めて具体的な死にゆく患者との触れ合いを通じた技術の習得が課せられる。　　　　　　　　　　　［広岡義之］

手塚岸衛（てづか きしえ：1880 - 1936）

大正新教育運動の指導者で，自由ヶ丘学園の創設者。東京高等師範学校に在学中，学資捻出のため雑誌『日本之小学教師』の編集にたずさわる。卒業後，各地の師範学校に教諭として勤め，1919（大正 8）年，千葉県師範学校附属小学校に主事として着任すると，自らの唱導する「自由教育」に基づく教育改造に取り組む。その内容は教授における自学，訓練における自治，学級経営における自由を重んじた教育の推進で，自律的・閉鎖的な学級経営の様式を指す「学級王国」の語は，同校が初めて用いたものであった。自由教育論は八大教育主張の一つに数え

られ，新教育運動の高揚とともに各地でその実践が行われる。また白楊会という教員組織を結成，機関紙『自由教育』を発刊した。1928（昭和 3）年に自由ヶ丘学園を創設するが，ときの不況からこれを手放し，のちに閉鎖される。著書に『自由教育真義』(1922) がある。　　　　　　　　　　　［塩見剛一］

デューイ，J.
(Dewey, John：1859 - 1952)

アメリカを代表する教育学者，哲学者。彼はパース (Peirce, C. S.)，ジェームズ (James, W.) らにより提唱されたプラグマティズムの影響の下，自らの思想を展開した。彼の教育思想の特徴は，Learning by doing（為すことによって学ぶ）に象徴されるように，経験主義的教育，児童中心主義の教育観にある。また道具主義，実験主義ともいわれている。代表作は『学校と社会』(1899)，『思考の方法』(1910)，『民主主義と教育』(1916) など。「民主主義は家庭から始めなければならない，家庭は最も身近な集団なのだから」という名言からは民主主義教育の重要性が説かれ，また子どもの生活経験を重視し，習慣の重要性をも指摘している。教育方法としては反省的思考によって問題解決学習へと通ずる教育方法理論が有名である。学習の原則として「自己表現の活動」を挙げている。弟子にキルパトリックなどがいる。
　　　　　　　　　　　　　［津田　徹］

デュルケム，É.
(Durkheim, Émile：1858 - 1917)

フランスの代表的社会学者，教育社会学者。デュルケムは学問（社会学）の対象としての社会的事実を想定することで，社会学の対象を確立しその学問としての対象を規定した。そのため彼の学問観は，実証的，客観的立場に強調が置かれる。この学問的立場を教育をはじめ，社会的分業や自殺といった社会現象にまで広げ，数々の著作を残した。代表的著作は，

『教育と社会学』（1922），『社会的分業論』（1893），『社会学的方法の規準』（1895）など。また社会論として，近代に見られる社会的分化が対立や葛藤を生じさせ，アノミー（無秩序）状態に陥ってしまうことのおそれを指摘した。その他，教育についての彼の有名な言葉として「教育とは社会生活においてまだ成熟していない世代に対して成人世代によって行使される作用である」が挙げられ，教育とは若い世代への社会化（Socialization）とみている。　　　　　　［津田　徹］

寺子屋

江戸時代中期から末期にかけて普及した，庶民の子弟を対象とする教育機関。読（よみ）・書（かき）・算盤（そろばん）を中心とする初等教育を行い，往来物と総称される教科書が用いられた。室町時代中期以降，寺院において僧侶にならない下級武士や庶民に対し，世俗的な内容の教育を施すようになったのが始まりとされる。寺子屋の師匠は経営者を兼ねており，その身分は平民，武士，僧侶，医師，神官などさまざまであった。浪人などが生計の手段として経営するだけでなく，名主や僧侶など地域の名士が副業として，あるいは慈善的に行う場合もあった。近世後半に商業経済が発達し，読み書きや計算の能力が求められるようになったことが寺子屋の増加した主な理由に挙げられる。明治時代に入ると郷校・私立小学に発展した寺子屋も多く，また寺子屋での教育が明治初頭の識字率の高さに反映されているように，近代教育制度の定着につながる下地として機能したことにも意義が見出される。
　　　　　　　　　　　　　［塩見剛一］

田園教育舎 （Landerziehungsheim）

ラインの門下生であるリーツ（Lietz, H.）が，レディのアボッツホルム校に交換教員として1年間滞在した後，ドイツに帰国し1898年に創設した中等教育学校。アボッツホルム校にならい，都市から離れた田園での教育，家庭的な共同体をなす寮制度，知育に偏らない全人的教育等を特徴とする。田園教育舎は国家に寄与する指導者層を育てる革新的な教育施設として，ドイツ各地に広まった。またドイツに限らず，アボッツホルム校に影響された理念を有する学校を田園教育舎系の新学校と呼ぶ場合もある。フランスのドモラン（Demolins, E.）が1899年に設立したロッシュ校や，かつてレディのもとにいたバドレー（Badley, J. H.）が1893年に設立したイギリスのビデールズ校，これらのモデルとなったレディのアボッツホルム校などである。［塩見剛一］

展開のある授業

子どもの思考や授業理解が深まり，学習内容が深化し，教師の発問が子どもの心に深く浸透するような授業過程のこと。戦後の代表的な教師の一人である斎藤喜博が実践で成功させた。「展開」とは，導入で教師が提示した内容が，深化発展するヤマ場のことを指す。教師は授業のなかで一番伝えたいものをより深く発展させる可能性を探求する必要がある。それゆえ，展開のある授業とは，表面的に活発な授業展開がされている必要はない。あくまでも子どもの内面にどれだけ深く教師の伝えたいことが浸透し，子どもがそれを自らの問題として解釈しているかどうかが問われる。　　　　　　［広岡義之］

伝統・文化の尊重

義務教育の目標について規定した学校教育法第21条第3号に「我が国と郷土の現状と歴史について，正しい理解に導き，伝統と文化を尊重し，それらをはぐくんできた我が国と郷土を愛する態度を養うとともに」とある。これらの態度を養成するためにも，学校や地域の伝統や文化を尊重する体験を重視するべきであろう。
　　　　　　　　　　　　　［広岡義之］

と

東井義雄（とうい よしお：1912 - 1990）
　日本を代表する教育者。1912（大正元）年兵庫県出石郡に生まれる。6歳で母と死別。11歳で旧制中学に入学するものの，貧困のために進学を断念。進学の夢が捨てられず，学費の安い，姫路師範学校へ入学し勉学に励む。1932（昭和7）年に20歳で豊岡尋常小学校へ着任。生活綴方教育に情熱を傾ける。26歳で富美代夫人と結婚。この頃に，教え子の質問に端を発した「のどびこ事件」を通じて，「生かされている」気付きを体験する。47歳で相田小学校校長。この頃から『授業の探究』等の著作活動が深化する。
[広岡義之]

投影法（projective technique）
　性格を全体的，力動的に理解し研究しようとする方法の一つ。投映法，投射法ともいう。アメリカを中心に発展したパーソナリティの診断法である。投影（投射：projection）の概念は，精神分析において防衛機制の項目の一つとして挙げられているが，この方法ではより広義に用いられている。つまり投影法とは，まぎらわしい刺激状況に対する個人の自由な反応において生じる個人の過去の経験や特殊な事情に基づいた選択的反応を意味する。つまり無意識界の心理的事情やメカニズムが反応に表現されやすいことが特徴である。問題点は結果の整理や解釈が客観的に判断しにくい点にある。それに伴い検査者に熟練した技術が必要であることが挙げられる。この検査法の例には，ロールシャッハテスト，TAT検査，PFT，文章完成テスト，フィンガーペインティング，人物画テスト，サイコドラマなどがある。　　　[西本　望]

東京大学
　明治政府にとって，「学制」公布をはじめとする国民教育の普及を推し進めることは，産業の礎を築き，国家の人材を輩出するためには必要不可欠であった。近代国家をめざす日本において最初の高等教育機関として，1877（明治10）年に設立されたのが東京大学である。東京開成学校と東京医学校が合併され，法・理・文の3学部と医学部及び予備門の3つの機構で構成されていた。1886（明治19）年，帝国大学令の公布により，東京大学は「帝国大学」となった。これと同時に学部制度が廃止され，法・医・工・文・理の5つの「分科大学」が置かれ，学士研究科は大学院となった。その後，1897（明治30）年，京都帝国大学の設立により「東京帝国大学」に改称された。1947（昭和22）年には，新制の国立大学として「東京帝国大学」から「東京大学」に改められ，女子に対しても門戸が開かれた。そして2004（平成16）年には，国立大学法人法により「国立大学法人東京大学」となった。
　日本の高等教育を牽引してきた大学であり，受験界において最高峰のイメージが共有されている。東京大学は「我が国の高等教育の将来像」（中央教育審議会答申，2005）における「世界的研究・教育拠点」としての機能を求められている。
[吉原惠子]

道具的条件づけ ⇨オペラント条件づけ
道　元（どうげん：1200 - 1253）
　鎌倉時代の禅僧，日本曹洞宗の開祖。幼くして両親を失い無常を感じ，14歳で出家して比叡山で修行するが，満足できず建仁寺の栄西を訪ねる。栄西の没後，その弟子の名全（みょうぜん）に従い1223年，宋に渡る。各地で修行を重ねたのち天童山で悟りを開く。1227年に帰朝し建仁寺などで中国の禅を伝え，1244年，越前（現在の福井県）に永平寺を建立，曹洞宗の本山とする。永平寺で道元は修

行と弟子の指導に努め，僧侶を対象に厳格な教育を施した。その内容は修行と証悟（悟りを開くこと）が一体であるという修証一等（しゅしょういっとう）の考えに基づいており，他宗が座禅の際に公案と呼ばれる問答を重んじるのに対し，曹洞宗では「只管打坐（しかんたざ）」，すなわち余念を交えないただひたすらの座禅を修行に求める。著書に『正法眼蔵（しょうぼうげんぞう）』があり，弟子の懐奘（えじょう）が記した『正法眼蔵随聞記』は道元の言行録として著名である。
[塩見剛一]

登校拒否 (refusal to attend school)

　以前に使われていた言葉で，学校を，病気・貧困・非行などの原因以外で長期欠席する児童生徒らを指した。しかし，学校に行くことを拒否しているだけではなく，たとえ行きたい意思があってもいじめなど種々の理由で学校に通えない子どももいる。それにより，通信課程の生徒学生や就学義務猶予免除対象者などをのぞいた児童・生徒・学生のうち限定された長期欠席者を不登校として称するようになった。不登校の定義としては，以前は欠席が50日以上とされていたが，現在は30日以上になっている。　[西本　望]

統合失調症 (schizophrenia)

　多くは思春期に発病し，慢性化しやすく治療が困難な精神病である。以前は「精神分裂病」と呼ばれていたが，2002（平成14）年以降「統合失調症」と名称が変わった。幻覚，妄想，奇妙な行動のように，派手に目立つ陽性症状と，無気力や感情の平板化など，健康ならば見られる行動が見られなくなる陰性症状がある。以前は統合失調症は「解体型（意欲の減退，感情鈍麻，自閉傾向などの陰性症状が特徴）」「緊張型（緊張状態と激しい興奮の両極端が交互に現れる）」「妄想型（妄想が特徴となるが，情緒は保たれる）」「鑑別不能型」と病型が分類されていたが，症状が複数の病型を移動するこ

とも多いため，アメリカ精神医学会のDSM-5ではこの分類を廃止している。治療は，抗精神病薬などの生物学的治療や，心理療法や生活技能訓練などの心理・社会的介入，環境調整などの社会的・地域的介入が行われ，最終的には地域で生活ができることを目標に行われることが多い。　　　　　[安藤聡一朗]

到達度評価 (evaluation for achievement)

　到達度評価は，絶対評価の一つの形態で，教育目標達成の程度を判定する規準となる。つまり，教師が小・中・高等学校の各校種・各教科学習指導要領及びカリキュラムから抽出してきた指導目標を綿密に分析し，それらを評価項目として列挙する。ゆえに学習者の成績は指導目標との対照によって，その程度が決定することになる。その表し方は，合否，素点及びこれをもとにした段階評定がある。この評価は，教育目標を分析，規準として規定する手続きの過程で，教師の主観が入る可能性をなくすために，教育目標を綿密に分析し，具体的な到達目標としての行動を観点別評価の項目として記載していることに意味がある。ただし，幼稚園・保育所・認定こども園は，方向目標としての評価，特別支援学校（幼稚部・小学部・中学部・高等部）では，当該評価とともに個人内評価を主として用いる。ここで現代の学校教育においての教育評価の基礎は，1910年代からソーンダイクによって客観性が追求された教育測定に始まるといわれる。その後，タイラー（Tyler, R. W.）によって教育目的を実現するための評価観に転換され，さらにそれを明確化し評価を行うことが，ブルームの形成的評価論をもとにして培われてきて今に至っている。→相対評価
[西本　望]

到達目標の明確化

　学習指導要領は，すべての子どもに共通に指導する内容を示している。到達目標は，これらの内容の学習を通して，義

務教育修了段階で，すべての子どもが身に付けるべき内容を具体的に提示したものといえよう。到達目標を分類すると以下のようになる。(1)基礎的・基本的知識・技能，(2)既習事項を実生活に活用する力，課題を調査・探究し結果を考察する力，(3)生活や学習面の自主・自律の態度等の豊かな心，(4)健康や安全の情報活用，生活の自己管理。 ［広岡義之］

道徳教育の充実

幼稚園から高等学校まで発達段階を踏まえた道徳教育が求められている。幼稚園では，規範意識を高めることが重要である。小学校では，生きるうえでの基盤となる道徳的価値観の形成を図ることが大切である。中学校では，思春期の特質を考慮しつつ，人間としての生き方をみつめさせる指導を充実させることが必要である。高等学校では，社会の一員としての自己の生き方を探究するなど，人間としてのあり方生き方についての自覚をいっそう深める指導を充実することが求められている。また2015（平成27）年3月に道徳の教科化が決定し，「特別の教科　道徳」と位置づけるための学習指導要領の一部改正が告示，公示された。教科としての道徳科は小学校では2018（平成30）年度から，中学校では2019（平成31／令和元）年度から全面実施された。 ［広岡義之］

道徳の時間

学校における道徳の時間は，戦後1958（昭和33）年に「特設道徳の時間」が学習指導要領において示されて以来，学校の教育課程の領域の一つとなっていたが，2015（平成27）年に学校教育法施行規則を改正，その結果，「特別の教科　道徳」が誕生した。道徳は，小学校，中学校，中等教育学校前期課程において，各教科，特別活動，総合的な学習の時間，外国語活動（小学校のみ）とともに教育課程として編成される。私立の小学校，中学校，中等教育学校前期課程において教育課程

を編成する場合は，道徳の代わりに宗教を加えることができる。現在，小学校2～6年，中学校1～3年までの道徳の授業時数は，各学年，年間35単位時間を標準としている（小学校1年は年間34単位時間）。学校における道徳教育は，道徳の時間を要として学校の教育活動全体を通じて行うものであり，児童生徒の発達の段階を考慮して，適切な指導を行わなければならない。内容項目については各学年によって異なる。それぞれにふさわしい道徳の時間の進め方が考えられ，教員や道徳資料の活用が期待される。

［津田　徹］

等分除・包含除

小学校3年生で学習する除法（割り算）の2つの意味。「12個のキャンディを4人で同じ数ずつ分けると，一人分は何個になりますか」のようにある数量を等分したときの1つ分の大きさを求める除法を等分除，「12個のキャンディを4個ずつ配ると何人に配れますか」のように，ある数量がもう一方の数量のいくつ分であるかを求める除法を包含除という。児童には具体的な操作を通して2つの意味を指導する。例えば，等分除ならトランプを配るような操作を，包含除なら同じ数でまとめる操作をさせるが，指導順序については，今でも論議となるところである。等分除は等分するという「割り算」という言葉と結びつきやすいが操作が難しいと感じる児童がいると思われる。包含除は，操作はしやすいが引き算（累減）との違いがわかりにくいといわれることもある。また，除法は乗法の逆の関係にある演算でもあるので，求め方においては両方を関連づけて理解させることが大切である。 ［井上正人］

童謡とわらべうた

童謡とわらべうたは，作品のもつ性質や発展の歴史は違うが，広義にとらえるといずれも「子どものための歌」である。童謡は，1918（大正7）年に鈴木三重吉

が中心となり創刊した児童文学雑誌『赤
い鳥』に掲載されたことをきっかけに発
展を遂げた。北原白秋，野口雨情らが精
力的に創作活動を行い，子どもの心に寄
り添った。芸術作品として美しい楽曲が
多く誕生した。一方わらべうたは，はっ
きりとした楽譜や作曲者は存在せず，家
族や地域社会のなかで人から人へ伝承さ
れてきた歌である。遊び歌を中心に子ど
もの生活に密接した内容が多く，日本固
有の五音音階でできている。　［高　奈奈］

同和教育

　身分差別を解消し，真に自由で平等な
人間社会を構築することを目的とした教
育のこと。今日も残存している身分差別
から日本人を解き放つ教育の営みである。
基本的人権の尊重を最も重要視する民主
主義憲法に従い，あらゆる差別の意識を
排除し，真の自由と平等の確立を目標に，
水平社運動の伝統のうえに部落解放同盟
を中核として発足し発展。これらの教育
運動を同和（同胞一和）教育と呼ぶ。
1953（昭和28）年には，全国同和教育研
究協議会が結成された。　　　［広岡義之］

同和対策事業特別措置法

　1965（昭和40）年の同和対策審議会の
答申を受けて，1969（昭和44）年，同和
地区に対する実態的差別解消を目的とす
るために制定された10年間の時限立法。
同和対策事業の目標と内容，同事業実施
のための財政上の特別措置等を内容とす
る。1987（昭和62）年の地域改善対策財
政特別措置法によって，日本政府と自治
体は，これまで20年間にわたって約8兆
円規模の同和対策事業を推進。同和地区
の経済力の増進，住民の生活の安定等を
目的とし，国及び地方公共団体のなすべ
き事業を示した。　　　　　　［広岡義之］

同和対策審議会答申

　1965（昭和40）年に，同和問題解決の
ために答申されたもの。同和問題の認識，
本質について述べられ，正式には「同和
地区に関する社会的及び経済的諸問題を

解決するための基本方策」と呼ばれてい
る。この答申で「部落問題の解決は国の
責務であり国民的課題」と提言され，同
和教育が全国的に展開されるきっかけと
なった。さらに部落問題の社会科教科書
への登載（小学校が1974年，中学校が
1972年）によって，全国の教師が部落問
題と向き合うこととなった。　［広岡義之］

徳育論争

　1880（明治13）年前後から1890（明治
23）年の「教育勅語」の発布までに日本
で起こった徳育（道徳）の内容に関する
論争。明治政府は1872（明治5）年に
「学制」を発布し，西欧流の近代化をめ
ざした。当時の社会情勢は明六社の結成，
自由民権運動，欧化主義，開明主義的思
想の勢いなどが増してきていた。これに
対し1879（明治12）年政府は「教学聖旨
（教学大旨）」を明治天皇の名で政府要人
に示した。これはそれまでの開明的教育
観に対して徳育の位置を改めて強調する
ものであり，徳育の基本は儒教主義にあ
ることを示すものであった。この立場に
は元田永孚，西村茂樹がおり，その後の
教育政策（修身の筆頭化，授業主義に基
づく修身教科書の発行など）に大きな影
響を及ぼした。これに対し福澤諭吉は以
上のような復古主義的教育に反対し，自
主独立による徳育を主張し，他の論者に
おいても修身の内容も宗教教育により可
能だとする立場（加藤弘之）などが見ら
れたものの，1890（明治23）年の「教育
勅語」の発布によってこの論争は決着し
た。　　　　　　　　　　　　［津田　徹］

ドクサ（俗見）

　古代ギリシアのプラトンが，真理（ア
レーテイア）またはイデアと峻別した概
念で，臆見・思惑とも訳す。プラトンの
認識論において，真理へと至る認識のあ
り方がしばしば教育哲学上の課題とされ
た。近代では感覚は認識論上重要である
ばかりか，初等教育や文学・芸術等の分
野において重視されている。しかし古代

では学問上真理到達への手段としての感覚は、その到達を妨げるために重視されずに、むしろ知性や理性などの思惟的認識能力に期待されている。プラトンの『テアイテトス』では、何が知識であるかをめぐって、(1)ドクサ（俗見）、(2)アレテー・ドクサ（真なる俗見）、(3)アレテー・ドクサ・メタ・ログー（ロゴスを伴った真なる俗見）の各見解が検討されている。以上から真理認識に至る過程においてドクサは、その決定的要因とはなりえないことをプラトンは主張しようとしていたのである。　　　　　　［津田　徹］

特殊学級

2006（平成18）年に、学校教育法が改正されるまで、現行の「特別支援学級」は「特殊学級」という名称であった。旧学校教育法においては、小・中学校に特殊学級を置くことができ、知的障害者、肢体不自由者、身体虚弱者等に対して、発達の遅れやその特性を鑑み、発達段階に応じた特別な教育課程や指導法により対応するものとされた。

特殊学級は、盲・聾・養護学校の対象でない比較的障害の軽い児童生徒に対して適切な教育を行う場として設けられたが、専門的な指導を可能にしたと評価される一方で、検討すべき点もあった。2003（平成15）年の「今後の特別支援教育の在り方について（最終報告）」では次のような点を指摘する。(1)障害のない児童生徒との交流学習の機会に多くの時間を設けている実態から、必ずしも、固定式の教育の場を設ける必要はないのではないか、(2)専門的な知識や技能を有する特殊学級の担当教員は、通常学級の障害のある児童生徒のためにも、児童生徒の発達や障害等についてコーディネーター役などの重要な役割を担うべきではないか、(3)特殊学級に蓄積された指導上の知識及び経験並びに設備及び機器は、通常の学級に在籍する障害のある児童生徒の指導にも広く活かされるべき

であり、特定の児童生徒のみの特別の場として位置づけることは適当ではない、というものである。また、特殊教育はそれまでの劣等学級の印象のなかで、障害児教育を一般の教育と分離し、差異性をことさら強調してきたともいわれた。

このような指摘を踏まえ、特殊教育のなかで培われた資源を有効に活用してより質の高い教育的支援を行うということを念頭に特別支援教育のあり方を考えていくことが必要である。　　　　［大平曜子］

特殊教育

心身に障害のある児童・生徒を対象として、特別な配慮のもと、その特徴や能力に応じて行われる教育。特殊教育と呼べる教育は、1878（明治11）年に京都に開業した盲啞院がはじめといわれる。1880（明治13）年には東京に訓盲院が設立されたが、いずれも公的に認められてはいたが、慈善的な拠出によっていたため経営が苦しく、その後、京都市や文部省直轄の学校の一つとなる。盲と聾は障害の性質が違うことから別学校となり、1923（大正12）年には「盲学校及聾啞学校令」が制定され、学校の目的が明確になるとともに、道府県に設置義務が課された。

明治以来の小学校教育の義務制により高い就学率が見られる一方で、盲・聾教育の義務化は進まず、1947（昭和22）年の学校教育法においてようやく義務化された。盲学校、聾学校及び養護学校の三種の特殊教育諸学校と小学校及び中学校及び高等学校に特殊学級を置くことになり、特殊教育が盛り込まれた。しかし、実際は1923年の勅命で設置義務があった盲学校、聾学校の義務制だけが実施され養護学校の義務化はさらに遅れることになる。

1956（昭和31）年、文部省は、特殊教育を必要とする精神薄弱、肢体不自由、病弱・虚弱の児童生徒が多いことから、養護学校と特殊学級の増設を奨励し、他

の公立諸学校と同様の公的負担や補助を
行った。昭和40年代になると，特殊教育
の質的充実の必要性や細やかな配慮を要
することから，(1)心身障害児の能力・
特性に応じた柔軟で弾力的な扱い(2)教
育機会の確保(3)早期教育や義務教育以
後の教育の重視を示し，教員の確保や社
会への啓蒙など特殊教育の改善，充実に
向けた考え方を示した。

　特殊教育は，障害の種類や程度に応じ
た教育の場の整備ときめ細かい教育を効
果的に行うことに腐心したが，特殊教育
学校や特殊学級の在籍者は増加し，新た
に LD, ADHD, 高機能自閉症など学習
や生活面で支援を要する児童生徒が増加
するなど，障害の多様化，重度化，重複
化のなかで，より適切な教育的対応が求
められるようになった。2007（平成19）
年の学校教育法の改正により，これまで
の「特殊教育」は，一人ひとりの教育的
ニーズに応じた教育的支援を行う「特別
支援教育」へと転換が図られることにな
る。　　　　　　　　　　　　［大平曜子］

特別活動

　各教科，特別の教科　道徳（高等学校
を除く），総合的な学習の時間（高等学
校では総合的な探究の時間）と並ぶ，学
校における教育活動の主要領域の一つ。
活動の内容としては，小・中学校の学級
活動（高等学校ではホームルーム活動），
児童会・生徒会活動，学校行事，小学校
のクラブ活動が含まれる。その指導目標
は集団活動を通じた自主的・実践的な態
度の育成に置かれ，さらに公民的資質の
向上，人間関係や社会的適応力の育成，
あるいは学校と家庭及び学校と地域社会
の連携に役立つことが期待される。
2017・2018改訂の学習指導要領では，
特別活動で育まれる資質・能力として，
人間関係形成，社会参画，自己実現の3
つの観点を重視した指導を行うことが求
められた。　　　　　　　　　［塩見剛一］

特別教育活動

　かつての学習指導要領にあった一つの
領域。中学校・高等学校においては1949
年に制定され，クラブ活動（当初は「運
動・趣味・娯楽」），ホームルーム活動，
生徒会の活動などが主な内容であった。
小学校では1958年の改訂で，「教科以外
の活動」が「特別教育活動」に名称変更
され，内容は中学校・高等学校とほぼ同
じものであった。次の改訂時（小学校は
1968年，中学校は1969年，高等学校は
1970年）に，特別教育活動と学校行事が
統合され，「特別活動」という一つの領
域となり，現在に至っている。

　　　　　　　　　　　　　　［冨江英俊］

特別支援教育

　障害のある子どもの教育は，従来，特
殊教育として行われていたが，子どもの
障害の重度化，重複化に対応した適切な
教育をめざして，2006（平成18）年「学
校教育法等の一部を改正する法律」が公
布され，2007（平成19）年より従来の
「盲学校，聾学校及び養護学校」は複数
の障害種別を教育の対象とすることので
きる「特別支援学校」に変換された。

　特別支援教育という用語は，2001（平
成13）年の21世紀の特殊教育の在り方に
関する最終報告において，「これからの
特殊教育は，障害のある幼児児童生徒の
視点に立って一人一人のニーズを把握し，
必要な支援を行うという考えに基づいて
対応を図ることが必要」と基本的な考え
方が示された。その年の秋には，「今後
の特別支援教育の在り方について」の検
討が始まり2003（平成15）年の最終報告
では，障害の程度等に応じ特別の場で指
導を行う「特殊教育」から児童生徒一人
ひとりの教育的ニーズに応じて適切な教
育的支援を行う「特別支援教育」への転
換に関する基本的方針が出されている。

　特別支援教育の理念は，2007（平成
19）年の「特別支援教育の推進について
（通知）」において次のように示されてい

る。(1)障害のある幼児児童生徒の自立や社会参加に向けた主体的な取組を支援するという視点に立ち，一人一人の教育的ニーズを把握し，その持てる力を高め，生活や学習上の困難を改善または克服するため，適切な指導及び必要な支援を行う。(2)これまでの特殊教育の対象の障害だけでなく，知的な遅れのない発達障害も含めて，特別な支援を必要とする幼児児童生徒が在籍するすべての学校において実施される。(3)障害の有無やその他の個々の違いを認識しつつさまざまな人々が生き生きと活躍できる共生社会の形成の基礎となるものであり，わが国の現在及び将来の社会にとって重要な意味をもつ。

　こうした理念の背景には，わが国が誰もが相互に人格と個性を尊重し支えあう共生社会をめざしていることや，ノーマライゼーションの理念が浸透してきたことが挙げられる。

　特別支援教育をめぐる社会環境の変化に伴い，支援を要する子どもの数は増加し，また多様化している。特別な配慮を要する子どもたちが可能性を伸ばし，自立と社会参加の力を培うため，教育のあり方や方法を検討しつづけなければならない。　　　　　　　　　　　［大平曜子］

特別の教科　道徳

　小学校では2018年度から，中学校では2019年度から始まった。それ以前は「各教科」「特別活動」「総合的な学習の時間」と並んで領域の一つとして「道徳」があり，カリキュラムには「道徳の時間」があった。「特別の教科」に変わるにあたって主な変更点は，文部科学省検定済の教科書を使う，文章による評価を行う，といった点が挙げられる。授業時間は週1時間，授業は学級担任が行う（そのため「特別の教科　道徳」を専門とした教員免許はない）。また，道徳教育は週に1度の「特別の教科　道徳」の時間だけではなく，学校における教育活動全体で行われるという基本的な前提も変更がない。　　　　　　　　　　　［冨江英俊］

特別の教科　道徳の評価

　「特別の教科　道徳」における評価は，「個々の内容項目ごとではなく，大くくりなまとまりを踏まえた評価」をすることになる。実際には，毎時間の授業における児童生徒の発言や会話，授業の終わりに書かせる感想文などを蓄積しておき，個々人の学習状況や道徳性に係る成長の様子を把握していく。ただし，授業中の児童生徒の発言等を詳細に記録しておくことは実際には困難なため，授業後の感想文を中心に，授業中の発言等や会話については特筆すべきもののみを記録して蓄積しておくのが現実的であろう。評価は，児童生徒が学習活動において，多面的・多角的な見方へと発展しているか，道徳的価値の理解を自分自身との関わりのなかで深めているかなどの点に注目して行う。　　　　　　　　　　　［広岡義之］

特別非常勤講師

　教員免許状を有しない社会人が都道府県教育委員会に届け出ることで就く学校の非常勤の講師。教育職員免許法改正（1988）により設けられた制度で，学校外の優れたさまざまな知識・経験・技能をもつ社会人を学校教育に積極的に取り入れて，児童生徒の多様な興味や関心に積極的に応えるとともに，社会との関わり方や職業観を身に付けさせるためのものである。この社会人活用は学校教育の多様化と充実への対応とその活性化を補完するものであり，学校教育活動の中心となっている教員との連携・協力と相まって大きな教育効果を発揮している。1998（平成10）年に許可制から届出制となり活用が盛んになった。事例としては，英会話，環境，福祉，伝統工芸，伝統舞踊，スポーツ，音楽，演劇，料理など多岐にわたっている。　　　　　　　　　　　［砂子滋美］

ドクロリー，O.
（Decroly, Ovide：1871 – 1932）

　ベルギーの医学者。精神病理学を修めた後，知的発達障害の臨床医学的研究に取り組み，さらに発展させ，子どもの発達を環境との関連のもとにとらえる生活主義的，活動主義的教育を提唱した。1901年ブリュッセル郊外の自宅を開放して開設した知的発達障害児のための特殊教育学院において彼らと生活をともにし，観察することによって，さまざまな教育方法上の着想を得た。1907年には普通児のためのエルミタージュ校を開校し，「生活による生活のための学校」というスローガンのもと，子どもの興味の中心を重視し，(1)観察，(2)連合，(3)表現からなる3つの学習段階を通して展開されるドクロリー法を実践した。ドクロリー法は「新教育」のモデルとして普及し，彼自身「新教育」の理論的リーダーとして活躍した。　　　　　　　　［松井玲子］

読解力
　PISA型読解力とは，「自らの目的を達成し，自らの知識と可能性を発達させ，効果的に社会に参加するため，書かれたテキストを理解し，利用し，熟考する能力」である。具体的に，必要な情報を取り出し，情報から意味を推論して解釈し，既習事項や既有経験に照らして熟考・評価することが求められる。特徴として4つ挙げられる。(1)テキストに書かれた「情報の取り出し」だけではなく，「理解・評価」（解釈・熟考）も含む。(2)テキストをたんに「読む」だけでなく，テキストを利用したり，テキストに基づいて自分の意見を論じたりする「活用」も含むこと。(3)テキストの「内容」だけでなく，構造・形式や表現法も，評価の対象となる。(4)テキストには文学的文章や説明的文章だけでなく，図，グラフ，表なども含むこと。　　　　　［広岡義之］

飛び級制度
　現代の学校の学習プログラムにおける学習者集団の編制は，学年制により1学年ずつ順を追って進級していくのが普通であるが，飛び級とは，同一段階における学校の学年を，個々の生徒の能力や学習進度に応じ，1学年以上の学年を飛び越えて進級させる方式のことである。これは，教育課程のエンリッチメント（enrichment）とならぶ英才教育の一方法である。アメリカでは，早期卒業認定や，ハイスクールの段階で大学1学年レベルの学習に取り組み，特別の認定試験により大学入学時に2学年に入学させるアドバンスト・プレースメント・プログラム（advanced placement program）など，多様な飛び級制度を採用している。
　　　　　　　　　　　　　　［猪田裕子］

『都鄙問答』⇨石田梅巌

土曜スクール
　学校週五日制での土曜日の活用が課題とされている。国際的に一瞥しても，ほとんどの国々で学校週五日制が導入されており，日本でもこれを維持する前提で，地域と連携し，「総合的な学習の時間」の一環として探究活動や体験等を，土曜日に行う方向が考えられている。文部科学省の調査に従えば，10％を超える公立小・中学校において，土曜日にスポーツ等の体験的な学習機会の提供を行っている。また公立高等学校では，50％程度の学校で，進学や資格取得のための学習の機会を提供。2007（平成19）年度より「放課後子どもプラン」事業が開始され，土曜日も含む放課後の学習や体験の場が整備され始めた。当該校の教員はもとより，教員OB，大学等の学生，地域の専門家，スクールボランティア等の外部の人材が活用されるべきであろう。その結果として，子ども一人ひとりのPISA型学力を中核とした学力が伸ばされることになる。　　　　　　　　［広岡義之］

トラウマ⇨心的外傷

トルストイ，**L. N.**

(Tolstoi, Lev Nikolaevich：1828 – 1910)

　ロシアの作家，教育実践家。裕福な伯爵家に生まれ，幼くして両親を失うが，叔母たちの手で育てられ，平穏な幼少期を過ごす。幼年期よりルソーを読み，その思想に強い影響を受けた。1844年にカザン大学に入学するが中退，ヤースナヤ・ポリャーナに帰郷し地主としての生活を送り，また執筆活動を行う。『戦争と平和』(1864 – 69)『アンナ・カレーニナ』(1873 – 77) ほか，高名な文学作品を数多く著す一方で，トルストイは早くから農民教育に関心を示した。1857年に領有地の農奴解放を他に先駆けて行い，1859年には農家の子弟の学校「ヤースナヤ・ポリャーナ学校」を領内に開設。同所では時間割や強制的な課業のない，きわめて自由な教育を自ら実践し，教育雑誌『ヤースナヤ・ポリャーナ』も刊行して自由教育論を展開した。さらには『国民教育論』(1874) 等の教育論文を発表し，初等教科書『アーズブカ（ロシア語で「あいうえお」の意)』(1872) を作成した。「人生の教師」と称される。

[塩見剛一]

ドルトン・プラン

(Dalton Laboratory Plan)

　パーカーストによって，アメリカマサチューセッツ州ドルトンで試みられた「自由」と「協同」を基本原理とする授業方式。従来の教師主体の学校組織から生徒を解放し，学校を社会生活と同一の原理で機能する社会的実験室に改造することを提唱した。画一的な時間割を撤廃し，午前中は数学，歴史，理科，国語，地理，外国語の主要教科を学習者の興味や能力に応じたカリキュラムを教師と相談のうえ決定し，実験室で自分のペースで自学自習する。必要に応じて教科別の担当教師に相談する。午後は学級ごとに音楽，図工，家庭，体育の副次教科の学習を行う。子どもの自ら発達する自由を第1原理とし，集団と絶えず交流させ協同と相互作用を第2原理とする。日本では，成城学園などで実践された。

→パーカースト　　　　　　　[松井玲子]

トレーニング (training)

　体力や学習スキルの向上などを目的に，身体を意図的に動かし発揮する力を高めること。大別すると身体的なものと精神的なものに分かれ，一般的には体を鍛えるなどの前者の意味で使用されることが多い。

　運動におけるトレーニング理論は，3つの原理と5つの原則で成り立っている。3つの原理は，オーバーロード（過負荷）の原理，可逆性の原理，特異性の原理であり，5つの原則は全面性の原則，個別性の原則，意識性の原則，漸進性の原則，反復性（継続性）の原則である。これらの原理・原則を意識し，トレーニングを行うことにより効果が期待される。

[森田玲子]

内申書

　進学や就職するときに，該当する幼児・児童・生徒が所属する学校園が作成した報告書の通称。そこに記載されている内容は，指導要録や保育要録の一部を抜粋したものであって，おもに教育評価（学業成績），行動及び性格・人格，出欠席状況，特別活動等々での活躍状況についての全部あるいは一部の記載である。これは当該人物の指導要録の記載内容に基づいて作成されることが原則である。指導要録には，指導と証明の2つの機能があるが，いわゆる通信簿（通知票，成績表，あゆみなど）と呼ばれるものとともに内申書は，それらの証明機能にあたる。　　　　　　　　　　　［西本　望］

内発的動機づけ

　生活体が何らかの活動を行う場合に作用する内的要因としてやる気（動機づけ）があるが，内発的動機づけは，やる気のあり方の一つ。知的好奇心が内発的動機づけの典型である。ただ活動そのものに対する興味にのみ基づいてその活動に励む場合，「内発的に動機づけられている」という。例えば，勉強が楽しいから勉強しているといった場合，勉強すること自体が目的となっているので，勉強に対して内発的に動機づけられていると表現する。一方，活動そのものに対する興味からではなく，その他の目的を達成するための手段としてその活動を行う場合，「外発的に動機づけられている」と表現する。例えば，志望校に合格するために勉強している場合，目的は志望校への合格であって，勉強すること自体ではない。このような場合は，勉強に対して外発的に動機づけられていると表現する。
　　　　　　　　　　　［松田信樹］

内容中心教授法
（Content-Based Instruction：CBI）

　外国語の言語を学習の対象とするのではなく，場面に応じた特定の学習内容を外国語を通じて学習することを通して外国語の実践的な運用能力を高める学習法で，イマージョンやサブマージョン教育にも通じる。主に北米の ESL 教育において発展した教授法であり，英語学習者である児童生徒が教科内容を通じて英語能力を高めていくことを目的とした。EFL での活用としては，例えば理科の授業を英語で行うことによって，学習者が理科の内容的な知識と英語能力をともに高めていくなど，教科横断的な授業の一環として，あるいは総合的な学習の一部として日本の英語教育においてますます積極的に取り入れられていくことが予想される。　　　　　　　　　　　［宇野光範］

中江藤樹
（なかえ　とうじゅ：1608 - 1648）

　江戸初期の儒学者，日本陽明学派の始祖。近江（現在の滋賀県）の農家に生まれ，幼くして武家の祖父の養子となり伊予（現在の愛媛県）に移る。27歳の折に脱藩，故郷へ帰るが，それは一人暮らす母を孝養するためであったといわれる。はじめ朱子学に傾倒し，実直に学の教えを実践した。37歳で王陽明（明の儒家。陽明学の祖）の全集に触れ，強い影響を受ける。主著『翁問答（おきなもんどう）』は門人の指導のために著した問答体の教訓書で，万物を生成し秩序づける「孝」をすべての根本原理とし，封建社会における人間の積極的な生き方を示す。伝統的な儒教思想と同様に，封建制という現実的な枠組みを秩序として正当化する反面，原理的には人間の平等を認める視点ももちあわせている。その徳を讃えて「近江聖人」と称される。高名な弟子に熊沢蕃山がいる。　　　　［塩見剛一］

仲間づくり

　仲間づくりは発達とともに変化する。

児童期後半頃は同性・同年齢のメンバーで，排他性・閉鎖性の強いグループを形成する（ギャンググループもしくはギャングエイジ）。思春期前半頃は，興味，関心などといった内面の類似性を重視してグループを形成する（チャムグループ）。そして，思春期後半頃には相手との類似性だけでなく，相違点を理解し互いを尊重しながら共存することができるようになる（ピアグループ）。仲間づくりは，子どもの社会性の発達において重要な要因となる。仲間との交流を通して行動の自己制御や情動制御，前向きな葛藤処理方略など人間関係を円滑にするうえで重要な能力を身に付けていく。また，社会性の発達だけでなく認知能力の発達や自己評価やアイデンティティの獲得のうえでも重要な役割を果たす。

[辻川典文]

中村正直

（なかむら　まさなお：1832 - 1891）

　江戸末期生まれの教育者，洋学家。昌平坂学問所で学び，1862年には若くして幕府儒官となる。また早くから蘭学，英学を修め，留学生として1866年に幕府の命を受け渡英。大政奉還ののち帰国してからは西洋文明の紹介に努め，スマイルズ（Smiles, S.）の『西国立志編』やミル（Mill, J.S.）の『自由之理』などの翻訳はヨーロッパの市民社会倫理を伝え，明治の若者のあいだで広く読まれる啓蒙書となった。1873（明治6）年，日本初の学術団体である明六社の結成に参加，同年には家塾の同人社を興す。翌年にはカナダ・メソジスト教会で受洗し，以後キリスト教道徳と儒教道徳の一致をめざした。同人社に女子の入学を認めた中村はその後，東京女子高等師範学校校長を務めるなどして，女子教育を振興する。また訓盲院を設立し，障碍児教育にも貢献した。1890（明治23）年，「教育勅語」の成立にあたり草案を作成，採用は見送られるが部分的に影響を与えたといわれ

る。

[塩見剛一]

為すことによって学ぶ
（Learning by doing）

　アメリカの代表的教育思想家デューイの教育観を象徴的に示した言葉といわれているが，著作中に直接現れているものではないともいわれている。しかしデューイにとって経験とは子どもの「生活経験」に根ざした絶えざる変容のことであり，実践的文脈のなかで経験をとらえることが強調されていた。そのためこの「為すことによって学ぶ」とは彼の教育思想の根本を示したものとして広く認識され流布し，現在に至っている。この思想の背後には，遡ってはアメリカの開拓精神の歴史に始まりプラグマティズムの思想の形成を理解する必要があり，またこの思想の影響下にアメリカの児童中心主義教育観が展開され，心理学的には実証的教育観が展開され始めたことも重要である。彼のこの言葉をもって今日の経験主義教育の主唱者として把握されているが，彼は「習慣」の意義や「反省」の意義を強調し放任的な意味合いの経験論を主張したのではなかった。学習指導の原理の一つ「経験の原理」のなかに以上の説は，含まれる。

[津田　徹]

ナトルプ，P.
（Natorp, Paul：1854 - 1924）

　ドイツのマールブルク学派の哲学者，教育学者。哲学を研究しドイツの各大学で研究を行う。『プラトンのイデア学説』（1903）は古代哲学研究では古典的名著であり，また『ペスタロッチ・彼の生涯と思想』（1909）に見られるようにペスタロッチ研究家としても有名である。教育学に関連する著作（『社会的教育学』（1899），『哲学と教育学』（1909），『社会理想主義』（1920））のうち，最も代表的なのものは，『社会的教育学』である。この書において彼は(1)教育の基礎論，(2)個人と社会の関係，(3)意志陶冶（道徳）のそれぞれについて語っている。彼

は当時支配的であったヘルバルトの教育論（目的を倫理学に方法を心理学に求める）に反対し，影響を受けて，意志教育の理論（理性意志，美的陶冶，宗教）を構築していった。人間形成における社会と個人の関係については社会的側面に重きを置き，「人間は人間的社会を通じてのみ人間となる」と述べている。

[津田　徹]

七自由科（seven liberal arts）

　自由七科ともいう。西洋古代から中世にかけて高等教育の教育課程として登場してきた。今日の高等教育の一般教育課程の淵源ともいわれる。その源泉は古代ギリシアにあり，円環的教育といわれていた。アリストテレス以来，学問は体系化されたが，七自由科として定着し始めるのは，マルティアヌス・カペラやカシオドロス，セビリアのイシドルスなどの登場による。七自由科は，三学と四科から成立し，三学とは文法，修辞学，弁証法（論理学）のことであり，四科は算術，幾何学，天文学，音楽のことである。中世社会では，この上に神学が君臨し，諸学を支配していた。そのため，学問的科学的真理は神学的真理に勝利することはできなかった。しかし13世紀以後，七自由科はヨーロッパ各地の大学の誕生とともに教育課程の基準となった。知の塔としてロンバルドゥスの『命題集』を頂点としてその下に七自由科が存在した。

[津田　徹]

ナポレオン学制

　教育は国家の職務であるとするナポレオン1世は，「公教育一般法」の制定（1802年），中央教育行政機構「帝国大学」の創設（1806年）によって教育制度を再編した。「帝国大学」は教育機関と教育行政機関を管轄する団体のことで，大学区ごとに教育行政機関「アカデミー」のもとに高等教育機関「学部」，中等教育機関「リセ」「コレージュ」，初等教育機関「小学校」が設置された。ナポレオン学制は中央集権制であり，中世以来，旧大学がもっていた学位の授与権などの特権は奪われ，その授与権は国家の独占となった。また自然科学教育と古典科教育を重視し，旧大学に存在しなかった理学部と文学部を「学部」に新設した。神学・法学・医学を加えた5学部であったが，理学部と文学部は「リセ」に付設されて，中等教育修了資格を取得するための試験実施機関という地位にとどまった。

[松井玲子]

成瀬仁蔵

（なるせ　じんぞう：1858 - 1919）

　わが国最初の女子高等教育機関，日本女子大学校（現日本女子大学）の創設者。山口県出身。小学校教員の後，宣教師の影響で大阪にてキリスト教に入信。梅花女学校の教師となる。その後伝道活動に転じ，新潟教会の牧師も務めた。新潟は伝道も女子の教育にも壁が厚かったが，成瀬は一定の成果を見る。1890（明治23）年アメリカに渡り，1894（明治27）年に帰国後『女子教育』を発刊，広く女子教育の重要性を訴えた。その結果が1901（明治34）年の日本女子大学校の設立へと続くのであった。　　　　[福田規秀]

南原繁（なんばら　しげる：1889 - 1974）

　香川県生まれの政治学者。東京大学にて政治学を教育し研究する。戦後，東大総長となり，また貴族院議員や日本国憲法の草案作成者，教育刷新委員会会長として，戦後の日本の教育制度改革に尽力した。彼の思想は，自由主義的，理想主義的といわれ，自らは無教会派のクリスチャンとして，多くの評論や学術書を残した。とくにフィヒテ研究家として，また詩人としても活躍した。彼に影響を与えた人物としては，一高での新渡戸稲造，内村鑑三が挙げられる。彼自身，丸山眞男などの戦後の政治思想界を主導する弟子たちを教育した。晩年は日本学士院委員長として在職のまま死去。代表的な著

作としては『国家と宗教』(1942)，歌集『形相』(1948)，『フィヒテの政治哲学』(1959)，などがある。　　　　　[津田　徹]

南北朝正閏問題

（なんぼくちょうせいじゅんもんだい）

　明治政府による天皇制イデオロギー「万世一系」の歴史事実をめぐり，南朝と北朝のどちらを正統とするかについての論争。戦前の歴史教育を支配した皇国史観を形成するうえで，契機となった。明治以前は北朝を正統とする説が一般的であったが，明治に入り並立説が台頭した。わが国初の国定教科書『尋常小学日本歴史』(1903) は並立説をとり，1909 (明治42) 年の改訂に際してもこの説を踏襲した。1911 (明治44) 年帝国議会で，北朝を皇統とする明治天皇と，南朝説を主張する水戸学を基盤とする皇国史観が矛盾することが指摘され問題化した。教科書は使用中止になり，執筆者の文部省教科書編纂官喜田貞吉を休職処分とし，南朝を正統とする教科書に改訂された。それ以降の教科書では「南北朝」に代わり「吉野朝」の用語を使うことになり，南朝を正統とする考え方が第二次世界大戦敗戦時まで支配的となった。

[松井玲子]

に

新島襄（にいじま　じょう：1843 - 1890)

　明治時代の教育家，同志社大学の創設者。江戸で蘭学を学び，1857 (安政4) 年，海外伝習所の第一期生として数学や航海術を習得する。キリスト教や先進文明に強い関心を抱いた新島は1864 (元治元) 年，アメリカのボストンに密航。1866 (慶応2) 年に洗礼を受け，アーモスト大学や神学校などで勉学に励む。1870 (明治3) 年に大学を卒業した新島は翌年，森有礼と知り合い，森の仲介で日本政府の正式の留学免状を得た。1872 (明治5) 年に岩倉使節団が到着した折には通訳として文部理事官の田中不二麿に従い，アメリカ及びヨーロッパの教育視察・教育制度調査に随行し，教育に関する見識を深めた。帰国後の1875 (明治8) 年，キリスト教主義の大学を設立する足がかりとして京都に「同志社英学校」（同志社大学の前身）を開設。キリスト教精神に基づき自治自立の志をもつ人間形成を唱え，明治期の主流をなす実利主義的教育とは異なる，理想主義的教育をめざした。　　　　　　[塩見剛一]

ニイル，A. S.（Neill, Alexander Sutherland：1883 - 1973)

　イギリスの教育家。スコットランドに生まれ，父が教員として勤める村の学校で教育を受けた。いくつかの職を転々としたのち18歳で見習い教師となる。見習いの年季を終えエディンバラ大学へ進学，卒業してスコットランドで12年間教職に就く。その後実験学校や進歩主義教育に関わるが，より急進的な教育理念をもつニイルは満足できず，1921年にドイツで，大胆な自由教育を行う国際学校を設立。1924年に学校をイギリスへ移転，所在地の名称から「サマーヒル・スクール」と命名した。同校では授業への参加を子ども自身に任せるなど自由と自治が尊重され，教師の権威を排除した教育実践がなされるため，世界で最も自由な学校と呼ばれる。抑圧を排除し自由を重んじるニイルの教育思想は，レイン (Lane, H. T.) やフロイト，S.，ライヒ (Reich W.) などの教育論・精神分析理論に影響を受けている。『問題の子ども』『問題の教師』などの「問題」シリーズをはじめ，著書多数。　　　　　　[塩見剛一]

2学期制

　学校の1年間を2つの学期に分けて行う制度のこと。学校週五日制の導入や授業時数の削減，学力低下の改善等の問題から，導入が検討されている。改善が期

待される項目として，授業日数と授業時間が確保される，海外から帰国した児童や留学生への対応がしやすい，充実した教育活動の展開等が指摘されている。しかし，落ち着いて学習のできる秋季が分断される，学校行事の見直しが必要となるなどの欠点もある。　［広岡義之］

西　周（にし　あまね：1829 - 1897）

　明治時代の思想家，哲学者。はじめ儒学を学ぶが，ペリー来航のため江戸に派遣され，以後洋学研究に専念する。蕃書取調所教授手伝いとなった後の1862（文久2）年，幕府の命でオランダに留学し，法学，経済学に加え，ミル（Mill, J. S.）の功利主義哲学やコント（Comte, A.）の実証主義哲学を学んだ。1865（慶応元）年に帰国し，開成所教授職に就く。明治維新後には私塾育英社を開き，哲学・思想を講義する一方，新政府に請われて兵部（ひょうぶ）省（のち陸軍省）に勤め，『軍人勅諭』（1882）の起草にも関わる。1873（明治6）年の明六社結成に加わり，『明六雑誌』誌上に多くの哲学論文を発表し，西洋思想に基づく啓蒙活動の一翼を担った。西洋語の「フィロソフィー」にあてた「哲学」という訳語をはじめ，主観，客観，理性，悟性など，西が翻訳した哲学用語の多くは今日もなお用いられており，西洋哲学の導入に多大な功績を残している。　　［塩見剛一］

西村伊作
（にしむら　いさく：1884 - 1963）

　和歌山県新宮市生まれ。歌人与謝野寛（鉄幹）・晶子夫妻，画家石井柏亭，河崎なつらの協力を得て文化学院を創設。建築家の立場から，教育や衣食住の改善を試みる。従来の住宅は客間中心（主人が一家の中心として位置づけられた建築構造）であったが，洋風の居間を中心とした家族本位の住宅構造を構想。「小さくても善いものを」「高価なものよりも美しいものを」という言葉をモットーとした。講師には川端康成，横光利一，小林秀雄など数多くの文化人，芸術家が担当，卒業生も文化人，著名人を多く輩出している。なお，文化学院は2018年に閉校した。　　［津田　徹］

西村茂樹
（にしむら　しげき：1828 - 1902）

　江戸の佐倉藩邸に生まれる。青年期に翻訳活動を行い，1873（明治6）年，森有礼，福澤諭吉，西周らとともに「明六社」の創設に加わる。森の推薦によって文部省に勤務し編書課長となる。また『古事類苑』の編纂に当たる。「学制」に対してはその内容が理念的であるとして彼は批判的立場をとり，また当時の功利的動向に対しても彼は「専ら治産興業のみを主として一も忠孝仁義の事に及ぶ者なし」という印象をもっていた。1876（明治9）年に東京修身学社を立ち上げ，1887（明治10）年に「日本弘道会」と改称する。同時期に『日本道徳論』を著し，国民道徳を広めようとした。　［津田　徹］

24時間子供 SOS ダイヤル

　いじめ問題やその他の子どもの SOS 全般に悩む子どもや保護者等が，夜間・休日を含めて，全国どこからでも，より簡単に相談することができるよう，文部科学省や教育委員会等が実施している電話相談体制である。全国共通の電話番号で，電話すれば原則として電話をかけた所在地の教育委員会の相談機関に接続される。2016年4月から開始されたサービスで，通話料は無料である。関係機関のホームページに掲載され，周知のためのポスターも作成された。　　［冨江英俊］

新渡戸稲造
（にとべ　いなぞう：1862 - 1933）

　農政学者・教育家。岩手県に生まれ，札幌農学校に2期生として入学し，そこで内村鑑三らとキリスト教に入信。1883年には，東京大学文学部に選科生として入学。「太平洋の橋になりたい」と英文学を学び，1884年には，アメリカのホプキンス大学に私費留学。その後，1887年

にはドイツに渡り，ボン・ベルリン・ハレ大学等で研鑽を積んだ。1891年，フィラデルフィア市の名望家の娘と結婚し，新婦を伴って帰国。札幌農学校教授に任じられた。1899年にはアメリカで *Bushido: The Soul of Japan*（『武士道——日本の魂』）が出版され，多くの言語に翻訳される。1903年には京都帝国大学教授に招聘され，のちに東京帝国大学法学部で植民政策を講ずる。1918年には東京女子大学の初代学長に就任。国際連盟事務次長や貴族院に勅撰されたりもする。日本の国際交流にも大きく寄与した。

[広岡義之]

二宮尊徳

（にのみや そんとく：1787‐1856）

　江戸末期の農政家，農村指導者。通称金次郎。幼くして両親を失い親戚に預けられるが，農業と勉学に打ち込み20歳で一家を再興する。26歳で小田原藩家老の服部氏に取り立てられ農政改革により同家の立て直しに成功。その後各地の農村復興に大きな成果を上げ，至誠（誠実であること）・勤労・分度（ぶんど：分（ぶ）をわきまえ生活すること）・推譲（すいじょう：余剰を他に譲ること）の実践を推奨し，徳をもって徳に報いる「報徳」の教えを広めた。報徳運動は広く支持され，明治期には二宮の思想を実践する報徳社が数多く組織された。また二宮は明治天皇に次いで戦前の国定教科書に登場する回数が多く，昭和初期には全国の小学校の校庭に，薪を背負いつつ本を読む少年期の金次郎像が建てられた。それは「臣民」の理想に適う勤勉さの模範としてであろう。

[塩見剛一]

日本の伝統的な音楽

　日本の伝統的な音楽は，日本各地の風土・生活・文化・歴史との深い関わりのなかで生み出され，発展してきた。西洋音楽のように音楽理論に基づいて創作されたものとは違い，さまざまな声の出し方や拍のない音楽などが存在する。楽譜ではなく模倣によって後世に伝承され，身体の使い方や息づかいが重要とされている。オーケストラのように指揮者がおらず，間合いによって音楽がつくられていることも大きな特徴の一つである。雅楽，声明，能楽，箏曲，尺八，三味線，民謡など。

[高　奈奈]

入学式

　新入生の入学を祝う儀式的行事。そのねらいは，おもに，新入生の学校への帰属意識を高めるところにある。また，入学式に在校生が参加するのであれば，新入生の入学式は，在校生にとっても，自分が学校の一員であると改めて自覚できる機会である。このような機会を通して養われる，全校というより大きな集団の構成者であるという意識は，生徒の公共心の土台となる。すなわち，入学式は学校の一員として自分がどれほど多くの人と関わり，また，関わっているのかということを生徒に体験的に知らせており，その体験は，級友のような比較的狭い人間関係に留まりがちな生徒の規範意識を押し広げるという点で，公共という社会全体を見渡す視野の獲得の契機となる。このように，入学式は重要な教育的な機会であり，とりわけ道徳教育との結びつきを意識して執り行われなければならない。なお，入学式における国旗及び国歌の取り扱いについては，学習指導要領（2017）の第6章「特別活動」第3の3に，「国旗を掲揚するとともに，国歌を斉唱するよう指導するものとする」とある。

[小川　雄]

『人間の教育』

（*Die Menschenerziehung*, 1826）

　フレーベルの主著。正式には『カイルハウ一般ドイツ教育舎において努力されている人間の教育，教育と教授の教訓の技術』と題されている。「万物の中に一つの永遠の法則が宿り，働きそして支配している」という有名な言葉で始まり，彼の教育思想の全体像をつかむことので

きる書である。『人間の教育』の記述は少年期前期で終わっているが，続編が書かれる代わりにフレーベルは幼児期とその遊びに思索を集中させた。この書において，彼は幼児期を内的なものを外へと表現する時期であると位置づけ，幼児期の遊戯に教育的意義を見出し，創造的な遊戯を通して，生命の合一への実現を考えた。また，大人の生命の死の状態についても本書で指摘し，大人が子どもの統一的な生命に触れ，自らの失われていた生命の統一を回復するためにも，大人が子どもとともに生活をし，子どもたちから学ぶことで教育が成り立つとした。

[大江まゆ子]

人間力

2003（平成15）年4月の「人間力戦略研究会報告書」に従えば，「社会を構成し運営するとともに，自立した一人の人間として力強く生きていくための総合的な力」のこと。人間力は，さらに3つの要素から構成される力として次のように説明される。(1) 知的能力的要素：基礎学力，専門的な知識・ノウハウを備え，自らそれを継続的に高めていく力，論理的思考力など。(2) 社会・対人関係力的要素：コミュニケーションスキル，リーダーシップ，公共心，規範意識，他者を尊重し切磋琢磨しつつお互いを高めあう力など。(3) 自己制御的要素：知的能力的要素，社会・対人関係力的要素を発揮するための意欲，忍耐力，自分らしい生き方や成功を追求する力など。現在では「職業生活面」「市民生活面」「文化生活面」という分類もされている。

[広岡義之]

認定こども園

2006年10月施行の就学前の子どもに関する教育，保育等の総合的な提供の推進に関する法律（通称「認定こども園法」）を根拠法とする。幼稚園及び保育所で，就学前の子どもに対する教育及び保育をする，保護者に対する子育て支援を総合的に提供する機能を備えた施設のこと。そこでは2つの機能がある。第1は就学前の子どもに対する教育及び保育として，0〜5歳までの保育に欠ける子も欠けない子も対象にする。従前は，「保育に欠ける子」は幼稚園教育を行うことができなかったが，今回，その部分が改訂された。第2は保護者に対する子育て支援で，子育て相談や親子の交流事業，一時保育，地域の子育て支援情報の提供等がある。

[広岡義之]

の

野口援太郎

（のぐち　えんたろう：1868 - 1941）

大正・昭和期に活躍した新教育運動の指導者，実践者。福岡師範学校，東京師範学校を卒業。小学校や師範学校で教諭を務めたのち，1901（明治34）年に兵庫県第二師範学校（のちの姫路師範学校）初代校長となる。同校において野口は，フランスの社会学者ドモラン（Demolins, E.）の邦訳書である『独立自営大国民』から影響を受け，従来の軍隊式から家族的な寄宿舎制に基づく紳士的な教員の養成へと，師範教育の大きな方針転換を行った。1919（大正8）年，沢柳政太郎に請われて帝国教育会専務主事に就任すると，その後もちあがった政府の義務教育費削減案に反対して教育擁護同盟を結成，政府案を退けた。1923（大正12）年，新教育普及のため下中弥三郎（しもなかやさぶろう）らと教育の世紀社を設立，翌年には新教育の実験学校として池袋児童の村小学校を創設し校長となる。いずれの教育活動でも一貫して個性や自由を尊重し，労作や体験を重視した。

[塩見剛一]

ノート指導

ノートを日常的に児童生徒に使わせる

ことが少なくなり，近年では，ノート記述が苦手という学生も散見される。原因の一つとして，指導者が授業を効率よく行うために，ワークシートを作成し，書きこませる方法を用いることが日常化していることが挙げられる。ノートは思考のきっかけをつくり，広げ深めるツールである。ワークシートは思考の枠組みが与えられている。指導者の側からいえば，毎時間教科ごとにワークシートを提示することはむずかしい。ノート指導を低学年から行い，練習帳から自ら考え表現する思考帳へ発展させていく指導を行うことが，一見遠回りのようだが，児童生徒に将来にわたって思考する意義と楽しさを教えるものとなる。　　　［森　成美］

ノーマライゼーション

1950年代にデンマークのバンク・ミケルセン（Bank-Mikkelsen, N. E.）が提唱した理念。彼は次のように述べている。「ノーマライゼーションとは実践である。障害のある人に接するのに特別の理論など必要ない。障害のない人に接するのと同じように接すればよいのである。障害のある人は，他の人々と変わりなく，同じような家に住み，同じように学校に通い，同じように職業につき，同じように余暇を楽しむ生活をするのが当然なのである」。こうした考え方は当初，知的障害者収容施設における人権侵害に対して告発的に提示されたものであったが，今日では社会福祉の基本的な理念として世界で定着している。　　　［山本孝司］

ノンフォーマル・エデュケーション
（nonformal education）

年齢や学歴など社会のさまざまな集団を対象に，定型化された学校教育以外の場所で，学びの機会を提供する組織的な教育活動をいう。昔をたどれば学校教育が発展途上の地域で，識字や職業訓練など貧困層を教育する活動を意味していたが，現在では広い意味での社会教育を含むさまざまな教育活動と考えられている。そこへ参加する条件に厳しい制限などなく，今日の生涯学習には欠かせない活動と考えられる。　　　［福田規秀］

は

ハイデガー，M.
(Heidegger, Martin：1889 - 1976)

　ドイツの実存哲学者。ドイツのフライブルグ大学で神学・哲学を学び，現象学の代表的学者フッサール（Husserl, E. G. A.）の助手を務める。戦前にはナチスの協力者や大学の総長としての教育行政者の側面が挙げられ，このことにより教職を追放されるが，戦後に復帰している。20世紀を代表するドイツの女性思想家アーレント（Arendt, H.）との師弟関係も有名であるが，彼の思想の主要な特徴は，代表作『存在と時間』（1927）で展開される「現存在」という概念である。「現存在」とはハイデガーの理想的人間像のことであり，これに対して日常の私たちは「ひと（ダス・マン）」とされる。この日常性に埋没した「ひと」は非本来的あり方であって，死に対する関わりをもった存在である「現存在」によってはじめて有限的な自己を認識し自己理解することで，実存へと目覚めることができるのである。　　　　　　　　［津田　徹］

ハウ，A. L.
(Howe, Annie Lion：1852 - 1943)

　明治期に来日し西洋の幼児教育理念を広めたアメリカ出身の女性宣教師。ハウ女史の呼称でも親しまれる。1887年のときに単身来日。その後わが国最初の2年制の保母養成機関「頌栄保母伝習所」（現在の頌栄短期大学）を創設した。またフレーベルの著作を翻訳し，1927年の帰国までの約40年間，幼稚園教員養成に尽力した。　　　　　　　　　　［津田　徹］

ハヴィガースト，R. J.
(Havighurst, Robert. J.：1900 - 1991)

　これまで多くの論者たちは人間の発達に対して特徴や類似性を考察してきたが，その代表的な考え方の一つとしてハヴィガーストの「発達課題（developmental tasks）」が挙げられる。代表作は『人間の発達課題と教育』（1972）である。彼によれば発達課題とは，心身の成熟，社会の文化的要求，個人の自己完成の要求により成立するものであり，とくに青年期の課題を同一集団，独立，人生観の3つの観点から10項目を挙げている（例，同年齢の男女との洗練された交際を学ぶこと，経済的な独立について自信をもつことなど）。成功すれば人は幸福になり，後の発達課題も成功する。しかし失敗した場合には不幸になり社会的否認と次に続く発達課題の達成が困難になるという。発達段階と発達課題の提示は非常にわかりやすく発達心理学では画期的であった。なお他の発達課題の提唱者としてはフロイト，S.，エリクソン，ピアジェが挙げられる。　　　　　　　　　　　　　［津田　徹］

ハウスクネヒト，E.
(Hausknecht, Emile：1853 - 1927)

　ドイツの教育学者，言語学者。ベルリンのギムナジウムで外国語教師をしていたが，1887（明治20）年，東京帝国大学に教育学では初の御雇（おやとい）外国人として招かれ，日本にヘルバルト学派の教育思想を紹介する。1889（明治22）年にはドイツの教員養成制度をモデルにした特約生教育学科を開設する。これは大卒者を対象とする高等中学校及び尋常中学校の教員養成課程であった。1890（明治23）に任期を終え帰国するまでの3年間とはいえ，文部省顧問や講義，講演などを通じて教育学の振興に活躍する。その招聘の背景には当時のナショナリズムの高揚があり，具体的には政府がドイツの政体を模範としていたことと，ヘルバルトの徳育論が忠君愛国精神の養成に適するという2つの要因から導入がなされた。また谷本富，湯原元一らをはじめ特約生として学んだ12名は，その後日本におけるヘルバルト教育学の普及に貢献

した。　　　　　　　　　　［塩見剛一］

バウチャープラン（voucher plan）

　アメリカにおいて，1960年代末頃から1970年代にかけて実施された教育改革の一つの試みである。そこでは，保護者や生徒に学校利用券（教育バウチャー）を使い自由に好きな教育機関を選択させ，教育への関心を高めることで，学校教育の活性化を図ろうとした。また，学校に対しては，教育の需要と供給の競争原理導入により，保護者や生徒が求める教育を提供することで，その質的改善を図ろうとした。さらには，このような教育的改善を通し，低所得者層や人種的少数派の社会的・経済的向上をも図ろうとする意図も含まれていた。　　　　　［猪田裕子］

ハウプトシューレ（独：Hauptschule）

　旧西ドイツ時代の1964年に，フォルクスシューレ上級段階を改組して誕生した学校教育段階で，現在まで存続するドイツの中等教育機関の一つ。基幹学校，主幹学校などと訳される。他の中等教育機関にはギムナジウム，レアルシューレ，ゲザムトシューレがある。卒業後に就職して職業訓練を受ける者が主に就学する。4年間の基礎学校に続く修業年限5年の学校で，基礎学校から通算して第5学年から第9学年に当たり，第9学年が義務教育修了学年である。2000年代後半より3分岐型の教育制度に批判が高まり，ハウプトシューレの廃止が進み，かつては在学者が同年齢層の半数近くを占めていたが，現在は1割程度である。一方，基礎的なドイツ語教育が充実しているため，移民生徒に適した教育機関であるともいわれ，その必要性を訴える意見も見られる。　　　　　　　　　　［塩見剛一］

パウルゼン，F.

（Paulsen, Friedrich：1846 - 1908）

　ドイツの哲学者，教育学者。ベルリン大学教授。ドイツ観念論の伝統にたち世界の根拠を精神とし，精神を顕現させるための活動として教養をとらえ，教養の歴史的展開として文化を位置づけた。教育は世代間で理念的文化財を伝達する意識的目的活動であるとし，社会的文化的歴史的領域から教育をとらえ，全文化領域を基盤とする教育学をうちたてようとした。文化教育学の先駆とされる。具体的活動として，近代的実学的教養の重要性を認め，古典的ギムナジウムと実科中等学校とが同価値であることを主張し，実科中等学校卒業生にも大学進学の道を開きプロイセン教育改革に尽力した。著作には『倫理学体系』（1889），『哲学入門』（1892），『教育学』（1909）などがある。　　　　　　　　　　　　　　　［松井玲子］

パーカー，F. W.

（Parker, Francis Wayland：1837 - 1902）

　アメリカの進歩主義的教育改革家。苦学して小学校教師となり，南北戦争従軍後小学校校長，師範学校教師を経て，1872年にベルリン大学に留学し，ペスタロッチ，フレーベルの流れをくむヨーロッパの教育思潮に影響を受けた。帰国後，マサチューセッツ州クインシー市の教育長になり，児童中心的・活動主義的な教育実践を提唱し，教育改革（クインシー運動）を指導した。その後，ボストン市視官を経て1883年イリノイ州クック郡師範学校校長となり，教員養成に尽力するとともに，子どもの自己活動を中心とした独自の初等教育のカリキュラム論「中心統合理論（Concentration）」を構築した。師範学校はシカゴ市に移管され，最終的にはシカゴ大学教育学部に吸収され，パーカーは初代学部長となった。同じシカゴで実験学校を創設していたデューイとも交流があり，影響を与えたとされる。　　　　　　　　　　　［松井玲子］

パーカースト，H.

（Parkhurst, Helen：1887 - 1973）

　アメリカに生まれた教育実践家。小学校在職時，複数のクラスを同時に教授する困難に直面した。このとき，たとえ教師がいなくても，何らかの課題に忙しく

従事させておくことで，子どもたちが意欲的に学習するという着想を得た。その後，モンテッソリやデューイの教育法を学び，この着想を練り上げ，1920年にマサチューセッツ州ドルトンにおいて，画一的な一斉授業ではない，子どもの自主性と責任を重視する新たな学びのスタイルによる教育を実践した。これが，「ドルトン・プラン（Dalton Laboratory Plan）」である。→ドルトン・プラン　［島田喜行］

バカロレア（仏：baccalauréat）

　フランスの後期中等教育修了資格と国立総合大学入学資格を兼ねる国家試験。バック（BAC）と略称される。ナポレオン 1 世の勅令により1808年に創設され，その後何度も改正されてきたが，国立大学が中等教育修了を認定し，大学入学資格を授与するという基本性格を一貫して保つ。19世紀以来の普通バカロレアに，1969年から技術バカロレア，1987年から職業バカロレアを加えた 3 種が現在実施されている。普通及び技術バカロレアは 3 年制リセの卒業時，職業バカロレアは職業リセの職業バカロレア取得課程卒業時に受験する。2021年より普通及び技術バカロレアは制度改革が予定されている。1980年代半ばまで，同一世代におけるバカロレア取得率は 3 割足らずだったが，近年取得者が増え，2017年の取得率は78.9％となった。なお，類似した名称の大学入学資格制度「国際バカロレア」は，ユネスコを諮問機関とする非政府組織で，フランスのバカロレアとは異なった機構である。　　　　　　　　　　　［塩見剛一］

白昼夢（daydream）

　白日夢ともいう。睡眠中の思考・幻覚である「夢」に類似した，空想でありながら現実性を帯びた覚醒時の意識状態。フロイト，S. によれば夢は「検閲」により抑圧された欲望を，象徴化などの偽装を施したうえで自己充足するはたらきがある。白昼夢も夢と同様に検閲が弱くなることで，現実では満たされない願望充足的な性格をもつが，一般的に夢よりも現実性が強く，象徴性は弱い。空想と現実との境界区分を明確化しない幼児期によく見られ，大人においては内向的な性格をもつ人に見られる場合が多い。自らの意志で現実に戻ることが可能であり，病的状態ではない。　　　　　　　　［塩見剛一］

バズ学習（buzz-session learning）

　アメリカのフィリップス（Phillips, J. D.）がグループ討議の方法として考案したバズ・セッションをもとに塩田芳久が提案した学習法。バズ（buzz）とは蜂などがぶんぶんいうことを表す語で，バズ・セッションは 6‐6 法とも呼ばれ，6 人 1 グループで 6 分間，自由に討議し合う討議法をいう。塩田はこの討議法を学習過程に導入し，児童生徒を小グループに分けて自由に発言させ，その後クラス全体で討論させることを教育方法として確立した。バズ学習には認知的目標と態度的目標の 2 つのねらいがある。認知的目標は，わからないところをメンバーに尋ねたり，自分が理解したことを人に教えたりすることによって学力の向上をめざすものである。態度的目標は，協力し合う態度の習得や，学力が向上することによる自尊感情など態度変容をねらうものである。2 つの目標は連関し，教育心理学の研究でも，自尊感情が学力向上に大きく関わっていることが示されている。　　　　　　　　　　　　［松井玲子］

バセドウ，J. B.（Basedow, Johann Bernhard：1723‐1790）

　ドイツ啓蒙期の教育改革者。ドイツのハンブルグ生まれで，デッサウに1774年に汎愛学院（汎愛学舎）を設立。彼は実務的実行力の秀でた市民を育成するために，教会の学校監督権を国家に委譲し，徹底的な教育改革を主張した。教会支配による機械的な注入主義を排除し，ルソーの教育論を学校教育で実践しようと試みた。身体鍛錬や労作教育，遊技学習を重視。バセドウ自らの理想は達成でき

ず，1778年にカンペ（Campe, J. H.）に監督権を委譲しさらにトラップ（Trapp, E. C.），ザルツマンらが後継者となり，汎愛派と呼ばれるようになる。

［広岡義之］

パーソンズ，T.
（Parsons, Talcott：1902 - 1979）

　アメリカの理論社会学者。1927年から46年間ハーバード大学で教鞭をとった。『社会的行為の構造』でマーシャル，デュルケム，ウェーバーらの学説研究を通して，実証主義と理念主義との関連を止揚して主意主義的行為理論を構想した。『プロテスタンティズムの倫理と資本主義の精神』や『経済と社会』を英訳した。また『社会システム』（1951），『行為の総合理論を目指して』（シルズとの共編，1951）を著した。経済や社会システムの理論を応用して，小集団理論家ベイルズとの共同研究からパターン変数図式と相互行為過程分析の図式を合わせ，社会システムの機能要件 AGIL 図式及び境界相互交換図式を示して『家族』（ベイルズとの共著，1954）及び『経済と社会』（スメルサーとの共著，1956）を出版した。さらに AGIL を発展させメディア理論を導き出し『政治と社会構造』（1969）を出版した。1978（昭和53）年には関西学院大学の招聘を受けて同大学で集中講義を実施し『社会システムの構造と変化』（倉田和四生編，1984）を著した。　　　　　　　　　　　　　　　　［西本　望］

バタビアプラン（Batavia Plan）

　1900年前後に，アメリカニューヨーク州バタビアで創始された教授組織法で，クラスサイズの大きいクラスにおいて，正教師が一斉授業をする中，補助教師がとくに学習進度の遅い子どもたちを個別に指導したというもの。学習能力の向上はいうに及ばず，学級全体の雰囲気の改善も見られ，大いに効果が見られた。これを一般化し，クラスサイズの小さいクラスでも，正教師が毎日一定時間個別指導を行い，学習の遅れた子どもたちへのフォローを行った。しかし現代でもよく問題になるが，学習進度の速い子どもへの対応が不十分だったともいわれている。

［福田規秀］

働き方改革 ⇨ 学校における働き方改革
八大教育主張

　1921（大正10）年８月に東京で行われた「八大教育主張講演会」，とくに講演した８人の大正自由教育思想家たちや彼らの思想のこと。手塚岸衛「自由教育論」，樋口長市「自学教育論」，河野清丸「自動教育論」，稲毛金七「創造教育論」，千葉命吉「一切衝動皆満足論」，及川平治「動的教育論」，片山伸「文芸教育論」，小原國芳「全人教育論」。彼らの主張は大正デモクラシーの社会的背景や欧米を中心に展開されていた児童中心主義の教育理念が日本にも流入拡張されたことなどの影響を踏まえ，子どもの自由，個性，感性，芸術，創作，多様な価値観を重視する教育理念の影響に裏づけられている。八大教育主張の旗手，手塚岸衛の場合，自由を消極自由と積極自由とに分類して，これまでの教育を消極自由とし，たんなる動物的な自由を積極自由とせず，「自然の理性化」ともいうべき自由な人間としての存在とともに理性的自由というカント倫理学の影響を受けた主体的人間を教育の理想としている。　　　　［津田　徹］

発見学習（discovery method）

　すでにある知識体系を学ぶのではなく，知識が生成してきた過程を学習者にたどらせることによって類似性，関係性，法則性などを発見させ，自らの力で知識や問題解決の方法を学ばせる学習法。類似の概念に，探求学習，問題解決学習，検証学習，主体的学習がある。発見学習を学校教育へ適用した例として，1959年にアメリカで行われたウッズホール会議で議長を務めたブルーナーの『教育の過程』（1960）に基づくカリキュラム改革がある。PSSC（物理），CHEMS（化

学），SMSG（数学）などの理数科教科書は，科学者と心理学者とマスメディア関係者が協力し，最先端の自然科学の成果と方法論を学習者が自ら発見できるよう綿密にプログラム化したものである。

[松井玲子]

発達課題（developmental tasks）

個人が特定の発達段階で達成すべき課題。エリクソンは，人生周期を8つに区分し，それぞれの発達段階で個人が社会との関わりのなかで遭遇する心理的・社会的危機（psychosocial crisis）に対処することによって胚芽的に準備されている能力が展開し漸次的に発達するとした。これを発展させ，ハヴィガーストは幼児期・児童期・青年期・成人期・中年期・老人期それぞれの段階での発達課題を提示し，体系的理論を展開した。発達は個人の要求と社会の要請の二側面をもち，歩行のように生物学的要因による発達課題と，職業選択のようにある社会・文化圏に見られる社会的要因による発達課題がある。ハヴィガースト自身，掲げた発達課題は自らが属する社会と時代に限定されたものであると認めている。また発達課題には，歩行や排泄などある時期に限定されその時機を逃すと達成に困難を生じるものと，価値観の形成など長期間にわたるものがある。　　　　　　[松井玲子]

発達曲線

年齢を横軸にとり，身長や体重などの身体的発達指標あるいは知的能力などの心理的発達指標を縦軸にとり，発達の過程をグラフ化したもの。スキャモンの発達曲線のように，成熟時の発育量を100とした場合の，各年齢段階の発育量を縦軸にとってグラフ化した発達曲線もある。加齢に伴って発達がどのように進行していくのかが直観的に把握できるという利点がある。発達の停滞期の発達曲線は横軸に対しほぼ平行になるし，急伸期の発達曲線は二次曲線状になる。また，発達のどの側面を取り上げるかによってさまざまな形状の発達曲線となる。→スキャモン　　　　　　　　　　　　[松田信樹]

発達障害（developmental disability）

一般的には幼児期，児童期，青年期という成長期に発現する発達上のつまずきのことで，多様な障害を包括する概念である。2005（平成17）年に施行された発達障害者支援法では，自閉症，アスペルガー症候群，その他の広汎性発達障害（PDD），学習障害（LD：Learning Disabilities），注意欠陥・多動性障害（ADHD），発達性言語障害，発達性協調運動障害等が含まれている。精神遅滞（知的障害）や脳性麻痺が含まれていないのは，それぞれ知的障害者福祉法と身体障害者福祉法がすでに対象としているからである。発達障害者支援法の施行によって，従来まで法的支援の対象からもれていたPDDやLDそしてADHDといった障害を抱える子どもたちも法的支援の対象となった。支援にあたっては，早期に障害を発見し，早期から専門的支援を開始することが重要である。なお，現在の精神医学では，広汎性発達障害という疾病概念は自閉スペクトラム症に変更され，学習障害や注意欠陥・多動性障害そして知的障害は，それぞれ学習症や注意欠陥多動症，そして知的発達症と呼ばれることもある。　　　　[松田信樹]

発　問

一般には教師が授業のなかで児童生徒に問いかけることをいう。これは彼らに学習活動のきっかけをつくるために考えるよう促すものであり，教材や課題はこのために提示される。よい発問とは教師の教材研究によるものであり，一人ひとりの児童生徒が内面をゆさぶられ，心が動く体験をする時，初めて発問は発問となるのである。この意味で児童生徒の状態や学習活動の定着具合を推し量ろうとする質問とは異なるものである。

[福田規秀]

バトラー法（Butler Act）

　イギリスの1944年教育法の通称。同法の推進者であり，当時の教育庁総裁であったバトラー（Butler, R. A.）の名前にちなんでバトラー法と呼び習わされる。第二次世界大戦後のイギリスにおける教育制度の基礎を築いた法律で，それまでの教育庁を教育省へと格上げし，地方分権型から国家統制型へと方針転換を図った。ただ教育省は指導・助言を主として地方教育当局の役割は継続されたため，実質的に中央政府の統制が強められたのは1988年の教育改革法によってである。バトラー法は義務教育年限を15歳に引き上げて中等教育の拡大を実現し，既存のグラマー・スクールやテクニカル・スクール（実業学校）に加えて，新たにモダン・スクールを新設した。これにより初頭段階での複線型学校体系は解消されたが，そのかわりにイレブン・プラス試験（11歳試験）が導入されることになった。しかし現在では早期の選別試験に対する批判が強まり，大半は廃止となっている。→フィッシャー法　　　　［塩見剛一］

「話すこと・聞くこと」（国語科）

　小学校学習指導要領（2017）における「思考力，判断力，表現力等」の育成の領域の一つである。他には「書くこと」「読むこと」がある。「話すこと・聞くこと」の指導事項は，「話すこと」「聞くこと」「話し合うこと」で構成されている。話す・聞く活動は，児童の生活とは切り離せないものであり，自己紹介，インタビュー，話し合い等，教材の工夫の余地は大きい。また，聞き方の指導は学級基盤となるものであり，楽しく指導したい。　　　　　　　　　　［森　成美］

塙保己一

（はなわ　ほきいち：1746 - 1821）

　江戸後期の国学者。7歳で失明するが，14歳で江戸に出て記憶の才を生かし学問の道を志す。和漢の書に通じ18歳で衆分（しゅうぶん），30歳で勾当（こうとう），38歳で検校（けんぎょう）［それぞれ盲人の職名］の地位に進む。1785年，40歳の折に水戸藩で進められていた『源平盛衰記』の校正，続いて『大日本史』の校正に尽力する。その実績から1793年，幕府の許可を得て学舎，和学講談所を創立。講談所はのちに幕府の直営となる。同所では日本の古書を収集・分類した『群書類従』などの編纂事業が行われた。また和学講談所は修史活動や資料の調査研究を行う調所に加えて稽古所と呼ばれる教育機関をもち，国典を教授する公的教育施設としての役割を果たしており，優れた国学者が多数輩出された。また，修史活動は多数の筆耕生を必要とするため，文化事業のみならず失業対策としても有益であった。和学所は幕府崩壊とともに閉じられるが，国史校正局を経て東京大学史料編纂所へとつながる。　［塩見剛一］

羽仁もと子（はに　もとこ：1873 - 1957）

　教育家。社会改革の原点を家庭に見てとり，女性の独立，家庭教育や婦人教育の分野で啓蒙的働きをする。1921（大正10）年文部省令によらない自由学園を東京目黒に設立。キリスト教的自由主義に基づく生活教育を展開。成城学園や玉川学園とともに，新教育の私立学校の代表的存在。婦人雑誌の『家庭の友』（1903）を創刊（1908年より『婦人之友』）して，合理的な家庭生活の改良を啓蒙した。例えば，1904年の「家計簿」の考案は，合理的で科学的な家庭経済の運営を促すアイデアであった。映画監督の羽仁進は彼女の孫にあたる。84歳で没するまで書き続けた月刊『婦人之友』の彼女の文章は，女性解放に啓蒙的な役割を果たした。キリスト教徒で，政治的主張はなく，自由主義的合理主義者であった。　［広岡義之］

ハーバード大学（Harvard University）

　アメリカの最も古い大学。私立。アイビーリーグの一つ。1636年，植民地時代の議会によって設立が決定された。最初はニュー・カレッジと呼ばれていたが，

1639年にハーバードカレッジと改名された。これは遺産を寄贈したハーバード（Harvard, J.）に由来する。エリオット（Eliot, C. W.）学長時代（1869－1909）に抜本的な大学制度改革を行って近代的大学としての体制を構築した。その際に選択コース制，少人数授業，入学試験といった新たな改革がなされ，これがのちの大学の模範となる（ハーバード・モデル）。学部は教養教育を行い，専門教育を大学院で行う。これまでアメリカ大統領（オバマ大統領など）やノーベル賞受賞者も数多く輩出しており，日本からの留学者も少なからずいる。大学ランキングにもつねに上位に位置づけられ世界的評価も高い。イエール大学とは学術，スポーツ（ボート，フットボールなど）でライバルであり，交流がある。全学生数約1万9000人（学部学生約6700人，大学院生約1万2400人）。　　　［津田　徹］

ハーバーマス, J.

（Habermas, Jurgen：1929－）

　ドイツのフランクフルト学派に属する代表的思想家。フランクフルト学派は，フランクフルト大学に創設された研究所の学者たちによって構成され，ナチズムに対する集団主義・全体主義の原理や，科学的合理主義に立脚する人間軽視の一因である，道具的理性の問題点を指摘したホルクハイマーや，権威主義的性格の有する問題点を指摘したアドルノらがいる。ハーバーマスの場合，理性の含む二面性を検証し，合理性を前面的に批判するのではなく，合理性のなかにも望ましい側面があるとして，「対話的理性（コミュニケーション的合理性）」の実現を求めたのであった。代表作には，『コミュニケーション的行為の理論』（1981）などがある。　　　　　　　　　［津田　徹］

パフォーマンス・アセスメント

（performance assessment：PA）

　実技や実演，作品，面接等による評価の総称。核心的部分の説明として「求める能力や技能を，実際に活用するような課題を設定して評価すること」。評価方法としては，自由記述，論文やレポート，実技テスト等が使用される。既習事項を活用して問題を解決したり探究したりする力を評価する方法として開発された。とりわけ「総合的な学習の時間」では，PAを積極的に活用するべきであろう。実験・観察技能，調査研究技能をペーパーテストで評価しようとしても，これらの技能を実際に使用できる保証はない。そのため，実際に求める技能を用いる活動のなかで評価することが最も妥当性が高いことになる。このために PA が提唱されたのである。評価規準の作成が容易ではないが，解答類型など評価指標を具体的に作成することが求められる。

　　　　　　　　　　　　　　　［広岡義之］

パブリック・スクール（public school）

　イギリスにおける全寮制の大学進学の準備教育を前提とした伝統的な私立中等教育機関。富裕階級のための学校でこれらの多くは，予備校をもち，国や地方教育当局から独立している。1861年の王立委員会が対象にした学校は，代表校としてイートン，ウェストミンスター，ラグビー，ハローなどがある。当時は，これらが特別なグラマー・スクールとみなされていた。これらの学校はローカル（地方的な）存在を脱して，パブリック（全国的）存在，すなわちパブリック・スクール（全国的な学校）として知られるようになった。最古のものとして，ウィンチェスターが1382年の設立である。最初は比較的庶民的な生徒の学校であったのが，のちに上流階級用となった。例えば，イートン校（Eton College）は，1440年にヘンリー6世（Henry Ⅵ）によって設立されたイギリスの名門パブリック・スクールで，オックスフォード大学やケンブリッジ大学への進学率がきわめて高い。　　　　　　　　　　　　　　　［広岡義之］

パブロフ，I. P.
（Pavlov, Ivan Petrovich：1849 - 1936）

　帝政ロシアの生理学者。消化腺に関する研究で1904年にノーベル生理学・医学賞を受賞した。「パブロフの犬」と呼ばれる犬を用いた条件反射に関する実験で有名である。犬の消化腺に関する研究中に，人間の足音を聞いただけで犬が唾液を分泌することを発見したことが条件反射に関する研究の始まりとなった。→古典的条件づけ
　　　　　　　　　　　　　　　［松田信樹］

場面緘黙（Selective Mutism）

　言語能力には問題はないが，言葉を発しない状態。あらゆる場面で話をしない場合を「全緘黙」，特定の状況や場所で話すことができない場合を「場面緘黙（選択性緘黙）」という。アメリカの精神医学会「DSM-5（精神疾患の診断・統計マニュアル）」では場面緘黙の診断基準として，(1)他の状況では話すことができるにもかかわらず，特定の状況では一貫して話すことができない，(2)この障害が，学業上，職業上の成績または社会的な意思伝達を妨害している，(3)このような状態が少なくとも1か月持続している，(4)話すことができないのは，その社会状況で要求される，または快適な話し言葉を知らないことによるものではない，(5)コミュニケーション障害ではうまく説明されないし，広汎性発達障害，統合失調症，その他の精神病性障害の経過中にのみ起こるものではない，の5点を挙げている。まったく声を出さない，何らかの意思表示をする，特定の人とは話すなど程度や状態はさまざまである。
　　　　　　　　　　　　　　　［松井玲子］

林羅山（はやし らざん：1583 - 1657）

　江戸初期の朱子学者。幼少より禅寺の建仁寺で修行し，儒書を学ぶ。15歳で修行を終える頃出家を勧められるが得度を受けなかった。子孫がないのは不孝だと悲しむ養母の願いに応えたためだという。その後，独学で朱子学を解釈し1604年，22歳の折には朱子学者として名をなす藤原惺窩（せいか）に会い，談論する。翌年徳川家康に謁見，博識を認められ幕府に出仕する。以後の歴代将軍秀忠，家光，家綱にも仕え幕府儒官の祖となる。1630年，上野忍岡（しのぶがおか）に家塾を創設し，儒学者の養成にあたる。この家塾は羅山の没後，湯島昌平坂に移されて昌平黌（しょうへいこう）あるいは昌平坂学問所と呼ばれ，代々林家の当主が主宰した。1797年に学問所は幕府の直轄となる。羅山の思想は「天理」と「道理」，すなわち自然本性と社会道徳とが一致するという朱子学の教えに基づく。それが現体制の追認としてとらえられることで，封建社会に適した思想として官学（幕府の正式な学問）に採用された。
　　　　　　　　　　　　　　　［塩見剛一］

バリアフリー社会（barrier free society）

　高齢者や障害者（児）など社会的不利な条件にある人々が移動するときに妨げるものがないことや種々の生活行動が円滑に行われるような手段が整っている環境をいう。それには他者とのコミュニケーションをとることに手段や意識があることも含まれる。狭義には，建築構造物等の物的環境に障壁がないことを示すが，広義には，高齢者や障害者（児）の周囲の人々（人的環境）の意識に，偏見などの心の障壁がないことを指す。これら両者の環境が整備された望ましい社会をいう。障碍者（児）を含めたあらゆる人々に用いられることをめざしてつくられた設備，物品などをユニバーサル・デザインという。
　　　　　　　　　　　　　　　［西本　望］

パリ大学（仏：Université de Paris）

　フランスの代表的大学。その起源は12世紀頃まで遡る。ヨーロッパの大学のなかでもイタリアのボローニャ大学（1158年）に次いで早期に登場したパリ大学の場合，1180年にルイ7世と教皇にそれぞれ認可を受けたが，パリ大学はその後の世界の大学の模範となった。大学には諸

特権や学則があり，また各学士号を授与していたが，学生は中途で脱落する者が多かった。大学組織は studium generale という教員と学生の集団的組合から成立していた。パリ大学創成期における代表的教師としては，『アベラールとエロイーズ』で有名なアベラール（Abélard, P.）が挙げられる。パリ大学では神学研究が中心であったが，アリストテレスの自然学，哲学思想が重点的に研究されていた。ときには宗教上の真理と学問的真理とが対立することもあったが，そのような対立精神が今日のパリ大学の自由な学風に受け継がれている。現在，経済，法学，物理，数学などの学部専攻の相違によってパリ第Ⅰ大学から第Ⅷ大学まで名称が異なっている。　　　　　［津田　徹］

ハロー効果（halo effect）

　halo 効果をカタカナ表記したもの。後光効果や光背効果ともいう。他者を評価する際に，ある側面における肯定的特徴が目立っていれば，全体的評価も肯定的な色合いを帯びること。逆に，ある側面における否定的特徴が目立っていれば，全体的評価も否定的なものとなる。例えば，教師が児童を評価する際に，当該児童のある側面における好ましさが際立っていれば，本来その側面とは独立の別の側面に対する評価も肯定的な方向に歪む可能性があること，さらには，ある側面における好ましからざる特徴が際立っていれば，本来その側面とは独立の別の側面に対する評価も否定的な方向に歪む可能性があることを示唆する。　［松田信樹］

汎愛学院（独：Philanthropinum）

　ドイツの教育改革者バセドウが1774年，デッサウに設立した学校。汎愛学舎とも呼ばれ，その名は「人類愛の学校」を意味する。バセドウは学校が教会の監督下から解放され国家により管理されるべき，という改革思想のもち主で，学校制度改革を論じる一書のなかで優れた教科書と有能な教員の養成が必要だと提言した。

その改革をモデル化したのが汎愛学院である。バセドウは同校でルソーの『エミール』における子どもの自発性の重視や自然主義的教育観を実践に移した。そのモットーは「多くをするなかれ，されど喜びをもって」「多くをするなかれ，されど方法的秩序の下において」で，遊戯的の学習や労作活動を教育方法として用いた。汎愛学院は教会からの批判や教員間の確執などから1793年に廃校となるが，同校の名称に由来する汎愛派の教育者たち（ザルツマン，トラップ（Trapp, E. C.）など）は18世紀ドイツを代表する教育思想家として広く活躍した。

　　　　　　　　　　　　　　［塩見剛一］

バーンアウト症候群⇨燃えつき症候群

藩　　校（はんこう）

　江戸時代から1871（明治４）年まで藩によって設立され経営された武士教育機関であり，藩学と呼ぶこともある。幕府にならって，諸藩が設立した藩校（藩学）には，私塾を起源としたものが多数ある。とくに江戸中期には，藩政改革の一環としての人材養成機関として急増した。主なものとして，会津の日新堂，長州の明倫館，尾張の明倫堂，水戸の弘道館，熊本の時習館，米沢の興譲館などが有名。全国諸藩の学校（藩学校）は，各藩が徳川家康以来の文教政策に従って，藩士やその子弟を教育するために設立したものであった。元来，藩学校（藩学，藩校）の教育は，朱子学中心の儒教教育が主流であったが，幕末には洋学や国学も講じられるようになる。幕末期には藩学校は，およそ300校に増加し，その多くは明治維新後，創設された「中学校」の前身となるが，しかしこれらはいずれも武士を対象とした教育機関であった。

　　　　　　　　　　　　　　［広岡義之］

反社会的行動（antisocial behavior）

　社会の秩序や規範に反する問題行動の一種。青少年の反社会的行動は非行といい，反社会的行動をとる少年を一般に非

行少年という。刑法その他の法規に触れる犯罪行為及び社会からの逸脱行為，学校の規則違反・秩序紊乱（びんらん）が含まれ，具体的な事例は暴力行為，脅迫，窃盗，家出，性的非行，飲酒，喫煙，怠学など多岐にわたる。類似した語の非社会的行動は社会的接触を回避する消極性を示すが，反社会的行動は社会に対してより積極的・攻撃的に反抗的態度を指す。ただし，必ずしも両者を明確に区分できるわけではない。また自立の過程にある思春期に反社会的行動が現れやすく，ある程度の反抗は社会化のきっかけとして自然な行動であり，すべての拒否や反抗を反社会的行動と即断すべきでないと考えられる。→社会化，非行　　　［塩見剛一］

汎知学（パンソピア）

チェコの思想家コメニウスによって構想された学問体系の総称。「普遍」を意味する「パン」と「知恵」を意味する「ソピア」の2つのギリシア語からなる合成語である。「普遍的知識」を原義とする汎知学は，「あらゆるひとに，あらゆる事柄を教授する普遍的な技法を提示する」（『大教授学』）ことをめざす。また，大著『人間的事柄の改善についての総合的熟議』では，ユダヤ・キリスト教，プラトン哲学，中世のスコラ哲学に基づく，独自の調和的・階層的世界に関する統一的な学問として構築されている。→コメニウス　　　　　　　［島田喜行］

バンデューラ，A.
(Bandura, Albert：1925 -)

社会的学習理論を提唱したカナダの心理学者。バンデューラは，従来の学習理論が学習者自身の経験を前提としていたのに対し，他者の行動を観察する観察学習によっても学習が成立することを実証した。社会的学習理論では，モデルとなる他者の行動を注意深く観察する注意過程，モデルの行動を記銘・保持する保持過程，保持されたモデルの行動を模倣する運動再生過程，実際の行動遂行を動機づける動機づけ過程を経て観察学習（モデリング）が成立すると考えられている。さらに，ある結果を生み出すために必要な行動をとることができるという確信の程度を意味する自己効力感を提唱し，自己効力感をもつことで学習への動機づけが高まると考えた。　　　［松本麻友子］

範例教授法
(独：Exemplarisches Lehrverfahren)

1951年，旧西ドイツのテュービンゲンで開催された中等教育改革のための会議で決議された教育内容精選の考え方に立脚した教授法。この理論的背景には人間的生命力の回復をめざすという考え方が存在し，実存主義的教育学との関連性が強い。この方式の第1の特徴は，固定的な既成知識の系統的な教授をやめて，問題テーマ的な取り扱い方をする点にある。第2は，そのテーマは可能なかぎり，日常的具体的な事例と結合しており，生徒たちが発見的に追究する。第3に，その学習を通して，諸科学と人生についての見通しを可能にする。　　　［広岡義之］

ひ

ピアジェ，J.
(Piaget, Jean：1896 - 1980)

スイスの児童心理学者。児童心理学の進歩において最も大きな貢献をした心理学者である。10代から生物学の領域で研究・論文執筆を行っていた。その後，認識論に関する研究，そして発達心理学に関する研究を生涯にわたって行った。子どもを対象としたさまざまな実験から，知能・思考の発達が感覚運動的思考期，前操作期，具体的操作期，形式的操作期の順に進行するとした。また幼児期の心性として自己中心性や保存性が未確立であることを見出した。　　　［松田信樹］

PFT（picture frustration test）

　一般には P-F スタディと呼ばれる。欲求不満に際しての反応によって人格構造を測定しようとする検査法である。ローゼンツヴァイクによって創案されたもので「絵画－欲求不満テスト」とも呼ばれている。方法は，日常，経験しがちな欲求不満場面の絵画（24種）を観て，その印象を所定の用紙に記入するものである。検査の対象は，児童用は小学校第3学年以上，成人用は15歳以上となっている。応答は，3つの攻撃方向，(1)外部に攻撃を向ける外罰，(2)自己に攻撃を向ける内罰，(3)攻撃を示さない無罰型と3つの型，(1)欲求不満の原因を強調する障害優位型，(2)自我を強調する自己防衛型，(3)欲求不満の解決を強調する要求固執型との組み合わせによって類型化されている。さらに応答が年齢にふさわしいものかどうかをみることにより，被験者の社会的適応性が診断される。

［西本　望］

ピオネール（露：pioner）

　旧ソ連の10〜15歳の児童生徒を対象とした共産主義組織である。この指導には，上部組織であるコムソモールと呼ばれた青年の共産主義組織からピオネール隊長が派遣され，キャンプなどの集団的な活動を通じて，祖国愛や連帯などの思想を育てることをめざした。　［福田規秀］

ひきこもり（withdrawal）

　個人が長期にわたって社会との関わりを断ち，時には家族からも距離をとり，閉塞して孤立した状態になる現象を指す。何らかの問題が生じたために身を守ろうとすることによって生じることが多い。外界から身を守り，自分自身の内面を深く見つめることは大人へと成長する過程での正常な現象だが，時が流れ，人と接する怖さだけが膨らむと，もともとの問題が解決してもどう社会と関わればよいかわからなくなり，ひきこもる状態が長期化することもある。ひきこもりの背景

には，人と関係を築くことの苦手さや傷つきやすさといった個人の特性がある。また，長期間のひきこもりで苦しみ，焦っているのは誰よりも本人である。それゆえに，援助者は，温かく見守りながら，ひきこもる個人との関係を築きなおすことが大切になる。それは，ひきこもっていた個人が社会に再び出たときに，他者との関係性を築く力にもつながるからである。

［安藤聡一朗］

樋口勘次郎

（ひぐち　かんじろう：1871 - 1917）

　明治期，日本における新教育運動の実践家・理論家。長野県に生まれ，小学校教師を経て，1892（明治25）年に高等師範学校に入学。在学中から，アメリカの新教育運動の指導者パーカーの理論を学び，同校附属小学校の訓導となりその実践を行った。1899（明治32）年に『統合主義新教授法』を発表し，自らの立場である活動主義を明らかにした。教師中心の教育観を転換し，子どもたちの自発活動を重視した。1900（明治33）年に教育学，教授法の研究のためにヨーロッパに留学し，デュルケムに学ぶ。帰国後『国家社会主義新教育学』（1904）を著した。

［松井玲子］

ピグマリオン効果（Pygmalion effect）

　実験結果に，実験者の予想や意図などが，実験者自身，気がつかないうちに影響を及ぼし，都合のよい結果が出てしまう現象のこと。親や教師に期待されると，子どもの能力がその方向に変化することがある。ローゼンタール博士らの実験（1968）によれば，無作為に選んだ小学生について，この子は伸びるという示唆を教師に与えたところ，知能や成績がその後，著しく上昇した。この名は，ギリシア神話のキプロスの青年王ピグマリオンに由来。彼が，自分の彫刻した象牙の女性像に恋をしてしまい，彼は毎日その女性像が現実の女性に変わることを熱烈に信じ続けた。結果，愛の女神ヴィーナ

スがその彫像に生命を与えたという伝説。
バーナード・ショー原作のミュージカル
『マイ・フェア・レディ』のもとの短編
の題名は「ピグマリオン」といい，ヒギ
ンズ教授の熱烈な期待がイライザを公爵
夫人へと変身させた物語である。

[広岡義之]

非　　行 (juvenile delinquency)

　一般的に未成年者が法律や社会規範に
触れるような侵犯・逸脱行為をしたとき，
成人のそれと区別して非行と呼ばれる。
法律的には少年法の規定により保護処分
や刑事罰の対象となる行為を少年非行と
いい，該当する少年を犯罪少年，触法少
年，及び虞（ぐ）犯少年の三種に分類し
ている。また集団の決まりやルールに従
わない行為や飲酒，喫煙，無断外泊など
の不良行為も非行に含めることがある。

[福田規秀]

PISA

　経済協力開発機構（OECD）による生
徒の学習到達度調査（Programme for
International Student Assessment :
PISA）は，OECD が義務教育の修了段
階に当たる15歳の生徒を対象に，読解力，
数学的リテラシー，科学的リテラシーに
ついて調査する。2018年の全参加79か国
と地域における日本の学力の結果は，読
解力は15位，数学的リテラシーは 6 位，
科学的リテラシーは 5 位であった。ちな
みに 1 位は 3 つの領域とも中国であった。
上記のとおり，数学的リテラシーと科学
的リテラシーは，2015年に引き続き，世
界トップレベルを維持した。読解力も
OECD 平均より上位に位置するものの，
2015年時より順位は低下している。

[広岡義之]

非指示的療法
(non-directive psychothrapy)

　従来の伝統的なカウンセリングと区別
して，1942年に臨床心理学者ロジャーズ
によって提唱された。治療者がクライエ
ント（来談者）に指示を与えて，直接変

化を起こそうとするのではなく，クライ
エント自身が自身の力によって変化でき
るような状況を醸成する技法。そのため
に治療者はクライエントに傾聴して，受
容し，クライエントのいわんとすること
を治療者が理解して伝え，内容を繰り返
すといった作業をしていく。その後，治
療者の態度が重視されるようになり，
「来談者中心療法」と呼ばれるように
なった。

[広岡義之]

非社会的行動

　周囲の環境や社会生活に馴染むことが
できなくなったり，積極的に努力するこ
とが困難になり，対人的，社会的接触を
避けようとする行動の総称。青少年の問
題行動の一種でその行動が自己（内面）
に向けられ，社会的不適応などを起こし
た場合を指し，緘黙（かんもく）（極端
な無口），内気，はにかみ，臆病，無気
力，孤立，家出，自殺の企て，睡眠剤や
覚せい剤の乱用，シンナー等の吸引等が
ある。また非社会的行動の一部であるが，
偏食，食欲不振，夜尿，爪かみ，指しゃ
ぶり，神経質，赤面恐怖等の神経症的問
題行動を別に分類することもある。→反
社会的行動

[広岡義之]

美術科

　中学校における教科の一つ。美術科の
目標は2017年改訂の学習指導要領におい
て「表現及び鑑賞の幅広い活動を通して，
造形的な見方・考え方を働かせ，生活や
社会の中の美術や美術文化と豊かに関わ
る資質・能力」を育成することとなって
おり，造形的な視点を豊かにするための
知識と表現方法を工夫し創造的に表す技
能に関する「知識及び技能」，表現にお
ける発想や構想と鑑賞における見方や感
じ方などに関する「思考力，判断力，表
現力等」，主体的に取り組む態度や美術
を愛好する心情，感性や情操に関する
「学びに向かう力，人間性等」の 3 つの
柱で整理された。

　また美術科の内容は「A 表現」「B 鑑

賞」及び〔共通事項〕で構成されている。さらに「A表現」において表現の内容は，感じ取ったことや考えたことから自由に工夫して表す活動の「絵や彫刻など」と，伝えることや使うことなどの目的や機能を考えて表す「デザインや工芸など」に分けられている。表現と鑑賞を関連させながら，生徒が主体的に多様な表現や作品などに触れる中で資質・能力の育成を図ることが重要となる。　　　〔須増啓之〕

ビッグデータと教育

ビッグデータとは，一般のコンピュータなどで取り扱うことが難しい大きさや複雑さのデータの集合のことをいう。近年，測定技術の向上，ビッグデータの処理が可能なクラウドシステムの利用増加，また，新たなデータ解析手法の開発により，さまざまな分野でビッグデータを取り扱うことが可能となってきている。ビッグデータの解析方法は，教育についてもエビデンスベースの研究が進められていることから，教育効果の測定，解析などに用いられ始めている。　〔高松邦彦〕

必修科目 （compulsory subject／required subject／obligatory subject）

教育課程のなかで必ず履修して学ばねばならない科目を指す。これに対するものとして選択科目がある。これは，学習指導要領で定めるその他とくに必要な科目等であって，地域及び学校の実態ならびに生徒の特性その他の事情を考慮して設けられているものである。これとともに必修科目は主に中等教育や高等教育で設けられている。とくに必修科目が注目を浴びたのは次のことによる。2006（平成18）年に高等学校の教育課程において，必修科目を未履修で卒業した生徒が多数いることが発覚した。背景には，大学入学試験において，多くの高等学校が生徒の進学数及び進学率を増加することによって，社会の評判をよくし，さらなる高等学校への入学希望者の増加を得ようとする意図があったと考えられている。

そのときの対象の多くは必修科目であった世界史であった。その他高等学校で修得しなければならない科目が未履修となっていたり，表面上は履修していることになっても，その授業内容は，運用上他の教科・科目内容に転換されていたりした。　　　　　　　　　　　〔西本　望〕

ヒトラー・ユーゲント （Hitler-Jugend：HJ）

HJ は国家社会主義ドイツ労働者党（Nationalsozialistische Deutsche Arbeiterpartei：NSDAP，ナチス党の正式名称）の青少年組織として発足したが，1933年 NSDAP が政権を掌握すると国家的な青年組織となる。さらに1936年「HJ 法」によってドイツの全青少年に HJ への参加を義務づけた。広義の HJ はドイツ小国民団（10〜14歳男子），狭義の HJ（14〜18歳男子），若年少女団（10〜14歳女子），ドイツ少女団（14〜18歳女子）からなり，1945年にナチス国家が崩壊するまで戦時下ドイツの教育体制として重要な役割を果たした。HJ は野営や合唱などの青年運動の伝統を利用して一体感と自発的服従を涵養し，ナチス国家の新たな時代を担う世代を育成しようとした。戦時色が濃くなるにつれ，攻撃的なナチス的教育理念が前面に押し出され，「総統」のために死をも辞せぬ「政治的兵士」の訓練組織へと変質していった。　　　　　　　　　〔松井玲子〕

PTA （Parent-Teacher Association）

学校教育と家庭教育の連携と協議の場であり，「父母と先生の会」の略。日本における PTA は，戦後の教育改革期に連合国軍総司令部が民主主義の理念を啓蒙するため PTA の設立と普及を奨励し，文部省が1947（昭和22）年 PTA 結成の手引き書を作成，全国都道府県知事に送達したことに始まる。親の教育権に基づく教育活動への参加であり，学校の運営，行事への協力など多彩な活動が行われ，児童生徒の成長を内外から支援してきた。

また研修会や趣味の集いなど，親の社会教育的役割も果たしてきた。各校のPTAが市区町村や都道府県単位で協議会を組織する。全国組織，社団法人日本PTA全国協議会は，小中学校でのPTA活動を通して社会教育，家庭教育，学校教育の連携を深め，青少年の健全育成をめざす社会教育関係団体である。近年，働く母親の増加や父親の参加により，PTAのあり方を見直す学校が増えている。　　　　　　　　　　［松井玲子］

PDCA サイクル

　元来，経営マネジメントで使用されている用語。Plan（計画）→Do（実施・実行）→ Check（点検・評価）→ Action（処置・改善）→Plan（計画）の連続的経過を経て，螺旋状の４つの経過を繰り返すことで継続的な業務改善を図る手法である。1950年代に品質管理論を確立したアメリカの統計学者デミング（Deming, W. E.）らによって提唱された。「教育課程におけるPDCAサイクルの確立」については，2008（平成20）年１月17日の中央教育審議会の答申のなかで議論された項目の一つである。学校教育の質を向上させる観点から，教育課程行政において以下の流れが重要だとした。(1) Plan：学習指導要領改訂を踏まえた重点指導事項例の計画と提示。(2) Do：教師が子どもたちと向き合う時間の確保などの教育条件の整備。あるいは，教育課程編成・実施に関する現場主義の重視。(3) Check：教育成果の適切な点検と評価。(4) Action：評価を踏まえた教育活動の改善。　　　　　　　　　　［広岡義之］

ヒドゥン・カリキュラム⇨隠れたカリキュラム

日の丸・君が代問題

　「日の丸」は江戸時代以前にも使用されていたが，国家を表示する特定の旗としたのは1870（明治３）年太政官布告「商船規則」を起源とする。「君が代」は『古今和歌集』収載の古歌を明治期に宮内省雅楽課が楽譜化し，紀元節や天長節などの祝日大祭日儀式で歌われてきた。第二次世界大戦後一時期，「日の丸」「君が代」が日本の超国家主義のシンボルとして禁止された。文部省は1989（平成元）年の学習指導要領の改訂に伴い，「日の丸」掲揚と「君が代」斉唱を打ち出した。国旗国歌を明確に規定した法律はなく，学校での掲揚・斉唱に反対する声があがり，学校での取り扱いに苦慮した広島県立高等学校校長の自殺もあって社会問題化した。1999（平成11）年８月「国歌及び国旗に関する法律」により「日の丸」が国旗とされ「君が代」が国歌とされた。政府は，国旗掲揚国歌斉唱に関わり児童生徒が不利益を受けることはないが，校長は教員に国旗国歌に関し職務命令を下すことはできる，としている。　　　　　　　　　　［松井玲子］

評価規準と評価基準

　「評価規準（criterion）」は「質」を評価するもので，評価目標・測定目標とも呼ばれる。指導要録や通知表に対応するもので，「物語のなかの主人公の気持ちが読み取れる」等と設定される。ある水準に到達したと判断できる事例集を作成して，それを評価規準として用いる。他方，「評価基準（standard）」は，「量」を評価する。到達すべき基準を行動目標として明確にし，その到達度をテストによって数量的に評価し，どの程度できたかを判断する。「２桁÷１桁の計算が90％以上できる」等と設定される。　　　　　　　　　　［広岡義之］

評価と評定

　「評価」とは，１単位時間や一区切りの学習過程で学習状況や理解度等をとらえることによって，子どもを理解すること，また教師の支援の手立てや指導法の改善を目的とする。1960年代にはスクリヴァン（Scriven, M.）的評価・総括的評価等が登場。1980年代には，実生活を送るなかで何ができて何ができないかなど，

生活に役立つ能力を評価し，そうした能力の習得をめざすためのパフォーマンス評価が出てきた。さらにポートフォリオを使用した評価も積極的に活用され始めている。　　　　　　　　　　［広岡義之］

「表現」と「鑑賞」（音楽科）

すべての音楽表現活動は，「表現」と「鑑賞」によって成り立っている。表現と鑑賞は表裏一体で，双方の活動が連動することにより互いに技能を高め合える。小学校音楽科の学習においても表現と鑑賞の関連を図り，総合的に音楽の能力を育成することが必要とされている。鑑賞の活動を通して，音色の違いや旋律の美しさを感じとり，それらを表現に生かすことでより充実した演奏や音楽づくりが実現する。また，表現の活動を通して，歌唱や器楽の演奏技術を身に付けることにより，感性だけではなく理論的に音楽を鑑賞することができる。　［高 奈奈］

病弱児

慢性疾患等のため継続して医療や生活規制を必要とする状態の児童のこと。また，病気にかかりやすいため継続して生活規制を必要とする状態の児童を身体病弱児ともいう。対象児の病気の種類は呼吸器，腎臓，神経・筋疾患など多岐にわたる。病弱児は，入院中の場合は病院内に設置された学級で，または，学校内に設置された学級で学習する。教科学習以外に，身体面やメンタル面の健康維持や改善を図る学習が必要とされる。特別支援学校に通う病弱児も同様に，病院に併設した特別支援学校やその分校，また病院内にある学級に通学して学習する。
　　　　　　　　　　　　　［熊田凡子］

標準偏差（standard deviation）

多数の測定値の組が与えられた場合，各測定値が互いにどれくらいかけ離れた状態であるか，その程度を示すために考案された統計用語である。n 個の測定値の組においての平均値を各測定値からズレ（偏差）の程度をひとまとめにして数

値の表現をしたものをいう。n 個のズレ（偏差）を一組として考えた場合に，その組における標準的なズレ（偏差）の大きさを標準偏差と呼ぶ。標準偏差は S で表現される。$x_1, x_2, x_3 \cdots x_n$ の n 個の測定値があるとすると，

$$S = \sqrt{\frac{(x_1 - \bar{x})^2 + (x_2 - \bar{x})^2 + \cdots (x_n - \bar{x})^2}{n}}$$

となる。ここで $\bar{x}$ は平均値を指す。
　　　　　　　　　　　　　［西本 望］

平田篤胤

（ひらた あつたね：1776 - 1843）

江戸時代後期の国学者。秋田出身。江戸，備中（岡山県西部）にて修業ののち，本居宣長の思想に啓発され，同門下（鈴屋）に籍を置く。宣長は同年死去。1806年私塾「真菅乃屋（ますげのや）」を開き，1812年に代表作『霊乃真柱（たまのみはしら）』を記す。この書は幽冥観（ゆうめいかん）に特徴があり，これが彼の学問観でもあった。また本著は平田神道を形成してゆくのに貢献したが，他方宣長門下からは反感を買うことになった。のちに彼は荷田春満，賀茂真淵，本居宣長とともに国学四大人（うし・師匠の意味）の1人に数えられることになるが，晩年の彼が宣長の墓前に参り，宣長の後継者との和解に至り，宣長の後継者を自認することになったという。その後，幕府に著書の発禁と江戸退去の命が下され秋田に戻り没した。彼は古学を中心に自らの思想（儒仏思想抜きの神道）を構築して復古神道を体系化し，幕末の尊皇攘夷運動に影響を与えた。また非常に多くの著作を残した。娘婿の平田鐵胤（かねたね）は明治天皇の侍講であった。
　　　　　　　　　　　　　［津田 徹］

非連続的教育形式

ボルノーの実存哲学的教育学の概念。従来の教育学は伝統的に人間存在を連続的成長のもとに把握してきた。しかし第二次世界大戦後，こうした人間像に実存哲学から疑問が出され，人間の実存的把

握からすると，非連続的な教育事象，例えば出会いや覚醒という事象の教育的意義の深さを認識することが重要であると指摘した。人間の生の現実を直視すれば，覚醒や挫折のような非連続的事象を通して人間は真に成長していることが理解できる。こうした変化こそが人間の成長にとって重要であるとボルノーは考えた。そこから，従来の教育学では注目されなかった「危機，覚醒，呼びかけ，出会い，挫折，訓戒」などの教育的事象を解釈学的，現象学的に分析した。→ボルノー

[広岡義之]

広瀬淡窓

（ひろせ たんそう：1782 - 1856）

　江戸時代後期の儒学者。1804年，20代前半で地元豊後日田に塾「咸宜園」（かんぎえん）を開く。通儒といわれる儒学全般の学びを重視し，また淡窓が病弱だったため放学の塾生を解放する教育方法も採られていた。咸宜は「みなよろし」「ことごとくよろし」と読ませて，淡窓はこの学びの館への条件を設けず，参加者を歓迎した。その結果，門弟は230人あまりにも上ったといわれている。しかし厳格な塾内の制度を設けて三奪法（学習者の身分・地位，師匠，教養の3つを開始時点で考慮しないこと），月旦評（学習者の一覧表）などによって，学びの出発時点は平等で実力主義による運営を行った。門弟のなかには大村益次郎，高野長英らがいる。彼は『万善簿（まんぜんぼ）』と呼ばれる修身書を残し，日常道徳の実践を具体的な形で実現し反省する，今風にいえば善悪のチェック表も残している。詩人としても有名であった。

[津田　徹]

ふ

ファカルティ・ディベロップメント
（Faculty Development）

　略して FD と呼ばれる。ファカルティとは教授団の意味であり，一般的に大学の教員集団を指す。個人の能力開発に焦点を当てる場合と，大学や機関全体の機能開発の側面とがある。2005（平成17）年の「我が国の高等教育の将来像」（中央教育審議会答申）では，教員が授業内容・方法を改善し向上させるための組織的な取り組みの総称とされている。FD が取り上げられることになった背景として，1991（平成3）年の「大学教育の改善について」（大学審議会答申）などを中心として，大学の設置基準が大綱化され，大学が自己点検による改善に努力し，社会的責任を果たすべきとの方向性が示されたことが挙げられる。これにより，各大学の教育課程編成等の裁量度は高くなった一方，「教育力向上」と「質の保証」が求められることとなった。2008（平成20）年4月より，単位の実質化，卒業認定基準の明確化などとともに，FD も義務化された。FD を個人的側面からとらえる場合，教員の資質・能力の向上について，教育力だけでなく，研究上の能力，管理運営力，倫理規定や社会的責任の理解などの開発を含める。2016（平成28）年3月には，文部科学省令（大学設置基準等）が改正され，スタッフ・ディベロップメント（SD：Staff Development）が義務化された。この通知では，SD の対象は職員であるが，「事務職員のほか，教授等の教員や学長等の大学執行部，技術職員等も含まれる」としている。教育研究の推進及び大学運営について，教職協働が求められている。

[吉原惠子]

フィッシャー法（Fischer Education Act）

　フィッシャー教育法ともいわれ，1918年イギリス議会で，2歳から5歳の幼児の保育施設が公教育体系に位置づけられることになった法律をいう。オーエン思想を受け継いだマクミラン姉妹（Rachel & Margaret McMillan）が，当時普及運動を行っていた保育学校（Nursery school）を教育政策の一つとしてとらえて設置を推進したときに設けられた法律をいう。1917年に労働党が法案を提出するはたらきをし，議会を通過して翌年公認された。それによって，保育学校規定が公布され，公立の保育学校としての設置が可能となった。その規定を示すと次の通りになる。(1)保育学校は，2〜5歳児の発達のために望ましいこと。したがってその必要性のある幼児を収容しなければならない。(2)保育日数は，年200日以上であること。(3)授業料は無料，ただし食事や治療費は実費を徴収する。(4)私立保育学校に対しても，その経費の前年度分の半額は補助とすること。(5)医療設備と遊戯室は必ず設けること。
　　　　　　　　　　　　　　　　［西本　望］

フィヒテ，J. G.

（Fichte, Johann Gottlieb：1762 - 1814）

　ドイツの哲学者で，ドイツ観念論の代表者の一人。フランス革命の影響を強く受け，19世紀初頭にナポレオン軍に破れたプロイセンでは，社会の近代化を図るために，教育や文化面での改革が進められた。その中心で活躍した一人がドイツの哲学者のフィヒテであった。彼は，カント哲学から出発し，ドイツ観念論を展開し，さらにペスタロッチらとも交わり国民教育を主張。1805年，エルランゲン大学の教授となるが，プロイセンがナポレオンに敗れ，講和条約が締結されるとすぐに，フランス軍の支配下にあるベルリンに戻り，1807年から1808年の冬に，有名なベルリン教育講演「ドイツ国民に告ぐ」を開催。教育による祖国の再建を強調した。1809年にベルリン大学が創設されると，彼は翌年にベルリン大学初代総長に就任。解放戦争が始まると，妻が特志看護師として活躍したがチフスにおかされ，フィヒテもこれに感染。妻は回復したが，フィヒテは52歳の若さで急逝。晩年はペスタロッチの教育思想にも強い関心を示した。　　　　　　　　　［広岡義之］

フェヌロン，F.（Fénelon, François de Salignac de La Mothe：1651 - 1715）

　フランスのカトリック聖職者。教育家。ペリゴール地方の貴族出身者。カトリックに回心した元プロテスタントの少女たちを再教育する機関の長や贖罪神父を務めた。ボーヴィリエ（Beauvillier）公爵夫人から娘たちの教育について助言要請を受け，『女子教育』（1687）を公刊した。そこには，子どもの自然的な性向は尊重すべきであること，好奇心や自尊心といった子どものよき行動を活用すべきであることなどを推奨している。マントノン（Maintenon）侯爵夫人によるサン・シールに設立された女子学寮（1686年）は，彼の思想の影響を受けたとされる。さらに公爵からブルゴーニュ公（ルイ14世の孫）の家庭教師を依頼された際には，教材として教育小説『テレマックの冒険』（1693頃）を創作した。これは大飢饉の際に国王が無関心であったことに対する批判をしたことが含まれていた。それによって，王政批判の主張者として，大司教の任の肩書きでカンブレ教区に追放されたといわれる。　　　　　［西本　望］

フォルクスシューレ（独：Volksschule）

　ドイツ，オーストリアの公立初等学校のこと。修業年限は，8または9年で，下級の教育は4年間の全国民に共通な基礎教育課程であるグルントシューレ（Grundschule：基礎学校）と呼ばれている。その上に4年あるいは5年間の高等科がある。これらをあわせた学校をフォルクスシューレ（国民学校）と呼んでいる。全体の9割を占める一般の子ど

もたちは，フォルクスシューレで教育を受ける。第二次世界大戦後，さらに改革が進められ，1959年のラーメン・プランを大綱として，ほとんどの者が，共通のグルントシューレに就学するようになった。

[広岡義之]

部活動指導員

　学校教育法施行規則の一部改正により，校長の監督を受け，部活動の技術指導や大会への引率等を行うことを職務とする部活動指導員が新たに規定された。部活動指導員は，学校の教育計画に基づき，生徒の自主的，自発的な参加により行われるスポーツ，文化，科学等に関する教育活動である部活動において従事する者である。また，(1)実技指導，(2)安全・障害予防に関する知識・技能の指導，(3)学校外での活動の引率，(4)用具・施設の点検・管理，(5)部活動の管理運営，(6)保護者等への連絡，(7)年間・月間指導計画の作成，(8)生徒指導に関わる対応，(9)事故が発生した場合の現場対応などの職務を行う。

[椿　武]

副校長

　校長の補佐として，小学校，中学校，義務教育学校，高等学校，中等教育学校，特別支援学校に置くことができる職。幼稚園では副園長がこれに当たる。2007年6月の学校教育法改正により2008年4月から新設された。職階としては校長と教頭の間にあたり，教育公務員特例法では教員の一種として位置づけられている。校長の補佐とは，一定の権限をもって校長の職務遂行を補助し，また校長に対し職務遂行についての意見を述べることである。校長に事故があるとき（長期出張や病気等による休職の場合など，校長は存在しているが職務を行うことが困難であるとき）は，校長の職務代理を行う。また校長が欠けたとき（校長が死亡，免職や失職した場合など，校長が存在しないとき）は，職務代行を行う。副校長と教頭の違いは，副校長が一定の権限を

もって校務の進行を管理し，所属職員の監督を行うなど，学校運営の面で校長の職務遂行を補佐することが主要な職務であるのに対し，教頭は，必要な情報を集める，連絡を図る，意見をまとめるなど校務を調整し教員と校長をつなぐのが主要な職務である点である。また，教頭は，必要に応じて授業を担当することがある点も異なる。

[古田　薫]

福澤諭吉

（ふくざわ　ゆきち：1834 - 1901）

　江戸後期から明治初期にかけて活躍した日本の代表的啓蒙思想家。日本の近代社会の形成に大きな影響を与えた一人。豊前中津藩士の子。大坂の緒方洪庵の適塾に入り蘭学を学ぶ。その後英語を学び直し，幕府に従事，洋行を重ねた。彼の教育学的特徴は(1)当時支配的であった封建的な社会観から離別して，近代国家の価値観としての「独立自尊」を提唱し，日本の近代社会を理論的に推進したこと，(2)明六社の一員として，『学問のすすめ』『西洋事情』『文明論之概略』などの啓蒙書を通して明治初期の人々を啓発したこと，(3)私塾慶應義塾を創設し実業界をはじめ各界に指導者を送り出したこと，が挙げられる。『学問のすすめ』冒頭の言葉「『天は人の上に人を造らず人の下に人を造らず』と言えり」は，近代社会の到来が封建身分制によってではなく，「学ぶと学ばざるとによりてできる」という教育の有無によることを明示しており，彼の思想は国民皆学を謳った「学制」にも影響を与えた。

[津田　徹]

複式学級　（multiple graded class）

　児童生徒が少ない学校では2学年を合わせて一個学級として扱う場合がある。このような学級を複式学級という。これは公立義務教育諸学校の学級編成及び教職員定数の標準に関する法律でその二個学年の学級編成の人数が規定されている。小学校で16人（第1学年を含む場合は8人），中学校では8人とされている。一

方，同学年で学級が編成される場合を単式学級と呼ぶ。複式学級では，一人の教師が同一時間内に数学年の児童または生徒を教育しなければならないので，学習指導が複雑になり，教師の負担が重くなる。一般に複式学級は，交通の不便なへき地の小規模学校に多く，その地域の経済的貧困等のために，学校の施設設備や教員等の教育上の条件が悪いために，教育効果をあげるのがむずかしい。問題の根本は，複式学級を必要とする「へき地性」そのものにあり，へき地の開発促進と，学校の統合等の施策により，複式学級を解消することが重要である。

［広岡義之］

福祉教育⇨健康教育・福祉教育

複線型学校体系

　上級の教育機関に通じる学校群と上級に進学することを前提としない学校群がそれぞれ併存する学校体系（国家制度）を指す。ドイツなどがその典型。日本やアメリカは単線型学校体系である。西欧諸国では，伝統的な社会階層組織が根強く形成され，上流の支配階層の子どもたちと下流の被支配階層の子どもたちとが，別々の系統の学校で教育を受ける仕組みが成立していた。支配者の学校と庶民の学校の間にはなんらの有機的連絡も存在せず，平行的に並存し，複線型の体系を形成していた。また両者間での移動は原則的には承認されていなかった。→単線型学校体系

［広岡義之］

輻輳説（ふくそうせつ：theory of convergence）

　発達における遺伝と環境の関係についてシュテルンが提唱した説である。彼は「発達は単に遺伝的要因の発現でもなければ，環境的要因の単なる受け入れでもない。両要因は協同して発達のために機能する」としている。遺伝か環境かの論争を止揚するものであったが，両要因のかけ算ではなくたし算と考えていた点やさまざまな才能の開花に両要因がどのよ

うに作用しているかについて詳細な検討がなされていないなど欠点も多く指摘されている。

［福田規秀］

フーコー，M.

（Foucault, Michel：1926 - 1984）

　現代フランス思想を代表する構造主義の思想家。高等師範学校教授，移民支援や人種軽視に対する社会活動，歴史や社会の改革，社会事件検証の著作など，多面な活動を行い，当時の知識人の憧れの対象となった。彼の得意とする視点は，権力，狂気，言語，社会制度，性，規律などの問題であり，それらを批判的・歴史的にていねいに分析してみせた。教育上注目に値する視点は，権力と規律への眼差しである。『監獄の誕生』（1975）においては監視や監察が制度として権力と結びつくとき，刑罰や拷問が行われ，それが近代社会の装置として心身を支配し，人間を拘束し「従順な身体」にしてしまうことを描き出している。このことは病院における医療従事者，監獄における看守，また子どもたちに権力をもって接することになる学校教師においても同様の作用をもちうることが示唆されるのである。代表作は，『狂気の歴史』（1961），『言葉と物』（1966）など。　［津田　徹］

武士道⇨新渡戸稲造

不登校（non-attendance at school）

　登校しない，あるいは登校したくてもできない状況のこと。学校に子どもが「行かない・行けない」状態を「学校恐怖症」と呼び，個人にその原因を見出してきた時代があった。また「登校拒否」として学校・家庭・社会におけるさまざまな要因の分析と対応に重点を置いて取り組んできた時代も過去にあった。しかし近年ではこの状態を「不登校」と呼び，結果的に「子どもが学校にいない状態」についてさまざまな方向から対応している。ここでの課題は，「不登校」という状態は子どもが学校活動に参加しない状況であるがゆえに，教師と子どもの教育

関係が存在しない状況をいかに改善してゆくかという視点である。したがって「不登校」を改善するためには，学校での望ましい集団生活等の人間関係をどのように再構築するかが重要な視点である。

［広岡義之］

不登校児童生徒

何らかの心理的，情緒的，身体的，あるいは社会的要因・背景により，児童生徒が登校しないあるいはしたくともできない状況にあり，年間30日以上欠席（ただし，「病気」や「経済的理由」によるものを除く）したものをいう。2018年度の「児童生徒の問題行動・不登校等生徒指導上の諸問題に関する調査」では小学生で約4万5000人，中学生は約12万人が不登校の状態にある。支援方法としては，不登校はどの児童生徒にも起こりえることでその行為を「問題行動」としない，という認識で寄り添うことが重要である。今後は，フリースクールやICTを活用した学習支援など，その子にふさわしい教育機会の場を提供することが課題になっている。

［佐野 茂］

武道・ダンス必修化

教育基本法第2条において，「伝統と文化を尊重し，それらをはぐくんできた我が国と郷土を愛するとともに，他国を尊重し，国際社会の平和と発展に寄与する態度を養うこと」が教育目標の一つとして規定されたことに基づき，2008年に中学校学習指導要領が改訂され，中学校の第1学年と第2学年において，武道・ダンスを含めたすべての領域が必修化された。

ダンスは，小学校において必修にされており，この改訂により12年間を通じ，連続性をもったダンス教育になった。「創作ダンス」「フォークダンス」「現代的なリズムのダンス」の3つから構成されており，そのなかから選択して履修するように示され，表現や踊りを通した交流を通してコミュニケーションを豊かに

することを重視する運動である。武道は，わが国固有の文化であり，相手の動きに応じた技を身に付け，攻撃したり防御したりすることによって，勝敗を競い合う楽しさや喜びを味わうことができる。また，武道の伝統的な考え方を理解し，相手を尊重することを重視する運動である。

［椿 武］

ブーバー，M.

(Buber, Martin : 1878 - 1965)

イスラエルの有神論的実存哲学者。主著は『我と汝』（1922）。彼は出会いを問題にした。近代においてはすべての人間関係が「我－それ」になりさがり，その克服のために「我－汝」関係の回復を主張した。ブーバーにとって「永遠の汝」とは神である絶対者にほかならない。ブーバーのこうした思想は教育学のみならず，20世紀の広範な人文諸科学に多大な影響を与えた。汝としての「他者」は，私に向かって，私の存在をゆさぶり，否定するかに見える。しかし，その呼びかけを真剣に受け取り，汝に応答することにより，自己への「囚われ」が破られる。ここに，囚われのない自発性・主体性が成立する。真の「出会い（Begegnung）」が生じる場合，「我－汝」関係が成立している。真の出会いとは，これまで気づかなかった自分に気づくことである。出会いとは，たんに知的に理解するというのではなく，自分の根本がゆさぶられ，自分の生き方が変わるという出来事である。

［広岡義之］

プラグマティズム（pragmatism）

これまで実用主義と訳されることが多かったが，意味的に，行為主義・事実主義・実際主義などと訳されるべきであろう。主にアメリカで形成された思想で，心理学者ジェームズ（James, W.）やデューイの思想がこれと深く関わる。実生活に役立つかどうかということがすべての価値基準で，すべては経験によって生み出されると主張する。デューイは認

識・観念・思考等を論ずる場合，インスツルメンタリズムという表現を使用するべきと考えた。ここでデューイは，思慮的認識は，困惑した場面においてもそれをうまく処理する力を得るための用具であり，後に続く経験の意義を豊かにする用具であると説いた。　　　　　[広岡義之]

プラトー（plateau）

　字義的には高原という意味であり，学習の途上で学習しているにもかかわらずその成果が現れない停滞期を指す。横軸に学習に費やした時間や回数，縦軸に学習成果をとって，学習の進展をグラフ化した学習曲線では，横軸と平行になる部分がプラトーに相当する。プラトーが生じる原因としては，学習活動に対する動機づけの低下という学習者自身の内的要因，学習課題の困難度が低水準から高水準への移行期という外的要因などが考えられる。　　　　　[松田信樹]

プラトン（Platon : B. C. 427 - B. C. 347）

　古代ギリシアの代表的思想家。彼は当初政治家を志していたが，現実の政治と政治家に失望して著作活動に入った。著作は，対話編を中心として前期，中期，後期に分類される。彼の思想の特徴はイデア論と魂（精神）の不死である。代表的著作『国家』では，教育を受ける者と受けぬ者の相違を示すために「洞窟の比喩」が展開される。この比喩では感覚による認識から思惟による認識（＝イデア的認識）へと人間を向上させることが教育であると示される。『饗宴』では，自らは高低の中間者として存在し，また自らに欠き，より価値の高いものへの憧れという愛（エロース）を賛美している。彼はアカデメイア学園を創設し，アリストテレスなどを育て，数学を重視した。この学校は中世初期（A. D. 529）まで存続した。ルネサンス期においても彼の思想の復興が見られ，西欧文化に与えた彼の影響は計り知れない。そのほか代表的著作には『ソクラテスの弁明』『メノ

ン』『法律』などがある。　　　[津田　徹]

フランクリン，B.
（Franklin, Benjamin : 1706 - 1790）

　アメリカの政治家，著述家，科学者。学校教育をほとんど受けたことがなく，兄の経営する印刷所の徒弟となり印刷技術，文章作法を学んだ。のちに印刷・出版業で成功し富を得，「ペンシルベニア・ガゼット」紙の発行，大衆的好評を博した啓蒙書『貧しきリチャードの暦』の出版，読書・討論クラブ設立，図書館やペンシルベニア大学の前身となるアカデミー創設などを通し，社会的学術的活動を行った。1749年に発表した「ペンシルベニアにおける青少年教育に関する提案」では，実学中心・非宗教の近代的中等教育の必要性を訴えた。『富に至る道』（1757），『自叙伝』（1771）では勤勉と節約によって富と徳が得られることを説くとともに，プロテスタンティズムの生活倫理と資本主義精神の統合を身をもって示した。科学者としては雷が電気現象であることの実証，避雷針の考案などの業績があり，政治家としてはアメリカ独立宣言，憲法制定に力を尽くした。

[松井玲子]

フランクル，V. E.
（Frankl, Viktor Emil : 1905 - 1997）

　ウィーン大学の神経学・精神医学の客員教授で，ロゴセラピー（実存分析）という精神療法を創設した精神科医。このロゴセラピーの提唱によってフランクルは，フロイト，S. の精神分析，アドラーの個人心理学に続くものとしてウィーン第三学派と呼ばれている。しかしそうした紹介以上に，ナチスの強制収容所連行という過酷な状況を生き延びた，想像を絶する歴史的出来事の「象徴」そのものである。フランクルの手がけた31冊の著書は，24か国語で出版されているが，とくにアメリカで出版された『人間の意味探究』（邦訳題は『夜と霧』）は900万部の売り上げがあった。フランク

ル研究家の山田邦男によれば，この本は
ワシントンの国会図書館からアメリカで
最も影響を与えた10冊の一つに挙げられ
ている。　　　　　　　　　　[広岡義之]

振り返り活動

　振り返り活動とは，学習内容の確実な
定着，学習意欲の向上等を目的として，
主として，学習活動のまとめの段階にお
いて行われる。なんのために（教育目
的），なにを（教育内容），どのように
（教育方法）学んだかを振り返ることで，
学びの整理・再構築ができるようになり，
学力の3要素の育成を図ることができる。
方法として個人的な振り返りとグループ
による振り返り等が想定されるが，自己
評価と相互評価の両方が必要である。
「活動あって，学びなし」といわれるよ
うに，思考の働きを伴わない体験活動は
教育的効果が低いとされる。それゆえ体
験活動に加えて，振り返り活動を実施す
ることで，教育的効果を高めることがで
きると考えられる。　　　　[光成研一郎]

フリードリヒ大王（Friedrich der Grosse：1712 - 1786，在位1740 - 1786）

　プロイセンの啓蒙専制君主。絶対王政
を確立したフリードリヒ・ヴィルヘルム
1世（1688 - 1740，在位1713 - 1740）の
息子。ヴォルテールやダランベールと親
交をもち，フランス啓蒙主義思想に傾倒
する。王位を継いだ1740年に『反マキア
ヴェッリ論』を公刊，国王は人民の福祉
と正義を実現するため，外交や軍事から
教育に至るまで，あらゆる事業を指導す
べきだという見解を示す。とりわけ学問
芸術を善政の成果とみなし，その振興に
努めた。フリードリヒ大王の治下におい
て師範学校の設立が認められ，教員に免
許状と試験が設定されたことで，教員の
身分が確立された。また1763年の地方学
事通則では国民学校制度を法令化し，一
般民衆を対象とする公教育制度を初めて
現実化した。　　　　　　　　[塩見剛一]

ブルーナー，J. S. （Bruner, Jerome Seymour：1915 - 2016）

　現代アメリカの代表的な発達心理学者
である。ピアジェの発達心理学理論の影
響を受け，認知心理学，発達心理学，教
育課程論，幼児の早期教育の発展に貢献
した。彼の認知心理学の特色は，学習や
発達における個体の内的要因や，個体と
環境との相互作用を重視するところにあ
る。また，スプートニク・ショックを受
けて，1959年アメリカのウッズホールで
行われた，これからの教育のあり方につ
いての共同討議の報告をまとめることで，
著書『教育の過程』（1960）が出版され
た。そこでは，発見を，諸関係のもつ規
則正しさと諸観念の間の類似性を発見す
ることと定義し，授業において問題及び
その解決の仕方を児童生徒自身が発見す
るという「発見学習」が主張された。

　　　　　　　　　　　　　　[猪田裕子]

ブルーム，B. S. （Bloom, Benjamin Samuel：1913 - 1999）

　アメリカの心理学者。ペンシルバニア
州に生まれ，シカゴ大学に学ぶ。シカゴ
大学教授，アメリカ教育研究協会会長な
どを歴任。1956年に「教育目標の分類
学」を発表し，学力の構造を明確にして，
指導と評価が一体となった教師の手によ
る教育評価を提唱した。この分類の改訂
版が2001年にアンダーソンによって出さ
れている。これらの発想は，日本の学校
教育においても広く受け入れられており，
学習指導要領で育む資質・能力（「何が
できるようになるのか」）のベースにあ
る理論の一つといってよい。→完全習得
学習　　　　　　　　　　　　[冨江英俊]

フレイレ，P. （Freire, Paulo：1921 - 1997）

　ブラジルの教育者，教育思想家。ブラ
ジルの貧しい農村で，非識字の農夫に言
葉の読み書きを教え，自分の暮らしや境
遇を理解させることで生活を変えていく
という識字教育を行った。フレイレの教

育実践とその考え方は，第三世界の立場から「抑圧―被抑圧」関係を変革することを論じた『被抑圧者の教育学』(1970，邦訳1979)にまとめられている。彼の教育思想においては，「銀行型教育」と「課題提起教育」が対置されている。「銀行型教育」とは，知識を金庫に貯金するように，教師が一方的に知識を詰め込み，知識の量により社会階層が決定するものととらえる。一方，「課題提起教育」では，知識は人々の外側にあるものではなく，人々の内側から「対話」により立ち上がってくるものであり，自らの「経験」から「問い」が生まれることで深められていくものとされる。このプロセスに埋め込まれている考え方は，社会学や社会福祉分野等で，「支援・援助が個人を直接助けることではなく，個人の潜在能力を引き出す」という意味で用いられる「エンパワメント（empowerment）」の起源となっている。

[吉原惠子]

プレゼンテーション

広義には，相手に何か意図を伝えることをいう。これによれば，さまざまなものがプレゼンテーションとなりうる。それに対して，狭義には，ポスターやスライド形式で資料を表示して意見を伝えることを指す。ポスターやスライドは，コンピュータを用いて作成することも多いが，手書きで作成してもまったく問題ない。その本質は，相手の立場を考慮して自分の意図を的確に相手に伝えることである。

[高松邦彦]

フレネ，C.
(Freinet Célestin：1896－1966)

フランス生まれの教育家。1927年に『学校印刷機』を創刊し，「フレネ教育運動」と呼ばれる，公立学校のあり方を改革するための教育運動を組織する。この教育運動は，大人による一方的な規制や強制を受けていない子どもたちの世界を重視し，子どもがもつ力を尊重しようとする姿勢に立脚している。フレネは，「もう一斉授業はやめよう」「もう教科書はいらない」というスローガンのもと，子どもへの画一的で受動的な授業を批判した。彼は，子どもたちが自由に利用できる印刷機を学校に導入するなど，一人ひとりの生活関心に起因する活動を重視して，子どもたち自身が自分の仕事として能動的に自己を発達させる教育実践法を提唱した。

[島田喜行]

フレーベル，F. W. A.　(Fröbel, Friedrich Wilhelm August：1782－1852)

ドイツの幼児教育家。世界で初めて幼稚園を創設し，今日の遊びを中心とする保育，幼児教育の礎を築いた人物。遊びの教育的意義を重視し，恩物の考案，製作を行ったが，恩物と幼稚園の普及に献身するのは晩年に入ってからであった。彼は厳格な牧師の6番目の子として誕生したが，母を出生後すぐに亡くし，その後の継母との関係もあたたかなものでなく，故郷のチューリンゲンの森で，聖書の言葉の意味や，自然，宇宙，永遠の法則について思いをめぐらせる時を過ごした。自然界のさまざまな現象について思索と学びを深めたことは，彼の教育における多くの原理に息づいている。1817年にカイルハウでペスタロッチ主義の学園を創設。1840年に「一般ドイツ幼稚園」を設立した。

[大江まゆ子]

ブレーメン・プラン　(Bremen Plan)

旧西ドイツの教員組合が1960年にブレーメンで提出した教育改革案のこと。前年のラーメン・プランと対比され，分岐型ではない統合的な初等・中等教育をめざす制度案。ラーメン・プランは，1959年に決議された連邦レベルにおける大綱案で各州の文部大臣により協議され，分岐型学校制度の継続を提唱した。

[広岡義之]

ブレーンストーミング　(brain storming)

アメリカのオズボーン（Osborn, A. F.）が創案した創造性を開発するための集団

的思考の技法のこと。自由に意見を出し合って，優れた発想を引き出す方法。40分から60分の間に可能な限り多くのアイデアを出すように求める。成員がアイデアを出したとき，それがどれほど未熟で非現実的なものでも，批判せず，激励しなければならないというルールを徹底する。成員の発言は質より量が重視されるが，これは個人の創造的な過程の有意義な出発点となるためである。　［広岡義之］

フロイト, S.
(Freud, Sigmund：1856 - 1939)

　精神分析の創始者。オーストリアの精神医学者であるフロイトはヒステリー患者の治療を主とし，その臨床経験から，原因が性的葛藤であることに注目するなど，精神的メカニズムについての理論を提示した。

　その後，精神分析理論の体系化も試み，催眠による精神障害の治療からカタルシス（浄化）法を研究し，自由連想法などの精神分析的技法へと発展させた。(1)分析的人格構造論（イド・自我・超自我）：フロイトは，心をその性質・機能から3つの領域に分けて説明している。(2)無意識：フロイトは，ヒステリーの精神分析療法，夢，催眠現象の研究から，人間の意識は氷山の一角でしかなく，大部分は無意識であると考えた。(3)発達段階説：フロイトは，ヒステリー症状は幼児期の性的外傷体験によってひき起こされると見ていたが，ヒステリー患者の夢には，エディプス葛藤を表現するテーマが多いことから幼児期の性的欲求不満が心的外傷体験となると分析した。また，人格の発達は，性本能（リビドー）の円満な発達によって支えられるという独特な発達論と段階説を唱えた。

　フロイトの思想や理論は，これらにとどまらない。その考えは，その後の臨床心理学やパーソナリティの心理学，精神医学など，さまざまな分野の発展に貢献することとなった。→イド，自我，超自我　　　　　　　　　　　　［大平曜子］

プログラミング教育

　コンピュータに意図した処理を行わせるために必要な論理的思考力（「プログラミング的思考」）を身に付けるため，プログラミングを実際に体験しながら行う学習活動。情報モラルを含む情報活用能力の育成をめざし，2020年度から施行の小学校学習指導要領において必修化された。特定のプログラミング言語やコーディングの習得を目的とするものではなく，情報化社会において情報技術を手段として使いこなしながら，論理的・創造的に思考して課題を発見・解決し，新たな価値を創造する資質・能力の育成を目的としている。「プログラミング的思考」はこれからの社会において普遍的に求められる力であり，よりよい人生や社会づくりに生かしていくために必要であると位置づけられている。　　　［古田　薫］

プログラミング教育（中学校・高等学校）

　中学校・高等学校では，すでに導入されているプログラミング教育を強化することが求められる。中学校では，技術・家庭科技術分野の「情報の技術」のなかで，計測・制御に関するプログラミングを指導内容に盛り込むことによって，プログラミングに関する内容を倍増させるようにする。高等学校情報科では，共通必修履修科目を新設して，すべての高校生がプログラミングを問題解決に活用することを学べるようにすることが求められる。　　　　　　　　　　　　　［広岡義之］

プログラム学習

　プログラム学習とは，個別学習の一形態で，徹底した個別化学習のことである。そこでは，教育内容を段階的に配列し，生徒の理解に応じて個別に学習方法や教材が構成される。その結果，一定の目標まで無駄なく確実に到達することができる。つまり，スモール・ステップに分割された教材を用いることで，学習者は積

極的に自分のペースで学習を進めていくことが可能となり，学習における解答の正誤も即時的に確認・修正される。これにより，教材の内容や系列は学習者の適性に基づいたものへと作成されるのである。このプログラム学習は，心理学者であるスキナーのオペラント条件づけの理論に基づいている。初期の頃のプログラム学習はテキストやワークブックが中心であったが，コンピュータが普及した現在においては，多様な学習ソフトが開発され発展している。　　　　　［猪田裕子］

プロジェクター

これまで教育分野において写真などの資料は，スライド映写機を用いて授業やプレゼンテーションに利用されてきた。近年，パソコンなどの普及により，画面をスクリーンに映写する装置であるプロジェクターがスライド映写機に取って代わった。小さなものでは手にのるサイズから，映画館で使用されるような超巨大サイズまで多様な大きさのプロジェクターが存在する。とくに教育分野では，教室内で使用するため，スクリーンとプロジェクターの距離が短くなることが多い。ゆえに単焦点レンズを用いる単焦点型プロジェクターがよく使用される。
［高松邦彦］

プロジェクト学習

デューイの「為すことによって学ぶ（Learning by doing）」という子どもの学びに関する実践的原理に立脚して，キルパトリックが創設した学習指導法の名称。この指導法の特徴は，子どもが自ら課題を設定し，その実現に向けて努力するという学習者自身による能動的な学びを出発点とする点にある。目的設定（purposing）―計画立案（planning）―計画遂行（executing）―判断評価（judging）という学びのプロセスを通じて，子どもは主体的に価値ある生き方を実現するための自己統制能力を育成していく。
→キルパトリック，デューイ ［島田喜行］

プロジェクト・メソッド
（project method）

アメリカにおける新教育運動の中で提唱された教育方法の一種で，講案法とも呼ばれる。キルパトリックのものが有名で，彼は学習者の生活と結びついた教育を主張し，プロジェクトを「子どもたちが社会的な環境の中で全精神を打ち込んで行う目的の明確な活動」とした。子どもたちは共通の目標に向かって自身で立てた計画，身体的活動等によりプロジェクトを遂行し，その過程で必要な知識や技能を獲得していくのである。→ウィネトカ・プラン，ドルトン・プラン
［福田規秀］

プロレタリア教育運動

プロレタリアとはラテン語の proletarius に由来し，古代ローマの最下層の市民を意味した。そこから自己資本をもたぬ労働者階級，無産者階級のことを指すようになった。ブルジョワ（資本家階級や中産階級）と対比される。歴史的には支配者と大衆の区別が登場した時点において支配者のための教育は展開されてきたが，他方大衆や労働者階級の教育は戦後に至るまで不備であったといえる。日本では，20世紀初頭に海外でマルクス・レーニン主義が展開され，その影響を受けた共感者が大正から昭和初期にかけて文学，演劇，運動等によって広くプロレタリア主義の権利や地位を確保向上させようと努力した。下中弥三郎代表の啓明会（1920）やその組織者からなる「啓明会『再建運動』」の活動と「新興教育研究所」が母体となってプロレタリア教育運動が展開された。1933年の壊滅状況に至るまで，ファシズム教育批判，労働争議などを展開した。　　　［津田　徹］

文化教育学（独：Kultur Pädagogik）

とくにシュプランガーやリット（Litt, Th.）に代表される教育学の呼称。ノール（Nohl, H.）らの編集した雑誌『教育』では，「学問と生活における文化と教育

の関連を目指す」とされている。思想的源泉は，新人文主義やシュライエルマッハー（Schleiermacher, F. E. D.）に始まり，ディルタイやジンメル（Simmel, G.）らに引き継がれてゆく。歴史的に蓄積されてきた文化を，個人の精神に受容させ，さらに文化の創造に向かわせることに教育のねらいを置いている。シュプランガーは，現代のあらゆる社会にあって，共通に画一的で容易に操縦される人間類型が大量につくり出される現状を強く批判した。文化教育学の立場によれば，歴史的社会と個人，文化の伝達と個人の成長の助成等の対立が，歴史的文化の繁殖として止揚される。また文化の全体的調和的発展や「体験」が重視されるなど，教育における主知主義的傾向や方法上の機械的傾向などを克服していくうえで，きわめて示唆に富んだものである。

[広岡義之]

文化的行事

　特別活動の主たる内容である学校行事の一つが文化的行事になる。内容は小・中・高等学校すべて同じで「平素の学習活動の成果を発表し，自己の向上の意欲を一層高めたり，文化や芸術に親しんだりするようにすること」となる。文化的行事のねらいは例えば，「多様な文化や芸術に親しみ，美しいものや優れたものに触れることによって豊かな情操を育てる」（学習指導要領より引用），ということがある。具体的行事として，児童生徒がお互いに発表し合い，鑑賞する行事として，学芸会（文化祭），学習発表会，音楽会などがある。また，児童生徒によらない作品や催し物を鑑賞する行事として，演劇鑑賞会や地域の伝統文化の鑑賞会などが考えられる。

[佐野　茂]

『文化と教育』（*Kultur und Erziehung*, 1919）

　ドイツの教育学者シュプランガーによる教育学論文集の題目である。内容は2部構成であり，第1部は歴史的考察（ル

ター，コメニウス，ルソー，ゲーテと人間のメタモルフォーゼ（変化・変容），ペスタロッチ，ヘルダーリンとドイツ国民意識，学校改革の3つのモチーフ），第2部は理論的考察（国民生活に対する科学的教育学の異議，基礎陶冶・職業陶冶・一般陶冶，向上の問題，教育者たるべき女性の教育，エロス，永遠のルネサンスについてなど）からなる。序言によれば，彼は「教育学を扱うにあたって貫こうとする努力してきた精神について」まとまった像を与えていれば幸だとし，自分が信奉する価値をもつため，未来への意志と力を確認するため，過去の偉大な創造物について学ぶ者として強くたくましくなければならないとし，そのため十分に吟味を経た古典的陶冶財に与することの重要性を説く。

[津田　徹]

分岐型学校体系

　複線型と単線型の中間的な学校体系のこと。学校体系の下位の段階は単一化されているが，それに継続する上位の段階では，複線の学校が並存する状態である。その意味で分岐型は複線型に属する。

→複線型学校体系　　　　　　[広岡義之]

分　限

　身分保障の限界，あるいは身分上の変動を総称して分限という。すなわち分限処分は教職員がその職務を十分に果たしえない場合に，公務の能率の維持と適正な運営の確保を目的として任命権者（都道府県教育委員会）が行う，当人にとって不利益な身分上の変動のことである。懲戒処分と異なり，本人の故意や過失によることを必要とせず，また職員の道義的責任を問題にしない。分限が適用される事由は身分保障の観点から法律・条例で限定されており（地方公務員法第27条，第28条），処分の内容には免職，降任，休職，降給などがある。→教職員の身分保障，懲戒　　　　　　　　[塩見剛一]

分習法

　学習方法の一つ。学習方法の分類法に

は，集中法と分散法に分ける方法，全習法と分習法に分ける方法がある。集中法と分散法との分類は，学習を進めるに際して時間を区切るか区切らないかに基づいており，時間を区切らずに学習するのが集中法，時間を区切り適度に休息を挟みながら学習するのが分散法である。全習法と分習法との分類は，学習を進めるに際して内容を区切るか区切らないかに基づいており，内容を区切らずに学習するのが全習法である。そして内容を区切って，すなわち学習課題を複数の部分ないしは単元に分けて学習するのが分習法である。全習法には，学習課題の全体構造を把握しやすいという利点があるが，学習者の負担は大きくなる。分習法には，学習者の負担が軽いという利点があるが，区切られた部分間のつながりを見失いがちとなり，学習内容の全体構造を把握しにくくなるという欠点も抱える。そこで，全習法と分習法のそれぞれの利点を盛り込んだ累進的分習法が提案されている。

[松田信樹]

文章完成テスト

　投影法による心理検査法の一つ。SCT（Sentence Completion Test）と略記される。不完全な文章を複数個提示し，空欄部分を自由に埋めることで文章を完成させる方式を採用するテストが多い。文章完成テストの代表的テストである20答法では，回答者に「わたし」で始まる文章を20個書くことを求める。そして完成された文章の内容から，回答者の自己意識のあり方，自己概念の内容，パーソナリティ特性，態度，人間関係の特徴などについての理解を試みる。　[松田信樹]

フンボルト，**K. W. von**（Humboldt, Karl Wilhelm von：1767 – 1835）

　ドイツの哲学者，政治家。新人文主義の代表的人物。フランクフルト大学及びゲッティンゲン大学で学ぶ。1802年よりプロイセンのローマ教皇庁行使，1809年にはプロイセンの宗教・教育局長官を務

め，1年余りの間に大規模な教育制度改革を行う。初等学校にペスタロッチ教育法を導入し，ギムナジウム教育を整備するなど，初等教育からギムナジウムを経て大学に至る体系的な教育制度を立案し，近代的な中等教育制度の基盤を形成する。改革のなかでも1810年のベルリン大学（現在のフンボルト大学）創立への貢献は最大の功績とされる。国王に大学創立の計画書を提出したフンボルトは大学設立準備委員会の委員長に選ばれ，新人文主義的教育思想の理念に基づき「孤独と自由」を大学の指導原理として掲げ，学問と人間形成が融合した教養の獲得過程としての大学を実体化した。自然地理学者アレクサンダー・フンボルト（Humboldt, H. A. von）の兄。　　　　[塩見剛一]

平和教育

　平和を希求し，人間の尊厳を否定する戦争，暴力を排して，平和社会の実現に貢献しようとする人間を育てる教育。教育基本法第1条において，「教育は，人格の完成を目指し，平和で民主的な国家及び社会の形成者として必要な資質を備えた心身ともに健康な国民の育成」を期するとして教育の目的を掲げている。平和は，戦争がないという狭義の意味だけでなく，豊かさ，秩序，安全，自由，平等，正義，人権尊重，健康，文化的生活，環境保全など広義にわたる。平和教育には，戦争の歴史や被爆体験から学ぶ直接的な平和教育と，命の尊さと人格の尊厳を認識し，異なる意見，立場，文化，歴史，政治的背景等を前提とした対話から合意と協同をつくりだし，共通の未来の平和を実現させていく力を身に付け，平和の質を高める責任を担っていることを伝える間接的な平和教育がある。

[大谷彰子]

へき地教育

　教育の機会均等の実現のためには，小・中・高・大と各学校段階の教育水準を一定にすることと，その教育サービスの提供にあたっては，機会の機会均等はいうに及ばず，教育ニーズに対する保障の公平化，並びに教育費用の公平化等の実現を図る必要がある。わが国においては，へき地にあっても子供の教育ニーズを十分に保障するとともに，教育提供のために他の地よりもかかる追加的費用の保障も行う必要がある。へき地における学齢児童・生徒を主とする子どもたちに対する学習権の実質的保障の実現の一環として制定された法律が，へき地教育振興法である。同法は，主要には山村・農村・漁村等の地域の過疎等による地理的文化的条件・制約等から付随した教育上の諸条件を整備するための具体的措置を行うことを目的としている。同法第1条には，「教育の機会均等の趣旨に基き，へき地における教育の特殊事情にかんがみ，国及び地方公共団体がへき地における教育を振興するために実施しなければならない諸施策を明らかにし，もつてへき地における教育の水準の向上を図ることを目的とする」と規定されている。

[上寺康司]

北京大学

　北京大学は，1911年の辛亥革命による中華民国の成立により，1912年に教育部初代教育総長となった革命派の蔡元培が，従来の京師大学堂を北京大学と改めたことに起源をもつ。蔡元培は，大学を高度で深い学術を教授し，碩学の英才を養成することにより，国家の需要に応じる高等教育機関とし，大学の近代化に努めたのであり，北京大学は，中国の大学の中心的な存在となった。また蔡元培自らも1917年に学長に就任し，あわせて，大学の改革と充実のために魯迅（著名な文学者）も教授に就任した。北京大学は愛国主義運動が最も激烈に展開し，歴史的に有名な五・四運動や学生運動を起こし，全国に影響を及ぼした。1949年には，中華人民共和国の成立により，国立大学の首位に置かれ，国家の管理のもと人材養成を行ってきた。北京大学は中国の近・現代史に大きな影響を残してきた大学といえる。

[上寺康司]

ベーコン，F.

（Bacon, Francis：1561 - 1626）

　イギリスのルネサンス期の政治家，詩人，哲学者。女王エリザベス1世の側近であった父ニコラス・ベーコン（大法官）の末子。13歳でケンブリッジ大学トリニティー・カレッジに入学する聡明な少年であった。自分で経験した事柄だけが真理であると考える経験主義哲学の創始者である。多くの実例から共通項を引き出して，法則を導き出す科学的方法である帰納法を主張。また，キリスト教会の教義を理性的に弁証するスコラ哲学に反対し，学問の最大課題は，一切の先入観と誤謬，つまり偶像（イドラ）を取り去り，経験（観察と実験）を唯一の源泉として，自然を正しく認識し支配すること（「知は力なり」）が重要であるとも主張した。主著は『新オルガノン』（1620）。彼の思想は，自然界を征服し，人間の自由世界を拡大しようとする工学技術的な人間観の自覚をめざした。　[広岡義之]

ペスタロッチ，J. H.（Pestalozzi, Johann Heinrich：1746 - 1827）

　スイスの教育家で「教聖」と呼ばれた。ルソーの影響を受け，社会改革と民衆の救済を決意。彼は献身的に教育を実践し，世界に大きな影響を与えた。ノイホーフで貧民学校などを経営するものの失敗。その後『隠者の夕暮れ』（1780），『リーンハルトとゲルトルート』（1781～1787）などを執筆。以後シュタンツで孤児院を開設。実際の活動はわずか6か月あまりであったが，当時の幼児教育や初等教育に多大の影響を及ぼした。ここでの実践

記録をペスタロッチの友人ゲスナーに宛てた内容が『シュタンツ便り』(1799)である。その後ブルクドルフに学園を開き『ゲルトルートはいかにその子を教えるか』(1801)を執筆。次いでミュンヘンブーフゼー，イフェルテンに学園を移し，教育実践に力を注いだ。しかし教師間の不和などもあり，学園はフレーベルの滞在した頃（1810年）を頂点として次第に衰退していった。学園閉鎖後，ノイホーフに戻り，遺著となる『白鳥の歌』(1826)を公刊した。　　　　［広岡義之］

ペーターゼン，P.
(Petersen, Peter：1884 - 1952)

　ドイツの教育学者であり，教育科学の主唱者である。彼は，ライプツィヒ，キール，イエナ大学で，歴史，哲学，宗教などを学んだ。その後，1923年にイエナ大学の教授となり，そこで教育科学を樹立した。子どもの自己活動を尊重し，合科教授と集団作業を根幹とする教育プログラム「イエナ・プラン」を構想し実践したことは，彼の教育功績であるといえる。その内容とは，子どもに人間存在を自覚させ，子どもの人間関係を豊かにすることである。これを通して，彼は，子どもに生命に対する畏敬の念を起こし，人間性を解放しようとしたのである。→イエナ・プラン　　　　　　　　［猪田裕子］

ヘッド・スタート計画
(head start project)

　アメリカ合衆国で1965年以降に実施された，貧困層にある人々の就学前の子どもたちのための連邦政府の財政支援計画である。ジョンソン（Johnson, L. B.）大統領の貧困撲滅と教育の機会均等の実現のための施策である「貧困に対する戦い（war on poverty）」の一環として，1964年の経済機会法（Economic Opportunity Act），1965年の初等中等教育法（Elementary and Secondary Education Act）の規定を根拠に実施された。「ヘッド・スタート」は，元々は競争馬がスタート時にゲートに入り，頭を横一線に並べることを意味し，転じてすべての子どもたちが小学校への就学の時点で学習のスタートラインをそろえることにあてはめて名付けられたものである。わが国で幼児のための英語教育のテレビ番組として知られていた「セサミストリート」も，ヘッド・スタート計画の一環として製作・実施されたものである。
　　　　　　　　　　　　　　　［上寺康司］

ベル，A.（Bell, Andrew：1753 - 1832）

　イギリスの教育家であり，1789年国教会の宣教師としてインドのマドラスに派遣され孤児院の主任となった。その孤児院では，イギリスの家庭等で行われていた助教法（モニトリアル・システム monitorial system）を用いた教育が行われていたが，ベルはその助教法をより精緻なシステムとして体系化した。従来の助教法は年長のものが年下のものを教えるという簡単なものであったが，ベルは比較的優秀な生徒を学級の助教（monitor）として用いる，システム的に体系化された助教法を開発した。奇しくも同時期にロンドンで同じ助教法を考案した非国教派（クエーカー教徒）のランカスター（Lancaster, J.）と競合関係となりながらも，19世紀前半の民衆のための初等レベルの教育の量的な拡大に貢献した。ベルは，1816年にスイスの大教育家ペスタロッチをイフェルテンの学園に訪ね，教育上の意見を交換したとされている。　　　　　　　　　　　　　　　　［上寺康司］

ベルトワン改革

　1959年，フランスの文部大臣ベルトワン（Berthoin, J. M.）により実施された教育改革。1947年のランジュヴァン・ワロン改革案を下敷きにしながら義務教育年限の延長（満6歳から14歳を2年延長し16歳までとする）観察課程の導入等を提案。このベルトワン改革以来，現在では小学校を卒業すると全員が中等教育のコレージュに入学する。→コレージュ

[広岡義之]

ヘルバルト, J. F. (Herbart, Johann Friedrich：1776 - 1841)

ドイツの哲学者で教育学者。教育の目的を倫理学に，教育の方法を心理学に求めて，科学としての教育学を樹立。教育方法としては，管理・教授・訓練と区別した。また彼の四段階教授法の「明瞭・連合・系統・方法」は有名。主著に『一般教育学』(1806) と『教育学講義要綱』(1835)。教育学分野の著述に示される「管理・教授・訓練」「多面的な興味」といった主張も若き日の家庭教師体験などが基盤となっている。ブルクドルフで児童教育の実践に没入していたペスタロッチを訪ね，実践から遊離しない教育学研究を進めた。1809年にはこれまでの教育学研究が高く評価され，ケーニヒスベルク大学に迎えられ，大哲カントが占めていた哲学講座を担当。知り合いの私宅を開放してもらい，ヘルバルトの教育学ゼミナール受講生たちにそこで教育実習を課し，教育の実地研究に取り組ませた。これが世界的に大学における実習訓練の始まりとされている。 [広岡義之]

ベルリン大学

(独：Humboldt-Universitat zu Berlin)

フリードリヒ・ヴィルヘルム三世によって1810年創設された近代大学の典型であり，フンボルト，フィヒテらが創設に尽力した。とくにフンボルトは，教育行政の中央官庁である内務省の一局に設けられた公教育局の局長としてプロイセンの教育改革に関わり，人間形成の理念を教育の現場へと橋渡ししようと試みた人物であり，彼による大学創設への貢献は大きかった。初代総長には，フィヒテが就任した。彼は「ドイツ国民に告ぐ」(1807) をはじめとする講演や著書において教育問題に対する大きな関心を示してきた人物である。このベルリン大学の創設はハレ，ゲッティンゲン大学に芽生えた近代大学としての性格を実のあるものとした。学問を教授することに重点を置いた中世の大学とは対照的に，学問を研究することを大学の主な役割とすることが特徴となり，教授と学生の両者がともに研究者であることが本分となった。明治維新以後に創設された日本の近代大学もこの伝統に根ざしたものである。 [上寺康司]

偏差値・業者テスト

偏差値とは，学力等の指標による検査結果の数値がある一定の集団の平均値からの乖離の程度を示す数値であり，学力検査等の数値結果（点数等）の分布が正規分布に従うとみなし，偏差を標準偏差で除してそれを10倍にし，さらにその数値に 50 を加算した数値である。偏差値 50 は平均の水準を示す数値である。学力に関する偏差値では，数値が高いほど優秀であることを意味する。偏差値は，具体的には学力を数値化するペーパーテストの実施とそのテストの取得点数に対応した数値を集約して算出される。

いわゆる業者テストとは，生徒が高校に進学する中学校において民間の業者によって問題作成及び採点等がなされる都道府県単位の一斉テストをいう。1993 (平成 5) 年 2 月に当時の文部省は，中学校における業者テストの実施と偏差値に基づく進路指導の双方を全面的に禁止する通知を出した。文部省による本通知では，自治体あるいは学校ごとの裁量の余地や時間的な猶予を全く設けないで，「直ちに改善すること」という形式で出された。例外を一切認めないこの断行ともとれる措置はいわゆる「偏差値輪切り」として批判されてきた進路指導実践からの脱却を図るための「切り札」ともいえるものとされた。本通知以来，中学校の業者テストへの関与及び偏差値に基づく進路指導の実践は全面的に禁止されている。

とはいうものの，主に高等学校での大学等の進学先決定に関わる進路指導では，

大手の教育・学習関連産業を手がける企業等や大手受験予備校等の算定した偏差値が依然として主要かつ重要な資料となっているのが実態である。また主に受験学年である中学生の多くが，学校休業日の土日を利用して進学塾や大手予備校が作成実施する，高校入試に対応した模擬テストを受験しており，当該都道府県での同学年生全体に占める自らの順位や偏差値及びそれに基づき判定される合格可能性の情報を入手しているのが現状である。　　　　　　　　　　　［上寺康司］

ほ

保育士

児童福祉法に基づく国家資格であり，保育所，乳児院，児童養護施設，障害児施設等の児童福祉施設において，「登録を受け，保育士の名称を用いて，専門的知識及び技術をもつて，児童の保育及び児童の保護者に対する保育に関する指導を行うことを業とする者」（児童福祉法第18条の４）である。以前は「保母」と呼ばれ女性の職種であったが，児童福祉法施行令の改正により1999（平成11）年，「保育士」に改称され，2001（平成13）年，任用資格から名称独占資格に改められた。資格の取得には，厚生労働大臣指定の保育士養成施設を卒業するか，都道府県知事が実施する保育士試験に合格する必要がある。保護者や地域住民を対象とした乳幼児の子育て支援の担い手としても期待されている。また待機児童解消に向けた保育施設の増加に伴い，保育士不足が問題となっている。保育士の専門性の向上とともに，保育士の労働条件や待遇の改善が課題である。　　［大谷彰子］

保育所⇨保育制度

保育制度

幼稚園や保育所など，乳幼児の保育・教育を目的としてつくられた諸施設，及びその制度を総称して保育制度という。日本の保育制度は，文部科学省所管の幼稚園と，厚生労働省所管の保育所の二元体制であった。2006（平成18）年から保護者の就労の有無にかかわらず教育・保育を一体的に行う「認定こども園」が誕生し，「幼保連携型」「幼稚園型」「保育所型」「地方裁量型」がある。2012（平成24）年に子ども・子育て関連3法が成立し，2015（平成27）年，待機児童の解消と質の高い幼児期の教育・保育を総合的に提供することをめざし「子ども・子育て支援新制度」が施行された。これにより「施設型給付」施設として「幼稚園」「保育所」「認定こども園」，「地域型給付」の「地域型保育事業」として定員6人以上19人以下の「小規模保育」，保育ママが行う定員5人以下の「家庭的保育」，ベビーシッターなどの「居宅訪問型保育」，事業所内の施設において従業員の子どもや地域の保育を必要とする子どもの保育を行う「事業所内保育」が創設された。　　　　　　　　　　　［大谷彰子］

保育に欠ける子ども

家庭において，昼間日常的に保育することができない状態にある子どものこと。児童福祉法第39条では保育所の目的について，日々保護者の委託を受けて，保育に欠けるその乳児又は幼児及びその他の児童を保育することとされてきた。国の通知では具体的に，「保育に欠ける」状態は，保護者の就労，妊娠・出産，病気，障害，同居親族の介護等と示し，保育所入所の要件であった。しかし，2013年改正児童福祉法では，「保育に欠ける」から「保育を必要とする」という表現となり，さらに2015年度「子ども・子育て支援新制度」開始により，自治体で保育の必要性認定「2号」（満3歳以上），「3号」（0-2歳）を受けることが必要となった。　　　　　　　　　　　［熊田凡子］

保育要領

　1947（昭和22）年に学校教育法が成立したのを受けて，幼稚園教育を計画し実施していく手引きとして1948（昭和23）年に刊行されたのが「保育要領——幼児教育の手引き」である。その内容は(1)まえがき，(2)幼児期の発達特質，(3)幼児の生活指導，(4)幼児の生活環境，(5)幼児の1日の生活，(6)幼児の保育内容——楽しい幼児の経験，(7)家庭と幼稚園，の7項目からなる。保育内容は，幼児の生活経験をもとに考えられ「見学，リズム，休息，自由遊び，音楽，お話，絵画，製作，自然観察，ごっこ遊び，劇遊び，人形芝居，健康保育，年中行事」といった項目からなり，幼児の生活を幅広く取り上げ，幼児の生活経験に即した内容としている。さらに，幼児の興味や欲求を重視した「楽しい経験」を保育内容の副題として示し，自由で自発的な活動を大切にしている。また幼稚園保育だけでなく，保育所や家庭での保育のあり方についても示されていることが，この「保育要領」の特徴の一つである。その後，1956（昭和31）年の「幼稚園教育要領」は暫定的前進として実質的にこの「保育要領」から改訂され，引き継がれている。　　　　　　　　　　[芝田圭一郎]

ホイジンガー, J.

（Huizinga, Johan：1872-1945）
　オランダ生まれの文化史家。代表作は『中世の秋』(1919)，『エラスムス』(1924)，『ホモ・ルーデンス』(1938)など。1932年にライデン大学総長に就任。「人間」とは何かという問いに対して，それまで「理性をもつもの（ホモ・サピエンス）」である，とか「工作するもの（ホモ・ファーベル）」であるという答えが出されていた。しかし，ホイジンガーは，「人間社会に固有で偉大な活動」である文化にはすべて「はじめから遊びが織り込まれている」ことを根拠として，「遊ぶもの（ホモ・ルーデンス）」である

という答えを与え，教育学に功績を残した。→遊び　　　　　　　　　　[島田喜行]

防衛機制 （defense mechanism）

　自我を防衛し，不安を避けるための無意識的な対処，手段のことである。フロイトによる精神分析理論では，自我はイドと超自我の間の葛藤を調整しているが，その調整が困難な場合，自我を守り，不安を軽減するために防衛機制が働く。代表的な防衛機制として，抑圧，退行，逃避，合理化，置き換え，補償，反動形成，投射，知性化，昇華などがある。
　　　　　　　　　　[及川　恵]

放課後子どもプラン

　2007（平成19）年度より「放課後子どもプラン」事業が開始され，土曜日も含む放課後の学習や体験の場が整備され始めた。「放課後子どもプラン」は，放課後や土曜日の子どもの安全で健やかな居場所，遊び場を確保し，勉強やスポーツ，文化活動，地域住民との交流活動などに取り組む事業を意味する。学童保育とは別に，家庭に保護者のいない子どもたちを対象に，学校の放課後に子どもたちの遊び等の諸活動を行っている市区がある。「のびのびスクール」や「放課後学校」等と呼称されている。あらかじめ登録された子どもを対象に，子どものけがや帰宅途中の安全を確保しつつ運営されている。担当者は，市区で臨時採用された指導員やボランティアで構成される。
　新・放課後子ども総合プランによれば，放課後児童クラブについて2021年度末までに約25万人分を整備し，待機児童の解消をめざす。そして2023年度までに計30万人分の受皿を整備するという。その際，学校施設を徹底的に活用する方向で考えられている。　　　　　　　　[広岡義之]

忘却曲線 （forgetting curve）

　記憶の実験結果を表すためにしばしば用いられ，記銘したはずの事柄が忘れ去られていくプロセスをグラフ化したもの。記銘材料を記銘してからの経過時間を横

軸に，記銘材料の忘却率を縦軸にとって忘却の進行をグラフ化することで，時間の経過に伴って忘却がどのように進行するのかが直観的に理解しやすくなる。無意味つづりを記銘材料としたエビングハウスの実験結果を忘却曲線で表すと，記銘後短時間のうちに忘却は急速に進むこと，記銘後短時間のうちに忘却されなかったことは長きにわたって保持される様子が見て取れる。　　　　[松田信樹]

防災教育

災害から身を守り，災害を未然に防ぐための知識・技術・態度を子どもに習得させる教育をいう。非組織的教育としての安全教育は古い歴史をもち，われわれの日常生活の知恵として存在している。組織化された安全教育の歴史は新しい。ヨーロッパでは1900年以降工場災害・労働災害の防止策として，アメリカでは1922年以降交通事故を中心とする災害防止のために，それぞれ安全教育が取り組まれた。わが国で具体化されたのは戦後であり，1955年以降学校で安全教育が行われるようになった。大規模な自然災害，深刻な環境汚染や増大する交通事故など子どもをめぐる災害が深刻化するなかで，災害の実態や原因を認識させる教育が進められている。とくに1995年の阪神・淡路大震災，2011年の東日本大震災を経て，被災した子どもへのメンタルヘルスの必要性が強調されてきている。　[中田尚美]

奉仕活動

奉仕活動，とくに学校における奉仕活動は，学校教育法第31条（体験活動）に，「ボランティア活動など社会奉仕体験活動」として規定されている。また社会教育法第5条（市町村の教育委員会の事務）14号には，「青少年に対しボランティア活動など社会奉仕体験活動その他の体験活動の機会を提供する事業の実施及びその奨励に関すること」として規定されている。体験活動としての奉仕活動は，他者のために生きることの重要性，

教育基本法前文及び同法第2条に見られる「公共の精神」の涵養や，学校教育法第21条に見られる「規範意識」の醸成に資するのみならず，社会における他者との共生，調和，協同の精神を涵養するのに役立つものである。具体的な奉仕体験活動としては，学校周辺の清掃ボランティア活動，自然環境保全ボランティア活動，社会福祉施設等での介護等のボランティア活動，災害ボランティア活動等が挙げられる。奉仕活動は教師の率先垂範と児童生徒による体験活動の双方による「為すことによって学ぶ」ことを通しての「気づき」が大切となる。また奉仕活動は，思いやりの心を育み，相手の立場を理解し行動できる，豊かな人間形成を図るためにも重要である。体験活動としての奉仕活動は，人間尊重の精神と生命に対する畏敬の念を育み道徳性の涵養を図るためにも求められるところである。

ただし，いずれの奉仕活動（ボランティア活動）においても，学校（教師）の入念な計画と事前・事中・事後指導が求められる。とくに災害ボランティアについては，児童生徒の発達段階をより慎重に考慮に入れて，児童生徒が可能かつ安全な範囲を正確に見極めて計画・実施すべきである。　　　　　[上寺康司]

北条重時

（ほうじょう　しげとき：1198-1261）

北条重時は，北条義時の三男として生まれ，兄には「御成敗式目」の作成者で知られる北条泰時がいる。北条氏の有力な諸族である極楽寺流の家祖であり，重時は，兄の孫にあたる執権時頼のもとで長く連署を務め，出家後も同時期に出家した時頼とともに，亡くなるまで僧形で幕政の指導にたずさわった。北条重時は，「北条重時家訓」を残している。この家訓はわが国の武家家訓で現存する最古の一つであり，武家家訓の原型・源流をなすものとみなされている。この重時家訓は，重時が1247（宝治元）年に著した

「六波羅相模守教子息状」43か条と1256（康元元）年に59歳で出家し，1261（弘長元）年に64歳で亡くなるまでの間に成立した「極楽寺殿御消息」の総称である。「六波羅相模守教子息状」は，重時が六波羅探題にしてかつ相模守に任じられた1237（嘉禎3）年の40歳から1247年の50歳の間に成立したものとされ，一子である長時を対象に示された教訓と推定されている。のちに一人前の武士として，また国を治める者として一人立ちする子息に，先輩として，父として細かな注意がなされており，鎌倉期の上層武士の行動様式や価値観が具体的に示されている。「極楽寺殿御消息」99か条は，上層武士としての日常の道徳を後代の子孫までを対象として説いたものである。とくに自分亡き後の一族の結合と永続に心が配られ，惣領制における惣領と庶子の規範が示されている。浄土思想からの影響を受けており，「道理」を中核とする倫理思想・政治理念が看取される。　　[上寺康司]

法　　然（ほうねん：1133 - 1212）

　浄土宗の開祖。43歳のときに専修念仏を説き，広く一般庶民に念仏の門を開いた。1186（文治2）年に，叡山・南都の学僧と浄土念仏の教理を論議して信服させた大原問答は，大原談義として有名。親鸞は法然の弟子。平安末期以来，戦禍や天災などの社会不安が広がるなかで，庶民を対象とした新しい仏教も興り，拡大してゆく。鎌倉仏教の特色は，貴族仏教から庶民仏教へと移行した点にある。例えば，凡夫（ぼんぶ）は阿弥陀仏を信頼して口で「南無阿弥陀仏」と唱えるだけで，極楽往生ができると教えた。法然の念仏は，貴賤，老幼，男女を問わず，万人のための念仏で，難行・苦行を伴ったものではなかった。弟子の死罪事件のために，讃岐に流罪となるが，同年末に赦された。主著は『選択（せんちゃく）本願念仏集』。　　[広岡義之]

ボウルビー，J.

（Bowlby, John：1907 - 1990）

　精神科医，精神分析家。ロンドン北西部ハムステッド生まれ。当初はケンブリッジ大学で医学を専攻したが，精神医学及び心理学に興味をもち，同大学でM. A. 及び M. D. の学位を取得した。ロンドン大学附属ユニーバーシティカレッジ病院及びモーズレイ病院にて，児童精神医学を研究して，精神分析研究所に所属してクライン（Krein, M.）から精神分析の技法を学んで，イギリスに亡命してきたフロイトの娘アンナ（Freud, A.）より感化を受けた。タヴィストッククリニック及びタヴィストック人間関係研究所に所属した。この間 WHO のコンサルタントやスタンフォード大学研究員，さらに同大学客員教授を歴任した。彼の業績としては WHO から出版した『乳幼児の精神衛生』（1967）が母性的愛情と子どもの精神衛生との関連性についての研究成果をまとめたものとして著名であった。重要な研究としては，比較行動学（動物行動学）のローレンツ（Lorenz, K. Z.）による刻印づけ（imprinting）研究を端緒とし，母子関係を一貫として行い愛着性理論（attachment theory）として打ちたてた。著書に『母子関係の理論』（1969, 1973, 1980）がある。

[西本　望]

ホウレンソウ（報告・連絡・相談）

　日常生活は，さまざまな情報のやり取りを通して，事実を共有したり，事柄の意味を理解するために問い合わせたりすることによって成立している。こうしたコミュニケーション（情報伝達）の代表的な型が「報告」「連絡」「相談」（ホウレンソウ）である。コミュニケーションは，誰かが誰かに何かを伝えるという基本構造をもつ。報告では，事実経過や成果など伝えたい何かが「ある」ということに，連絡では，誰かから誰かに伝えたい何かがしっかりと「つながっている

「（伝わっている）」ことに強調点がある。そして、相談では、何かをめぐって、誰かが誰かに、その望ましいあり方を助言することが重視される。　　　　　　［島田喜行］

保健室登校

　保健室登校とは、「常時保健室にいるか、特定の授業には出席できても、学校にいる間は主として保健室にいる状態」と定義されている。保健室登校の児童生徒をみると、彼らが登校に対してさほど抵抗がなく、教員とのコミュニケーションもとれる場合が多いことがわかる。すなわち、保健室登校は、教室で授業を受けることや、クラスメートと過ごすことに困難を感じている場合に生じやすいと考えられる。とはいえ、保健室を教室に戻るまでの中間施設ととらえ、不登校の児童生徒に開かれた登校の緩和策と考えるのは充分ではない。保健室登校とは、不登校状態から再登校をめざすステップとして、また、教室に入り難い生徒が不登校にならずに学校生活を送る手段として、不登校問題解決の一助となっている。

　保健室登校の実施に当たっては、養護教諭一人の判断ではなく、一つの教育のあり方として、学級担任はもちろんのこと管理職、学年主任、該当学年の教職員、生徒指導主事や教育相談担当、保護者等、関係者が協議したうえで決定する必要がある。文部科学省によれば、受け入れに当たっては、次の事項を確認した上で実施することが重要だという。(1)本人が保健室登校を望んでいるか。(2)保護者が保健室登校を理解しており、協力が得られるか。(3)全教職員（校長、学級担任、学年主任等）の共通理解及び協力が得られるか。(4)保健室登校に対応できる校内体制が整っているか。(5)支援計画が立てられているか。

　保健室登校の最大の特徴は、そこに養護教諭が常にいることである。児童生徒の情緒が安定し、保健室へ来室する児童生徒たちとの会話などができるように

なったら、学級担任等と相談して、学級へ戻すタイミングを見計らっていくことが大切である。長期化することは好ましくなく、その場合には指導方法の再検討が必要であることを、保護者や関係教職員が十分認識しておく必要がある。
　　　　　　　　　　　　　　　［大平曜子］

保健指導

　心の健康問題やアレルギー疾患など増加する児童生徒の健康課題に学校の適切な対応が求められる中、2008（平成20）年の学校保健法の一部改正に伴い、新たに学校保健安全法に保健指導が位置づけられた。同法第9条（保健指導）には、養護教諭その他の職員は相互に連携して、健康相談又は児童生徒等の健康状態の日常的な観察により、健康上の問題があると認めたときは保健指導を行うこと、またその保護者に対して必要な助言を行うことが規定されている。また、同法第10条では、救急処置、健康相談、保健指導を行うにあたっては、必要に応じ、地域の医療機関や関係機関と連携を図るよう努めることとされた。教職員が行う健康相談、健康観察、保健指導が法に規定されたこと、教職員相互の連携や地域の関係機関との連携を図るなど組織的な対応を規定したことは特筆に値する。

　また、これまでは学校医や学校歯科医が行ってきた保健指導は、健康診断の事後措置としての役割が大きかったが、学校保健安全法施行規則の改正により、学校医・学校歯科医・学校薬剤師それぞれの職務執行の準則に「法第9条の保健指導に従事すること」と改正された。

　学校保健の領域は「保健教育」と「保健管理」からなる。保健教育における指導は、教育課程に則った関連教科（体育科、保健体育科、生活科、理科、家庭科、技術・家庭科、道徳科等）や総合的な学習の時間、特別活動などにおいて、適切に行うことと示されている。保健指導は、教科等横断的な視点で指導計画に基づき

連携を取って行う集団指導，そして学級や保健室で行う保健指導や保健管理に伴う一人ひとりの健康問題応じた個別指導や小集団の指導がある。保健指導に当たっては，児童生徒の発達段階を考慮し，健康課題の改善に向けた健康な生活習慣の確立をめざし，主体的に取り組めるよう計画的に推進していくことが大切である。　　　　　　　　　　　　［大平曜子］

保健主事

　学校保健と学校全体の活動に関する調整や学校保健計画の作成，学校保健に関する組織活動の推進（学校保健委員会の運営）など学校保健に関する事項の管理に当たる職員。その果たすべき役割は大きく，学校保健推進のキーパーソンといえる。学校教育法施行規則第45条第4項において「保健主事は，校長の監督を受け，小学校における保健に関する事項の管理に当たる」と規定されている。また，同第3項には「保健主事は指導教諭，教諭又は養護教諭をもつて，これに充てる」と定めている。

　2008（平成20）年1月の中央教育審議会答申によれば，保健主事の役割は次のように整理されている。保健主事は，「学校保健と学校全体の活動に関する調整」「学校保健計画の作成」「学校保健に関する組織活動の推進」などに，すべての教職員が関心を持って取り組めるように，また，それぞれの役割を円滑に推進できるように企画，連絡・調整，実施，評価，改善などの働きかけをすること。すなわち，組織体制はどうなのか，組織を動かすにはどのようにするのか，といったマネジメントの視点と能力と推進していくためのリーダーシップが必要といえる。子どもの健康状態を現状よりも低下させないことや，よりよい健康状態に高めていくことへの働きかけには，ヘルスプロモーションの考え方も重要になってくる。

　学校保健計画作成においては，保健主事は作成の中心になり，年間の行事計画等との調整を図りながら，関連する各組織との連絡・調整を図り，学校保健活動の年間を見通した総合的な基本計画となるよう立案作成することが大切である。また，学校保健活動を円滑に実施するために，保健主事は，学校内の組織活動を推進し家庭や地域の関係機関などの連携による効果的な保健活動につながるよう，学校保健委員会の運営や活性化に尽力することが求められる。　　　　　　［大平曜子］

保健領域

　小学校体育科には保健領域，中学校保健体育科には保健分野，高等学校では科目「保健」が学習として位置づけられている。これらの教科における保健では，主に健康安全についての知識理解を通して，健康の保持増進のための実践力，自己管理力の育成が図られる。保健学習には，危険薬物やアルコール摂取，喫煙に関する問題，性に関する知識など，児童生徒の現実のくらしに直結する内容が含まれる。また平均寿命の伸長による高齢化社会においては，生涯にわたって自己の健康を保持増進することは社会的な課題となるため，学校教育における保健学習の重要性が改めて指摘されるところである。→性に関する指導　　　　［田中　聡］

戊申詔書（ぼしんしょうしょ）

　1908（明治41＝干支では戊申）年に渙発（かんぱつ）され，教育勅語に次いで，国民の精神的規範として強い影響を与えた詔書。この詔書において，日露戦争後，国民のなかに浸透してきた社会主義思想や自然主義文芸思潮（田山花袋，島崎藤村ら）の影響を排除し，今後の国家の発展をはかるために必要な国民精神のあり方を説いた。人心が次第に華美に流れているとして，上下（しょうか）一致や勤倹が唱えられた。その結果，明治後期から芽生えてきた社会主義運動は抑圧され，天皇制を中心とした国家主義教育が徹底されるようになった。第二次桂太郎内閣

の要請を受けて，社会主義思想の取り締まりならびに道徳と経済の併合による戦後経済の建て直しが訓示された。

［広岡義之］

ホスピタリズム／施設病（症）
（hospitalism）

　子どもが乳幼児期に親から離れ，長きにわたって施設に預けられたような場合に見られる，発達遅滞や情緒的な不安定さ等を総称していうもの。施設では職員のローテーション等で母親のように愛着を示す対象がなかなか定まらず，また対象の独占が困難なため感情表現を抑えがちになる（抑制型愛着障害とも）。そのため手段であるコミュニケーション能力にも影響が出，その部分での発達遅滞も見られるようになる。最近では親の養育態度の問題で，こういった愛着障害が一般家庭でも見られるようになっている。上記のように施設ではその性格上抑制型が多いが，それとはまったく逆にも見える，誰にでも無防備に近づこうとする，脱抑制型の愛着障害が一般家庭において見られるようになっている。虐待等がその一因とも考えられる。　　　［福田規秀］

細井平洲
（ほそい　へいしゅう：1728 - 1801）

　江戸時代中期の儒学者。米沢藩（現山形県米沢市）の財政再建を結実させ中興の祖といわれた第9代藩主上杉鷹山の師でもある。1728（享保13）年6月28日，尾張国知多郡平島村（愛知県東海市）の豪農，細井甚十郎の次男に生まれた。幼年時代から学問を好み，17歳の時に名古屋で漢学塾「叢桂社」を開いた中西淡淵に師事し，以後漢学を本格的に学んだ。24歳の夏に淡淵の勧めで江戸に出て私塾「嚶鳴館」を開いた。「嚶鳴館」は江戸市中でも屈指の私塾となった。1764（明和元）年には上杉鷹山に招聘され，江戸の米沢藩邸に出入りするようになった。そのとき鷹山は14歳，平洲は37歳であった。1767（明和4）年に米沢藩主となり，藩

政改革に着手した鷹山の懇請により，1771（明和8）年には米沢に下向し，藩士に学問を講ずるとともに藩校興譲館の再興に参画した。1780（安政9）年53歳の時には，尾張藩主徳川宗睦に招聘され侍講となった。1782（天明2）年に宗睦は平洲の勧めを入れて藩校明倫堂を再興することとし，平洲はその督学（校長）に任じられ，同藩校の基礎づくりに貢献した。また今日の社会教育につながる巡回講話も行った。平洲の死後，弟子がまとめて刊行された和文の遺稿集である『嚶鳴館遺草』には，今日の学校教育場面における児童生徒の自発性・主体性の尊重と一人ひとりの個性を尊重した教育につながる考えかた，また教師の人格的感化が生徒の教育に及ぼす影響の大きさ等が明確に述べられており，平洲の教育思想をうかがい知ることができる。例えば，自発性・主体性の尊重については，先に施すことを意味する「先施（せんし）」の思想が上げられる。「先施とは先づ施すと申儀にて，交接は向（むこう）をまたず先（まず）我方よりしかけしむけ候事に御座候。人より親まれたく存候得ば，先ず我方より親しみ，人より敬れたく存候得ば先我方より敬ひ，万事人の我によき様にと存候得ば，我先人によき様に致候事に御座候」と，コミュニケーションに求められる自発性主体性の本質を端的に表現している。一人ひとりの個性を活かした教育に関しては，型にはまらない出来の悪いものを捨てて，優れたもののみを活かす「菊作り」ではなく，出来不出来にかかわらずに，育て上げたすべてのものを活かす「大根づくり」を例にあげて，その重要性を説いている。

［上寺康司］

北方性教育運動

　1929（昭和4）年頃から東北地方の青年教師を中心に始まった一連の生活綴方運動をいう。東北地方の貧村を背景に，子どもたちはありのままの暮らしを見つ

めて綴ることから生き方を考え，また教師たちは教育の原点は地域にあるという姿勢で教育に臨んだ。それは知力や学力といった全国画一的な価値をもつものを身に付けさせる前に，子どもたちが自分たちの生活の貧しさを見つめ，立ち向かう力を育む教育だったといえる。1940（昭和15）年頃から関係者への弾圧が始まり，運動は短期間で終わった。

［福田規秀］

ポートフォリオ評価
（portfolio assessment）

　1998（平成10）年度改訂の学習指導要領から導入された「総合的な学習の時間」で行われる児童生徒の学習の過程を評価する方法である。ポートフォリオとは，元来，美術等で自分の作品をファイルする「折りかばん」や「紙挟み」をいう。教育の場面では，学習者が学習の過程で収集した資料とそれに対する意見や感想，自己評価及び教師のコメント，ペーパーテストなどのさまざまな学習活動の成果をファイル化したものの総称をいう。ある特定の目的・テーマのもとに学習した内容を多様な評価手段を用いて長期にわたって収集した資料等を用いて児童生徒と教師が共同で学習成果を評価する方法である。ポートフォリオ評価は，ペーパーテストに準拠した評価では測ることが困難な，すなわち数量化には適さない「意欲」や「思考力」「判断力」等を含めた意味での「深い理解力」を評価するために用いられ評価手法で，個人内評価とあわせて実施することが可能な評価である。2017（平成29）・2018（平成30）年改訂の学習指導要領（総則）でも，児童生徒が，興味・関心を高め学習意欲を喚起し主体的・対話的で深い学びを身につけることが強調されている。とくに主体性を評価することが求められており，個人内評価とあわせたポートフォリオ評価が具体的に活用されている。また高等教育の分野にあっても，学生の学習成果を高めるために，とくに web 上で行う学習ポートフォリオを活用し，学生の評価等の形式をとり，学生の個人内評価と主体性評価に活用されている。

［上寺康司］

ホームルーム（home room：HR）

　小・中学校に設けられた「学級活動」との一貫性のもとに，高等学校の特別活動の内容の一つとして設けられた。教科担任制の学校のなかで，相互の受容と共感による親密な人間関係に基づく家庭的雰囲気をもった基礎的集団であり，一人の教師がその集団における生徒指導の責務を負う組織単位である。学習指導要領によるとその内容は，ホームルーム生活の充実と向上を図り，生徒が当面する諸課題への対応や健全な生活態度の育成に資する活動を行うこととされている。具体的には，ホームルーム活動，生徒会活動，クラブ活動，学校行事に伴う生徒の諸活動など，多様な機能を備えている場でもある。

［猪田裕子］

保幼小の連携

　幼稚園や保育所，認定こども園の幼児教育段階と小学校教育の段階の円滑な移行をめざす教育連携に関する取り組みのこと。幼児教育と小学校教育では，遊びを中心とする総合的な教育と座学や教科教育を中心とする教育といったような違いがあるため，子どもが適応できず，小学校に入学した生徒が席に座っていられない，先生の話を聞けないなどの小１プロブレムを引き起こすことがある。そのため，低学年の生活科が保幼小の教育連携の一つのとっかかりになり，例えば「地域探検」「共同農園」「学校探検」など，幼児教育を初等教育の基礎的段階として位置づけ，行事的な保幼小交流から日常的な教育交流を方向づけることができる。日常的な教育連携を進める場合には，教師相互の指導連携が重要となる。
→生活科

［熊田凡子］

ホール，**G. S.**

(Hall, Granville Stanley：1846 - 1924)

　マサチューセッツ州ボストン近郊のアッシュフィールド生まれ。ウィリアムズ大学卒業後に牧師を志してユニオン神学校に学んだが，ドイツに留学し哲学を学んだ。ヴントの「生理学的心理学」によって心理学に興味をもちハーバード大学のジェームス（James, W.）の講義を聴き，同大学でアメリカ初の心理学 Ph. D. を取得した。ジョンズ・ホプキンス大学で講師から教授を経て，クラーク大学の総長となった。大学にフロイト，S. やユングらを招いて精神分析の講演会を催し，心理学の振興に寄与した。クラーク大学時代の弟子にはゲゼル（Gessell, A. L.），ターマン，ゴダード（Goddard, H. H.）らがいて，著名な心理学者を数多く輩出している。　　　　［西本　望］

ポルトマン，**A.**

(Portmann, Adolf：1897 - 1982)

　スイスの生物学者。人間以外の動物がおおむね成体に近い能力を備えて出生するのに対し，人間の新生児は自力で生きることのできない状態で誕生することに着目。比較動物学の視点から，ヒトの特性を明らかにしようとした。人間の妊娠期間は他の霊長類に比べかなり長いにもかかわらず，種の特徴である二足歩行や言語の使用ができるまでに約１年を要する。他の動物では胎生期に成されているべき発達が人間の場合は子宮外で約１年かけて行われることから，ポルトマンは人間の出生状態を「生理的早産」と名づけた。一般の動物は行動が種の本能によってより多く規制されているのに対し，人間は環境の多様さのなかで成長・発達していく豊かな可能性を秘めて生まれてくると考えられる。環境から受ける影響，環境によって形成されていく側面が非常に大きいことを踏まえ，出生後の環境の重要性を考えねばならない。

　　　　　　　　　　　　［大江まゆ子］

ボルノー，**O. F.**

(Bollnow, Otto Friedrich：1903 - 1991)

　1953年以降，ドイツのテュービンゲン大学の哲学と教育学の教授。実存哲学と教育学の関係についての論究が戦後ドイツ教育学や日本の教育学界に大きな影響を与えた。教育的主著は『実存哲学と教育学』(1959)，『教育を支えるもの』(1964)。連続的教育ではとらえきれない出会い・覚醒・危機といった教育的事象を，「非連続的形式」の実存的教育学として提言した。例えば出会いについて，教育者は出会いをつくることはできず，出会いの準備をなしえるだけである。しかし実存的出会いが生起したときには，教師は生徒の実存に起こっていることを支え，助け育てなければならないとボルノーは主張した。人は幾多の危機を乗り越えて初めて成長していくので，危機を避けるべきではない。生徒の側からこの危機を考えると，この現象は突然，非連続的に現れ生徒はその経過後にこれまでと違った新しい気分（Stimmung）にひたされる。　　　　　　　［広岡義之］

ボールを持たないときの動き

　小学校学習指導要領（2017）において，低学年のボールゲーム，中学年のゴール型ゲーム，高学年のゴール型における技能の示し方として「ボール操作」「攻めや守りの動き」「ボールを持たないときの動き」という表記がなされている。これはとくにゴールや的にボールを入れて得点をするタイプのゲームにおいて使われる技能を，ボールを自分が保持しているときのパスやシュート等のボール操作と，ボールを保持していないときにボールを受けることのできる場所に動くなどのエリア内での動き方として示したものである。小学校学習指導要領（2008）では，それ以前にはボール運動系領域の技能内容が具体的には示されていなかったことに対して，「ボール操作」「ボールを持たないときの動き」「ボールを受ける

ための動き」と初めて表記された。

［田中　聡］

ボローニャ大学（伊：Alma mater studiorum-Università di Bologna）

　ボローニャ大学は，世界最古の中世大学の一つで，イタリアの大学である。イタリアの現在のボローニャ市に位置し，学生のギルドを中心とする大学（Universitas scholarium）として成立したことから，「学生の大学」として有名である。教師のギルドが中心の大学（Universitas magistroumu）として成立し，「教師の大学」といわれるパリ大学とともに，ヨーロッパにおける高等教育の発展に大きな役割を果たしてきた。ボローニャ大学の起源はイタリアの中世都市における法学研究の隆盛にある。11世紀末から12世紀にかけてボローニャで著名な法学者たちが法律を教え，ヨーロッパ全域で有名となった。学生たちは，法学を学ぶためにイタリア国内はもとより，ヨーロッパ各国からボローニャをめざして集まり，それぞれ学生として当地での法的な身分保障や生活の保障を得るために，出身地ごとの国民団（nation）を結成した。国民団は公的な団体としての諸権利を獲得し，国民団同士が合体することによって，ボローニャ大学の法学部・医学部等が結成されることになった。21世紀の今日，ボローニャ大学は法学部，医学部を初めとする13学部からなる国立の総合大学であり，学生数は約9万名を収容している。教育と研究に高度な機能を果たし，学士から博士まで修得できる。

［上寺康司］

ま

マカレンコ, A. S. (Makarenko, Anton Semyonovich : 1888 - 1939)

ソビエトの教育者であり，集団主義教育や愛と規律による教育の提唱者である。ロシア革命後，小学校の校長を経て，1920年より法律に違反した未成年者を収容する教育施設「ゴーリキー・コローニャ」の所長となった。そこでは，少年たちの再教育と更生に努めた。その後，意見の対立から職を辞し，「ジェルジンスキー・コムーナ」の所長となった。ここでの活動は1935年まで続けられた。1937年にはモスクワに移り執筆活動に入った。彼は文豪ゴーリキーの影響を強く受け，人間に対するできるだけの要求と尊敬という人間観に立ち，「集団における集団を通しての集団のための教育」を実践し，集団主義教育理論を打ち立てた。とくに幼児期からの労働教育を重視し，その基礎としての家庭教育の重要性を説いた。主な著書には，2つの教育施設での体験を実践記録としてまとめた『教育詩』(1933 - 1935)，『塔の上の旗』(1938) がある。その他にも『親のための本』『子どもの教育について』(1938) などを発表した。　　　　　　[猪田裕子]

マザリング (mothering／maternal care)

乳児を愛する母性的愛撫のことで，リブル (Ribble, M.) が最初に用いたとされる概念。彼女は，母親が子どもに与えるような愛撫 (caress) が欠けると，子どもの心身の成長・発達が著しく阻害されることを指摘した。それを証明しようと試みたのはスピッツで，マザリングの完全な欠如によってもたらされる子どもの衰弱状態をマラスムス (marasmus) といい，マザリングが部分的に欠けることによってもたらされる依存的抑うつ状態をアナクリティックうつ状態 (ana-clitic depression) と名づけた。この症状になる乳児は，母性的剝奪 (mother deprivation) が起こる前に，6か月以上にわたり母子関係が良好であったことが要件となる。症状としては，母親と引き離され姿が見えないと泣きやすい傾向になり，啼泣や怒りが出やすくなる。睡眠障害や体重の減少も見られることがある。これに関わる研究はアタッチメントの観点から研究されるようになった。

[西本　望]

マスタリーラーニング (mastery learning)

完全修得学習と呼ばれることがある。教授と学習活動を計画化し，学業不振をなくすための有効性のある実践的ストラテジーの一つである。ブルームによって，キャロル (Carroll, J. B.) の時間モデル，つまり「どのような学習者であっても，十分な学習時間さえかければ，どのような課題でも達成する。学習到達度の差異は，学習時間量に対してどの程度の時間を費やしたかによって決定される」を基盤として，ウォッシュバーンのウィネトカ・プランやモリソン (Morison, H. C.) らによるモリソン・プランを範としながら，より理論的技術的裏づけを行ったもの。通常の集団的一斉授業を行いながらも，診断テストとともに形成テスト (formative test) を行うことが特徴となっている。形成テストの評価結果に基づいて学習者個々人について，学習過程の進行状況で，そのつど教育目標に対しての到達状況 (習熟程度) を把握することができるので，それに応じた補償的治療的指導を行える。これを実現化するために，各単元での目標を明確化することや学習者が最低到達する水準を定めることになっている。これによって各学習者の学習の困難さの克服や指導が具体的な手段で行われることが可能となった。学

習指導過程には次の段階がある。(1)事前テスト（新しい単元に向けて求められる知識や技能を調べ，習得の程度によっては，児童生徒に補習授業を行うことがある），(2)一斉教授（教育目標を示して，授業を行う），(3)形成的テスト（目標に到達した児童・生徒は学習を深化し，不十分な児童・生徒には治療的・個別的指導を行う），(4)小集団学習（まとめの指導を行う），(5)総括的テスト（努力・意欲を含めた評価がされる）。　[西本　望]

マズロー，A. H.（Maslow, Abraham Harold：1908 - 1970）

　行動主義や精神分析を批判して，「人間性心理学」を主張したアメリカの心理学者。1962年には，ヒューマニスティック心理学会を設立し，さらに1967年から1968年の間は，アメリカ心理学会会長を務めた。主として，自己実現，創造性，価値，美，至高経験，正常，成熟，健康などの従来の心理学では取り扱うことのなかった分野の人間的なものの研究を深めた。彼の欲求の階層説とは，生理的なものに始まり，安全，愛情，自尊の欲求と続き，最後が自己実現の欲求である。つまり下位の動機が満足されたとき，初めて上位の動機が現れるという動機の階層説を提起し，自己実現の動機を重視した。主著に『完全なる人間』（1968）がある。『人間性心理学雑誌』の創刊にも関わった。　　　　　　　　[広岡義之]

「学びのすすめ」

　2002年1月に文部科学省が発表した「確かな学力の向上のための2002アピール『学びのすすめ』」。「心の教育」の充実と「確かな学力」の向上を2本柱とした学習指導要領の考え方や取り組みの方向性を示すことで，各学校や教育委員会における取り組みを支援することを目的として発表された。5つの方策として以下のものが示された。(1)きめ細かな指導で，基礎・基本や自ら学び自ら考える力を身に付ける。(2)発展的な学習で，

一人一人の個性等に応じて子どもの力をより伸ばす。(3)学ぶことの楽しさを体験させ，学習意欲を高める。(4)学びの機会を充実し，学ぶ習慣を身に付ける。(5)確かな学力の向上のための特色ある学校づくりを推進する。　　[光成研一郎]

マルクス主義と教育

　マルクス主義を「マルクスの見解と学説との体系である」と定義するレーニン（Lenin, V. I.）に倣えば，マルクス主義教育とは，マルクス（Marx, K.）の体系に立脚した教育思想のことである。マルクス主義教育のキーワードの一つは，社会主義に立脚した社会の担い手としての「全面的に発達した人間」の創設である。この教育は，自己産出的行為としての「労働」を人間の成長にとって必須の契機とみなすマルクスの基本的見解を出発点とする。その教育の目的は，労働と労働に結びつけられた総合技術教育を通じて全体的・総合的に発達した個人を育成することである。　　　　　[島田喜行]

マルチメディア教育

　複数のメディアを組み合わせて行う教育形態。メディアミックス教育と呼ばれることもある。実際の授業においては，コンピュータやテレビ，ビデオなど単体のメディアのみが使用されるのではなく，ワークシートや問題集，参考図書などの活字教材が組み合わされるのが普通である。学習内容には，それに適したメディアがあり，多様なメディアを組み合わせることにより，学習内容を効果的に伝えることができる。よく似た語にメディア教育があるが，これはメディアからの正しい情報の理解やメディアを選択する能力，セキュリティー・ポリシーなどメディアと上手く共存する能力・態度を育成する教育を指す。　　　　　[梅本　恵]

マレー，H. A.
（Murray, Henry Alexander：1893 - 1988）

　アメリカのパーソナリティ研究の心理学者。ハーバード，コロンビア，ケンブ

リッジ各大学で医学心理学を学び，ハーバード大学教授を経てハーバード臨床心理学教室主任。人格研究法として，TATを創案した。人の行動を規定する因子を環境の力と要求とに大別し，図案検査からどのようなことを読みとり表現するかによって，人格診断のための変数を分析した。　　　　　　　［西本　望］

マン，H.（Mann, Horace：1796 - 1859）

「アメリカ公教育の父」と呼ばれる。1796年マサチューセッツ州フランクリンに生まれる。大学を優秀な成績で卒業後，弁護士資格を取得し活躍。その後政治家として行政手腕を発揮し，1837年のマサチューセッツ州教育委員会の発足（アメリカ初）に貢献し，その教育長に就任する。12年間の在任中，毎年教育委員会に教育長として年次報告を提出。そのなかでマンは，無償の義務教育制度を提唱し，アメリカ初の師範学校の設立構想，政治的・宗教的中立性に基づくコモン・スクール構想等を打ち出した。　［福田規秀］

み

水遊び・水泳の心得

警察庁生活安全局生活安全企画課「平成30年における水難の概況」によると2018年の水難事故による死者・行方不明者は692人，うち中学生以下の子どもは22人で，その多くが河川等での水遊びで命を失っている。体育科の水泳運動領域では，服を着たまま水に入る経験を通して，水に落ちたときの対処や身近なものを利用した浮き身の取り方などを学ばせる，「着衣泳」の授業が広く行われている。小学校学習指導要領体育科には，水遊びや水泳運動の内容の取扱いについて，「適切な水泳場の確保が困難な場合にはこれらを取り扱わないことができるが，これらの心得については，必ず取り上げ

ること」と示され，水辺での安全，事故防止のための留意点について必ず学ばせることとしている。　　　　　　　［田中　聡］

見通しをもった観察・実験

児童生徒が自然に親しむなかで見出した問題について，すでに学習した内容や生活経験に基づいて予想や仮説をもち，それを確かめるために見通しをもった観察や実験を行うことは理科の学習ではきわめて重要である。予想や仮説と観察，実験の結果が一致しないこともあるが，その場合は発想した解決の方法を見直し再検討を加えることになる。自分の考えをもち，他の人の意見を受け入れ，考えを柔軟に見直し，妥当性を検討する過程に価値があると考えられる。　［鶉本　格］

ミドル・スクール

1960年代，アメリカでジュニア・ハイスクールの荒れを背景としてミドル・スクール運動が展開された。それにより新しいタイプの中学校として登場したのがミドル・スクールで，現在のアメリカはほとんどがミドル・スクールとなっている。従来の六・三・三制が，五・三・四制，四・四・四制へと第5学年から第8学年を中心に見直され，中学校への入学が早められた。ミドル・スクールでは，思春期の生徒への配慮から，小学校やハイスクールとは違った独自な教育環境が重視され，多様で柔軟なカリキュラム編成が行われる。また，学級制からチーム制への移行，教科担任制にかわりチーム担任制の採用などの特徴をもつ。

　　　　　　　　　　　　　　　［梅本　恵］

ミニマム・エッセンシャルズ

（minimum essentials）

進歩主義教育を批判するエッセンシャリストの「教育内容は文化遺産のうちの本質的かつ必要不可欠の知識・技能をもって構成されるべきものである」との主張に由来する用語である。転じて，最小限必要不可欠な教育内容を指す。日本においては，ゆとり教育の発端となった

1976（昭和51）年の教育課程審議会答申
「小学校，中学校及び高等学校の教育課
程の基準について」において，「豊かな
人間性」「ゆとりと充実」とともに示さ
れた「基礎的・基本的な内容」がミニマ
ム・エッセンシャルズにあたるものとし
て広まった。答申では「国民として必要
とされる内容」と規定し，小・中学校に
ついて基礎的・基本的な内容を共通に履
修させるとしている。1987年の答申では
「国家・社会の一員として望ましい人間
形成を図る上で必要」としており，知識
や技能にとどまるものではないと考えら
れる。　　　　　　　　　　［荒内直子］

民間情報教育局⇨CIE

『民主主義と教育』（*Democracy and Ed-
ucation: an introduction to the philoso-
phy of education*：1916）

　アメリカの教育哲学者デューイの著書。
彼は経験学習の重要性を主張した教育家
でもある。著書では，衝動的・試行錯誤
的な経験と反省的経験を区別し，反省的
経験について次のように記述している。
「経験から学ぶということは，われわれ
が事物に対してなしたことと，結果とし
てわれわれが事物から受けて楽しんだり
苦しんだりしたこととの間の前後の関連
をつけることである」。彼が有意義な経
験と考えるものは，知性とか思考によっ
て起こるべき出来事を予見しながら行動
する，観念としての実験であり，未来に
も応用がきく，反省的経験のことである。
思考という要素を含む経験が，子どもに
とって真の経験となりうると主張してい
る。　　　　　　　　　　［光成研一郎］

む

無意図的教育

　組織的，計画的，意図的ではない教育
形態をいう。制度化された学校は意図的

教育の代表であり，無意図的教育とは対
極をなす。ただ，学校においても，まっ
たく意図されない形で児童生徒に影響力
をもつ，隠れた潜在的なカリキュラムと
いうものがある。それは学校の伝統や，
教員・生徒文化，地域性，自然条件であ
り，これらは意図されたものではないが
児童生徒に強い影響力をもち，無意図的
教育の範疇に入る。家庭教育においても，
いわゆる「しつけ」は意図的教育になる
が，親子関係や家族の雰囲気，家族構成
などが人間形成上子どもに与える影響は
無意図的教育に該当する。→隠れたカリ
キュラム　　　　　　　　　　［佐野　茂］

無学年制

　同年齢の児童による学年・学級編成を
行わず，異年齢の児童が個々の速度に応
じて授業を受ける方式。学校の卒業に必
要な教育課程と最低修学年限のみが定め
られ，学年ごとに履修すべき内容や時間
数は決められない。アメリカで1930年代
頃から試みが始まり，1960年代にはある
程度定着したといわれる。日本において
は，義務教育である小・中学校は，修学
年限が定められ，学年ごとの教育課程を
もつ学年制がとられている。無学年制の
例としては，3年間を通じて所定の単位
を修得することのみが求められる単位制
高等学校が挙げられる。　　　［梅本　恵］

無線 LAN

　ケーブルを使ってデータの送受信を行う
有線 LAN に対し，無線通信を利用し
てデータの送受信を行う LAN システム
を無線 LAN という。近年，線がないた
め教室内で自由に持ち運んで使えるとい
う利点から，無線 LAN に対応したタブ
レットや書画カメラが増えてきている。
　　　　　　　　　　　　　　［高松邦彦］

無着成恭

（むちゃく せいきょう：1927 - ）

　教育者，僧侶。山形県の曹洞宗の禅寺
に生まれる。俗名は成雄，10歳で得度し
成恭と名を改める。山形師範学校を卒業

した1948年より，山形県山元中学校に勤務。同校で社会科教育の一環として，生徒が村の生活を綴った学級文集『きかんしゃ』を作成する。この文集をもとにして1951年に出版された生徒の生活記録文集『山びこ学校』は，戦前の生活綴方運動の伝統を受け継いだ戦後民主主義教育の成果として評判を呼び，当時のベストセラーとなった。1954年に山元中学校を退職し，駒澤大学仏教学部に編入。大学卒業後，1956年より1983年まで東京都の明星学園に勤務した。その間に同学園での教育実践をまとめた『続・山びこ学校』(1970)，『詩の授業』(1982)を発表する。　　　　　　　　　　　　[塩見剛一]

無認可保育園

児童福祉法の定める基準において認可を受けていない，保育を必要とする乳児・幼児を保育することを目的とする認可外保育施設，認可外の保育園のこと。企業内保育所のように地域の乳幼児を対象外とするために認可を受けられないものと，保育施設設置や職員配置等の最低基準が満たされないために許可を受けられないものがあり，法律上の規制がないままに運営されてきた。しかし，2000年には，社会福祉法人以外でも保育所の主体となって認可を受けられるよう幅が広がった。また，認可保育所に入れない待機児のニーズに対応していることから，2001年児童福祉法改正により，認可外保育施設の届け出義務が付加され，認可外保育のサービス内容の質的な面での監督が強化されている。　　　　　　　[熊田凡子]

室鳩巣

（むろ　きゅうそう：1658 - 1734）

江戸中期の朱子学者。15歳より加賀藩に仕え，藩命を受けて京都の木下順庵に学ぶ。順庵の門下のうちとくに高名な儒学者は「木門（もくもん）の十哲（じってつ）」と称され，その筆頭をなしたのが新井白石と鳩巣であった。金沢に帰り藩の儒官として19年にわたり仕えたのち，白石の推挙によって1711年，幕府の儒官

に召される。1721年，将軍吉宗の命を受け，中国より伝来した民衆教化の条文『六諭衍義（りくゆえんぎ）』を和文で解説した，『六諭衍義大意』を記す。同書は寺子屋の教科書として流布した。翌年殿中侍講（将軍に儒学を講ずる要職）に就く。晩年に著した『駿台雑話（すんだいざつわ）』は儒学に基づく教訓を盛り込んだ随筆で広く読まれ，明治以降も中等学校の教科書にその一部が採用された。朱子学と対立する異学を排撃し，なかでも干渉を避ける教授を重んじた荻生徂徠とは鋭い教育観の対立をみせ，いっそう学問の権威の強化を図り，拘束主義に立って教育を奨励した。→貝原益軒
　　　　　　　　　　　　　　　[塩見剛一]

め

明六社

1873（明治6）年アメリカから帰国した森有礼の発起で発足した啓蒙思想家の集団で，発足した年から名づけられた。森を社長とし，社員は福澤諭吉，箕作秋坪，西周，西村茂樹，杉亨二，津田真道，中村正直，加藤弘之，箕作麟祥らがいた。のちに30余名となる。主な活動は会員相互の意見の交換のため月2回行われる定例集会，『明六雑誌』の発行，講演会等で，同時代の思想に大きな影響を与えた。彼らの多くは新政府で働く開明派官僚で，政府の政策に基本的には賛成しながらも，自由に批判を行う穏健で漸進的な改革をめざしていた。1875（明治8）年讒謗（ざんぽう）律・新聞条例がしかれると，各自自由に言論活動を展開したほうがよいとする福澤の意見を入れ，雑誌は廃刊，社も事実上解散した。その学術講究の活動は1879（明治12）年文部省に設立した東京学士会院に受け継がれ，日本学士院として今日に至っている。　　[松井玲子]

免許外教科担任制度

　中学校，義務教育学校の後期課程，高等学校，中等教育学校の前期課程・後期課程，特別支援学校の中学部・高等部において，相当の免許状を所有する者を教科担任として採用することができない場合に，校内の他の教科の教員免許状を所有する教諭等（講師は不可）が，1年に限り，免許外の教科の担任をすることが，相当免許状主義の例外として特別に許可される制度。当該学校の校長及び主幹教諭，指導教諭または教諭が，都道府県教育委員会に申請し，許可を得ることが必要である。昭和20年代に免許状を有する教員が全国的に不足したことを背景に導入されたが，現在は，少子化に伴う小規模校化や，採用抑制・大量退職による一部の教科の教員不足のため定数内では全教科の免許を有する教員を配置できない，免許保有者が病気休暇や育児休業中である，少人数指導・TT（ティーム・ティーチング），特別支援教育や外国人児童生徒への指導のため教科を担任する教員が不足しているなど，やむをえず生ずる事情に対応するためにこの制度が利用されている。中学校では美術，技術，家庭，高等学校では情報や職業に関する教科での利用が多い。免許外教科担任制度はあくまでも例外的措置であり，相当免許状主義の原則からも，教育の質の担保の点からも，同制度の利用を可能な限り縮小させるための方策が求められる。

[古田　薫]

免許状更新講習

　教員免許状更新のために受講することが必要な講習のこと。すべての受講者が受講する必修領域，受講者が所有する免許状の種類，勤務する学校の種類または教育職員としての経験に応じ選択して受講する選択必修領域，受講者が任意に選択して受講する選択領域の3領域からなり，有効期間満了前2年間で，必修領域，選択必修領域はそれぞれ6時間以上，選択領域は18時間以上，合計30時間以上の講習を受講しなければならない。教員を指導する立場にある者や優秀教員表彰者は，免許状更新講習が免除され，講習を受講しなくても免許管理者に申請を行うことによって免許状を更新できる。講習は，大学，指定教員養成機関（専修学校などで文部科学大臣の指定を受けているもの），教育委員会（都道府県，政令指定都市，中核市），文部科学省，文部科学大臣が指定する独立行政法人及び公益法人等が開設しており，対面講習，e－ラーニング，通信講習などの形態で実施される。受講者はどの講習を受講するかを任意に選択して開設機関に直接受講の申込を行う。更新講習を受講できるのは，普通免許状または特別免許状を有する者で，現職教員，教員としては働いていないが学校や認定こども園等の職員である者，教育委員会において学校教育・社会教育に関する指導等を行う者，教員採用内定者などであり，教員免許状を所持していてもこれらに該当しない場合は更新講習を受講することはできない。

[古田　薫]

も

モア，T.（More, Thomas：1478－1535）
　イギリスの人文主義者，政治家。ロンドンの法律家の家に生まれ，オックスフォード大学，法学院で学び，法律家となった。エラスムスと親交を結びその影響を強く受けた。国王ヘンリー8世の信任を得て下院議員ののち大法官となったが，国王を長とする英国国教会を設立しカトリック教会からの離脱を断行する「国王至上法」（1534）にカトリック信徒の立場から反対したため，反逆罪に問われ刑死した。主著『ユートピア』（1516）の第1部で，「囲い込み運動」時のイギ

リスの現状を「羊はおとなしい動物だが人間を食べつくしてしまう」と批判し，私有財産制の誤りを指摘した。第2部では架空のユートピア国の制度・習慣を描き，自然状態が善であり，自然法に従って生きる共産主義的社会を理想の国家として提言した。「ユートピア」(utopia = ou+topos〈どこにもない場所〉)は彼の造語になる。　　　　　　　　　　　[松井玲子]

孟　子（もうし：B.C. 372 - B.C. 289）

　中国，戦国時代の儒者。孔子の教えを諸国に広めた。主著『孟子』では，「性善説」を唱えた。人間には先天的に善をせずにはいられない固有のものがあると孟子は考えた。性善説は，道徳が他の権威のために存在するのではなく，人間本来の問題である根拠を明示している。実践道徳としては，父子の親，君臣の義，夫婦の別，長幼の序，朋友の信等がわが国に多大な影響を与えた。また孟子の母は，「孟母三遷（もうぼさんせん）の教え」の故事の賢母として有名。功利主義が主流となっていた時代のなかで，孟子は個人の自主独立の立場を確立するために道徳の重要性を説いた。　[広岡義之]

燃え尽き症候群

　1970年代にアメリカの精神科医フロイデンバーガー（Freudenberger, H. J.）が，専門職のなかでも成果が見出しにくい職種に従事している人がなりやすい職業的病として名づけたことに由来するといわれている。医療福祉職，教育職，宗教活動などは，周りからの期待が数値などによって目に見える形で結果として見出し難いことから，とくに燃え尽き症候群になりやすいともいわれている。その症状としては，無気力，情緒不安定，ときにはうつ状態を呈する。これまでの教員勤務実態調査によれば，教員の勤務状況は時間的側面から見ても，他の職業と比較して多い傾向にある。また内容面から見ても，保護者との問題対応や，近年の無理難題を学校・担任に提言するモンス

ター・ペアレントなどの難問題，学習指導や児童生徒への指導の面ではますます教師の力量が求められている。これらへの対策は制度的改善が求められる点も多々あるが，学校教職員が一丸となり問題に対処し問題を1人の教師が抱え込まないようにすることが挙げられる。
　　　　　　　　　　　　　　　　[津田　徹]

モジュール制（モジュラー制）

　10分，15分など1単位時間（小学校では45分，中学校以上では50分）をさらに短く区切った時間（モジュール）に分けて行う学習形態。授業時数を確保し，基礎学力を向上させるのに有効な方法として利用される。例えば小学校において1モジュール＝15分とすると，3モジュールで1単位時間の授業を行ったものとみなす。全9時間の単元であれば27モジュールと考えてモジュールを単位として学習時間を区切り，4モジュール60分の授業や2モジュール30分の授業，1モジュール15分の反復練習などを組み合わせることにより，教科や学習内容の特質に応じて，45分の枠にとらわれない弾力的な学習時間の運用が可能となる。ただし，朝の読書活動など，教科の指導計画に位置づけられることなく行われる活動は授業時間外の教育活動と解されるため，授業時数には数えられない。[古田　薫]

モーズレー人格目録（Maudsley personality inventory：MPI）

　ドイツ生まれでイギリスに帰化したアイゼンク（Eysenck, H. J.）が1959年に発表した性格検査。名称の由来は，当時アイゼンクがモーズレー病院心理学研究室主任を兼ねながら研究を行っていたことにある。この検査には，神経症的傾向及び外向性の2特性の尺度を測定するため，各24項目の質問が用意されている。日本版には，その他にL尺度（虚偽発見尺度）20項目，採点されない12項目の計80項目からなっている。　　[西本　望]

モダン・スクール

　イギリスの中等教育機関。正式名称は
セカンダリー・モダン・スクール（secondary modern school）。1944年のバトラー
法に基づいて，それまで高等小学校の
役割を果たしていたシニア・エレメンタ
リースクール（senior elementary school）
を改め，あるいはさらに新設することで
公立中等学校として制度化された。グラ
マー・スクールやテクニカル・スクール
と並んで３分岐型の中等教育機関の一翼
を担い，義務教育段階修了となる卒業後
に社会へ出る者が多く就学する。教育内
容は一般基礎教育，実務教育を中心とす
る。当初の義務教育年限であった15歳が
1972年より16歳に延長されたため，現在
は11歳から16歳までの５年制。制度化さ
れた当時の在学者は同年齢層の約７割を
占めたが，1960年代より３系統の学校の
性格をあわせもったコンプリヘンシブ・
スクール（総合制中等学校）へ再編成が
進められたため，純粋なモダン・スクー
ルの数は著しく減少している。

[塩見剛一]

本居宣長

（もとおり のりなが：1730－1801）

　江戸中期の国学者。伊勢松坂の木綿問
屋の長男として生まれ，京に上って医学
修行のかたわら儒教や国学を学んだ。賀
茂真淵に入門して古道研究を志し，約40
年を費やした考証的な研究，『古事記伝』
を完成させた。古典，言語，文法，故実，
制度，古道，和歌，物語文学と多岐にわ
たる研究を体系づけ，国学を学問的に集
大成した。彼の学問の本質として３点挙
げられる。１つ目は，それまで教訓や道
徳を学ぶためになされていた読書に対し，
源氏物語研究から得た「もののあわれ」
を知る心としての素直に文学を鑑賞する
心の涵養の重要性を説いた。２つ目は，
徹底した古典テキスト分析を行う研究姿
勢から，無意識無批判に行われてきた中
国思想に基づく解釈のゆがみを正した。

　３つ目は『古事記伝』の執筆時に至った
古道説である。「たかくなおき心」を称
賛する古道説は平田篤胤に引き継がれ，
近代日本の国粋主義教育を支えた。

[松井玲子]

元田永孚

（もとだ ながざね：1818－1891）

　幕末から明治の儒学者。肥後熊本藩士
の家に生まれ，藩政に参画の後，1871
（明治４）年宮内省に出仕。侍講（じこ
う：天皇や東宮に学問を教授する学者）
を務め，天皇の教学思想形成に貢献した。
朱子学的大義名分論を近代日本に適用，
実現しようとした元田は，天皇中心とす
る政教一致の国家構築をめざした。政府
の欧米流教育政策は国体を危うくすると
強く批判し，天皇の命をうけて儒教主義
的徳育強化の教育政策を指導した。1879
（明治12）年，仁義忠孝を明らかにし道
徳の学は孔子を主とすることを明記した
「教学聖旨」を編纂・起草した。さらに
勅撰修身書「幼学綱要（ようがくこうよ
う）」を宮内庁から刊行させ，以後の修
身科教育に大きな影響を与えた。1890
（明治23）年には，教育の基本理念であ
る「教育勅語」の起草に，宮中代表とし
て中心的な役割を果たし，天皇制国家の
教育政策の思想的基礎を固めた。

[松井玲子]

モニトリアル・システム
(Monitorial System)

　ベル・ランカスター法，助教法とも呼
ばれる。ベルとランカスターは，産業革
命の影響で都市に流入した大量の年少者
に教育を受けさせる機会を提供する制度
を発案した。多くの生徒を教授するさい，
生徒のなかで優れた者を助教（monitor）
と定め，助教は教師の指示を受けて他の
生徒に教える方法である。助教を指揮す
ることにより一人の主教授だけで多数の
生徒の授業が可能となる，いわゆる「助
教法」もしくは「モニトリアル・システ
ム」を開発し推進した。→ベル

[広岡義之]

モラトリアム（moratorium）

　元来は経済用語で，戦争や暴動などの非常事態下にあって，国が債権債務の決済を一定期間延期・猶予することにより，金融機構の崩壊を防止する措置のことをいう。つまり経済的非常時に，国家はモラトリアム（猶予期間）を設けて，一定の期間，義務の履行を猶予して立ち直るまで準備させるという意味である。この経済用語を最初に社会心理学に転用したエリクソンは，人間の発達を精神分析の手法で取り扱い，「青年期」を将来への準備期間として社会的義務の遂行を猶予される時期としてとらえた。つまり，青年期を「心理的社会的モラトリアム」の年代として特徴づけた。エリクソンに従えば，児童期から成人期にかけての時期を修業と試行という見習い期間とし，これをモラトリアムと呼ぶ。この期間に青年はさまざまな経験を積み，社会的自己すなわちアイデンティティ（自我同一性）を確立することにより，社会の成員として一人前になっていくと考えられている。

　しかし近年では「モラトリアム」という概念は，大人になるための修業や試行という肯定的な意味合いが薄れ，高学歴による青年期の延長あるいは大人になることを避けていつまでも未成熟のまま逃避しているという否定的な意味に変化しつつある。モラトリアム人間は，社会に対して当事者意識を欠き，お客さま意識が抜けず，組織や集団・国家・社会に対して帰属意識が希薄で，何事に対しても本気で関わろうとせず，自分のすべてを賭けようとしない心理的傾向をもつ。

[広岡義之]

森有礼（もり　ありのり：1847 - 1889）

　日本の初代文部大臣。薩摩藩士であった森は1865年，藩命を受けて幕府の許可なくイギリスへ密航，ロンドン大学で学ぶ。さらにアメリカに渡り明治維新後帰国。1870（明治３）年に新政府の下，小弁務使（外交官のこと）としてワシントンに赴任する。同地で外交官の職に加え教育問題の調査も行う。帰国後，明六社の結成に参加し，商法講習所（のちの一橋大学）の創設にも尽力した。その後も外交に活躍し，同時に公教育制度について調査を進める。1884（明治17）年，文部省御用掛に任命され，翌年の内閣制度発足に伴い初代文相に就任した。1886（明治19）年には帝国大学令，小学校令，中学校令，師範学校令等を公布し，教育制度の基礎を築く。国民教育の基盤として師範教育を重視し，兵式体操や寄宿舎制などの軍隊様式を導入。順良・信愛・威重（いちょう）の３気質を備えた教員養成をめざした。1889（明治22）年，帝国憲法発布の日に暗殺される。

[塩見剛一]

モレノ，J. L.
（Moreno, Jacob Levy：1889 - 1974）

　サイコドラマ（心理劇），ソシオメトリー（社会測定法）の創始者。ルーマニアのブカレスト生まれ。1925年にアメリカへ移住。集団での対人関係を明らかにするのに有効なものが，ソシオメトリック・テストであるが，これはソシオメトリーの理論に沿って行われる。例えば，誰が好きか嫌いか，それぞれ３名ほど挙げなさい，といった形式で，誰が誰に親和感，反感を抱いているのか調査し，その相互関係をまとめるのである。結果を表にしたものがソシオマトリクス，相互選択や相互排斥といった成員間の関係を分かりやすく図示したものは，ソシオグラムと呼ばれる。サイコドラマは集団心理療法として有名である。　[福田規秀]

問題解決学習
（problem solving learning）

　学習者が学習課題を見出し，その解決をめざし能動的に学習を展開する学習法。理論的背景として，経験を積み重ね経験を再構成していくことによって成長して

いくというデューイの経験的教育思想，とくに反省的思考（(1)困惑，(2)予想，(3)事態の検討，(4)推論，(5)検証）がある。類似の概念である「発見学習」は学問体系に従って綿密に組み立てられた教材によるものであるのに対し，「問題解決学習」は日本の戦後教育改革の社会科に見られるように子どもたちが自分の生活のなかで見出した問題を学習課題とする。学習指導要領によれば，1947（昭和22）年当時の社会科の学習内容は問題解決学習を示すものであり，1951（昭和26）年の改訂では「社会科の学習は，問題解決の学習である」と明言している。小・中学校を中心に問題解決学習による社会科実践がさかんに行われたが，問題解決学習と系統学習との論争などを経て，社会科のあり方が再検討された。

[松井玲子]

問題解決的な学習（特別の教科 道徳）

　道徳科における問題とは，道徳的価値に根ざした問題であり，たんなる日常生活の諸事象とは異なる。そこで，道徳科における「問題解決的な学習」とは，ねらいとする道徳的諸価値について自己を見つめ，これからの生き方に活かしていくことを見通しながら，実現するための問題を見つけ，どうしてそのような問題が生まれるのかを調べたり，他者の感じ方や考え方を確かめたりしつつ，物事を多面的・多角的に考えながら，課題解決に向けて話し合うことである。そして最終的に児童生徒一人ひとりが，道徳的諸価値のよさを理解し，自分との関わりで道徳的価値をとらえ，道徳的価値を自分なりに発展させていくことへの思いや課題が培われるようにすることである。

[広岡義之]

モンテッソリ，M.

（Montessori, Maria：1870-1952）

　イタリアの教育家。ローマ大学で医学を学び，1896年，イタリア初の女性医学博士となる。その後ローマ大学附属病院

の助手となり，さらに障碍児教育施設で主に知的障碍児の研究と治療を行う。1900年，ローマ大学へ戻りルソーやフレーベルの教育思想，実験心理学などを学ぶ。1907年にはローマの貧民街に就学前の児童の託児施設「児童の家（Casa dei Bambini）」を設立し，教育実践にたずさわる。その思想は障碍児教育者のイタールやセガンの影響を受け，教育の役割は環境を整えて能力開発を助成することととらえ，子どもの自発性や自己活動を重んじた。感覚機能の訓練を主眼とするその教育法は「モンテッソリ法」と呼ばれ，各国の幼児教育の現場で実践されている。幼児期を感覚の敏感期として重視し，視覚・聴覚・触覚等にうったえる「モンテッソリ教具」を考案した。また『モンテッソリ法』は主著が外国語に訳された際の題名でもある。　[塩見剛一]

モンテーニュ，M. E. de（Montaigne, Michel Eyqem de：1533-1592）

　フランス・ルネサンス期の代表的モラリスト。主著『随想録（エッセー）』（1580）は温かい人間洞察の記録としてフランス文化に大きな影響を及ぼした。彼は哲学的体系や学校教育の教科課程に関する著作はないものの，流麗な語り口調で叙述された『随想録』で，人間性豊かな哲学思想を展開している。ソクラテス的人生哲学に共通性を見出すこともできる。モンテーニュの精神の中核は「懐疑」であり，認識であれ信仰であれ，確実なものに対する疑念から出発。人間を穀物の育成にたとえて，穀物は空虚である限り，真っ直ぐに成長して高く伸びる。しかし，穀物が成熟して穀粒で満ちているならば，謙遜に傾く。人間もまた同様にすべてを解明し，その後に何一つ確実なもののないことに気づいたときに，人間は自己の傲慢さから解放されて真の人間存在を認識する，と考えた。

[広岡義之]

文部科学省

2001（平成13）年に中央省庁のスリム化がめざされこれまでの文部省と科学技術庁とが再編成された際に新たに登場した中央教育行政機関（1999年の文部科学省設置法制定）。

1871（明治4）年に文部省が設置されて以来，教育行政機関としての役割を果たしてきた（1949年文部省設置法により旧制度は廃止）。再編前における文部省は，学術，文化，芸術，教育，スポーツ，学校等を扱う行政機関として日本の教育行政を担ってきた。その際の特徴は中央集権的であったが，現在では部分的に地方分権的な形として展開される政策領域も見られる。

文部科学省設置法によれば，所掌事務として90を超える事柄を扱う。また機関として各審議会，文化庁などが挙げられ，「教育の振興及び生涯学習の推進を中核とした豊かな人間性を備えた創造的な人材の育成，学術の振興，科学技術の総合的な振興並びにスポーツ及び文化に関する施策の総合的な推進を図るとともに，宗教に関する行政事務を適切に行うこと」（同法第3条）を任務としている。

［津田　徹］

文部科学大臣

国の中央教育行政執行機関である文部科学省の長。内閣総理大臣が任命し，文部科学省設置法により文部科学省の長は文部科学大臣と規定されている。2001年に文部省と科学技術庁が統合され文部科学省になり，文部科学大臣は科学技術庁長官の職務も引き継ぐこととなった。文部科学大臣の所掌は多岐にわたり，例えば教員の研修に関しての指針の決定（教育公務員特例法第22条の2）や，学生・生徒等の懲戒権の行使（学校教育法第11条），文部科学大臣の検定を経た教科用図書の使用の義務付け（学校教育法第34条）などがある。　　　　　　［佐野　茂］

文部省唱歌

1910（明治43）年から1944（昭和19）年まで国定教科書に掲載された唱歌の総称。作詞者・作曲者に高額の報酬を支払う代償として著作権を認めず，当時の文部省が「国」の作品として公表した楽曲である。1949（昭和24）年から教科書検定制が採用され，作詞者・作曲者の調査・研究が行われたが，判明していない作品が多い。小学校の歌唱共通教材全24曲中，高野辰之作詞・岡野貞一作曲の「春の小川」「もみじ」「ふるさと」などを含む17曲が文部省唱歌である。

［高　奈奈］

夜間中学

　諸般の事情により義務教育を受けられなかった人や受けられない子どもに教育の機会を提供するため，夜間に開設された学級の通称である。学校教育法に規定されたものではなく，わずかに学校教育法施行令第25条第5号に二部授業という記述があり，それを根拠に市町村の教育委員会の裁量によって運営されている。戦後の混乱や経済的貧困による不就学への対策，中国からの引き揚げ者・在日・難民・移民の人々の学ぶ機会の保障，教育や社会のひずみとしての不登校への対策など夜間中学は多様な人々を受け入れてきた。これからもそれは続くに違いない。　　　　　　　　　　　　[福田規秀]

野生児（wild child）

　人間になぜ教育が必要なのか。これに対して教育学ではさまざまな検討が重ねられてきたが，野生児の報告は人間の教育の可能性と必然性について多くのことを示唆している。真相は不明な点が多いが有名なものとしては次のものがある。(1)1799年フランスのアヴェロンの森で発見された少年（推定年齢11歳）の事例。この少年は4，5歳ぐらいで捨てられ保護されるまで人里離れて育ったといわれている。イタールによる5年にわたる養育の結果は言語能力がほとんど向上しなかった。40歳まで生きたといわれかなり人間らしい生活をするまでに発達した。(2)1920年インドのジャングルで発見された狼に育てられた少女アマラ（推定1歳半）とカマラ（推定8歳）の事例。アマラはすぐに亡くなり，カマラは17歳頃まで生きたが，知的能力の発達が3歳程度であまり回復しなかった。このほかに野生児ではないが，16歳頃まで地下に閉じ込められていたとされるカスパー・ハウザー少年の事例などがあるが，いずれも適切な時期に適切な教育を受けなければ人間として生活することは困難であることを示している。　　　　　　　　　　[津田徹]

山鹿素行（やまが そこう：1622-1685）

　江戸時代初期の儒家，兵学者。9歳より林羅山の門下に入り儒学を，15歳より甲州流兵学の大成者とされる小幡景憲（おばたかげのり）に兵法を学ぶ。また神道，仏教，和漢の学にも広く通じた。1652年，31歳の折から8年あまり赤穂城主浅野長直に仕え，藩士に兵学を教える。この間に朱子学を兵学に援用した『武教全書』を著す。仕官を辞した後，幕臣などを含む門人を多数抱えるが，1665年に記した『聖教要録』で，官学の朱子学を批判したため，幕府により罪に問われる。しかし門弟の働きによるものか，赤穂への配流という軽微な処遇であった。同書では朱子学による註釈を疑問視し，儒教の原典への回帰が提唱されている。素行は実学の効用を重んじ，日常において人の道をつくすことを説く。儒教倫理に基づく道徳的模範を武士の職分とする一方，兵法を武士の本分とし，兵儒両学を統合した武士道を提示する。山鹿流兵学の創始者。→吉田松陰　　　　　　[塩見剛一]

『山びこ学校』（1951）

　山形県山元中学校での綴方教育の実践の成果をまとめ1951年に出版された書。教師である無着成恭は，従来の形式的な作文教育に対して，また無批判に受容してきた新教育に対しても異議を唱え，生徒の素朴な日常を綴らせ，それを積極的に評価しようとして生活綴方を行った。本著は山元中学校2年生全員の綴方が掲載されており，子どもの個性や能力に応じて論理的に記した者や描写的に記した者，統計など調べ物を行った者など多様である。無着は「本物の教育をしたい」という思いからこの綴方を社会科の授業のなかで試みた。この綴方を出版するに

際し教室で決を採るが多様な意見（私たちは本にするために書いたのではない，本にしてくれる人があるなら，本にしてもらっていいではないかなど）が出，社会をよくするためであればとの認識に至りほぼ全員が合意をみたという。内容は「母の死とその後」など当時の厳しい時代背景，山間という地理的事情とも強く印象を与える内容が多い。　［津田　徹］

山本鼎（やまもと　かなえ：1882－1946）

　大正期の版画家・洋画家，自由画教育運動の提唱者。東京美術学校を卒業後，1912（大正元）年渡仏，ロシアを経由して帰国する。このロシアでの見聞が児童の自由画を推奨するきっかけとなった。1918（大正7）年より故郷の長野県で小学校教師たちと自由画運動を計画し，翌年，第1回児童自由画展覧会を開催。同年に日本児童自由画協会（のちに日本自由教育協会と改称）を設立し，機関紙『芸術自由教育』を発刊するなど自由画の普及に努めた結果，大正後期から昭和にかけ自由画教育運動は発展。『赤い鳥』等の雑誌・新聞でさかんに自由画の募集が行われ，各地で児童自由画展が開催された。自由画教育運動のねらいは，臨画（手本となる絵の模写）を主とした従来の画一的な図画教育に対して児童の自由な描法を尊重し，創造的表現の教育的意義を提起することにあった。また山本は，自由画教育と同時に農民美術運動にも尽力した。歌人の北原白秋は山本の義兄にあたる。　　　　　　　　　［塩見剛一］

ゆ

遊戯療法（play therapy）

　クライエントとの遊びを介して，成長可能性を自己治癒力として発揮させることを目的とする心理療法。言語表現のみならず非言語表現を重視することが特徴で，言語的表現が十分に発達していない子どもや，言葉では表せない苦しさを抱えるクライエントに適した方法である。とくに子どもは，遊戯療法によって象徴化やイメージの力，創造性が育まれ，心身の成長に好影響をもたらすが，その効果が発揮されるためには，遊戯室で時間を決めて行う時間と空間の限定と，セラピストとの信頼関係が必要となる。

　歴史的な理論の変遷を見ると，1930年前後にフロイトの娘であるアンナ・フロイトやクラインが，精神分析の子どもへの応用として遊戯療法を確立させた。ただし，クラインは子どもの遊びの象徴解釈を行ったのに対して，アンナ・フロイトは象徴解釈には消極的であった。その後アクスラインは，クライエント中心療法の立場から，子どもの成長能力と自主性を尊重する遊戯療法における8原則を示した。この8原則は，現在でも遊戯療法を行ううえでの基本的原則となっている。　　　　　　　　　　［安藤聡一朗］

豊かなスポーツライフ

　小学校学習指導要領（2017）において，体育科の目標は「体育や保健の見方・考え方を働かせ，課題を見付け，その解決に向けた学習過程を通して，心と体を一体として捉え，生涯にわたって心身の健康を保持増進し豊かなスポーツライフを実現するための資質・能力を次のとおり育成することを目指す」と示されている。それまでの学習指導要領の目標では，この「豊かなスポーツライフを実現するための資質・能力」に相当する部分として，「運動に親しむ資質や能力」と表現されていた。小学校学習指導要領には「運動」という用語が多用されているが，その意味するところの多くは，たんなる体の動きとしての「運動」ではなく，楽しさ・自発性を本質的な属性とする文化的な営みである「スポーツ」を示していることに留意する必要がある。→運動の楽しさ，運動の特性　　　　　　［田中　聡］

ユニバーサルデザイン

　ユニバーサルデザインとは，年齢や性別，国籍，体格，能力，障害の有無や度合いなどにかかわらず，誰にとってもわかりやすく使いやすいように考えられたモノや空間，設備・情報などの設計（デザイン）をいう。例えば，利き手がどちらでも開封可能な容器や言語の制約を受けない絵文字（ピクトグラム）による視覚的な誘導標識がある。社会のなかでユニバーサルデザインが広く普及することは，多様な人々の自立を支援するシステムづくりを可能にし，ともに支え合って生きていく共生社会の実現につながる。
　　　　　　　　　　　　　　　　［山口香織］

ユネスコ（United Nations Educational, Scientific and Cultural Organization）

　国連教育科学文化機関。「教育，科学及び文化を通じて諸国民の間の協力を促進することによって，平和及び安全に貢献すること」（ユネスコ憲章第1条）を目的として1946年に成立された。本部はフランスのパリにあり，地域レベルの活動を管轄する27か所のクラスターオフィス，特定の国に置かれる21か所のナショナルオフィス，特定分野に助言等を行う10か所のリージョナルビュロー，国連と関係機関との連絡調整のためにニューヨークとジュネーヴの2か所に連絡事務所をもつ。加盟国は2019（令和元）年11月現在で193か国。組織は，2年に1回開催される総会，年2回開催される執行委員会，教育，自然科学，人文・社会科学，文化，情報・コミュニケーションの各事務局からなる。日本は1951（昭和26）年に加入し，教育分野では「万人のための教育」（EFA），「持続可能な開発のための教育」（ESD）などに協力している。
　　　　　　　　　　　　　　　　［松井玲子］

ユング，C. G.（Jung, Carl Gustav：1875 - 1961）

　スイスの精神病理学者，分析心理学の創始者。バーゼル大学医学部を卒業し，1900年よりチューリッヒ大学附属の精神病院で助手を務める。病院では分裂症の治療を行い，またフロイト，S. の抑圧理論に裏づけられた言語連想実験の研究を進める。無意識の領域を個人的で性的なイメージによりとらえるフロイトに対し，ユングは個人的無意識だけでなく，個人の抑圧体験を超えた集合的無意識を指摘するなど，解釈の違いによりフロイトから離れる。別離の過程で自らの精神的危機に遭遇し，その克服の経験から独自の分析心理学を確立する。「コンプレックス」はユングが心理学に導入した概念で，自我に強い作用を与える無意識の複合体を指し，精神病・神経症的症状はコンプレックスとの相克から生じるという。また「内向—外向」の性格類型や，集合的無意識の共通した表象である「元型」などは，教育学，教育心理学の理論に取り入れられている。　　　［塩見剛一］

よ

養護学校

　盲学校や聾学校（聾唖学校）は明治時代から存在し，学校教育として体制を確立していたが，養護学校は1947（昭和22）年の学校教育法で初めて学校として規定された。当初は「精神薄弱，身体不自由その他心身に故障のある者」を対象としていた。
　昭和25年頃から児童生徒の特殊教育について関心が高まり，1952（昭和27）年に文部省初等中等教育局に設置された特殊教育室の課題は，養護学校，特殊学級の教育の振興だったという。盲・聾児以外の特殊教育については，対象となる該当者の調査から基礎データを得るため，文部省は「教育上特別な取り扱いを要する児童・生徒の判定基準」を通達し，昭和28年から30年度にかけて対象となる児

童生徒の実態を調査した。その結果，100万人を超える精神薄弱，肢体不自由，病弱・虚弱の児童・生徒がいることが明らかになった。これを受けて，文部省は特殊学級の増設を奨励するとともに，養護学校については，学校教育法93条（附則）により，養護学校への就学の義務化や都道府県の設置義務が未整備であったため，養護学校における義務教育の早期実施に向けて「公立養護学校整備特別措置法」を制定し，養護学校も他の義務教育諸学校と同等の措置が講じられることになった。

　文部省は1972（昭和47）年度を初年度とする養護学校整備7年計画を立て，全対象学齢児童生徒を就学させるのに必要な養護学校の整備を行った。1973（昭和48）年には養護学校の就学及び設置の義務制を実施する予告が政令として公布され，1979（昭和54）年4月から養護学校教育が義務教育になることが確定した。1978（昭和53）年には学校数500校，児童生徒数は5万人を超えるまでに整備が進んだ。　　　　　　　　　　［大平曜子］

養護教諭

　学校教育法第37条には「小学校には，校長，教頭，教諭，養護教諭及び事務職員を置かなければならない」と定められている。第37条は中学校，義務教育学校，特別支援学校にも準用されているが，幼稚園と高等学校にはその配置は「置くことができる」と努力義務にとどめられている。

　養護教諭の職務は同法に「児童生徒の養護をつかさどる」と規定されている。これは，「児童生徒の健康の保持増進にかかわるすべての活動」と理解されるようになり，養護教諭の役割は，保健管理，保健教育，健康相談，保健室経営，保健組織活動の5領域に整理された。

　日本の学校保健の特徴として，養護教諭がほとんどの学校に常勤で配置されていること，特別な免許を持つ教育職員と

して養護教諭がその中核的な役割を果たしていることがあげられる。学校保健安全法では，新たに養護教諭等が行う健康相談，保健指導，健康観察も規定された。養護教諭の活動の拠点である「保健室」は，学校保健活動のセンター的な役割を果たす場所としても期待されている。

　1998（平成10）年の教職員免許法施行規則の改正により，養護教諭は，教諭等への兼職発令を受けることで，保健の教科領域に係る事項の教授を担任する教諭又は講師となることができるようになった。「現代的健康課題を抱える子供たちへの支援」では，健康な生活を送るために必要な力「心身の健康に関する知識・技能」「自己有用感・自己肯定感（自尊感情）」「自ら意思決定・行動選択する力」「他者と関わる力」の育成に，養護教諭が他の教職員や専門スタッフと連携して取り組むことを求めている。子どもたちに寄り添いながら，専門職としての養護教諭の果たす役割は大きい。
　　　　　　　　　　　　　　［大平曜子］

養護・訓練

　障害の状況を改善・克服するための指導は，盲学校，聾学校，養護学校の各教科指導に取り込んで行われていた。こうした各学校の実践を踏まえて昭和45年の教育課程審議会の答申では，「特別の訓練等の指導がきわめて重要」であることが指摘され，一人ひとりの障害の種類や程度と発達に応じて「学校の教育活動全体を通して」配慮するだけでなく，さらに個別的，計画的かつ継続的に指導すべきことであることから，各教科，道徳及び特別活動とは別に，「養護・訓練」の時間を特設して指導する必要性が提言された。これを受けて，1971（昭和46）年の学習指導要領の改訂において新たに「養護・訓練」という領域が設定された。

　養護・訓練の内容は，心身の発達に必要な諸側面と，各障害の状況を改善，または克服するために必要な固有の指導内

容という構成で，当初は「心身の適応」「感覚機能の向上」「運動機能の向上」「意思の伝達」の４つの柱のもとに12の項目が示され，その後，平成元年の学習指導要領の改訂時には，「身体の健康」「心理的適応」「環境の認知」「運動・動作」「意思の伝達」の５つの柱の下に18の項目で示されるようになった。平成11年の学習指導要領改訂で「養護・訓練」は「自立活動」に改められた。

［大平曜子］

養護施設

　乳児を除いた18歳以下の児童を保護する目的で設置されている児童福祉施設。1997年，児童福祉法の改正により，養護施設から児童養護施設に名称が変更されたが，略して養護施設とも称する。児童養護施設とは，「保護者のない児童……，虐待されている児童その他環境上養護を要する児童を入所させて，これを養護し，あわせて退所した者に対する相談その他の自立のための援助を行う」（児童福祉法第41条）ことを主な目的とする施設であり，児童相談所長の判断に基づき都道府県知事が入所措置を決定する。施設では，基本的に一般家庭と同じような生活の流れがあり，子どもは年齢に合わせて地域の小学校や幼稚園などに通っている。また，直接子どもと関わる児童指導員，保育士のほか，嘱託医，栄養士などが配置されている。

［熊田凡子］

幼児教育と小学校教育の果たす役割と「保幼小連携」のあり方

　『小学校学習指導要領解説　生活科編』には次の３つの関わりに配慮することが求められている。

① 　スタートカリキュラムをはじめとする幼児期の教育との連携：幼児期に多くの体験・活動で心豊かに成長してきた幼児たちのこれまでの学びの土台の上に小学校生活の学びを加えていくことの大切さを示したものである。「幼児期の終わりまでに育ってほしい姿」を十分理解し，

教育活動を構築，実践していくことである。

② 　２学年間における児童の発達との関わり：低学年児童は具体的な活動を通して思考するという発達上の特徴がある。また，児童の生活圏を学習の対象や場にしていることから，出会う人々へのアプローチの仕方や季節の変化を活用しての活動の違いなど，さまざまな経験を重ねていくなかで，自分自身を実感していくことができることである。

③ 　第３学年以上の学習との関わり：総合的に学ぶ幼児教育から系統的な学びが重視される中学年以降の教育へとつないでいく生活科は，重要な役割を果たしている。具体的には，生活科の身近な人々や社会・自然の事物や現象に親しみをもつ学習は，社会や理科の学習内容に関連している。

　これらを実施するにあたって，幼児期の教育への円滑な接続を図る一環として，低学年の児童が幼児と一緒に学習活動を積極的に取り組むことが求められている。これを「保幼小の連携」という。保幼小の連携を実施するにあたっては，幼児期の実態を十分理解し，(1)教師も相互交流を通じて，指導内容や指導方法について相互理解を深めることが望ましい。(2)近隣の幼稚園や保育所等，幼児期の教育に携わる人々と交流し，協力体制づくりに努める必要がある。(3)幼児と児童の交流が互恵的，継続的，計画的に行われるよう，相互に年間計画に位置づけたり，事前や事後の打ち合わせを行ったりすることが大切である。

［藤池安代］

幼稚園 （旧制）

　「学制」（1872）では「幼稚小学」（小学校の一種）と規定されており，就学前の教育施設として小学校に付設されるものであった。最も古いものとしては，1875（明治８）年に「幼穉遊嬉場（ようちゅうきじょう）」として京都上京の小学校に付設されたものが挙げられる。翌

年には東京女子師範学校に幼稚園が付設され，その後の幼稚園のモデルとなった。1899年には「幼稚園保育及設備規程」が制定され，入園年齢や保育時間などが法的に整備された。また，保育内容として遊戯，唱歌，説話，手技の4項目が定められた。しかし，この規程は翌年の翌年の小学校令の改正により，その施行規則のなかに組み入れられることとなる。1926（昭和元）年，初めての単独法令として「幼稚園令」が定められ，保母の免許状も規定された。保育内容には観察が加えられ，5項目となった。この幼稚園令は1947（昭和22）年の学校教育法制定まで存続する。　　　　　　　　　［荒内直子］

幼稚園〔新制〕

　学校教育法（第1条）に定められた「学校」であり，「義務教育及びその後の教育の基礎を培うものとして，幼児を保育し，幼児の健やかな成長のために適当な環境を与えて，その心身の発達を助長することを目的」（同法第22条）としている。満3歳から小学校就学の始期までの幼児が入園できる（同法第26条）。教育内容は「幼稚園教育要領」に示されており，「健康」「人間関係」「環境」「言葉」「表現」の5領域となっている。幼稚園は文部科学省の所管であり，厚生労働省が所管する保育所とは一線を画している。幼稚園教員になるためには幼稚園教諭の資格が必要であり，保育所などで保育に携わるための資格である保育士とは異なる。しかし，双方を一元化し，サービスの向上と効率化をめざすため，2006（平成18）年には「認定こども園」が設置され幼保一元化が進みつつある。　　　　　　　　　　　　　　　　［荒内直子］

幼稚園教育要領

　学校教育法に基づいて文部科学省が示した幼稚園における教育課程編成，指導計画作成のための国家基準である。1956（昭和31）年に最初に告示され，保育内容として，健康・社会・自然・言語・音

楽リズム・絵画制作の6領域が示された。1964（昭和39）年改訂の際には，「生活経験に即した総合的指導を行う」ことを強く打ち出した。1989（平成元）年改訂では，「環境による保育」が明確に打ち出された。ねらいは「幼稚園修了までに育つことが期待される，心情，意欲，態度」であり，内容は6領域から5領域（健康，人間関係，環境，言葉，表現）に変化している。1998（平成10）年の改訂においては，幼児理解に基づく教師の計画的な環境の構成や，生きる力の基礎を培うために，ねらい及び内容を改善している。2008（平成20）年の改訂では，発達や学びの連続性を踏まえ幼稚園と小学校の円滑な接続，家庭や地域との教育の連携，子育て支援と預かり保育の充実などが特長的といえる。2017（平成29）年の改訂では，小中高の教育へつながる18歳までを見通して「育むべき力」を明確にした。具体的には幼稚園教育において育みたい資質・能力を3つの柱として整理し，「幼児期の終わりまでに育ってほしい10の姿」として示した。そして小学校教育への接続をいっそう強化するとともに，スタートカリキュラムにおける学習も視野に含めることとなった。また，特別な配慮を必要とする幼児への指導の充実，カリキュラム・マネジメントの実施，社会に開かれた教育課程としての役割を子育て支援を通じて実施することなどが示されている。　　［芝田圭一郎］

幼保一元化

　幼稚園（文部科学省所管の学校）と保育所（厚生労働省所管の児童福祉施設）の二元体制であった保育制度を一元化し，質の高い幼児教育・保育の一体的提供をめざす政策のこと。少子化の進行，保育所の待機児童の増加，家庭や地域の教育力の低下，保育ニーズの多様化等への対策として，2006（平成18）年に「就学前の子どもに関する教育，保育等の総合的な提供の推進に関する法律」が制定され，

幼保一体化施設として「認定こども園」制度が開始された。しかし，各施設異なる歴史的経緯によって設立され，対象とする子ども，所管庁，職員の資格，運営基準等が異なっており一元化になっていないのが現状である。幼児教育内容については，2017（平成29）年「幼稚園教育要領」「保育所保育指針」「幼保連携型認定こども園教育・保育要領」の3法令が同時に改定（訂）され，3歳児以上の幼児教育内容の共通化が図られている。

[大谷彰子]

吉田松陰

（よしだ しょういん：1830 - 1859）

幕末の思想家，教育者。長州藩萩の出身で，幼少期より藩の山鹿流兵学師範である叔父から厳しい教えを受け，19歳で兵学師範となる。1850年，21歳の頃九州に遊学，平戸・長崎を訪れ，海外情勢に触れて学問と世界に対する視野を広げた。その後も江戸に出て佐久間象山に師事，脱藩して東北への遊学など活発に行動する。1854年にペリーが2度目の来航を果たすと海外密航を企ててアメリカ艦に乗り込むが，叶えられず投獄された。自藩幽閉となり萩で入牢すると，囚人たちに『孟子』を講義し，書に優れた囚人には書を教えるよう勧めるなど独自の教育活動を行う。自宅禁錮となっても近親子弟に講義を続け，1856年には松下村塾を主宰し弟子たちを教育する。塾は高杉晋作，久坂玄瑞ら維新に関わる逸材を数多く輩出した。尊皇攘夷運動の弾圧である安政の大獄に連座し処刑される。太平洋戦争中には忠君愛国の理想的教育者として国定教科書に取り上げられた。 [塩見剛一]

「読むこと」（国語科）

小学校学習指導要領（2017）で示された国語科の「思考力，判断力，表現力等」の育成の3領域（「話すこと・聞くこと」「書くこと」「読むこと」）の一つである。「読むこと」では，説明的な文章と文学的な文章（詩を含む）を読むことを取り上げる。指導事項として「構造と内容の把握」「精査・解釈」「考えの形成」「共有」が挙げられているが，どの作品や文章も必ずこの順番に行うよう学習指導要領は求めてはいない。一方，単元づくりは，文章のジャンルにより，また，学級の実態に合わせて行うよう求めている。「読むこと」で終わるのではなく，物語を創作したり，文型を使って説明文を書いたりするなど，読み取ったことの内容や形式を，アウトプットする言語活動を単元の終わりに置くのが一般的である。 [森 成美]

ら

来談者中心療法
（client-centered therapy）

ロジャーズが創始した，心理療法の理論。他の心理療法と比べて，来談者（クライエント）のもつ自己成長力に全面的な信頼を置いているのが特徴であり，「治療者は，本人が主体的に自己理解を深めて自己選択していくように援助するだけで十分」との立場に立っている。治療者の人格的研鑽を重視し，自分を飾らないオープンさである「純粋性」，相手を大切にする気持ちである「受容」，相手の感じているように自らも感じる「共感的理解」が生み出す人と人との良好な関係が心の病を癒やすと考える。また，来談者の悩みを聴いて本人の気づきを促すための専門的な技術である「傾聴」も来談者中心療法によって磨かれ，相手の話した内容を繰り返す「反射」や来談者の話の内容をまとめる「明確化」などの技法も生まれた。これらの知見は，心理療法における基本的な姿勢として，学派を超えて重視されている。　[安藤聡一朗]

ライン，**W.**
（Rein, Wilhelm：1847 - 1929）

ヘルバルト派の教育学者。大学でチラーからヘルバルト派の教育学を学ぶ。チラーの実験学校や師範学校で教員及び校長を務め，1886年にイエナ大学で教育学教授となる。ヘルバルトの四段階からなる教授法をチラーが五段階に発展した形式的段階に，さらに修正を加えた。「予備・提示・比較・総括・応用」というラインの五段階教授法は，教育活動の具体的な過程を明確化する理論として教育現場で利用され，ヘルバルト派教育学の世界的な普及に貢献した。日本においても1892（明治25）年から1902（明治35）年頃にかけて五段階教授法がさかんにもてはやされている。しかし実践では五段階教授法の使用が形骸化し，注入主義の一方的な教授法として用いられたため，新教育運動の発展とともに批判にさらされるようになった。だが，ラインの教育論のうち教授技術のみを一面的にとらえて利用し，「訓育」など他領域に及ぶ教育思想を放置する拙速な理解には問題がある。　[塩見剛一]

ラグビー校（Rugby School）

イートン校やハロー校と並ぶイギリスの伝統的なパブリック・スクール。イングランド中部にあり1567年の創立。ハウスと呼ばれる寄宿舎をもち，その運営は舎監となった教師が行う。1827年から1842年のラグビー校校長，トマス・アーノルドは荒廃していたパブリック・スクールを復興した人物として知られ，人文主義的教養とスポーツを通じた集団的規律の形成を重んじる紳士教育を標榜した。評論家のマシュー・アーノルドはトマスの長男でラグビー校出身，同校の教員も務めている。ヒューズ（Hughes, T.）の『トム・ブラウンの学校生活』はパブリック・スクールを描いた古典的小説で，著者自身のラグビー校での生徒経験に基づき，集団生活の楽しさだけでなく，厳しい上下関係やいじめなども描かれる。エリート養成校として知られるが近年では一般に門戸が開かれ，女子も受け入れている。スポーツのラグビー発祥の学校。→アーノルド父子　[塩見剛一]

ラ・サール，**J.** （La Salle, Jean-Baptiste de：1651 - 1719）

フランスの聖職者，教育者。1684年にカトリックの宗教団体・教育団体「キリスト教学校同胞団（ラ・サール教団）」を設立。貧民教育に尽力し，無月謝の小学校を開校するなど，とりわけ初等教育に力を注いだ。1687年に定められた同団体の会規には「子どもたちに対するこのキリスト教教育は，その精神を啓発し，

その心情を形成し，その立ち居振る舞いを規制することにある」と記され，自制のある態度やよい模範，教理問答の教授が重視された。同胞団の教育課程には読み・書き・算の初歩的教育内容及び宗教，作法のほか，数学・歴史・地理などの教科，建築・航海術といった技術的訓練が加えられた。また能力段階別に学級を編成し一斉授業を取り入れ，効率的な教育方法を導入した。日本には1932年にラ・サール教団の修道士が来日，戦後になって児童養護施設を開設し，1950年には高等学校を鹿児島県に創設，その後中学校も開校し，いずれも発展を遂げている。

[塩見剛一]

ラ・シャロッテ，L.-R. de C. de
（La Chalotais, Louis-René de Caradeuc de：1701 - 1785）

フランスの裁判官。法学を学び，父の後を継いで当時の裁判所である高等法院に入る。1739年より検事長，1752年より検事総長を務める。1761年と62年の2度にわたりジェスイット会（イエズス会）の会憲を検討し，その危険性を明示した『ジェスイット組織の報告書』を著す。同書はフランス中で広く読まれ，ジェスイット会のフランスからの追放へと至る議論を後押しした。1763年に出版した主著の『国民教育論』はコレージュでの学習計画であり，学齢期に応じた具体的な教育内容と教育方法が示される。同書でラ・シャロッテは学校教育を世俗化し，教育権を絶対主義国家に集中させる教育改革論を展開した。その教育論は学問・科学の振興，教育と宗教の分離，世俗的道徳の導入といった進歩的な論調をもつ一方で，アンシャンレジーム末期という世相を反映して，封建的な身分制度の固定・維持を図る反動的な側面も見られる。

[塩見剛一]

ラッセル，B. A. W.（Russell, Bertrand Arthur William：1872 - 1970）

イギリスの哲学者，数学者。名家に生まれるが両親を幼くして亡くし，厳格なキリスト教徒であった祖母に育てられる。18歳でケンブリッジ大学に入学するまで学校教育を受けず，主に家庭教師から学ぶ。大学では数学を専攻，同時に哲学や歴史にも関心を深め，研究を進めた。第一次世界大戦に対する反戦論を展開したため，1916年にケンブリッジ大学の教職より追放。その後も一貫して平和主義を主張し，晩年に至るまで核兵器廃絶やベトナム戦争反対を訴え平和運動に身を投じた。長男の誕生を機に教育に関心を深め，1926年には『教育論』を著す。同書では幼児期の性格教育を中心とした教育論が展開され，生命力・勇気・感受性・知性を理想的な性格のための4要素としている。1927年，妻とともにビーコン・ヒル・スクールを開設，自ら校長を務める。自由主義教育を行うが，教育上の混乱や経営面での失敗，離婚等から不成功に終わった。

[塩見剛一]

ラトケ，W.
（Ratke, Wolfgang：1571 - 1635）

ドイツの感覚的実学主義者。彼は教育学における教授学の原理をコメニウスに先立ち確立した。彼の考案したカリキュラムは単純で反復と簡潔さをモットーとし，練習問題を取り入れることを特徴とした。また授業のなかに娯楽的要素の概念（例えばレクリエーションや歌唱など）を導入して，当時の硬直化した学校（人文主義的ギムナジウム）に対して比較的自由な教育観，学校カリキュラム観を提唱した。そのため彼は教授学を広く一般化する前段階に位置づけられ，また事実や経験を重んじる教育観を展開した。代表的著作には『キリスト教学校の全体計画』がある。

[津田 徹]

ラブレー，F.
（Rabelais, François：1494 - 1553）

フランスの人文学者。人文主義的実学主義者の一人。この時代同立場に立つ人物としてラブレー以外にもエラスムスや

イギリスの詩人ミルトンなどが挙げられる。『ガルガンチュアとパンタグリュエルの物語』が代表的著作。彼はそのなかで中世の権威的教育観であったスコラ式教育を痛烈に滑稽に批判してみせたが、当時の学問中心地であり権威でもあったパリ大学神学部はこの書を危険視して禁書とした。彼が伝えようとしたことはあるがままの人間であり、人間性の肯定（「汝の好きなことを行え」）というものであった。また彼は著のなかで当時どのような遊びがあるかを枚挙しており、この著は当時の社会背景と人間観をうかがい知ることのできる書の一つである。

[津田　徹]

ラーメン・プラン（Rahmen Plan）

　ドイツ教育制度委員会が1959年に勧告した、西ドイツの普通教育制度の基本的改革案。翌年のブレーメン・プランとともに、第二次世界大戦後の西ドイツの代表的な教育改革案とされる。「ラーメン」はドイツ語で枠組み・骨子を意味し、ラーメン・プランとは計画の骨子、大綱を意味する。正式名称は「普通教育の公立学校制度の再形成と統一化のための大綱計画」。一般初等教育を行う4年制の基礎学校に続く2年間を共通の促進段階とすることで、教育の機会均等の拡大を提案した。しかし一方でギムナジウム、レアルシューレ、ハウプトシューレという3分岐型の学校制度の維持や、英才学校である学術学校の設置を盛り込むなど、妥協案と見られる内容も含まれる。また、ドイツ教育制度委員会は助言と勧告を基本方針として政治的な実行力をもたなかったため、改革案が法的に実現されることはなかった。

[塩見剛一]

蘭　　学

　江戸時代にオランダ語とそれに伴う学問が日本に輸入され、翻訳活用された学問のこと。徳川8代将軍吉宗の頃、実学の奨励によって蘭学が重視された。青木昆陽は吉宗の命を受け蘭学を学んだ。オランダ貿易の通詞（つうじ）の活躍によっても蘭学は広がることとなったが、とくに蘭学を有名にしたのは、前野良沢と杉田玄白である。前野は青木に学び、杉田とともにもともとドイツの原著『解剖図譜』の蘭訳『ターヘルアナトミア』を2人で翻訳しこれを『解体新書』として医学を牽引した。蘭学の私塾も大槻玄沢の芝蘭堂、シーボルトの鳴滝塾、緒方洪庵の適塾などが挙げられ、幕府の蛮書和解御用掛など教育研究機関の存在が蘭学の普及に役だった。前野良沢の『蘭学事始』は翻訳時の苦労を述べたものである。

[津田　徹]

ラングラン，P.
（Lengrand, Paul：1910 - 2003）

　フランスの教育者。生涯教育論の提唱者として知られる。第二次世界大戦後、カナダでフランス文学の教授職に就いていたが、1948年にユネスコ職員となる。1965年にユネスコがパリで開催した成人教育推進国際委員会において、ユネスコの成人教育課長として生涯教育の理念を提言する報告を行う。それにより、生涯教育が今後の教育の基本原理として注目されるようになった。その報告はフランス語で「恒久教育」を意味するエデュカシオン・ペルマナント（éducation permanente）と題されていたが、この語の英訳にユネスコがライフロング・エデュケーション（lifelong education）、すなわち「生涯教育」を採択したため、一般に生涯教育という用語が流布するようになった。1972年に職を退くまで、生涯教育及び成人教育理論の普及に努めた。

[塩見剛一]

ランジュヴァン・ワロン改革案
（Langevin-Wallon Plan）

　1947年、フランスにおける教育改革案で委員長ランジュヴァンの名にちなんでつけられた。ランジュヴァンが1946年に死去したためワロン委員長が引き継いだ。義務教育年限の延長等、戦後のフランス

の教育の方向を示した1975年の「教育基本法」にさかのぼる改革として，ランジュヴァン・ワロン改革案は位置づけられる。　　　　　　　　　　［広岡義之］

理科の見方・考え方

　学習指導要領解説（2017）における「理科の見方（自然の事物・現象を捉える視点）として，4つの領域でそれぞれ対応する特徴的な視点が次のように挙げられる。

「エネルギー」領域（物理）では量的・関係的な視点，「粒子」領域（化学）では質的・実体的な視点，「生命」領域（生物）では共通性・多様性の視点，「地球」領域（地学）では時間的・空間的な視点。ただこの視点は領域固有のものではなく，他にも原因と結果，部分と全体，定性と定量といった視点もある。「理科の考え方」（問題解決の過程での思考パターン）としては，比較，関係付け，条件制御，多面的に考える，といったものがある。理科の学習において，「理科の見方・考え方」を自在に働かせて自然に関わることを通じてこそ「深い学び」を実現することになる。　　　　［鰭本　格］

リカレント教育 （recurrent education）

　OECD（経済協力開発機構）の内部機構である教育研究革新センター（CERI, 通称セリ）が1970年代より提唱する，生涯教育の理念を実践するための教育改革構想。「リカレント」が回帰，循環を意味するように，労働と教育を循環し，学校教育を人生の早い時期に集中させずに，いったん社会に出た大人が多様な教育を受けられるよう機会を設ける理論。1969年に第6回ヨーロッパ文部大臣会議で，スウェーデンのパーム文相が「リカレント教育」の語を用いたことが端緒となる。個人の発達，教育の機会均等，教育と社会（とくに労働）との相互作用，を基本的目標とし，また従来の学校から社会へ，という一方向の流れのため生じる教育や社会構造の画一化を防ぐことをめざす。

成人教育・社会教育が学校外の教育を主体とするのに対し，リカレント教育ではそれらの利用も考慮しつつ，フルタイムでフォーマルな学校教育への回帰を提案する。　　　　　　　　　　［塩見剛一］

理科を学ぶことの意義や有用性

　国際的な学力調査である PISA や TIMSS の結果によると，日本の子どもたちは理科の知識や技能の習得や活用についてのスコアは高順位なのに，「理科が役に立つ」「理科が楽しい」との回答が国際平均よりも低いことがわかった。理科が好きな子どもが少ない状況を改善するために，観察・実験を中心とした探求の過程を通じて課題を解決したり，新たな課題を発見したりする経験を増やすことが重要である。そのことが理科の面白さを感じたり，理科の有用性を認識したりすることにつながっていくとの理科の具体的な改善事項を中央教育審議会が答申した（2016年12月）。　　［鰭本　格］

リ　　セ （仏：lycée）

　フランスの後期中等教育機関。日本の教育制度では高等学校に相当する。国公立の学校であり，私立の場合はリセと呼ばれない。フランス革命期にコンドルセが公教育の組織案で五段階の教育を提議し，初等学校・中等学校・学院に続く第4段階にリセの名称を用いた。リセという語はアリストテレスの学園，リュケイオンに由来する。1802年制定の公教育一般法により，中等教育機関として設置された。もとは7年制の進学校であったが，1975年のアビ改革を経て，それまで短期の中等教育機関であったコレージュが前期中等教育を行い，リセが後期中等教育機関となった。3年制の一般教育を基本とし，その教育修了はバカロレアで認定される。リセの教員には高い資質能力が求められ，原則として博士号以上の資格が必要である。2～3年制の職業リセもあり，その課程で取得できる職業バカロレアの制度改革が2019年度以降に検討さ

れている。　　　　　　　　　　［塩見剛一］

リテラシー（literacy）

　もともとは読み書きの能力を意味し，とくに言語の運用能力についていうことが多かった。意思や感情等意味を伝えるための媒体としての言語は，西洋では蠟版やパピルスに記された書き言葉による伝達から，15世紀のグーテンベルグの発明による活版印刷術の登場，さらに20世紀における情報メディア革命が歴史的に象徴される。これらの情報文化の発展に伴って教育の方法や媒体のあり方も大きく変化してきた。現代の情報化社会では，従来の文字を読むことができ伝達できるという言語能力の習得だけでは不十分で，メディアリテラシーというより広域の意味内容を包摂した，多様な情報メディアを活用し使用する能力が求められている。そのほかに批判的に情報を読み解く力をメディアリテラシーということもある。情報化社会では恣意性，匿名性，一方向性による情報の発信や無責任で根拠のない主観的な情報が氾濫しているため，情報を正確に読み取る力が学校教育においても求められている。　　　　　［津田　徹］

リビドー（libido）

　性的欲求の源泉となり，また精神活動を支える力ともなるエネルギーに対して，フロイト，S. によって命名された言葉。フロイトは物理科学理論から，性的欲求や精神活動をエネルギー論的，量的に把握しようとした。リビドーには自我リビドーと対象リビドーの２種があるという。リビドーは，生得的な発達のプログラムに従って，身体の発達を成熟につれて，そのエネルギーの主たる源泉と，欲求の対象と目標を順次変えてゆく。口唇期には，リビドーの対象は母親の乳房であって，目標は口唇欲求の充足ないし乳汁の取り入れである。ただし空腹であっても，親指や他のものをしゃぶる。これは，口唇に快的な感覚を求めている。このような衝動の充足を自体愛という。肛門近く

の直腸粘膜や括約筋が快感の源泉となる肛門期になると，リビドーの対象は大便となり，大便の保持や排出による快感獲得が目標となる。性器が快感獲得の中心になる男根期になると，はじめは自体愛的であるが，しだいに対象は外的対象（身近の両親）に移っていく。その結果，エディプス・コンプレックスが生じ，性的欲求は抑圧される。こうして表面的には性的活動のまったく認められない潜伏期が訪れるが，思春期になると，従来の前性器的諸衝動が性器愛によって統合された性器優位の体制が確立され，リビドー対象は異性の人格相対となり，目標は肉体的結合と同時に，対象との精神的一体感の獲得となる。　　　　　［西本　望］

流暢さと正確さ

　言語運用能力，とりわけ話すことや書くことなどの能動的スキルを語るうえでの，ひと組の相補的な指標。流暢さ（fluency）とは，言葉がテンポよく続いて表現されるなめらかさのことであり，語学習得過程の学習者にとっては，軽微な語法や文法の誤りを気にすることよりも必要なメッセージをより多く伝えることに主眼が置かれる。正確さ（accuracy）は，形式と内容の双方においてよりミスが少ない情報伝達を行うことに力点を置き，言語習得の初等・中等段階においては，しばしば流暢さを犠牲とすることとなる。学習者においては，コミュニケーションや言語使用の目的や状況に応じて流暢さと正確さの優先上のバランスをとることを通じて，双方のスキルを高めることが重要である。　　［宇野光範］

良　寛（りょうかん：1758-1831）

　江戸後期の禅僧，歌人。道号は大愚（だいぐ）。越後（現在の新潟県）出雲崎の生まれ。青少年期，大森子葉（しよう）のもとで儒学を学ぶ。家督を弟に譲って出奔し東北各地を放浪したのち，備中（現在の岡山県）玉島円通寺の住職である大忍（だいにん）国仙に従い，22

歳で出家。曹洞宗の名刹，円通寺で座禅を主とした厳しい修行を行う。国仙の没後，諸国を行脚し越後に帰郷，隠棲生活に入った。次第に知恵を脱し，無為無欲の境地へと至る。和歌，漢詩，書に長じ，また子どもを愛した良寛は子どもたちとともに無心に遊び戯れる喜びを歌や詩に詠む。1827年，良寛70歳の折，29歳の尼僧，貞心尼（ていしんに）が訪れ弟子となる。師弟の2人が交わした歌は74歳で良寛が寂した後に，貞心尼によって『蓮の露』として残される。つねに子ども，貧者，病人といった弱者を愛し敬う良寛の姿勢は，自然に人の心を和らげ教化するものであった。　　　　　　［塩見剛一］

臨界期仮説

　ある年齢を過ぎると言語の習得が困難になるという仮説の総称で，英語教育においては第二言語習得における言語能力についての臨界期仮説が問題となる。臨界期の時期や習得の困難さの種類や程度などに応じてさまざまなバリエーションがあるため，教育に関する議論では直感的な主張に陥ることなく具体的にどのような臨界期仮説について語っているのかを明確にして進められることが必要である。臨界期仮説はそれ自体を一気に証明あるいは反証できる性質のものではなく，社会学的課題や生理学的問題など，言語習得に関する真摯な研究や議論の一つの入り口となるタームとしてとらえることが重要である。　　　　　　［宇野光範］

臨時教育審議会（臨教審）

　1984（昭和59）年9月に当時の内閣総理大臣（中曽根康弘）の私的諮問機関として発足し，21世紀を展望した教育の在り方について，社会の教育諸機能の活性化について，初等中等教育の改革，高等教育の改革が大きなテーマであった。以来1987（昭和62）年まで4つの答申をまとめた。概要は(1)個性重視の原則，(2)生涯学習体系への移行，(3)国際化，情報化等変化への対応にまとめられる。その他，1989（平成元）年の学習指導要領改訂への影響（生活科新設，選択履修の拡大，教育課程の弾力化，自己教育力の育成を重視した新しい学力観など）や，教員の資質向上のために初任者研修制度の創設や免許法改正への影響が挙げられる。さらに大学設置基準の大綱化，17歳での大学入学，単位制高等学校の制度化，外国語教育の改善，留学生受け入れ10万人計画，学習指導要領内において情報活用能力が新たに位置づけられるなど，現代の教育の現状に少なからぬ影響を及ぼしている。　　　　　　［津田　徹］

臨床心理士

　公益財団法人日本臨床心理士資格認定協会の認定による，心理職の民間資格である。臨床心理士資格審査規程では，臨床心理士の専門業務として，臨床心理査定や臨床心理面接，臨床心理的地域援助及びそれらの研究調査等の業務が定められている。受験をするためには，指定大学院や専門職大学院の修了等，一定の受験資格を満たす必要がある。資格取得後は，教育研修を経て5年ごとに更新する。臨床心理士の職域や仕事内容は多岐にわたる。　　　　　　［及川　恵］

『リーンハルトとゲルトルート』

（*Lienhard und Gertrud*, 1781-1787）

　近代ヨーロッパの教育思想家であり教育実践家であるペスタロッチの代表的な著作の一つである。その内容とは，さまざまな誘惑により堕落した石工のリーンハルトを，善良な妻であるゲルトルートが献身的な努力によって救い，家庭を貧困から救うというものである。これは，貧困から抜け出すための教育や生活の方法を，物語の形式を通し，民衆に向けて述べた教育小説でもある。とくに，子どもたちを教え訓育する妻ゲルトルートの姿には，民風を改めるためには何よりも教育が必要であるということが示唆されている。このように，『リーンハルトとゲルトルート』には，教育の原点は家庭

にあり，家庭の中心は母にあるというペスタロッチの思想が包括的に，しかも実際の姿として描かれており，それ自体が諸分野での学術研究の対象にもなっている。さらには，彼の他の著作の手引きの役割をも担っているといえる。

[猪田裕子]

る

類推的な考え

一見すると異なるように見える事象について，同じような方法で解決できるのではないか，同じような性質があるのではないかと推察する考え。「帰納的な考え」「演繹的な考え」とあわせて，重要な数学的な考え方である。小学校4年生で学習する「面積」を例にとると，面積の意味指導では，単位正方形（1辺1cm）のいくつ分かで表す広さを面積と定義する。この学習を経て5年生では「体積」の学習をするが，ものの大きさ（かさ）を数値化して表すにはどうしたらよいか，といったことを考える際に，面積のときに用いた考えから類推し，1辺が1cmの単位立方体のいくつ分かで表せばよいのではないかと考えることができる。算数の学習では既習内容を活かして新たな問題を解決するといったことが重視されるが，その際に「類推的な考え」を用いて見通しを立てることも多い。

[井上正人]

ルソー，J.-J.

(Rousseau, Jean-Jacques：1712 - 1778)

啓蒙思想全盛の18世紀にフランスで活躍した社会思想家。スイスのジュネーブに時計職人の息子として生まれる。誕生後すぐに母を亡くし，父も10歳でジュネーブを出奔，13歳で徒弟奉公に出されたため，正規の教育を受けずに育つ。1750年に『学問芸術論』を発表し思想界で注目される。1762年に相次いで公刊した『社会契約論』と『エミール』はルソーの主著で，それぞれ社会改革と個人主義教育を主題とする。『エミール』の冒頭では「万物をつくる者の手をはなれるときすべてはよいものであるが，人間の手にうつるとすべてが悪くなる」といい，性善説の立場から合自然的な自然主義教育を唱えた。また道徳的判断の性急な教え込みを避けて感覚的教育を優先するため，その教育論は消極教育ともいわれる。ルソーは子どもには大人と異なる成熟があるとして，子どもの年齢段階に応じた成長課題を設定し，さらに子どもの権利を主張したため「子どもの発見者」と呼ばれる。

[塩見剛一]

ルター，M.

(Ruther, Martin：1483 - 1546)

宗教改革を行ったドイツの神学者。ローマのサン・ピエトロ教会建設のために「免罪符」が販売され，その購買により信者の罪が赦されるとローマ・カトリックは宣伝した。しかしルターはこれに反対し，1517年10月31日に95か条の提題をヴィッテンベルグの教会の扉に掲げて宗教改革に踏み出した。「人は信仰によってのみ義とされる」ことが彼の主張の原理であったからである。また公教育制度については，国家が学校を設立し，すべての男女に無償の普通教育を受ける義務と権利を求めた。初等教育のテキストとして『教義問答書（カテキズム）』を著した。『キリスト教教会の改善に関してドイツのキリスト者貴族に与える書』（1520）で，学校教育の福音主義化を唱えた。『ドイツ各都市の市長ならびに市の参事会員にあてて，キリスト教学校を設立し，維持すべきこと』（1524）では，福音主義の学校の設立・維持を都市の政治家に勧告した。

[広岡義之]

ルネサンス（Renaissance）

14〜15世紀にヨーロッパで生じた文芸復興運動。「ルネサンス」とは「再生」

を意味する。それ以前の中世キリスト教世界における神中心の価値観や教会，聖職者中心の制度に反省を促し，主として古代ギリシア，古代ローマの古典作品の研究を通して，人間性，個性を取り戻す文化運動であった。当初イタリアから生じ，その後西ヨーロッパに拡大して，ドイツ，フランス，オランダ，イギリス，スペイン等では著名な著作家，芸術家，教育家が登場することとなる。当時の理想的人間像はホモ・ファーベル（工作人）や万能人であり，他方で古代ローマの教育的著作の再発見や女子教育，個性重視の教育観の出現に影響を及ぼした。歴史家ペーターやブルクハルトの果たしたルネサンス観の確立への影響力も大きく，近代教育の先駆けの時代であるともいえる。

[津田　徹]

れ

レアルシューレ（独：Realschule）

　旧西ドイツ時代の1964年に，従来の中等学校を改称することで生まれた学校教育段階で，現在まで存続するドイツの中等教育機関の一つ。実科学校と訳される。他の中等教育機関にはギムナジウム，ハウプトシューレ，ゲザムトシューレがあるが，「観察指導段階」とされる中等教育の最初の2年間（第5～第6学年）はいずれの学校でも共通の教育を受ける。4年制の基礎学校に続く6年制の学校で，基礎学校から通算して第5学年から第10学年に相当するのが通常である。ただしハウプトシューレからの転学者が学ぶための上構形式の学級もあり，この上構型では第7学年から第10学年までの4年制が一般的である。卒業後に就職する者を対象とするハウプトシューレと大学進学者対象のギムナジウムとの中間的性格を備え，卒業生には中級修了証が与えられ

る。中級技術者，公務員などの就職のほか，同修了証によりギムナジウムへの転学資格や専門上級学校などへの進学資格が与えられる。→上構型学校系統

[塩見剛一]

レヴィン，K.
（Levin, Kurt：1890 - 1947）

　ベルリン大学（現ベルリン・フンボルト大学）で哲学と心理学の教授であったが，ナチスの台頭により1933年渡米亡命した。アイオワ大学児童福祉研究所を経て，マサチューセッツ工科大学グループ・ダイナミックス研究所を設置して教授を務めた。意思動作，情意過程，パーソナリティ，集団行動などについての実験的研究を行ってゲシュタルト構想を展開した。数学的概念を使用したトポロジー心理学を提唱し，場の理論を導入してきた。今日のグループ・ダイナミックス研究の基礎をつくり，社会心理学の祖とも呼ばれた。著書に『パーソナリティの力学説』（1935），『トポロジー心理学の原理』（1936）などがある。

[西本　望]

レクリエーション

　英語で，気晴らし，娯楽，などを意味する言葉であり，仕事などによって緊張し疲れた精神と肉体を回復させ，新たなエネルギーを生み出すために，余暇を利用して行われる活動全体を指す。戦後，占領軍によって，歌，ゲーム，フォーク・ダンスなどがこの言葉とともに紹介された。1938（昭和13）年設立の「日本厚生協会」が1948（昭和23）年「財団法人日本レクリエーション協会」と名称を変更し，指導者の養成や地域の活性を図る活動を実施している。また，社会教育法（1949）は，社会教育を「学校の教育課程として行われる教育活動を除き，主として青少年及び成人に対して行われる組織的な教育活動（体育及びレクリエーションの活動を含む。）」と定義（第2条）しており，レクリエーションは社会

教育活動であると解釈される。

[荒内直子]

レスポンデント学習（respondent theory）

　スキナーが命名したもので，パブロフの条件反射のように特定の刺激によって喚起される行動を指す。オペラント学習（条件づけ）とは対語であって，古典的条件づけの一形態とされる。この学習では，刺激の置換が重要な役割を演じていることからＳ型条件づけと呼ばれる。つまり条件刺激と無条件刺激が時間的に接近して繰り返し与えられることが，条件づけが成立するための必要条件とされている。すなわちこの過程では有機体が条件刺激に受動的に反応する点でオペラント条件づけとは異なる。　　　　[西本　望]

レッスン・スタディ⇨授業研究

レディ，C.

（Reddie, Cecil：1858 - 1932）

　イギリスの教育改革者。幼少期に両親を失い，イギリスの学校からスコットランドのフェッツ・カレッジ（イングランド式のパブリック・スクール）へと転校を余儀なくされるが，各校での経験が学校教育に対する批判の原点となった。エディンバラ大学卒業後ドイツに留学し，帰国後フェッツ・カレッジやイギリスのパブリック・スクールで教鞭をとる。1889年，イングランド中部の田園にアボッツホルム校を創設し校長を務めた。指導者階級に属する男子を対象とする中等教育のモデル校を標榜し，レディは同校を「教育実験室」と呼んだ。その教育論はドイツの教育学者ラインに負うところが大きく，また制度面では全寮制，級長制度などパブリック・スクールの伝統を受け継ぐ一方，古典語重視の学習を改め，労作などを取り入れた幅広い能力の調和的発達をめざした。アボッツホルム校は「新学校」と呼ばれ，田園教育舎系の新学校や新教育運動に影響を与えた。

[塩見剛一]

レディネス（readiness）

　学習者が教育や学習を有効に進めるために必要とされる状態のこと。準備性とも訳される。学習を成立させる条件には，教師や教材といった外的条件とともに，学習者が一定の学習に向き合ううえでの基盤となる知識，あるいは心理的・発達的な段階や状態，すなわち内的条件がある。この内的条件がレディネスである。レディネスは，その端緒においては発達段階を無視した注入主義に対する反論を支える概念として登場した。それゆえ学習者の成熟を待つことでレディネスが用意され，学習の効果が現れると考えられたが，のちにレディネスをつくり出す，または先取りすることが可能という理論も主張されるようになった。援助者がいる場合と自力による場合で2種類のレディネスの水準を考えるヴィゴツキーや，学習者の段階に応じた方法を用いればどの教科でも効果的に教育ができるという「らせん型教育課程」を示したブルーナーなどが新たなレディネス観を代表する人物である。　　　　[塩見剛一]

レミニセンス（reminiscence）

　学習直後よりも時間経過後のほうが記憶の保持量が増加すること。エビングハウスによる記憶の保持曲線の研究では，記憶量は時間経過とともに減少するとされていたが，条件によっては，レミニセンスが起こることが見出されている。ただし定義上，原学習が完全記銘に達していれば，この現象は起こらない。しかしこのような際にも，経過時間の長いほうが短時間のときより記憶保持が改善されることがあって，この現象をもレミニセンスと呼ぶことがある。バラードやウィリアムズなどによる，詩・文章などの有意味再生によるものをバラード・ウィリアムズ現象と呼ぶ。ワードやホヴランドによる無意味綴りによるものをワード・ホヴランド現象と呼ぶ。前者は再生までの感覚が2週間程度であるのに対して後

者は数十分の範囲であって，長期記憶と短期記憶にかかることになって同一現象ではない。とくに後者を短時間レミニセンスと呼ぶこともある。　　[西本　望]

連携教育・学社融合

　連携教育とは，従来，教育・学習の「車の両輪」である学校教育と社会教育の連携のことをいい，「学社連携」ともいう。連携教育（「学社連携」）とは，学校教育と社会教育がそれぞれの立場を保ちつつ，相互にお互いの教育・学習資源を提供しあいながら，教育を展開することをいう。例えば学校教育プログラムのなかで，自然観察教育プログラムが策定され，それを青少年自然の家で実施する場合，プログラムの主体は学校であり，そのプログラムを遂行するにあたっての人的・物的・自然的資源の提供により支援するのが社会教育機関としての青少年自然の家となる。「学社融合」は1996（平成8）年4月24日に出された生涯学習審議会（当時）の答申「地域における生涯学習機会の充実について」に見られる。そこでは，「学社融合」について，学校教育と社会教育がそれぞれの学習の場や活動などについて「両者の要素を部分的に重ね合わせながら一体となって子どもたちの教育に取り組む」ことと説明している。換言すれば「学社融合」とは，学校教育機関と社会教育機関とがそれぞれの専門的知見をもちより，共同で教育・学習プログラムを策定・実施することといえる。生涯学習社会における教育・学習の充実化に資することが期待される。　　　　　　　　　　[上寺康司]

連合説と認知説 (connectionism 〈associationism〉 & cognitive theory)

　連合説は，ソーンダイクによる試行錯誤説などの，学習の基礎は感覚印象（刺激）と反応衝動との間の結合（結帯：bond）であるとする考え方である。すなわち習慣あるいは学習が形成されたり，こわされたりすることは，刺激－反応の

結合が強められ，あるいは弱められるためであるとする（S-R説）。当初は結合の法則として準備・練習・効果を挙げたが，その後，賞のみの効果の法則，従属の法則，連合転移に重点を移した。この立場には，古典的条件づけやスキナーによるオペラント条件づけなどがある。認知説は，学習過程を，刺激実態の構造の認知構造の変化や再構成化，見通し（洞察）に基づく行動としてとらえる立場である。ケラー（Köhler, W.）の洞察学習説，トールマン（Tolman, E. C.）らのサイン（記号）－ゲシュタルト（形態）説，レヴィンによる場の理論，ピアジェの認識発生的学習理論，ブルーナーの教授理論や発見学習などがこれにあたる。認知からとらえると，連合説より，中枢的メカニズムを重視し，認知構造の獲得を学習の基礎としている。つまり問題解決の際の見通しを，学習成立のための動機づけの条件，個人の要求，誘導性，価値などに，要因を考えている点が特徴である。　　　　　　　　　　[西本　望]

┌─────────┐
│　　　ろ　　　│
└─────────┘

聾学校

　かつて改正前学校教育法第71条で，聾者（強度の難聴者を含む）に対して，適切な教育を行う学校として規定されていた。その後学校教育法の改正があり，現在は特別支援学校の一つとして，学校教育法第72条に次のように規定されている。「特別支援学校は，聴覚障害者に対して，幼稚園，小学校，中学校又は高等学校に準ずる教育を施すとともに，障害による学習上又は生活上の困難を克服し自立を図るために必要な知識技能を授けることを目的とする」（視覚障害，知的障害等の記述を省略している）。ただし聾学校という名の喪失，特別支援という語感に

ついては，議論のあるところである。

[福田規秀]

老年教育学 (gerogogy)

高齢者教育学。ペダゴジー (pedagogy) は一般に子どもを，アンドラゴジー (andragogy) は狭義の成人を対象とする教育学であるのに対し，ここでいう老年教育学 (ジェロゴジー) は，高齢者を対象とする。この考えは，レーベル (Lebel, J.) によって，教育学が3つの異なった原理から成り立っている，として提唱されたものである。つまり従来の伝統的な学校教育では，子どもの教育を主たるものとしてみなしていたのに対して，学校卒業後の成人生活での教育 (post-school education) には，現在直面している生活課題や悩みの解決が必教であるとする。つまり成人教育には独自の教育理論を基礎づけようとするもので，このように子どもと成人を分節化すると同時に成人も高齢期に入ると特性も変化することから，それに応じた独自の教育論を展開する必要があるとしたものである。高齢者の場合には，依存性が強くなり，学習の見通しも即時的な応用が二次的になり，学習経験そのもののなかに価値を見出そうとする。興味をひく教科・科目が中心となる。　　[西本　望]

六・三制

① 意義：日本を含め多くの国々がもつ学校教育体系であって，初等教育と前期中等教育との教育年数を指す。これを日本では，基礎的な段階として一般に義務教育学校としている。これは国民教育の機関であって，公教育として教育の機会均等を実現する基盤となっている。つまり国民が権利として教育を一定期間無償で受けられるように，日本では日本国憲法第26条第2項及び教育基本法第4条に定めていて，保護者または後見人は子どもを小学校または視覚障害・聴覚障害・特別支援学校の小学部に6年間，中学校または中学部に3年間，計9年間就学さ

せる義務を負っている（学校教育法第16, 32, 47, 82条）。

② 歴史的経緯：1947 (昭和22) 年が日本での六・三制教育の始まりである。この起源となる教育制度としては，1500年代ドイツのザクセンなどの領邦国家で開始したのが最初とされている。1763年にはフリードリヒ大王がプロイセンで本格的に義務教育を始めたことによる。

日本では1872 (明治5) 年の学制により，旧寺子屋や旧藩の学校関係者を教師として小学校を開設した。この制度は1886 (明治19) 年に小学校令で尋常科4年の義務づけで確立された。当時，授業料は徴収され，義務猶予（のちに免除）が障害児や家計困窮の児童に定められていた。1904 (明治37) 年には小学校の就学率が男女ともに90％を超え，その前年に国定教科書制が成立したのを受け採用した。1907 (明治40) 年には6年に義務教育年限が延長された。さらに1939 (昭和14) 年に男子青年 (14〜19歳) の学校義務制が実施され中等教育への機会が拡大された。1941 (昭和16) 年の国民学校令の8年制は実現には至らなかったが，国庫負担制度によって貧窮を猶予事由から外し，視覚障害・聴覚障害児の義務教育を要請する改善を行った。1947年には，学校教育法が公布され，六・三制で，小学校と初級中等学校 (中学校)，及び盲・聾・養護学校（養護学校義務化は1979年より）を含めた義務教育体系を実施した。1963 (昭和38) 年より学年進行で，教科書が無償となった。

③ 現状と課題：六・三制の義務教育では，平原春好 (1987) によると，無償就学（日本国憲法第26条第2項）は，判例と行政解釈が教育基本法の「授業料の不徴収」（第4条2項）を相当と限定し，それ以外のかかる教材費，学用品，給食費などが有料なのは，憲法の趣旨ではなく，諸学説や国際常識とも外れることを紹介した。さらに授業料不徴収が国公立

学校に限られるのは，その理由もなく，私立学校が有する公教育補充・公立学校の代替性を考えると，違憲となる論点があるとしている。

障害児に対する発達保障をするための特別支援教育は障害児よりも，むしろいわゆる健常児にとって他者との関わり，相互扶助を獲得・形成する観点から有用である。種々の症状をもつ，さらに多くの障害児とのインクルージョン教育を図るには適切な専門的知識を有する教師や専門家集団の加配と教育方法などの検討が必要となる。教育年限も，健常児より時間的に必要なときは一律でなくてもよい，という論議もあり，それを実施している諸外国も存在している。

六・三制には，現行の中期後期初等教育及び前期中等教育教育課程の連続性，接続を実現化した義務教育学校が登場するとともに，前期初等教育（幼稚園）や後期中等教育（高等学校）を含めてゆく方向も特徴である。学力の格差問題から，世界の先進諸国にあわせて幼稚園教育の義務化をしようとする提案や就学率の上昇とともに高等学校を義務化しようとする論議もされている。後者では，義務ではないが，俗にいう中・高一貫校として中等教育学校や高等学校教育の無償化がすでに実施されている。

少人数教育主流の先進諸国のなかで，最も多人数の40人学級を強いていたことや，個性化の要請や児童による凶悪事件が発生したことで，適切な教育や指導のために教師と児童生徒との相互作用を図ることができるよう，20人学級や30人学級をより求める運動がなされている。
　　　　　　　　　　　　　　　〔西本　望〕

ロジャーズ，C. R.
（Rogers, Carl Ransom：1902-1987）
　アメリカの心理学者。来談者中心療法の創始者。コロンビア大学教育学部で臨床教育学や教育心理学を専攻し，同時期にニューヨークの児童相談所のインター

ンとなる。1928年より児童虐待防止協会に心理学者として勤め，児童相談の実践を通じて既存の強圧的なカウンセリング方法に疑問を抱いたロジャーズは，子どもは自ら成長する動因と欲求をもつと考えた。この考えはのちに来談者中心療法として結実する。来談者中心療法はクライエント（来談者）自身が備える自主的な問題解決能力を信頼し，その成長を援助するために許容的な雰囲気を形成する手法で，非指示的療法ともいう。カウンセラーが暗示，賞讃，忠告などの指示的行為を行うのではなく，共感的理解，無条件の肯定的関心，自己一致といった基本的態度でクライエントに接することが重視される。ロジャーズの影響から，臨床において「患者」に代わり「クライエント」の語が広く用いられるようになった。→非指示的療法　　　　〔塩見剛一〕

ローゼンツヴァイク，S.
（Rosenzweig, Saul：1907-2004）
　ハーバード大学卒業，同大学で M. A. 及び Ph. D. を取得。ハーバード心理学クリニック，ボルセスター州立病院等を経て，ワシントン大学で教鞭をとり教授となった。精神分析の実験的研究をめざし，とくにフラストレーションについての研究が認められている。日常で起こりうる24種のフラストレーション場面の絵画を観て回答を書く P-F スタディ（PFT）を考案した。これによってローゼンツヴァイクはフラストレーション耐性の概念を提唱し，子どもの教育に対し有益な示唆を提供している。〔西本　望〕

ロック，J.（Locke, John：1632-1704）
　イギリスの経験論哲学を代表する思想家。主著の『人間悟性論』（1690）で人間の精神はもともと，文字の書かれていない白紙のようなものであるという「白紙説（タブラ・ラサ）」を主張。観念はすべて経験に由来するという認識論的経験論を唱え，白紙状態にある子どもの精神に書き込む教育の役割の重大さを示唆

した。『教育に関する考察』（1693）では，新たな市民社会にふさわしい紳士教育論を展開。紳士の資質として有徳・知恵・躾・学問を挙げ，なかでも有徳を最も必要な天分とした。『教育に関する考察』冒頭の「健全な身体に宿る健全な精神」という言葉はローマの詩人ユウェナリスに由来する慣用句であるが，体育と徳育を重んじるロックの教育論を象徴する語として有名である。身体的訓練の重視はパブリック・スクールの鍛錬主義へと受け継がれ，また同書はルソーの『エミール』に強い影響を与えた。紳士教育論の一方でロックは貧民子弟の労働学校も計画している。　　　　　　　　［塩見剛一］

ロールシャッハ, H.

（Rorschach, Hermann：1884-1922）

　スイスの精神科医。投影法による心理検査の代表であるロールシャッハ・テストを考案した。チューリヒ大学でブロイラー（Bleuler, E.）の指導を受け，1921年に出版した『精神診断学』においてロールシャッハ・テストが精神診断において有効であることを主張した。ロールシャッハ・テストはインクブロット（インクのしみ）テストとも呼ばれる。左右対称のインクのしみを印刷した10枚（5枚は無彩色，5枚は有彩色）の図版を調査対象者に見せ，何に見えるかを質問する。その後，どの部分がどう見えるかなどを質問する。質問への回答から，調査対象者の知覚の仕方，パーソナリティの特徴などを解釈する。解釈の仕方として，クロッパー（Kropfer, B.）法やエクスナー（Exner, J. E.）法など，さまざまな方法が提唱されている。　　　［松田信樹］

ロール・プレイング（role playing）

　役割演技。役割遂行，役割実現と同義。個人の行動のうち役割に規定されている部分を指す。例えば会議においての代表としての役割演技は，自由な私人としての行動と異なって，極度に抑制されている。つまり人は特定の役割を含む事態を仮想的に設定し，即興劇風に役割を演じる。これら社会的役割などの行動を活用して，シナリオを用いて社会的関係の診断と改善，個人の心理用法，役割期待や役割遂行を反復訓練することによって理解・学習することをめざす。これによって，ある特定の役割についての話し方や振舞いなどが円滑に行うことができるようになる。　　　　　　　　　　［西本　望］

わ

Ｙ・Ｇ性格検査
（矢田部・ギルフォード性格検査）

　アメリカの心理学者ギルフォードらが考案した〈人格目録〉を，日本文化環境に適合するように矢田部達郎らが標準化した質問紙形式による性格検査。ギルフォードらは人間の性格は状況や時間に関係なく一貫した行動特性をもつという立場に立ち，因子分析の手法をもとに性格検査を作成した。Ｙ・Ｇ性格検査は抑鬱，気分の変化，劣等感，神経質，客観的，協調的，攻撃的，活動的，のんき，思考的内向，服従的，社会的内向の12の特性（尺度）ごとに10問ずつ，計120問の質問項目から構成される。全体的プロフィールから「平均型」「不安定積極型」「安定消極型」「安定積極型」「不安定消極型」の５つの性格類型を典型とする評価も可能である。小学生用，中学生用，高校生用，一般成人用（大学生を含む）がある。実施方法が簡単で，信頼性も確認されているため，心理臨床や教育・企業の現場などで幅広く利用されている。
[松井玲子]

我が国と郷土を愛する態度

　教育基本法第２条において「伝統と文化を尊重し，それらをはぐくんできた我が国と郷土を愛するとともに，他国を尊重し，国際社会の平和と発展に寄与する態度を養うこと」とある。これとの関連で，グローバル社会に生きる私たちが，自分たちとは異なる文化や歴史のなかで生活している人々と共存するために，自らの国や地域の伝統や文化についての理解を深め尊重する態度を身に付けることが重要である。また学校教育法第21条の目標の第３号でも「我が国と郷土の歴史について，正しい理解に導き，伝統と文化を尊重し，それらをはぐくんできた我が国と郷土を愛する態度を養うとともに（後略）」とある。これらの態度の指導については，新小学校学習指導要領で，国語，社会，道徳，特別活動等で示されている。生活科では「地域に愛着をもち自然を大切」にすることが取り上げられている。
[広岡義之]

我が国の言語文化

　学習指導要領（2017）の国語科の学習内容は，「知識及び技能」「思考力，判断力，表現力等」で構成された。「我が国の言語文化」は，「知識及び技能」のなかの事項であり，次の４つの項目から成り立っている。(1)伝統的な言語文化…昔話や神話，短歌や俳句，慣用句や故事成語，古文や漢文等。(2)言葉の由来や変化…漢字のへんやつくり，言葉の変化，共通語と方言のちがい，平仮名及び漢字の由来，特質等。(3)書写…点画，筆順，配列，毛筆等。(4)読書…幅広く情報を得たり，自分の考えを広げることに役立てたりする読書。このように日本の伝統言語文化を踏まえ，系統的な構成がなされている。
[森　成美]

若者組（わかものぐみ）

　近世の村落共同体の年齢集団の一つ。15〜17歳で成年式をすませて加入し，一定年齢（25〜35歳），もしくは婚姻を機に退く。若者頭，宿頭が集団を統制し，年齢が唯一の階梯であり，同年齢間では平等が保たれた。若者宿，寝屋と呼ばれる共同の宿泊所に合宿して，共同生活のなかで共同体の成員として必要とされる技術を習得し，態度や性格を形成する。男女交際，配偶者の選定，性教育など，婚姻準備も行っていた。若者組は教育機能をもつとともに，村の秩序や治安を守る警護活動，消火活動や災害対策など自衛的機能，祭礼などの担い手としての娯楽機能をももっていた。娘組は女組，女子若衆（おなごわかいしゅ）ともいい，初潮を迎え成人の祝いを行った13・14歳

から婚姻までの未婚女性の年齢集団である。娘宿に合宿し，裁縫をはじめ生活技術を習得し，主婦となるための経験を積んだ。若者組も娘組も，明治以降，青年団や処女会に編成された。　　［松井玲子］

ワーク・ライフ・バランス

　仕事と生活の調和をいう。現在の日本社会は，人々の働き方に関する意識や環境が社会経済構造の変化に適応できておらず，仕事と生活が両立しにくい現実がある。

　国民一人ひとりが，仕事だけでなく家庭や地域生活などにおいても，ライフステージに応じた自らの望む生き方を手にすることができる社会を目指すことは，労働力確保を通じた社会経済の長期的安定の実現にとって重要な課題である。そこで，官民が一体となって，2007年12月18日，「仕事と生活の調和（ワーク・ライフ・バランス）憲章」及び「仕事と生活の調和推進のための行動指針」が決定された。その実現に向けた具体的な方策が求められている。　　［山口香織］

『私たちの道徳』

　小・中学校で使用されていた道徳教育用教材『心のノート』の全面改訂に伴って，2014年に新たに登場したのが『私たちの道徳（わたしたちの道徳）』である。種類は，小学校低学年・中学年・高学年用，中学校用があった。内容は，文章，資料，読み物，人物探訪，この人のひと言で構成され，児童生徒が読んで思ったこと・考えたことを記入してまとめたり，記録したりすることのできるよう配慮されている。これらの『私たちの道徳（わたしたちの道徳）』は，2018年度からは小学校で，2019年度からは中学校で，道徳科（特別の教科　道徳）の検定教科書に取って代わられることとなった。またこれらとは別に道徳の「副読本」も存在する。　　［津田徹］

わらべうた⇨童謡とわらべうた

関連法規・資料

日本国憲法（抄）

教育基本法（新・旧）

学校教育法（抄）

学校教育法施行令（抄）

学校教育法施行規則（抄）

学校図書館法（抄）

学校保健安全法（抄）

学校保健安全法施行規則（抄）

私立学校法（抄）

教育公務員特例法（抄）

地方公務員法（抄）

地方教育行政の組織及び運営に関する法律

（抄）

教育職員免許法（抄）

児童福祉法（抄）

いじめ防止対策推進法（抄）

小学校・中学校標準授業時数

児童憲章

国連・子どもの権利条約（抄）

学事奨励に関する被仰出書

教育ニ関スル勅語

教員の地位に関する勧告（抄）

日本および西洋の教育史年表

凡　例

項番号：原文に項の数字表記がないものは，②③…と記号を付して項数を示した。

関連法規

日本国憲法（抄）
（昭和21年公布）

第3章　国民の権利及び義務

第11条　国民は、すべての基本的人権の享有を妨げられない。この憲法が国民に保障する基本的人権は、侵すことのできない永久の権利として、現在及び将来の国民に与へられる。

第14条　すべて国民は、法の下に平等であつて、人種、信条、性別、社会的身分又は門地により、政治的、経済的又は社会的関係において、差別されない。

（略）

第15条　公務員を選定し、及びこれを罷免することは、国民固有の権利である。

②　すべて公務員は、全体の奉仕者であつて、一部の奉仕者ではない。

（略）

第19条　思想及び良心の自由は、これを侵してはならない。

第20条　信教の自由は、何人に対してもこれを保障する。いかなる宗教団体も、国から特権を受け、又は政治上の権力を行使してはならない。

②　何人も、宗教上の行為、祝典、儀式又は行事に参加することを強制されない。

③　国及びその機関は、宗教教育その他いかなる宗教的活動もしてはならない。

第23条　学問の自由は、これを保障する。

第26条　すべて国民は、法律の定めるところにより、その能力に応じて、ひとしく教育を受ける権利を有する。

②　すべて国民は、法律の定めるところにより、その保護する子女に普通教育を受けさせる義務を負ふ。義務教育は、これを無償とする。

第92条　地方公共団体の組織及び運営に関する事項は、地方自治の本旨に基いて、法律でこれを定める。

教育基本法
（平成18年法律第120号）

　我々日本国民は、たゆまぬ努力によって築いてきた民主的で文化的な国家を更に発展させるとともに、世界の平和と人類の福祉の向上に貢献することを願うものである。

　我々は、この理想を実現するため、個人の尊厳を重んじ、真理と正義を希求し、公共の精神を尊び、豊かな人間性と創造性を備えた人間の育成を期するとともに、伝統を継承し、新しい文化の創造を目指す教育を推進する。

　ここに、我々は、日本国憲法の精神にのっとり、我が国の未来を切り拓く教育の基本を確立し、その振興を図るため、この法律を制定する。

第1章　教育の目的及び理念

（教育の目的）

第1条　教育は、人格の完成を目指し、平和で民主的な国家及び社会の形成者として必要な資質を備えた心身ともに健康な国民の育成を期して行われなければならない。

（教育の目標）

第2条　教育は、その目的を実現するため、学問の自由を尊重しつつ、次に掲げる目標を達成するよう行われるものとする。

一　幅広い知識と教養を身に付け、真理を求める態度を養い、豊かな情操と道徳心を培うとともに、健やかな身体を養うこと。

二　個人の価値を尊重して、その能力を伸ばし、創造性を培い、自主及び自律の精神を養うとともに、職業及び生活との関連を重視し、勤労を重んずる態度を養うこと。

三　正義と責任、男女の平等、自他の敬愛と協力を重んずるとともに、公共の精神に基づき、主体的に社会の形成に参画し、その発展に寄与する態度を養うこと。

四　生命を尊び、自然を大切にし、環境の保全に寄与する態度を養うこと。

五　伝統と文化を尊重し、それらをはぐくんできた我が国と郷土を愛するとともに、他国を尊重し、国際社会の平和と発展に寄与する態度を養うこと。

（生涯学習の理念）

第3条　国民一人一人が、自己の人格を磨き、

豊かな人生を送ることができるよう，その生涯にわたって，あらゆる機会に，あらゆる場所において学習することができ，その成果を適切に生かすことのできる社会の実現が図られなければならない。

（教育の機会均等）

第4条　すべて国民は，ひとしく，その能力に応じた教育を受ける機会を与えられなければならず，人種，信条，性別，社会的身分，経済的地位又は門地によって，教育上差別されない。

2　国及び地方公共団体は，障害のある者が，その障害の状態に応じ，十分な教育を受けられるよう，教育上必要な支援を講じなければならない。

3　国及び地方公共団体は，能力があるにもかかわらず，経済的理由によって修学が困難な者に対して，奨学の措置を講じなければならない。

第2章　教育の実施に関する基本

（義務教育）

第5条　国民は，その保護する子に，別に法律で定めるところにより，普通教育を受けさせる義務を負う。

2　義務教育として行われる普通教育は，各個人の有する能力を伸ばしつつ社会において自立的に生きる基礎を培い，また，国家及び社会の形成者として必要とされる基本的な資質を養うことを目的として行われるものとする。

3　国及び地方公共団体は，義務教育の機会を保障し，その水準を確保するため，適切な役割分担及び相互の協力の下，その実施に責任を負う。

4　国又は地方公共団体の設置する学校における義務教育については，授業料を徴収しない。

（学校教育）

第6条　法律に定める学校は，公の性質を有するものであって，国，地方公共団体及び法律に定める法人のみが，これを設置することができる。

2　前項の学校においては，教育の目標が達成されるよう，教育を受ける者の心身の発達に応じて，体系的な教育が組織的に行われな

ければならない。この場合において，教育を受ける者が，学校生活を営む上で必要な規律を重んずるとともに，自ら進んで学習に取り組む意欲を高めることを重視して行われなければならない。

（大学）

第7条　大学は，学術の中心として，高い教養と専門的能力を培うとともに，深く真理を探究して新たな知見を創造し，これらの成果を広く社会に提供することにより，社会の発展に寄与するものとする。

2　大学については，自主性，自律性その他の大学における教育及び研究の特性が尊重されなければならない。

（私立学校）

第8条　私立学校の有する公の性質及び学校教育において果たす重要な役割にかんがみ，国及び地方公共団体は，その自主性を尊重しつつ，助成その他の適当な方法によって私立学校教育の振興に努めなければならない。

（教員）

第9条　法律に定める学校の教員は，自己の崇高な使命を深く自覚し，絶えず研究と修養に励み，その職責の遂行に努めなければならない。

2　前項の教員については，その使命と職責の重要性にかんがみ，その身分は尊重され，待遇の適正が期せられるとともに，養成と研修の充実が図られなければならない。

（家庭教育）

第10条　父母その他の保護者は，子の教育について第一義的責任を有するものであって，生活のために必要な習慣を身に付けさせるとともに，自立心を育成し，心身の調和のとれた発達を図るよう努めるものとする。

2　国及び地方公共団体は，家庭教育の自主性を尊重しつつ，保護者に対する学習の機会及び情報の提供その他の家庭教育を支援するために必要な施策を講ずるよう努めなければならない。

（幼児期の教育）

第11条　幼児期の教育は，生涯にわたる人格形成の基礎を培う重要なものであることにかんがみ，国及び地方公共団体は，幼児の健やかな成長に資する良好な環境の整備その他適

当な方法によって，その振興に努めなければならない。

（社会教育）

第12条 個人の要望や社会の要請にこたえ，社会において行われる教育は，国及び地方公共団体によって奨励されなければならない。

2 国及び地方公共団体は，図書館，博物館，公民館その他の社会教育施設の設置，学校の施設の利用，学習の機会及び情報の提供その他の適当な方法によって社会教育の振興に努めなければならない。

（学校，家庭及び地域住民等の相互の連携協力）

第13条 学校，家庭及び地域住民その他の関係者は，教育におけるそれぞれの役割と責任を自覚するとともに，相互の連携及び協力に努めるものとする。

（政治教育）

第14条 良識ある公民として必要な政治的教養は，教育上尊重されなければならない。

2 法律に定める学校は，特定の政党を支持し，又はこれに反対するための政治教育その他政治的活動をしてはならない。

（宗教教育）

第15条 宗教に関する寛容の態度，宗教に関する一般的な教養及び宗教の社会生活における地位は，教育上尊重されなければならない。

2 国及び地方公共団体が設置する学校は，特定の宗教のための宗教教育その他宗教的活動をしてはならない。

第3章　教育行政

（教育行政）

第16条 教育は，不当な支配に服することなく，この法律及び他の法律の定めるところにより行われるべきものであり，教育行政は，国と地方公共団体との適切な役割分担及び相互の協力の下，公正かつ適正に行われなければならない。

2 国は，全国的な教育の機会均等と教育水準の維持向上を図るため，教育に関する施策を総合的に策定し，実施しなければならない。

3 地方公共団体は，その地域における教育の振興を図るため，その実情に応じた教育に関する施策を策定し，実施しなければならない。

4 国及び地方公共団体は，教育が円滑かつ継続的に実施されるよう，必要な財政上の措置を講じなければならない。

（教育振興基本計画）

第17条 政府は，教育の振興に関する施策の総合的かつ計画的な推進を図るため，教育の振興に関する施策についての基本的な方針及び講ずべき施策その他必要な事項について，基本的な計画を定め，これを国会に報告するとともに，公表しなければならない。

2 地方公共団体は，前項の計画を参酌し，その地域の実情に応じ，当該地方公共団体における教育の振興のための施策に関する基本的な計画を定めるよう努めなければならない。

第4章　法令の制定

第18条 この法律に規定する諸条項を実施するため，必要な法令が制定されなければならない。

　教育基本法（旧法）
　（昭和22年法律第25号）

　われらは，さきに，日本国憲法を確定し，民主的で文化的な国家を建設して，世界の平和と人類の福祉に貢献しようとする決意を示した。この理想の実現は，根本において教育の力にまつべきものである。

　われらは，個人の尊厳を重んじ，真理と平和を希求する人間の育成を期するとともに，普遍的にしてしかも個性ゆたかな文化の創造をめざす教育を普及徹底しなければならない。

　ここに，日本国憲法の精神に則り，教育の目的を明示して，新しい日本の教育の基本を確立するため，この法律を制定する。

第1条（教育の目的）　教育は，人格の完成をめざし，平和的な国家及び社会の形成者として，真理と正義を愛し，個人の価値をたつとび，勤労と責任を重んじ，自主的精神に充ちた心身ともに健康な国民の育成を期して行われなければならない。

第2条（教育の方針）　教育の目的は，あらゆる機会に，あらゆる場所において実現されなければならない。この目的を達成するためには，学問の自由を尊重し，実際生活に即し，自発的精神を養い，自他の敬愛と協力によつ

て，文化の創造と発展に貢献するように努めなければならない。

第3条（教育の機会均等）　すべて国民は，ひとしく，その能力に応ずる教育を受ける機会を与えられなければならないものであつて，人種，信条，性別，社会的身分，経済的地位又は門地によつて，教育上差別されない。

②　国及び地方公共団体は，能力があるにもかかわらず，経済的理由によつて修学困難な者に対して，奨学の方法を講じなければならない。

第4条（義務教育）　国民は，その保護する子女に，九年の普通教育を受けさせる義務を負う。

②　国又は地方公共団体の設置する学校における義務教育については，授業料は，これを徴収しない。

第5条（男女共学）　男女は，互に敬重し，協力し合わなければならないものであつて，教育上男女の共学は，認められなければならない。

第6条（学校教育）　法律に定める学校は，公の性質をもつものであつて，国又は地方公共団体の外，法律に定める法人のみが，これを設置することができる。

②　法律に定める学校の教員は，全体の奉仕者であつて，自己の使命を自覚し，その職責の遂行に努めなければならない。このためには，教員の身分は，尊重され，その待遇の適正が，期せられなければならない。

第7条（社会教育）　家庭教育及び勤労の場所その他社会において行われる教育は，国及び地方公共団体によつて奨励されなければならない。

②　国及び地方公共団体は，図書館，博物館，公民館等の施設の設置，学校の施設の利用その他適当な方法によつて教育の目的の実現に努めなければならない。

第8条（政治教育）　良識ある公民たるに必要な政治的教養は，教育上これを尊重しなければならない。

②　法律に定める学校は，特定の政党を支持し，又はこれに反対するための政治教育その他政治的活動をしてはならない。

第9条（宗教教育）　宗教に関する寛容の態度及び宗教の社会生活における地位は，教育上これを尊重しなければならない。

②　国及び地方公共団体が設置する学校は，特定の宗教のための宗教教育その他宗教的活動をしてはならない。

第10条（教育行政）　教育は，不当な支配に服することなく，国民全体に対し直接に責任を負つて行われるべきものである。

②　教育行政は，この自覚のもとに，教育の目的を遂行するに必要な諸条件の整備確立を目標として行われなければならない。

第11条（補則）　この法律に掲げる諸条項を実施するために必要がある場合には，適当な法令が制定されなければならない。

学校教育法（抄）
（昭和22年法律第26号）

第1章　総　則

第1条　この法律で，学校とは，幼稚園，小学校，中学校，義務教育学校，高等学校，中等教育学校，特別支援学校，大学及び高等専門学校とする。

第2条　学校は，国（国立大学法人法（平成15年法律第112号）第2条第1項に規定する国立大学法人及び独立行政法人国立高等専門学校機構を含む。以下同じ。），地方公共団体（地方独立行政法人法（平成15年法律第118号）第68条第1項に規定する公立大学法人（以下「公立大学法人」という。）を含む。次項及び第127条において同じ。）及び私立学校法（昭和24年法律第270号）第3条に規定する学校法人（以下「学校法人」という。）のみが，これを設置することができる。

②　この法律で，国立学校とは，国の設置する学校を，公立学校とは，地方公共団体の設置する学校を，私立学校とは，学校法人の設置する学校をいう。

第5条　学校の設置者は，その設置する学校を管理し，法令に特別の定のある場合を除いては，その学校の経費を負担する。

第6条　学校においては，授業料を徴収することができる。ただし，国立又は公立の小学校及び中学校，義務教育学校，中等教育学校の前期課程又は特別支援学校の小学部及び中

学部における義務教育については，これを徴収することができない。

第8条 校長及び教員（教育職員免許法（昭和24年法律第147号）の適用を受ける者を除く。）の資格に関する事項は，別に法律で定めるもののほか，文部科学大臣がこれを定める。

第9条 次の各号のいずれかに該当する者は，校長又は教員となることができない。

一 禁錮以上の刑に処せられた者

二 教育職員免許法第10条第1項第二号又は第三号に該当することにより免許状がその効力を失い，当該失効の日から三年を経過しない者

三 教育職員免許法第11条第1項から第3項までの規定により免許状取上げの処分を受け，三年を経過しない者

四 日本国憲法施行の日以後において，日本国憲法又はその下に成立した政府を暴力で破壊することを主張する政党その他の団体を結成し，又はこれに加入した者

第11条 校長及び教員は，教育上必要があると認めるときは，文部科学大臣の定めるところにより，児童，生徒及び学生に懲戒を加えることができる。ただし，体罰を加えることはできない。

第12条 学校においては，別に法律で定めるところにより，幼児，児童，生徒及び学生並びに職員の健康の保持増進を図るため，健康診断を行い，その他その保健に必要な措置を講じなければならない。

第2章 義務教育

第16条 保護者（子に対して親権を行う者（親権を行う者のないときは，未成年後見人）をいう。以下同じ。）は，次条に定めるところにより，子に九年の普通教育を受けさせる義務を負う。

第17条 保護者は，子の満六歳に達した日の翌日以後における最初の学年の初めから，満十二歳に達した日の属する学年の終わりまで，これを小学校，義務教育学校の前期課程又は特別支援学校の小学部に就学させる義務を負う。ただし，子が，満十二歳に達した日の属する学年の終わりまでに小学校の課程，義務教育学校の前期課程又は特別支援学校の小学部の課程を修了しないときは，満十五歳に達した日の属する学年の終わり（それまでの間においてこれらの課程を修了したときは，その修了した日の属する学年の終わり）までとする。

② 保護者は，子が小学校の課程，義務教育学校の前期課程又は特別支援学校の小学部の課程を修了した日の翌日以後における最初の学年の初めから，満十五歳に達した日の属する学年の終わりまで，これを中学校，義務教育学校の後期課程，中等教育学校の前期課程又は特別支援学校の中学部に就学させる義務を負う。

③ 前二項の義務の履行の督促その他これらの義務の履行に関し必要な事項は，政令で定める。

第18条 前条第1項又は第2項の規定によつて，保護者が就学させなければならない子（以下それぞれ「学齢児童」又は「学齢生徒」という。）で，病弱，発育不完全その他やむを得ない事由のため，就学困難と認められる者の保護者に対しては，市町村の教育委員会は，文部科学大臣の定めるところにより，同条第1項又は第2項の義務を猶予又は免除することができる。

第19条 経済的理由によつて，就学困難と認められる学齢児童又は学齢生徒の保護者に対しては，市町村は，必要な援助を与えなければならない。

第20条 学齢児童又は学齢生徒を使用する者は，その使用によつて，当該学齢児童又は学齢生徒が，義務教育を受けることを妨げてはならない。

第21条 義務教育として行われる普通教育は，教育基本法（平成18年法律第120号）第5条第2項に規定する目的を実現するため，次に掲げる目標を達成するよう行われるものとする。

一 学校内外における社会的活動を促進し，自主，自律及び協同の精神，規範意識，公正な判断力並びに公共の精神に基づき主体的に社会の形成に参画し，その発展に寄与する態度を養うこと。

二 学校内外における自然体験活動を促進し，生命及び自然を尊重する精神並びに環境の

保全に寄与する態度を養うこと。

三　我が国と郷土の現状と歴史について，正しい理解に導き，伝統と文化を尊重し，それらをはぐくんできた我が国と郷土を愛する態度を養うとともに，進んで外国の文化の理解を通じて，他国を尊重し，国際社会の平和と発展に寄与する態度を養うこと。

四　家族と家庭の役割，生活に必要な衣，食，住，情報，産業その他の事項について基礎的な理解と技能を養うこと。

五　読書に親しませ，生活に必要な国語を正しく理解し，使用する基礎的な能力を養うこと。

六　生活に必要な数量的な関係を正しく理解し，処理する基礎的な能力を養うこと。

七　生活にかかわる自然現象について，観察及び実験を通じて，科学的に理解し，処理する基礎的な能力を養うこと。

八　健康，安全で幸福な生活のために必要な習慣を養うとともに，運動を通じて体力を養い，心身の調和的発達を図ること。

九　生活を明るく豊かにする音楽，美術，文芸その他の芸術について基礎的な理解と技能を養うこと。

十　職業についての基礎的な知識と技能，勤労を重んずる態度及び個性に応じて将来の進路を選択する能力を養うこと。

第3章　幼稚園

第22条　幼稚園は，義務教育及びその後の教育の基礎を培うものとして，幼児を保育し，幼児の健やかな成長のために適当な環境を与えて，その心身の発達を助長することを目的とする。

第23条　幼稚園における教育は，前条に規定する目的を実現するため，次に掲げる目標を達成するよう行われるものとする。

一　健康，安全で幸福な生活のために必要な基本的な習慣を養い，身体諸機能の調和的発達を図ること。

二　集団生活を通じて，喜んでこれに参加する態度を養うとともに家族や身近な人への信頼感を深め，自主，自律及び協同の精神並びに規範意識の芽生えを養うこと。

三　身近な社会生活，生命及び自然に対する興味を養い，それらに対する正しい理解と態度及び思考力の芽生えを養うこと。

四　日常の会話や，絵本，童話等に親しむことを通じて，言葉の使い方を正しく導くとともに，相手の話を理解しようとする態度を養うこと。

五　音楽，身体による表現，造形等に親しむことを通じて，豊かな感性と表現力の芽生えを養うこと。

第24条　幼稚園においては，第22条に規定する目的を実現するための教育を行うほか，幼児期の教育に関する各般の問題につき，保護者及び地域住民その他の関係者からの相談に応じ，必要な情報の提供及び助言を行うなど，家庭及び地域における幼児期の教育の支援に努めるものとする。

第25条　幼稚園の教育課程その他の保育内容に関する事項は，第22条及び第23条の規定に従い，文部科学大臣が定める。

第26条　幼稚園に入園することのできる者は，満三歳から，小学校就学の始期に達するまでの幼児とする。

第27条　幼稚園には，園長，教頭及び教諭を置かなければならない。

②　幼稚園には，前項に規定するもののほか，副園長，主幹教諭，指導教諭，養護教諭，栄養教諭，事務職員，養護助教諭その他必要な職員を置くことができる。

③　第1項の規定にかかわらず，副園長を置くときその他特別の事情のあるときは，教頭を置かないことができる。

④　園長は，園務をつかさどり，所属職員を監督する。

⑤　副園長は，園長を助け，命を受けて園務をつかさどる。

⑥　教頭は，園長（副園長を置く幼稚園にあつては，園長及び副園長）を助け，園務を整理し，及び必要に応じ幼児の保育をつかさどる。

⑦　主幹教諭は，園長（副園長を置く幼稚園にあつては，園長及び副園長）及び教頭を助け，命を受けて園務の一部を整理し，並びに幼児の保育をつかさどる。

⑧　指導教諭は，幼児の保育をつかさどり，並びに教諭その他の職員に対して，保育の改善及び充実のために必要な指導及び助言を行

う。

⑨ 教諭は，幼児の保育をつかさどる。

⑩ 特別の事情のあるときは，第1項の規定にかかわらず，教諭に代えて助教諭又は講師を置くことができる。

⑪ 学校の実情に照らし必要があると認めるときは，第7項の規定にかかわらず，園長（副園長を置く幼稚園にあつては，園長及び副園長）及び教頭を助け，命を受けて園務の一部を整理し，並びに幼児の養護又は栄養の指導及び管理をつかさどる主幹教諭を置くことができる。

第4章　小学校

第29条 小学校は，心身の発達に応じて，義務教育として行われる普通教育のうち基礎的なものを施すことを目的とする。

第30条 小学校における教育は，前条に規定する目的を実現するために必要な程度において第21条各号に掲げる目標を達成するよう行われるものとする。

② 前項の場合においては，生涯にわたり学習する基盤が培われるよう，基礎的な知識及び技能を習得させるとともに，これらを活用して課題を解決するために必要な思考力，判断力，表現力その他の能力をはぐくみ，主体的に学習に取り組む態度を養うことに，特に意を用いなければならない。

第31条 小学校においては，前条第1項の規定による目標の達成に資するよう，教育指導を行うに当たり，児童の体験的な学習活動，特にボランティア活動など社会奉仕体験活動，自然体験活動その他の体験活動の充実に努めるものとする。この場合において，社会教育関係団体その他の関係団体及び関係機関との連携に十分配慮しなければならない。

第32条 小学校の修業年限は，六年とする。

第33条 小学校の教育課程に関する事項は，第29条及び第30条の規定に従い，文部科学大臣が定める。

第34条 小学校においては，文部科学大臣の検定を経た教科用図書又は文部科学省が著作の名義を有する教科用図書を使用しなければならない。

② 前項に規定する教科用図書（以下この条において「教科用図書」という。）の内容を文部科学大臣の定めるところにより記録した電磁的記録（電子的方式，磁気的方式その他人の知覚によつては認識することができない方式で作られる記録であつて，電子計算機による情報処理の用に供されるものをいう。）である教材がある場合には，同項の規定にかかわらず，文部科学大臣の定めるところにより，児童の教育の充実を図るため必要があると認められる教育課程の一部において，教科用図書に代えて当該教材を使用することができる。

③ 前項に規定する場合において，視覚障害，発達障害その他の文部科学大臣の定める事由により教科用図書を使用して学習することが困難な児童に対し，教科用図書に用いられた文字，図形等の拡大又は音声への変換その他の同項に規定する教材を電子計算機において用いることにより可能となる方法で指導することにより当該児童の学習上の困難の程度を低減させる必要があると認められるときは，文部科学大臣の定めるところにより，教育課程の全部又は一部において，教科用図書に代えて当該教材を使用することができる。

④ 教科用図書及び第2項に規定する教材以外の教材で，有益適切なものは，これを使用することができる。

⑤ 第1項の検定の申請に係る教科用図書に関し調査審議させるための審議会等（国家行政組織法（昭和23年法律第120号）第8条に規定する機関をいう。以下同じ。）については，政令で定める。

第35条 市町村の教育委員会は，次に掲げる行為の一又は二以上を繰り返し行う等性行不良であつて他の児童の教育に妨げがあると認める児童があるときは，その保護者に対して，児童の出席停止を命ずることができる。

一　他の児童に傷害，心身の苦痛又は財産上の損失を与える行為

二　職員に傷害又は心身の苦痛を与える行為

三　施設又は設備を損壊する行為

四　授業その他の教育活動の実施を妨げる行為

② 市町村の教育委員会は，前項の規定により出席停止を命ずる場合には，あらかじめ保護者の意見を聴取するとともに，理由及び期

間を記載した文書を交付しなければならない。

③　前項に規定するもののほか，出席停止の命令の手続に関し必要な事項は，教育委員会規則で定めるものとする。

④　市町村の教育委員会は，出席停止の命令に係る児童の出席停止の期間における学習に対する支援その他の教育上必要な措置を講ずるものとする。

第36条　学齢に達しない子は，小学校に入学させることができない。

第37条　小学校には，校長，教頭，教諭，養護教諭及び事務職員を置かなければならない。

②　小学校には，前項に規定するもののほか，副校長，主幹教諭，指導教諭，栄養教諭その他必要な職員を置くことができる。

③　第1項の規定にかかわらず，副校長を置くときその他特別の事情のあるときは教頭を，養護をつかさどる主幹教諭を置くときは養護教諭を，特別の事情のあるときは事務職員を，それぞれ置かないことができる。

④　校長は，校務をつかさどり，所属職員を監督する。

⑤　副校長は，校長を助け，命を受けて校務をつかさどる。

⑥　副校長は，校長に事故があるときはその職務を代理し，校長が欠けたときはその職務を行う。この場合において，副校長が二人以上あるときは，あらかじめ校長が定めた順序で，その職務を代理し，又は行う。

⑦　教頭は，校長（副校長を置く小学校にあつては，校長及び副校長）を助け，校務を整理し，及び必要に応じ児童の教育をつかさどる。

⑧　教頭は，校長（副校長を置く小学校にあつては，校長及び副校長）に事故があるときは校長の職務を代理し，校長（副校長を置く小学校にあつては，校長及び副校長）が欠けたときは校長の職務を行う。この場合において，教頭が二人以上あるときは，あらかじめ校長が定めた順序で，校長の職務を代理し，又は行う。

⑨　主幹教諭は，校長（副校長を置く小学校にあつては，校長及び副校長）及び教頭を助け，命を受けて校務の一部を整理し，並びに児童の教育をつかさどる。

⑩　指導教諭は，児童の教育をつかさどり，並びに教諭その他の職員に対して，教育指導の改善及び充実のために必要な指導及び助言を行う。

⑪　教諭は，児童の教育をつかさどる。

⑫　養護教諭は，児童の養護をつかさどる。

⑬　栄養教諭は，児童の栄養の指導及び管理をつかさどる。

⑭　事務職員は，事務をつかさどる。

⑮　助教諭は，教諭の職務を助ける。

⑯　講師は，教諭又は助教諭に準ずる職務に従事する。

⑰　養護助教諭は，養護教諭の職務を助ける。

⑱　特別の事情のあるときは，第1項の規定にかかわらず，教諭に代えて助教諭又は講師を，養護教諭に代えて養護助教諭を置くことができる。

⑲　学校の実情に照らし必要があると認めるときは，第9項の規定にかかわらず，校長（副校長を置く小学校にあつては，校長及び副校長）及び教頭を助け，命を受けて校務の一部を整理し，並びに児童の養護又は栄養の指導及び管理をつかさどる主幹教諭を置くことができる。

第38条　市町村は，その区域内にある学齢児童を就学させるに必要な小学校を設置しなければならない。ただし，教育上有益かつ適切であると認めるときは，義務教育学校の設置をもつてこれに代えることができる。

第39条　市町村は，適当と認めるときは，前条の規定による事務の全部又は一部を処理するため，市町村の組合を設けることができる。

第42条　小学校は，文部科学大臣の定めるところにより当該小学校の教育活動その他の学校運営の状況について評価を行い，その結果に基づき学校運営の改善を図るため必要な措置を講ずることにより，その教育水準の向上に努めなければならない。

第43条　小学校は，当該小学校に関する保護者及び地域住民その他の関係者の理解を深めるとともに，これらの者との連携及び協力の推進に資するため，当該小学校の教育活動その他の学校運営の状況に関する情報を積極的に提供するものとする。

第44条　私立の小学校は，都道府県知事の所

管に属する。

第5章　中学校

第45条　中学校は、小学校における教育の基礎の上に、心身の発達に応じて、義務教育として行われる普通教育を施すことを目的とする。

第46条　中学校における教育は、前条に規定する目的を実現するため、第21条各号に掲げる目標を達成するよう行われるものとする。

第47条　中学校の修業年限は、三年とする。

第48条　中学校の教育課程に関する事項は、第45条及び第46条の規定並びに次条において読み替えて準用する第30条第2項の規定に従い、文部科学大臣が定める。

第49条　第30条第2項、第31条、第34条、第35条及び第37条から第44条までの規定は、中学校に準用する。この場合において、第30条第2項中「前項」とあるのは「第46条」と、第31条中「前条第1項」とあるのは「第46条」と読み替えるものとする。

第5章の2　義務教育学校

第49条の2　義務教育学校は、心身の発達に応じて、義務教育として行われる普通教育を基礎的なものから一貫して施すことを目的とする。

第49条の3　義務教育学校における教育は、前条に規定する目的を実現するため、第21条各号に掲げる目標を達成するよう行われるものとする。

第49条の4　義務教育学校の修業年限は、九年とする。

第49条の5　義務教育学校の課程は、これを前期六年の前期課程及び後期三年の後期課程に区分する。

第6章　高等学校

第50条　高等学校は、中学校における教育の基礎の上に、心身の発達及び進路に応じて、高度な普通教育及び専門教育を施すことを目的とする。

第51条　高等学校における教育は、前条に規定する目的を実現するため、次に掲げる目標を達成するよう行われるものとする。

一　義務教育として行われる普通教育の成果を更に発展拡充させて、豊かな人間性、創造性及び健やかな身体を養い、国家及び社会の形成者として必要な資質を養うこと。

二　社会において果たさなければならない使命の自覚に基づき、個性に応じて将来の進路を決定させ、一般的な教養を高め、専門的な知識、技術及び技能を習得させること。

三　個性の確立に努めるとともに、社会について、広く深い理解と健全な批判力を養い、社会の発展に寄与する態度を養うこと。

第56条　高等学校の修業年限は、全日制の課程については、三年とし、定時制の課程及び通信制の課程については、三年以上とする。

第57条　高等学校に入学することのできる者は、中学校若しくはこれに準ずる学校若しくは義務教育学校を卒業した者若しくは中等教育学校の前期課程を修了した者又は文部科学大臣の定めるところにより、これと同等以上の学力があると認められた者とする。

第60条　高等学校には、校長、教頭、教諭及び事務職員を置かなければならない。

②　高等学校には、前項に規定するもののほか、副校長、主幹教諭、指導教諭、養護教諭、栄養教諭、養護助教諭、実習助手、技術職員その他必要な職員を置くことができる。

③　第1項の規定にかかわらず、副校長を置くときは、教頭を置かないことができる。

④　実習助手は、実験又は実習について、教諭の職務を助ける。

⑤　特別の事情のあるときは、第1項の規定にかかわらず、教諭に代えて助教諭又は講師を置くことができる。

⑥　技術職員は、技術に従事する。

第62条　第30条第2項、第31条、第34条、第37条第4項から第17項まで及び第19項並びに第42条から第44条までの規定は、高等学校に準用する。この場合において、第30条第2項中「前項」とあるのは「第51条」と、第31条中「前条第1項」とあるのは「第51条」と読み替えるものとする。

第7章　中等教育学校

第63条　中等教育学校は、小学校における教育の基礎の上に、心身の発達及び進路に応じて、義務教育として行われる普通教育並びに高度な普通教育及び専門教育を一貫して施すことを目的とする。

第64条　中等教育学校における教育は、前条

に規定する目的を実現するため，次に掲げる目標を達成するよう行われるものとする。

一　豊かな人間性，創造性及び健やかな身体を養い，国家及び社会の形成者として必要な資質を養うこと。

二　社会において果たさなければならない使命の自覚に基づき，個性に応じて将来の進路を決定させ，一般的な教養を高め，専門的な知識，技術及び技能を習得させること。

三　個性の確立に努めるとともに，社会について，広く深い理解と健全な批判力を養い，社会の発展に寄与する態度を養うこと。

第65条　中等教育学校の修業年限は，六年とする。

第66条　中等教育学校の課程は，これを前期三年の前期課程及び後期三年の後期課程に区分する。

第67条　中等教育学校の前期課程における教育は，第63条に規定する目的のうち，小学校における教育の基礎の上に，心身の発達に応じて，義務教育として行われる普通教育を施すことを実現するため，第21条各号に掲げる目標を達成するよう行われるものとする。

②　中等教育学校の後期課程における教育は，第63条に規定する目的のうち，心身の発達及び進路に応じて，高度な普通教育及び専門教育を施すことを実現するため，第64条各号に掲げる目標を達成するよう行われるものとする。

第70条　第30条第2項，第31条，第34条，第37条第4項から第17項まで及び第19項，第42条から第44条まで，第59条並びに第60条第4項及び第6項の規定は中等教育学校に，第53条から第55条まで，第58条，第58条の2及び第61条の規定は中等教育学校の後期課程に，それぞれ準用する。この場合において，第30条第2項中「前項」とあるのは「第64条」と，第31条中「前条第1項」とあるのは「第64条」と読み替えるものとする。

②　前項において準用する第53条又は第54条の規定により後期課程に定時制の課程又は通信制の課程を置く中等教育学校については，第65条の規定にかかわらず，当該定時制の課程又は通信制の課程に係る修業年限は，六年以上とする。この場合において，第66条中

「後期三年の後期課程」とあるのは，「後期三年以上の後期課程」とする。

第71条　同一の設置者が設置する中学校及び高等学校においては，文部科学大臣の定めるところにより，中等教育学校に準じて，中学校における教育と高等学校における教育を一貫して施すことができる。

第8章　特別支援教育

第72条　特別支援学校は，視覚障害者，聴覚障害者，知的障害者，肢体不自由者又は病弱者（身体虚弱者を含む。以下同じ。）に対して，幼稚園，小学校，中学校又は高等学校に準ずる教育を施すとともに，障害による学習上又は生活上の困難を克服し自立を図るために必要な知識技能を授けることを目的とする。

第73条　特別支援学校においては，文部科学大臣の定めるところにより，前条に規定する者に対する教育のうち当該学校が行うものを明らかにするものとする。

第74条　特別支援学校においては，第72条に規定する目的を実現するための教育を行うほか，幼稚園，小学校，中学校，義務教育学校，高等学校又は中等教育学校の要請に応じて，第81条第1項に規定する幼児，児童又は生徒の教育に関し必要な助言又は援助を行うよう努めるものとする。

第75条　第72条に規定する視覚障害者，聴覚障害者，知的障害者，肢体不自由者又は病弱者の障害の程度は，政令で定める。

第76条　特別支援学校には，小学部及び中学部を置かなければならない。ただし，特別の必要のある場合においては，そのいずれかのみを置くことができる。

②　特別支援学校には，小学部及び中学部のほか，幼稚部又は高等部を置くことができ，また，特別の必要のある場合においては，前項の規定にかかわらず，小学部及び中学部を置かないで幼稚部又は高等部のみを置くことができる。

第77条　特別支援学校の幼稚部の教育課程その他の保育内容，小学部及び中学部の教育課程又は高等部の学科及び教育課程に関する事項は，幼稚園，小学校，中学校又は高等学校に準じて，文部科学大臣が定める。

第80条　都道府県は，その区域内にある学齢

児童及び学齢生徒のうち，視覚障害者，聴覚障害者，知的障害者，肢体不自由者又は病弱者で，その障害が第75条の政令で定める程度のものを就学させるに必要な特別支援学校を設置しなければならない。

第81条 幼稚園，小学校，中学校，義務教育学校，高等学校及び中等教育学校においては，次項各号のいずれかに該当する幼児，児童及び生徒その他教育上特別の支援を必要とする幼児，児童及び生徒に対し，文部科学大臣の定めるところにより，障害による学習上又は生活上の困難を克服するための教育を行うものとする。

② 小学校，中学校，義務教育学校，高等学校及び中等教育学校には，次の各号のいずれかに該当する児童及び生徒のために，特別支援学級を置くことができる。

一 知的障害者

二 肢体不自由者

三 身体虚弱者

四 弱視者

五 難聴者

六 その他障害のある者で，特別支援学級において教育を行うことが適当なもの

③ 前項に規定する学校においては，疾病により療養中の児童及び生徒に対して，特別支援学級を設け，又は教員を派遣して，教育を行うことができる。

第9章 大学

第83条 大学は，学術の中心として，広く知識を授けるとともに，深く専門の学芸を教授研究し，知的，道徳的及び応用的能力を展開させることを目的とする。

② 大学は，その目的を実現するための教育研究を行い，その成果を広く社会に提供することにより，社会の発展に寄与するものとする。

第83条の2 前条の大学のうち，深く専門の学芸を教授研究し，専門性が求められる職業を担うための実践的かつ応用的な能力を展開させることを目的とするものは，専門職大学とする。

② 専門職大学は，文部科学大臣の定めるところにより，その専門性が求められる職業に就いている者，当該職業に関連する事業を行

う者その他の関係者の協力を得て，教育課程を編成し，及び実施し，並びに教員の資質の向上を図るものとする。

③ 専門職大学には，第87条第2項に規定する課程を置くことができない。

第86条 大学には，夜間において授業を行う学部又は通信による教育を行う学部を置くことができる。

第87条 大学の修業年限は，四年とする。ただし，特別の専門事項を教授研究する学部及び前条の夜間において授業を行う学部については，その修業年限は，四年を超えるものとすることができる。

② 医学を履修する課程，歯学を履修する課程，薬学を履修する課程のうち臨床に係る実践的な能力を培うことを主たる目的とするもの又は獣医学を履修する課程については，前項本文の規定にかかわらず，その修業年限は，六年とする。

第87条の2 専門職大学の課程は，これを前期二年の前期課程及び後期二年の後期課程又は前期三年の前期課程及び後期一年の後期課程（前条第1項ただし書の規定により修業年限を四年を超えるものとする学部にあつては，前期二年の前期課程及び後期二年以上の後期課程又は前期三年の前期課程及び後期一年以上の後期課程）に区分することができる。

② 専門職大学の前期課程における教育は，第83条の2第1項に規定する目的のうち，専門性が求められる職業を担うための実践的かつ応用的な能力を育成することを実現するために行われるものとする。

③ 専門職大学の後期課程における教育は，前期課程における教育の基礎の上に，第83条の2第1項に規定する目的を実現するために行われるものとする。

④ 第1項の規定により前期課程及び後期課程に区分された専門職大学の課程においては，当該前期課程を修了しなければ，当該前期課程から当該後期課程に進学することができないものとする。

第92条 大学には学長，教授，准教授，助教，助手及び事務職員を置かなければならない。ただし，教育研究上の組織編制として適切と認められる場合には，准教授，助教又は助手

を置かないことができる。

② 大学には，前項のほか，副学長，学部長，講師，技術職員その他必要な職員を置くことができる。

③ 学長は，校務をつかさどり，所属職員を統督する。

④ 副学長は，学長を助け，命を受けて校務をつかさどる。

⑤ 学部長は，学部に関する校務をつかさどる。

⑥ 教授は，専攻分野について，教育上，研究上又は実務上の特に優れた知識，能力及び実績を有する者であつて，学生を教授し，その研究を指導し，又は研究に従事する。

⑦ 准教授は，専攻分野について，教育上，研究上又は実務上の優れた知識，能力及び実績を有する者であつて，学生を教授し，その研究を指導し，又は研究に従事する。

⑧ 助教は，専攻分野について，教育上，研究上又は実務上の知識及び能力を有する者であつて，学生を教授し，その研究を指導し，又は研究に従事する。

⑨ 助手は，その所属する組織における教育研究の円滑な実施に必要な業務に従事する。

⑩ 講師は，教授又は准教授に準ずる職務に従事する。

第97条 大学には，大学院を置くことができる。

第99条 大学院は，学術の理論及び応用を教授研究し，その深奥をきわめ，又は高度の専門性が求められる職業を担うための深い学識及び卓越した能力を培い，文化の進展に寄与することを目的とする。

② 大学院のうち，学術の理論及び応用を教授研究し，高度の専門性が求められる職業を担うための深い学識及び卓越した能力を培うことを目的とするものは，専門職大学院とする。

③ 専門職大学院は，文部科学大臣の定めるところにより，その高度の専門性が求められる職業に就いている者，当該職業に関連する事業を行う者その他の関係者の協力を得て，教育課程を編成し，及び実施し，並びに教員の資質の向上を図るものとする。

第104条 大学（専門職大学及び第108条第2

項の大学（以下この条において「短期大学」という。）を除く。）は，文部科学大臣の定めるところにより，大学を卒業した者に対し，学士の学位を授与するものとする。

② 専門職大学は，文部科学大臣の定めるところにより，専門職大学を卒業した者（第87条の2第1項の規定によりその課程を前期課程及び後期課程に区分している専門職大学にあつては，前期課程を修了した者を含む。）に対し，文部科学大臣の定める学位を授与するものとする。

③ 大学院を置く大学は，文部科学大臣の定めるところにより，大学院（専門職大学院を除く。）の課程を修了した者に対し修士又は博士の学位を，専門職大学院の課程を修了した者に対し文部科学大臣の定める学位を授与するものとする。

④ 大学院を置く大学は，文部科学大臣の定めるところにより，前項の規定により博士の学位を授与された者と同等以上の学力があると認める者に対し，博士の学位を授与することができる。

⑤ 短期大学（専門職短期大学を除く。以下この項において同じ。）は，文部科学大臣の定めるところにより，短期大学を卒業した者に対し，短期大学士の学位を授与するものとする。

⑥ 専門職短期大学は，文部科学大臣の定めるところにより，専門職短期大学を卒業した者に対し，文部科学大臣の定める学位を授与するものとする。

⑦ 独立行政法人大学改革支援・学位授与機構は，文部科学大臣の定めるところにより，次の各号に掲げる者に対し，当該各号に定める学位を授与するものとする。

一　短期大学（専門職大学の前期課程を含む。）若しくは高等専門学校を卒業した者（専門職大学の前期課程にあつては，修了した者）又はこれに準ずる者で，大学における一定の単位の修得又はこれに相当するものとして文部科学大臣の定める学習を行い，大学を卒業した者と同等以上の学力を有すると認める者　学士

二　学校以外の教育施設で学校教育に類する

教育を行うもののうち当該教育を行うにつき他の法律に特別の規定があるものに置かれる課程で，大学又は大学院に相当する教育を行うと認めるものを修了した者　学士，修士又は博士

⑧　学位に関する事項を定めるについては，文部科学大臣は，第94条の政令で定める審議会等に諮問しなければならない。

第108条　大学は，第83条第１項に規定する目的に代えて，深く専門の学芸を教授研究し，職業又は実際生活に必要な能力を育成することを主な目的とすることができる。

②　前項に規定する目的をその目的とする大学は，第87条第１項の規定にかかわらず，その修業年限を二年又は三年とする。

③　前項の大学は，短期大学と称する。

④　第２項の大学のうち，深く専門の学芸を教授研究し，専門性が求められる職業を担うための実践的かつ応用的な能力を育成することを目的とするものは，専門職短期大学とする。

⑤　第83条の２第２項の規定は，前項の大学に準用する。

⑥　第２項の大学には，第85条及び第86条の規定にかかわらず，学部を置かないものとする。

⑦　第２項の大学には，学科を置く。

⑧　第２項の大学には，夜間において授業を行う学科又は通信による教育を行う学科を置くことができる。

⑨　第２項の大学を卒業した者は，文部科学大臣の定めるところにより，第83条の大学に編入学することができる。

⑩　第97条の規定は，第２項の大学については適用しない。

第10章　高等専門学校

第115条　高等専門学校は，深く専門の学芸を教授し，職業に必要な能力を育成することを目的とする。

②　高等専門学校は，その目的を実現するための教育を行い，その成果を広く社会に提供することにより，社会の発展に寄与するものとする。

第118条　高等専門学校に入学することのできる者は，第57条に規定する者とする。

第121条　高等専門学校を卒業した者は，準学士と称することができる。

第122条　高等専門学校を卒業した者は，文部科学大臣の定めるところにより，大学に編入学することができる。

第11章　専修学校

第124条　第１条に掲げるもの以外の教育施設で，職業若しくは実際生活に必要な能力を育成し，又は教養の向上を図ることを目的として次の各号に該当する組織的な教育を行うもの（当該教育を行うにつき他の法律に特別の規定があるもの及び我が国に居住する外国人を専ら対象とするものを除く。）は，専修学校とする。

一　修業年限が一年以上であること。

二　授業時数が文部科学大臣の定める授業時数以上であること。

三　教育を受ける者が常時四十人以上であること。

第125条　専修学校には，高等課程，専門課程又は一般課程を置く。

②　専修学校の高等課程においては，中学校若しくはこれに準ずる学校若しくは義務教育学校を卒業した者若しくは中等教育学校の前期課程を修了した者又は文部科学大臣の定めるところによりこれと同等以上の学力があると認められた者に対して，中学校における教育の基礎の上に，心身の発達に応じて前条の教育を行うものとする。

③　専修学校の専門課程においては，高等学校若しくはこれに準ずる学校若しくは中等教育学校を卒業した者又は文部科学大臣の定めるところによりこれに準ずる学力があると認められた者に対して，高等学校における教育の基礎の上に，前条の教育を行うものとする。

④　専修学校の一般課程においては，高等課程又は専門課程の教育以外の前条の教育を行うものとする。

第126条　高等課程を置く専修学校は，高等専修学校と称することができる。

②　専門課程を置く専修学校は，専門学校と称することができる。

第132条　専修学校の専門課程（修業年限が二年以上であることその他の文部科学大臣の定める基準を満たすものに限る。）を修了し

た者（第90条第1項に規定する者に限る。）
は，文部科学大臣の定めるところにより，大
学に編入学することができる。

第12章　雑　則

第134条　第1条に掲げるもの以外のもので，
学校教育に類する教育を行うもの（当該教育
を行うにつき他の法律に特別の規定があるも
の及び第124条に規定する専修学校の教育を
行うものを除く。）は，各種学校とする。

②　第4条第1項前段，第5条から第7条ま
で，第9条から第11条まで，第13条第1項，
第14条及び第42条から第44条までの規定は，
各種学校に準用する。この場合において，第
4条第1項前段中「次の各号に掲げる学校」
とあるのは「市町村の設置する各種学校又は
私立の各種学校」と，「当該各号に定める者」
とあるのは「都道府県の教育委員会又は都道
府県知事」と，第10条中「大学及び高等専門
学校にあつては文部科学大臣に，大学及び高
等専門学校以外の学校にあつては都道府県知
事に」とあるのは「都道府県知事に」と，第
13条第1項中「第4条第1項各号に掲げる学
校」とあるのは「市町村の設置する各種学校
又は私立の各種学校」と，「同項各号に定め
る者」とあるのは「都道府県の教育委員会又
は都道府県知事」と，同項第二号中「その
者」とあるのは「当該都道府県の教育委員会
又は都道府県知事」と，第14条中「大学及び
高等専門学校以外の市町村の設置する学校に
ついては都道府県の教育委員会，大学及び高
等専門学校以外の私立学校については都道府
県知事」とあるのは「市町村の設置する各種
学校については都道府県の教育委員会，私立
の各種学校については都道府県知事」と読み
替えるものとする。

③　前項のほか，各種学校に関し必要な事項
は，文部科学大臣が，これを定める。

第135条　専修学校，各種学校その他第1条
に掲げるもの以外の教育施設は，同条に掲げ
る学校の名称又は大学院の名称を用いてはな
らない。

②　高等課程を置く専修学校以外の教育施設
は高等専修学校の名称を，専門課程を置く専
修学校以外の教育施設は専門学校の名称を，
専修学校以外の教育施設は専修学校の名称を
用いてはならない。

学校教育法施行令（抄）
（昭和28年政令第340号）

第1章　就学義務

第1節　学齢簿

（学齢簿の編製）

第1条　市（特別区を含む。以下同じ。）町
村の教育委員会は，当該市町村の区域内に住
所を有する学齢児童及び学齢生徒（それぞれ
学校教育法（以下「法」という。）第18条に
規定する学齢児童及び学齢生徒をいう。以下
同じ。）について，学齢簿を編製しなければ
ならない。

2　前項の規定による学齢簿の編製は，当該
市町村の住民基本台帳に基づいて行なうもの
とする。

3　市町村の教育委員会は，文部科学省令で
定めるところにより，第1項の学齢簿を磁気
ディスク（これに準ずる方法により一定の事
項を確実に記録しておくことができる物を含
む。以下同じ。）をもつて調製することがで
きる。

4　第1項の学齢簿に記載（前項の規定によ
り磁気ディスクをもつて調製する学齢簿にあ
つては，記録。以下同じ。）をすべき事項は，
文部科学省令で定める。

第2条　市町村の教育委員会は，毎学年の初
めから五月前までに，文部科学省令で定める
日現在において，当該市町村に住所を有する
者で前学年の初めから終わりまでの間に満六
歳に達する者について，あらかじめ，前条第
1項の学齢簿を作成しなければならない。こ
の場合においては，同条第2項から第4項ま
での規定を準用する。

第2節　小学校，中学校，義務教育学校及び中等教育学校

（入学期日等の通知，学校の指定）

第5条　市町村の教育委員会は，就学予定者
（法第17条第1項又は第2項の規定により，
翌学年の初めから小学校，中学校，義務教育
学校，中等教育学校又は特別支援学校に就学
させるべき者をいう。以下同じ。）のうち，
認定特別支援学校就学者（視覚障害者，聴覚

障害者，知的障害者，肢体不自由者又は病弱者（身体虚弱者を含む。）で，その障害が，第22条の３の表に規定する程度のもの（以下「視覚障害者等」という。）のうち，当該市町村の教育委員会が，その者の障害の状態，その者の教育上必要な支援の内容，地域における教育の体制の整備の状況その他の事情を勘案して，その住所の存する都道府県の設置する特別支援学校に就学させることが適当であると認める者をいう。以下同じ。）以外の者について，その保護者に対し，翌学年の初めから二月前までに，小学校，中学校又は義務教育学校の入学期日を通知しなければならない。

２　市町村の教育委員会は，当該市町村の設置する小学校及び義務教育学校の数の合計数が二以上である場合又は当該市町村の設置する中学校（法第71条の規定により高等学校における教育と一貫した教育を施すもの（以下「併設型中学校」という。）を除く。以下この項，次条第七号，第６条の３第１項，第７条及び第８条において同じ。）及び義務教育学校の数の合計数が二以上である場合においては，前項の通知において当該就学予定者の就学すべき小学校，中学校又は義務教育学校を指定しなければならない。

３　前二項の規定は，第９条第１項又は第17条の届出のあつた就学予定者については，適用しない。

第７条　市町村の教育委員会は，第５条第１項（第６条において準用する場合を含む。）の通知と同時に，当該児童生徒等を就学させるべき小学校，中学校又は義務教育学校の校長に対し，当該児童生徒等の氏名及び入学期日を通知しなければならない。

第８条　市町村の教育委員会は，第５条第２項（第６条において準用する場合を含む。）の場合において，相当と認めるときは，保護者の申立てにより，その指定した小学校，中学校又は義務教育学校を変更することができる。この場合においては，速やかに，その保護者及び前条の通知をした小学校，中学校又は義務教育学校の校長に対し，その旨を通知するとともに，新たに指定した小学校，中学校又は義務教育学校の校長に対し，同条の通

知をしなければならない。

（区域外就学等）

第９条　児童生徒等をその住所の存する市町村の設置する小学校，中学校（併設型中学校を除く。）又は義務教育学校以外の小学校，中学校，義務教育学校又は中等教育学校に就学させようとする場合には，その保護者は，就学させようとする小学校，中学校，義務教育学校又は中等教育学校が市町村又は都道府県の設置するものであるときは当該市町村又は都道府県の教育委員会の，その他のものであるときは当該小学校，中学校，義務教育学校又は中等教育学校における就学を承諾する権限を有する者の承諾を証する書面を添え，その旨をその児童生徒等の住所の存する市町村の教育委員会に届け出なければならない。

２　市町村の教育委員会は，前項の承諾（当該市町村の設置する小学校，中学校（併設型中学校を除く。）又は義務教育学校への就学に係るものに限る。）を与えようとする場合には，あらかじめ，児童生徒等の住所の存する市町村の教育委員会に協議するものとする。

第10条　学齢児童及び学齢生徒でその住所の存する市町村の設置する小学校，中学校（併設型中学校を除く。）又は義務教育学校以外の小学校，中学校若しくは義務教育学校又は中等教育学校に在学するものが，小学校，中学校若しくは義務教育学校又は中等教育学校の前期課程の全課程を修了する前に退学したときは，当該小学校，中学校若しくは義務教育学校又は中等教育学校の校長は，速やかに，その旨を当該学齢児童又は学齢生徒の住所の存する市町村の教育委員会に通知しなければならない。

第４節　督促等

（校長の義務）

第19条　小学校，中学校，義務教育学校，中等教育学校及び特別支援学校の校長は，常に，その学校に在学する学齢児童又は学齢生徒の出席状況を明らかにしておかなければならない。

第20条　小学校，中学校，義務教育学校，中等教育学校及び特別支援学校の校長は，当該学校に在学する学齢児童又は学齢生徒が，休業日を除き引き続き七日間出席せず，その他

その出席状況が良好でない場合において，その出席させないことについて保護者に正当な事由がないと認められるときは，速やかに，その旨を当該学齢児童又は学齢生徒の住所の存する市町村の教育委員会に通知しなければならない。

（教育委員会の行う出席の督促等）

第21条　市町村の教育委員会は，前条の通知を受けたときその他当該市町村に住所を有する学齢児童又は学齢生徒の保護者が法第17条第１項又は第２項に規定する義務を怠つていると認められるときは，その保護者に対して，当該学齢児童又は学齢生徒の出席を督促しなければならない。

第２章　視覚障害者等の障害の程度

第22条の３　法第75条の政令で定める視覚障害者，聴覚障害者，知的障害者，肢体不自由者又は病弱者の障害の程度は，次の表に掲げるとおりとする。

区分	障害の程度
視覚障害者	両眼の視力がおおむね0.3未満のもの又は視力以外の視機能障害が高度のもののうち，拡大鏡等の使用によつても通常の文字，図形等の視覚による認識が不可能又は著しく困難な程度のもの
聴覚障害者	両耳の聴力レベルがおおむね60デシベル以上のもののうち，補聴器等の使用によつても通常の話声を解することが不可能又は著しく困難な程度のもの
知的障害者	一　知的発達の遅滞があり，他人との意思疎通が困難で日常生活を営むのに頻繁に援助を必要とする程度のもの 二　知的発達の遅滞の程度が前号に掲げる程度に達しないもののうち，社会生活への適応が著しく困難なもの
肢体不自由者	一　肢体不自由の状態が補装具の使用によつても歩行，筆記等日常生活における基本的な動作が不可能又は困難な程度のもの 二　肢体不自由の状態が前号に掲げる

	程度に達しないもののうち，常時の医学的観察指導を必要とする程度のもの
病弱者	一　慢性の呼吸器疾患，腎臓疾患及び神経疾患，悪性新生物その他の疾患の状態が継続して医療又は生活規制を必要とする程度のもの 二　身体虚弱の状態が継続して生活規制を必要とする程度のもの

備考

一　視力の測定は，万国式試視力表によるものとし，屈折異常があるものについては，矯正視力によつて測定する。

二　聴力の測定は，日本産業規格によるオージオメータによる。

第３章　認可，届出等

第２節　学期，休業日及び学校廃止後の書類の保存

（学期及び休業日）

第29条　公立の学校（大学を除く。以下この条において同じ。）の学期並びに夏季，冬季，学年末，農繁期等における休業日又は家庭及び地域における体験的な学習活動その他の学習活動のための休業日（次項において「体験的学習活動等休業日」という。）は，市町村又は都道府県の設置する学校にあつては当該市町村又は都道府県の教育委員会が，公立大学法人の設置する学校にあつては当該公立大学法人の理事長が定める。

２　市町村又は都道府県の教育委員会は，体験的学習活動等休業日を定めるに当たつては，家庭及び地域における幼児，児童，生徒又は学生の体験的な学習活動その他の学習活動の体験的学習活動等休業日における円滑な実施及び充実を図るため，休業日の時期を適切に分散させて定めることその他の必要な措置を講ずるよう努めるものとする。

　　　　学校教育法施行規則（抄）
　　　（昭和22年文部省令第11号）

第１章　総　則

第１節　設置廃止等

第1条　学校には，その学校の目的を実現するために必要な校地，校舎，校具，運動場，図書館又は図書室，保健室その他の設備を設けなければならない。

②　学校の位置は，教育上適切な環境に，これを定めなければならない。

第3節　管　理

第24条　校長は，その学校に在学する児童等の指導要録（学校教育法施行令第31条に規定する児童等の学習及び健康の状況を記録した書類の原本をいう。以下同じ。）を作成しなければならない。

②　校長は，児童等が進学した場合においては，その作成に係る当該児童等の指導要録の抄本又は写しを作成し，これを進学先の校長に送付しなければならない。

③　校長は，児童等が転学した場合においては，その作成に係る当該児童等の指導要録の写しを作成し，その写し（転学してきた児童等については転学により送付を受けた指導要録（就学前の子どもに関する教育，保育等の総合的な提供の推進に関する法律施行令（平成26年政令第203号）第8条に規定する園児の学習及び健康の状況を記録した書類の原本を含む。）の写しを含む。）及び前項の抄本又は写しを転学先の校長，保育所の長又は認定こども園の長に送付しなければならない。

第25条　校長（学長を除く。）は，当該学校に在学する児童等について出席簿を作成しなければならない。

第26条　校長及び教員が児童等に懲戒を加えるに当つては，児童等の心身の発達に応ずる等教育上必要な配慮をしなければならない。

②　懲戒のうち，退学，停学及び訓告の処分は，校長（大学にあつては，学長の委任を受けた学部長を含む。）が行う。

③　前項の退学は，公立の小学校，中学校（学校教育法第71条の規定により高等学校における教育と一貫した教育を施すもの（以下「併設型中学校」という。）を除く。），義務教育学校又は特別支援学校に在学する学齢児童又は学齢生徒を除き，次の各号のいずれかに該当する児童等に対して行うことができる。

一　性行不良で改善の見込がないと認められる者

二　学力劣等で成業の見込がないと認められる者

三　正当の理由がなくて出席常でない者

四　学校の秩序を乱し，その他学生又は生徒としての本分に反した者

④　第2項の停学は，学齢児童又は学齢生徒に対しては，行うことができない。

⑤　学長は，学生に対する第2項の退学，停学及び訓告の処分の手続を定めなければならない。

第28条　学校において備えなければならない表簿は，概ね次のとおりとする。

一　学校に関係のある法令

二　学則，日課表，教科用図書配当表，学校医執務記録簿，学校歯科医執務記録簿，学校薬剤師執務記録簿及び学校日誌

三　職員の名簿，履歴書，出勤簿並びに担任学級，担任の教科又は科目及び時間表

四　指導要録，その写し及び抄本並びに出席簿及び健康診断に関する表簿

五　入学者の選抜及び成績考査に関する表簿

六　資産原簿，出納簿及び経費の予算決算についての帳簿並びに図書機械器具，標本，模型等の教具の目録

七　往復文書処理簿

②　前項の表簿（第24条第2項の抄本又は写しを除く。）は，別に定めるもののほか，五年間保存しなければならない。ただし，指導要録及びその写しのうち入学，卒業等の学籍に関する記録については，その保存期間は，二十年間とする。

③　学校教育法施行令第31条の規定により指導要録及びその写しを保存しなければならない期間は，前項のこれらの書類の保存期間から当該学校においてこれらの書類を保存していた期間を控除した期間とする。

第2章　義務教育

第29条　市町村の教育委員会は，学校教育法施行令第1条第3項（同令第2条において準用する場合を含む。）の規定により学齢簿を磁気ディスク（これに準ずる方法により一定の事項を確実に記録しておくことができる物を含む。以下同じ。）をもつて調製する場合には，電子計算機（電子計算機による方法に準ずる方法により一定の事項を確実に記録し

ておくことができる機器を含む。以下同じ。）の操作によるものとする。

2 市町村の教育委員会は，前項に規定する場合においては，当該学齢簿に記録されている事項が当該市町村の学齢児童又は学齢生徒に関する事務に従事している者以外の者に同項の電子計算機に接続された電気通信回線を通じて知られること及び当該学齢簿が滅失し又はき損することを防止するために必要な措置を講じなければならない。

第30条 学校教育法施行令第1条第1項の学齢簿に記載（同条第3項の規定により磁気ディスクをもつて調製する学齢簿にあつては，記録。以下同じ。）をすべき事項は，次の各号に掲げる区分に応じ，当該各号に掲げる事項とする。

一 学齢児童又は学齢生徒に関する事項 氏名，現住所，生年月日及び性別

二 保護者に関する事項 氏名，現住所及び保護者と学齢児童又は学齢生徒との関係

三 就学する学校に関する事項

イ 当該市町村の設置する小学校，中学校（併設型中学校を除く。）又は義務教育学校に就学する者について，当該学校の名称並びに当該学校に係る入学，転学及び卒業の年月日

ロ 学校教育法施行令第九条に定める手続により当該市町村の設置する小学校，中学校（併設型中学校を除く。）又は義務教育学校以外の小学校，中学校，義務教育学校又は中等教育学校に就学する者について，当該学校及びその設置者の名称並びに当該学校に係る入学，転学，退学及び卒業の年月日

ハ 特別支援学校の小学部又は中学部に就学する者について，当該学校及び部並びに当該学校の設置者の名称並びに当該部に係る入学，転学，退学及び卒業の年月日

四 就学の督促等に関する事項 学校教育法施行令第20条又は第21条の規定に基づき就学状況が良好でない者等について，校長から通知を受けたとき，又は就学義務の履行を督促したときは，その旨及び通知を受け，又は督促した年月日

五 就学義務の猶予又は免除に関する事項

学校教育法第18条の規定により保護者が就学させる義務を猶予又は免除された者について，猶予の年月日，事由及び期間又は免除の年月日及び事由並びに猶予又は免除された者のうち復学した者については，その年月日

六 その他必要な事項 市町村の教育委員会が学齢児童又は学齢生徒の就学に関し必要と認める事項

2 学校教育法施行令第2条に規定する者について作成する学齢簿に記載をすべき事項については，前項第一号，第二号及び第六号の規定を準用する。

第32条 市町村の教育委員会は，学校教育法施行令第5条第2項（同令第6条において準用する場合を含む。次項において同じ。）の規定により就学予定者の就学すべき小学校，中学校又は義務教育学校（次項において「就学校」という。）を指定する場合には，あらかじめ，その保護者の意見を聴取することができる。この場合においては，意見の聴取の手続に関し必要な事項を定め，公表するものとする。

2 市町村の教育委員会は，学校教育法施行令第5条第2項の規定による就学校の指定に係る通知において，その指定の変更についての同令第8条に規定する保護者の申立ができる旨を示すものとする。

第3章 幼稚園

第36条 幼稚園の設備，編制その他設置に関する事項は，この章に定めるもののほか，幼稚園設置基準（昭和31年文部省令第32号）の定めるところによる。

第37条 幼稚園の毎学年の教育週数は，特別の事情のある場合を除き，三十九週を下つてはならない。

第38条 幼稚園の教育課程その他の保育内容については，この章に定めるもののほか，教育課程その他の保育内容の基準として文部科学大臣が別に公示する幼稚園教育要領によるものとする。

第4章 小学校

第1節 設備編制

第40条 小学校の設備，編制その他設置に関する事項は，この節に定めるもののほか，小

学校設置基準（平成14年文部科学省令第14号）の定めるところによる。

第41条 小学校の学級数は，十二学級以上十八学級以下を標準とする。ただし，地域の実態その他により特別の事情のあるときは，この限りでない。

第43条 小学校においては，調和のとれた学校運営が行われるためにふさわしい校務分掌の仕組みを整えるものとする。

第44条 小学校には，教務主任及び学年主任を置くものとする。

2 前項の規定にかかわらず，第4項に規定する教務主任の担当する校務を整理する主幹教諭を置くときその他特別の事情のあるときは教務主任を，第5項に規定する学年主任の担当する校務を整理する主幹教諭を置くときその他特別の事情のあるときは学年主任を，それぞれ置かないことができる。

3 教務主任及び学年主任は，指導教諭又は教諭をもつて，これに充てる。

4 教務主任は，校長の監督を受け，教育計画の立案その他の教務に関する事項について連絡調整及び指導，助言に当たる。

5 学年主任は，校長の監督を受け，当該学年の教育活動に関する事項について連絡調整及び指導，助言に当たる。

第45条 小学校においては，保健主事を置くものとする。

2 前項の規定にかかわらず，第4項に規定する保健主事の担当する校務を整理する主幹教諭を置くときその他特別の事情のあるときは，保健主事を置かないことができる。

3 保健主事は，指導教諭，教諭又は養護教諭をもつて，これに充てる。

4 保健主事は，校長の監督を受け，小学校における保健に関する事項の管理に当たる。

第46条 小学校には，事務長又は事務主任を置くことができる。

2 事務長及び事務主任は，事務職員をもつて，これに充てる。

3 事務長は，校長の監督を受け，事務職員その他の職員が行う事務を総括する。

4 事務主任は，校長の監督を受け，事務に関する事項について連絡調整及び指導，助言に当たる。

第48条 小学校には，設置者の定めるところにより，校長の職務の円滑な執行に資するため，職員会議を置くことができる。

2 職員会議は，校長が主宰する。

第49条 小学校には，設置者の定めるところにより，学校評議員を置くことができる。

2 学校評議員は，校長の求めに応じ，学校運営に関し意見を述べることができる。

3 学校評議員は，当該小学校の職員以外の者で教育に関する理解及び識見を有するもののうちから，校長の推薦により，当該小学校の設置者が委嘱する。

第2節 教育課程

第50条 小学校の教育課程は，国語，社会，算数，理科，生活，音楽，図画工作，家庭，体育及び外国語の各教科（以下この節において「各教科」という。），特別の教科である道徳，外国語活動，総合的な学習の時間並びに特別活動によつて編成するものとする。

2 私立の小学校の教育課程を編成する場合は，前項の規定にかかわらず，宗教を加えることができる。この場合においては，宗教をもつて前項の特別の教科である道徳に代えることができる。

第51条 小学校（第52条の2第2項に規定する中学校連携型小学校及び第79条の9第2項に規定する中学校併設型小学校を除く。）の各学年における各教科，特別の教科である道徳，外国語活動，総合的な学習の時間及び特別活動のそれぞれの授業時数並びに各学年におけるこれらの総授業時数は，別表第一に定める授業時数を標準とする。

第52条 小学校の教育課程については，この節に定めるもののほか，教育課程の基準として文部科学大臣が別に公示する小学校学習指導要領によるものとする。

第57条 小学校において，各学年の課程の修了又は卒業を認めるに当たつては，児童の平素の成績を評価して，これを定めなければならない。

第58条 校長は，小学校の全課程を修了したと認めた者には，卒業証書を授与しなければならない。

第3節 学年及び授業日

第59条 小学校の学年は，四月一日に始まり，

翌年三月三十一日に終わる。

第60条　授業終始の時刻は，校長が定める。

第61条　公立小学校における休業日は，次のとおりとする。ただし，第三号に掲げる日を除き，当該学校を設置する地方公共団体の教育委員会（公立大学法人の設置する小学校にあつては，当該公立大学法人の理事長。第三号において同じ。）が必要と認める場合は，この限りでない。

一　国民の祝日に関する法律（昭和23年法律第178号）に規定する日

二　日曜日及び土曜日

三　学校教育法施行令第29条第１項の規定により教育委員会が定める日

第62条　私立小学校における学期及び休業日は，当該学校の学則で定める。

第63条　非常変災その他急迫の事情があるときは，校長は，臨時に授業を行わないことができる。この場合において，公立小学校についてはこの旨を当該学校を設置する地方公共団体の教育委員会（公立大学法人の設置する小学校にあつては，当該公立大学法人の理事長）に報告しなければならない。

第４節　職　員

第65条の２　スクールカウンセラーは，小学校における児童の心理に関する支援に従事する。

第65条の３　スクールソーシャルワーカーは，小学校における児童の福祉に関する支援に従事する。

第５節　学校評価

第66条　小学校は，当該小学校の教育活動その他の学校運営の状況について，自ら評価を行い，その結果を公表するものとする。

2　前項の評価を行うに当たつては，小学校は，その実情に応じ，適切な項目を設定して行うものとする。

第67条　小学校は，前条第１項の規定による評価の結果を踏まえた当該小学校の児童の保護者その他の当該小学校の関係者（当該小学校の職員を除く。）による評価を行い，その結果を公表するよう努めるものとする。

第68条　小学校は，第66条第１項の規定による評価の結果及び前条の規定により評価を行つた場合はその結果を，当該小学校の設置者に報告するものとする。

第５章　中学校

第69条　中学校の設備，編制その他設置に関する事項は，この章に定めるもののほか，中学校設置基準（平成14年文部科学省令第15号）の定めるところによる。

第70条　中学校には，生徒指導主事を置くものとする。

2　前項の規定にかかわらず，第４項に規定する生徒指導主事の担当する校務を整理する主幹教諭を置くときその他特別の事情のあるときは，生徒指導主事を置かないことができる。

3　生徒指導主事は，指導教諭又は教諭をもつて，これに充てる。

4　生徒指導主事は，校長の監督を受け，生徒指導に関する事項をつかさどり，当該事項について連絡調整及び指導，助言に当たる。

第71条　中学校には，進路指導主事を置くものとする。

2　前項の規定にかかわらず，第３項に規定する進路指導主事の担当する校務を整理する主幹教諭を置くときは，進路指導主事を置かないことができる。

3　進路指導主事は，指導教諭又は教諭をもつて，これに充てる。校長の監督を受け，生徒の職業選択の指導その他の進路の指導に関する事項をつかさどり，当該事項について連絡調整及び指導，助言に当たる。

第72条　中学校の教育課程は，国語，社会，数学，理科，音楽，美術，保健体育，技術・家庭及び外国語の各教科（以下本章及び第７章中「各教科」という。），特別の教科である道徳，総合的な学習の時間並びに特別活動によつて編成するものとする。

第73条　中学校（併設型中学校，第74条の2第2項に規定する小学校連携型中学校，第75条第2項に規定する連携型中学校及び第79条の9第2項に規定する小学校併設型中学校を除く。）の各学年における各教科，特別の教科である道徳，総合的な学習の時間及び特別活動のそれぞれの授業時数並びに各学年におけるこれらの総授業時数は，別表第二に定める授業時数を標準とする。

第74条　中学校の教育課程については，この

章に定めるもののほか，教育課程の基準とし
て文部科学大臣が別に公示する中学校学習指
導要領によるものとする。

第77条の2 中学校は，当該中学校又は当該
中学校が設置されている地域の実態に照らし，
より効果的な教育を実施するため必要がある
場合であって，生徒の教育上適切な配慮がな
されているものとして文部科学大臣が定める
基準を満たしていると認められるときは，文
部科学大臣が別に定めるところにより，授業
を，多様なメディアを高度に利用して，当該
授業を行う教室等以外の場所で履修させるこ
とができる。

第78条 校長は，中学校卒業後，高等学校，
高等専門学校その他の学校に進学しようとす
る生徒のある場合には，調査書その他必要な
書類をその生徒の進学しようとする学校の校
長に送付しなければならない。ただし，第90
条第3項（第135条第5項において準用する
場合を含む。）及び同条第4項の規定に基づ
き，調査書を入学者の選抜のための資料とし
ない場合は，調査書の送付を要しない。

第78条の2 部活動指導員は，中学校におけ
るスポーツ，文化，科学等に関する教育活動
（中学校の教育課程として行われるものを除
く。）に係る技術的な指導に従事する。

第79条 第41条から第49条まで，第50条第2
項，第54条から第68条までの規定は，中学校
に準用する。この場合において，第42条中
「五学級」とあるのは「二学級」と，第55条
から第56条の2まで及び第56条の4の規定中
「第50条第1項」とあるのは「第72条」と，
「第51条（中学校連携型小学校にあっては第
52条の3，第79条の9第2項に規定する中学
校併設型小学校にあっては第79条の12におい
て準用する第79条の5第1項）」とあるのは
「第73条（併設型中学校にあっては第117条に
おいて準用する第107条，小学校連携型中学
校にあっては第74条の3，連携型中学校にあ
つては第76条，第79条の9第2項に規定する
小学校併設型中学校にあっては第79条の12に
おいて準用する第79条の5第2項）」と，「第
52条」とあるのは「第74条」と，第55条の2
中「第30条第1項」とあるのは「第46条」と，
第56条の3中「他の小学校，義務教育学校の

前期課程又は特別支援学校の小学部」とある
のは「他の中学校，義務教育学校の後期課程，
中等教育学校の前期課程又は特別支援学校の
中学部」と読み替えるものとする。

第5章の2 義務教育学校並びに中学校併設型小学校及び小学校併設型中学校
第1節 義務教育学校
第79条の2 義務教育学校の前期課程の設備，
編制その他設置に関する事項については，小
学校設置基準の規定を準用する。
2 義務教育学校の後期課程の設備，編制そ
の他設置に関する事項については，中学校設
置基準の規定を準用する。

第6章 高等学校
第1節 設備，編制，学科及び教育課程
第80条 高等学校の設備，編制，学科の種類
その他設置に関する事項は，この節に定める
もののほか，高等学校設置基準（平成16年文
部科学省令第20号）の定めるところによる。
第81条 二以上の学科を置く高等学校には，
専門教育を主とする学科（以下「専門学科」
という。）ごとに学科主任を置き，農業に関
する専門学科を置く高等学校には，農場長を
置くものとする。
2 前項の規定にかかわらず，第4項に規定
する学科主任の担当する校務を整理する主幹
教諭を置くときその他特別の事情のあるとき
は学科主任を，第5項に規定する農場長の担
当する校務を整理する主幹教諭を置くときそ
の他特別の事情のあるときは農場長を，それ
ぞれ置かないことができる。
3 学科主任及び農場長は，指導教諭又は教
諭をもって，これに充てる。
4 学科主任は，校長の監督を受け，当該学
科の教育活動に関する事項について連絡調整
及び指導，助言に当たる。
5 農場長は，校長の監督を受け，農業に関
する実習地及び実習施設の運営に関する事項
をつかさどる。
第83条 高等学校の教育課程は，別表第三に
定める各教科に属する科目，総合的な学習の
時間及び特別活動によつて編成するものとす
る。
第84条 高等学校の教育課程については，こ
の章に定めるもののほか，教育課程の基準と

して文部科学大臣が別に公示する高等学校学習指導要領によるものとする。

第88条の3　高等学校は，文部科学大臣が別に定めるところにより，授業を，多様なメディアを高度に利用して，当該授業を行う教室等以外の場所で履修させることができる。

第2節　入学，退学，転学，留学，休学及び卒業等

第96条　校長は，生徒の高等学校の全課程の修了を認めるに当たつては，高等学校学習指導要領の定めるところにより，七十四単位以上を修得した者について行わなければならない。ただし，第85条，第85条の2又は第86条の規定により，高等学校の教育課程に関し第83条又は第84条の規定によらない場合においては，文部科学大臣が別に定めるところにより行うものとする。

2　前項前段の規定により全課程の修了の要件として修得すべき七十四単位のうち，第88条の3に規定する授業の方法により修得する単位数は三十六単位を超えないものとする。ただし，疾病による療養のため又は障害のため，病院その他の適当な場所で医療の提供その他の支援を受ける必要がある生徒であつて，相当の期間高等学校を欠席すると認められるものについては，この限りでない。

第3節　定時制の課程及び通信制の課程並びに学年による教育課程の区分を設けない場合その他

第104条　第43条から第49条まで（第46条を除く。），第54条，第56条の5から第71条まで（第69条を除く。）及び第78条の2の規定は，高等学校に準用する。

（略）

第7章　中等教育学校並びに併設型中学校及び併設型高等学校

第1節　中等教育学校

第105条　中等教育学校の設置基準は，この章に定めるもののほか，別に定める。

第106条　中等教育学校の前期課程の設備，編制その他設置に関する事項については，中学校設置基準の規定を準用する。

2　中等教育学校の後期課程の設備，編制，学科の種類その他設置に関する事項については，高等学校設置基準の規定を準用する。

第107条　次条第1項において準用する第72条に規定する中等教育学校の前期課程の各学年における各教科，特別の教科である道徳，総合的な学習の時間及び特別活動のそれぞれの授業時数並びに各学年におけるこれらの総授業時数は，別表第四に定める授業時数を標準とする。

第108条　中等教育学校の前期課程の教育課程については，第50条第2項，第55条から第56条の4まで及び第72条の規定並びに第74条の規定に基づき文部科学大臣が公示する中学校学習指導要領の規定を準用する。この場合において，第55条から第56条までの規定中「第50条第1項，第51条（中学校連携型小学校にあつては第52条の3，第79条の9第2項に規定する中学校併設型小学校にあつては第79条の12において準用する第79条の5第1項）又は第52条」とあるのは「第107条又は第108条第1項において準用する第72条若しくは第74条の規定に基づき文部科学大臣が公示する中学校学習指導要領」と，第55条の2中「第30条第1項」とあるのは「第67条第1項」と，第56条の2及び第56条の4中「第50条第1項，第51条（中学校連携型小学校にあつては第52条の3，第79条の9第2項に規定する中学校併設型小学校にあつては第79条の12において準用する第79条の5第1項）及び第52条」とあるのは「第107条並びに第108条第1項において準用する第72条及び第74条の規定に基づき文部科学大臣が公示する中学校学習指導要領」と，第56条の4中「他の小学校，義務教育学校の前期課程又は特別支援学校の小学部」とあるのは「他の中学校，義務教育学校の後期課程，中等教育学校の前期課程又は特別支援学校の中学部」と読み替えるものとする。

2　中等教育学校の後期課程の教育課程については，第83条，第85条から第86条まで及び第88条の2の規定並びに第84条の規定に基づき文部科学大臣が公示する高等学校学習指導要領の規定を準用する。この場合において，第85条中「前二条」とあり，並びに第85条の2及び第86条中「第83条又は第84条」とあるのは，「第108条第2項において準用する第83条又は第84条の規定に基づき文部科学大臣が

公示する高等学校学習指導要領」と，第85条の2中「第51条」とあるのは「第67条第2項」と読み替えるものとする。

第109条 中等教育学校の教育課程については，この章に定めるもののほか，教育課程の基準の特例として文部科学大臣が別に定めるところによるものとする。

第8章 特別支援教育

第118条 特別支援学校の設置基準及び特別支援学級の設備編制は，この章に規定するもののほか，別に定める。

第119条 特別支援学校においては，学校教育法第72条に規定する者に対する教育のうち当該特別支援学校が行うものを学則その他の設置者の定める規則（次項において「学則等」という。）で定めるとともに，これについて保護者等に対して積極的に情報を提供するものとする。

2 前項の学則等を定めるに当たつては，当該特別支援学校の施設及び設備等の状況並びに当該特別支援学校の所在する地域における障害のある児童等の状況について考慮しなければならない。

第120条 特別支援学校の幼稚部において，主幹教諭，指導教諭又は教諭（以下「教諭等」という。）一人の保育する幼児数は，八人以下を標準とする。

2 特別支援学校の小学部又は中学部の一学級の児童又は生徒の数は，法令に特別の定めのある場合を除き，視覚障害者又は聴覚障害者である児童又は生徒に対する教育を行う学級にあつては十人以下を，知的障害者，肢体不自由者又は病弱者（身体虚弱者を含む。以下同じ。）である児童又は生徒に対する教育を行う学級にあつては十五人以下を標準とし，高等部の同時に授業を受ける一学級の生徒数は，十五人以下を標準とする。

第121条 特別支援学校の小学部，中学部又は高等部の学級は，同学年の児童又は生徒で編制するものとする。ただし，特別の事情がある場合においては，数学年の児童又は生徒を一学級に編制することができる。

2 特別支援学校の幼稚部における保育は，特別の事情のある場合を除いては，視覚障害者，聴覚障害者，知的障害者，肢体不自由者

及び病弱者の別ごとに行うものとする。

3 特別支援学校の小学部，中学部又は高等部の学級は，特別の事情のある場合を除いては，視覚障害者，聴覚障害者，知的障害者，肢体不自由者又は病弱者の別ごとに編制するものとする。

第122条 特別支援学校の幼稚部においては，同時に保育される幼児数八人につき教諭等を一人置くことを基準とする。

2 特別支援学校の小学部においては，校長のほか，一学級当たり教諭等を一人以上置かなければならない。

3 特別支援学校の中学部においては，一学級当たり教諭等を二人置くことを基準とする。

4 視覚障害者である生徒及び聴覚障害者である生徒に対する教育を行う特別支援学校の高等部においては，自立教科（理療，理学療法，理容その他の職業についての知識技能の修得に関する教科をいう。）を担任するため，必要な数の教員を置かなければならない。

5 前四項の場合において，特別の事情があり，かつ，教育上支障がないときは，校長，副校長若しくは教頭が教諭等を兼ね，又は助教諭若しくは講師をもつて教諭等に代えることができる。

第123条 寄宿舎指導員の数は，寄宿舎に寄宿する児童等の数を六で除して得た数以上を標準とする。

第124条 寄宿舎を設ける特別支援学校には，寮務主任及び舎監を置かなければならない。

2 前項の規定にかかわらず，第4項に規定する寮務主任の担当する寮務を整理する主幹教諭を置くときその他特別の事情のあるときは寮務主任を，第5項に規定する舎監の担当する寮務を整理する主幹教諭を置くときは舎監を，それぞれ置かないことができる。

3 寮務主任及び舎監は，指導教諭又は教諭をもつて，これに充てる。

4 寮務主任は，校長の監督を受け，寮務に関する事項について連絡調整及び指導，助言に当たる。

5 舎監は，校長の監督を受け，寄宿舎の管理及び寄宿舎における児童等の教育に当たる。

第125条 特別支援学校には，各部に主事を置くことができる。

2　主事は，その部に属する教諭等をもつて，これに充てる。校長の監督を受け，部に関する校務をつかさどる。

第126条　特別支援学校の小学部の教育課程は，国語，社会，算数，理科，生活，音楽，図画工作，家庭，体育及び外国語の各教科，特別の教科である道徳，外国語活動，総合的な学習の時間，特別活動並びに自立活動によつて編成するものとする。

2　前項の規定にかかわらず，知的障害者である児童を教育する場合は，生活，国語，算数，音楽，図画工作及び体育の各教科，特別の教科である道徳，特別活動並びに自立活動によつて教育課程を編成するものとする。ただし，必要がある場合には，外国語活動を加えて教育課程を編成することができる。

第127条　特別支援学校の中学部の教育課程は，国語，社会，数学，理科，音楽，美術，保健体育，技術・家庭及び外国語の各教科，特別の教科である道徳，総合的な学習の時間，特別活動並びに自立活動によつて編成するものとする。

2　前項の規定にかかわらず，知的障害者である生徒を教育する場合は，国語，社会，数学，理科，音楽，美術，保健体育及び職業・家庭の各教科，特別の教科である道徳，総合的な学習の時間，特別活動並びに自立活動によつて教育課程を編成するものとする。ただし，必要がある場合には，外国語科を加えて教育課程を編成することができる。

第128条　特別支援学校の高等部の教育課程は，別表第三及び別表第五に定める各教科に属する科目，総合的な学習の時間，特別活動並びに自立活動によつて編成するものとする。

2　前項の規定にかかわらず，知的障害者である生徒を教育する場合は，国語，社会，数学，理科，音楽，美術，保健体育，職業，家庭，外国語，情報，家政，農業，工業，流通・サービス及び福祉の各教科，第129条に規定する特別支援学校高等部学習指導要領で定めるこれら以外の教科及び道徳，総合的な学習の時間，特別活動並びに自立活動によつて教育課程を編成するものとする。

第129条　特別支援学校の幼稚部の教育課程その他の保育内容並びに小学部，中学部及び高等部の教育課程については，この章に定めるもののほか，教育課程その他の保育内容又は教育課程の基準として文部科学大臣が別に公示する特別支援学校幼稚部教育要領，特別支援学校小学部・中学部学習指導要領及び特別支援学校高等部学習指導要領によるものとする。

第9章　大　学
第1節　設備，編制，学部及び学科

第142条　大学（専門職大学及び短期大学並びに大学院を除く。以下この項において同じ。）の設備，編制，学部及び学科に関する事項，教員の資格に関する事項，通信教育に関する事項その他大学の設置に関する事項は，大学設置基準（昭和31年文部省令第28号）及び大学通信教育設置基準（昭和56年文部省令第33号）の定めるところによる。

②　専門職大学（大学院を除く。以下この項において同じ。）の設備，編制，学部及び学科に関する事項，教員の資格に関する事項その他専門職大学の設置に関する事項は，専門職大学設置基準（平成29年文部科学省令第33号）の定めるところによる。

③　大学院の設備，編制，研究科，教員の資格に関する事項及び通信教育に関する事項その他大学院の設置に関する事項は，大学院設置基準（昭和49年文部省令第28号）及び専門職大学院設置基準（平成15年文部科学省令第16号）の定めるところによる。

④　短期大学（専門職短期大学を除く。以下この項において同じ。）の設備，編制，学科，教員の資格，通信教育に関する事項その他短期大学の設置に関する事項は，短期大学設置基準（昭和50年文部省令第21号）及び短期大学通信教育設置基準（昭和57年文部省令第3号）の定めるところによる。

⑤　専門職短期大学の設備，編制，学科，教員の資格その他専門職短期大学の設置に関する事項は，専門職短期大学設置基準（平成29年文部科学省令第34号）の定めるところによる。

学校図書館法（抄）
（昭和28年法律第185号）

（この法律の目的）

第1条　この法律は，学校図書館が，学校教育において欠くことのできない基礎的な設備であることにかんがみ，その健全な発達を図り，もつて学校教育を充実することを目的とする。

（定義）

第2条　この法律において「学校図書館」とは，小学校（義務教育学校の前期課程及び特別支援学校の小学部を含む。），中学校（義務教育学校の後期課程，中等教育学校の前期課程及び特別支援学校の中学部を含む。）及び高等学校（中等教育学校の後期課程及び特別支援学校の高等部を含む。）（以下「学校」という。）において，図書，視覚聴覚教育の資料その他学校教育に必要な資料（以下「図書館資料」という。）を収集し，整理し，及び保存し，これを児童又は生徒及び教員の利用に供することによつて，学校の教育課程の展開に寄与するとともに，児童又は生徒の健全な教養を育成することを目的として設けられる学校の設備をいう。

（司書教諭）

第5条　学校には，学校図書館の専門的職務を掌らせるため，司書教諭を置かなければならない。

2　前項の司書教諭は，主幹教諭（養護又は栄養の指導及び管理をつかさどる主幹教諭を除く。），指導教諭又は教諭（以下この項において「主幹教諭等」という。）をもつて充てる。この場合において，当該主幹教諭等は，司書教諭の講習を修了した者でなければならない。

3　前項に規定する司書教諭の講習は，大学その他の教育機関が文部科学大臣の委嘱を受けて行う。

4　前項に規定するものを除くほか，司書教諭の講習に関し，履修すべき科目及び単位その他必要な事項は，文部科学省令で定める。

学校保健安全法（抄）
（昭和33年法律第56号）

第1章　総　則

（目的）

第1条　この法律は，学校における児童生徒等及び職員の健康の保持増進を図るため，学校における保健管理に関し必要な事項を定めるとともに，学校における教育活動が安全な環境において実施され，児童生徒等の安全の確保が図られるよう，学校における安全管理に関し必要な事項を定め，もつて学校教育の円滑な実施とその成果の確保に資することを目的とする。

（国及び地方公共団体の責務）

第3条　国及び地方公共団体は，相互に連携を図り，各学校において保健及び安全に係る取組が確実かつ効果的に実施されるようにするため，学校における保健及び安全に関する最新の知見及び事例を踏まえつつ，財政上の措置その他の必要な施策を講ずるものとする。

2　国は，各学校における安全に係る取組を総合的かつ効果的に推進するため，学校安全の推進に関する計画の策定その他所要の措置を講ずるものとする。

3　地方公共団体は，国が講ずる前項の措置に準じた措置を講ずるように努めなければならない。

第2章　学校保健

第1節　学校の管理運営等

（学校保健に関する学校の設置者の責務）

第4条　学校の設置者は，その設置する学校の児童生徒等及び職員の心身の健康の保持増進を図るため，当該学校の施設及び設備並びに管理運営体制の整備充実その他の必要な措置を講ずるよう努めるものとする。

（学校保健計画の策定等）

第5条　学校においては，児童生徒等及び職員の心身の健康の保持増進を図るため，児童生徒等及び職員の健康診断，環境衛生検査，児童生徒等に対する指導その他保健に関する事項について計画を策定し，これを実施しなければならない。

（学校環境衛生基準）

第6条　文部科学大臣は，学校における換気，

採光，照明，保温，清潔保持その他環境衛生に係る事項（学校給食法（昭和29年法律第160号）第9条第1項（夜間課程を置く高等学校における学校給食に関する法律（昭和31年法律第157号）第7条及び特別支援学校の幼稚部及び高等部における学校給食に関する法律（昭和32年法律第118号）第6条において準用する場合を含む。）に規定する事項を除く。）について，児童生徒等及び職員の健康を保護する上で維持されることが望ましい基準（以下この条において「学校環境衛生基準」という。）を定めるものとする。

2　学校の設置者は，学校環境衛生基準に照らしてその設置する学校の適切な環境の維持に努めなければならない。

3　校長は，学校環境衛生基準に照らし，学校の環境衛生に関し適正を欠く事項があると認めた場合には，遅滞なく，その改善のために必要な措置を講じ，又は当該措置を講ずることができないときは，当該学校の設置者に対し，その旨を申し出るものとする。

（保健室）

第7条　学校には，健康診断，健康相談，保健指導，救急処置その他の保健に関する措置を行うため，保健室を設けるものとする。

第2節　健康相談等

（健康相談）

第8条　学校においては，児童生徒等の心身の健康に関し，健康相談を行うものとする。

（保健指導）

第9条　養護教諭その他の職員は，相互に連携して，健康相談又は児童生徒等の健康状態の日常的な観察により，児童生徒等の心身の状況を把握し，健康上の問題があると認めるときは，遅滞なく，当該児童生徒等に対して必要な指導を行うとともに，必要に応じ，その保護者（学校教育法第16条に規定する保護者をいう。第24条及び第30条において同じ。）に対して必要な助言を行うものとする。

（地域の医療機関等との連携）

第10条　学校においては，救急処置，健康相談又は保健指導を行うに当たつては，必要に応じ，当該学校の所在する地域の医療機関その他の関係機関との連携を図るよう努めるものとする。

第3節　健康診断

（就学時の健康診断）

第11条　市（特別区を含む。以下同じ。）町村の教育委員会は，学校教育法第17条第1項の規定により翌学年の初めから同項に規定する学校に就学させるべき者で，当該市町村の区域内に住所を有するものの就学に当たつて，その健康診断を行わなければならない。

第12条　市町村の教育委員会は，前条の健康診断の結果に基づき，治療を勧告し，保健上必要な助言を行い，及び学校教育法第17条第1項に規定する義務の猶予若しくは免除又は特別支援学校への就学に関し指導を行う等適切な措置をとらなければならない。

（児童生徒等の健康診断）

第13条　学校においては，毎学年定期に，児童生徒等（通信による教育を受ける学生を除く。）の健康診断を行わなければならない。

2　学校においては，必要があるときは，臨時に，児童生徒等の健康診断を行うものとする。

第14条　学校においては，前条の健康診断の結果に基づき，疾病の予防処置を行い，又は治療を指示し，並びに運動及び作業を軽減する等適切な措置をとらなければならない。

（職員の健康診断）

第15条　学校の設置者は，毎学年定期に，学校の職員の健康診断を行わなければならない。

2　学校の設置者は，必要があるときは，臨時に，学校の職員の健康診断を行うものとする。

第16条　学校の設置者は，前条の健康診断の結果に基づき，治療を指示し，及び勤務を軽減する等適切な措置をとらなければならない。

（健康診断の方法及び技術的基準等）

第17条　健康診断の方法及び技術的基準については，文部科学省令で定める。

2　第11条から前条までに定めるもののほか，健康診断の時期及び検査の項目その他健康診断に関し必要な事項は，前項に規定するものを除き，第11条の健康診断に関するものについては政令で，第13条及び第15条の健康診断に関するものについては文部科学省令で定める。

3　前二項の文部科学省令は，健康増進法

（平成14年法律第103号）第9条第1項に規定する健康診査等指針と調和が保たれたものでなければならない。

（保健所との連絡）

第18条 学校の設置者は、この法律の規定による健康診断を行おうとする場合その他政令で定める場合においては、保健所と連絡するものとする。

第4節 感染症の予防

（出席停止）

第19条 校長は、感染症にかかつており、かかつている疑いがあり、又はかかるおそれのある児童生徒等があるときは、政令で定めるところにより、出席を停止させることができる。

（臨時休業）

第20条 学校の設置者は、感染症の予防上必要があるときは、臨時に、学校の全部又は一部の休業を行うことができる。

（文部科学省令への委任）

第21条 前二条（第19条の規定に基づく政令を含む。）及び感染症の予防及び感染症の患者に対する医療に関する法律（平成10年法律第114号）その他感染症の予防に関して規定する法律（これらの法律に基づく命令を含む。）に定めるもののほか、学校における感染症の予防に関し必要な事項は、文部科学省令で定める。

第3章 学校安全

（学校安全に関する学校の設置者の責務）

第26条 学校の設置者は、児童生徒等の安全の確保を図るため、その設置する学校において、事故、加害行為、災害等（以下この条及び第29条第3項において「事故等」という。）により児童生徒等に生ずる危険を防止し、及び事故等により児童生徒等に危険又は危害が現に生じた場合（同条第1項及び第2項において「危険等発生時」という。）において適切に対処することができるよう、当該学校の施設及び設備並びに管理運営体制の整備充実その他の必要な措置を講ずるよう努めるものとする。

（学校安全計画の策定等）

第27条 学校においては、児童生徒等の安全の確保を図るため、当該学校の施設及び設備の安全点検、児童生徒等に対する通学を含めた学校生活その他の日常生活における安全に関する指導、職員の研修その他学校における安全に関する事項について計画を策定し、これを実施しなければならない。

（学校環境の安全の確保）

第28条 校長は、当該学校の施設又は設備について、児童生徒等の安全の確保を図る上で支障となる事項があると認めた場合には、遅滞なく、その改善を図るために必要な措置を講じ、又は当該措置を講ずることができないときは、当該学校の設置者に対し、その旨を申し出るものとする。

（危険等発生時対処要領の作成等）

第29条 学校においては、児童生徒等の安全の確保を図るため、当該学校の実情に応じて、危険等発生時において当該学校の職員がとるべき措置の具体的内容及び手順を定めた対処要領（次項において「危険等発生時対処要領」という。）を作成するものとする。

2 校長は、危険等発生時対処要領の職員に対する周知、訓練の実施その他の危険等発生時において職員が適切に対処するために必要な措置を講ずるものとする。

3 学校においては、事故等により児童生徒等に危害が生じた場合において、当該児童生徒等及び当該事故等により心理的な外傷その他の心身の健康に対する影響を受けた児童生徒等その他の関係者の心身の健康を回復させるため、これらの者に対して必要な支援を行うものとする。この場合においては、第10条の規定を準用する。

（地域の関係機関等との連携）

第30条 学校においては、児童生徒等の安全の確保を図るため、児童生徒等の保護者との連携を図るとともに、当該学校が所在する地域の実情に応じて、当該地域を管轄する警察署その他の関係機関、地域の安全を確保するための活動を行う団体その他の関係団体、当該地域の住民その他の関係者との連携を図るよう努めるものとする。

学校保健安全法施行規則（抄）
（昭和33年文部省令第18号）

第3章　感染症の予防

（感染症の種類）

第18条　学校において予防すべき感染症の種類は，次のとおりとする。

一　第一種　エボラ出血熱，クリミア・コンゴ出血熱，痘そう，南米出血熱，ペスト，マールブルグ病，ラッサ熱，急性灰白髄炎，ジフテリア，重症急性呼吸器症候群（病原体がベータコロナウイルス属 SARS コロナウイルスであるものに限る。），中東呼吸器症候群（病原体がベータコロナウイルス属 MERS コロナウイルスであるものに限る。）及び特定鳥インフルエンザ（感染症の予防及び感染症の患者に対する医療に関する法律（平成10年法律第114号）第6条第3項第六号に規定する特定鳥インフルエンザをいう。次号及び第19条第二号イにおいて同じ。）

二　第二種　インフルエンザ（特定鳥インフルエンザを除く。），百日咳，麻しん，流行性耳下腺炎，風しん，水痘，咽頭結膜熱，結核及び髄膜炎菌性髄膜炎

三　第三種　コレラ，細菌性赤痢，腸管出血性大腸菌感染症，腸チフス，パラチフス，流行性角結膜炎，急性出血性結膜炎その他の感染症

2　感染症の予防及び感染症の患者に対する医療に関する法律第6条第7項から第9項までに規定する新型インフルエンザ等感染症，指定感染症及び新感染症は，前項の規定にかかわらず，第一種の感染症とみなす。

（出席停止の期間の基準）

第19条　令第6条第2項の出席停止の期間の基準は，前条の感染症の種類に従い，次のとおりとする。

一　第一種の感染症にかかつた者については，治癒するまで。

二　第二種の感染症（結核及び髄膜炎菌性髄膜炎を除く。）にかかつた者については，次の期間。ただし，病状により学校医その他の医師において感染のおそれがないと認めたときは，この限りでない。

イ　インフルエンザ（特定鳥インフルエンザ及び新型インフルエンザ等感染症を除く。）にあつては，発症した後五日を経過し，かつ，解熱した後二日（幼児にあつては，三日）を経過するまで。

ロ　百日咳にあつては，特有の咳が消失するまで又は五日間の適正な抗菌性物質製剤による治療が終了するまで。

ハ　麻しんにあつては，解熱した後三日を経過するまで。

ニ　流行性耳下腺炎にあつては，耳下腺，顎下腺又は舌下腺の腫脹が発現した後五日を経過し，かつ，全身状態が良好になるまで。

ホ　風しんにあつては，発しんが消失するまで。

ヘ　水痘にあつては，すべての発しんが痂皮化するまで。

ト　咽頭結膜熱にあつては，主要症状が消退した後二日を経過するまで。

三　結核，髄膜炎菌性髄膜炎及び第三種の感染症にかかつた者については，病状により学校医その他の医師において感染のおそれがないと認めるまで。

四　第一種若しくは第二種の感染症患者のある家に居住する者又はこれらの感染症にかかつている疑いがある者については，予防処置の施行の状況その他の事情により学校医その他の医師において感染のおそれがないと認めるまで。

五　第一種又は第二種の感染症が発生した地域から通学する者については，その発生状況により必要と認めたとき，学校医の意見を聞いて適当と認める期間。

六　第一種又は第二種の感染症の流行地を旅行した者については，その状況により必要と認めたとき，学校医の意見を聞いて適当と認める期間。

（出席停止の報告事項）

第20条　令第7条の規定による報告は，次の事項を記載した書面をもつてするものとする。

一　学校の名称

二　出席を停止させた理由及び期間

三　出席停止を指示した年月日

四　出席を停止させた児童生徒等の学年別人

　員数
五　その他参考となる事項
（感染症の予防に関する細目）
第21条　校長は，学校内において，感染症にかかつており，又はかかつている疑いがある児童生徒等を発見した場合において，必要と認めるときは，学校医に診断させ，法第19条の規定による出席停止の指示をするほか，消毒その他適当な処置をするものとする。
2　校長は，学校内に，感染症の病毒に汚染し，又は汚染した疑いがある物件があるときは，消毒その他適当な処置をするものとする。
3　学校においては，その附近において，第一種又は第二種の感染症が発生したときは，その状況により適当な清潔方法を行うものとする。

私立学校法（抄）
（昭和24年法律第270号）

（この法律の目的）
第1条　この法律は，私立学校の特性にかんがみ，その自主性を重んじ，公共性を高めることによつて，私立学校の健全な発達を図ることを目的とする。
（定義）
第2条　この法律において「学校」とは，学校教育法（昭和22年法律第26号）第1条に規定する学校及び就学前の子どもに関する教育，保育等の総合的な提供の推進に関する法律（平成18年法律第77号）第2条第7項に規定する幼保連携型認定こども園（以下「幼保連携型認定こども園」という。）をいう。
2　この法律において，「専修学校」とは学校教育法第124条に規定する専修学校をいい，「各種学校」とは同法第134条第1項に規定する各種学校をいう。
3　この法律において「私立学校」とは，学校法人の設置する学校をいう。
（所轄庁）
第4条　この法律中「所轄庁」とあるのは，第一号，第三号及び第五号に掲げるものにあつては文部科学大臣とし，第二号及び第四号に掲げるものにあつては都道府県知事（第二号に掲げるもののうち地方自治法（昭和22年

法律第67号）第252条の19第1項の指定都市又は同法第252条の22第1項の中核市（以下この条において「指定都市等」という。）の区域内の幼保連携型認定こども園にあつては，当該指定都市等の長）とする。
一　私立大学及び私立高等専門学校
二　前号に掲げる私立学校以外の私立学校並びに私立専修学校及び私立各種学校
三　第一号に掲げる私立学校を設置する学校法人
四　第二号に掲げる私立学校を設置する学校法人及び第64条第4項の法人
五　第一号に掲げる私立学校と第二号に掲げる私立学校，私立専修学校又は私立各種学校とを併せて設置する学校法人
（資産）
第25条　学校法人は，その設置する私立学校に必要な施設及び設備又はこれらに要する資金並びにその設置する私立学校の経営に必要な財産を有しなければならない。
2　前項に規定する私立学校に必要な施設及び設備についての基準は，別に法律で定めるところによる。
（収益事業）
第26条　学校法人は，その設置する私立学校の教育に支障のない限り，その収益を私立学校の経営に充てるため，収益を目的とする事業を行うことができる。
（略）

教育公務員特例法（抄）
（昭和24年法律第1号）

（この法律の趣旨）
第1条　この法律は，教育を通じて国民全体に奉仕する教育公務員の職務とその責任の特殊性に基づき，教育公務員の任免，人事評価，給与，分限，懲戒，服務及び研修等について規定する。
（定義）
第2条　この法律において「教育公務員」とは，地方公務員のうち，学校（学校教育法（昭和22年法律第26号）第1条に規定する学校及び就学前の子どもに関する教育，保育等の総合的な提供の推進に関する法律（平成18

年法律第77号）第2条第7項に規定する幼保
連携型認定こども園（以下「幼保連携型認定
こども園」という。）をいう。以下同じ。）で
あつて地方公共団体が設置するもの（以下
「公立学校」という。）の学長，校長（園長を
含む。以下同じ。），教員及び部局長並びに教
育委員会の専門的教育職員をいう。

2　この法律において「教員」とは，公立学
校の教授，准教授，助教，副校長（副園長を
含む。以下同じ。），教頭，主幹教諭（幼保連
携型認定こども園の主幹養護教諭及び主幹栄
養教諭を含む。以下同じ。），指導教諭，教諭，
助教諭，養護教諭，養護助教諭，栄養教諭，
主幹保育教諭，指導保育教諭，保育教諭，助
保育教諭及び講師をいう。

（略）

（採用及び昇任の方法）

第11条　公立学校の校長の採用（現に校長の
職以外の職に任命されている者を校長の職に
任命する場合を含む。）並びに教員の採用
（現に教員の職以外の職に任命されている者
を教員の職に任命する場合を含む。以下この
条において同じ。）及び昇任（採用に該当す
るものを除く。）は，選考によるものとし，
その選考は，大学附置の学校にあつては当該
大学の学長が，大学附置の学校以外の公立学
校（幼保連携型認定こども園を除く。）にあ
つてはその校長及び教員の任命権者である教
育委員会の教育長が，大学附置の学校以外の
公立学校（幼保連携型認定こども園に限る。）
にあつてはその校長及び教員の任命権者であ
る地方公共団体の長が行う。

（兼職及び他の事業等の従事）

第17条　教育公務員は，教育に関する他の職
を兼ね，又は教育に関する他の事業若しくは
事務に従事することが本務の遂行に支障がな
いと任命権者（地方教育行政の組織及び運営
に関する法律第37条第1項に規定する県費負
担教職員については，市町村（特別区を含む。
以下同じ。）の教育委員会。第23条第2項及
び第24条第2項において同じ。）において認
める場合には，給与を受け，又は受けないで，
その職を兼ね，又はその事業若しくは事務に
従事することができる。

（略）

（公立学校の教育公務員の政治的行為の制
限）

第18条　公立学校の教育公務員の政治的行為
の制限については，当分の間，地方公務員法
第36条の規定にかかわらず，国家公務員の例
による。

2　前項の規定は，政治的行為の制限に違反
した者の処罰につき国家公務員法（昭和22年
法律第120号）第110条第1項の例による趣旨
を含むものと解してはならない。

（研修）

第21条　教育公務員は，その職責を遂行する
ために，絶えず研究と修養に努めなければな
らない。

2　教育公務員の任命権者は，教育公務員
（公立の小学校等の校長及び教員（臨時的に
任用された者その他の政令で定める者を除く。
以下この章において同じ。）を除く。）の研修
について，それに要する施設，研修を奨励す
るための方途その他研修に関する計画を樹立
し，その実施に努めなければならない。

（研修の機会）

第22条　教育公務員には，研修を受ける機会
が与えられなければならない。

2　教員は，授業に支障のない限り，本属長
の承認を受けて，勤務場所を離れて研修を行
うことができる。

3　教育公務員は，任命権者の定めるところ
により，現職のままで，長期にわたる研修を
受けることができる。

（初任者研修）

第23条　公立の小学校等の教諭等の任命権者
は，当該教諭等（臨時的に任用された者その
他の政令で定める者を除く。）に対して，そ
の採用（現に教諭等の職以外の職に任命され
ている者を教諭等の職に任命する場合を含む。
附則第5条第1項において同じ。）の日から
一年間の教諭又は保育教諭の職務の遂行に必
要な事項に関する実践的な研修（以下「初任
者研修」という。）を実施しなければならな
い。

2　任命権者は，初任者研修を受ける者（次
項において「初任者」という。）の所属する
学校の副校長，教頭，主幹教諭（養護又は栄
養の指導及び管理をつかさどる主幹教諭を除

く。），指導教諭，教諭，主幹保育教諭，指導保育教諭，保育教諭又は講師のうちから，指導教員を命じるものとする。

3 指導教員は，初任者に対して教諭又は保育教諭の職務の遂行に必要な事項について指導及び助言を行うものとする。

（中堅教諭等資質向上研修）

第24条 公立の小学校等の教諭等（臨時的に任用された者その他の政令で定める者を除く。以下この項において同じ。）の任命権者は，当該教諭等に対して，個々の能力，適性等に応じて，公立の小学校等における教育に関し相当の経験を有し，その教育活動その他の学校運営の円滑かつ効果的な実施において中核的な役割を果たすことが期待される中堅教諭等としての職務を遂行する上で必要とされる資質の向上を図るために必要な事項に関する研修（以下「中堅教諭等資質向上研修」という。）を実施しなければならない。

2 任命権者は，中堅教諭等資質向上研修を実施するに当たり，中堅教諭等資質向上研修を受ける者の能力，適性等について評価を行い，その結果に基づき，当該者ごとに中堅教諭等資質向上研修に関する計画書を作成しなければならない。

（指導改善研修）

第25条 公立の小学校等の教諭等の任命権者は，児童，生徒又は幼児（以下「児童等」という。）に対する指導が不適切であると認定した教諭等に対して，その能力，適性等に応じて，当該指導の改善を図るために必要な事項に関する研修（以下「指導改善研修」という。）を実施しなければならない。

2 指導改善研修の期間は，一年を超えてはならない。ただし，特に必要があると認めるときは，任命権者は，指導改善研修を開始した日から引き続き二年を超えない範囲内で，これを延長することができる。

3 任命権者は，指導改善研修を実施するに当たり，指導改善研修を受ける者の能力，適性等に応じて，その者ごとに指導改善研修に関する計画書を作成しなければならない。

4 任命権者は，指導改善研修の終了時において，指導改善研修を受けた者の児童等に対する指導の改善の程度に関する認定を行わな

ければならない。

5 任命権者は，第1項及び前項の認定に当たつては，教育委員会規則（幼保連携型認定こども園にあつては，地方公共団体の規則。次項において同じ。）で定めるところにより，教育学，医学，心理学その他の児童等に対する指導に関する専門的知識を有する者及び当該任命権者の属する都道府県又は市町村の区域内に居住する保護者（親権を行う者及び未成年後見人をいう。）である者の意見を聴かなければならない。

6 前項に定めるもののほか，事実の確認の方法その他第1項及び第4項の認定の手続に関し必要な事項は，教育委員会規則で定めるものとする。

7 前各項に規定するもののほか，指導改善研修の実施に関し必要な事項は，政令で定める。

（指導改善研修後の措置）

第25条の2 任命権者は，前条第4項の認定において指導の改善が不十分でなお児童等に対する指導を適切に行うことができないと認める教諭等に対して，免職その他の必要な措置を講ずるものとする。

（大学院修学休業の許可及びその要件等）

第26条 公立の小学校等の主幹教諭，指導教諭，教諭，養護教諭，栄養教諭，主幹保育教諭，指導保育教諭，保育教諭又は講師（以下「主幹教諭等」という。）で次の各号のいずれにも該当するものは，任命権者の許可を受けて，三年を超えない範囲内で年を単位として定める期間，大学（短期大学を除く。）の大学院の課程若しくは専攻科の課程又はこれらの課程に相当する外国の大学の課程（次項及び第28条第2項において「大学院の課程等」という。）に在学してその課程を履修するための休業（以下「大学院修学休業」という。）をすることができる。

（略）

> 地方公務員法（抄）
> （昭和25年法律第261号）

（この法律の目的）

第1条 この法律は，地方公共団体の人事機

関並びに地方公務員の任用，人事評価，給与，勤務時間その他の勤務条件，休業，分限及び懲戒，服務，退職管理，研修，福祉及び利益の保護並びに団体等人事行政に関する根本基準を確立することにより，地方公共団体の行政の民主的かつ能率的な運営並びに特定地方独立行政法人の事務及び事業の確実な実施を保障し，もつて地方自治の本旨の実現に資することを目的とする。

（条件付採用）

第22条 職員の採用は，全て条件付のものとし，当該職員がその職について六月を勤務し，その間その職務を良好な成績で遂行したときに正式採用になるものとする。この場合において，人事委員会等は，人事委員会規則（人事委員会を置かない地方公共団体においては，地方公共団体の規則）で定めるところにより，条件付採用の期間を一年に至るまで延長することができる。

（臨時的任用）

第22条の3 人事委員会を置く地方公共団体においては，任命権者は，人事委員会規則で定めるところにより，常時勤務を要する職に欠員を生じた場合において，緊急のとき，臨時の職に関するとき，又は採用候補者名簿（第21条の4第4項において読み替えて準用する第21条第1項に規定する昇任候補者名簿を含む。）がないときは，人事委員会の承認を得て，六月を超えない期間で臨時的任用を行うことができる。この場合において，任命権者は，人事委員会の承認を得て，当該臨時的任用を六月を超えない期間で更新することができるが，再度更新することはできない。

2 前項の場合において，人事委員会は，臨時的に任用される者の資格要件を定めることができる。

3 人事委員会は，前二項の規定に違反する臨時的任用を取り消すことができる。

4 人事委員会を置かない地方公共団体においては，任命権者は，地方公共団体の規則で定めるところにより，常時勤務を要する職に欠員を生じた場合において，緊急のとき，又は臨時の職に関するときは，六月を超えない期間で臨時的任用を行うことができる。この場合において，任命権者は，当該臨時的任用

を六月を超えない期間で更新することができるが，再度更新することはできない。

5 臨時的任用は，正式任用に際して，いかなる優先権をも与えるものではない。

6 前各項に定めるもののほか，臨時的に任用された職員に対しては，この法律を適用する。

（降任，免職，休職等）

第28条 職員が，次の各号に掲げる場合のいずれかに該当するときは，その意に反して，これを降任し，又は免職することができる。

一 人事評価又は勤務の状況を示す事実に照らして，勤務実績がよくない場合

二 心身の故障のため，職務の遂行に支障があり，又はこれに堪えない場合

三 前二号に規定する場合のほか，その職に必要な適格性を欠く場合

四 職制若しくは定数の改廃又は予算の減少により廃職又は過員を生じた場合

2 職員が，次の各号に掲げる場合のいずれかに該当するときは，その意に反して，これを休職することができる。

一 心身の故障のため，長期の休養を要する場合

二 刑事事件に関し起訴された場合

3 職員の意に反する降任，免職，休職及び降給の手続及び効果は，法律に特別の定めがある場合を除くほか，条例で定めなければならない。

4 職員は，第16条各号（第二号を除く。）のいずれかに該当するに至つたときは，条例に特別の定めがある場合を除くほか，その職を失う。

（服務の根本基準）

第30条 すべて職員は，全体の奉仕者として公共の利益のために勤務し，且つ，職務の遂行に当つては，全力を挙げてこれに専念しなければならない。

（服務の宣誓）

第31条 職員は，条例の定めるところにより，服務の宣誓をしなければならない。

（法令等及び上司の職務上の命令に従う義務）

第32条 職員は，その職務を遂行するに当つて，法令，条例，地方公共団体の規則及び地

方公共団体の機関の定める規程に従い，且つ，上司の職務上の命令に忠実に従わなければならない。

（信用失墜行為の禁止）

第33条 職員は，その職の信用を傷つけ，又は職員の職全体の不名誉となるような行為をしてはならない。

（秘密を守る義務）

第34条 職員は，職務上知り得た秘密を漏らしてはならない。その職を退いた後も，また，同様とする。

2 法令による証人，鑑定人等となり，職務上の秘密に属する事項を発表する場合においては，任命権者（退職者については，その退職した職又はこれに相当する職に係る任命権者）の許可を受けなければならない。

3 前項の許可は，法律に特別の定がある場合を除く外，拒むことができない。

（職務に専念する義務）

第35条 職員は，法律又は条例に特別の定がある場合を除く外，その勤務時間及び職務上の注意力のすべてをその職責遂行のために用い，当該地方公共団体がなすべき責を有する職務にのみ従事しなければならない。

（政治的行為の制限）

第36条 職員は，政党その他の政治的団体の結成に関与し，若しくはこれらの団体の役員となつてはならず，又はこれらの団体の構成員となるように，若しくはならないように勧誘運動をしてはならない。

2 職員は，特定の政党その他の政治的団体又は特定の内閣若しくは地方公共団体の執行機関を支持し，又はこれに反対する目的をもつて，あるいは公の選挙又は投票において特定の人又は事件を支持し，又はこれに反対する目的をもつて，次に掲げる政治的行為をしてはならない。ただし，当該職員の属する地方公共団体の区域（当該職員が都道府県の支庁若しくは地方事務所又は地方自治法第252条の19第1項の指定都市の区若しくは総合区に勤務する者であるときは，当該支庁若しくは地方事務所又は区若しくは総合区の所管区域）外において，第一号から第三号まで及び第五号に掲げる政治的行為をすることができる。

一 公の選挙又は投票において投票をするように，又はしないように勧誘運動をすること。

二 署名運動を企画し，又は主宰する等これに積極的に関与すること。

三 寄附金その他の金品の募集に関与すること。

四 文書又は図画を地方公共団体又は特定地方独立行政法人の庁舎（特定地方独立行政法人にあつては，事務所。以下この号において同じ。），施設等に掲示し，又は掲示させ，その他地方公共団体又は特定地方独立行政法人の庁舎，施設，資材又は資金を利用し，又は利用させること。

五 前各号に定めるものを除く外，条例で定める政治的行為

3 何人も前二項に規定する政治的行為を行うよう職員に求め，職員をそそのかし，若しくはあおつてはならず，又は職員が前二項に規定する政治的行為をなし，若しくはなさないことに対する代償若しくは報復として，任用，職務，給与その他職員の地位に関してなんらかの利益若しくは不利益を与え，与えようと企て，若しくは約束してはならない。

4 職員は，前項に規定する違法な行為に応じなかつたことの故をもつて不利益な取扱を受けることはない。

5 本条の規定は，職員の政治的中立性を保障することにより，地方公共団体の行政及び特定地方独立行政法人の業務の公正な運営を確保するとともに職員の利益を保護することを目的とするものであるという趣旨において解釈され，及び運用されなければならない。

（争議行為等の禁止）

第37条 職員は，地方公共団体の機関が代表する使用者としての住民に対して同盟罷業，怠業その他の争議行為をし，又は地方公共団体の機関の活動能率を低下させる怠業的行為をしてはならない。又，何人も，このような違法な行為を企て，又はその遂行を共謀し，そそのかし，若しくはあおつてはならない。

2 職員で前項の規定に違反する行為をしたものは，その行為の開始とともに，地方公共団体に対し，法令又は条例，地方公共団体の規則若しくは地方公共団体の機関の定める規

程に基いて保有する任命上又は雇用上の権利をもつて対抗することができなくなるものとする。

（営利企業への従事等の制限）

第38条　職員は，任命権者の許可を受けなければ，商業，工業又は金融業その他営利を目的とする私企業（以下この項及び次条第1項において「営利企業」という。）を営むことを目的とする会社その他の団体の役員その他人事委員会規則（人事委員会を置かない地方公共団体においては，地方公共団体の規則）で定める地位を兼ね，若しくは自ら営利企業を営み，又は報酬を得ていかなる事業若しくは事務にも従事してはならない。ただし，非常勤職員（短時間勤務の職を占める職員及び第22条の2第1項第二号に掲げる職員を除く。）については，この限りでない。

2　人事委員会は，人事委員会規則により前項の場合における任命権者の許可の基準を定めることができる。

（研修）

第39条　職員には，その勤務能率の発揮及び増進のために，研修を受ける機会が与えられなければならない。

2　前項の研修は，任命権者が行うものとする。

3　地方公共団体は，研修の目標，研修に関する計画の指針となるべき事項その他研修に関する基本的な方針を定めるものとする。

4　人事委員会は，研修に関する計画の立案その他研修の方法について任命権者に勧告することができる。

地方教育行政の組織及び運営に
関する法律（抄）
（昭和31年法律第162号）

第1章　総　則

（この法律の趣旨）

第1条　この法律は，教育委員会の設置，学校その他の教育機関の職員の身分取扱その他地方公共団体における教育行政の組織及び運営の基本を定めることを目的とする。

（基本理念）

第1条の2　地方公共団体における教育行政は，教育基本法（平成18年法律第120号）の趣旨にのつとり，教育の機会均等，教育水準の維持向上及び地域の実情に応じた教育の振興が図られるよう，国との適切な役割分担及び相互の協力の下，公正かつ適正に行われなければならない。

（大綱の策定等）

第1条の3　地方公共団体の長は，教育基本法第17条第1項に規定する基本的な方針を参酌し，その地域の実情に応じ，当該地方公共団体の教育，学術及び文化の振興に関する総合的な施策の大綱（以下単に「大綱」という。）を定めるものとする。

2　地方公共団体の長は，大綱を定め，又はこれを変更しようとするときは，あらかじめ，次条第1項の総合教育会議において協議するものとする。

3　地方公共団体の長は，大綱を定め，又はこれを変更したときは，遅滞なく，これを公表しなければならない。

4　第1項の規定は，地方公共団体の長に対し，第21条に規定する事務を管理し，又は執行する権限を与えるものと解釈してはならない。

（総合教育会議）

第1条の4　地方公共団体の長は，大綱の策定に関する協議及び次に掲げる事項についての協議並びにこれらに関する次項各号に掲げる構成員の事務の調整を行うため，総合教育会議を設けるものとする。

一　教育を行うための諸条件の整備その他の地域の実情に応じた教育，学術及び文化の振興を図るため重点的に講ずべき施策

二　児童，生徒等の生命又は身体に現に被害が生じ，又はまさに被害が生ずるおそれがあると見込まれる場合等の緊急の場合に講ずべき措置

2　総合教育会議は，次に掲げる者をもつて構成する。

一　地方公共団体の長

二　教育委員会

3　総合教育会議は，地方公共団体の長が招集する。

4　教育委員会は，その権限に属する事務に関して協議する必要があると思料するときは，

地方公共団体の長に対し，協議すべき具体的事項を示して，総合教育会議の招集を求めることができる。

5　総合教育会議は，第1項の協議を行うに当たつて必要であると認めるときは，関係者又は学識経験を有する者から，当該協議すべき事項に関して意見を聴くことができる。

6　総合教育会議は，公開する。ただし，個人の秘密を保つため必要があると認めるとき，又は会議の公正が害されるおそれがあると認めるときその他公益上必要があると認めるときは，この限りでない。

7　地方公共団体の長は，総合教育会議の終了後，遅滞なく，総合教育会議の定めるところにより，その議事録を作成し，これを公表するよう努めなければならない。

8　総合教育会議においてその構成員の事務の調整が行われた事項については，当該構成員は，その調整の結果を尊重しなければならない。

9　前各項に定めるもののほか，総合教育会議の運営に関し必要な事項は，総合教育会議が定める。

第2章　教育委員会の設置及び組織

（設置）

第2条　都道府県，市（特別区を含む。以下同じ。）町村及び第21条に規定する事務の全部又は一部を処理する地方公共団体の組合に教育委員会を置く。

（組織）

第3条　教育委員会は，教育長及び四人の委員をもつて組織する。ただし，条例で定めるところにより，都道府県若しくは市又は地方公共団体の組合のうち都道府県若しくは市が加入するものの教育委員会にあつては教育長及び五人以上の委員，町村又は地方公共団体の組合のうち町村のみが加入するものの教育委員会にあつては教育長及び二人以上の委員をもつて組織することができる。

（任命）

第4条　教育長は，当該地方公共団体の長の被選挙権を有する者で，人格が高潔で，教育行政に関し識見を有するもののうちから，地方公共団体の長が，議会の同意を得て，任命する。

2　委員は，当該地方公共団体の長の被選挙権を有する者で，人格が高潔で，教育，学術及び文化（以下単に「教育」という。）に関し識見を有するもののうちから，地方公共団体の長が，議会の同意を得て，任命する。

3　次の各号のいずれかに該当する者は，教育長又は委員となることができない。

一　破産手続開始の決定を受けて復権を得ない者

二　禁錮以上の刑に処せられた者

4　教育長及び委員の任命については，そのうち委員の定数に一を加えた数の二分の一以上の者が同一の政党に所属することとなつてはならない。

5　地方公共団体の長は，第2項の規定による委員の任命に当たつては，委員の年齢，性別，職業等に著しい偏りが生じないように配慮するとともに，委員のうちに保護者（親権を行う者及び未成年後見人をいう。第47条の5第2項第二号及び第5項において同じ。）である者が含まれるようにしなければならない。

（任期）

第5条　教育長の任期は三年とし，委員の任期は四年とする。ただし，補欠の教育長又は委員の任期は，前任者の残任期間とする。

2　教育長及び委員は，再任されることができる。

（兼職禁止）

第6条　教育長及び委員は，地方公共団体の議会の議員若しくは長，地方公共団体に執行機関として置かれる委員会の委員（教育委員会にあつては，教育長及び委員）若しくは委員又は地方公共団体の常勤の職員若しくは地方公務員法（昭和25年法律第261号）第28条の5第1項に規定する短時間勤務の職を占める職員と兼ねることができない。

（服務等）

第11条　教育長は，職務上知ることができた秘密を漏らしてはならない。その職を退いた後も，また，同様とする。

2　教育長又は委員であつた者が法令による証人，鑑定人等となり，職務上の秘密に属する事項を発表する場合においては，教育委員会の許可を受けなければならない。

3 前項の許可は，法律に特別の定めがある場合を除き，これを拒むことができない。

4 教育長は，常勤とする。

5 教育長は，法律又は条例に特別の定めがある場合を除くほか，その勤務時間及び職務上の注意力の全てをその職責遂行のために用い，当該地方公共団体がなすべき責を有する職務にのみ従事しなければならない。

6 教育長は，政党その他の政治的団体の役員となり，又は積極的に政治運動をしてはならない。

7 教育長は，教育委員会の許可を受けなければ，営利を目的とする私企業を営むことを目的とする会社その他の団体の役員その他人事委員会規則（人事委員会を置かない地方公共団体においては，地方公共団体の規則）で定める地位を兼ね，若しくは自ら営利を目的とする私企業を営み，又は報酬を得ていかなる事業若しくは事務にも従事してはならない。

8 教育長は，その職務の遂行に当たつては，自らが当該地方公共団体の教育行政の運営について負う重要な責任を自覚するとともに，第1条の2に規定する基本理念及び大綱に則して，かつ，児童，生徒等の教育を受ける権利の保障に万全を期して当該地方公共団体の教育行政の運営が行われるよう意を用いなければならない。

第12条 前条第1項から第3項まで，第6項及び第8項の規定は，委員の服務について準用する。

2 委員は，非常勤とする。

（教育長）

第13条 教育長は，教育委員会の会務を総理し，教育委員会を代表する。

2 教育長に事故があるとき，又は教育長が欠けたときは，あらかじめその指名する委員がその職務を行う。

（会議）

第14条 教育委員会の会議は，教育長が招集する。

2 教育長は，委員の定数の三分の一以上の委員から会議に付議すべき事件を示して会議の招集を請求された場合には，遅滞なく，これを招集しなければならない。

3 教育委員会は，教育長及び在任委員の過半数が出席しなければ，会議を開き，議決をすることができない。ただし，第6項の規定による除斥のため過半数に達しないとき，又は同一の事件につき再度招集しても，なお過半数に達しないときは，この限りでない。

4 教育委員会の会議の議事は，第7項ただし書の発議に係るものを除き，出席者の過半数で決し，可否同数のときは，教育長の決するところによる。

5 教育長に事故があり，又は教育長が欠けた場合の前項の規定の適用については，前条第2項の規定により教育長の職務を行う者は，教育長とみなす。

6 教育委員会の教育長及び委員は，自己，配偶者若しくは三親等以内の親族の一身上に関する事件又は自己若しくはこれらの者の従事する業務に直接の利害関係のある事件については，その議事に参与することができない。ただし，教育委員会の同意があるときは，会議に出席し，発言することができる。

7 教育委員会の会議は，公開する。ただし，人事に関する事件その他の事件について，教育長又は委員の発議により，出席者の三分の二以上の多数で議決したときは，これを公開しないことができる。

8 前項ただし書の教育長又は委員の発議は，討論を行わないでその可否を決しなければならない。

9 教育長は，教育委員会の会議の終了後，遅滞なく，教育委員会規則で定めるところにより，その議事録を作成し，これを公表するよう努めなければならない。

（教育委員会規則の制定等）

第15条 教育委員会は，法令又は条例に違反しない限りにおいて，その権限に属する事務に関し，教育委員会規則を制定することができる。

2 教育委員会規則その他教育委員会の定める規程で公表を要するものの公布に関し必要な事項は，教育委員会規則で定める。

（教育委員会の議事運営）

第16条 この法律に定めるもののほか，教育委員会の会議その他教育委員会の議事の運営に関し必要な事項は，教育委員会規則で定める。

（事務局）

第17条　教育委員会の権限に属する事務を処理させるため，教育委員会に事務局を置く。

2　教育委員会の事務局の内部組織は，教育委員会規則で定める。

（指導主事その他の職員）

第18条　都道府県に置かれる教育委員会（以下「都道府県委員会」という。）の事務局に，指導主事，事務職員及び技術職員を置くほか，所要の職員を置く。

2　市町村に置かれる教育委員会（以下「市町村委員会」という。）の事務局に，前項の規定に準じて指導主事その他の職員を置く。

3　指導主事は，上司の命を受け，学校（学校教育法（昭和22年法律第26号）第1条に規定する学校及び就学前の子どもに関する教育，保育等の総合的な提供の推進に関する法律（平成18年法律第77号）第2条第7項に規定する幼保連携型認定こども園（以下「幼保連携型認定こども園」という。）をいう。以下同じ。）における教育課程，学習指導その他学校教育に関する専門的事項の指導に関する事務に従事する。

4　指導主事は，教育に関し識見を有し，かつ，学校における教育課程，学習指導その他学校教育に関する専門的事項について教養と経験がある者でなければならない。指導主事は，大学以外の公立学校（地方公共団体が設置する学校をいう。以下同じ。）の教員（教育公務員特例法（昭和24年法律第1号）第2条第2項に規定する教員をいう。以下同じ。）をもつて充てることができる。

5　事務職員は，上司の命を受け，事務に従事する。

6　技術職員は，上司の命を受け，技術に従事する。

7　第1項及び第2項の職員は，教育委員会が任命する。

8　教育委員会は，事務局の職員のうち所掌事務に係る教育行政に関する相談に関する事務を行う職員を指定するものとする。

9　前各項に定めるもののほか，教育委員会の事務局に置かれる職員に関し必要な事項は，政令で定める。

第3章　教育委員会及び地方公共団体の長の職務権限

（教育委員会の職務権限）

第21条　教育委員会は，当該地方公共団体が処理する教育に関する事務で，次に掲げるものを管理し，及び執行する。

一　教育委員会の所管に属する第30条に規定する学校その他の教育機関（以下「学校その他の教育機関」という。）の設置，管理及び廃止に関すること。

二　教育委員会の所管に属する学校その他の教育機関の用に供する財産（以下「教育財産」という。）の管理に関すること。

三　教育委員会及び教育委員会の所管に属する学校その他の教育機関の職員の任免その他の人事に関すること。

四　学齢生徒及び学齢児童の就学並びに生徒，児童及び幼児の入学，転学及び退学に関すること。

五　教育委員会の所管に属する学校の組織編制，教育課程，学習指導，生徒指導及び職業指導に関すること。

六　教科書その他の教材の取扱いに関すること。

七　校舎その他の施設及び教具その他の設備の整備に関すること。

八　校長，教員その他の教育関係職員の研修に関すること。

九　校長，教員その他の教育関係職員並びに生徒，児童及び幼児の保健，安全，厚生及び福利に関すること。

十　教育委員会の所管に属する学校その他の教育機関の環境衛生に関すること。

十一　学校給食に関すること。

十二　青少年教育，女性教育及び公民館の事業その他社会教育に関すること。

十三　スポーツに関すること。

十四　文化財の保護に関すること。

十五　ユネスコ活動に関すること。

十六　教育に関する法人に関すること。

十七　教育に係る調査及び基幹統計その他の統計に関すること。

十八　所掌事務に係る広報及び所掌事務に係る教育行政に関する相談に関すること。

十九　前各号に掲げるもののほか，当該地方

公共団体の区域内における教育に関する事務に関すること。

（長の職務権限）

第22条　地方公共団体の長は、大綱の策定に関する事務のほか、次に掲げる教育に関する事務を管理し、及び執行する。

一　大学に関すること。

二　幼保連携型認定こども園に関すること。

三　私立学校に関すること。

四　教育財産を取得し、及び処分すること。

五　教育委員会の所掌に係る事項に関する契約を結ぶこと。

六　前号に掲げるもののほか、教育委員会の所掌に係る事項に関する予算を執行すること。

（職務権限の特例）

第23条　前二条の規定にかかわらず、地方公共団体は、前条各号に掲げるもののほか、条例の定めるところにより、当該地方公共団体の長が、次の各号に掲げる教育に関する事務のいずれか又は全てを管理し、及び執行することとすることができる。

一　図書館、博物館、公民館その他の社会教育に関する教育機関のうち当該条例で定めるもの（以下「特定社会教育機関」という。）の設置、管理及び廃止に関すること（第21条第七号から第九号まで及び第十二号に掲げる事務のうち、特定社会教育機関のみに係るものを含む。）。

二　スポーツに関すること（学校における体育に関することを除く。）。

三　文化に関すること（次号に掲げるものを除く。）。

四　文化財の保護に関すること。

2　地方公共団体の議会は、前項の条例の制定又は改廃の議決をする前に、当該地方公共団体の教育委員会の意見を聴かなければならない。

（教育に関する事務の管理及び執行の状況の点検及び評価等）

第26条　教育委員会は、毎年、その権限に属する事務（前条第1項の規定により教育長に委任された事務その他教育長の権限に属する事務（同条第4項の規定により事務局職員等に委任された事務を含む。）を含む。）の管理

及び執行の状況について点検及び評価を行い、その結果に関する報告書を作成し、これを議会に提出するとともに、公表しなければならない。

2　教育委員会は、前項の点検及び評価を行うに当たつては、教育に関し学識経験を有する者の知見の活用を図るものとする。

（私立学校に関する事務に係る都道府県委員会の助言又は援助）

第27条の5　都道府県知事は、第22条第三号に掲げる私立学校に関する事務を管理し、及び執行するに当たり、必要と認めるときは、当該都道府県委員会に対し、学校教育に関する専門的事項について助言又は援助を求めることができる。

（教育委員会の意見聴取）

第29条　地方公共団体の長は、歳入歳出予算のうち教育に関する事務に係る部分その他特に教育に関する事務について定める議会の議決を経るべき事件の議案を作成する場合においては、教育委員会の意見をきかなければならない。

第4章　教育機関

（教育機関の設置）

第30条　地方公共団体は、法律で定めるところにより、学校、図書館、博物館、公民館その他の教育機関を設置するほか、条例で、教育に関する専門的、技術的事項の研究又は教育関係職員の研修、保健若しくは福利厚生に関する施設その他の必要な教育機関を設置することができる。

（教育機関の職員）

第31条　前条に規定する学校に、法律で定めるところにより、学長、校長、園長、教員、事務職員、技術職員その他の所要の職員を置く。

2　前条に規定する学校以外の教育機関に、法律又は条例で定めるところにより、事務職員、技術職員その他の所要の職員を置く。

3　前二項に規定する職員の定数は、この法律に特別の定がある場合を除き、当該地方公共団体の条例で定めなければならない。ただし、臨時又は非常勤の職員については、この限りでない。

（教育機関の所管）

第32条　学校その他の教育機関のうち，大学及び幼保連携型認定こども園は地方公共団体の長が，その他のものは教育委員会が所管する。ただし，特定社会教育機関並びに第23条第1項第二号から第四号までに掲げる事務のうち同項の条例の定めるところにより地方公共団体の長が管理し，及び執行することとされたもののみに係る教育機関は，地方公共団体の長が所管する。

（学校等の管理）

第33条　教育委員会は，法令又は条例に違反しない限りにおいて，その所管に属する学校その他の教育機関の施設，設備，組織編制，教育課程，教材の取扱いその他の管理運営の基本的事項について，必要な教育委員会規則を定めるものとする。この場合において，当該教育委員会規則で定めようとする事項のうち，その実施のためには新たに予算を伴うこととなるものについては，教育委員会は，あらかじめ当該地方公共団体の長に協議しなければならない。

2　前項の場合において，教育委員会は，学校における教科書以外の教材の使用について，あらかじめ，教育委員会に届け出させ，又は教育委員会の承認を受けさせることとする定めを設けるものとする。

3　第23条第1項の条例の定めるところにより同項第一号に掲げる事務を管理し，及び執行することとされた地方公共団体の長は，法令又は条例に違反しない限りにおいて，特定社会教育機関の施設，設備，組織編制その他の管理運営の基本的事項について，必要な地方公共団体の規則を定めるものとする。この場合において，当該規則で定めようとする事項については，当該地方公共団体の長は，あらかじめ当該地方公共団体の教育委員会に協議しなければならない。

（教育機関の職員の任命）

第34条　教育委員会の所管に属する学校その他の教育機関の校長，園長，教員，事務職員，技術職員その他の職員は，この法律に特別の定めがある場合を除き，教育委員会が任命する。

（任命権者）

第37条　市町村立学校職員給与負担法（昭和23年法律第135号）第1条及び第2条に規定する職員（以下「県費負担教職員」という。）の任命権は，都道府県委員会に属する。

2　前項の都道府県委員会の権限に属する事務に係る第25条第2項の規定の適用については，同項第四号中「職員」とあるのは，「職員並びに第37条第1項に規定する県費負担教職員」とする。

（市町村委員会の内申）

第38条　都道府県委員会は，市町村委員会の内申をまつて，県費負担教職員の任免その他の進退を行うものとする。

2　前項の規定にかかわらず，都道府県委員会は，同項の内申が県費負担教職員の転任（地方自治法第252条の7第1項の規定により教育委員会を共同設置する一の市町村の県費負担教職員を免職し，引き続いて当該教育委員会を共同設置する他の市町村の県費負担教職員に採用する場合を含む。以下この項において同じ。）に係るものであるときは，当該内申に基づき，その転任を行うものとする。ただし，次の各号のいずれかに該当するときは，この限りでない。

一　都道府県内の教職員の適正な配置と円滑な交流の観点から，一の市町村（地方自治法第252条の7第1項の規定により教育委員会を共同設置する場合における当該教育委員会を共同設置する他の市町村を含む。以下この号において同じ。）における県費負担教職員の標準的な在職期間その他の都道府県委員会が定める県費負担教職員の任用に関する基準に従い，一の市町村の県費負担教職員を免職し，引き続いて当該都道府県内の他の市町村の県費負担教職員に採用する必要がある場合

二　前号に掲げる場合のほか，やむを得ない事情により当該内申に係る転任を行うことが困難である場合

3　市町村委員会は，次条の規定による校長の意見の申出があつた県費負担教職員について第1項又は前項の内申を行うときは，当該校長の意見を付するものとする。

（服務の監督）

第43条　市町村委員会は，県費負担教職員の服務を監督する。

2 県費負担教職員は，その職務を遂行するに当つて，法令，当該市町村の条例及び規則並びに当該市町村委員会の定める教育委員会規則及び規程（前条又は次項の規定によつて都道府県が制定する条例を含む。）に従い，かつ，市町村委員会その他職務上の上司の職務上の命令に忠実に従わなければならない。

3 県費負担教職員の任免，分限又は懲戒に関して，地方公務員法の規定により条例で定めるものとされている事項は，都道府県の条例で定める。

4 都道府県委員会は，県費負担教職員の任免その他の進退を適切に行うため，市町村委員会の行う県費負担教職員の服務の監督又は前条若しくは前項の規定により都道府県が制定する条例の実施について，技術的な基準を設けることができる。

（研修）

第45条 県費負担教職員の研修は，地方公務員法第39条第2項の規定にかかわらず，市町村委員会も行うことができる。

2 市町村委員会は，都道府県委員会が行う県費負担教職員の研修に協力しなければならない。

（県費負担教職員の免職及び都道府県の職への採用）

第47条の2 都道府県委員会は，地方公務員法第27条第2項及び第28条第1項の規定にかかわらず，その任命に係る市町村の県費負担教職員（教諭，養護教諭，栄養教諭，助教諭及び養護助教諭（同法第28条の4第1項又は第28条の5第1項の規定により採用された者（以下この項において「再任用職員」という。）を除く。）並びに講師（再任用職員及び同法第22条の2第1項各号に掲げる者を除く。）に限る。）で次の各号のいずれにも該当するもの（同法第28条第1項各号又は第2項各号のいずれかに該当する者を除く。）を免職し，引き続いて当該都道府県の常時勤務を要する職（指導主事並びに校長，園長及び教員の職を除く。）に採用することができる。

一 児童又は生徒に対する指導が不適切であること。

二 研修等必要な措置が講じられたとしてもなお児童又は生徒に対する指導を適切に行うことができないと認められること。

2 事実の確認の方法その他前項の県費負担教職員が同項各号に該当するかどうかを判断するための手続に関し必要な事項は，都道府県の教育委員会規則で定めるものとする。

3 都道府県委員会は，第1項の規定による採用に当たつては，公務の能率的な運営を確保する見地から，同項の県費負担教職員の適性，知識等について十分に考慮するものとする。

4 第40条後段の規定は，第1項の場合について準用する。この場合において，同条後段中「当該他の市町村」とあるのは，「当該都道府県」と読み替えるものとする。

第47条の5 教育委員会は，教育委員会規則で定めるところにより，その所管に属する学校ごとに，当該学校の運営及び当該運営への必要な支援に関して協議する機関として，学校運営協議会を置くように努めなければならない。ただし，二以上の学校の運営に関し相互に密接な連携を図る必要がある場合として文部科学省令で定める場合には，二以上の学校について一の学校運営協議会を置くことができる。

2 学校運営協議会の委員は，次に掲げる者について，教育委員会が任命する。

一 対象学校（当該学校運営協議会が，その運営及び当該運営への必要な支援に関して協議する学校をいう。以下この条において同じ。）の所在する地域の住民

二 対象学校に在籍する生徒，児童又は幼児の保護者

三 社会教育法（昭和24年法律第207号）第9条の7第1項に規定する地域学校協働活動推進員その他の対象学校の運営に資する活動を行う者

四 その他当該教育委員会が必要と認める者

3 対象学校の校長は，前項の委員の任命に関する意見を教育委員会に申し出ることができる。

4 対象学校の校長は，当該対象学校の運営に関して，教育課程の編成その他教育委員会規則で定める事項について基本的な方針を作成し，当該対象学校の学校運営協議会の承認を得なければならない。

5　学校運営協議会は，前項に規定する基本的な方針に基づく対象学校の運営及び当該運営への必要な支援に関し，対象学校の所在する地域の住民，対象学校に在籍する生徒，児童又は幼児の保護者その他の関係者の理解を深めるとともに，対象学校とこれらの者との連携及び協力の推進に資するため，対象学校の運営及び当該運営への必要な支援に関する協議の結果に関する情報を積極的に提供するよう努めるものとする。

6　学校運営協議会は，対象学校の運営に関する事項（次項に規定する事項を除く。）について，教育委員会又は校長に対して，意見を述べることができる。

7　学校運営協議会は，対象学校の職員の採用その他の任用に関して教育委員会規則で定める事項について，当該職員の任命権者に対して意見を述べることができる。この場合において，当該職員が県費負担教職員（第55条第1項又は第61条第1項の規定により市町村委員会がその任用に関する事務を行う職員を除く。）であるときは，市町村委員会を経由するものとする。

8　対象学校の職員の任命権者は，当該職員の任用に当たつては，前項の規定により述べられた意見を尊重するものとする。

9　教育委員会は，学校運営協議会の運営が適正を欠くことにより，対象学校の運営に現に支障が生じ，又は生ずるおそれがあると認められる場合においては，当該学校運営協議会の適正な運営を確保するために必要な措置を講じなければならない。

10　学校運営協議会の委員の任免の手続及び任期，学校運営協議会の議事の手続その他学校運営協議会の運営に関し必要な事項については，教育委員会規則で定める。

第5章　文部科学大臣及び教育委員会相互間の関係等

（文部科学大臣又は都道府県委員会の指導，助言及び援助）

第48条　地方自治法第245条の4第1項の規定によるほか，文部科学大臣は都道府県又は市町村に対し，都道府県委員会は市町村に対し，都道府県又は市町村の教育に関する事務の適正な処理を図るため，必要な指導，助言又は援助を行うことができる。

2　前項の指導，助言又は援助を例示すると，おおむね次のとおりである。

一　学校その他の教育機関の設置及び管理並びに整備に関し，指導及び助言を与えること。

二　学校の組織編制，教育課程，学習指導，生徒指導，職業指導，教科書その他の教材の取扱いその他学校運営に関し，指導及び助言を与えること。

三　学校における保健及び安全並びに学校給食に関し，指導及び助言を与えること。

四　教育委員会の委員及び校長，教員その他の教育関係職員の研究集会，講習会その他研修に関し，指導及び助言を与え，又はこれらを主催すること。

五　生徒及び児童の就学に関する事務に関し，指導及び助言を与えること。

六　青少年教育，女性教育及び公民館の事業その他社会教育の振興並びに芸術の普及及び向上に関し，指導及び助言を与えること。

七　スポーツの振興に関し，指導及び助言を与えること。

八　指導主事，社会教育主事その他の職員を派遣すること。

九　教育及び教育行政に関する資料，手引書等を作成し，利用に供すること。

十　教育に係る調査及び統計並びに広報及び教育行政に関する相談に関し，指導及び助言を与えること。

十一　教育委員会の組織及び運営に関し，指導及び助言を与えること。

3　文部科学大臣は，都道府県委員会に対し，第1項の規定による市町村に対する指導，助言又は援助に関し，必要な指示をすることができる。

4　地方自治法第245条の4第3項の規定によるほか，都道府県知事又は都道府県委員会は文部科学大臣に対し，市町村長又は市町村委員会は文部科学大臣又は都道府県委員会に対し，教育に関する事務の処理について必要な指導，助言又は援助を求めることができる。

（是正の要求の方式）

第49条　文部科学大臣は，都道府県委員会又は市町村委員会の教育に関する事務の管理及

び執行が法令の規定に違反するものがある場合又は当該事務の管理及び執行を怠るものがある場合において，児童，生徒等の教育を受ける機会が妨げられていることその他の教育を受ける権利が侵害されていることが明らかであるとして地方自治法第245条の5第1項若しくは第4項の規定による求め又は同条第2項の指示を行うときは，当該教育委員会が講ずべき措置の内容を示して行うものとする。

（文部科学大臣の指示）

第50条　文部科学大臣は，都道府県委員会又は市町村委員会の教育に関する事務の管理及び執行が法令の規定に違反するものがある場合又は当該事務の管理及び執行を怠るものがある場合において，児童，生徒等の生命又は身体に現に被害が生じ，又はまさに被害が生ずるおそれがあると見込まれ，その被害の拡大又は発生を防止するため，緊急の必要があるときは，当該教育委員会に対し，当該違反を是正し，又は当該怠る事務の管理及び執行を改めるべきことを指示することができる。ただし，他の措置によつては，その是正を図ることが困難である場合に限る。

（文部科学大臣の通知）

第50条の2　文部科学大臣は，第49条に規定する求め若しくは指示又は前条の規定による指示を行つたときは，遅滞なく，当該地方公共団体（第49条に規定する指示を行つたときにあつては，当該指示に係る市町村）の長及び議会に対して，その旨を通知するものとする。

（文部科学大臣及び教育委員会相互間の関係）

第51条　文部科学大臣は都道府県委員会又は市町村委員会相互の間の，都道府県委員会は市町村委員会相互の間の連絡調整を図り，並びに教育委員会は，相互の間の連絡を密にし，及び文部科学大臣又は他の教育委員会と協力し，教職員の適正な配置と円滑な交流及び教職員の勤務能率の増進を図り，もつてそれぞれその所掌する教育に関する事務の適正な執行と管理に努めなければならない。

（調査）

第53条　文部科学大臣又は都道府県委員会は，第48条第1項及び第51条の規定による権限を行うため必要があるときは，地方公共団体の長又は教育委員会が管理し，及び執行する教育に関する事務について，必要な調査を行うことができる。

2　文部科学大臣は，前項の調査に関し，都道府県委員会に対し，市町村長又は市町村委員会が管理し，及び執行する教育に関する事務について，その特に指定する事項の調査を行うよう指示をすることができる。

（資料及び報告）

第54条　教育行政機関は，的確な調査，統計その他の資料に基いて，その所掌する事務の適切かつ合理的な処理に努めなければならない。

2　文部科学大臣は地方公共団体の長又は教育委員会に対し，都道府県委員会は市町村長又は市町村委員会に対し，それぞれ都道府県又は市町村の区域内の教育に関する事務に関し，必要な調査，統計その他の資料又は報告の提出を求めることができる。

第6章　雑　則

（保健所との関係）

第57条　教育委員会は，健康診断その他学校における保健に関し，政令で定めるところにより，保健所を設置する地方公共団体の長に対し，保健所の協力を求めるものとする。

2　保健所は，学校の環境衛生の維持，保健衛生に関する資料の提供その他学校における保健に関し，政令で定めるところにより，教育委員会に助言と援助を与えるものとする。

教育職員免許法（抄）
（昭和24年法律第147号）

第1章　総　則

（この法律の目的）

第1条　この法律は，教育職員の免許に関する基準を定め，教育職員の資質の保持と向上を図ることを目的とする。

（免許）

第3条　教育職員は，この法律により授与する各相当の免許状を有する者でなければならない。

2　前項の規定にかかわらず，主幹教諭（養護又は栄養の指導及び管理をつかさどる主幹

教諭を除く。）及び指導教諭については各相当学校の教諭の免許状を有する者を，養護をつかさどる主幹教諭については養護教諭の免許状を有する者を，栄養の指導及び管理をつかさどる主幹教諭については栄養教諭の免許状を有する者を，講師については各相当学校の教員の相当免許状を有する者を，それぞれ充てるものとする。

3　特別支援学校の教員（養護又は栄養の指導及び管理をつかさどる主幹教諭，養護教諭，養護助教諭，栄養教諭並びに特別支援学校において自立教科等の教授を担任する教員を除く。）については，第１項の規定にかかわらず，特別支援学校の教員の免許状のほか，特別支援学校の各部に相当する学校の教員の免許状を有する者でなければならない。

4　義務教育学校の教員（養護又は栄養の指導及び管理をつかさどる主幹教諭，養護教諭，養護助教諭並びに栄養教諭を除く。）については，第１項の規定にかかわらず，小学校の教員の免許状及び中学校の教員の免許状を有する者でなければならない。

5　中等教育学校の教員（養護又は栄養の指導及び管理をつかさどる主幹教諭，養護教諭，養護助教諭並びに栄養教諭を除く。）については，第１項の規定にかかわらず，中学校の教員の免許状及び高等学校の教員の免許状を有する者でなければならない。

6　幼保連携型認定こども園の教員の免許については，第１項の規定にかかわらず，就学前の子どもに関する教育，保育等の総合的な提供の推進に関する法律の定めるところによる。

第２章　免許状

（種類）

第４条　免許状は，普通免許状，特別免許状及び臨時免許状とする。

2　普通免許状は，学校（義務教育学校，中等教育学校及び幼保連携型認定こども園を除く。）の種類ごとの教諭の免許状，養護教諭の免許状及び栄養教諭の免許状とし，それぞれ専修免許状，一種免許状及び二種免許状（高等学校教諭の免許状にあつては，専修免許状及び一種免許状）に区分する。

3　特別免許状は，学校（幼稚園，義務教育

学校，中等教育学校及び幼保連携型認定こども園を除く。）の種類ごとの教諭の免許状とする。

4　臨時免許状は，学校（義務教育学校，中等教育学校及び幼保連携型認定こども園を除く。）の種類ごとの助教諭の免許状及び養護助教諭の免許状とする。

（略）

（効力）

第９条　普通免許状は，その授与の日の翌日から起算して十年を経過する日の属する年度の末日まで，すべての都道府県（中学校及び高等学校の教員の宗教の教科についての免許状にあつては，国立学校又は公立学校の場合を除く。次項及び第３項において同じ。）において効力を有する。

2　特別免許状は，その授与の日の翌日から起算して十年を経過する日の属する年度の末日まで，その免許状を授与した授与権者の置かれる都道府県においてのみ効力を有する。

3　臨時免許状は，その免許状を授与したときから三年間，その免許状を授与した授与権者の置かれる都道府県においてのみ効力を有する。

4　第１項の規定にかかわらず，その免許状に係る別表第一から別表第八までに規定する所要資格を得た日，第16条の２第１項に規定する教員資格認定試験に合格した日又は第16条の３第２項若しくは第17条第１項に規定する文部科学省令で定める資格を有することとなつた日の属する年度の翌年度の初日以後，同日から起算して十年を経過する日までの間に授与された普通免許状（免許状更新講習の課程を修了した後文部科学省令で定める二年以上の期間内に授与されたものを除く。）の有効期間は，当該十年を経過する日までとする。

5　普通免許状又は特別免許状を二以上有する者の当該二以上の免許状の有効期間は，第１項，第２項及び前項並びに次条第４項及び第５項の規定にかかわらず，これらの免許状に係るこれらの規定による有効期間の満了の日のうち最も遅い日までとする。

（有効期間の更新及び延長）

第９条の２　免許管理者は，普通免許状又は

特別免許状の有効期間を，その満了の際，その免許状を有する者の申請により更新することができる。

2　前項の申請は，申請書に免許管理者が定める書類を添えて，これを免許管理者に提出してしなければならない。

3　第1項の規定による更新は，その申請をした者が当該普通免許状又は特別免許状の有効期間の満了する日までの文部科学省令で定める二年以上の期間内において免許状更新講習の課程を修了した者である場合又は知識技能その他の事項を勘案して免許状更新講習を受ける必要がないものとして文部科学省令で定めるところにより免許管理者が認めた者である場合に限り，行うものとする。

（略）

（免許状更新講習）

第9条の3　免許状更新講習は，大学その他文部科学省令で定める者が，次に掲げる基準に適合することについての文部科学大臣の認定を受けて行う。

一　講習の内容が，教員の職務の遂行に必要なものとして文部科学省令で定める事項に関する最新の知識技能を修得させるための課程（その一部として行われるものを含む。）であること。

二　講習の講師が，次のいずれかに該当する者であること。

　イ　文部科学大臣が第16条の3第4項の政令で定める審議会等に諮問して免許状の授与の所要資格を得させるために適当と認める課程を有する大学において，当該課程を担当する教授，准教授又は講師の職にある者

　ロ　イに掲げる者に準ずるものとして文部科学省令で定める者

三　講習の課程の修了の認定（課程の一部の履修の認定を含む。）が適切に実施されるものであること。

四　その他文部科学省令で定める要件に適合するものであること。

2　前項に規定する免許状更新講習（以下単に「免許状更新講習」という。）の時間は，三十時間以上とする。

3　免許状更新講習は，次に掲げる者に限り，

受けることができる。

一　教育職員及び文部科学省令で定める教育の職にある者

二　教育職員に任命され，又は雇用されることとなつている者及びこれに準ずるものとして文部科学省令で定める者

4　前項の規定にかかわらず，公立学校の教員であつて教育公務員特例法（昭和24年法律第1号）第25条第1項に規定する指導改善研修（以下この項及び次項において単に「指導改善研修」という。）を命ぜられた者は，その指導改善研修が終了するまでの間は，免許状更新講習を受けることができない。

5　前項に規定する者の任命権者（免許管理者を除く。）は，その者に指導改善研修を命じたとき，又はその者の指導改善研修が終了したときは，速やかにその旨を免許管理者に通知しなければならない。

6　文部科学大臣は，第1項の規定による認定に関する事務を独立行政法人教職員支援機構（第16条の2第3項及び別表第三備考第十一号において「機構」という。）に行わせるものとする。

7　前各項に規定するもののほか，免許状更新講習に関し必要な事項は，文部科学省令で定める。

児童福祉法（抄）
（昭和22年法律第164号）

第1条　全て児童は，児童の権利に関する条約の精神にのつとり，適切に養育されること，その生活を保障されること，愛され，保護されること，その心身の健やかな成長及び発達並びにその自立が図られることその他の福祉を等しく保障される権利を有する。

（略）

第2条　全て国民は，児童が良好な環境において生まれ，かつ，社会のあらゆる分野において，児童の年齢及び発達の程度に応じて，その意見が尊重され，その最善の利益が優先して考慮され，心身ともに健やかに育成されるよう努めなければならない。

②　児童の保護者は，児童を心身ともに健やかに育成することについて第一義的責任を負

う。

③　国及び地方公共団体は，児童の保護者とともに，児童を心身ともに健やかに育成する責任を負う。

第3条　前二条に規定するところは，児童の福祉を保障するための原理であり，この原理は，すべて児童に関する法令の施行にあたつて，常に尊重されなければならない。

第4条　この法律で，児童とは，満十八歳に満たない者をいい，児童を左のように分ける。

一　乳児　満一歳に満たない者

二　幼児　満一歳から，小学校就学の始期に達するまでの者

三　少年　小学校就学の始期から，満十八歳に達するまでの者

②　この法律で，障害児とは，身体に障害のある児童，知的障害のある児童，精神に障害のある児童（発達障害者支援法（平成16年法律第167号）第2条第2項に規定する発達障害児を含む。）又は治療方法が確立していない疾病その他の特殊の疾病であつて障害者の日常生活及び社会生活を総合的に支援するための法律（平成17年法律第123号）第4条第1項の政令で定めるものによる障害の程度が同項の厚生労働大臣が定める程度である児童をいう。

第12条　都道府県は，児童相談所を設置しなければならない。

②　児童相談所は，児童の福祉に関し，主として前条第1項第一号に掲げる業務（市町村職員の研修を除く。）並びに同項第二号（イを除く。）及び第三号に掲げる業務並びに障害者の日常生活及び社会生活を総合的に支援するための法律第22条第2項及び第3項並びに第26条第1項に規定する業務を行うものとする。

③　都道府県は，児童相談所が前項に規定する業務のうち法律に関する専門的な知識経験を必要とするものを適切かつ円滑に行うことの重要性に鑑み，児童相談所における弁護士の配置又はこれに準ずる措置を行うものとする。

④　児童相談所は，必要に応じ，巡回して，第2項に規定する業務（前条第1項第二号ホに掲げる業務を除く。）を行うことができる。

⑤　児童相談所長は，その管轄区域内の社会福祉法に規定する福祉に関する事務所（以下「福祉事務所」という。）の長（以下「福祉事務所長」という。）に必要な調査を委嘱することができる。

⑥　都道府県知事は，第2項に規定する業務の質の評価を行うことその他必要な措置を講ずることにより，当該業務の質の向上に努めなければならない。

⑦　国は，前項の措置を援助するために，児童相談所の業務の質の適切な評価の実施に資するための措置を講ずるよう努めなければならない。

第18条の4　この法律で，保育士とは，第18条の18第1項の登録を受け，保育士の名称を用いて，専門的知識及び技術をもつて，児童の保育及び児童の保護者に対する保育に関する指導を行うことを業とする者をいう。

第37条　乳児院は，乳児（保健上，安定した生活環境の確保その他の理由により特に必要のある場合には，幼児を含む。）を入院させて，これを養育し，あわせて退院した者について相談その他の援助を行うことを目的とする施設とする。

第38条　母子生活支援施設は，配偶者のない女子又はこれに準ずる事情にある女子及びその者の監護すべき児童を入所させて，これらの者を保護するとともに，これらの者の自立の促進のためにその生活を支援し，あわせて退所した者について相談その他の援助を行うことを目的とする施設とする。

第39条　保育所は，保育を必要とする乳児・幼児を日々保護者の下から通わせて保育を行うことを目的とする施設（利用定員が二十人以上であるものに限り，幼保連携型認定こども園を除く。）とする。

②　保育所は，前項の規定にかかわらず，特に必要があるときは，保育を必要とするその他の児童を日々保護者の下から通わせて保育することができる。

第39条の2　幼保連携型認定こども園は，義務教育及びその後の教育の基礎を培うものとしての満三歳以上の幼児に対する教育（教育基本法（平成18年法律第120号）第6条第1項に規定する法律に定める学校において行わ

れる教育をいう。）及び保育を必要とする乳児・幼児に対する保育を一体的に行い，これらの乳児又は幼児の健やかな成長が図られるよう適当な環境を与えて，その心身の発達を助長することを目的とする施設とする。

② 幼保連携型認定こども園に関しては，この法律に定めるもののほか，認定こども園法の定めるところによる。

第40条 児童厚生施設は，児童遊園，児童館等児童に健全な遊びを与えて，その健康を増進し，又は情操をゆたかにすることを目的とする施設とする。

第41条 児童養護施設は，保護者のない児童（乳児を除く。ただし，安定した生活環境の確保その他の理由により特に必要のある場合には，乳児を含む。以下この条において同じ。），虐待されている児童その他環境上養護を要する児童を入所させて，これを養護し，あわせて退所した者に対する相談その他の自立のための援助を行うことを目的とする施設とする。

第42条 障害児入所施設は，次の各号に掲げる区分に応じ，障害児を入所させて，当該各号に定める支援を行うことを目的とする施設とする。

一　福祉型障害児入所施設　保護，日常生活の指導及び独立自活に必要な知識技能の付与

二　医療型障害児入所施設　保護，日常生活の指導，独立自活に必要な知識技能の付与及び治療

第43条 児童発達支援センターは，次の各号に掲げる区分に応じ，障害児を日々保護者の下から通わせて，当該各号に定める支援を提供することを目的とする施設とする。

一　福祉型児童発達支援センター　日常生活における基本的動作の指導，独立自活に必要な知識技能の付与又は集団生活への適応のための訓練

二　医療型児童発達支援センター　日常生活における基本的動作の指導，独立自活に必要な知識技能の付与又は集団生活への適応のための訓練及び治療

第43条の2 児童心理治療施設は，家庭環境，学校における交友関係その他の環境上の理由

により社会生活への適応が困難となつた児童を，短期間，入所させ，又は保護者の下から通わせて，社会生活に適応するために必要な心理に関する治療及び生活指導を主として行い，あわせて退所した者について相談その他の援助を行うことを目的とする施設とする。

第44条 児童自立支援施設は，不良行為をなし，又はなすおそれのある児童及び家庭環境その他の環境上の理由により生活指導等を要する児童を入所させ，又は保護者の下から通わせて，個々の児童の状況に応じて必要な指導を行い，その自立を支援し，あわせて退所した者について相談その他の援助を行うことを目的とする施設とする。

第44条の2 児童家庭支援センターは，地域の児童の福祉に関する各般の問題につき，児童に関する家庭その他からの相談のうち，専門的な知識及び技術を必要とするものに応じ，必要な助言を行うとともに，市町村の求めに応じ，技術的助言その他必要な援助を行うほか，第26条第1項第二号及び第27条第1項第二号の規定による指導を行い，あわせて児童相談所，児童福祉施設等との連絡調整その他厚生労働省令の定める援助を総合的に行うことを目的とする施設とする。

② 児童家庭支援センターの職員は，その職務を遂行するに当たつては，個人の身上に関する秘密を守らなければならない。

いじめ防止対策推進法（抄）
（平成25年法律第71号）

第1章　総　則

（目的）

第1条 この法律は，いじめが，いじめを受けた児童等の教育を受ける権利を著しく侵害し，その心身の健全な成長及び人格の形成に重大な影響を与えるのみならず，その生命又は身体に重大な危険を生じさせるおそれがあるものであることに鑑み，児童等の尊厳を保持するため，いじめの防止等（いじめの防止，いじめの早期発見及びいじめへの対処をいう。以下同じ。）のための対策に関し，基本理念を定め，国及び地方公共団体等の責務を明らかにし，並びにいじめの防止等のための対策

に関する基本的な方針の策定について定める
とともに，いじめの防止等のための対策の基
本となる事項を定めることにより，いじめの
防止等のための対策を総合的かつ効果的に推
進することを目的とする。

（定義）

第2条 この法律において「いじめ」とは，
児童等に対して，当該児童等が在籍する学校
に在籍している等当該児童等と一定の人的関
係にある他の児童等が行う心理的又は物理的
な影響を与える行為（インターネットを通じ
て行われるものを含む。）であって，当該行
為の対象となった児童等が心身の苦痛を感じ
ているものをいう。

2　この法律において「学校」とは，学校教
育法（昭和22年法律第26号）第1条に規定す
る小学校，中学校，義務教育学校，高等学校，
中等教育学校及び特別支援学校（幼稚部を除
く。）をいう。

3　この法律において「児童等」とは，学校
に在籍する児童又は生徒をいう。

4　この法律において「保護者」とは，親権
を行う者（親権を行う者のないときは，未成
年後見人）をいう。

（基本理念）

第3条 いじめの防止等のための対策は，い
じめが全ての児童等に関係する問題であるこ
とに鑑み，児童等が安心して学習その他の活
動に取り組むことができるよう，学校の内外
を問わずいじめが行われなくなるようにする
ことを旨として行われなければならない。

2　いじめの防止等のための対策は，全ての
児童等がいじめを行わず，及び他の児童等に
対して行われるいじめを認識しながらこれを
放置することがないようにするため，いじめ
が児童等の心身に及ぼす影響その他のいじめ
の問題に関する児童等の理解を深めることを
旨として行われなければならない。

3　いじめの防止等のための対策は，いじめ
を受けた児童等の生命及び心身を保護する
ことが特に重要であることを認識しつつ，国，
地方公共団体，学校，地域住民，家庭その他
の関係者の連携の下，いじめの問題を克服す
ることを目指して行われなければならない。

（いじめの禁止）

第4条 児童等は，いじめを行ってはならな
い。

（学校及び学校の教職員の責務）

第8条 学校及び学校の教職員は，基本理念
にのっとり，当該学校に在籍する児童等の保
護者，地域住民，児童相談所その他の関係者
との連携を図りつつ，学校全体でいじめの防
止及び早期発見に取り組むとともに，当該学
校に在籍する児童等がいじめを受けていると
思われるときは，適切かつ迅速にこれに対処
する責務を有する。

（保護者の責務等）

第9条 保護者は，子の教育について第一義
的責任を有するものであって，その保護する
児童等がいじめを行うことのないよう，当該
児童等に対し，規範意識を養うための指導そ
の他の必要な指導を行うよう努めるものとす
る。

2　保護者は，その保護する児童等がいじめ
を受けた場合には，適切に当該児童等をいじ
めから保護するものとする。

3　保護者は，国，地方公共団体，学校の設
置者及びその設置する学校が講ずるいじめの
防止等のための措置に協力するよう努めるも
のとする。

4　第1項の規定は，家庭教育の自主性が尊
重されるべきことに変更を加えるものと解し
てはならず，また，前三項の規定は，いじめ
の防止等に関する学校の設置者及びその設置
する学校の責任を軽減するものと解してはな
らない。

第3章　基本的施策

（学校におけるいじめの防止）

第15条 学校の設置者及びその設置する学校
は，児童等の豊かな情操と道徳心を培い，心
の通う対人交流の能力の素地を養うことがい
じめの防止に資することを踏まえ，全ての教
育活動を通じた道徳教育及び体験活動等の充
実を図らなければならない。

2　学校の設置者及びその設置する学校は，
当該学校におけるいじめを防止するため，当
該学校に在籍する児童等の保護者，地域住民
その他の関係者との連携を図りつつ，いじめ
の防止に資する活動であって当該学校に在籍
する児童等が自主的に行うものに対する支援，

当該学校に在籍する児童等及びその保護者並びに当該学校の教職員に対するいじめを防止することの重要性に関する理解を深めるための啓発その他必要な措置を講ずるものとする。

（いじめの早期発見のための措置）

第16条　学校の設置者及びその設置する学校は、当該学校におけるいじめを早期に発見するため、当該学校に在籍する児童等に対する定期的な調査その他の必要な措置を講ずるものとする。

2　国及び地方公共団体は、いじめに関する通報及び相談を受け付けるための体制の整備に必要な施策を講ずるものとする。

3　学校の設置者及びその設置する学校は、当該学校に在籍する児童等及びその保護者並びに当該学校の教職員がいじめに係る相談を行うことができる体制（次項において「相談体制」という。）を整備するものとする。

4　学校の設置者及びその設置する学校は、相談体制を整備するに当たっては、家庭、地域社会等との連携の下、いじめを受けた児童等の教育を受ける権利その他の権利利益が擁護されるよう配慮するものとする。

　　第4章　いじめの防止等に関する措置

（いじめに対する措置）

第23条　学校の教職員、地方公共団体の職員その他の児童等からの相談に応じる者及び児童等の保護者は、児童等からいじめに係る相談を受けた場合において、いじめの事実があると思われるときは、いじめを受けたと思われる児童等が在籍する学校への通報その他の適切な措置をとるものとする。

2　学校は、前項の規定による通報を受けたときその他当該学校に在籍する児童等がいじめを受けていると思われるときは、速やかに、当該児童等に係るいじめの事実の有無の確認を行うための措置を講ずるとともに、その結果を当該学校の設置者に報告するものとする。

3　学校は、前項の規定による事実の確認によりいじめがあったことが確認された場合には、いじめをやめさせ、及びその再発を防止するため、当該学校の複数の教職員によって、

心理、福祉等に関する専門的な知識を有する者の協力を得つつ、いじめを受けた児童等又はその保護者に対する支援及びいじめを行った児童等に対する指導又はその保護者に対する助言を継続的に行うものとする。

4　学校は、前項の場合において必要があると認めるときは、いじめを行った児童等についていじめを受けた児童等が使用する教室以外の場所において学習を行わせる等いじめを受けた児童等その他の児童等が安心して教育を受けられるようにするために必要な措置を講ずるものとする。

5　学校は、当該学校の教職員が第3項の規定による支援又は指導若しくは助言を行うに当たっては、いじめを受けた児童等の保護者といじめを行った児童等の保護者との間で争いが起きることのないよう、いじめの事案に係る情報をこれらの保護者と共有するための措置その他の必要な措置を講ずるものとする。

6　学校は、いじめが犯罪行為として取り扱われるべきものであると認めるときは所轄警察署と連携してこれに対処するものとし、当該学校に在籍する児童等の生命、身体又は財産に重大な被害が生じるおそれがあるときは直ちに所轄警察署に通報し、適切に、援助を求めなければならない。

（校長及び教員による懲戒）

第25条　校長及び教員は、当該学校に在籍する児童等がいじめを行っている場合であって教育上必要があると認めるときは、学校教育法第11条の規定に基づき、適切に、当該児童等に対して懲戒を加えるものとする。

（出席停止制度の適切な運用等）

第26条　市町村の教育委員会は、いじめを行った児童等の保護者に対して学校教育法第35条第1項（同法第49条において準用する場合を含む。）の規定に基づき当該児童等の出席停止を命ずる等、いじめを受けた児童等その他の児童等が安心して教育を受けられるようにするために必要な措置を速やかに講ずるものとする。

小学校標準授業時数（学校教育法施行規則第51条関係　別表第一）

区　　分		第1学年	第2学年	第3学年	第4学年	第5学年	第6学年
各教科の授業時数	国　語	306	315	245	245	175	175
	社　会			70	90	100	105
	算　数	136	175	175	175	175	175
	理　科			90	105	105	105
	生　活	102	105				
	音　楽	68	70	60	60	50	50
	図画工作	68	70	60	60	50	50
	家　庭					60	55
	体　育	102	105	105	105	90	90
	外国語					70	70
特別の教科である道徳の授業時数		34	35	35	35	35	35
外国語活動の授業時数				35	35		
総合的な学習の時間の授業時数				70	70	70	70
特別活動の授業時数		34	35	35	35	35	35
総授業時数		850	910	980	1015	1015	1015

備考
一　この表の授業時数の一単位時間は，45分とする。
二　特別活動の授業時数は，小学校学習指導要領で定める学級活動（学校給食に係るものを除く。）に充てるものとする。
三　第50条第2項の場合において，特別の教科である道徳のほかに宗教を加えるときは，宗教の授業時数をもつてこの表の特別の教科である道徳の授業時数の一部に代えることができる。（別表第二から別表第二の三まで及び別表第四の場合においても同様とする。）

中学校標準授業時数（学校教育法施行規則第73条関係　別表第二）

区　　　分		第1学年	第2学年	第3学年
各教科の授業時数	国　　語	140	140	105
	社　　会	105	105	140
	数　　学	140	105	140
	理　　科	105	140	140
	音　　楽	45	35	35
	美　　術	45	35	35
	保 健 体 育	105	105	105
	技術・家庭	70	70	35
	外 国 語	140	140	140
特別の教科である道徳の授業時数		35	35	35
総合的な学習の時間の授業時数		50	70	70
特別活動の授業時数		35	35	35
総授業時数		1015	1015	1015

備考
一　この表の授業時数の一単位時間は，50分とする。
二　特別活動の授業時数は，中学校学習指導要領で定める学級活動（学校給食に係るものを除く。）に充てるものとする。

資　料

児童憲章
（昭和26年 5 月 5 日制定）

　われらは，日本国憲法の精神にしたがい，児童に対する正しい観念を確立し，すべての児童の幸福をはかるために，この憲章を定める。

　児童は，人として尊ばれる。

　児童は，社会の一員として重んぜられる。

　児童は，よい環境のなかで育てられる。

一　すべての児童は，心身ともに健やかにうまれ，育てられ，その生活を保障される。

二　すべての児童は，家庭で，正しい愛情と知識と技術をもって育てられ，家庭に恵まれない児童には，これにかわる環境が与えられる。

三　すべての児童は，適当な栄養と住居と被服が与えられ，また，疾病と災害からまもられる。

四　すべての児童は，個性と能力に応じて教育され，社会の一員としての責任を自主的に果たすように，みちびかれる。

五　すべての児童は，自然を愛し，科学と芸術を尊ぶように，みちびかれ，また，道徳的心情がつちかわれる。

六　すべての児童は，就学のみちを確保され，また，十分に整つた教育の施設を用意される。

七　すべての児童は，職業指導を受ける機会が与えられる。

八　すべての児童は，その労働において，心身の発育が阻害されず，教育を受ける機会が失われず，また，児童としての生活がさまたげられないように，十分に保護される。

九　すべての児童は，よい遊び場と文化財を用意され，悪い環境からまもられる。

十　すべての児童は，虐待・酷使・放任その他不当な取扱からまもられる。

　あやまちをおかした児童は，適切に保護指導される。

十一　すべての児童は，身体が不自由な場合，または精神の機能が不充分な場合に，適切な治療と教育と保護が与えられる。

十二　すべての児童は，愛とまことによつて結ばれ，よい国民として人類の平和と文化に貢献するように，みちびかれる。

国連・子どもの権利条約（抄）　政府訳
（平成 6 年 5 月16日条約第 2 号）

第 1 条　この条約の適用上，児童とは，18歳未満のすべての者をいう。ただし，当該児童で，その者に適用される法律によりより早く成年に達したものを除く。

第 2 条

1　締約国は，その管轄の下にある児童に対し，児童又はその父母若しくは法定保護者の人種，皮膚の色，性，言語，宗教，政治的意見その他の意見，国民的，種族的若しくは社会的出身，財産，心身障害，出生又は他の地位にかかわらず，いかなる差別もなしにこの条約に定める権利を尊重し，及び確保する。

2　締約国は，児童がその父母，法定保護者又は家族の構成員の地位，活動，表明した意見又は信念によるあらゆる形態の差別又は処罰から保護されることを確保するためのすべての適当な措置をとる。

第 3 条

1　児童に関するすべての措置をとるに当たっては，公的若しくは私的な社会福祉施設，裁判所，行政当局又は立法機関のいずれによって行われるものであっても，児童の最善の利益が主として考慮されるものとする。

2　締約国は，児童の父母，法定保護者又は児童について法的に責任を有する他の者の権利及び義務を考慮に入れて，児童の福祉に必要な保護及び養護を確保することを約束し，このため，すべての適当な立法上及び行政上の措置をとる。

3　締約国は，児童の養護又は保護のための施設，役務の提供及び設備が，特に安全及び健康の分野に関し並びにこれらの職員の数及び適格性並びに適正な監督に関し権限のある当局の設定した基準に適合することを確保する。

第 5 条　締約国は，児童がこの条約において認められる権利を行使するに当たり，父母若しくは場合により地方の慣習により定められている大家族若しくは共同体の構成員，法定

保護者又は児童について法的に責任を有する他の者がその児童の発達しつつある能力に適合する方法で適当な指示及び指導を与える責任，権利及び義務を尊重する。

第6条

1 締約国は，すべての児童が生命に対する固有の権利を有することを認める。

2 締約国は，児童の生存及び発達を可能な最大限の範囲において確保する。

第12条

1 締約国は，自己の意見を形成する能力のある児童がその児童に影響を及ぼすすべての事項について自由に自己の意見を表明する権利を確保する。この場合において，児童の意見は，その児童の年齢及び成熟度に従って相応に考慮されるものとする。

2 このため，児童は，特に，自己に影響を及ぼすあらゆる司法上及び行政上の手続きにおいて，国内法の手続規則に合致する方法により直接に又は代理人若しくは適当な団体を通じて聴取される機会を与えられる。

第28条

1 締約国は，教育についての児童の権利を認めるものとし，この権利を漸進的にかつ機会の平等を基礎として達成するため，特に，

(a) 初等教育を義務的なものとし，すべての者に対して無償のものとする。

(b) 種々の形態の中等教育（一般教育及び職業教育を含む。）の発展を奨励し，すべての児童に対し，これらの中等教育が利用可能であり，かつ，これらを利用する機会が与えられるものとし，例えば，無償教育の導入，必要な場合おける財政的援助の提供のような適当な措置をとる。

(c) すべての適当な方法により，能力に応じ，すべての者に対して高等教育を利用する機会が与えられるものとする。

(d) すべての児童に対し，教育及び職業に関する情報及び指導が利用可能であり，かつ，これらを利用する機会が与えられるものとする。

(e) 定期的な登校及び中途退学率の減少を奨励するための措置をとる。

2 締約国は，学校の規律が児童の人間の尊厳に適合する方法で及びこの条約に従って運

用されることを確保するためのすべての適当な措置をとる。

3 締約国は，特に全世界における無知及び非識字の廃絶に寄与し並びに科学上及び技術上の知識並びに最新の教育方法の利用を容易にするため，教育に関する事項についての国際協力を促進し，及び奨励する。これに関しては，特に，開発途上国の必要を考慮する。

第29条

1 締約国は，児童の教育が次のことを指向すべきことに同意する。

(a) 児童の人格，才能並びに精神的及び身体的な能力をその可能な最大限度まで発達させること。

(b) 人権及び基本的自由並びに国際連合憲章にうたう原則の尊重を育成すること。

(c) 児童の父母，児童の文化的同一性，言語及び価値観，児童の居住国及び出身国の国民的価値観並びに自己の文明と異なる文明に対する尊重を育成すること。

(d) すべての人民の間の，種族的，国民的及び宗教的集団の間の並びに原住民である者の間の理解，平和，寛容，両性の平等及び友好の精神に従い，自由な社会における責任ある生活のために児童に準備させること。

(e) 自然環境の尊重を育成すること。

2 この条文は前条のいかなる規定も，個人及び団体が教育機関を設置し及び管理する自由を妨げるものと解してはならない。ただし，常に，1に定める原則が遵守されること及び当該教育機関において行われる教育が国によって定められる最低限度の基準に適合することを条件とする。

> 学事奨励に関する被仰出書
> （明治5年7月）

人々自ら其身を立て其産を治め其業を昌にして以て其生を遂るゆえんのものは他なし身を修め智を開き才芸を長ずるによるなり しかして其身を修め智を開き才芸を長ずるは学にあらざれば能わず 是れ学校の設あるゆえんにして日用常行言語書算を初め士官農商百工技芸及び法律政治天文医療等に至る迄凡人の営むところの事学あらざるはな

し　人能く其才のある所に応じ勉励して之に
従事し而して後初て生を治め産を興し業を昌
にするを得べし　されば学問は身を立るの財
本ともいうべきものにして人たるもの誰か学
ばずして可ならんや　夫の道路に迷ひ飢餓に
陥り家を破り身を喪の徒の如きは畢竟不学よ
りしてかかる過を生ずるなり　従来学校の
設ありてより年を歴ること久しといえども或
は其道を得ざるよりして人其方向を誤り学問
は士人以上の事とし農工商及婦女子に至って
は之を度外におき学問の何物たるを弁ぜず又
士人以上の稀に学ぶ者も動もすれば国家の為
にすと唱え身を立るの基たるを知らずして或
は詞章記誦の末に趨り空理虚談の途に陥り
其論高尚に似たりといえども之を身に行い事
に施すこと能わざるもの少からず　是すなわ
ち沿襲の習弊にして文明普ねからず才芸の長
ぜずして貧乏破産喪家の徒多きゆえんなり
是故に人たるものは学ばずんばあるべからず
之を学ぶには宜しく其旨を誤るべからず　之
に依て今般文部省に於て学制を定め追々教則
をも改正し布告に及ぶべきにつき自今以後一
般の人民華士族農工商及婦女子必ず邑に不学
の戸なく家に不学の人なからしめん事を期す
人の父兄たるもの宜しく此意を体認し其愛育
の情を厚くし其子弟をして必ず学に従事せし
めざるべからざるものなり　高上の学に至て
は其人の材能に任かすといえども幼童の子弟
は男女の別なく小学に従事せしめざるものは
其父兄の越度たるべき事

　但従来沿襲の弊学問は士人以上の事とし国
家の為にすと唱うるを以て学費及其衣食の用
に至る迄多く官に依頼し之を給するに非ざれ
ば学ばざる事と思ひ一生を自棄するもの少か
らず　是皆惑えるの甚しきもの也自今以後此
等の弊を改め一般の人民他事を抛ち自ら奮て
必ず学に従事せしむべき様心得べき事
右之通被　仰出候条地方官に於て辺隅小民に
至る迄不洩様便宜解釈を加え精細申諭文部省
規則に随い学問普及致候様方法を設可施行事
　　　　　　明治五年壬申七月　太政官

教育ニ関スル勅語
（明治23年10月30日）

朕惟フニ我カ皇祖皇宗國ヲ肇ムルコト宏遠ニ
徳ヲ樹ツルコト深厚ナリ我カ臣民克ク忠ニ克
ク孝ニ億兆心ヲ一ニシテ世々厥ノ美ヲ済セル
ハ此レ我カ國體ノ精華ニシテ教育ノ淵源亦實
ニ此ニ存ス爾臣民父母ニ孝ニ兄弟ニ友ニ夫婦
相和シ朋友相信シ恭儉己レヲ持シ博愛衆ニ及
ホシ學ヲ修メ業ヲ習ヒ以テ智能ヲ啓發シ德器
ヲ成就シ進テ公益ヲ廣メ世務ヲ開キ常ニ國憲
ヲ重シ國法ニ遵ヒ一旦緩急アレハ義勇公ニ奉
シ以テ天壤無窮ノ皇運ヲ扶翼スヘシ是ノ如キ
ハ獨リ朕カ忠良ノ臣民タルノミナラス又以テ
爾祖先ノ遺風ヲ顯彰スルニ足ラン
斯ノ道ハ實ニ我カ皇祖皇宗ノ遺訓ニシテ子孫
臣民ノ倶ニ遵守スヘキ所ヲ古今ニ通シテ謬
ラス之ヲ中外ニ施シテ悖ラス朕爾臣民ト倶ニ
拳々服膺シテ咸其德ヲ一ニセンコトヲ庶幾フ

　　　　　明治二十三年十月三十日
　　　　　　御 名 御 璽

教員の地位に関する勧告（抄）
（文部科学省仮訳）
（1966年10月5日　採択）

　教員の地位に関する特別政府間会議は，
　教育を受ける権利が基本的人権であること
を想起し，
　世界人権宣言第26条，児童の権利に関する
宣言第5，第7及び第10の原則並びに諸国民
間の平和，相互の尊重及び理解の理想を青少
年の間に促進することに関する国際連合の宣
言を遂行して，すべての者に適切な教育を与
えることに対する国の責任を自覚し，
　不断の道徳的及び文化的進歩並びに経済的
及び社会的発展に貢献する上に欠くことので
きないものとして，あらゆる才能及び知性を
完全に利用するために一層広範な一般教育，
技術教育及び職業教育が必要であることを認
め，
　教育の発展における教員の本質的役割並び
に人類及び近代社会の発展に対する教員の貢
献の重要性を認識し，
　教員がこの役割にふさわしい地位を享受す

ることを確保することに関心を有し，

　諸国における教育の制度及び組織を決定づける法令及び慣習に大きな相違があることを考慮し，

　諸国において，教育職員に適用される措置が，特に公共の役務に関する規則が教育職員に適用されるかどうかに従って相違があることも考慮し，

　これらの相違にもかかわらず教員の地位に関してすべての国で類似の問題が生じており，また，これらの問題が一連の共通の基準及び措置（これらを明らかにすることがこの勧告の目的である。）の適用を必要としていることを確信し，

　教員に適用される現行の国際諸条約，特に，国際労働機関の総会が採択した1948年の結社の自由及び団結権保護条約，1949年の団結権及び団体交渉権条約，1951年の同一報酬条約，1958年の差別待遇（雇用及び職業）条約，国際連合教育科学文化機関の総会が採択した1960年の教育における差別待遇の防止に関する条約等の基本的人権に関する文書の諸規定に注目し，

　国際連合教育科学文化機関と国際教育局とが共同で招集した国際公教育会議が採択した初等学校及び中等学校の教員の養成及び地位に関する諸問題についての勧告並びに国際連合教育科学文化機関の総会が採択した1962年の技術教育及び職業教育に関する勧告にも注目し，

　教員に特に関係のある問題に関する諸規定によって現行の基準を補足するとともに，教員の不足の問題を解決することを希望して，

　この勧告を採択した。

Ⅰ　定　義

1　この勧告の適用上，

a　「教員」とは，学校において生徒の教育に責任を有するすべての者をいう。

b　教員に関して用いられる「地位」とは教員の任務の重要性及びその任務を遂行する教員の能力の評価の程度に応じて社会において教員に認められる地位又は敬意並びに他の専門職と比較して教員に与えられる勤務条件，報酬その他の物質的利益の双方をいう。

Ⅱ　適用範囲

2　この勧告は，保育所，幼稚園，初等学校，中間学校又は中等学校（技術教育，職業教育又は美術教育を行なう学校を含む。）のいずれを問わず，中等教育段階の修了までの公私の学校のすべての教員に適用する。

Ⅲ　指導原則

3　教育は，最低学年から，人格の円満な発達並びに共同社会の精神的，道徳的，社会的，文化的及び経済的進歩を目ざすとともに，人権及び基本的自由に対する深い尊敬の念を植えつけるものとする。これらの価値のわく内で，教育が平和並びにすべての国家間及び人種的又は宗教的集団間の理解，寛容及び友好に貢献することを最も重視するものとする。

4　教育の進歩が教育職員一般の資格及び能力並びに個々の教員の人間的，教育的及び技術的資質に負うところが大きいことを認識するものとする。

5　教員の地位は，教育の目的及び目標に照らして評価される教育の必要性に相応したものとする。教員の適切な地位及び教職に対する公衆の正当な尊敬が教育の目的及び目標の完全な実現にとって大きな重要性を有することを認識するものとする。

6　教職は，専門職と認められるものとする。教職は，きびしい不断の研究により得られ，かつ，維持される専門的な知識及び技能を教員に要求する公共の役務の一形態であり，また，教員が受け持つ生徒の教育及び福祉について各個人の及び共同の責任感を要求するものである。

7　教員の養成及び雇用のすべての面において，人種，皮膚の色，性，宗教，政治上の意見，国民的若しくは社会的出身又は経済的条件を理由とするいかなる形式の差別もなされないものとする。

8　教員の勤務条件は，効果的な学習を最大限に促進し，かつ，教員がその職務に専念しうるようなものとする。

9　教員団体は，教育の発展に大いに貢献することができ，したがって，教育政策の策定に参加させられるべき一つの力として認められるものとする。

Ⅳ　教育の目標及び政策

10　人的その他のあらゆる資源を利用して，

前記の指導原則に即した総合的教育政策の樹立に必要な範囲で適切な措置が各国において執られるものとする。この場合において，権限のある当局は，次の原則及び目標が教員に及ぼす影響を考慮に入れるものとする。
（略）

V　教員養成

選抜

11　教員養成課程への入学に関する政策は，必要な道徳的，知的及び身体的素質を有し，かつ，必要な専門的知識及び技能を有する十分な数の教員を社会に提供することの必要性を基礎として定めるものとする。

12　前記の必要性に即応するため，教育当局は，教員養成を十分に魅力のあるものにするとともに，適当な養成機関に十分な定員を設けるものとする。

教員養成課程

19　教員養成課程の目的は，一般的知識及び教養，他人を教育する能力，国内的及び国際的によい人間関係の基礎をなす諸原理の理解並びに教授及び垂範によって社会的，文化的及び経済的な進歩に貢献すべき責任感を各学生に育成することとする。

教員養成機関

25　教員養成機関の教員は，自己の担当教科について高等教育と同水準で教授する資格を有するものとする。教職専門科目の教員は，学校で実際に教えた経験を有するものとし，この経験は，可能な場合にはいつでも，学校で授業を行なうことによって定期的に更新されるものとする。

26　教育及び特定の教科教育に関する研究及び実験は，教員養成機関における研究上の便宜の供与並びに教員及び学生の研究作業を通じて促進されるものとする。教員養成にたずさわるすべての教員は，その関係分野における研究成果を知り，これを学生に伝達するよう努めるものとする。

VI　教員の継続教育

31　当局及び教員は，教育の質及び内容並びに教育技術の体系的改善を確保するための現職教育の重要性を認識するものとする。

32　当局は，教員団体と協議の上，すべての教員が無償で利用しうる広範な現職教育制度の確立を促進するものとする。このような制度には，多様な課程等を設けるものとし，教員養成機関，科学的及び文化的機関並びに教員団体をその制度に参加させるものとする。特に，いったん教職を離れた後に教職に復帰する教員のために，再教育課程を設けるものとする。

VII　雇用及び分限

教職への採用

38　教員の採用に関する政策が教員団体と協力の上妥当な水準で明確に定められ，また，教員の権利及び義務を定める規則が制定されるものとする。

39　教員及び使用者は，教職につくための試験的任用期間が，新採用者を励まし，及びその者に有益な手ほどきをし，また，その教員自身の実際の教育能力を向上させるとともに教職本来の基準を確立し及び維持するための機会であることを認識するものとする。通常の試験的任用期間は，あらかじめ知らされるものとし，これを満足に修了するための条件は，専門的能力に厳密に関連づけられるものとする。教員は，その試験的任用期間を満足に修了することができなかった場合には，その理由を知らされるものとし，また，申立てをする権利を有するものとする。

昇進及び昇格

40　教員は，必要な資格を有することを条件として，教育職の範囲内でいずれかの種類又は段階の学校から他の種類又は段階の学校へ異動することができるものとする。

41　教育の組織及び機構（個々の学校の組織及び機構を含む。）は，個々の教員が附加的責務を遂行するための十分な機会を与え，かつ，その附加的責務を認めるものとする。ただし，これらの附加的責務は，教員の教授活動の質又は秩序をそこなわないことを条件とする。

身分保障

45　教員における雇用の安定及び身分の保障は，教育及び教員の利益に欠くことができないものであり，学制又は学校内の組織の変更があった場合にも保護されるものとする。

46　教員は，教員としての地位又は分限に影響を及ぼす恣意的処分から十分に保護される

ものとする。

職務上の非行に関する懲戒手続

47　教職上の非行のあった教員に適用される懲戒のための措置は，明確に定められるものとする。その審査及び結果は，教職の禁止を伴う場合又は生徒の保護若しくは福祉のために必要がある場合を除き，当該教員の要請がある場合にのみ公開されるものとする。

48　懲罰を提起し又は適用する権限を有する当局又は機関は，明確に指定されるものとする。

49　懲戒事案を取り扱う機関を設置する場合には，教員団体と協議するものとする。

健康診断

53　教員は，無償で提供される定期的健康診断を受けることを要求されるものとする。

家庭責任を有する女子教員

54　結婚は，女子教員の採用又は継続雇用の障害とみなされないものとし，また，報酬その他の勤務条件に影響を及ぼさないものとする。

55　使用者は，妊娠及び出産休暇を理由として雇用契約を終了させることを禁止されるものとする。

56　家庭責任を有する教員の子の世話をするため，望ましい場合には，託児所，保育所等の施設を考慮するものとする。

57　家庭責任を有する女子教員が家庭のある地域で教職を得ることができ，また，夫婦がともに教員である場合にその夫婦が同一地区内又は同一の学校で勤務することができるような措置を執るものとする。

58　退職年齢前に教職を離れた家庭責任を有する女子教員は，適当な事情のある場合には，教職に復帰するよう奨励されるものとする。

パート・タイム制の勤務

59　当局及び学校は，なんらかの理由でフル・タイム制で勤務することができない有資格教員が必要な際に行なうパート・タイム制の勤務の価値を認識するものとする。

60　正式にパート・タイム制で雇用された教員は，

a　フル・タイム制で雇用された教員と時間的に比例した報酬を受け，かつ，同一の基本的な勤務条件を享受するものとし，

b　有給休暇，病気休暇及び出産休暇に関して，フル・タイム制で雇用された教員の権利に相当する権利を，同一の規則に従うことを条件として，認められるものとし，

c　使用者による年金計画を含めた十分かつ適切な社会保障の保護を受ける資格があるものとする。

Ⅷ　教員の権利及び責務

職業上の自由

61　教員は，職責の遂行にあたって学問の自由を享受するものとする。教員は，生徒に最も適した教具及び教授法を判断する資格を特に有しているので，教材の選択及び使用，教科書の選択並びに教育方法の適用にあたって，承認された計画のわく内で，かつ，教育当局の援助を得て，主要な役割が与えられるものとする。

62　教員及び教員団体は，新しい課程，教科書及び教具の開発に参加するものとする。

63　いかなる指導監督制度も，教員の職務の遂行に際して教員を鼓舞し，かつ，援助するように計画されるものとし，また，教員の自由，創意及び責任を減殺しないようなものとする。

教員の責務

70　すべての教員は，その専門職としての地位が相当程度教員自身に依存していることを認識して，そのすべての職務においてできる限り高度の水準に達するよう努めるものとする。

71　教員の職務遂行に関する職業上の基準は，教員団体の参加の下に，定められ，かつ，維持されるものとする。

72　教員及び教員団体は，生徒，教育活動及び社会一般の利益のために当局と十分に協力するよう努めるものとする。

73　倫理綱領又は行動の準則は，教職の権威を保ち，及び承認された諸原則に従った職責の遂行を確保するために大いに寄与するものであるので，教員団体が制定するものとする。

74　教員は，生徒及び成人のための課外活動に参加するよう心がけるものとする。

教員と教育活動全般との関係

75　教員がその職責を遂行することができるように，当局は，教育政策，学校組織，教育

活動の新しい発展等の事項について教員団体と協議するための承認された手段を設け，かつ，定期的に利用するものとする。

76　当局及び教員は，教員が教育活動の質の改善のための措置，教育研究並びに改良された新しい方法の開発及び普及に，教員団体を通じて又はその他の方法により参加することの重要性を認識するものとする。

教員の権利

79　教員の社会生活及び公共生活への参加は，教員自身の向上，教育活動及び社会全体のために助長されるものとする。

80　教員は，市民が一般に享受している市民としてのすべての権利を行使する自由を有し，また，公職につく資格を有するものとする。

81　教員は，公職につくために教職を離れなければならない場合には，先任権及び年金に関する限り，教職にとどめられるものとし，また，公職の任期終了後は，従前の地位又はこれと同等の地位に復帰することができるものとする。

82　教員の給与及び勤務条件は，教員団体と教員の使用者との間の交渉の過程を経て決定されるものとする。

83　教員が教員団体を通じて公の又は民間の使用者と交渉する権利を保障する法定の又は任意の機構が設置されるものとする。

84　勤務条件から生じた教員と使用者との間の紛争を処理するため，適切な合同機構が設けられるものとする。この目的のために設けられた手段及び手続が尽くされた場合又は当事者間の交渉が決裂した場合には，教員団体は，正当な利益を守るために通常他の団体に開かれているような他の手段を執る権利を有するものとする。

IX　効果的な教授及び学習の条件

85　教員は価値のある専門家であるので，その仕事は，時間及び労力を浪費することがないように組織され，かつ，援助されるものとする。

学級の規模

86　学級の規模は，教員が個々の生徒に注意を向けることができる程度のものとする。矯正的教育等の目的で行なう少人数のグループ又は個人の教育のため，及び必要に応じて視

聴覚教具の利用による多人数のグループの教育のため，随時措置を執ることができるものとする。

補助職員

87　教員がその職務に専念することができるようにするため，学校には，教育以外の仕事をする補助職員を置くものとする。

教具

88　(1)当局は，教員及び生徒に近代的な教具を提供するものとする。このような教具は，教員に代わるものとはみなされず，教育の質を向上させ，かつ，一層多くの生徒に教育の恩恵を及ぼす手段とみなされるものとする。
(2)　当局は，このような教具の活用のための研究を促進し，また，教員がこのような研究に積極的に参加するよう奨励するものとする。

勤務時間

89　教員の1日及び1週あたりの勤務時間は，教員団体と協議の上定めるものとする。

90　授業時間を定めるにあたっては，次に掲げる教員の勤務量に関するすべての要素を考慮に入れるものとする。

a　教員が教えなければならない1日及び1週あたりの生徒数

b　授業の適切な計画及び準備並びに成績評価に必要な時間

c　毎日の担当授業科目数

d　教員が研究，課外活動並びに生徒の監督及びカウンセリングに参加するために必要な時間

e　教員が生徒の発達について父母に報告し，及び父母と相談するために必要な時間

91　教員は，現職教育への参加に必要な時間を与えられるものとする。

92　教員の課外活動への参加は，過度の負担とならないものとし，教員の主たる職務の遂行を妨げないものとする。

93　授業のほかに特別の教育上の責務を課された教員は，これに応じて正規の授業時間を軽減されるものとする。

年次有給休暇

94　すべての教員は，給与の全額を支給される十分な年次休暇を与えられる権利を享受するものとする。

研修休暇

95　(1)教員は，給与の全額又は一部を支給される研修休暇を間隔を置いて与えられるものとする。
(2)　研修休暇の期間は，先任権及び年金のための在職期間に通算されるものとする。
(3)　人口集中地から離れた地域で行政当局がそのような地域と認定したものの教員は，一層多くの回数の研修休暇を与えられるものとする。

特別休暇

96　二国間及び多数国間の文化交流のわく内で与えられる休暇は，勤務期間とみなされるものとする。

97　技術援助計画の実施に参加している教員は，休暇を与えられるものとし，また，本国における先任権，昇格の資格及び年金権を保障されるものとする。さらに，当該教員の特別の出費を償うために特別の措置が執られるものとする。

98　外国の客員教員も，同様に，その本国により休暇を与えられるものとし，また，先任権及び年金権を保障されるものとする。

99　(1)教員は，教員団体の活動に参加することができるように，給与の全額を支給される臨時の休暇を与えられるものとする。
(2)　教員は，教員団体の役職につく権利を有するものとし，この場合において，当該教員の諸権利は，公職にある教員の諸権利と同様のものとする。

100　教員は，雇用前に行なった取決めに従い，正当な個人的理由があるときは，給与の全額を支給される休暇を与えられるものとする。

病気休暇及び出産休暇

101　(1)教員は，有給の病気休暇を与えられる権利を有するものとする。
(2)　給与の全額又は一部を支給する休暇期間を決定するにあたっては，教員を生徒から長期間隔離する必要がある場合を考慮するものとする。

102　国際労働機関が定めた母性保護の分野における基準，特に，1919年の母性保護条約及び1952年の母性保護条約（改正）並びにこの勧告126に掲げる基準を実施するものとする。

103　子のある女子職員は，失職することなく，かつ，雇用に基づくすべての権利を十分に保護されて産後1年以内の無給の追加休暇を要請によりとることができるような措置によって教職にとどまることを奨励されるものとする。

教員の交流

104　当局は，教員の各国間の職業的及び文化的交流並びに教員の外国旅行の教育活動及び教員自身に対する価値を認識するものとし，また，この種の機会を拡大するよう努め，及び個々の教員が外国で得た経験を考慮に入れるものとする。

105　このような交流のための候補者の選抜は，なんらの差別なしに行なわれるものとし，選抜された者は，特定の政治的見解を代表する者とみなされないものとする。

106　外国で研究し及び勤務するために旅行する教員は，そのための十分な便宜並びにその職及び地位の適切な保障を与えられるものとする。

107　教員は，外国で得た教育経験を同僚とわかち合うことを奨励されるものとする。

学校の建物

108　学校の建物は，安全であり，全体のデザインが魅力的であり，かつ，設計が機能的であるものとする。学校の建物は，効果的な教育に役だち，課外活動に使用することができ，特に農村地域では地域社会のセンターとして使用することができるものとする。学校の建物は，また，定められた衛生基準に従うとともに，耐久性，適応性及び容易なかつ経済的な維持を考慮して，建築されるものとする。

109　当局は，生徒及び教員の健康及び安全にいかなる危険も及ぼさないように学校施設を適切に維持することを確保するものとする。

110　新設学校の建築を計画するにあたっては，教員の代表的な意見を徴するものとする。既設学校の施設の新築又は増築にあたっては，当該学校の教職員と協議するものとする。

農村地域又はへき地の教員に対する特例

111　(1)人口集中地から離れた地域で行政当局がそのような地域と認定したものの教員及びその家族に対しては，適当な住宅が，可能

な場合には，無償で又は家賃を補助して提供されるものとする。

(2)教員が通常の職務のほかに地域社会活動を促進し及び助長することを期待されている国においては，開発計画には，教員のための適当な住居の提供を含めるものとする。

X 教員の給与

114 給与は，教員の地位に影響を及ぼす諸種の要素中特に重視されるものとする。現在の世界の情勢では，教員に認められる地位又は敬意，その任務の重要性についての評価の程度等の給与以外の要素が，他の類似の専門的職業の場合と同様に，教員の置かれる経済的地位に依存するところが大きいからである。

115 教員の給与は，

a 社会に対する教育の重要性，したがって，教員の重要性及び教員が教職についた時から負うすべての種類の責任を反映するものとし，

b 類似の又は同等の資格を必要とする他の職業に支給される給与に比して有利なものとし，

c 教員が自己及び家族の合理的な生活水準を確保し，並びにさらに研修をつみ，及び文化活動に参加して，教員としての資質を高める手段を提供するものとし，

d 教員の地位のうちには，一層高度の資格及び経験を要し，並びに一層大きな責任を伴うものがあることを考慮に入れるものとする。

116 教員は，教員団体との合意によって定められた給与表に基づいて給与を支給されるものとする。いかなる事情の下にあっても，有資格教員は，試験的任用期間においても又は臨時的任用の場合においても，正式に任用された教員に適用される給与表より低い給与表に基づいて給与を支給されることがないものとする。

117 給与体系は，教員の異なる集団の間で摩擦を起こさせるような不公平又は変則を生じないように計画されるものとする。

XI 社会保障

一般規定

125 すべての教員は，勤務する学校の種類のいかんを問わず，同一の又は類似の社会保障制度の保護を受けるものとする。この保護は，試験的任用期間及び教員として正式に任

用されている者の研修期間にも適用されるものとする。

126 (1)教員は，国際労働機関の1952年の社会保障（最低基準）条約に掲げられているすべての事故についての社会保障措置，すなわち，医療，疾病給付，失業給付，老齢給付，業務災害給付，家族給付，母性給付，廃疾給付及び遺族給付の保護を受けるものとする。

(2)教員に与えられる社会保障の基準は，国際労働機関の関係文書，特に1952年の社会保障（最低基準）条約に定められているものと少なくとも同程度に有利なものとする。

(3)教員のための社会保障上の諸給付は，権利として与えられるものとする。

127 教員に対する社会保障上の保護は，128から140に掲げるところに従い，教員の特殊な勤務条件を考慮に入れるものとする。

医療

128 医療施設の少ない地域においては，教員は，適当な医療を受けるために必要な交通費を支給されるものとする。

疾病給付

129 (1)疾病給付は，所得の停止を伴う勤務不能の全期間にわたって支給するものとする。

(2)疾病給付は，所得の停止のつどその第1日から支給するものとする。

(3)疾病給付の支給期間が所定の期間に限定されている場合において生徒から教員を隔離する必要があるときは，疾病給付の支給期間の延長のための措置を執るものとする。

業務災害給付

130 教員は，学校内での授業中に受ける災害の結果のほかに，校外での学校活動に従事している間に受ける災害の結果についても，保護されるものとする。

131 児童の間で流行するある種の伝染病に生徒との接触によってさらされた教員が感染した場合には，その伝染病は，職業病とみなされるものとする。

老齢給付

132 教員が国内のいずれかの教育当局の下で得た年金の計算上の資格は，教員が国内の他のいずれの教育当局の中へ移った場合にも，通算されるものとする。

133 教員の不足が真に認められる場合にお

いて年金の受給資格を取得した後も引き続き勤務する教員は，国内法令を考慮して，その後の勤務年数を年金の計算上加算され，又は適当な機関を通じて追加年金を受けることができるものとする。

134　老齢給付は，教員が引き続き相応な生活水準を維持することができるように，最終の所得を考慮して定めるものとする。

廃疾給付

135　廃疾給付は，身体上又は精神上の障害のため教職を離れなければならない教員に支給されるものとする。事故が疾病給付の期間の延長その他の方法によって補償されない場合には，年金を支給する措置を執るものとする。

136　教員は，障害が一部的なものにすぎず，パート・タイム制で教えることができる場合には，一部的廃失給付を支給されるものとする。

137　(1)廃疾給付は，教員が引き続き相応の生活水準を維持することができるように，最終の所得を考慮して定めるものとする。
(2)障害のある教員の健康を回復するため，又はそれが不可能なときはその健康を改善するため，医療及びこれに類する給付を支給する措置を執るとともに，障害のある教員ができる限り従前の活動に再び従事することができるようにするため，社会復帰施設を設ける措置を執るものとする。

遺族給付

138　遺族給付の受給条件及び給付額は，遺族が相応の生活水準を維持し，かつ，遺児の福祉及び教育を確保することができる程度のものとする。

教員に社会保障を与える方法

139　(1)教員の社会保障上の保護は，公共部門又は民間部門に雇用される者にそれぞれ適用される一般的制度によってできる限り確保されるものとする。
(2)一般的制度がいずれかの事故について補償していない場合には，法令により又は法令によらないで，特別の制度を設けるものとする。
(3)一般的制度による給付の程度は，この勧告で定める程度より低い場合には，補完的な制度によって勧告の基準まで引き上げられるものとする。

140　特別の制度及び補完的な制度の運営（資金の運用を含む。）に教員団体の代表者を参加させる可能性を考慮するものとする。

Ⅻ　教員の不足

141　(1)深刻な教員供給問題に対処するためには，次のような措置によることを指導原則とするものとする。すなわち，その措置は，例外的なものと認められるものであり，すでに確立されており，又は将来確立される教員の職業上の基準を低下させ，又はそこなわないものであり，かつ，生徒の教育上の損失を最少限度にとどめるものである。
(2)権限のある当局は，過大学級，教員の担当授業時間数の不当な延長等の教員の不足に対処する便宜的措置が教育の目的及び目標と両立しないものであり，かつ，生徒に有害であることを認識して，緊急にこれらの便宜的措置を不必要なものにし，かつ，廃止するための措置を執るものとする。

142　教員の供給事情にかんがみて教員の短期の集約的な臨時養成課程を設ける必要がある開発途上にある国においては，教員としての教育を受け，かつ，教育事業を指導監督する資格を有する教員の一団を養成するため，十分に専門的かつ広範な課程を設けるものとする。

145　当局は，教員の社会的及び経済的地位，生活及び労働の条件，勤務条件並びに教員としての将来性を改善することが，有能なかつ経験のある教員の不足の現状を打開し，及び多数の十分な資格のある人材を教職に引きつけ，かつ，引きとめておくための最善の方法であることを認識するものとする。

ⅩⅢ　最終規定

146　教員がある事項についてこの勧告で定める地位より有利な地位を享受している場合には，この勧告の規定は，すでに教員に与えられている地位を低下させるために援用されないものとする。

日本および西洋の教育史年表

西洋教育史

B. C.

9世紀　ホメロス『イリアス』『オデュッセイア』〔希：ギリシア〕

830頃　スパルタのリュクルゴス，立法を定め尚武教育を行う〔希〕

776　第1回オリンピア競技〔希〕

753　ローマ建国紀元元年（伝説）

594　ソロンの立法により父母の教育義務定まる〔希〕

500-479　ペルシア戦争（ギリシア人とペルシア帝国との抗争）

486　釈迦没〔印：インド〕

479　孔子没，『論語』〔中：中国〕

450頃　12表法〔羅：ローマ〕

　　　　ソクラテスの助産術〔希〕

404　ツキディデス『歴史』〔希〕

399　ソクラテス（BC 469？〜399）処刑される〔希〕

387　プラトン（BC 427〜347）アカデメイアを開設〔希〕

335　アリストテレス（BC 384〜322）リュケイオンに学園を開く〔希〕

334　アレキサンダー大王即位，東方遠征開始（BC 323まで続く）

　　　　キケロ（BC 106〜43）『雄弁家論』，ラテン文の模範〔羅〕

27　ローマの帝政開始（オクタビアヌス）〔羅〕

A. D.

0-4　イエス・キリストの誕生〔羅〕

28　イエス・キリストの磔刑〔羅〕

68　クインティリアヌス，ローマに修辞学校を開く〔羅〕

95　クインティリアヌス『弁論家の教育』〔羅〕

375　ゲルマン民族の大移動

380　サンピエトロ大寺院，カトリックの総本山となる〔羅〕

395　ローマ帝国の東西分裂〔羅〕

397　アウグスティヌス『告白』〔羅〕

476　西ローマ帝国崩壊〔羅〕

962　この頃ボローニャに法律学校できる（中世大学の先駆）〔伊：イタリア〕

1096　第1回十字軍はじまる

1150　パリ大学創設〔仏：フランス〕

1169　オックスフォード大学創設〔英：イギリス〕

1200　朱子没，朱子学派の成立〔中〕

1209　ケンブリッジ大学創設〔英〕

1215　英国王，大憲章（マグナ・カルタ）に署名〔英〕

1313　ダンテ『神曲』〔伊〕

1423　ヴィットリーノ「楽しい家」〔伊〕

1440　イートン校設立〔英〕

1441　グーテンベルク，活版印刷を発明〔独：ドイツ〕

1477　チュービンゲン大学設立〔独〕

1492　コロンブスの新大陸発見〔伊〕

1497　レオナルド・ダ・ヴィンチ『最後の晩餐』を完成〔伊〕
1509　エラスムス『痴愚神礼讃』〔蘭：オランダ〕
1511　エラスムス『学習方法論』〔蘭〕
1516　トマス・モア『ユートピア』〔英〕
1517　宗教改革運動はじまる〔独〕
1522　ルター『新訳聖書』独訳刊〔独〕
1529　エラスムス『幼児教育論』〔蘭〕
1534　ラブレー『ガルガンチュワ物語』〔仏：フランス〕
1549　サビエル，日本に来航〔西：スペイン〕
1567　ラグビー校設立〔英〕
1612　ラトケ，独帝国議会に学校改革意見書を提出〔独〕
1620　ベーコン『新オルガノン』〔英〕
　　　メイフラワー号，プリマス上陸（清教徒，北アメリカに移住。イギリス国教会を批判）
　　　〔米：アメリカ〕
1633　ガリレオ，宗教裁判〔伊〕
1637　デカルト『方法序説』〔仏〕
1644　ミルトン『教育論』，アカデミーの構想〔英〕
1657　コメニウス『大教授学』〔チェコ〕
1658　コメニウス『世界図絵』〔チェコ〕
1678　バニヤン『天路歴程，第1部』〔英〕
1684　ラ・サール，キリスト教学校同盟を設立〔仏〕
1687　フェヌロン『女子教育論』〔仏〕
1690　ジョン・ロック『人間悟性論』，『統治論』〔英〕
1693　ジョン・ロック『教育に関する一考察』「精神白紙（タブラ・ラサ）説」を説く〔英〕
1719　デフォー『ロビンソン・クルーソー』他〔英〕
1726　スウィフト『ガリバー旅行記』〔英〕
1732　フランクリン『貧しいリチャードの暦』〔米：アメリカ〕
1748　モンテスキュー『法の精神』〔仏〕
1762　ルソー『エミール』，『社会契約論』〔仏〕
1763　フリードリヒ大王，「一般地方学事通則」〔独〕
　　　ラ・シャロッテ『国民教育論』〔仏〕
　　　イエズス会の国外追放（1764）に重要な役割を果たす
1774　バセドウ，デッサウに汎愛学院を開設〔独〕
1776　アダム・スミス『国富論』〔英〕
　　　カント『教育学』〔独〕
1776　アメリカの独立宣言〔米〕
1779　ジェファーソン「知識普及促進法案」〔米〕
1780　ペスタロッチ『隠者の夕暮れ』〔瑞西：スイス〕
　　　ザルツマン『蟹の書』（汎愛派）〔独〕
1781　ペスタロッチ『リーンハルトとゲルトルート』第1巻〔瑞西〕
1792　コンドルセ『公教育の一般組織に関する報告および法案』〔仏〕
1795　ゲーテ『ヴィルヘルム・マイスターの修業時代』〔独〕
1797　ペスタロッチ『探究』〔瑞西〕
1798　ランカスター，貧民学校を開き，助教法（モニトリアル・システム）を実施〔英〕
1801　ペスタロッチ『ゲルトルート児童教育法』〔瑞西〕

1804　ヘルバルト『ペスタロッチの直観の ABC の理念』〔独〕

1806　ヘルバルト『一般教育学』〔独〕

1807　フィヒテ『ドイツ国民に告ぐ』〔独〕

1808　ゲーテ『ファウスト』第1部〔独〕

1812　グリム童話〔独〕

1813　オーエン『新社会観』〔英〕

1816　オーエン，ニューラナークに「性格形成学院」設立〔英〕

1818　J. ミル『教育論』〔英〕

1826　フレーベル『人間の教育』〔独〕
　　　ペスタロッチ『白鳥の歌』〔瑞西〕

1829　ゲーテ『ヴィルヘルム・マイスターの遍歴時代』〔独〕

1833　フランス「ギゾー法」〔仏〕

1835　ヘルバルト『教育学講義綱要』〔独〕

1837　ホレース・マン，マサチューセッツに初の州教育委員会を設置〔米〕

1840　フレーベル「一般ドイツ幼稚園」を創設〔独〕

1859　ダーウィン『種の起源』〔英〕
　　　トルストイ「ヤースナヤ・ポリャーナ校」を開設〔露：ロシア〕

1860年代　オスウィーゴー運動（ペスタロッチ教育思想の米国での普及）〔米〕

1861　スペンサー『教育論（知育・徳育・体育論)』〔英〕

1862　トルストイ『国民教育論』〔露〕

1867　マルクス『資本論』第1巻〔独〕

1870　「フォースター法」（就学義務規定）成立〔英〕

1889　セシル・レディ「アボッツホルムの学校」創設〔英〕
　　　ラングベーン『教育者としてのレンブラント』〔独〕

1892　エジソン，活動写真発明〔米〕

1898　キュリー夫妻，ラジウム発見〔仏〕

1899　ドモラン「ロッシュの学校」開設〔仏〕
　　　ナトルプ『社会的教育学』〔独〕。デューイ『学校と社会』〔米〕

1900　エレン・ケイ『児童の世紀』〔瑞典：スウェーデン〕

1903　ライト兄弟，飛行機を発明〔米〕

1904　M. ウェーバー『プロテスタンティズムの倫理と資本主義の精神』〔独〕

1905　アインシュタイン「特殊相対性理論」〔独〕

1909　モンテッソーリ「モンテッソーリ法」〔伊〕
　　　メーテルリンク『青い鳥』〔白：ベルギー〕

1910　ケルシェンシュタイナー『公民教育の概念』〔独〕

1912　ケルシェンシュタイナー『労作学校の概念』〔独〕

1914-18　第一次世界大戦

1915　クループスカヤ『国民教育と民主主義』〔ソ：ソヴィエト〕

1916　フロイト『精神分析学』〔墺：オーストリア〕
　　　デューイ『民主主義と教育』〔米〕

1917　スミス・ヒューズ法（職業教育の振興）〔米〕

1918　キルパトリック「プロジェクト・メソッド」を発表〔米〕
　　　イギリス「フィッシャー法」〔英〕

1919　シュプランガー『文化と教育』。ドイツ共和国（ワイマール憲法）〔独〕
　　　ウォシュバーンによるウィネトカ・プラン〔米〕。コンパニヨン協会〔仏〕

　　　　R. シュタイナー「自由ヴァルドルフ学校」創設〔独〕
1919-55　進歩主義教育協会〔米〕
1920年代　モリソン・プラン〔米〕
1920　パーカスト，ドルトン・プランを発表〔米〕
1924　ペーターゼン，イエーナ大学附属学校で「イエーナ・プラン」実施〔独〕
1927　ハイデッガー『存在と時間』〔独〕
1930年代　ヴァージニア・プラン。カリフォルニア・プラン〔米〕
1932　ラッセル『教育と社会体制』〔英〕
1933　ナチスの政権成立〔独〕。マカレンコ『教育詩』〔ソ〕
1936　ヒトラーの「ユーゲント法」〔独〕
1938　エッセンシャリスト宣言〔米〕
1939-1945　第二次世界大戦
1947　フランス「ランジュバン・ワロン教育改革案」〔仏〕
　　　ウィーナー『サイバネティックス』〔米〕
1948　世界人権宣言「教育を受ける権利」が国連総会で採択
1956　M. ブーバー『教育論』〔イスラエル〕
1957　ソビエト，スプートニク打ち上げ〔ソ〕
1958　アメリカ「国防教育法」〔米〕
1959　アメリカ，コナント報告書。ウッズホール会議〔米〕
　　　ボルノー『実存哲学と教育学』〔独〕。フランス「ベルトワン改革」〔仏〕
1960　ブルーナー『教育の過程』〔米〕
1960　旧西独，ブレーメン・プラン〔独〕
1965　ラングラン，生涯教育についてユネスコで提起〔仏〕
1966　文化大革命（社会主義化の促進）〔中〕
1969　アメリカ，アポロ11号，月面着陸〔米〕
1970　シルバーマン『教室の危機』〔米〕
1975　フランス「アビ改革」〔仏〕
1983　アメリカ教育省諮問委員会『危機に立つ国家』〔米〕

日本教育史

5 世紀頃　漢字，儒教が伝わる
6 世紀頃　仏教が百済から伝わる
600　遣隋使を派遣。大陸文化の摂取により，理想国家建築を試みる
604　聖徳太子が十七条憲法制定
645　大化の改新
671　百済貴族の鬼室集斯を学職頭に任ずる。日本最古の学校「庠序」が創建
701　大宝律令の制定。大学・国学の設置
710　平城京に遷都
712　『古事記』成る
720　『日本書紀』成る
771　石上宅嗣が日本最古の図書館，「芸亭」を開設
805　最澄，天台宗を開く。僧侶の学習課程の『山家学生式』を定める
806　空海，真言宗を開く
821　藤原氏，勧学院を開く
828　空海，日本最初の庶民教育機関「綜芸種智院」開設

844　橘氏，学館院を開く

1167　平清盛が太政大臣になる

1175　法然，浄土宗を開く

1192　源頼朝，鎌倉幕府を開く

1224　親鸞，『教行信証』を著す（浄土真宗の開祖）

1231-53　道元，『正法眼蔵』を著す（曹洞宗の開祖）

1253　日蓮，法華宗（日蓮宗）を開く

1275頃　北条実時が「金沢文庫」を開設

1338　足利尊氏が京都に室町幕府を開く。この頃，寺院が主な教育の場

1402　世阿弥元清，『風姿花伝（花伝書）』を著す

1432　上杉憲実，「足利学校」を再興する

1467-77　応仁の乱

1543　鉄砲が伝わる

1549　キリスト教が伝わる

1573　室町幕府滅亡

1580　織田信長が安土に天主教学校設置を許す

1592　豊臣秀吉，キリスト教布教を禁ずる

1603（慶長 8）徳川家康が江戸幕府を開く

1630（寛永 7）徳川家の侍講，林羅山が上野忍岡に家塾「弘文館」を開く

1641（寛永18）中江藤樹，家塾「藤樹書院」を近江に開く（陽明学派の開祖）

1662（寛文 2）伊藤仁斎，京都の堀川に「古義堂」（堀川塾）を開く

1665（寛文 5）山鹿素行，古学を唱える

1675（延宝 3）岡山藩主，池田光政，郷学「閑谷学校」を設立し，庶民の入学を許可

1691（元禄 4）林家塾が湯島に移転

1710（宝永 6）貝原益軒『和俗童子訓』を著す

　　　　　　　この頃，荻生徂徠が家塾「蘐園塾」を開く

1716（享保 1）徳川吉宗の享保の改革が始まる

1719（享保 4）長州藩の藩学「明倫館」を萩に建てる

1729（享保14）石田梅巌，心学を唱える

1755（宝暦 5）熊本藩，藩学「時習館」を建てる

1757（宝暦 7）本居宣長，家塾「鈴屋」を建てる

1773（安永 2）薩摩藩，藩学「造士館」を起こす

1790（寛政 2）松平定信，寛政の改革，寛政異学の禁（朱子学を正学とする）

1797（寛政 9）昌平坂学問所（昌平黌）を官立とし，管理を林家から幕府に移す

1798（寛政10）本居宣長『古事記伝』を完成

1805（文化 2）広瀬淡窓，「咸宜園」を開く

1815（文化12）杉田玄白，『蘭学事始』を著す

1823（文政 6）シーボルト，長崎郊外に「鳴滝塾」を開き，医学・自然科学を教授

1837（天保 8）大塩平八郎の乱（庶民救済のため大坂商人を襲い，金・米を分け与える）

1838（天保 9）緒方洪庵，大阪に蘭学の「適塾」を開く

1839（天保10）高野長英，渡辺崋山が捕らえられる（蛮社の獄）

1841（天保12）水野忠邦による天保の改革が始まる

1853（嘉永 6）ペリーが浦賀に来る

1856（安政 3）吉田松陰，萩に「松下村塾」を開く。高杉晋作，木戸孝允，山県有朋輩出

1858（安政 5）福澤諭吉，江戸に蘭学塾を開く。後の慶應義塾

1866（慶応2）福澤諭吉，『西洋事情』を刊行
1867（慶応3）徳川慶喜政権を朝廷に返す（大政奉還）。王政復古の大号令下る
1868（明治元）五カ条の誓文。江戸を東京と改める。福澤諭吉，慶應義塾を開設
1869（明治2）昌平黌を大学本校，開成学校を大学南校，医学校を大学東校に改組。後の東京大学になる
1871（明治4）廃藩置県。文部省設置
1872（明治5）「被仰出書」および「学制」の公布。福澤諭吉『学問のすすめ』
1873（明治6）徴兵令，地租改正条例公布。明六社の創立
1875（明治8）新島襄が同志社英学校を設立
1876（明治9）札幌農学校の設立
1877（明治10）東京大学が開校。西南の役
1879（明治12）「教学大旨」（教学聖旨）が示される。「学制」を廃止し，「教育令」（自由教育令）を公布する
1880（明治13）「改正教育令」（干渉教育令）
1881（明治14）「小学校教員心得」制定。「小学校教則綱領」制定
1882（明治15）大隈重信が早稲田大学の前身である東京専門学校を設立
1885（明治18）太政官制を廃止し，内閣制度創設。初代総理大臣・伊藤博文。初代文部大臣・森有礼
1886（明治19）「教育令」を廃止し，「帝国大学令」「師範学校令」「中学校令」「小学校令」「諸学校通則」を公布。教科書検定制度発足
1889（明治22）大日本帝国憲法発布
1890（明治23）「教育ニ関スル勅語」渙発（元田永孚・井上毅起草）
　　　　　　　小学校令公布［明治19年の小学校令廃止］。慶應義塾大学部発足
1894-1895　日清戦争起こる
1897（明治30）京都帝国大学開設
1900（明治33）小学校令を改定し，義務教育を4年とする
　　　　　　　津田梅子，女子英学校［のちに津田塾大学］を設立
1903（明治36）国定教科書制度が成立する（前年の教科書疑獄事件のため）
1904（明治37）日露戦争起こる
1907（明治40）義務教育年限を6年に延長。東北帝国大学創設
1908（明治41）戊申詔書発布［社会不安鎮静のため，綱紀粛正］
1910（明治43）大逆事件起こる。韓国併合。九州帝国大学創設
1913（大正2）芦田恵之助『綴り方教授』刊行
1914-1918　第一次世界大戦始まる
1917（大正6）「臨時教育会議」開始。沢柳政太郎，成城学園を創立［日本で初めてドルトン・プラン導入］
1918（大正7）大学令公布［私立大学等が増設］。鈴木三重吉『赤い鳥』創刊
1919（大正8）下中弥三郎ら，啓明会を設立
1921（大正10）羽仁もと子，自由学園を設立。八大教育主張の講演会開催
1922（大正11）全国水平社設立
1923（大正12）関東大震災（9月1日）
1924（大正13）野口援太郎ら，「池袋児童の村」小学校を開校
1925（大正14）治安維持法，普通選挙法成立
1929（昭和4）世界恐慌が起こる［生活綴方運動や北方教育運動などのプロレタリア教育運動起こる］。小原国芳が，玉川学園を設立

1931（昭和6）満州事変起こる

1933（昭和8）国際連盟を脱退する。京大滝川事件

1935（昭和10）青年学校令公布

1936（昭和11）2・26事件起こる

1937（昭和12）日中戦争。『国体の本義』刊行

1938（昭和13）国家総動員法成立

1941（昭和16）国民学校令公布。太平洋戦争起こる

1943（昭和18）中等学校令公布。大学令改正

1945（昭和20）「戦時教育令」を公布。ポツダム宣言を受諾。GHQが軍国主義禁止を指令。修身・日本歴史オヨビ地理停止ニ関スル件

1946（昭和21）第1次アメリカ教育使節団報告書提出。教育刷新委員会設置
日本国憲法公布［施行は半年後の5月3日］

1947（昭和22）教育基本法，学校教育法公布・施行。学習指導要領［試案］の公布。新学制による教育開始。日本教職員組合結成

1948（昭和23）教育委員会法成立

1949（昭和24）教育職員免許法，社会教育法成立

1950（昭和25）第2次アメリカ教育使節団来日，勧告。GHQの指令により，レッド・パージ始まる［共産党員等の公職・企業等からの追放］

1951（昭和26）学習指導要領第1次改訂（試案）

1952（昭和27）義務教育費国庫負担法。中央教育審議会設置

1954（昭和29）中央教育審議会第3回答申「教員の政治的中立性維持に関する答申」が出される。「教育二法」成立

1956（昭和31）教育委員会任命制となる。教科書検定始まる
地方教育行政の組織及び運営に関する法律（地教行法）

1958（昭和33）小・中学校で「道徳の時間」特設される
学習指導要領第2次改訂（法的拘束力を備える）

1960（昭和35）日米安保条約改定

1962（昭和37）義務教育諸学校の教科書用図書の無償に関する法律

1964（昭和39）東京オリンピック開催

1965（昭和40）家永三郎，国に対して教科書検定は違憲であるとして提訴

1966（昭和41）中央教育審議会第20回答申の別記として，「期待される人間像」を発表

1967（昭和42）家永三郎，検定合格取り消し訴訟に勝訴

1968（昭和43）学習指導要領第3次改訂（情操の陶冶）

1971（昭和46）中央教育審議会「第三の教育改革」を答申

1972（昭和47）沖縄が本土に復帰

1974（昭和49）教育人材確保法が成立。主任制，専修学校制度発足

1977（昭和52）小学校および中学校の学習指導要領第4次改訂（ゆとりの教育）

1978（昭和53）高等学校の学習指導要領改訂

1979（昭和54）共通一次試験初めて実施

1982（昭和57）家永三郎，検定不合格取り消し訴訟，第2審で差戻しとなる

1984（昭和59）臨時教育審議会が中曽根首相の諮問機関として発足

1985（昭和60）臨時教育審議会より教育改革に関する第1次答申される

1987（昭和62）臨時教育審議会最終答申（8月7日）

1988（昭和63）教育職員免許法改正

1989（平成元）学習指導要領第5次改訂（生活科の新設・家庭科の男女共修など）

1990（平成2）第14期中央教育審議会答申「生涯学習の基礎整備について」（「生涯学習セン
　　　　　　　ター」の設置）
1991（平成3）第14期中央教育審議会答申「新しい時代に対応する教育の諸制度の改革につい
　　　　　　　て」（新タイプの高校）
1995（平成7）阪神・淡路大震災（1月17日）
1996（平成8）第15期中央教育審議会　第一次答申「21世紀を展望した我が国の教育の在り方に
　　　　　　　ついて」（ゆとりのなかで「生きる力」を育む，学校完全週5日制の導入）
1997（平成9）第16期中央教育審議会　第二次答申「21世紀を展望した我が国の教育の在り方に
　　　　　　　ついて」（中高一貫教育，大学への飛び入学：平成10年実施）
1998（平成10）第16期中央教育審議会　答申「新しい時代を拓く心を育てるために」（「心の教
　　　　　　　育」を推進）
　　　　　　　教育課程審議会答申「幼稚園，小学校，中学校，高等学校，盲学校，聾学校及び
　　　　　　　養護学校の教育課程の基準の改善について」（平成10年版の学習指導要領に採用）
　　　　　　　学習指導要領第6次改訂（総合的な学習の時間の導入）
2000（平成12）学校教育法施行規則改正（校長の資格要件緩和）
　　　　　　　教育改革国民会議最終報告「教育を変える一七の提案」
　　　　　　　少年法改正，児童虐待防止法が公布
2001（平成13）文部科学省が誕生
2002（平成14）文部科学省「学びのすすめ―確かな学力向上のための2002アピール」
2005（平成17）食育基本法が公布
　　　　　　　中央教育審議会答申「新しい時代の義務教育を創造する」，「特別支援教育を推進
　　　　　　　するための制度の在り方について」
2006（平成18）中央教育審議会答申「今後の教員養成，免許制度の在り方について」
　　　　　　　文部科学省「義務教育諸学校における学校評価ガイドライン」策定
　　　　　　　教育基本法改正
2007（平成19）教育三法改正（学校教育法，地教行法，教育職員免許法）
　　　　　　　全国学力・学習状況調査実施
2008（平成20）小・中学校学習指導要領改訂（小学校5，6年生で外国語活動を導入）
　　　　　　　学校保健法が改正され学校保健安全法となる
2009（平成21）高等学校学習指導要領改訂
　　　　　　　教員免許更新制の導入
2011（平成23）東日本大震災（3月11日）
2013（平成25）いじめ防止対策推進法が成立
2015（平成27）学習指導要領の一部改正。道徳が「特別の教科」となる
2017（平成29）幼稚園教育要領，小・中学校学習指導要領，特別支援学校学習指導要領（幼稚部，
　　　　　　　小学部，中学部）改訂（「主体的・対話的で深い学び」「カリキュラム・マネジメ
　　　　　　　ント」）
2018（平成30）高等学校学習指導要領，特別支援学校学習指導要領（高等部）改訂
2019（令和元）学校教育の情報化の推進に関する法律成立
2020（令和2）新型コロナウイルス感染症の世界的流行。全国の学校で休校が相次ぐ。オンライ
　　　　　　　ン授業が広まる
2021（令和3）第1回大学入学共通テスト実施
　　　　　　　中央教育審議会答申「『令和の日本型学校教育』の構築を目指して」（ICT 環境
　　　　　　　の活用，小学校高学年からの教科担任制の導入）

参考文献

青木一ほか編『現代教育学事典』労働旬報社，1988.

青柳宏幸『マルクスの教育思想』白澤社，2010.

秋島百合子『パブリック・スクールからイギリスが見える』朝日新聞社，1995.

姉崎洋一ほか編『解説教育六法　平成20年版』三省堂，2008.

安彦忠彦ほか編『現代学校教育大事典』ぎょうせい，2002.

安彦忠彦編『平成20年版　中学校新教育課程　教科・領域の改訂解説』明治図書出版，2008.

安彦忠彦ほか編著『最新教育原理』勁草書房，2010.

天野正治『現代ドイツの教育』学事出版，1980.

有賀誠司『スポーツのための体幹トレーニング　練習メニュー240』池田書店，2014.

五十嵐顕・大田堯・山住正己・堀尾輝久編『岩波教育小辞典』岩波書店，1982.

池田潔『自由と規律――イギリスの学校生活』岩波新書，1949.

石井直方・有賀誠司・岡田純一・金久博昭・長谷川裕・深代千之・福林徹・矢野雅知『トレーニング用語辞典　新訂版』森永製菓株式会社，2001.

石川松太郎『日本教育史』玉川大学出版部，1987.

石村華代・軽部勝一郎編著『教育の歴史と思想』ミネルヴァ書房，2013.

市川須美子ほか編『教育小六法2019』学陽書房，2019.

伊藤一雄『職業と人間形成の社会学』法律文化社，1998.

伊藤俊夫編『生涯学習・社会教育実践用語解説』全日本社会教育連合会，2002.

伊藤マモル監修『増補改訂版　基礎から学ぶスポーツトレーニング理論』日本文芸社，2017.

稲富栄次郎『稲富栄次郎著作集7　近代日本の教育思想』学苑社，1978.

稲富栄次郎『稲富栄次郎著作集6　西洋教育思想史』学苑社，1980.

井深雄二『近代日本教育費政策史　義務教育費国庫負担政策の展開』勁草書房，2004.

岩内亮一・本吉修二・明石要一『教育学用語辞典　第四版（改訂版）』学文社，2010.

上原一馬『日本音楽教育文化史』音楽之友社，1988.

氏家達夫「仲間関係の発達」田島信元・岩立志津夫・長崎勤編『新・発達心理学ハンドブック』福村出版，2016.

牛島義友ほか『教育心理学新事典』金子書房，1969.

氏原寛ほか編『心理臨床大事典』培風館，2004.

海原徹『日本史小百科　学校』近藤出版社，1979.

梅根悟監修，世界教育史研究会編『教育財政史』世界教育史体系29，講談社，1976.

梅根悟監修，世界教育史研究会編『障害児教育史』世界教育史体系33，講談社，1974.

梅根悟『ルソー「エミール」入門』明治図書出版，1971.

海老原治善編『資料　現代世界の教育改革』三省堂，1983.

円地文子監修『教育・文学への黎明』人物日本の女性史12，集英社，1978.

大沢真理『男女共同参画社会をつくる』日本放送出版協会，2002.

大杉昭英編『平成20年版　中学校学習指導要領　全文と改訂のピンポイント解説』明治図書出版，2008.

大西健夫・リンス，U. 編『ドイツの統合——分断国家から普通の国へ』早稲田大学出版部，1999.

大山正ほか編『心理学小辞典』有斐閣，1978.

小笠原浩方『子どもの権利とは——いま見つめ直す《子どもの権利条約》』新曜社，2002.

岡本敏雄・西野和典・香山瑞恵編著『情報科教育法』丸善，2002.

岡本夏木・清水御代明・村井潤一監修『発達心理学辞典』ミネルヴァ書房，1995.

荻原勝『改正男女雇用機会均等法の労務』中央経済社，1998.

小口忠彦『新教育心理学基本用語辞典』明治図書出版，1982.

小此木啓吾ほか編『精神分析事典』岩崎学術出版社，2002.

尾崎ムゲン『日本の教育改革』中公新書，1999.

小澤周三編『新版　教育学キーワード』有斐閣，1998.

小澤周三・影山昇・小澤滋子・今井重孝『教育思想史』有斐閣，1993.

尾関周二ほか監修『共生社会Ⅰ——共生社会とは何か』農林統計出版，2016.

尾上雅信編著『西洋教育史』ミネルヴァ書房，2018.

海後宗臣・仲新・寺崎昌男『教科書でみる近現代日本の教育』東京書籍，1999.

海保博之・楠見孝監修『心理学総合事典』朝倉書店，2006.

学校教育研究所編『新教育課程の用語解説』学校図書，2009.

学校保健用語辞典編集委員会『学校保健用語辞典　改訂増補版』東山書房，1998.

加藤幸次『ティーム・ティーチング入門』国土社，1996.

加藤節『南原繁——近代日本と知識人』岩波新書，1997.

兼子仁『教育判例百選』（別冊ジュリスト 118）有斐閣，1992.

金子孫市監修『現代教育理論のエッセンス　20世紀教育理論の展開』ぺりかん社，1970.

金子隆芳・台利夫・穐山貞登編『多項目　心理学辞典』教育出版，1991.

樺山紘一『ルネサンス』講談社学術文庫，1993.

上笙一郎編『日本〈子どもの権利〉叢書　〈子どもの権利〉思想のあゆみ』久山社，1996.

唐澤富太郎編『図説　教育人物事典』ぎょうせい，1984

川合紀宗・若松昭彦・牟田口辰己編著『特別支援教育総論——インクルーシブ時代の理論と実践』北大路書房，2016.

木村吉次『体育・スポーツ史概論』市村出版，2015.

木村清人・戸田芳雄『学習指導要領早わかり解説　中学校新保健体育科授業の基本用語辞典』明治図書出版，2000.

木村忠雄・西本望・工藤俊郎・山本昌輝・森茂起・吉岡昌紀『教育心理学のエッセンス』八千代出版，2001.

教育思想史学会編『教育思想事典』勁草書房，2000.

教職研修増刊編集部編集『「学校重要新語」完全マスター BOOK』教育開発研究所，2008.

工藤文三編集『新学習指導要領　全文とポイント解説』教育開発研究所，2008.

久保義三・米田俊彦・駒込武・児美川孝一郎編著『現代教育史事典』東京書籍，2001.

窪田眞二監修，学校教育課題研究会編著『教育課題便覧　平成21年版』学陽書房，2008.

窪田眞二・小川友次『教育法規便覧　平成24年版』学陽書房，2012.

玖村敏雄・村上敏治校註，世界教育宝典日本教育編『山鹿素行・吉田松陰集』玉川大学出

版部，1971.

倉内史郎・鈴木眞理編著『生涯学習の基礎』学文社，2002.

黒田実郎『乳幼児発達事典』岩崎学術出版社，1985.

毛束真知子『絵でわかる言語障害』学研メディカル秀潤社，2013.

小島宏『早わかり　教育のキーワード160』学事出版，2008.

小島宏・寺崎千秋編著『教育三法の改正で学校はこう変わる！』ぎょうせい，2008.

小林司編『カウンセリング大事典』新曜社，2004.

今野喜清・新井郁男・児島邦宏編『第3版　学校教育辞典』教育出版，2014.

佐治守夫・飯長喜一郎編『ロジャーズ　クライエント中心療法』有斐閣新書，1983.

佐藤郡衛『国際理解教育——多文化共生社会の学校づくり』明石書店，2001.

佐藤広和『フレネ教育——生活表現と個性化教育』青木書店，1995.

佐藤学『教育方法学』岩波書店，1996.

佐野金吾・西村佐二編著『新教育課程をわかりやすく読む』ぎょうせい，2008.

佐野眞一『遠い「山びこ」——無着成恭と教え子たちの四十年』文藝春秋，1992.

柴田義松ほか編『教職基本用語辞典』学文社，2004.

柴田義松・斉藤利彦編『教育史』学文社，2005.

柴谷久雄『ラッセルにおける平和と教育』御茶の水書房，1963.

清水浩昭編『日本人と少子化』人間の科学新社，2004.

下山晴彦『臨床心理学研究の理論と実際』東京大学出版会，1997.

鈴木幸雄編『介護福祉用語辞典ハンドブック』保育社，2001.

スポーツ庁「運動部活動での指導のガイドライン」2013.

スポーツ庁「第2期　スポーツ基本計画」2017.

相馬伸一『ヨハネス・コメニウス——汎知学の光』講談社，2017.

副田義也『教育勅語の社会史——ナショナリズムの創設と挫折』有心堂，1997.

多鹿秀継・竹内謙彰編『発達・学習の心理学』学文社，2007.

髙木展郎・三浦修一・白井達夫『新学習指導要領がめざすこれからの学校・これからの授業』小学館，2017.

高倉翔・高桑康雄・牧昌見『現代学校経営用語辞典』第一法規，1980.

高崎経済大学産業研究所編『高大連携と能力形成』日本経済評論社，2013.

高階玲治編集『中教審〈学習指導要領の改善〉答申』教育開発研究所，2008.

高橋三郎・大野裕監訳，染矢俊幸・神庭重信・尾崎紀夫・三村將・村井俊哉訳『DSM-5　精神疾患の分類と診断の手引』医学書院，2014.

高橋健夫・岡出美則・友添秀則・岩田靖『新版　体育科教育学入門』大修館書店，2010.

高橋超・石井眞治・熊谷信順編著『生徒指導・進路指導』ミネルヴァ書房，2002.

高旗正人・倉田侃司編著『新しい特別活動指導論』ミネルヴァ書房，2004.

滝沢和彦編著『教育学原論』ミネルヴァ書房，2018.

田口貞善編『スポーツの百科事典』丸善，2007.

田口雅子『国際バカロレア——世界トップ教育への切符』松柏社，2007.

武田明典編著『教師と学生が知っておくべき教育動向』北樹出版，2017.

竹田明彦『学校用語英語小事典　第3版』大修館書店，2004.

武安宥・長尾和英編『人間形成のイデア』昭和堂，2002．

辰野千壽編『学習指導用語事典』教育出版，2009．

田中耕治編『よくわかる教育評価』ミネルヴァ書房，2005．

田中智志『社会性概念の構築——アメリカ進歩主義教育の概念史』東信堂，2009．

田中千穂子『ひきこもりの家族関係』講談社，2001．

田中千穂子『ひきこもり』サイエンス社，1996．

田中美知太郎『ソフィスト』講談社学術文庫，1976．

土屋基規・平原春好・三輪定宣・室井修編著『学校教育キーワード事典』旬報社，2001．

寺﨑昌男・平原春好編集代表『新版教育小事典』学陽書房，2004．

電子情報通信学会知識ベース　http://www.ieice-hbkb.org/portal/doc_index.html（2020年 9 月16日閲覧）．

東洋館出版社編集部編『平成29年度版　小学校　新学習指導要領ポイント総整理』東洋館出版社，2018．

東洋館出版社編集部編『平成29年度版　中学校　新学習指導要領ポイント総整理』東洋館出版社，2018．

友添秀則・岡出美則編『教養としての体育原理　新版』大修館書店，2016．

豊田正子著，山住正己編『新編　綴方教室』岩波文庫，1995．

内閣府「『仕事と生活の調和（ワーク・ライフ・バランス）憲章』及び『仕事と生活の調和推進のための行動指針』の新たな合意について」2007．

内閣府男女共同参画局編『男女共同参画白書（平成17年版）』国立印刷局，2005．

長尾十三二・原野広太郎編『教育学の世界　名著100選』学陽書房，1980．

中川一郎『成長と榮養』丸善，1940．

中川進『保育小辞典』大月書店，2006．

中澤潤編著『発達心理学の最先端——認知と社会化の発達科学』あいり出版，2010．

中島健三『復刻版　算数・数学教育と数学的な考え方』東洋館出版社，2015．

中島義明・子安増生・繁桝算男・箱田裕司・安藤清志・坂野雄二・立花政夫編『心理学辞典』有斐閣，1999．

永田繁雄編著『平成28年版新学習指導要領の展開』明治図書出版，2016．

中野光『大正デモクラシーと教育——1920年代の教育』新評論，1990．

中村敏雄・高橋健夫・寒川恒夫・友添秀則『21世紀スポーツ大事典』大修館書店，2015．

奈須正裕編集『よくわかる小学校・中学校　新学習指導要領全文と要点解説』教育開発研究所，2018．

西脇英逸『現代教育の基礎——その歴史的発展』理想社，1959．

西之園晴夫・宮寺晃夫編『教育の方法と技術』ミネルヴァ書房，2004．

日本学校保健会「保健室利用状況に関する調査報告書」2008．

日本教育学会教育学学術用語研究委員会編『教育学学術用語集　採録用語案』1996．

日本教育工学会ホームページ　https://www.jset.gr.jp/（2020年 9 月16日閲覧）．

日本教育社会学会編『教育社会学事典』丸善出版，2018．

日本キリスト教歴史大事典編集委員会『日本キリスト教歴史大事典』教文館，1988．

日本史広辞典編集委員会編『日本史広辞典』山川出版社，1997．

日本女性学会ジェンダー研究会編『男女共同参画／ジェンダーフリー・バッシング　バックラッシュへの徹底反論』明石書店，2006.

日本生理人類学会編『人間科学の百科事典』丸善出版，2015.

日本体育学会監修『最新　スポーツ科学事典』平凡社，2006.

布柴靖枝「家族の人間関係」竹村和久編『社会・集団・家族心理学』遠見書房，2018.

駿地眞由美「心理的援助の方法としての遊戯療法」『追手門学院大学心のクリニック紀要』第4号，2017.

早川東三・工藤幹巳編著『ドイツを知るための60章』明石書店，2001.

林敦司「心いきいき道徳資料——ヘレン・ケラーが手本にした日本人」小学館『小三教育技術』2007年7月号増刊号.

林達夫編『哲学事典』平凡社，1971.

林道義『図説　ユング』河出書房新社，1998.

速水敏彦編『教育と学びの心理学——基礎力のある教師になるために』名古屋大学出版会，2013.

原清治編著『特別活動の探究』学文社，2007.

原聡介ほか編『教職用語辞典』一藝社，2008.

原田種雄・手塚武彦・吉田正晴・桑原敏明ほか編『現代フランスの教育——現状と改革動向』早稲田大学出版部，1988.

東山明・東山直美『子どもの絵は何を語るのか——発達科学の視点から』日本放送出版協会，1999.

日俣周二『ティーム・ティーチングの理論と方法』明治図書出版，1966.

平木典子・中釜洋子『家族の心理——家族への理解を深めるために』サイエンス社，2006.

広岡義之編著『教育の制度と歴史』ミネルヴァ書房，2007.

福永哲夫監訳『オックスフォードスポーツ医科学辞典』朝倉書店，2006.

藤沼貴『トルストイの生涯』第三文明社，1993.

古川薫『松下村塾』講談社，2014.

保坂亨「児童期・思春期の発達」下山晴彦編『教育心理学II——発達と臨床援助の心理学』東京大学出版会，1998.

細谷俊夫ほか編『新教育学大事典』第一法規出版，1990.

ホームヘルパー養成テキスト作成委員会『援助の基本視点と保健福祉の制度』第一法規，2002.

堀正嗣『障害児教育とノーマライゼーション——「共に生きる教育」を求めて』明石書店，1998年。

堀勇雄『山鹿素行』吉川弘文館，1987.

堀内敬三・井上武士編『日本唱歌集』岩波文庫，1958.

牧昌見編『新学校用語辞典』ぎょうせい，1993年。

牧野力『ラッセル思想と現代』研究社，1975.

松岡重信『保健体育科・スポーツ教育重要用語300の基礎知識』明治図書出版，1999年。

松田岩男・宇土正彦編『学校体育用語辞典』大修館書店，1988年。

水越敏行監修，久保田賢一・黒上晴夫編著『ICT 教育の実践と展望——デジタルコミュ

ニケーション時代の新しい教育』日本文教出版，2003年。

水島広子『焦らなくてもいい！「拒食症」「過食症」の正しい治し方と知識』日東書院，
　　2015年。

宮城音弥編『岩波心理学小辞典』岩波書店，1997.

三輪定宣『教育学概論　教師教育テキストシリーズ1』学文社，2010.

無着成恭編『山びこ学校』岩波文庫，1995.

無着成恭『人それぞれに花あり——無着成恭の対談集』太郎次郎社，1984.

村井実『ソクラテス』（上・下），講談社学術文庫，1977.

室鳩巣（森銑三校訂）『駿台雑話』岩波文庫，1996.

茂木俊彦『障害児と教育』岩波新書，1990.

茂木俊彦『ノーマライゼーションと障害児教育』全国障害者問題研究会出版部，1994.

茂木俊彦『障害児教育を考える』岩波新書，2007.

持田栄一・森隆夫・諸岡和房編『生涯教育事典』ぎょうせい，1979.

元木健・諸岡和房『生涯教育の構想と展開』第一法規，1984.

森上史朗・柏女霊峰編『保育用語辞典　第8版』ミネルヴァ書房，2015.

森田洋司・清永賢二『いじめ——教室の病　新訂版』金子書房，1994.

文部科学省「確かな学力向上のための2002アピール『学びのすすめ』」2002.

文部科学省『生徒指導提要　平成22年3月』教育図書，2010.

文部科学省「学校安全の推進に関する計画」2012.

文部科学省「スーパーグローバルハイスクール実施要項」2014.

文部科学省「スーパー・プロフェッショナル・ハイスクール実施要項」2014.

文部科学省「新しい学習指導要領の考え方」2017.

文部科学省「小学校学習指導要領」2017.

文部科学省「児童生徒の問題行動・不登校等生徒指導上の諸課題に関する調査」2018.

文部科学省『小学校学習指導要領（平成29年告示）解説　算数編』日本文教出版，2018.

文部科学省『小学校学習指導要領（平成29年告示）解説　図画工作編』日本文教出版，2018.

文部科学省『小学校学習指導要領（平成29年告示）解説　体育編』東山書房，2018.

文部科学省『中学校学習指導要領（平成29年告示）解説　特別活動編』東山書房，2018.

文部科学省『中学校学習指導要領（平成29年告示）解説　美術編』日本文教出版，2018.

文部科学省『中学校学習指導要領（平成29年告示）解説　保健体育編』東山書房，2018.

文部科学省『高等学校学習指導要領（平成30年告示）解説　保健体育編　体育編』東山書
　　房，2018.

文部省『学制百年史』帝国地方行政学会，1972.

文部省編『生徒指導の手引』（改訂版），1986.

八島雅彦『トルストイ』清水書院，1998.

谷田貝公昭編『新版　保育用語辞典』一藝社，2016.

山﨑英則・片上宗二編集代表『教育用語辞典』ミネルヴァ書房，2003.

山﨑英則・徳本達夫編『西洋の教育の歴史と思想』ミネルヴァ書房，2001.

山住正己『日本教育小史』岩波新書，1987.

山田邦男ほか著『東井義雄のこころ』佼成出版社，2002.

山田昌弘『少子社会日本——もうひとつの格差のゆくえ』岩波新書，2007.

横田正夫・丹野義彦・石塚琢磨編『統合失調症の臨床心理学』東京大学出版会，2003.

横山利弘監修，牧崎幸夫ほか編『楽しく豊かな道徳科の授業をつくる』ミネルヴァ書房，2017.

和唐正勝・高橋健夫『現代高等保健体育　改訂版』大修館書店，2017.

『労働基準広報』編集部編著『男女雇用機会均等法ハンドブック』労働基準調査会，1985.

ウェーバー（大塚久雄訳）『プロテスタンティズムの倫理と資本主義の精神』岩波文庫，1989.

エラスムス（渡辺一夫訳）『痴愚神礼讃』岩波文庫，1954.

カント（清水清訳）『人間学・教育学』玉川大学出版部，1965.

カント（勝田守一・伊勢田耀子訳）『教育学講義』明治図書出版，1971.

キルパトリック（杉山貞夫訳）『教育哲学』明治図書出版，1971.

コメニウス（鈴木秀勇訳）『大教授学』明治図書出版，1962.

コンドルセ（阪上孝編訳）『フランス革命期の公教育論』岩波文庫，2002.

シクロフスキイ（川崎浹訳）『トルストイ伝』（上・下），河出書房新社，1978.

シュプランガー（村井実・長井和雄訳）『文化と教育』玉川大学出版部，1983.

ダウリング（木村治美訳）『シンデレラ・コンプレックス』三笠書房，1984.

チャイルズ（渡辺穣司訳）『シュタイナー教育——その理論と実践』イザラ書房，1997.

ディーステルヴェーク（長尾十三二訳）『市民社会の教育』明治図書出版，1963.

ディルセー（池端次郎訳）『大学史』（上），東洋館出版社，1988.

ディルタイ（村岡哲訳）『フリードリヒ大王とドイツ啓蒙主義』創文社，1975.

ディルタイ（鬼頭英一訳）『道徳・教育・認識・論理の基礎づけ』公論社，1987.

デューイ（宮原誠一訳）『学校と社会』岩波文庫，1957.

デューイ（松野安男訳）『民主主義と教育』（上），岩波文庫，1975.

デュルケーム（小関藤一郎訳）『フランス教育思想史』（上・下），普遍社，1966.

ニイル（霜田静志訳）『ニイルの教育　サマーヒルを語る』（ニイル著作集9），黎明書房，1969.

ニイル（霜田静志・堀真一郎訳）『ニイルのおバカさん　A.S.ニイル自伝』黎明書房，1983.

パトチカ（相馬伸一編訳）『ヤン・パトチカのコメニウス研究——世界を教育の相のもとに』九州大学出版会，2014.

ヒューズ（前川俊一訳）『トム・ブラウンの学校生活』（上・下），岩波文庫，1996.

ファンデンボス（繁枡算男・四本裕子監訳）『APA心理学大辞典』培風館，2013.

ブーバー（植田重雄訳）『我と汝・対話』岩波文庫，1985.

プラトン（田中美知太郎訳）『テアイテトス』岩波文庫，2009.

プラトン（藤沢令夫訳）『国家』（上・下），岩波文庫，2011.

フリードマン（村井章子訳）『資本主義と自由』日経BPクラシックス，2008.

フレーベル（荒井武訳）『人間の教育』（上・下），岩波文庫，1964.

ペスタロッチー（長田新訳）『隠者の夕暮　シュタンツだより』岩波文庫，1982.

ヘルバルト（是常正美訳）『一般教育学』玉川大学出版部，1968.

ホイジンガ（里美元一郎訳）『ホモ・ルーデンス——文化のもつ遊びの要素についてのあ

る定義づけの試み』講談社学術文庫, 2018.

ボイド／ローソン（国際新教育協会訳）『世界新教育史』玉川大学出版部, 1966.

ユング（松代洋一訳）『創造する無意識』平凡社, 1997.

ラ・シャロッテ（古沢常雄訳）『国家主義国民教育論』明治図書出版, 1973.

ラッセル（魚津郁夫訳）『教育論』みすず書房, 1959.

ルソー（今野一雄訳）『エミール』（上）, 岩波文庫, 1962.

ルソー（平岡昇ほか訳）『ルソー』世界の名著 30, 中央公論社, 1966.

ロジャーズ（畠瀬稔・畠瀬直子訳）『人間の潜在力』創元社, 1980.

ロジャーズ（畠瀬稔・畠瀬直子訳）『エンカウンター・グループ』ダイヤモンド社, 1973.

ロック（服部知文訳）『教育に関する考察』岩波文庫, 1967.

OECD 編（森隆夫訳）『生涯教育政策——リカレント教育・代償教育政策』ぎょうせい, 1974.

Baumeister, R. F., Campbell, J. D., Krueger, J. I., & Vohs, K. D., "Does high self-esteem cause better performance, interpersonal success, happiness, or healthier lifestyles?," *Psychological science in the Public Interest*, 4, 2003, pp. 1-44.

Boyd, W., & Wyatt, R., *The Story of the New Education*, Heinemann, 1965.

Cubberley, E. P., *The History of Education*, Houghton, 1920.

Curtis, S. J., *A Short History of Educational Ideas*, University Tutorial Press, 1963.

Hamlyn, D. W., *The Penguin History of Western Philosophy*, Penguin Books, 1987.

Hater, S., *The construction of the self: A developmental perspective*, New York: Guilford Press, 1999.

Hyman, H., "The Psychology of status", *Archives of Psychology*, 269, 1942.

Kernis, M. H., Grannemann, B. D., & Mathis, L. C., "Stability of self-esteem as a moderator of the relation between level of self-esteem and depression," *Journal of Personality and Social Psychology*, 61, 1991, pp. 80-84.

Master, B., *Adventures in Steiner Education*, Sophia Book, 2005.

Onions, T., *The Oxford Dictionary of English Etymology*, 1992.

Palmer, J. A. (ed.), *Fifty Modern Thinkers on Education From Piaget to the Present*, Routledge, 2005.

Palmer, J. A. (ed.), *Fifty Major Thinkers on Education*, Routledge, 2001.

Reble, A., *Geschichte der Pädagogik*, 20. Auflage, Klett-Cotta, 2002.

Rosenberg, M., *Society and the Adolescent Self-Image*, Princeton: Princeton University Press, 1965.

Sherif, M., "A study of some social factors in perception," *Archives of Psychology*, 187, 1935.

Simpson, D. P., *Concise Latin-English English-Latin Dictionary*, Macmillan, 1977.

《編者紹介》

広岡義之（ひろおか・よしゆき）

1958年生まれ。神戸親和女子大学発達教育学部・同大学院教授。
関西学院大学大学院文学研究科博士課程単位取得満期退学。博士（教育学）。主著に『フランクル教育学への招待』風間書房，2008年。『ボルノー教育学研究 増補版』（上・下）風間書房，2018・2019年。『絵で読む教育学入門』ミネルヴァ書房，2020年。レーブレ『教育学の歴史』（共訳）青土社，2015年など。

教職をめざす人のための
教育用語・法規 ［改訂新版］

2012年6月30日	初　　版第1刷発行	〈検印廃止〉
2017年3月30日	初　　版第3刷発行	定価はカバーに
2021年5月1日	改訂新版第1刷発行	表示しています

編　者　　広　岡　義　之

発行者　　杉　田　啓　三

印刷者　　坂　本　喜　杏

発行所　株式会社　ミネルヴァ書房

〒607-8494　京都市山科区日ノ岡堤谷町1
電話代表　（075）581-5191番
振替口座　01020-0-8076番

ⓒ広岡ほか，2021　　冨山房インターナショナル・藤沢製本

ISBN 978-4-623-09152-2
Printed in Japan

ミネルヴァ教職専門シリーズ

広岡義之・林　泰成・貝塚茂樹 監修

全12巻

Ａ５判／美装カバー／200〜260頁／本体予価2400〜2600円

──────── ミネルヴァ書房 ────────

https://www.minervashobo.co.jp/